전두환
회고록

전두환 회고록

2
청와대 시절

1980-1988

제1장 제11대 대통령 취임

새 시대의 개막 16
청와대 입주전야入住前夜 · 16 / 첫 출근 · 18 / 대통령 취임과 국정 구상 · 19

제2장 경제 살리기

정책의 기조를 바꾸다 26
1980년대 초의 대한민국 경제 · 26 / 무너져 내리는 한국경제 · 29 / 내각과 비서실의 경제팀 구축 · 35 / 청와대에서 부활한 경연經筵 · 40 / 정책의 최우선 순위, 물가안정 · 45 / 안정 기조 위의 5차 5개년계획 · 49 / 물가안정을 위한 고통 분담 · 51 / 물가 오름세 심리와 경제교육 · 52

고통을 수반한 안정화 정책 56
안정화 시책의 첫 단추, 통화긴축 · 56 / 정부예산의 긴축에서 동결까지 · 59 / 임금인상률보다 낮아진 물가상승률 · 61 / 추곡수매가 인상률 억제의 효과 · 63 / 안정화 시책으로 겪은 마음고생 · 64

기적으로 보답받은 국민의 희생 68
처음 겪어본 한 자릿수 물가 · 68 / 국제수지 흑자시대 · 70 / 공무원 봉급의 은행계좌 이체 · 74 / 고도성장과 무역흑자 달성 · 77 / 성장, 안정, 국제수지라는 세 마리 토끼 · 80 / 1986년, 대한민국의 기적이 실현되다 · 84

제3장 다 함께 열린사회로

문호개방과 자율의 확대 **88**
문을 열고 규제는 풀고 · 88 / 각종 규제의 철폐로 국민에게 자유를 · 97 / 은행 민영화를 통한 금융 자율화 · 112 / 컬러 TV 방송의 시작 · 115 / 공권력으로 대응해야 했던 일들 · 119

공정경쟁을 통한 균형발전과 동반성장 **134**
기회균등과 공정경쟁 · 134 / 과외수업 금지 · 137 / 공정거래제도의 도입 · 141 / 경제력 집중 완화와 중소기업 육성 · 144 / 지역격차 해소와 농어촌개발 · 147 / 분배의 재정립 · 150 / 금융실명제 입법 · 153

제4장 전 국민의 중산층화

본격화된 복지정책 **162**
재정 능력에 맞는 복지정책 · 162 / 취업 기회의 확대와 고용안정 · 166 / 최저임금제 도입 · 168 / 의료보험의 전국 확대 · 170 / 국민연금제도의 본격 실시 · 171 / 영세민 등 취약계층에 대한 정부 부조 · 173 / 저소득층 어린이를 위한 유아교육 확대 · 173 / 심장병 어린이들에게 새 생명을 · 175

중산층을 두텁게 **179**
전 국민의 중산층화 구상 · 179 / 1가구 1전화의 시대로 · 183 / 내 집 마련 프로젝트 · 190 / '마이 카' 시대의 개막 · 196

제5장 과학기술의 진흥

미래에 투자하다 204

과학기술, 국가경쟁력 강화의 요체 · 204 / 과학기술 투자 확대 · 205 / 선진 과학기술의 도입 · 208 / 과학기술 진흥을 위한 기반 조성 · 210 / 손톱깎이와 전기밥솥 · 213 / IT강국의 씨앗 '전화 적체를 해결하라' · 216 / 반도체 개발의 선두주자가 되다 · 218 / 전국을 동시 생활권으로 · 225 / 극지極地로 뻗어나간 한국인의 기상 · 226

핵무기 개발과 원전原電 기술의 자립 233

핵무장 집념에서 시작된 원자력 개발 · 233 / 미국의 '한국 원자력' 딜레마 · 236 / 자주국방을 위한 한국의 핵드라이브 · 240 / 핵무기의 제조 능력을 갖추자 · 243 / 경수로 기술의 국산화 성공 · 247 / 한국형 원전 개발 · 253

제6장 교육혁신과 문화 창달

교육 기회의 확충과 내실화 258

입시교육이 아닌 전인교육을 · 258 / 국민의식을 고취하는 국학교육의 강화 · 264 / 평생교육체제의 확립 · 267 / 의무교육의 확대와 내실화 · 268

민족정신 함양과 문화의 생활화 271

헌법을 통해 '문화국가' 지향을 선언하다 · 271 / 문화 창달과 문예 진흥을 위한 투자 · 273 / 문화 공간 확충 · 275 / 지방 문화예술 진흥 · 285 / 민족문화의 주체성 확립과 민족정신 선양 · 286

차례

제7장 국방·외교 역량 강화

정상회담을 통한 한미 혈맹관계 복원 — 294
시급했던 주한미군 철수 문제 · 294 / 비공식채널을 통한 정상회담 교섭 · 296 / 레이건 대통령이 초청한 첫 번째 국빈 · 297 / 방미 길에 구상한 일본의 경협자금 지원 요청 · 301 / 한미韓美 두 신임 대통령의 첫 대좌 · 305 / '한미 밀월시대'를 열다 · 311

힘의 우위 확보를 통한 전쟁 억지 전략 — 317
적의 도발 의지를 봉쇄하라 · 317 / 방위산업 육성 · 320 / 기습공격에 대비한 3군 본부의 이전 · 323 / 막강한 군사력만이 평화를 지켜낸다 · 326

88서울올림픽 유치 — 331
올림픽대회를 서울에 유치하자 · 331 / 노력해보지도 않고 안 된다고 하지 말자 · 334 / 민관 총력추진체제 구축 · 338 / 바덴바덴의 뜨거운 결전 · 342 / 예상 못한 압승 · 344

40억 달러 차관의 극적인 타결 — 349
안보전략이기도 했던 100억 달러 차관 교섭 · 349 / 2년에 걸친 협상 · 355 / 협상 타결의 전환점이 된 나카소네 총리의 취임 · 358 / 첫 방문국으로 한국을 택한 나카소네 총리 · 361 / 일본 천황의 사과 · 364 / 식민지 조선의 소년, 살아있는 신神을 만나다 · 367 / "역사에서 한국은 스승, 일본은 제자." · 369 / 세교世交로 이어진 나카소네 총리와의 우정 · 372

공산권과의 관계 개선 노력 — 376
비동맹 제3세계 외교 강화 · 376 / 아세안 5개국 순방 · 378 / 태평양 국가 정상회담 구상 · 393 / 아프리카 4개국 및 캐나다 방문 · 395 / 북한의 테러로 중단된 순방 외교 · 403 / 서울올림픽 지원을 약속받은 유럽 순방 · 404 / 프랑스 정부의 북한 수교 움직임을 저지하다 · 423 / 중국과의 관계 개선 · 426 / KAL기 격추 사건 · 434

7

제8장 김일성과의 대결과 대화

싸우지 않고 이기는 길을 찾아보자 — 446
평화 정착과 분단 해소를 위한 선결조건 · 446 / 북한의 수재구호물자 제안 수락 · 451 / 분단 후 최초로 이뤄진 이산가족 상봉 · 459 / 남북한 최고 책임자 회담의 추진 · 464

북한의 대남對南 파괴 공작 — 489
김일성의 집요한 암살공작 · 489 / 아웅산 폭탄 테러 사건 · 495 / 북한의 수공 위협 – 금강산댐 건설 · 518 / KAL858기 폭파 사건 · 536

제9장 최고의 올림픽대회를 향해

다시 태어난 한강 — 556
한강종합개발사업 구상 · 556 / 골재 수익금으로 공사비의 20%를 충당 · 557 / 한강종합개발의 기본계획 · 559 / 서울은 세계로, 세계는 서울로 · 562

올림픽의 성공을 위하여 — 564
완벽하게 진행된 올림픽 준비 · 564 / 북한의 방해책동과 남북체육회담 · 566 / 사마란치 위원장의 반쪽 올림픽 우려 · 569 / 공산권 국가들의 서울올림픽 참가 결정 · 578 / 높아진 한국의 위상 · 580

제10장 헌정사의 숙원宿願, 평화적 정권 이양

국민과의 약속을 지키다　　　　　　　　　　　　　　　　584
임기 후반의 정치발전 구상 · 584 / 2.12총선을 전후한 정치 지형의 변화 · 587 / 유럽 순방 중의 내각제 개헌 구상 · 590 / 개헌, 반대하지 않겠다 · 597 / 다시 장외로 뛰쳐나간 야당 · 601 / 4.13 호헌조치 · 607 / 노태우를 후계자로 지명하다 · 610

6.29선언　　　　　　　　　　　　　　　　　　　　　　　624
국민의 뜻, 직선제를 수용하다 · 624 / 노태우 후보를 설득하다 · 629 / 6.29선언 · 643 / 국민의 심판을 받다 · 648 / 청와대를 떠나다 · 654

1권_혼돈의 시대

글을 시작하며

서문

제1장 10.26_박정희 시대의 종언
궁정동 안가에서 울린 총성
비상사태를 맞은 국가지도부
대통령 시해범 김재규 체포 작전
계엄령 선포와 합동수사본부 설치

제2장 12.12_다윗과 골리앗의 전쟁
승자의 12.12와 패자의 12.12
정승화 총장의 드러나는 공모 혐의
10.26사건 전모 발표와 남겨진 의문들
10.26사건을 왜곡시키려는 움직임
정승화를 연행하기로 결심하다
정승화 연행 작전
정승화 추종세력의 반란
보안사의 반란 진압

제3장 5.17_위기 수습을 위한 최 대통령의 결단
혼돈 속의 대한민국
혼란을 틈탄 북한의 움직임
5.17시국수습방안과 관련한 논란들

제4장 5.18_신화神話의 자리를 차지한 역사
5.18광주사태와 나
광주사태, 그 비극의 시작
상황을 악화시킨 요인들
정부와 계엄사의 수습 노력
광주사태 수습 후에 던져진 질문들
5.18사태의 실체에 관한 논란
진실 규명은 아직 끝나지 않았다

제5장 최규하 대통령의 하야
위기수습에서 사회개혁으로
최규하 대통령의 소임과 성취
역사의 부름

3권_황야에 서다

제1장 회상
서재에 찾아드는 어린 시절
운명 같은 선택, 군인의 길

제2장 너무 짧게 끝난 퇴임의 기쁨
퇴임과 동시에 시작된 '5공 청산'
망명을 거부한 결말, 유폐幽閉

제3장 백담사百潭寺에서의 769일
가장 외진 절 백담사
험난했던 연희동으로의 귀환

제4장 6년 만에 이뤄진 노태우 대통령과의 만남
더욱 멀어진 연희동과 청와대
나의 동향에 촉각을 곤두세운 정치권

제5장 역사를 농락한 '역사바로세우기'
김영삼의 대선자금 의혹과 '역사바로세우기'
정권에 봉사한 검찰, 국회, 헌법재판소

차례

제6장 정치재판의 민낯
파행으로 끝난 1심 재판

제7장 치욕으로 남은 법원 판결
권력의 눈치를 살피며 영합한 사법부
최규하 전 대통령의 눈치를 본 검찰
교도소 담장의 안과 밖

제8장 항소심 법정에서 전개된 법리 논쟁
5.18재판 안팎에서 전개된 법리 다툼

제9장 천형天刑 아닌 천형, 추징금
정치자금과 뇌물
죽어도 완납完納은 불가능한 추징금

제10장 사라진 '전직 대통령 문화'의 꿈
청와대를 떠난 대통령의 삶
우애로운 이웃들과 함께하는 삶

글을 마치며

취임식 날의 분주하고 들뜬 하루를 보내고 다음날 아침, 출근을 위해 집무실로 향하는 나의 첫 발걸음은 가볍지 않았다. 국민 앞에 손을 들고 서약한 모든 약속들을 구현할 정책을 구상하고 실천방안들을 마련해 시행해나갈 책임은 이제 나의 몫이다. 최 대통령의 사임이 갑작스러운 것이어서 인수인계의 절차조차 없었다. 이번 경우뿐만이 아니고 우리 헌정사에는 지금까지 그런 선례가 있지를 않았다. 국정 방향을 정립하고 정책과제의 우선순위를 결정하는 일은 어차피 대통령인 나의 책무일 수밖에 없었다.

제1장

제11대 대통령 취임

새 시대의 개막

■

청와대 입주전야入住前夜

나는 1980년 8월 27일, 제7차 통일주체국민회의에서 대한민국 제11대 대통령으로 선출됐다. 그날 나는 각계 인사들을 접견하고 리셉션 등의 행사에 참석하느라 밤 10시가 넘어서야 귀가했다. 연희동 사저로 퇴근하는 것은 그날이 마지막이었다. 바로 다음날 청와대에 입주하는 일정이 잡혀 있었던 것이다. 8월 16일 최규하 대통령이 사임하고 곧바로 서교동 사저로 이사한 후 청와대는 비어 있었다. 대통령에 당선은 되었지만 아직 취임식 전인만큼 연희동 집에서 며칠간 더 지낼 수 있겠다고 나는 생각했다. 그런데 청와대를 오래 비워둘 수는 없으니 대통령 당선자가 바로 청와대에 입주해 집무를 시작해야 한다는 참모들의 건의가 있었다. 나는 그 건의를 받아들여 곧바로 청와대로 거처를 옮기기로 결정했다.

대통령의 집무공간이자 관저인 청와대는 이승만 대통령 시절까지 경무대景武臺로 불렸다. 3.15부정선거의 여파로 물러난 이승만 대통령에 이어 제

4대 대통령으로 취임한 윤보선 대통령은 부정적 이미지를 주는 경무대를 부드러운 느낌의 청와대靑瓦臺(푸른 기와집)로 바꾸도록 했다. 이름은 바뀌었지만 그곳은 일제강점기 총독들의 관사였다가 미 군정 때는 다시 군정사령관의 관사로 쓰였던, 우리의 슬픈 역사가 어려 있는 곳이다. 또한 이곳에 머물렀던 전임자들의 불행했던 최후를 생각해보면 들어가 살고 싶은 생각이 달아나버리는 곳이었다. 한때는 청와대를 지키는 대통령 경호실에 근무하기도 했고, 또 박정희 대통령의 부름을 받아 여러 차례 찾아오기도 했지만 막상 이 청와대로 들어가야만 한다고 생각하니, 그곳에서 몇 년을 가족과 함께 살아야만 한다고 생각하니 마음이 썩 내키는 것은 아니었다.

지금도 살고 있는 연희동 집은 백마부대 연대장으로 월남에 파견근무 중이던 1971년, 아내가 소매를 걷어붙이고 직접 짓다시피 한 집이었다. 외진 곳인데다 하수도 시설조차 없어 영 탐탁지 않던 그 터에 아내는 만삭의 몸으로 혼자 집을 지어놓고 나를 기다리고 있었다. 그래서 그 집은 내가 월남 참전 중 태어난 막내아들 재만과 나이가 같다. 아내와 아이들은 내가 생각지도 못했던 대통령이 되고, 숨 돌릴 틈도 없이 연희동 집을 떠나 청와대로 들어가야 한다는 사실에 당황해했다. 큰아들 재국은 심지어 나와 아내에게 우리 두 사람만 청와대로 가고 자신들은 지금처럼 연희동에서 살면 안 되느냐는 말을 하기도 했다. 큰아이는 이제 막 대학에 입학해 나름 자유로운 학창생활에 대한 꿈을 키우고 있었고, 딸 효선은 고등학교에, 그리고 셋째와 넷째는 중학교와 초등학교를 다니는 나이였다.

청와대에 입주하기 전날 밤 나는 좀체 잠을 이루지 못하고 막연한 불안감에 흔들리고 있는 아이들을 거실로 불러 모았다. 앞으로 어떤 일이 생길지는 나로서도 알 수 없지만 우리는 한 가족으로 뭉쳐 모든 일들을 함께 견뎌내야만 한다. 나는 아이들을 하나씩 안아주며 말했다.

"아버지도 대통령이 된다는 것은 생각도 하지 못했다. 하지만 어쩌겠느냐, 운명이라면 운명일 것이고 어차피 피할 수 없는 일이라면 우리 가족 모두가 힘을 모아 청와대 생활을 무사히 마치고 돌아올 수 있게 노력해보자."

아이들을 달래주며 나와 아내는 조금은 마음이 안정되는 것을 느꼈다. 그리고 나는 다시 한 번 나 자신에게 다짐했다.

'그래, 꼭 성공을 거두고 그리운 우리들의 보금자리로 다시 돌아오자. 우리 가족 모두 함께.'

첫 출근

1980년 8월 28일 청와대 첫 등청의 날이 찾아왔다. 새벽 일찍 일어난 내가 전투에 임하는 장수처럼 마음을 다시 한 번 다잡고 연희동 집을 떠난 것은 오전 8시 50분경이었다. 대통령 전용차에 몸을 싣고 10여 분 정도 달려 청와대 경내로 들어서는 나의 마음은 이런저런 생각으로 복잡했다. 청와대엔 어떤 마성魔性이 깃들어 있기에 들어가는 사람마다 정상적으로 임기를 마치지 못했던 걸까. 과연 나는 아이들 앞에서 장담했던 것처럼 임기를 성공적으로 마치고 집으로 돌아갈 수 있을 것인가. 하지만 나의 잡다한 상념은 차가 청와대 현관 앞에 도착하는 순간 사라졌다. 수많은 기자들이 터트린 카메라 플래시의 불빛들과 도열해 서 있던 청와대 직원들의 박수소리가 이제부터 내가 대한민국의 역사를 새롭게 써내려가야 할 대통령임을 일깨워주고 있었다.

나는 가슴을 펴고 짐짓 당당한 걸음으로 대통령 집무실을 향해 걸어갔다. 현관에서 그리 멀지 않은 곳에 위치한 대통령 집무실은 박 대통령을 뵙기 위해 그리고 최규하 대통령의 부름을 받아 내가 자주 드나들었던 낯익은 곳이다. 그러나 그 방의 주인인 대통령이 되어, 아내와 함께 비서실장, 경호실장, 대변인의 안내를 받으며 찾아가는 나의 감회는 남다를 수밖에 없었다. 대통령 집무실로 들어가려면 비서관이 지키고 있는 전실前室이라는 곳을 지나가야 하는데 그 방의 벽에는 역대 대통령들의 초상화가 걸려 있었다. 잠시 멈춰 서서 목례를 드린 후 뒤돌아보니 청와대 방문이 평생 처음인 아내가 몹시 긴장된 모습으로 따라오고 있었다. 그때 아내가 들릴까 말까 한 목소리로 "이제 임기가 끝나면 당신 사진도 저 곳에 걸리겠지요."라고 말했던 일이 생각난다.

그날 오전 나는 집무실에서 민관식閔寬植 국회의장대리, 이영섭李英燮 대법원장, 합참의장, 3군 참모총장, 연합사 부사령관, 마리오 크레마 주한외교사절단장 등을 접견했다. 그리고 오후에는 대접견실에서 김경원金瓊元 비서실장과 정동호鄭東鎬 경호실장, 김병훈金炳薰 의전수석, 이웅희 공보수석 등에게 임명장을 수여하는 등의 일정을 소화해냈다. 퇴청 후 주거공간인 2층 식당에서 저녁식사를 마친 후 반가운 이웃들이 살고 있는 연희동으로 달려가 반상회에 참석했던 일도 기억에 남는다. 저녁 10시 30분에야 모든 일정을 끝낼 수 있었던, 그야말로 눈코 뜰 새 없는 하루였다.

대통령 취임과 국정 구상

취임식 날의 분주하고 들뜬 하루를 보내고 다음날 아침 출근을 위해 집무실로 향하는 나의 발걸음은 가볍지 않았다. 이제 국민 앞에 손을 들고 서약한 모든 약속들을 구현할 정책들을 구상하고 그 실천 방안들을 구현해나갈 책임은 이제 나의 몫이다. 대통령 집무실 책상 위에는 무슨 과제들이 놓여 있는가, 그 과제들 가운데 가장 중요한 일은 무엇인가, 어떤 순서로 처리해나가야 하는가, 당장 해결해야 할 시급한 과제는 무엇인가, 또 새로 시작해야 할 일들은 어떤 것이 있는가…. 내 몸은 대통령 취임을 전후해 빡빡하게 짜여진 일정을 쫓아다니고 있었지만 머리는 줄곧 국정 구상에 골몰하고 있었다.

취임식장에 들어서며 참석자들의 박수에 답례하고 있다.

1980년 9월 1일, 나는 대한민국 제11대 대통령에 취임했다. 최규하 대통령이 사임성명을 발표하고 청와대를 떠난 지 보름 만의 일이었다. 나는 취임식에서 헌법에 명문화되어 있는 대로 "… 국헌을 준수하고 국가를 보위하며 국민의 자유와 복리의 증진에 노력하고 조국의 평화적 통일을 위해 대통령으로서의 직책을 성실히 수행할 것."을 국민 앞에 엄숙히 선서했다. 사실 나는 이른바 '준비된 대통령'과는 거리가 멀었다. 대통령이 되겠다는 꿈을 꾸며 그 준비를 해본 일도 없고 군 시절에도 12,000명 정도의 병력을 지휘하는 사단급 이상의 조직을 운영해본 경험도 없었다. 따라서 취임식을 마치고 막상 대통령 집무실의 책상에 혼자 앉았을 때 찾아온 그 침묵의 순간에 나를 채운 것은 흥분이라기보다는 앞이 보이지 않는 미래에 대한 불안이었다. 내가 과연 이 복잡한 일들을 제대로 해낼 수 있을까 하는 불안감에 머릿속이 하얗게 변하는 기분이기도 했다. 나는 우선 나 자신의 부족함과 모자람을 솔직히 인정하고 받아들이는 마음의 자세를 갖자고 다짐했다. '그래, 할 수 있는 일들을 열심히 하자. 모르는 일들은 주위의 많은 사람들에게 물어가며 사심 없이 해나가면 되지 않겠는가' 그렇게 생각을 정리하자 마음이 조금은 더 편해졌다.

청와대 집무실.

나는 집무실 책상 위의 종이에 임기 중 내가 해야 할 일들을 생각나는 대로 하나씩 적어보기 시작했다.

〈무엇을 할 것인가〉

하나. 평화적인 정권교체를 반드시 이룬다.

헌법이 규정하는 바에 따라 임기를 마치면 정권을 이양한다. 너무도 당연한 일. 하지만 또한 우리는 아직 한 번도 겪어보지 못한 일이기도 하다. 퇴임하는 1988년이 되어도 나는 아직 환갑에도 못 미치는 58세에 불과하다. 그리고 지금까지 아시아에서는 집권하고 나서 환갑도 안 된 나이에 권좌에서 물러난 사람은 없다. 권력에 깃든 마성魔性을 경계하고 또 경계하자. 내가 아니면 안 된다는 내면의 속삭임이 어느 날 갑자기 들려올지도 모른다. 또 내가 대통령에서 물러나면 많은 것을 잃게 될 사람들의 반대가 있을 수도 있다. 이 모든 것을 꼭 이겨내야 한다. 그리고 역사를 순리대로 흐르게 하자. 이것이 나의 첫 번째이자 가장 중요한 과업일 것이다.

둘. 경제를 살려내자.

나는 경제를 잘 모른다. 하지만 한 나라를 운영한다는 것도 결국은 일반 가정의 살림살이와 그 큰 틀에서는 크게 다를 것 없을 것이다. 알뜰하게 아껴 쓰고 낭비되는 것을 줄이며 상식이 통하는 그런 국가운영을 하자. 보약에 의존하기보다는 튼튼한 기초체력을 길러야 결국에는 성공할 수 있을 것이다.

셋. 사심 없이 인재를 등용하자.

나는 그동안 정당 활동을 해온 사람이 아니다. 또한 치열한 선거과정을 거쳐 대통령에 당선된 것도 아니다. 앞으로 다시 한 번 재선을 통해 집권할 수 있기를 바랄 일도 없다. 군에서 알던 사람들 이외에는 아는 사람들도 별로 없고 또한 누구에게 갚아야 할 마음의 빚이 있지도 않다. 외롭지만 한편 자유롭다. 각 부처에서, 또 민간의 여러 분야에서 유능한 인재들을 찾아내고 그들이 능력을 제대로 발휘할 수 있도록 사심 없이 도와주자. 결국, 모든 것이 그들에게 달린 것이다.

넷. 자율과 개방으로 가야 한다.

국가가 모든 것을 주도하는 정책으로는 지금 여기까지가 한계라고 생각한다. 어차피 앞으로의 모든 발전은 부쩍 성장해버린 민간부문에서 주도해야 한다. 하지만 통제가 심했던 사회에서 개방된 자율사회로의 이행이 너무 급하면 체제 자체가 위험해질지 모른다. 나는 속도의 조절을 담당하는 역할을 잘해내야 한다. 방향성과 속도감을 잘 유지하자. 너무 늦어지면 쓰러지고 너무 빠르면 위험해지며 방향을 잃으면 엉뚱한 곳에 도착할 수도 있다.

다섯. 국가를 지켜내야 한다.

아무리 좋은 정책을 펼쳐나가더라도 안보가 허물어지면 모든 일이 허사가 된다. 우리를 쓰러뜨리기 위해 집요한 손길을 쉼 없이 뻗쳐오는 김일성 집단과의 경쟁에서 압도적 우위를 유지해나가면서 철없이 그들에게 동조하는 우리 내부의 자생적 친북세력들도 적절하게 대처해나가야 한다. 우리가 선택한 길은 결국은 옳은 길이었지만 건국 초기의 불리함을 극복하고 대한민국이 북한을 경제적으로 앞서나가기 시작한 것은 이제 겨우 4~5년이 지났을 뿐이다. 더욱 더 경제력의 격차를 벌려 북한공산체제가 자기모순 속에 붕괴되도록 해야 한다. 성장하는 국력은 총과 대포보다 더 견고한 우리의 방위력이 된다.

국가가 경제 성장을 주도하던 1970년대식의 발전 모델은 박정희 대통령의 퇴장과 함께 이미 그 수명을 다해가고 있었다. 1980년대는 성장한 민간경제와 높아진 국민 수준에 걸맞은 대대적인 정책 전환이 필요한 때였다. 나는 깊은 고민 끝에 무리한 고도성장에 대한 환상을 버리고 안정을 가장 중요한 정책과제로 선택했다. 안정을 통해 국가 경제의 기초체력을 기르고 지역 간, 계층 간의 불균형을 줄이기로 한 것이다. 하지만 엄청난 물가상승에 길들여진 경제를 단기간에 정상화, 안정화시키는 과정에서 국민들은 적지 않은 고통을 겪어야 했고 나는 국민의 인기를 포기해야만 했다.

제2장

경제 살리기

정책의 기조를 바꾸다

■

1980년대 초의 대한민국 경제

대통령에 취임하던 즈음, 나는 이미 우리나라 경제가 직면하고 있는 위기의 실상을 개략적으로나마 파악하고 있었다. 그 당시에는 경제 문제에 특별히 관심을 가진 사람이 아니더라도 누구나 실생활을 통해 경제적 어려움을 피부로 느끼고 있었다. 물가는 천정부지로 오르고, 장사는 안 되고, 쌀과 석유가 부족하다는 보도가 이어지고 해외로부터 빌려 쓴 돈이 많이 쌓여 외채망국론까지 등장하는 상황이어서 우리 경제가 매우 어렵다는 건 누가 설명해주지 않아도 다 알고 있었다.

대통령이 되기 3개월 전에 발족한 국가보위비상대책위원회 상임위원장으로서의 경험은 우리 경제가 안고 있는 문제들을 짚어내고 그 대책을 마련하는 데 큰 도움이 되었다. 워낙 짧은 기간인데다 국정 전반에 걸친 일련의 개혁 작업을 진두지휘하느라 경제 문제에만 전념할 수는 없었지만 경제과학분과위원회에서 논의된 사항들에 관해서는 특별히 깊은 관심을 기울였었다. 나는 그에 앞서 보안사령관 시절부터 우리나라 경제 문제에 관해 경제관료로부터 개인교습을 받고 있었다.

나는 그러한 경제 공부를 통해 우리나라가 그동안 산업화를 추진해오면서 경제가 비약적인 발전을 이룩했지만 고도성장에 따른 만성적인 인플레이션, 국제수지 적자 누적 등 구조적인 한계에 봉착해 있다는 사실을 파악하고 있었다. 또한 이 위기국면을 해결해나가려면 경제정책 기조에 일대 전환이 요구되고 있고 이를 위해서는 통치 차원의 결단이 필요하다는 설명을 들어 알고 있었다. 한마디로 말해 우리 경제는 일시적인 곤경에 빠진 것이 아니라 오랜 지병持病을 앓고 있고 그 상태가 아주 위중하다는 것이었다. 신통한 명의가 나타나지 않는 한 회생을 기대하기 어려운 지경이라고 했다.

그런데 이제 그 병을 치료해야 할 책임을 내가 떠맡게 된 것이다. 불과 한 달 전인 7월 31일 최규하 대통령이 돌연 사임할 의사를 밝히면서 "오늘의 이 난국을 타개해나갈 수 있는 사람은 군의 신뢰를 받고 있는 전 사령관뿐."이라며 후임 대통령을 맡아달라고 말씀하셨을 때 내가 생각할 틈도 없이 곧바로 "저는 군인으로만 살아왔기 때문에 군밖에 모릅니다. 정치도, 경제도, 외교도 너무 모릅니다."고 말씀드린 것은 당시 나라가 처해 있는 상황이 얼마나 엄중한지 잘 알고 있었기 때문이었다. 대통령 자리를 이어받으라는 말씀은 "듣지 않은 것으로 하겠다."고 한 것은 결코 인사치례로 드린 사양의 말이 아니었다. 최 대통령 앞에서 물러나와 집에도 안 들어가고 사무실에서 밤을 새우며 생각해봐도 엄두가 나지 않는 일이었다. "면장도 뭘 좀 알아야 할 수 있다."는 말이 있는데 아무런 국정 경험도, 준비도 없이 어떻게 대통령직을 수행할 수 있겠는가. 10.26 이후의 위기 상황에서 정치

사회적 혼란은 어느 정도 수습이 되었지만 난마같이 엉클어진 경제적 난제들을 무슨 수로 타개해나갈 수 있겠는가. 보안사령관과 국보위 상임위원장 시절 개인교습까지 받아가며 파악하게 된 우리의 경제 상황은 전문가가 아닌 나 같은 사람의 눈에도 불치병에 걸린 위중한 환자의 모습이었다.

그래서 내가 대통령이 되어 집무실로 출근하게 되었을 때 나는 산적해 있는 경제적 난제들과 씨름을 해야 한다는 각오는 되어 있었다. 그런데 막상 대통령의 입장에서 경제 현황을 하나하나 꼼꼼히 살펴보니 상황은 생각했던 것보다 훨씬 심각했다. 무슨 수로 이 난관을 헤쳐 나가야 할지 타개책이 아득하기만 했다. 최 대통령의 권유를 받았을 때 못하겠다고 끝내 고사했어야 했다는 후회가 한순간 스쳐 지나갔다. 몇 달 전 김대중 씨가 YWCA 초청 연설에서 "누가 한 4년쯤 해서 실컷 고생하고 난 뒤 그때쯤 가서 내가 맡는 게 차라리 좋겠다는 생각이 듭니다."라고 했다는 그의 말이 떠오를 정도였다.

물론 대통령이 되고 나서 파악해본 우리 경제의 실정이 보안사령관, 국보위 상임위원장 시절에 알고 있었던 것과 내용상 크게 달랐던 것은 아니었다. 대통령이 되기 전 나의 경제 분야 개인교사였던 사람들이 정부의 공직자들이었고 또 바로 그 사람들이 내가 대통령이 된 뒤 청와대와 경제부처의 중요한 직책을 맡고 있었으니 우리 경제에 대한 그들의 상황인식이 앞뒤가 다를 수는 없었다. 그러나 같은 내용이라도 보는 입장이 달라지니 전혀 다른 모습으로 다가왔다. 이전에 맡았던 직책과는 달리 이제 그러한 난제들을 타개해나가야 할 총체적인 책임이 바로 대통령이 된 내 어깨에 지워져 있었던 것이다.

무너져 내리는 한국경제

1980년의 경제적 위기는 10.26사태 이후의 정치적 불안과 노사분쟁, 학원소요 등 사회적 혼란과 같은 경제외적 요인에 따른 일시적 현상이 아니었다. 10여 년간 수출 주도의 고도성장정책을 밀고 나온 과정에서 누적된 여러 병폐들이 불거져 나오고 있었던 것이다. 또한 그러한 병적 증상들은 구조적이고 복합적인 요인에 의해 빚어진 것이어서 어느 한 곳만 손을 댄다고 해서 치유될 수 있는 것이 아니었다. 어느 한 군데 성한 곳이 없는 총체적 위기상황을 보이고 있었다. 게다가 설상가상으로 1979년의 제2차 석유파동과 세계 경기의 후퇴 등 국제적 요인과 냉해로 인한 흉작이 겹쳐서 상황은 더욱 악화되어 있었다. 당장 먹을 쌀과 기름이 바닥을 보이고 있었다. 중환자실로 옮겨 응급처치를 해야 할 상태였다.

경제성장률만 보더라도 눈에 띄게 둔화되고 있었다. 1979년 상반기까지 10% 이상의 수준을 유지하던 경제성장률이 하반기부터는 국내외 수요가 급격히 둔화되어 7%까지 떨어졌다. 요즘 기준으로 보면 7%도 대단히 높은 수치지만 10년 이상 지속돼온 10% 이상의 성장세가 7%대로 떨어졌다는 것은 위험신호였다. 최 대통령 시절인 1979년 말 연구기관에서는 1980년도 경제성장률을 마이너스로 예상했는데 국민경제에 주는 충격을 고려해 4%라고 발표할 수밖에 없었다. 당시 경제기획원의 강경식 기획차관보가 훗날 "조종사가 없는 비행기가 계속 고도가 떨어져가고 있는 상황 같았다."고 술회했다지만 비행기가 공중을 나는 데 필요한 속도를 유지하지 못하면 추락할 위험에 빠질 수도 있는 것이다. 결국 1980년의 경제성장률은 -5.6%로 후퇴했다. 1960년 이래 최초의 마이너스의 성장 기록이었다.

고도인플레이션은 고도성장과 동전의 양면과도 같은 현상으로 이해되기도 한다. 따라서 오랜 기간 10%대의 고도성장을 지속해오다 보니 물가 오름세를 감수할 수밖에 없는 측면이 있었을 것이다. 그러나 1970년대부터 인플레는 고질화되고 악성화되어 우리 경제의 건전한 성장 발전의 발목을 잡고 있었다. 특히 국민의 경제심리는 정치사회적 혼란과 경제상황의 불안 정성에 가장 민감하게 반응하는 것이어서 10.26 이후의 물가상승은 최악으로 치닫고 있었다. 취임해 보고를 받아보니 1980년 1/4분기의 도매물가는 이미 48%까지 치솟아 있었다.

이와 같은 물가폭등은 구조적인 문제에 기인한 측면도 있지만 1979년의 제2차 석유파동에 따른 원유가 인상과 흉작 등이 상황을 더욱 악화시키고 있었다. 그해 5월 최규하 대통령이 국내 정세가 긴박한 가운데서도 중동 산유국들을 직접 방문해 정상외교를 펼친 결과 원유 물량을 확보하는 데에는 성공해 한숨을 돌릴 수 있었다. 그러나 국제유가는 하루가 멀다 하고 치솟았다. 배럴당 18달러에서 36달러로 폭등하는 가운데 석유수출국기구(OPEC)의 원유가 인상과 환율 인상 등으로 원유대금은 불과 1년 사이에 30억 달러에서 60억 달러로 늘어났다. 이에 따라 전기료를 비롯한 연관제품 가격의 폭등으로 이어지는 등 물가인상 요인이 쌓여만 갔다. 게다가 관련제품과 전반적인 공산품 값이 재조정될 것으로 알려지면서 각종 석유화학제품과 화공약품류가 시장에서 자취를 감추고 2~3차 공산품(화섬제품, PVC제품 등)은 아예 거래가 중단되기도 했다. 생필품의 경우 기업들이 출고량을 조절하고 있는데다 도소매상들까지 판매를 꺼리고 있어 설탕, 비누, 조미료, 화장지 등 거의 모든 품목들이 거래가 뜸한 채 가격 인상의 시기만 엿보고 있었다.

원유 못지않게 물가에 결정적 영향을 주는 품목이 쌀이다. 그런데 1980

년 9월 취임해 미곡의 작황을 보고받으니 유례없는 대흉작이라는 것이었다. 흉작이 예상되면서 자연 민심도 흔들리고 있다는 보고까지 올라왔다. 다른 물품은 부족하면 부족한대로 견딜 수 있지만 식량이 떨어진다는 것은 전혀 차원이 다른 문제였다. 쌀을 확보하는 일이 초미의 과제로 떠올랐다. 정부에서 비축하고 있는 쌀 재고량도 여유가 없어 1981년 4월까지 겨우 지탱할 수 있을 뿐이라는 것이다. 어쩔 수 없이 외국에서 쌀을 사오는 수밖에 도리가 없었다. 그런데 우리의 어려운 사정을 아는 미국의 한 곡물기업이 지나치게 비싼 값을 불렀다. 이 사람들은 인공위성으로 세계 각국의 쌀 작황을 손금 보듯이 파악하고 있다가 사정이 급한 곳을 찾아내서는 쌀을 비싸게 팔았다. 장사하는 사람들에겐 우방도 혈맹도 다 부질없는 말이었다. 나는 이 계약의 전권을 김주호金周浩 조달청장에게 맡겼는데 김 청장은 자리를 걸고 그 일을 성공적으로 해냈다. 김 청장은 경쟁입찰에 부쳐서 톤당 600달러를 제시한 그 회사 대신 390달러를 써낸 다른 회사에 낙찰시켰다. 이 과정에서 미국의 의회와 정계, 금융계에 막강한 영향력을 가진 그 회사는 수단방법을 가리지 않고 압력을 가해왔다. 레이건 대통령과 정상회담을 가진 미국 방문 기간에도 백악관 관계관을 통해 말을 넣어오기까지 했다. 나는 이 모든 압박을 일축했다. 240만 톤을 도입해야 하는 거래에서 톤당 200달러를 더 주게 되면 수억 달러의 차이가 발생하는 것이다. 경쟁입찰에서 떨어져 앙심을 품은 그 곡물상은 김 청장이 뇌물을 먹었다며 미국 의회에서 청문회를 한다고 난리를 쳤으나 사실무근으로 밝혀졌다. 나중에 그 회사 책임자는 우리 대사관을 찾아와 사과를 하고 나를 만나게 해달라고 했는데 내가 그들을 만날 이유가 없었다.

우여곡절 끝에 종전보다 훨씬 싼값에 미국산 쌀을 도입했으나 사재기가 기승을 부리는데다 불안심리까지 겹쳐 쌀값이 폭등하자 흉년 민심은 가라

않지 않았다. "쌀이 부족하지 않다." "외국에서 충분한 양의 쌀을 들여왔다."
는 말만으로는 국민의 불안감이 해소되지 않았던 것이다. 국민이 눈으로
직접 확인할 수 있도록 할 필요가 있었다. 나는 정종택鄭宗澤 농수산부장관
에게 지시해 수입해온 쌀을 인천에서 하역하는 장면을 TV에 계속 방영하
도록 했다. 또한 인천으로 들여온 쌀을 경기도에서 도정하지 않고 일부러
'양곡수송'이라는 문구를 부착한 트럭에 실어 일부러 다른 지방으로 보내
도정하게 했다. 원래는 화물트럭이 다니지 못하게 되어 있는 서울 중심 도
로를 통과하게끔 하기도 했다. 왜관에 내릴 쌀은 대구 시내를 빙빙 돌다 가
게 하고, 송정리로 갈 쌀은 광주 시내를 거쳐 가도록 하는 식이었다. 사실
따지고 보면 얄팍한 심리전일 수도 있고 또 수송비 등 불필요한 경비가 들
어가기도 했지만 그렇게 해서라도 국민의 불안심리를 잠재우고 쌀값 폭등
을 막을 수 있다면 괜찮겠다고 판단한 것이다. 이 방법이 적중했다. 사람들
이 쌀이 충분히 확보됐다고 믿게 되면서 가수요가 줄어들고 사재기했던 물
량을 내놓자 하늘 높은 줄 모르고 치솟던 쌀값이 진정되기 시작했다.

그러나 원유가와 쌀값 폭등 등의 요인으로 인해 1980년의 물가상승률
은 도매물가 44.2%(1979년은 11.5%), 소비자물가 34.6%(1979년은 20.7%)를
기록했다. 물가가 예상치보다 1~2%포인트만 높게 나와도 난리를 치는
요즘의 물가추세와 굳이 비교하지 않더라도 30~40%대의 물가상승률
은 가히 파국적인 수치였다. 일본의 도바 긴이치로 와세다대학 교수는
1980년~81년 사이의 우리나라의 인플레를 '광란적 인플레'라고 표현했
을 정도였다.

외환 사정도 악화일로였다. 국제금리가 7%에서 14~15% 수준으로 급등
했는데 이처럼 높은 금리를 지불해가면서 해외에서 차관을 도입하는 것은

보통 어려운 일이 아니었다. 당시 매년 부족 자본 70억 달러 이상을 해외에서 조달해야 했던 우리 입장에서 상황은 갈수록 어려워지고 있었다. 설상가상으로 해외차관의 만기도 한꺼번에 다가오고 있었다. 연말이 되면 경제장관들이 차관을 얻으러 해외에 나가 사정사정해서 돈을 빌려오곤 하는데 그나마 이율은 높고 액수는 많지 않다는 것이다. 외국투자자들은 10.26사태 이후 한국의 경제 위기와 정치사회적 불안정을 이유로 기존 차관의 상환기한 연장을 거부하는가 하면 새로운 차관 제공을 꺼려하고 있었다. 이러한 외자조달의 어려움 때문에 거의 모든 기업은 자금경색을 면할 수 없었다. 심지어는 외환 부족으로 은행에서 신용장 개설도 못하는 경우까지 있다고 했다. 최 대통령 시절 경제기획원 실무진에서는 외환 부도에 따른 국가파산 상황을 가상한 시나리오까지 만들어 놨다고 한다. 세상에 알려지면 자칫 나라 전체가 공황상태에 빠질 우려가 있어 극소수의 관계공무원이 쉬쉬하면서 작업한 것인데 어쨌든 외환사정은 그만큼 심각했다.

박정희 대통령이 의욕을 가지고 추진해온 중화학공업도 우리 경제에 감당하기 어려운 짐이 되고 있었다. 박 대통령은 1973년 1월 연두 기자회견을 통해 '중화학공업 육성 선언'을 했는데 노동집약적인 경공업 위주의 산업전략으로는 수출증대와 경제성장에 한계가 있었다. 또 경제발전 단계상 중화학공업으로의 이행은 필요했다. 박 대통령의 중화학공업 중시 정책은 무엇보다도 자주국방 의지와 직결되어 있었다. 그러나 선언을 앞세운 중화학공업 정책은 자금계획이나 시장 확보 전략 면에서 준비가 되어 있지 않았다. 우대금리 등의 자금지원을 통해 정책금융의 80%를 중화학공업부문에 투입했을 정도로 자원배분이 왜곡되어 있었다. 뿐만 아니라 시장 상황을 고려하지 않은 채 해외로부터 돈을 빌려 엄청난 규모로 시설을 만들어놓았다.

일본의 경우 내수를 거쳐 수출로 이어졌지만 우리는 내수시장이 빈약함에도 불구하고 과잉중복투자가 이뤄졌기 때문에 실제 가동률은 매우 저조했다. 1980년 당시의 가동률을 보면 발전설비부문 10% 미만, 선박용 디젤엔진부문 9% 미만, 자동차부문 36% 미만, 중전기기부문 39% 정도였다. 사정이 그러니 수익은커녕 차입금 이자 갚기도 어려운 형편이었고 매년 엄청난 적자만 쌓여갔다. 계속 기계를 돌릴 수도 없고 그렇다고 사업을 무를 수도 없는, 그야말로 진퇴양난의 수렁에 빠져 있었다. 한국중공업의 경우만 보더라도 공장은 돌아가지도 않는데 이자만 하루에 1억 원씩이나 되어 매년 수백억 원의 돈을 쏟아 부어야 했다. 오죽하면 "공장에 불이 나서 다 타버리면 좋겠다. 그래서 손비損費 처리하거나 화재 보험료를 받아 차관을 갚고 문을 닫아버리는 게 낫겠다."라는 자포자기적인 얘기까지 나왔겠는가. 물론 활로가 보이지 않으니 답답해서 한 말이라고 하지만 당시 중화학부문의 중복과잉투자는 그만큼 우리 경제에 큰 골칫거리였다. 중화학공업 부문 투자에 문제가 있고 그 폐해가 진작 드러나고 있었지만, 중화학공업 건설은 박 대통령의 의지가 투영된 사안이어서 성역화聖域化되어 있었다. 아무도 문제제기를 할 수 없었고 그러는 사이 상황은 곪아가고 있었다.

　우리의 경제성장을 견인해온 해외부문에서도 적신호가 켜지고 있었다. 1979년의 수출입 상황을 살펴보니 수출은 147억 달러로 신장세가 전년의 26.5%에서 18.4%로 둔화되어 있었다. 그나마 이러한 증가세도 수출단가가 19.6% 상승한 데 힘입은 것으로 이를 감안하면 수출물량은 오히려 1%포인트 감소한 것이다. 수입은 원유를 비롯한 국제원자재 가격의 상승과 가격 안정을 위한 일부 농수산물의 수입 확대로 전년보다 35.8% 늘어난 503억 달러에 달했다. 이에 따라 무역수지 적자폭은 전년의 18억 달러에서 44억 달러로 2.5배나 확대되었다. 또한 무역외수지도 투자 수익 지급 증가 등에 따라 적자로 돌아서게 되어 경상수지 적자는 1978년의 11억 달러에서 1979년에는 42억 달러로 크게 확대되었다. 1980년에는 대외여건의 악화에도 불구하고 수출이 비교적 견실한 증가세를 보였으나 큰 폭의 원유가격 상승과 국제고금리 현상으로 대외지급이 크게 늘어나면서 국제수지 적자는 57억 달러 수준으로 확대되었다.

1970년대 들어 개선 추이를 보이던 고용 사정도 1979년부터 성장세가 둔화되면서 크게 악화되기 시작했다. 1979년에는 경제활동인구가 2% 증가하였으나 취업자 수는 1.3% 증가에 그침에 따라 실업률은 전년의 3.2%에서 3.8%로 크게 높아졌고, 1980년에도 취업자 수가 0.3% 증가하는 데 그쳐 5.2%의 높은 실업률을 기록하게 되었다. 이와 같은 현상은 국내의 경제여건의 악화로 기업활동이 크게 위축돼 신규 노동력을 충분히 흡수하지 못한 결과였다.

내각과 비서실의 경제팀 구축

대통령 취임을 전후해서 내가 받아 본 경제관계보고서 가운데 밝고 희망적인 내용을 담고 있는 것은 단 하나도 없었다. 모든 것이 어렵고, 더 나빠지고 있고, 문제가 많다는 내용뿐이었다. 한마디로 말하면 "망하게 됐다."는 것이었다. 대책이라고 제시된 것도 막연하고 추상적이었으며 누군가 모든 책임을 떠안고 결단을 내려야만 하는 것뿐이었다. 그런데 어쨌거나 나에게 다른 선택은 없었다. 좋건 나쁘건, 어렵건 쉽건 간에 그 짐을 짊어지고 가야 할 사람은 나였다. 내 위로는 올려다볼 데가 없었고, 앞을 보나 뒤를 보나 달리 책임을 나눠 질 사람은 없었다. 그러자 나에게 오기 같은 것이 발동했다. "그래, 해보자. 하자."고 마음을 다잡았다. 경제에 관해 지식도 부족하고 경험도 없지만 "내가 언제는 아는 일만 하고 해봤던 일만 했던

가." 자문하며 스스로 자신감을 일깨웠다.

나는 먼저 경제문제에 관해 나를 보좌하고 조언해줄 경제수석비서관과 경제정책을 책임지고 수행해나갈 경제 각료에 우수하고 유능한 전문가를 배치하는 일이 가장 중요하다고 생각했다. 그런데 다행스럽게도 나는 별로 어렵지 않게 적임자들을 찾을 수 있었다. 경제수석비서관에는 다른데서 구할 필요도 없이 보안사령관 시절 나의 경제개인교사였고 국보위에도 참여했던 김재익金在益 전 경제기획원 기획국장을 쉽게 결정했다. 스탠포드 대학에서 박사학위를 받은 김재익 수석은 경제학 이론뿐만 아니라 현실 경제 문제에 관해서도 폭넓은 지식을 갖고 있었다. 남덕우南悳祐 경제부총리에게 발탁되어 경제기획원 기획국장을 지냈기 때문에 우리나라 경제 현황에 관해 소상히 파악하고 있었다. 우리 경제가 안고 있는 문제점들과 그 원인, 그리고 대책까지 명쾌하게 풀어냈다. 나는 경제수석을 고르는 데 아무런 고심을 할 필요도 없이 바로 그를 낙점했다. 그는 특히 복잡한 경제현상을 알기 쉽게 설명해주는 능력이 있어 내가 문제의 핵심을 이해하고 적절한 결심을 하는 데 필요한 조언을 해주었다.

그런데 한 가지 문제가 있었다. 김 수석은 관계부처와 업무협의를 할 때 주로 국장급을 상대하곤 했다. 또 장관들에 대한 대통령의 지시도 국장급을 통해 전달하고 있었다. 경제수석의 협의 상대가 국장급이 되면 그 협의 내용이 보고계통을 거쳐 장관에게 올라갔다가 내려와 다시 김 수석에게 전달되는 과정을 거치게 되니까 업무처리가 지체될 뿐만 아니라 나의 뜻이 정확히 전달되지 않는 경우도 생길 수 있다. 경제수석은 직급은 차관급이었지만 비서실장이나 다른 누구를 거치지 않고 대통령인 나에게 직보하는 위치에 있는 만큼 특별한 경우를 제외하고는 내각에서도 대통령에게 직보할 수 있는 장관들과 상대해야 한다. 그런데 김 수석이 차관급도 아닌 국장급들과 주로 상대하고 있던 것은 업무처리 절차를 몰라서 그랬던 것은 아니고 원래 겸손한 성품인데다 청와대에 오기 몇 달 전까지만 해도 경제기획원에서 기획국장을 지냈기 때문에 전화로 또는 직접 장관들을 불러서 지시하기가 어려웠을 것으로 생각됐다.

그래서 나는 김재익 수석에게 "대통령인 나를 대신해 지시하고 협의하는 것이니 경제분야에 관한 한 김 수석이 대통령이나 마찬가지다. 그러니 앞으로 나의 지시나 의견을 관계부처에 전할 때에는 직접 장차관을 상대하고, 필요하면 장관을 직접 불러 협의를 하라."고 일러뒀다. 아울러 경제수석이 배석하는 경제장관협의회에서 앞으로 경제문제에 대해서는 먼저 김재익 수석과 협의를 하고 나에 대한 보고도 김재익 수석을 통해서 하도록 장관들에게 지시했다. 나는 그 뒤에도 장관들에게 몇 차례 같은 다짐을 보여주었다. 그것은 김재익 수석에 대한 나의 신뢰를 보여주려는 뜻도 있었지만, 그보다는 김 수석을 통해 펼쳐나갈 새로운 경제시책이 지난 10여 년간의 정책기조와는 상반되는 것이어서 내각의 일부 부처에서 반론이나 이의를 제기하며 저항하는 경우도 예상됐기 때문이었다. 그러한 반론에 대해서는 김재익 수석이 충분한 논리와 근거를 가지고 설득할 수 있다고 믿었지만, 나의 신임을 보여줌으로써 김 수석의 입지를 한층 더 강화해주고자 했던 것이다.

나는 군에 있을 때에도 일단 신뢰해 임무를 맡긴 부하에게는 그가 소신과 책임감을 갖고 일할 수 있도록 최대한 힘을 실어주고 밀어주었다. 아무리 유능하고 뛰어난 지도자라 하더라도 천수천안千手千眼을 지닌 것이 아니므로 모든 것을 혼자서 다 할 수는 없는 일이다. 부하들을 적재적소에 배치해 능력껏 임무수행을 할 수 있도록 독려하고 뒷받침을 해준다는 것이 나의 지휘철학이었다. 나는 김재익 수석 때도 그랬고 그 후임인 사공일司空壹, 박영철朴英哲 경제수석비서관에게 보다 많은 역할을 맡겼지만 한편으로는 한계를 분명히 지키도록 사전에 주의를 주었다. 경제수석비서관이 나의 위임에 따라 경제부처 장관에게 나의 지시를 전하고 업무협의를 하되 정책 추진의 권한과 책임은 어디까지나 장관에게 있는 만큼 정책 수행의 전면에는 나서지 말라고 지시했다. 군의 경우를 비유해서 말하자면 청와대 보좌진은 지휘관의 참모이고 장관은 예하부대 지휘관인 셈인데 상급부대 참모와 예하부대 지휘관 사이의 업무의 한계를 분명히 가려주어야 한다고 생각했다. 나의 이런 지침에 따라 경제수석비서관뿐만 아니라 그 밖의 다른 수석비서관들도 나의 재임기간 중 정책 수행과 관련해 국민과 언론을 직접 상대하는 일에는 나서지 않았다.

나는 1983년 10월 김재익 수석이 나를 수행해 서남아시아 순방 경제외교활동에 나섰다가 북한의 아웅산 폭탄테러로 순국한 뒤 그 후임에 사공일 KDI원장을 임명했다. 또 1987년 6월 개각 때 사공일 수석을 재무부장관으로 내보내면서 그 후임에 역시 고려대학교 교수 출신인 박영철 KDI원장을 발탁했다. 경제정책을 시행하는 경제부처의 장차관과 달리 나의 경제참모인 경제수석비서관은 직업 관료 출신보다 교수, 학자 출신을 선택한 것이다. 재임 중 경제정책의 기조가 과거 20년간 일관해왔던 성장 위주 정책과는 반대로 안정, 자율, 개방을 지향하는 것인 만큼 어느 정도 타성에 젖어 있는 직업 관료보다는 넓은 시각으로 상황을 종합적으로 파악하는 능력이 있고 개혁적 성향을 지닌 학자 출신이 필요했다. 관료주의는 정부 정책의 일관성 유지, 추진력, 능률성 등의 측면에서 필요한 요소도 있지만, 현실에 안주하거나 부처이기주의部處利己主義에 얽매이는 경향이 있는 것도 사실이기 때문이다. 실제로 나의 재임기간 중 안정화 시책을 추진해나가는 과정에서 기업이나 근로자들의 입장을 대변해야 하는 상공부, 노동부의 관계공무원 그리고 농민들의 이익을 지켜줘야 하는 농수산부 공무원들은 정부의 임금 인상 억제나 추곡수매가 인상 억제 시책에 강력히 저항하고는 했다. 때문에 나의 경제보좌관으로는 직업 관료 출신 대신 각 부처의 상충되는 입장이나 이견에 구애받지 않고 보다 넓은 시각과 긴 안목으로 조율할 수 있는 학자 출신들을 선택했다.

청와대 비서실의 경제팀은 쉽게 구성했지만 내각의 경우는 숙고가 필요했다. 특히 국무총리와 경제총수인 경제기획원장관(부총리 겸임) 인선에 고심을 했다. 내가 경제수석비서관으로 발탁한 김재익 박사가 안정, 자율, 개방주의자여서 이러한 정책 방향과 조화를 이룰 수 있는 인물을 골라야 했다. 그래서 내각의 경제팀장인 경제기획원장관에는 신병현申秉鉉 상공부장관을 기용했다. 신병현 장관은 한국은행총재까지 지낸 금융전문가여서 보수적 안정적인 경제운용으로 김재익 수석과 호흡이 맞을 것으로 생각했다. 김재익 수석은 미국에 유학하기 전 잠시 한국은행에서 일한 적이 있어 신병현 장관에 대해서 잘 알고 있다고 했다.

국무총리에는 고심 끝에 남덕우南悳祐 전 부총리를 임명했다. 남덕우 전 부총리는 1969년 경제과학심의위원으로 박 대통령 정부에 참여한 이래 재무부장관, 부총리 겸 경제기획원장관, 대통령 경제특보 등을 역임하며 박 대통령 시절 내내 수출 드라이브와 성장 위주의 경제정책을 주도해온 분이었다. 그런 만큼 종전의 경제정책에 대한 반성과 일대 정책 전환이 요구되는 시대적 상황과는 맞지 않았다. 더욱이 남 총리는 고도성장 위주의 정책이 한계를 드러내게 됨에 따라 10.26 전해인 1978년 안정론자인 신현확申鉉

磧 씨에게 경제기획원장관 자리를 물려주고 대통령 특보로 후퇴했었다. 그럼에도 불구하고 내가 남덕우 전 부총리를 총리로 기용한 것은 '결자해지結者解之'하라는 뜻과 아울러 파탄 직전의 경제적 위기를 돌파해나가는 데 과거의 경험과 지혜가 필요하다는 판단이 함께 작용했던 것이다.

청와대에서 부활한 경연經筵

보안사령관 시절 내가 직무와 직접 관련이 없는 경제에 관해 따로 공부를 한 것은 언젠가 경제문제를 다루는 자리를 맡게 될지도 모른다는 생각에서 한 일은 물론 아니다. 더욱이 경제정책에 관해 최종적으로 판단하고 책임져야 할 대통령이 될 때를 생각해서 그 준비를 한 것은 더더구나 생각할 수도 없는 일이었다. 내가 경제 개인학습을 받던 때로부터 불과 1년여 만에 대통령이 된 사실과 관련해서, 그때 이미 집권을 예비했던 것 아니냐는 의혹을 제기하는 사람들이 있다고 들었다. 그런 사람에게는 상상력이 풍부하다고 해서는 안 되고 의심암귀疑心暗鬼에 사로잡힌 것이라고나 해야 할 것 같다. 앞에서도 언급한 바 있지만, 내가 보안사령관에 부임한 뒤 박정희 대통령에게 건의 드려서 일반정보를 취급하게 되었는데 보고받은 정보 가운데에는 경제에 관한 내용들이 제법 많이 포함되어 있었다. 군사정보가 아닌 일반정보 가운데서도 정치나 사회문제들에 관한 내용들은 특별히 전문지식이 없어도 이해 못할 내용이 없었다. 그런데 경제정보들은 더러 잘 모르는 대목들이 있었다. 경제정보라고 해야 주요기업이나 기업인들의 동향, 고위 경제관료들에 관한 얘기 등이 대부분이었지만, 그런 정보들 사이에 등장하는 물가, 금리, 환율, 저축률, 경기변동景氣變動 등 거시경제지표巨視經濟指標들에 관한 내용은 제대로 이해할 수 없었다. 그러니 보안사령관 역할을 제대로 하려면 경제문제도 어느 수준까지는 알아야겠다고 생각했다. 그래서 전부터 알고 지내던 장덕진張德鎭 경제과학심의회의 상임위원(농수산부장관 역임)에게 경제 가정교사를 추천해 달라고 부탁한 것이다. 장 장관은 박봉환朴鳳煥 경제과학심의회의 사무국장을 소개해주었다. 박봉환 국장은 근무시간 외에 잠시 짬을 낼 수 있다고 했다. 나는 한동안 박봉환 국장과 함께 경제공부를 했는데 박 국장이 재무부차관으로 자리를 옮기면서 바빠지자 자기 대신 경제기획원 기획국장직 사표를 내고 한국개발연구원(KDI)의 연구원으로 가기로 한 김재익 박사를 소개해준 것이다.

대통령에 취임하면서 경제수석으로 기용한 김재익 박사는 경제정책에 관한 보좌관이었지만 한편으로 나의 경제학 선생이기도 했다. 김재익 수석의 보고를 받고 지시하고 하는 과정에서 질문과 답변이 이뤄지고 토론도 하게 되니 그 이상의 좋은 학습이 있을 수 없었다. 그런데 한 사람의 얘기만 듣다보면 경제에 관해 내가 얻게 되는 지식과 정보와 의견이 한쪽으로 편향될 수 있었다. 김재익 수석이 맡은 일이 격무여서 나의 과외선생 노릇에 더 많은 시간을 할애해달라고 할 수도 없었지만, 그보다는 내가 편식偏食을 피하자는 생각에서 다른 경제 전문가들의 얘기도 들어보기로 했다.

1981년 2월, 김재익 수석의 천거로 김기환金基桓 KDI 원장이 경제교사의 바통을 이어받았다. 김기환 박사는 경제문제 전반에 걸쳐 대체로 김재익 수석과 생각이 같았는데 아마도 그래서 김재익 수석이 나한테 천거한 것 같았다. 나는 김기환 박사 외에도 사공일 KDI 부원장, 차수명車秀明 상공부 국장, 유갑수劉甲壽 국민대 교수와 그밖에 실물경제를 잘 알만한 경제 전문 언론인, 민간기업인들과도 따로따로 만나 모르는 것은 묻고 내 생각을 밝히며 토론을 하고는 했다.

대통령이 관심을 기울이고 내용을 파악하고 있어야 할 국정 분야는 경제만은 아니다. 국정 각 분야에 관해 전문가만큼 소상하고 깊이 있는 지식을 갖추지는 못하더라도 관계관의 보고 내용을 이해하고 내 나름의 판단과 결정을 내릴 수 있는 기본지식을 습득할 필요가 있었다. 그래서 나는 취임 초 경제 이외의 분야에 관해서도 학습을 하기 위해 이상주李相周 교육문화수석비서관에게 내가 만날 학자와 전문가들을 선정해주도록 부탁했다.

나는 이상주 수석에게 나의 국정 학습은, 첫째 각 분야별 전문지식을 배우고 시대적 흐름과 당면 현안이 무엇인지 파악할 수 있고, 둘째 각 분야의 대표적 학자, 전문가인 이들에게 나의 국정철학과 정책과제에 대한 이해를 구하며, 셋째 지금까지 접촉이 없었던 학자, 지식인들과의 면담을 통해 나의 국정수행에 동참할 수 있는 인물을 발탁한다는 방침 아래 진행될 수 있도록 하라는 지침을 주었다. 이상주 수석은, 나의 국정학습은 고려조에 시작되고 조선조 때 크게 활성화됐던 '경연經筵'이 5공화국에서 부활한 셈이라면서, 나의 지침대로 진행이 되면 국정 최고책임자와 전문가 그룹 사이의 소통과 언로言路를 확대하는 효과를 기대할 수 있다고 했다. 또한 우리나라 최고 수준의 학자와 전문가들을 두루 면담함으로써 인재 발굴의 중요한 통로가 될 수도 있다고 했다.

나의 국정 학습은 취임 초에는 일과가 시작되기 전인 아침 7시부터 집무실 옆의 소접견실에서 1 대 1로 마주 앉아 준비해온 교재를 갖고 진행했다. 그 시절 나의 일과는 말하자면 '조강朝講'으로 시작되었던 것이다. 매주 한 번씩 정기적으로 진행된 강의는 주제를 정해놓고는 했는데 아마 교육문화수석비서관실과 사전 협의를 통해 시의에 맞는 내용을 택했던 것 같다. 나는 강의가 있기 전날 강의 교재(2백 자 원고지 20~40매 분량)를 미리 전달받아 어느 날은 새벽녘까지 꼼꼼히 읽으면서 예습을 했다. 몇몇 학자는 해외에서 발행된 최신 도서를 요약해 가져오기도 했다. 나는 국정 수행에 참고가 될 것으로 생각한 주요 대목은 밑줄을 쳐놓고, 잘 모르거나 보다 깊이 있게 알아봐야 할 대목에는 물음표를 붙여놨다가 질문하기도 했다.

나는 이들 학자와 전문가들한테서 지식과 정보를 얻을 수 있었지만, 한편으로는 내가 당초 생각했던 대로 각계의 지도층 인사인 이들에게 나의 국정 철학과 정부시책을 설명하고 이해를 구하는 기회로 활용하기도 했다. 내가 전문분야와 상관없이 특별히 강조했던 내용은, 반드시 단임 약속을 실천해서 평화적 정부 이양의 전통을 만들어 가겠다는 다짐과, 어떠한 어려움이 있더라도 물가를 잡고 국제수지를 개선해 안정적인 경제 성장 기반을 확고히 구축하겠다는 의지 그리고 88서울올림픽이 갖는 역사적, 세계사적 의미 등이었다. 아울러 이러한 과제들을 성취하기 위해서는 무엇보다도 사회적 안정이 흔들려서는 안 된다는 점을 강조하면서, 주로 학계에 있는 분들이었기 때문에 학원 안정을 위해 노력해 달라는 당부를 곁들였던 것으로 기억된다.

내가 면담했던 학자를 비롯한 전문가들은 경제 분야를 비롯해 국제정치, 교육문화, 과학기술 등 각 분야를 망라하고 있었는데, 주로 학자들이 많았던 만큼 교육문화수석실에서 추천했고 경제비서실 정무비서실 등에서 추천하기도 했다. 경제 분야는 앞에서 언급한 분 외에 서상철徐相喆 고려대 교수, 안충영安忠榮 중앙대 교수, 임동승林東昇 삼성경제연구소장 등을 만났고, 정치사회학 분야에는 정종욱鄭鍾旭 서울대 교수, 황성모黃性謨 서울대 교수, 김종휘金宗輝 국방대학원 교수, 황인정黃仁政 서울대 행정대학원 교수, 이영호李永鎬 이화여대 교수, 역사·철학 부문에서는 천관우千寬宇 전 동아일보 주필, 유승국柳承國 성균관대 교수, 최영희崔永禧 고려대 교수, 이성무李

成茂 국민대 교수, 박영석朴永錫 건국대 교수, 김여수金麗洙 서울대 교수 등의 이름이 생각난다. 물리학자인 김정흠金正欽 고려대 교수, 그리고 미술사학자 안휘준安輝濬 서울대 교수, 국악 전공의 한만영韓萬榮 서울대 교수 등으로부터 평소 내가 접하지 못했던 분야에 관한 강의를 흥미롭게 들었던 기억이 새롭다.

나에게 국정 각 분야에 관해 강의를 해줬던 분이, 정확한 기록은 없지만 100명보다 훨씬 많았던 것 같다. 이분들 가운데 그때까지 정부의 직책을 맡아 일을 한 사람은 거의 없었지만 나는 국정 수행 능력과 의지가 있다고 본 몇 분을 발탁해서 정부 요직에 기용하기도 했다. 사공일 재무부 장관, 서상철 동자부 장관, 이영호 체육부 장관, 김기환 상공부 차관, 유승국 정신문화연구원장, 박영석 국사편찬위원장 등이다. 특별히 생각나는 분은 언론인이자 사학자였던 천관우 씨다. 10.26 이전까지 박정희 대통령의 유신통치에 저항한 '꼿꼿한 언론인' '민족주의 사학자'였던 그분은 내가 대통령으로 재임하는 동안 민족통일중앙협의회 의장과 국정자문회의 위원을 맡은 이외에 정부 내의 특별한 요직을 맡지 않았는데, 다른 관직은 그분이 원하지 않았던 것으로 기억한다. 평소 학계와 언론계 후배들의 존경을 한 몸에 받던 그분은 5공화국에 참여했다는 사실 때문에 많은 오해와 모함에 시달렸다고 한다. 나는 앞서 언급했지만, 나와 면담했던 학자들에게 했듯이 천관우 씨에게도 "7년 임기를 마치면 어떤 일이 있더라도 물러난다."는 다짐을 밝혔고, 천관우 씨는 나의 그 결심을 확인했던 것 같다. 나는 그 약속을 지켰지만 그가 나의 약속 이행을 지켜보지 못하고 일찍 별세하신 아쉬움이 남아 있다.

정책의 최우선 순위, 물가안정

나는 대통령이 되기 전 경제공부를 하면서, 그리고 대통령 취임 후 비서실, 내각의 경제팀과 경제정책을 논의하는 과정에서 물가안정을 경제정책의 최우선 과제로 추진해간다는 생각을 굳혀나갔지만, 그전부터 국민의 경제생활에서 물가안정이 무엇보다도 중요하다는 점을 실생활을 통해 깊이 느끼고 있었다.

물가안정은 우리가 풍요롭고 행복한 삶을 누리기 위한 하나의 조건이지 그 자체가 삶의 목표일 수는 없다. 그러나 5공화국 정부가 물가안정을 경제정책의 최우선 과제로 정하고 그 목표를 달성하는 데 총력을 기울인 것은 물가안정이라는 기반을 구축하지 못하면 경제성장도, 국민소득 증가도 무의미한 것이 될 뿐만 아니라 국가 경제와 국민생활의 뿌리부터 흔들리게 되기 때문이었다. 인플레이션은 한국의 주요 수출품이었던 노동집약적인 제품의 국제경쟁력을 떨어뜨리고 국내적으로 치솟는 물가로 서민생활을 위협했으며 가용한 자금은 생산성 향상을 위한 투자보다는 부동산 투기로 몰려들게 했다. 고질화된 인플레이션을 바로잡지 않고서는 경제의 지속적인 성장은 말할 것도 없고 정치의 성장발전 또한 기대하기 어려운 것이다. 물가가 오르면 가계의 명목소비지출이 늘어나 소득이 감소하는 결과가 된다. 특히 봉급이나 연금으로 생활하는 정액소득자들은 더 불리하다. 물가는 때를 가리지 않고 즉각 오르지만 봉급, 연금은 그 즉시 인상되지 않고 시차를 두고 반영되기 때문이다. 또 부동산 등 실물자산은 물가가 올라도 불리한 영향을 받지 않지만 현금 등 금융자산은 그 실질가치가 떨어지는 만큼 부동산 등 실물자산을 많이 가진 부자들보다 가난한 사람들이 물가고의 피해를 더 많이 받게 되는 것이다. 그러니까 물가가 안정되어야 소득의 균형분배가 이루어질 수 있고, 또 그래야 임금 인상만큼 실질소득이 늘어나게 되는 것이다.

그 시절까지 정부와 기업과 가계家計 등 모든 경제주체가 시간이 흐르면 물가는 자연히 따라 오르는 것으로 인식하고 있었다. 물가가 오르지 않거나 떨어지는 일을 경험해본 적이 없었으니 물가상승을 당연지사로 여겼다. 물가상승의 심리가 모든 경제주체의 가슴속에 암덩어리처럼 자리 잡고 있었다. 오랫동안 인플레가 고질화되어 화폐가치는 계속 떨어지고 실물가격은 계속해서 오를 것으로만 믿었다. 그 결과 금융자산보다는 실물자산을 보유하려는 환물심리換物心理가 만연했고, 경우에 따라서는 환물심리가 투기를 조장했다. 기업이 상품가격이나 임금을 책정할 때 예상 인플레를 감안하게 되었고 그 결과 인플레의 악순환이 계속되었던 것이다.

나는 국가 경제도 국민의 경제생활과 동떨어진, 전혀 별개의 문제가 아니고, 같은 원리로 움직이는 것이라고 생각해왔다. 가정의 살림 살아가는 일과 국가 경제를 운용하는 일이 크게 다르지 않을 것이라고 생각했다. 봉급이 오르더라도 물가가 더 뛰면 가정살림이 부실해지듯이, 국가 경제의 성장률이 높다고 하더라도 물가가 오르고 불안하면 나라의 살림도 부실해지기 마련인 것이다. 청와대와 내각의 경제팀들이 갖고 있는 우리 경제에 대한 문제의식과 처방도 나와 같았다. 무엇보다도 물가를 잡지 않고서는 성장도, 경기회복도 어렵다고 보았다. 따라서 5공화국 경제정책의 기조를 성장 위주에서 안정 우선으로, 외형보다는 내실에 중점을 두고 모든 시책을 여기에 맞춰나가기로 했다.

그런데 사실 성장 일변도의 경제정책에 대한 반성은 진작부터 제기되어 왔다. 1960~70년대의 정부주도 경제운용 과정에서 초래된 여러 부작용과 경제효율의 저하가 결과적으로 내실 있는 경제성장을 지속하는 데 큰 제약요인이 되고 있어서 과거와 같은 성장 위주의 정책을 바꿔야 한다는 주장이었다. 이러한 지적에 따라 1970년대 말부터 경제관료들 사이에는 물가정책과 관련하여 격렬한 논쟁이 벌어져 왔다. 고도성장 위주로 추진해온 경제개발계획의 틀을 전면적으로 바로잡아 내실 있는 안정화 정책을 펴야 한다는 안정론자와 지금까지 유지되어온 고도성장정책을 포기할 수 없다는 성장론자의 주장이 첨예하게 맞섰다. 경제기획원의 강경식 기획차관보와 김재익 기획국장 등 실무팀이 마련한 안정화 시책을 1978년 12월 신현확 신임 부총리가 그대로 받아들였고 그 다음달 연두보고 때 박정희 대통령에게 보고되었다. 10.26이 발생하기 9개월 전의 일이다.

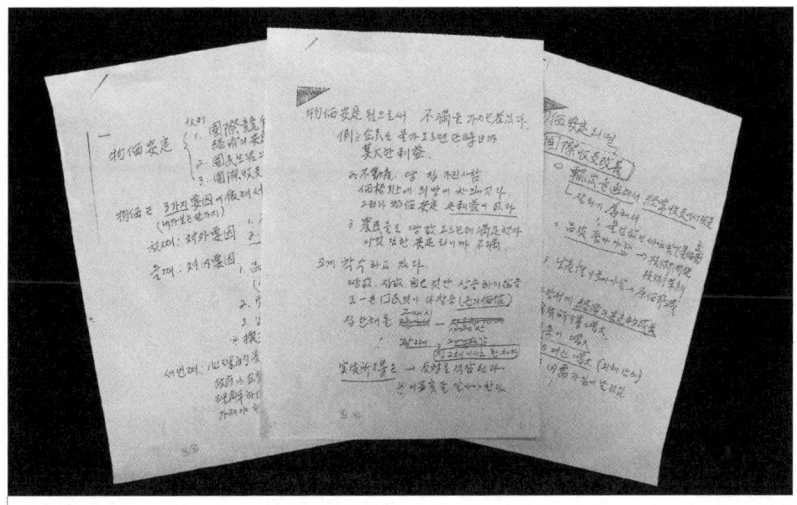

물가안정 정책과 관련해 나의 생각을 정리한 메모.

그러나 박 대통령은 기획원의 보고 내용에 대해 공개적으로 반대를 하지는 않았지만 그간의 경제정책에 대한 반성을 의미하는 안정화 시책을 탐탁해하지 않았다. 박 대통령도 성장 일변도의 정책이 한계에 부딪쳤다는 점을 인식하고 있었지만 20년 가까이 지속해오며 괄목할만한 성과를 이룩한 정책을 스스로 바꾸기는 힘들었을 터였다. 박 대통령은 성장 위주 정책의 총수였던 남덕우 경제부총리를 다시 경제담당 특보로 임명해 청와대로 불러들였다. 각 부처의 1979년도 업무보고를 받는 자리에서는 안정화 시책의 일부 내용과 관련해서 "정신나간 소리…."라며 불편한 심기를 드러내기도 했고, 심각한 문제가 제기된 농촌주택사업을 축소 조정해야 한다는 기획원의 건의를 받고는 "농어촌주택 개량은 나의 통치철학."이라며 일축하기도 했다고 한다(강경식 지음 『국가가 해야할 일, 하지 말아야할 일』). 안정화 시책은 대통령에게 보고되고 발표까지 되었지만 막상 박 대통령이 소극적인 태도를 보임에 따라 추진 동력을 잃은 채 표류해오다가 10.26을 맞게 된 것이다.

나는 이러한 논의 과정도 다 살펴보았고 서로 다른 의견을 가진 경제관료들과 경제전문가, 기업인들로부터도 의견을 충분히 들어보았다. 그 결과 인플레이션을 해소하지 않으면 1980년 당시의 경제사회적 불안과 혼란 속에 우리 경제가 자칫 파탄에 이를지도 모른다는 우려를 떨쳐버릴 수 없었다. 안정화를 이루지 않고는 당시의 경제 위기를 돌파해나갈 수 없다고 판단했다. 고질화된 고도高度인플레이션은 우리 경제의 체질을 약화시켜 '부익부 빈익빈富益富 貧益貧'현상의 가속화를 가져오고 부정부패의 원인이 되고 있었다. 성장 위주의 정책을 포기하더라도 우선 안정을 이루어야 한다고 결심했다.

사실 성장, 안정, 국제수지라는 세 가지 목표를 동시에 달성할 수만 있다면 그것이 최선의 경제정책임은 두말할 필요도 없을 것이다. 그러나 그 세 가지 목표는 서로가 상충되는 것이어서 어느 하나를 선택하면 다른 목표는 불가피하게 포기할 수밖에 없다. 그 세 가지 목표가 거북이처럼 행동이 굼뜨거나 한데 몰려다니는 성질을 지녔다면 한 번에 다 잡을 수 있겠지만 유감스럽게도 그 목표들은 거북이가 아니라 토끼들이다. 그 세 마리 토끼는 행동이 날쌜 뿐만 아니라 잡으려고 하면 사방으로 달아난다. 한 놈은 산 위쪽으로 달아나고 다른 한 놈은 밑으로 튀는가 하면, 한 놈이 동쪽으로 가면 또 한 놈은 서쪽으로 달아나는 성질을 지니고 있는 것이다. 그러니 우선 어느 한 놈을 주목표로 정해서 그놈을 잡는 데 전력을 기울여야 한다. 결국 선택의 문제였다. 내가 선택한 것은 안정이었다. 나는 물가를 반드시 잡겠다는 분명한 목표를 세웠고, 물가안정을 5공화국 경제정책의 기조로 삼게 되었다.

안정 기조 위의 5차 5개년계획

1981년 들어 나는 연초부터 미국 방문에 이어 12대 대통령 취임 그리고 아세안 순방 등 바쁜 일정을 소화하는 가운데에서도 내각과 비서실에 제5공화국의 경제 청사진인 '제5차 경제사회발전 5개년계획'을 알차게 짜도록 독려했다. 4월 29일 5차 5개년계획의 총량계획을 보고받는 자리에서 나는 "특별히 앞으로 경제정책은 우리 사회에 부익부 빈익빈 현상이 나타나지 않도록 하고, 국민 모두가 중산층이라는 인식을 갖게끔 하며, 소득분배구조를 개선하는 데 유의해야 한다."고 강조했다. 5차 5개년계획이 단순한 '경제개발계획'이 아니고 '경제사회발전계획'인만큼 가난이 대물림되지 않도록 제도적으로 보장하는 방안을 마련해야 한다고 생각했다.

박 대통령 시절의 4차 5개년계획에도 경제개발과 통합해서 '사회개발계획'도 포함되어 있었으나 특별한 정책이 제시된 것은 없고 일종의 선언적 표현에 그쳤다. 나는 5월 6일 5차계획의 사회개발부문에 대한 종합보고를 받는 자리에서 "우리가 이루려고 하는 복지사회 구현도 경제성장이 선행되어야 한다."는 점을 강조하고, "복지정책의 핵심 과제인 주택, 의료보험과 교육, 고용증대 그리고 상하수도 문제를 해결하는 데 주안점을 두라."고 지시했다.

1982년부터 1986년까지 시행할 5차 5개년계획은 5공화국의 경제사회정책의 성패를 결정짓는 핵심목표인 만큼 나는 모두 10회에 걸쳐 보고회의를 주재하면서 충실한 내용을 갖출 수 있도록 열과 성을 다했다. 8월에 확정 발표된 이 계획은 안정, 능률, 균형의 이념을 담고 있었다. 즉 첫째 국민생활을 안정시키고 성장 활력을 회복하기 위해 물가안정을 경제정책의 최우선과제로 삼고, 둘째 과거의 지나친 정부주도의 경제운용에 따른 자원배분의 비효율성을 최소화하고 경제능률을 최대화하기 위해 민간의 자율과 경쟁을 촉진하는 경제운용 방식으로 전환하며, 셋째 성장 추구 과정에서 다소 경시되었던 지역 간, 부문 간의 균형적인 발전과 계층 간의 분배 개선을 위한 시책을 마련한다는 목표를 세웠다. 또한 이를 위해 국가발전전략을 물량 위주의 성장전략에서 질 위주의 발전전략으로 바꾸도록 했다.

내가 아세안 순방에서 돌아온 직후에 발표된 제5차 경제사회발전 5개년 계획은 연평균 경제성장률을 7~8%로 잡고 인플레이션은 한 자릿수로 안정시키는 것을 목표로 했다. 또한 복지부문 투자비율을 28.5%까지 높이고 수출증가율은 연평균 20%로 잡았다. 이 목표를 추진하기 위해 정부는 저축률을 1980년의 21% 수준에서 목표 연도인 1986년에 30%로 높이는 동시에 외채 의존률을 1980년의 10% 수준에서 1986년에는 3% 수준으로 낮추도록 계획했다. 이 같은 목표를 달성하기 위해 처음 2년간은 경제구조 개혁에 치중하고 그 후 3년간은 경제의 재도약을 이룬다는 계획이었다.

물가안정을 위한 고통 분담

물가안정을 5공화국 경제정책의 최우선 과제로 정하고 이 목표 달성을 위해 총력을 기울이기로 했지만 그 일이 그렇게 간단한 것은 아니었다. 물가안정을 이루자면 먼저 정부가 총수요관리를 위해 긴축정책을 펴야 하고, 공급을 원활히 하기 위해 수입을 자유화해야 하고, 경쟁을 촉진하기 위해 공정거래제도를 시행해야 하는데 이 모든 일이 고통을 수반하게 되는 것이다.

안정화 시책의 효과는 시차를 두고 나타나지만 물가를 잡기 위한 고통은 즉시적卽時的이다. 긴축에 따른 고통은 후에 물가안정이라는 보상補償을 해주지만 훗날은 훗날이고 당장의 고통은 어찌할 것인가. 정부는 그렇지 않아도 모자라는 예산을 더 쥐어짜야 하고, 공무원과 근로자의 급여 인상을 적정선에서 억제해야 하고, 농민들은 땀 흘려 수확한 쌀을 싼값에 내놔야 한다. 그러니까 물가를 안정시키기 위해서는 너나 할 것 없이 국민 모두가 어려움을 겪을 수밖에 없는 것이다. 물가 오름세 심리는 일종의 중독 증세를 보이는 것이어서 근본적으로 치유하지 않으면 점점 더 심해지기 마련이다. 또한 중독에 따른 금단현상禁斷現象 때문에 자발적으로 빠져나오기가 어렵고 강제력이 동원되어야 하는 것이다. 그러나 우리 경제가 건전하고 내실 있는 발전을 이루기 위해서는 언젠가 한 번은 겪어야 하는 과정이었다. 금단현상을 극복하려면 엄청난 고통을 겪어야 하지만 그 고통은 우리 모두의 고통이었다.

사람의 심리라는 것이, 똑같은 고통이라도 나 혼자만 겪는 것이라면 참기 어렵지만 남들도 다 겪는다고 생각하면 그 고통이 한결 덜어짐을 느끼게 마련이다. 안정화 시책을 추진하는 데 따르는 고통은 나만이 겪는 것이 아니고 경제주체 모두가 떠안아야 하는 부담이었다. "백짓장도 맞들면 낫다."는 말과 같이 그 짐을 모두가 나누어 지게 되면 부담이 덜어지는 것이다. 그런 의미에서 고통의 '분담'이었다. 얼핏 생각하면 많이 가진 사람, 힘이 있는 사람은 상대적으로 고통이 덜할 것 같지만 그런 사람들이 져야 하는 부담은 그들이 가진 힘만큼 큰 것이기 때문에 어렵기는 마찬가지인 것이다. 인플레가 심하고 경제가 불안하면 가장 고통을 겪는 계층은 가난한 사람들이다. 가난이 대물림되는 일을 끊어버리기 위해서도, 부익부 빈익빈 현상을 해소하기 위해서도 물가를 안정시켜야 하는 것이다. 물가안정이 가져올 가장 큰 보상은 소득의 균형분배인 것이다.

물가 오름세 심리와 경제교육

나는 비서실-내각의 경제팀과 경제정책을 논의하는 과정에서 물가안정을 경제정책의 최우선 과제로 추진해 나가야겠다는 생각을 굳혀나갔지만 그전부터 국민의 경제생활에서 물가안정이 무엇보다도 중요하다는 점을 실생활을 통해 깊이 느끼고 있었다.

1970년대까지 직장에서 받는 봉급이란 것이 몇몇 특수직종을 제외하고는 매우 빈약했다. 특히 공무원이나 군인 등의 경우 그야말로 박봉이었다. 나 같은 고급장교도 월급이라고 집에 갖다 주면 기본 의식주 수요조차 감당하기 어려운 형편이었다. 매년 얼마씩 봉급이 오르기는 했지만 봉급인상률보다 물가상승률이 더 높아 월급이 올라봤자 생활은 나아지지 않았다. 자고 나면 물가가 올랐다는 말이 과장이 아니었다. 생활필수품만 하더라도 수십 가지가 되므로 어제는 쌀값이 오르고 오늘은 연탄가격이 인상되고 내일은 또 목욕료가 오르고 하는 식이었다. 하루가 다르게 물가가 뛰니 봉급을 받으면 쌀이고 연탄이고 우선 형편 되는대로 사다가 집에 쌓아둬야 했다. 그래서 물건이 귀해지면 물가는 또 오르게 되고 물가가 오르니까 사재기하게 되는… 악순환의 연속이었다. 항상 쪼들리면서 사느라 저축을 할 여력도 없었지만 예금이율이 물가상승률을 따라가지 못하니까 저축은 아예 할 생각도 안했고 그러니 살림이 늘어날 수 없었다. 더욱이 해방 후의 혼란기에 이어 6.25를 치르면서 통화 증발이 불가피했고 30년간 두 자리 수의 물가 오름세가 지속되다 보니 정부고 국민이고 간에 물가는 으레 오르는 것으로 생각했다. 물가 오름세를 당연한 현상으로 여겼을 정도였다.

물가를 잡기 위해서는 무엇보다도 먼저 국민 각자의 마음속에 자리잡고 있는 물가 오름세 심리부터 제거해야만 했다. 국민에게 정부의 확고한 물가안정 의지를 정확하게 알리고 협조를 구할 필요가 있었다. 그리고 그 방법으로는 정부의 물가안정을 위한 각종 시책과 우리 경제의 현실에 관한 정확한 정보를 국민 모두에게 알리는 경제교육이 효과적일 것이라고 생각했다. 나는 먼저 월례 경제동향보고회의를 경제교육의 기회로 활용하기로 했다. 종래 이 회의에는 정부 관계부처의 장관과 공무원 등 소수의 정책 관계자만이 참석했는데, 그 범위를 확대하여 정계와 업계대표 그리고 근로자와 언론계 대표 등도 참석하도록 했다. 나는 이 자리에서 우리 경제가 놓여 있는 상황을 설명하고 물가안정이 왜 필요하고 얼마나 중요한 과제인지, 그리고 물가안정을 위한 정부의 의지가 얼마나 강력한 것인지 힘주어 강조했다. 아울러 국민들을 상대로 한 경제교육을 광범위하게 실시할 계획도 밝했다. 경제동향보고회의 자체가 경제교육장이 되고 나는 경제교육 강사가 되었던 셈이다.

이러한 경제교육을 통해 기업인과 근로자, 농어민, 가정주부와 모든 소비자, 군경을 포함한 모든 공직자와 국민 모두가 경제현실을 잘 이해하게 되면 물가안정을 위한 범국민적 협조도 가능할 것으로 믿었다. 나의 지시에 따라 정부는 전국적으로 경제교육을 확산시켜나갔다. 공무원 교육, 새마을 교육, 예비군 교육, 일반 직장교육 등 갖가지 교육과정에는 반드시 경제교육이 포함되었다. 경제기획원에 경제교육담당국까지 신설, 활용토록 했다.

뿐만 아니라 물가안정에 관한 캠페인도 언론매체를 통해 대대적으로 펼쳐 텔레비전과 라디오, 신문 등에도 그 내용이 자주 다루어지도록 했다. 나는 가는 곳마다 물가안정을 강조했다. 나는 공무원을 만나면 물가안정에 대한 확신을 가지도록 당부했다. 근로자들을 만나면 지나친 임금인상 요구를 자제해달라고 부탁하고, 농민들을 만나면 추곡수매가의 과다한 인상을 요구하지 말아달라고 호소했다. 또 기업의 책임자들을 만나면 제품의 소비자가격을 인하하거나 안정시켜달라고 간곡히 당부했다. 주부들을 만나서는 물가가 오르면 소비자인 국민 모두가 앉은 자리에서 눈을 뜬 채 돈을 도둑맞는 셈이 된다는 이치를 설명했다. 물가는 반드시 오르는 것이 아니라 내릴 수도 있는 것이며 물가안정을 위해 정부가 백방의 노력을 하고 있다는 사실을 강조했다. 또한 나는 당시 세계경제의 어려움을 우리 국민 모두에게 제대로 알려 고통스럽지만 모든 것을 참고 서로 협력하여 위기를 잘 극복할 수 있도록 KDI로 하여금 세계경제가 겪고 있는 어려움을 온 국민들에게 소상히 알릴 수 있는 경제교육 방안을 마련하도록 지시했다. 그 이후 KDI에서는 미국, 영국, 독일, 프랑스, 일본 등 세계 주요국의 경제실상을 우리 국민 모두에게 알리는 TV 프로그램도 만들어 방영하기도 했다. 이렇게 대대적으로 펼쳐나간 각종 경제 홍보와 교육의 효과를 계량화하기는 어렵겠지만, 고질화되었던 물가 오름세 심리를 극복하고 물가안정을 이룩하는 데 크게 기여했다고 나는 확신한다. 이러한 경제교육은 나의 임기 내내 계속 실시되었다.

고통을 수반한 안정화 정책

■

안정화 시책의 첫 단추, 통화긴축

5공화국 출범 이전의 경제개발과정에서는 국내 저축 수준이 절대적으로 낮았다. 경제주체 모두 저축의 여력이 없기도 했고, 그보다는 고도인플레가 지속되는데 싼 이자를 바라보고 저축할 바보는 없었던 것이다. 국내 저축은 없다시피 했지만 투자수요는 늘어만 갔다. 5개년계획사업에 막대한 재원이 소요되고 수출산업에도 투자해야 했다. 국내자본이 없으니까 투자에 필요한 재원의 상당 부분은 외자에 의존할 수밖에 없었다. 나머지 모자라는 부분은 새로운 통화의 공급으로 조달했다. 말하자면 필요한 만큼 새로 한국은행에서 돈을 찍어내서 썼다. 매년 60% 이상씩 통화가 팽창되었다. 그러니 인플레가 지속되어 기업의 대외경쟁력을 약화시키고 부동산 등 실물투기가 성행하게 되는 등 심각한 부작용이 초래되는 것은 당연한 일이었다. 또한 통화증발에 따른 초과수요는 수입을 유발하게 되어 국제수지 적자를 확대시키기도 했다.

경제정책의 기조를 안정화로 전환하면서 무엇보다도 중요한 일은 먼저 통화를 적정수준으로 줄이는 일이었다. 물가안정이 정책의 목표라면 긴축은 이를 위한 수단이었던 것이다. 통화긴축을 위해 나는 실물경제 성장을 원활하게 뒷받침하면서 초과수요를 유발하지 않도록 통화정책을 안정적으로 운용하고 만성적인 통화증발 요인을 억제해나가도록 강력히 지시했다. 통화긴축을 위해 중화학공업에 대한 지원도 축소했다. 부실기업에 대해 금융지원을 계속한다는 것은 밑 빠진 독에 물 붓기 식이었다. 아울러 수출기업에 대한 보조금도 대폭 감축했다.

이러한 통화긴축정책은 그동안 인플레 체질에 젖어 있던 우리 경제계에 당연히 적잖은 고통을 주었다. 기업들은 운영자금이 원활히 공급되지 않으니 임금이 체불되고 흑자도산黑字倒産을 하게 됐다고 아우성이었다. 재계뿐만 아니라 상공부 등 일부 경제부처에서도 불만을 털어놓았다. 나는 그러한 불만과 반발을 보고받고 있었다. 나는 장관들에게 이렇게 설득했다.

"5공화국 경제의 최우선 과제인 물가안정을 이루려면 총수요 관리를 위해 긴축정책을 펴야 하고, 공급을 원활히 하기 위해 수입을 자유화해야 하고 경쟁 촉진을 위해 공정거래제도를 시행해야 하는데 이 모든 일이 고통을 수반해야 되는 일이다. 그러니까 물가를 안정시키기 위해서는 너나 할 것 없이 어려움을 겪을 수밖에 없는 것이다. 고통이 따르지만 우리 경제가 건전하고 내실 있는 발전을 이루기 위해서는 반드시 한 번은 겪어야 하는 과정이라는 점을 인식해야 한다."

아울러 나는 정부 부처 간의 이견으로 정책 혼선이 일어나는 일이 없도록 장관들에게 단단히 일러뒀다. "이 시점에서 가장 중요한 것은 물가를 잡는 일이라는 것을 잘 알고 있을 장관들이 그런 불평을 하는 것을 보면 그만큼 긴축정책으로 인한 고통이 감내하기 어렵다는 의미다. 하지만 대통령으로서 나는 다시 한 번 단호하게 강조하지 않을 수 없다. 긴축에 따른 고통은 후에 물가안정으로 보상해드린다는 신념으로, 경기회복을 위해 돈을 더 찍어내거나 금리와 세율을 내리는 등 인기를 의식한 임시방편적인 처방은 결코 택하지 않겠다. 정부가 인심 좋다는 말을 들으면 안 된다. 인기는 나빠지더라도 국민의 정당한 지지를 받을 수 있도록 해야 한다. 인기와 지지를 구별하라. 통화를 증발해야 하는 정책보고를 하려면 보고서에 당신들의 사표를 첨부해서 가져오라."고 못 박았다.

1981년 8월 진해에서 가진 하계 기자회견에서는 국민을 향해 이렇게 호소했다.

"일부에서는 경기회복을 위해 돈을 더 찍어내거나 금리와 세율을 내리라고 주장하고 있으나, 나는 일시적이고 졸속한 경기부양은 꾀하지 않겠다. 돈을 마구 찍어 우선 필요한 부분에 나누어주면 나도 인심을 얻고 얼마나 좋겠나. 그러나 그렇게 계속하다 보면 마침내 쌀 한 가마를 사기 위해 돈 한 가마니를 지고 가는 일이 생길 수도 있다. 이 시점에서 가장 중요한 것은 물가를 잡는 일이다."

이러한 나의 소신과 의지에 따라 통화긴축이 꾸준히 이루어졌다. 1980년대 초에는 국내외적 충격을 감안하여 어느 정도 신축적인 통화공급이 불가피해 총통화증가율은 1980년에는 25.8%, 1981년에는 27.4%를 기록했는데 1982년에 들어서는 총통화증가율 목표를 20~22%로 더욱 낮춰 잡았다. 그러나 세계경제의 침체가 지속되었고 국내에서는 수출이 둔화되고 투자가 부진한 가운데 거액의 어음부도 사건 발생 등으로 금융 여건이 크게 경색되었다. 따라서 통화를 좀 더 탄력적으로 공급하여 28.1% 증가를 기록했다. 1983년에는 당초 총통화의 목표 증가율 18~22%에는 못 미쳤지만 19.5%에 그쳐 1982년의 28.1%보다 크게 낮아졌다. 이러한 통화긴축에 힘입어 만성화되었던 인플레 기대심리가 크게 불식되었다.

정부예산의 긴축에서 동결까지

경제개발 5개년 계획을 시작한 1962년부터 5공화국이 출범하고 4차 5개년계획이 끝나던 1981년까지의 20여 년간 성장 위주의 개발 전략을 뒷받침하기 위한 지출 증가로 세출 수요는 매년 급격히 늘어났다. 이와 같은 대폭적인 재정수요의 증가는 연평균 17%씩 증가한 물가상승의 주요 원인이 되었다. 이러한 재정규모의 확대는 국채 발행, 한은차입韓銀借入, 재정차관에 크게 의존할 수밖에 없었다. 그 결과 통화 공급을 늘리게 되고, 돈이 많이 풀리니 물가는 당연히 뛸 수밖에 없었다. 말하자면 정부부문 자체가 인플레 구조화되어서 물가상승을 선도해왔던 것이다. 때문에 1970년대에는 세계은행(IBRD 국제부흥개발은행)과 국제통화기금(IMF) 등에서 연례보고서를 통해 한국에 대해 재정적자를 축소하도록 강력히 권고하고는 했다. 경제안정화를 위해서는 정부부터 솔선해서 긴축의 고통을 감내해야 한다. 나는 재정긴축과 함께 예산제도 개혁 작업 등을 통해 재정안정 노력을 기울이도록 내각을 독려했다. 1981년 6월 나는 예산당국에 "전년도 예산을 답습하는 방식의 예산편성 관행을 지양하라."고 지시했다. 1983년부터는 모든 예산항목에 대해 기득권을 인정하지 않고 매년 영(零-zero)을 출발점으로 해서 예산을 짜는 제로베이스 예산(zero base budget)을 편성하라고 지시했다. 이러한 노력으로 1976년부터 1981년까지 연평균 35.5%에 이르던 예산증가율은 1982년에는 22%로, 1983년에는 8.8%로 떨어졌다.

나는 이에 만족하지 않고 1984년 예산은 아예 동결하도록 예산편성지침을 주었다. 예산을 1983년 수준으로 동결하고 공무원의 봉급도 동결하도록 지시했다. 여당을 비롯한 정치권은 물론 긴축정책을 앞장서 추진하던 경제관료들조차도 예상하지 못했던 조치였다. 내가 이런 극약처방을 한 것은 모처럼 잡혀가는 물가안정의 고삐를 늦추어서는 안 되겠다고 생각했기 때문이었다. 안정을 위해선 각 분야가 다함께 긴축을 해야 하는데 정부가 솔선수범하지 않는다면 어떻게 다른 분야에 긴축을 요구할 수 있을 것인가. 국민이 정부를 믿고 협조토록 하기 위해서는 정부가 앞장서야 했던 것이다.

그런데 그 이듬해인 1985년은 총선거가 있는 해였다. 선거를 앞두고 예산을 동결한다는 것은 정치적 이해를 따질 때 참으로 선택하기 어려운 결단이었다. 예산당국은 빗발치는 비판여론과 정치권의 압력에 크게 시달렸다. 심지어 협박을 당하기도 했다. 그러나 나는 결코 물러설 수 없었다. 예산담당 공무원들에게 "정치권에 대해서는 신경 쓰지 말고 정해진 방침대로 밀고 나가라"고 격려했다. 여당인 민정당은 선거를 앞두고 정부가 예산을 동결하고 특히 농촌에 대한 지원을 축소하는 것은 정치적으로 무덤을 파는 일이라고 강력하게 반발했으나 나는 물러서지 않았다. 나는 민정당 간부들에게 "물가를 잡기 위해 정부가 앞장서서 허리띠를 졸라매는데 집권당이 반대하면 어떻게 하느냐."며 설득했다. 그러나 선거를 치러야 하는 민정당에서는 예산을 동결하면 선거를 망치게 된다고 울상을 지었다. 나는 "선거에 이기려면 예산동결이 왜 필요한지 선거구 사람들에게 열심히 홍보해서 표를 얻도록 해야 한다. 예산동결 때문에 선거에서 이길 수 없다면 그런 선거는 져도 좋다."며 쐐기를 박았다. 그 결과 선거철이 오면 으레 나타나곤 했던 일시적 인플레 현상도 1985년 총선거를 전후해서는 발생하지 않았다. 그러나 예산 동결은 확실히 정치적으로 인기 없는 조치였던지 12대 총선에서 여당이 다소 고전한 것도 사실이었다.

예산동결 등 고통을 감내하는 조치로 정부는 재정적자를 줄이는 데 성공했다. 1981년 당시 재정적자는 국민총생산의 4.7%까지 이르렀으나 1984년에는 1.4%로 크게 낮아졌다. 예산동결로 인해 인플레 요인이 줄어든 것은 말할 것도 없고 국민으로부터 정부가 물가안정을 위해 진정으로 솔선수범한다는 평가도 받게 되었다. 또한 예산동결에 따라 기업투자 여건이 개선되고 외채부담도 줄어드는 효과도 있었다. 예산팽창의 억제에 따라 공무원의 봉급 인상률도 1971년부터 1981년까지의 연평균 28%에서 1982년에는 9.9%, 1982년 7.6%, 1984년 2.7%로 억제되었다. 공무원의 봉급부터 인상을 억제하니까 안정화를 위한 모든 계층의 고통 분담과 국민의 참여와 협조를 유도하는 효과를 얻을 수 있었던 것이다.

임금인상률보다 낮아진 물가상승률

물가안정이라는 목표를 이루기 위해서는 통화긴축과 함께 근로자의 임금 인상도 억제해야 했다. 정부의 재정긴축 노력만으로는 목표 달성이 어렵고 국민 모두가 고통을 분담하는 희생이 필요했던 것이다. 정부는 국가 경제의 안정적 성장을 위해서는 반드시 물가를 안정시켜야 하고 물가가 안정되면 국민의 소득도 균형분배가 이루어지게 된다는 사실을 경제교육을 통해 임금 근로자들에게 이해시키는 노력을 기울였다. 그렇지 않아도 저임금 때문에 어려움을 겪는 근로자들이 당분간은 고통스럽겠지만 물가안정을 이루게 되면 임금이 많이 오르지 않아도 실질소득이 늘어나 그 혜택이 근로자들에게 돌아가게 되는 것이다.

정부는 근로자들의 협조를 얻기 위한 노력을 기울이는 한편으로 민간기업의 임금안정을 위해 임금 가이드라인을 제시하고 생산성 상승분을 초과하는 임금 인상을 억제하도록 유도했다. 5공화국 정부가 지향하는 방향은 행정력을 동원하는 안정이 아니라 시장원리에 따른 진정한 안정이었지만 정부의 분명한 정책목표와 강력한 추진의지를 보여주기 위해서는 처음에는 일정 부분 행정지도가 필요하다고 생각했던 것이다. 그런데 예상은 하고 있었지만 노동계는 크게 불만을 나타냈다. 그러나 정부의 의지가 강하고 또 정책적 타당성이 있는 만큼 노동계의 반발은 한계가 있었다.

이와 같은 정부의 노력과 각계각층의 희생에 힘입어 임금은 꾸준히 안정세를 보였고 1984년에는 최초로 한 자리 숫자의 명목임금 인상률(8.7%)을 나타냈다. 임금상승률이 한 자리 수로 안정된 것은 1961년 이래 처음이었다. 그 이후 1986년까지 3년 동안 평균 10% 이하 수준에 머물렀다. 1980년에는 임금이 23.4% 오른 데 비해 물가가 28.7% 상승하여 실질임금은 오히려 5.3% 포인트 줄었으나 1982년에는 명목임금이 15.8% 오른 데 비해 소비자물가 상승률은 7.9%에 그쳐 실질임금이 7.9%포인트 오른 결과가 됐다. 1985년에는 임금이 9.2% 오른 데 비해 물가는 2.5% 상승에 그쳤다. 근로자의 실질임금이 6.7%나 늘어나게 된 것이다. 실례를 들자면 14인치 컬러 TV를 사려면 1981년에는 한 달 가계소득의 1.1배를 주어야 했지만 1983년에는 0.8배, 1986년에는 0.5배만 주면 살 수 있었다. 2.5킬로그램짜리 세탁기는 1980년에는 한 달 가계소득의 0.6배를 주어야 살 수 있었지만 1986년에는 0.3배만으로 살 수 있게 되었다. 물가가 안정되면 근로자의 실질소득이 증대되고 소득의 균형분배가 이루어진다는 사실을 정부와 국민 모두가 실감할 수 있게 되었던 것이다.

추곡수매가 인상률 억제의 효과

긴축정책 때문에 추곡수매가 인상률을 억제해야 하는 일은 대통령인 나 스스로 생각해도 참으로 힘든 일이었다. 농민들이 생산한 추곡을 정부가 수매하는 것은 수확기에 추곡을 수매함으로써 쌀값 폭락을 방지하고 농가소득을 지원하며 생산 농가를 보호하기 위한 것이다. 추곡수매가격을 어느 수준으로 결정하느냐 하는 것은 농가소득과 직결되는 문제였다. 그렇지 않아도 살기 어려운 농촌에서 이른 봄부터 가을까지 땀 흘려 농사지어 수확한 쌀값을 좀 넉넉하게 보상해주고 싶은 생각은 위정자라면 누구나 가지는 간절한 소망이다. 그러나 나는 정부의 재정적자 축소, 물가안정이란 국정목표를 위해 농민들에게도 고통을 분담해줄 것을 호소할 수밖에 없었다.

추곡수매가격의 안정은 정부의 재정적자 축소를 위해서도 반드시 필요한 일이었을 뿐만 아니라 쌀값은 물가를 가늠하는 상징적인 품목인 것이다. 또 추곡수매가를 많이 올려줘도 실제 농사짓는 영세농민들에게는 별로 혜택이 돌아가지 않고 중간상인들만 배부르게 하는 일이었다. 1년 농사지어 겨우 그해 한해 먹고 살기도 어려운 영세농민들은 다른 물가가 더 오르면 추곡수매가를 올려줘도 생활이 나아지기는커녕 물가고에 시달리게 될 뿐이었다. 가령 수확철인 가을에 정부가 전년 대비 20% 인상한 가격에 쌀을 수매했다 하더라도 그 뒤 겨울, 봄, 여름을 지나며 생필품을 비롯한 다른 물가가 30%, 40% 오르면 비싼 물품을 구매해야 하는 농민들의 어려움은 더 커지는 것이다. 그러니까 추곡수매가를 몇 퍼센트 인상해주느냐 하는 문제에 비해 추곡수매가 인상률보다 물가상승률을 낮추는 것이 더 시급하고 긴요한 과제가 되는 것이다. 또한 도시 영세민의 생활 안정을 위해서도 주곡인 쌀값을 안정시켜야 했다.

그동안 추곡수매가는 매년 대폭 인상되는 것이 관례로 되어 있었다. 1980년에도 25%나 올렸다. 그런데 1981년 국회 대정부질문 답변을 통해 신병현 부총리가 추곡수매가격은 10% 이상 올릴 수 없다고 밝혔다. 당시 국회의원들은 여야 할 것 없이 40% 이상 인상되어야 한다고 요구하고 있었다. 그런데 갑자기 10% 이하로 낮춘다고 하니까 농촌 출신 국회의원들이 격렬히 반대하고 나선 것은 당연한 일이었다.

모든 경제주체가 고통을 분담하며 애쓴 보람으로 물가가 안정됨으로써 정부의 추곡수매가 인상률을 대폭 낮추었음에도 농민들의 실질소득은 늘어났다. 1980년에는 수매가 인상률이 25%나 됐지만 물가는 28.7%나 올라 농민들의 실질소득은 -3.7%였는데 내가 취임한 뒤에는 추곡수매가를 1985년에는 5.0% 1986년에는 6.0% 1987년에는 14.0%를 각각 올려줬으나 물가는 1985년 2.5% 1986년 2.3% 1987년 3.2% 밖에 오르지 않았기 때문에 농민들의 실질소득은 1985년 2.5% 1986년 3.7% 87년 10.8%포인트가 각각 늘어난 것이다. 다만 1983년에는 공무원 봉급 동결 등 조치와 함께 추곡수매가도 전년도 수준에서 동결되었다. 농민들이 땀 흘려 수확한 쌀값을 제대로 쳐주지 않아 5공화국 시절 농어민들이 더욱 가난해졌다는 주장은 반정부세력들의 습관적인 구호였을 뿐이다.

안정화 시책으로 겪은 마음고생

물가안정을 위해 긴축재정을 운영하면서 정부의 예산팽창, 임금의 과다 인상, 추곡수매가의 대폭 인상 등을 억제하는 한편 그밖에 공공요금의 인상 억제, 물자유통의 원활화, 경쟁촉진을 위한 안정기반의 구축, 소비자 보호시책의 추진 등 물가안정에 필요하다고 생각되는 각종 시책들을 강력히 추진했다. 정부, 기업, 가계 등 모든 경제주체에게 고통과 희생을 요구하는 경제안정화 시책의 추진은 참으로 힘이 들었다. 정치적으로 인기가 없는 것은 두말 할 것도 없고 기업은 물론 근로자, 농민 그리고 우리 사회 각계각층으로부터 불만을 샀다. 언론과 야당은 당연한 듯이 비판에 열을 올렸다. 뿐만 아니라 여당인 민정당과 심지어 일부 청와대 참모까지 반대의 소리를 냈다. 강력한 안정화 정책이 대통령인 나의 의지와 지시에 따라 시행된다는 것은 모든 국민이 알고 있는 사실이었고 따라서 그 모든 비난과 반발이 나에게 집중되고 있었다.

나 또한 마음고생이 적지 않았다. 나라고 해서 왜 인심을 쓰고 싶은 생각이 없었겠는가. 어렸을 적부터 남 도와주기를 좋아해 부모님께 걱정도 많이 끼쳐드렸던 내가 무엇 때문에 그리 인색하게 굴어야 하는가. 무슨 억하심정이 있어서 근로자, 농민, 공직자들을 어렵게 하는가. 내가 내 집을 팔아서 돈을 마련해야 하는 것도 아닌데 왜 그리 인색하게 굴어야 했나. 내가 부자여서 내 주머니에 있는 돈을 푸는 것이라면 못할 것이 없다. 하지만 그 돈은 국민의 피와 땀이 어린 세금이었다. 돈이 모자라서 외국에 사정사정해서 비싼 이자를 줘가며 빌려와야 하는 돈이기도 했다. 그것마저도 안 되면 한국은행에서 돈을 새로 찍어야 하는 형편이니 예산을 많이 늘릴 수 없었고, 임금을 많이 올려주지 못했고, 농민들이 거둔 쌀값을 넉넉하게 쳐줄 수도 없었던 것이다. 그 돈은 내 돈도 아니고 그 누구의 돈도 아니다. 그렇다고 주인 없는 돈은 결코 아니고 모두 국민의 돈인 것이다. 그러니 여기저기서 압력을 넣는다고, 하소연한다고, 인심 쓰듯 돈을 풀 수는 없었다. 사방에서 밀려오는 압력을 이기지 못해 다시 돈을 풀면 돈의 가치가 떨어져 봉급이나 추곡수매가를 올려준 것보다 물가가 더 올라 다시 인플레이션의 악순환을 되풀이하게 되는 것은 뻔한 이치였다.

국민 모두가 힘들어하고 나도 괴로운 정책을 밀고나가자니 집무실 책상 위 재떨이는 비우자마자 비벼 끈 꽁초들로 금방 다시 채워졌다. 나는 젊은 시절 원래 담배를 피우지 않았다. 사관생도 때의 금주, 금연 규칙을 임관 후에도 지켜오다가, 술은 조직생활과 교제상 필요하다는 생각 때문에 맛도 모르면서 마시게 됐지만 담배는 입에 대지 않았었다. 담배를 처음 배우게 된 것은 백마부대 29연대장으로 월남에 파견되었을 때였다. 전투가 벌어지니 희생이 없을 수 없었다. 작전에 나섰다가 부하를 잃게 된 슬픔과 괴로움을 달리 달랠 길 없었다. 나도 모르게 담배를 입에 물게 되었다. 그러다가 1사단장 시절 어렵게 금연에 성공했는데 대통령이 된 후, 어쩔 수 없이 국민에게 고통을 주는 정책을 밀고 나가려니까 다시 담배를 입에 물게 되었다. 물가안정 시책을 강력히 펴나가는 정부나 관계공무원들의 고통은 그렇다 하더라도 저임금에 쪼들리는 근로자들이나 애써 농사지은 쌀값을 넉넉하게 받을 수 없는 농민들의 처지를 생각하니 마음이 괴로웠다. 잠도 이룰 수 없어 담배로 마음을 달래야 했다.

그런데 실제로 나보다 더 힘들었던 것은 경제기획원의 예산실 관계자들을 비롯한 관계공무원들이었다. 1984년 그 다음해 예산을 짜던 경제기획원의 문희갑 예산실장은 방위비 산정 기준을 놓고 따지러 온 현역 장군들과 험악한 장면까지 연출해야 했다. 나중에 보고를 받은 나는 문희갑 실장을 비롯한 예산실 공무원들의 소신과 용기를 치하하고 격려했다. 정부의 확고한 안정화 시책과 근로자들의 권익을 배려해야 하는 입장 사이에서 고심하지 않을 수 없었던 노동부 공무원, 농민들에게 한 푼이라도 더 돈이 돌아가도록 마음을 써야 하는 농수산부 공무원들의 고충은 말할 것도 없었다.

나는 안정화 시책을 강력히 추진하면서 경제팀이 자신감과 긍지를 가지고 일할 수 있도록 적극적으로 뒷받침을 해주었다. 나는 물가안정에 어느 정도 자신이 생기게 된 1983년 후반에 이르러서도 사공일 경제수석으로 하여금 10일 간격으로 집계되는 물가순보物價旬報를 중심으로 물가동향 보고를 받았다. 국가원수가 임기 내내 직접 물가순보를 보고받는 사례는 외국에서도 흔하지 않은 일일 테지만 물가 오름세를 잡으려는 대통령의 의지를 모든 공직자는 물론 국민 모두에게 부각시키려는 뜻이었다. 이러한 고통스런 과정을 거치면서 기업인과 근로자, 농어민과 일반 서민 등 우리 국민 모두가 정부의 흔들림 없는 안정화 정책을 믿고 고통을 분담해주었다. 안정화 시책이 불과 2, 3년 만에 가시적인 성과를 내기 시작한 것은 관계공무원을 비롯한 국민 모두의 희생과 협조 덕분이었다.

기적으로 보답받은 국민의 희생

처음 겪어본 한 자릿수 물가

5공화국 정부가 출범한 1981년, 경제기획원은 그해 물가억제 목표를 20%선으로 잡고 있었다. 1980년도에 40%선이었던 만큼 1년 만에 그 반으로 낮춘다는 것은 누가 봐도 무리한 수치였다. 그런데 나는 기획원으로부터 새해 업무보고를 받은 다음날 신병현 부총리와 강경식 기획차관보 등을 다시 불러 물가를 10% 이내로 잡을 방안을 마련해보라고 지시했다. 20%선도 자신이 없었는데 10%선 이내로 안정시키라니 대답하는 신 부총리의 목소리에는 힘이 없어 보였다. 나는 그 뒤에 김재익 수석을 통해 다시 한 번 물가를 '한 자릿수'로 안정시키라고 지시했다. 그 당시 경제기획원 물가담당 공무원들은 물가안정을 위한 청와대의 강력한 의지를 누구보다도 잘 알고 있었지만 한 해 전만 해도 40%선이었던 물가상승률을 '한 자릿수'로 낮추라고 하니 자기들끼리 "아니, 한 자릿수 물가가 무슨 동네 아이 이름인가?"라고 탄식을 토해냈다는 얘기도 들렸다. 그해 나는 각종 회의 때마다 한 자릿수 물가를 강조했는데 경제과학심의회의에 참석했던 삼성그룹의 이병철李秉喆 회장은 "평생 경제만 한 내가 볼 때 한 자릿수 물가는 말도 안 된다. 전두환 대통령이 뭘 모르고 저런 소리를 하는데 나중에 어쩌려고 그러는지 모르겠다."라고 심히 걱정했었다며 훗날 이병철 회장이 직접 나에게 들려줬다. 그런데 결과적으로는 실제 도매물가 11.3%, 소비자물가 13.8%로 안정되었다.

5차 5개년계획의 첫해인 1982년 초 경제기획원이 새해 업무보고에서 밝힌 그해의 물가상승률은 12~14%선이었다. 그 전해인 1981년에는 20%선으로 잡고 있었으니 그보다 많이 낮춘 12~14%선 억제도 상당히 의욕적인 목표였다. 어쨌든 그 정도의 목표를 설정하면 대통령인 나도 흡족하게 여기고 칭찬할 것으로 생각했다고 한다. 그러나 나는 물가안정 목표를 한 자리 숫자로 낮추라고 지시한 것이다. 내 생각은 간단했다. 1981년에 물가상승률이 그 전년도에 비해 절반으로 떨어졌으니 금년에도 그렇게 할 수 있는 것 아닌가. 작년에 할 수 있었던 일을 금년이라고 못할 이유가 없지 않은가. 그렇게만 된다면 한 자릿수 물가상승률을 이룰 수 있다고 생각한 것이다. 내 말이 떨어지자 한순간 참석자들은 그 지시 내용이 믿기지 않는다는 듯 서로 얼굴을 마주보며 긴장된 표정을 지었다.

나는 매우 단호한 어조로 그렇게 지시를 하긴 했지만 나 자신도 그 목표가 벅찬 것이라는 사실은 충분히 알고 있었다. 실제 며칠 후 아내가 그동안 몇몇 지인들과 만난 자리에서 들은 얘기라면서 오랫동안 인플레가 고질화된 상황에서 물가를 단기간에 한 자릿수로 잡겠다고 하는 것은 대통령의 과욕이라고 하는 사람들이 많다는 것이었다. 나는 아내가 무엇을 걱정하는지 충분히 알 수 있었다. 그리고 그것은 그동안 한 번도 물가가 내리는 것을 경험하지 못했던 모든 국민들의 걱정이기도 했다. 그런데 1, 2년 전만 해도 도저히 이루어낼 수 없을 것 같았던 목표, 즉 한 자릿수 물가상승률이 1982년에 달성된 것이다. 그것도 낮은 한 자리 숫자로…. 국민 모두가 고통을 견디며 함께 노력한 끝에 기적을 일궈낸 것이다. 세계가 놀라고 국민도 놀라고 나 자신도 놀랐다. 우리 대한민국 국민은 위대하다는 사실을 다시 한 번 확인했다.

국제수지 흑자시대

1979년의 제2차 석유파동과 이에 이은 국제 고금리시대의 개막, 그리고 세계경기침체의 장기화는 외자에 의존하여 경제성장을 추진하던 개발도상국가에 심각한 외채문제를 안겨주었다. 이러한 개발도상국의 외채 위기는 세계 금융질서의 커다란 교란 요인으로 작용했다. 우리나라는 거의 모든 자원을 수입에 의존하고 이를 가공하여 세계시장에 팔고, 이에 필요한 자본의 부족분을 해외에서 조달하는 외자 의존적, 대외지향 공업화전략을 일찍부터 추구해왔다. 그렇기 때문에 1970년대 말부터 직면하게 된 이와 같은 세계 경제여건 악화에 그 어느 개발도상국보다 심각한 타격을 감수할 수밖에 없었다. 새로운 경제 여건에 따라 수입과 대외이자 지불 부담은 급격히 느는 반면 수출은 정체될 수밖에 없었고 이것이 국제수지 적자의 증가로 연결되었기 때문이다. 특히 국내 정치정세의 변화가 겹쳐짐으로써 타격이 가중될 수밖에 없었다. 실제로 1979~81년 3년 사이에 한국은 외채가 2배 이상 증가하여 GNP의 50%를 넘게 됨으로써 세계 4위의 거대채무국으로 전락했다. 또한 경제성장률은 연평균 2.9%에 그치는 가운데 물가는 26%가 상승하였으며 국내저축률은 GNP의 20% 수준으로 떨어지는 등 최악의 경제위기에 봉착하게 되었다. 물론 이 기간 중 한국경제가 성장을 크게 희생했더라면 외채 증가는 훨씬 낮은 수준에서 관리할 수 있었다. 그러나 외채 증가를 피하기 위해 투자를 억제하는 것은 우리 경제의 장기적인 성장 잠재력을 저해할 수 있는 일이기 때문에 외채 도입을 멈출 수 없었다. 이중 무엇보다도 심각했던 문제는 급증하는 외채였고 당시의 세계경제 여건을 고려할 때 외채상환 부담을 감당해낼 만큼 한국의 수출이 증가할 수 있을지가 불투명하다는 점이었다. 이와 같은 상황은 외환위기로 연결되어 1980년과 1981년에는 투자재원 조달을 위해서가 아니라 외채상환을 위한 외자 도입이 불가피했다. 말하자면 빚을 갚기 위하여 빚을 얻어야 하는 형편이었던 것이다.

그러나 내가 대통령에 취임한 이후 강력한 의지로 추진해온 안정화 시책이 성과를 내기 시작함으로써 물가안정의 기반 위에서 국민저축률이 제고되는 한편, 우리 산업의 대외경쟁력이 강화되고 체질개선이 이루어짐에 따라 국제수지가 매년 큰 폭으로 호전되어왔다. 1980년에 53억 달러에 달했던 경상수지 적자 규모는 1981년에 45억 달러, 1982년 26억 달러, 1983년 16억 달러, 1984년 14억 달러, 1985년에는 9억 달러 수준까지 축소되었다. 1980년도에 69억 달러에 달했던 외채 증가의 절대 규모는 이후 계속 감소 추세를 보였으며, 총외채증가율도 1980년의 23.9%에서 1984년에는 6.6%로 낮아졌다. 그간 꾸준히 추진되어온 물가안정 기반 위에서 국민저축률이 제고되는 한편 우리 산업의 대외경쟁력 강화와 체질개선에 따라 국제수지가 매년 큰 폭으로 개선되어온 데 따른 것이었다. 1979년 28.1%에 달했던 국민저축률은 제2차 석유파동과 국제금리의 급등에 따라 1980년에는 20.8%로 낮아진 바 있었지만 이후 물가안정과 부동산 투기 억제, 소비절약과 저축 증대에 따라 1985년에는 28.4% 수준까지 상승하게 되었다. 이와 함께 투자재원의 자립도는 1979년도의 49% 수준에서 1980년에는 60~70% 수준까지 높아졌으며 이후 국민저축률이 계속 높아져 1985년에는 91%에 달하였다.

1986년에 들어서면서 우리 경제는 그 동안 꾸준히 추진해온 체질강화 및 해외 경쟁력이 제고된 바탕에서 저환율, 저유가, 저금리라는 3저 현상을 맞아 단군 이래 최대의 호황을 구가하게 되었다. 1986년 경상수지는 46억 달러의 흑자를 기록함으로써 우리 경제는 사상 처음으로 국제수지 흑자시대를 맞게 되었다. 대내적으로는 그간의 물가안정과 저축 증대에 힘입어 국민저축률은 총투자율을 3% 가까이 상회하는 32.5%에 달하게 되었다. 그 결과 투자재원을 완전 국내저축으로 충당하게 돼 자립경제시대의 원년을 맞이하게 된 것이다.

  국제수지 흑자에 따른 여유재원은 외채를 상환하여 1986년부터 총외채는 감축되기 시작하였으며 1986년 중 외채 감소폭은 24억 달러에 달하여 총외채잔액이 1986년 말 468억 달러에서 1986년 말에는 445억 달러로 감소했다. 이어 1987년 말에는 356억 달러로 감소되었다. 총외채 수준이 감소한다는 것은 우리 경제가 대외적으로 완전히 균형을 달성하고 자립경제의 기반을 구축하게 되었다는 것을 의미한다. 또한 다른 한편으로는 앞으로의 경제운용에 있어 외채 부담을 보다 가볍게 함으로써 우리가 지향하는 복지경제로의 진입을 위한 정책 선택의 폭을 크게 확대할 수 있음을 의미하는 것이기도 했다.

  외채가 매년 증가하기만 하던 나라가 외채가 줄어드는 나라로 바뀌게 되자 우리를 바라보던 외국의 시선이 달라졌다. 국제금융기관이나 외국은행들이 우리의 외채 상환기한을 두말하지 않고 늦춰주거나 도리어 돈을 더 갖다 쓰라고 권하는 나라가 되었던 것이다. 실제 과거에 조건이 불리하게 빌려 쓴 외채를 갚는 일도 쉬운 일이 아니었다. 일부 유리한 조건의 외채를 이들 불리한 조건의 외채를 갚기 위해 끼워 갚은 경우도 있었다.

1987년 워싱턴에서 열린 IMF 총회의 가장 큰 관심사는 남미 대륙 국가들의 외채탕감 내지 외채상환 연기 허용이었다. 그런데, 한국이 외채를 자발적으로 갚아나가는 나라가 되었으니 국제금융사회와 개발도상국들 사이에서 부러움의 대상이 될 수밖에 없었다. 2015년 그리스 정부가 유로 중앙은행 및 독일 등 채권국들과 채무상환 문제로 힘겨운 싸움을 벌이고 있다는 보도에 접하니 감회가 새로워졌다.

　나는 내 일생을 통틀어 1986년이 가장 행복했던 때로 기억된다. 취임 초에는 나라 형편이 어려워 잠을 제대로 이룰 수 없었는데 6년 만에 국제수지가 흑자라니 꿈만 같았다. 나는 당장 대통령을 그만둬도 여한이 없겠다고 생각했다. 또 물가를 한 자릿수로 정착시킨 가운데 12.5%라는 고도성장을 이룩했고 또 사상 처음으로 국민저축률이 투자율을 상회하게 되었으니 그 기쁨은 이루 말로 표현할 수 없을 정도였다. 그동안 긴축정책 등으로 어려움이 많았는데도 잘 협조해준 모든 국민들에 대한 고마움으로 가슴이 벅차올랐다.

　1986년 11월 8일 서울 세종문화회관에서 수출유공자 450여 명과 함께 '제23회 수출의 날 기념만찬'을 함께하면서 '무역수지 흑자 원년'을 자축했다. 이 자리에서 나는 "오늘 이룩한 무역흑자의 신화는 수출역군을 포함한 온 국민이 합심해 땀 흘린 결과."라고 치하하고, "오늘을 계기로 앞으로도 무역 환경과 여건이 아무리 어렵더라도 우리는 해낼 수 있다는 국민적 자신감을 갖게 됐다."고 했다. 비로소 외국으로부터 빌린 돈을 갚아나갈 수 있게 된 것이다. 1986년은 우리 경제사에서 국제수지 흑자 원년으로 크게 기록되어야 할 의미 있는 한해였다.

공무원 봉급의 은행계좌 이체

군 시절 봉급을 받던 날이 생각난다. 퇴근길에 부대 정문을 나서다 보면 사람들이 서성거리는 모습들이 눈에 띄었다. 면회시간도 아닌 저녁 무렵에 웬일인가 했는데 나중에 들어보니 부대 주변의 음식점과 주막집에서 외상값을 받으러 온 사람들이라는 것이었다. 외상값이 많이 밀린 사람들은 그래서 일부러 늦게까지 남아 있거나 아니면 옆의 동료에게 대신 월급봉투를 받아달라고 부탁하고는 일찍 퇴근해버리는 경우도 있다는 것이다. 1970년대까지만 해도 이러한 광경은 군부대나 관공서뿐만이 아니고 어느 직장에서나 흔히 목격되는 일이었다.

'월급봉투'란 말이 지금도 관용적으로 사용되고 있지만 50대 이상의 장노년층에게는 요즘 젊은이들이 잘 모를 애환이 깃들어 있는 낱말이다. 지금은 일당을 받는 일용직 근로자들 외에는 공무원은 물론 거의 모든 근로자들의 봉급이 은행계좌로 자동이체되고 있지만 1980년대 이전까지는 편지봉투보다 조금 큰 누런 봉투에 현금으로 담겨져 있었다. 지폐는 물론 1원짜리 동전까지 들어 있어서 월급을 받으면 금액을 확인해 보느라 봉투를 거꾸로 들어 탈탈 털기까지 하는 모습들을 보이곤 했다.

월급봉투를 받아들고 집에 들어간 가장들의 모습은 두 부류로 나뉜다. 괜히 주눅이 들어 집사람 눈치를 살피며 슬며시 봉투를 꺼내는 사람은 술집 외상값 등으로 월급을 많이 축낸 사람이고, 어깨에 힘을 주며 부인에게 짐짓 가족을 먹여 살리는 가장으로서의 권위를 잡아보려고 하는 사람은 박봉이나마 고스란히 월급봉투를 가져온 사람들이다.

그 시절 월급을 타서 은행에 저금하는 사람은 거의 없었다. 봉급은 적은데 물가는 하루가 멀다 하고 오르니까 저축할 여력이 있을 리 없었고 이율도 물가상승률에 비해 아주 박해서 은행을 이용할 생각들을 아예 하지 않았다. 1980년에는 정기예금의 명목금리가 19.5%였는데 소비자 물가는 28.7%가 올랐으니 실질금리는 -9.2%였다. 은행에 돈을 넣어두는 대신 물건을 미리 사두는 편이 훨씬 나았다. 사재기가 국가경제를 위해 좋지 않다는 것을 모두 알고는 있었지만 소비자의 입장에서 손해를 덜 보려면 은행에 저축하는 대신 생필품을 미리 사둘 수밖에 없었다. 은행에서 돈을 빌리기가 워낙 힘들었고 저축할 일도 없으니 일반 서민들이 은행을 이용하는 경우는 많지 않았다. 급여를 은행계좌로 이체하도록 한 뒤 보고를 받아보니 청와대 비서관들 가운데에도 그때 처음으로 은행계좌와 통장을 갖게 됐다는 사람들이 적지 않았다. 1980년에는 가계종합예금 가입자가 아예 없었고 국내 저축률은 20.8%에 불과했다.

1982년부터 물가가 획기적으로 안정세를 보이고 금융업무의 전산화가 진전을 보이자 나는 공무원의 봉급을 현금으로 지급하지 말고 은행계좌로 이체하는 방안을 추진하도록 했다. 시중은행들은 1981년 5월부터 지로제도를 확대시행하고 있었다. 송금수표를 사용해야 했던 종전의 제도를 고쳐 어느 은행으로도 자유롭게 계좌를 이체하고 찾아 쓸 수 있도록 한 것이다. 나는 우선 청와대 비서실부터 시범적으로 실시한 뒤 1984년부터는 7급 이상 전 공무원에게 봉급을 은행계좌로 넣어주도록 했다. 공무원들은 각자 은행에 가계종합예금 계좌를 갖고 자기앞수표를 발행할 수 있게 되었다. 각종 카드 사용과 인터넷뱅킹이 일상화된 요즘과 비교하면 한참 뒤처진 제도지만 은행과는 거리를 두고 살았던 그 시절까지의 생활 관습에 큰 변화를 가져온 조치였다.

공무원 봉급이라고 해봐야 박봉이니까 은행계좌로 이체되어도 며칠 못 가서 다 찾아 쓰게 마련이지만, 다만 그 며칠간만이라도 현금이 은행에 머물러 있게 되는 것이고, 또 아무래도 현금을 손에 쥐고 있을 때보다는 씀씀이가 신중해질 수밖에 없었다. 우리 경제가 제대로 성장 발전해가기 위해서는 저축이 늘어나야 하고 은행 이용을 일상화함으로써 신용사회가 뿌리내릴 수 있게 된다는 믿음에서 이 제도의 시행을 지시했던 것이다. 아울러 현금을 집에 보관하거나 몸에 지니고 다니는 것보다 도난과 분실의 위험도 줄어들 것이었다.

봉급을 은행계좌로 이체해주는 제도가 시행되자 공무원 사회와 가정주부들의 반응이 극명하게 정반대로 나타났다. 주부들은 대환영이었다. 월급 봉투를 구경하기도 전에 남편의 각종 외상값 등으로 뭉텅 잘려나가던 봉급이 일단은 자신들의 손으로 들어왔다가 나가게 되니 남편들의 씀씀이를 억제시킬 수 있게 된 것이다. 명실상부하게 가정의 경제권을 틀어쥐어서 가계지출을 계획성 있게 꾸려나갈 수 있고 비로소 가계부다운 가계부를 쓸 수 있게 되었다. 그러나 한편 공무원들은 집에 가서는 아무 말 못하지만 끼리끼리 있는 자리에서는 나에 대한 불만과 원성을 털어놓았다는 것이다. 외상으로 술 마시는 일이 통제받을 수밖에 없게 된 것도 불편한 일이지만, 정해진 월급 이외에 지급받았던 각종 수당 등 잡수입까지도 몽땅 은행계좌로 들어가니까 부인에게는 알리지 않고 쓸 수 있었던 비자금이 원천봉쇄되었기 때문이다.

경제 상황이 전반적으로 안정되면서 은행금리도 낮아졌지만 물가상승률은 더 낮아서 실질금리가 착실히 보장되었다. 1986년에는 정기예금의 명목금리가 10%였지만 소비자물가는 2.3%밖에 오르지 않아 실질금리가 7.7%였다. 1987년에는 정기예금금리 10.0% 물가상승률 3.2%로서 실질금리가 6.8%였다. 이처럼 은행에 예금하면 물가상승률을 상회하는 금리가 보장되니 자연히 저축이 늘어났다. 1980년에는 국내 저축률이 20.8%이어서 투자재원 자립도가 64.8%에 불과했는데 1986년에는 저축률 32.8%로서 투자재원 자립도 109.4%, 87년에는 저축률 37.0% 투자재원 자립도 122.2%를 기록하게 되었다.

각 가정의 저축을 장려하기 위해 가계저축에 대해서는 이자소득세를 감면하고 다양한 금융상품을 개발하도록 유도했다. 아울러 일반 서민들이 자주 이용하는 우체국 등도 저축기관의 기능을 확충하도록 했다. 이러한 노력에 힘입어 7년 만에 저축률이 거의 두 배 가까이 늘어났고 1986년에는 사상 처음으로 국민저축률이 GNP의 30%를 넘는 32% 수준에 도달함으로써 대내적으로는 국내 투자재원을 전액 국내저축으로 조달할 수 있는 자력성장 경제를 실현하게 되었다. 2년 연속 흑자경제를 실현함으로써 버는 것이 쓰는 것보다 많아지고, 개발도상국 최초로 외채를 갚아나가는 신기원을 이룩하게 되었다. 5공화국이 출범하기 전인 1970년부터 1979년까지는 10년간 평균투자율이 28.1%였는데 국내저축률은 22.9%에 불과해 5.2%는 외국자본에 의존해야 했던 일을 상기하면 꿈만 같은 일이었다.

고도성장과 무역흑자 달성

내가 그렇게도 집념을 가졌던 물가안정 시책과 경제의 구조개혁은 적지 않은 저항과 비판에 부딪혔었다. 그러나 흔들림이 없이 그리고 일관되게 경제의 안정화 시책들을 강력히 추진한 결과 한국경제는 어려운 고비를 잘 극복하고 고도성장의 궤도로 재진입할 수 있게 되었다.

특히 제5공화국의 물가안정에 관한 성과는 놀라운 것이었다. 1980년 39%에 달했던 도매물가는 1982년에는 4.7%, 1983년에는 0.2%로 크게 낮아졌고 그 후 1987년까지 1% 수준으로 유지되었으며 소매물가는 1980년의 29%에서 1982년 7.1%, 1983년에는 3.4%로 빠른 속도로 안정되었다. 처음 내가 물가 한 자릿수 상승목표를 내세웠을 때의 상황을 고려할 때 정말 놀라운 성과라 할 수 있다.

그리하여 한국경제는 구조적 취약성을 성공적으로 극복하고 제2의 도약 기반을 마련할 수 있게 되었다. 특히 1986년부터 3년간 경제는 연달아 12% 이상의 높은 성장을 기록하는 등 단군 이래 최대 호황을 누리게 되었다. 1980년대 한국의 연평균 경제성장률은 10.1%로서 당시 세계 200여 개 국가 중에서 1위를 기록했다.

5공화국의 마지막 해였던 1987년 말 한국의 국민총생산은 1,360억 달러를 넘어섰고 1인당 소득은 3,218 달러에 달했다. 1980년의 국민총생산이 630억 달러였고 1인당 소득도 1,600달러였던 것을 고려할 때 경제력이 두 배 이상 늘어난 것이다. 고도성장의 추세는 1988년에도 지속되어 국민총생산은 1,800억 달러, 1인당 소득은 4,300달러에 이르렀다. 1987년 1인당 국민소득 3,200달러는 유럽의 포르투갈보다도 높은 것이었다. 한국의 국민총생산 1,300억 달러는 당시 OECD 회원국의 많은 나라들의 국민총생산액보다 더 큰 것이었다. 좀 더 구체적으로 우리나라는 오스트리아, 벨기에, 그리스, 노르웨이, 스웨덴보다 더 큰 경제력을 갖게 된 것이다.

물가안정을 토대로 한 국제경쟁력 강화에 힘입어 1980년대 전반기 동안 수출은 거의 두 배로 늘어났다. 1987년 한국은 무역 규모면에서 스페인, 아일랜드, 노르웨이, 핀란드, 오스트리아 등 유럽의 여러 국가를 능가하며 세계 12대 무역 대국으로 발돋움했다.

40년 동안 만성적인 무역적자에 시달려온 한국은 5공화국이 들어선 이후 비로소 흑자국으로 변모하게 되었다. 1981년 대외수지는 44억 달러의 적자였으나 1986년부터 3년간 무려 285억 달러나 되는 흑자를 기록한 것이다. 이와 같은 무역수지의 흑자는 한국 역사상 최초로 있었던 일이다. 무역적자는 1960년대 이래 한국경제의 고질적인 문제였고 외채망국론外債亡國論이 정치수사로 자주 등장할 정도로 높은 외채의존도 해소가 중요한 국정과제였다. 그런데 1986년 이후 생긴 무역흑자로 외채를 갚기 시작함으로써 제3세계 국가 중에서 외채를 크게 상환하는 첫 번째 국가가 된 것이다.

또한 한국은 아시아 개발도상국가 중 가장 강력한 공업국가로 등장하게 되었다. 박정희 대통령 정부에서 시작되어 5공화국에 들어와 구조개편을 거친 조선, 석유화학, 자동차 등 중화학공업의 국제경쟁력은 크게 향상되었다. 그 결과 한국은 조선산업에서 일본에 이어 세계 2위, 전자산업은 세계 4위, 석유화학산업은 세계 5위, 반도체는 세계 3위의 생산국이 되었다. 또한 한국은 개발도상국 중에서 자동차를 독자적으로 설계제조해서 수출하는 유일한 국가가 되었다. 5공화국은 박정희 정부의 중화학공업을 기축으로 한 산업화를 명실상부하게 마무리해서 온 국민이 그 과실을 향유할 수 있도록 한 것이다. 이것은 국민 모두의 땀과 피가 이뤄낸 역사적 위업이 아닐 수 없다.

1986년 초부터 우리나라는 미국시장에 한국산 승용차 수출을 시작했다. 한국 자동차의 미국시장 진출은 한국이 주요 공업국의 대열에 들어섰음을 상징하는 것이었다. 이때부터 선진국의 텔레비전, 신문광고에 삼성, 현대, LG, 대우 등 한국 회사들의 이름이 등장하기 시작했다. 이즈음에 미국과 유럽의 주요 주간지에서 "한국인이 온다."라는 제목이 다루어지게 되었다.

어쨌든 우리나라 경제는 물가안정, 고도성장, 무역흑자라는 세 가지 목표를 한꺼번에 성취해 세 마리 토끼를 모두 잡았다는 평가와 부러움을 샀다. 특히 1986년부터 1988년 서울올림픽에 이르기까지 3년간 계속된 경기 호황은 국제사회에서 한국인의 자긍심을 크게 북돋우는 계기가 되었고 한국은 개발도상국의 갖가지 어려움에서 벗어나 선진국의 문턱에 성큼 다가선 나라로 탈바꿈하게 되었다. 남북이 분단된 상태에서 엄청난 국방비를 부담하면서도 그와 같은 성과를 이루었다는 것은 참으로 기적이라고 해야 할 놀랍고 위대한 성취인 것이다.

성장, 안정, 국제수지라는 세 마리 토끼

"물가를 안정시켜야 한다. 물가를 안정시키겠다."는 말은 우리나라 정부가 수립된 이래 매년 경제정책 발표 때마다 한 해도 거르지 않고 정부가 해온 말이다. 연초뿐만 아니라 기회 있을 때마다 강조해오곤 했다. 그러나 그러한 다짐은 한 번도 지켜지지 않았기에 정부가 물가 문제를 얘기해도 국민들은 그저 한 귀로 듣고 한 귀로 흘려버리고는 했다. 내가 대통령에 취임한 뒤 "경제정책의 기조를 성장 위주에서 안정 위주로 전환한다. 물가를 잡는 일을 경제정책의 최우선과제로 하겠다."고 다짐했을 때에도 사람들은 "또 그 얘기로군." 하는 정도로만 받아들였을 터였다. 대학과 경제 관련 연구기관의 학자와 연구원들을 비롯한 경제전문가, 기업인들도 정부가 바뀌더니 소리 한번 크게 질러보는구나 하는 반응을 보인다는 것이었다. 더구나 1980년대 초 당시 경제가 파탄 상태에 직면해 있을 뿐만 아니라 특히 물가가 천정부지로 솟고 있다는 사실을 누구보다도 잘 알고 있던 경제전문가와 기업인들은 '한 자릿수 물가'라는 말에 냉소를 보였다는 것이다. 그런데 기적 같은 일이 일어난 것이다. 40%대의 물가가 한 해 만에 10%대로 떨어지더니 그 다음해에는 한 자릿수를 기록했고 그 뒤 계속 낮은 한 자릿수의 안정세를 이어가게 된 것이다.

이러한 성과는 성장, 안정, 국제수지라는 세 가지 경제정책 목표 가운데 한 가지 목표를 달성했다는 것 이상의 의미를 지니고 있었다. 우리 경제가 드디어 수십 년 만에 인플레의 질곡에서 벗어났다는 성취감, 우리 경제가 이제는 어떠한 난관도 헤쳐 나갈 수 있다는 자신감, 우리 경제도 선진화를 향해 도약하게 되었다는 희망을 갖게 해준 쾌거였다. 이러한 성취감, 자신감, 희망은 우리 경제 전반에 활력을 불어넣어 성장과 국제수지에도 긍정적인 상승효과를 일으켰다. 안정기반의 확보가 경제의 성장을 억제하지 않으면서 이루어졌다는 사실은 특히 고무적인 일이었다. 성장, 안정, 국제수지라는 서로 상충되는 목표 가운데 어느 하나도 희생하지 않고 모두 성취한 것이다.

1986년 우리 경제가 성취한 이러한 성과에 대해 국제사회에서는 "한국 경제가 세 마리 토끼를 잡았다."고 평가했다. 우리나라는 1986년부터 내가 퇴임한 1988년까지 3년 연속해서 10% 이상의 고도성장을 이루었다. 또 물가는 3% 미만으로 안정되었다. 그리고 상상할 수 없었던 국제수지 흑자를 기록했다. 분명히 세 마리 토끼를 한꺼번에 다 잡은 것이다. 세 마리 토끼를 한꺼번에 잡았다는 평가를 받게 된 것은 어떻게 설명해야 하는가. 환율과 금리와 원유가가 동시에 하락한 '3저 상황' 덕분인가. 1985~86년 세계경제가 3저 현상을 맞게 된 것은 사실이다. 1985년 미국 뉴욕에서 열린 선진국 재무장관회의에서 일본의 엔화를 1달러 당 300엔에서 150엔대로 일거에 절상하면서 미국 달러 가치의 하락과 함께 일본 엔화 가치가 상승했다. 국제금리도 8%대로 안정되었다. 1985~86년 사이 국제원유가는 배럴당 28달러에서 그 절반 수준인 14달러로 폭락했고 그 밖에 1차 원자재의 국제가격 역시 평균 12% 이상 하락했다. 이른바 저환율低換率, 저금리低金利, 저유가低油價의 '3저低 호기好機'를 만난 것이다. 그러니까 우리가 세 마리 토끼를 잡았다는 것도 사실이고, 또 그것이 '3저 효과' 때문이라는 말도 맞는 말이다.

그러나 세 가지 목표를 모두 이룩한 것이 오로지 '3저 호기' 덕분이라는 주장은 맞지 않는 얘기다. '3저'라는 경제 환경은 세계 모든 나라에 다 해당되는 조건이었다. 중남미 국가들은 물론 1980년 대 초 우리나라를 포함해 '네 마리 용'이라는 평가를 받던 나머지 세 나라 싱가포르, 홍콩, 대만도 같은 3저 호기를 맞았으나 우리나라와 같이 세 가지 목표를 성취하지는 못했다. 우리가 3저라는 모처럼의 기회를 제대로 포착해서 활용할 수 있었던 것은 그동안 안정화 시책을 꾸준히 추진해온 결과 우리 경제의 체질이 튼실해져서 그러한 환경변화에 기민하게 대처하고 그 기회를 활용할 할 수 있었기 때문이었다.

실제 1986년 당시의 계수를 따져봐도 순전히 3저 효과 때문만은 아니라는 사실을 알 수 있다. 1986년 국제수지 개선분 55억 달러 가운데 직접적으로 3저 요인에 의한 부담 감소분은 원유가 하락에 따른 수입 부담 감소분 29억 달러, 국제금리 하락에 따른 이자지급 감소분 4억 달러 등 38억 달러였다. 그 반면에 엔화 강세와 원유가 하락에 따른 해외건설 수입 감소 등으로 18억 달러의 국제수지 부담이 발생했기 때문에 3저 요인에 따른 국제수지 개선분은 전체 개선효과의 35%에 해당하는 20억 달러(38억 달러 - 18억 달러)정도뿐이다. 나머지 65%인 36억 달러는 물가안정으로 기업의 원가절감과 체질강화를 통해 대외경쟁력이 강화되는 등 구조개선이 이루어진 효과 덕분이었다.

'3저 호기'는 현금자동인출기처럼 통장이나 카드를 넣으면 누구에게나 세 마리 토끼를 쏟아주는 기계가 아니었다. 어느 때엔가는 3저 호기가 찾아오리라는 기대를 갖고 우리가 그처럼 고통을 참아가며 안정을 위해 뼈아픈 노력을 기울였던 것은 아닐 터였다. 그러나 우리는 희생을 치러가며 안정을 이룩했고 준비가 되어 있었으므로 때마침 찾아온 기회에 세 마리 토끼를 잡을 수 있었던 것이다. 기회는 준비된 사람에게만 찾아온다는 말은 진리인 것이다.

나는, 나를 비롯해 국민과 세계가 깜짝 놀란 이러한 성과를 우리나라가 거둘 수 있었던 것은, 내가 대통령이었기 때문에 가능했던 것이라고 주장하지는 않겠다. 또 나만이 할 수 있었던 것이라고 생각하지도 않는다. 그러나 1980년대에 누가 대통령이었더라도 할 수 있었을 것이라거나, 누구나 다 할 수 있는 일이었다는 말에는 동의할 수 없다. 더욱이 나 아닌 다른 누가 했으면 더 잘 했을 것이라는 주장은, 나와 5공화국을 애써 부정하고픈 사람들의 억지스러운 역사적 가정일 뿐이라고 생각한다.

1986년, 대한민국의 기적이 실현되다

드디어 우리의 오랜 꿈은 이뤄졌다. 경제개발5개년계획을 수립하고 본격적으로 국가 건설을 시작했던 것은 5.16 혁명정부의 초창기였던 1962년. 하지만 당시 우리 대한민국의 성공을 예견했던 사람은 국내외를 막론하고 거의 없었다. 오히려 과연 우리가 잘살 수 있는 날이 올 수 있을까 하는 회의와 역시 우리는 안 될 거야… 하는 패배감만이 가득했을 때였다. 하지만 오랜 기간에 걸친 모든 국민들의 피와 땀 그리고 눈물과 인내가 합쳐져서 결국 기적을 만들고 꿈을 현실로 바꿔놓았다. 북한보다도 못했던 경제는 1974년을 고비로 그들을 추월하기 시작했고 한번 벌어진 격차는 갈수록 더 커지기만 했다. 그리곤 결국 1986년에 이르러서 우리는 건국 이래 처음으로 흑자경제를 달성함으로써 더 이상 다른 나라로부터 돈을 빌리지 않아도 살 수 있게 되었다. 생각할수록 참으로 눈물 나는 한 해였고 또 영원히 잊지 못할 한 해였다.

나는 우리 대한민국을 제외하고 세계의 또 어떤 나라가 경제학 교과서에나 나오는 가르침 그대로 외국으로부터 돈을 빌리고 열심히 일해서 갚아가는 방식으로 국부國富를 이루고 경제를 부흥시켰는지 그 예를 잘 알지 못한다. 우리는 누구를 침략하거나 약탈해본 적도 또 식민지를 만들고 그들을 수탈해본 적도 없다. 오히려 늘 그런 사례의 피해자였을 뿐이다. 자랑스러운 우리의 역사가 만들어졌던 1986년. 남북한의 체제 경쟁에 종지부를 찍고 우리가 선택한 길이 옳았음을 전 세계에 증명한 영광의 시간이었다.

4관왕을 달성한 1980년대 한국 경제

연도 내용	1979	1980	1981	1982	1983	1984	1985	1986	1987	1988	1989
경제성장(%)		-5.6	6.6	5.4	11.9	8.4	12.3	12.92	12.97	12.42	
생산자물가(%)	18.6	39.0	11.3	4.7	0.2	0.8	0.9	-1.4	0.4	2.7	1.5
소매물가(%)	18.5	29	13.8	7.1	3.4	2.2	2.3	3.2	3.1	7.1	5.7
국제수지 (경상수지) (억 달러)	-42	-53	-44	-27	-16	-14	-9	46	98	141	51
외채 (억 달러)	203	272	324	371	404	431	468	445	356	312	294
GNP (억 달러)	616	630	671	717	800	881	911	1,054	1,360	1,800	2,204
1인당GNP (달러)	1,647	1,600	1,741	1,834	2,014	2,187	2,242	2,568	3,200	4,300	5,883
과학기술투자 (%)(억 원)		0.86 (3,169)	0.9 (4,043)	1.09 (5,550)	1.23 (7,282)	1.44 (9,577)	1.77 (1조2,862)	2.00 (1조6,663)	2.22 (2조366)	2.05 (2조5,937)	
국민저축률(%)	28.5	20.8	22.9	24.4	27.6	29.9	29.9	32.8	37.0	39.3	36.2
총투자율(%)	35.8	31.9	29.9	28.9	29.4	30.6	30.3	29.2	30.0	31.1	33.8

· 한 자릿수의 물가(3.2%)
· 두 자릿수의 경제성장(12.97%)
· 국제 수지의 흑자(46억 달러)
· 투자 재원의 자립 달성(저축률32.8% 〉 총투자율)

개방주의는 우리가 발전해나가기 위해서는 피할 수 없는 조건인 동시에 치열한 경쟁에 부딪혀야 하는 위험부담을 안게 되는 양면성을 갖고 있다. 밖을 향해 문을 열 때에는 외부에 도사리고 있을지 모를 위험과 맞선다는 각오를 해야 하는 것이다. 국제화, 세계화가 거스를 수 없는 추세인 상황에서 개방화 자율화를 통한 성장전략은 선택의 문제가 아니라 생존수단이다. 그동안 우리가 이룩한 성취를 통해 확인하게 된 민족적 저력에 비추어 우리 사회를 보호하고 규제하기 위해 나라 안팎으로 드리워져 있던 커튼이 더 이상 필요 없다고 생각했다. 필요 없을 뿐만 아니라 걷어내야 할 장애물로 생각되었다.

제3장

다 함께 열린사회로

문호개방과 자율의 확대

문을 열고 규제는 풀고

내가 대통령에 취임하던 1980년은 대한민국 정부가 출범한 지 33년이 되는 해였다. 사람의 일생에 비유하자면 성년의 나이를 이미 지나 신체적으로나 정신면에서 더욱 성숙해지는 연륜에 이른 것이다. 보호자의 품에서 벗어나 자립해야 할 단계다. 그렇다면 이제 국가는 사회 각 부문과 국민 각자가 스스로 성장하고 발전해 나가게끔 보호와 규제를 풀어야 할 때가 된 것이 아닌가. 이 물음에 대한 답을 얻기까지 오랜 시간이 걸리지 않았다. 내가 개방과 자율 확대정책을 과감히 펴나가겠다고 결심했던 것은 보호와 규제 속에 안주하려 하는 것은 선진도약을 꿈꾸는 국민에게 어울리지 않는다는 판단 때문이었다. 또 우리 국민은, 우리 사회는 자립, 자생할 충분한 자질과 저력을 지녔다는 믿음이 있었다.

우리 사회가 국가의 보호와 감독에서 벗어나도 충분히 자립해서 성장발전을 이루어 나갈 수 있다고 내가 확신을 갖게 된 데에는 근거가 있었다.

우리 민족이 온갖 역경과 시련을 겪으면서도 수천 년간 꿋꿋이 독립자존의 길을 이어왔다는 사실은 역사가 말해주고 있다. 일시적으로 외침을 받아 굴욕을 당한 시기도 있었다. 또 지난 세기 말에는 우리 땅에서 벌어지는 열강들의 각축 속에 속수무책으로 당하고 있었고, 급기야는 제국주의의 희생물이 되어 식민통치를 받았다. 강대국들의 손에 의해 민족이 분단되고, 국제공산세력의 대리전쟁으로 국토가 초토화되는 미증유의 민족적 비극을 겪었다. 우리의 의사와 이익은 완전히 무시된 채 민족의 운명이 이민족異民族, 외부세계에 의해 농단壟斷되었다. 일본의 패망으로 맞게 된 해방도 주어진 것이었다. 근세사를 통해 우리가 이민족, 외부세계와의 관계에서 갖게 된 경험은 이처럼 부정적인 것이었다. 이로 인한 피해의식과 열등감이 지난 수십 년간 우리를 위축시키는 요인이 되었다. '엽전 운운'하며 자학하기도 했다. 이러한 피해의식과 열등감에서 벗어나지 않고는 우리가 밝은 미래를 맞이할 수 없다. 우리는 그 험난한 세월을 지나오면서도 고유한 말과 글과 문화를 잃지 않고 민족사를 발전시켜 왔다. 강대한 대륙세력과 해양세력에 둘러싸여 있으면서도 민족사를 연면히 이어올 수 있었던 것은 우리 민족의 핏줄에 강인한 생명력과 민족혼이 담겨 있기 때문일 것이다. 내가 재임 중 각종 국가적 행사에서 연설할 때마다 빼놓지 않고 우리 민족의 이러한 저력과 우수성을 강조한 것은 지난 날 시련의 역경 속에 잊고 있던 민족적 자존의식과 자신감을 일깨우기 위한 것이었다.

개발연대 초기에는 대외개방에 대한 두려움이 있을 수밖에 없었다. 국가안보에 대한 위해요소가 유입될지도 모른다는 우려도 있었고, 취약한 우리 경제가 자력성장의 동력을 상실할 것이라는 비관적인 전망도 있었다. 심지어는 강력한 선진경제에 완전히 종속되는 결과가 빚어질 것이라는 경고를 하는 사람들도 있었다. 그 시절 한때 중남미를 중심으로 풍미했던 종속이론從屬理論을 진리라고 맹신한 사람들이 외국자본은 곧 매판자본買辦資

本이므로 외국자본을 끌어와야 한다고 하는 사람들은 매국노일 수밖에 없다고 비난하기까지 했다.

개방주의는 우리가 발전해나가기 위해서는 피할 수 없는 조건인 동시에 치열한 경쟁에 부딪쳐야 하는 위험부담을 안게 되는 양면성을 갖고 있다. 밖을 향해 문을 열 때에는 외부에 도사리고 있을지 모를 위험과 맞선다는 각오를 해야 하는 것이다. 조선왕조가 쇄국을 고집한 이유가 세계사의 흐름을 몰랐던 몽매함 때문에 서양문물의 유입을 거부한 것인지, 아니면 쇠잔한 국력 때문에 외세의 침투를 두려워한 것인지 사가史家들마다 해석이 다를 수 있지만, 어쨌든 그 결과는 망국으로 나타났다. 그로부터 70년이 흐른 1980년대 세계는 어느덧 하나의 생활권으로 통합되어 각 분야에서 서로 깊이 얽혀 살아가고 있다. '지구촌 시대'인 것이다. 개방적으로 협력하고 경쟁할 수밖에 없는 환경이 된 것이다. 완강하게 문을 닫아걸고 "우리식으로 산다."는 나라들이 없지는 않다. 그러나 그런 나라들의 형편은 어떻게 되었는가. 빈곤과 후진의 굴레를 벗어나지 못하고 있는 북한, 버마, 쿠바의 실상이 그 본보기를 보여주고 있다. 1970~80년대에 개방체제의 개발도상국은 평균 연4.5% 성장한 데 비해 폐쇄체제의 개도국은 0.7% 성장에 그쳤다는 한 연구조사가 있다.

국제화, 세계화가 거스를 수 없는 없는 추세인 상황에서 개방화, 자율화를 통한 성장전략은 선택의 문제가 아니라 생존수단이다. 우리가 지구촌 시대를 살아가려면 세계를 향해 문을 열어야 하고, 선진국으로 한 단계 더 도약하려면 우리 생활 속에 남아 있는 보호와 규제의 막을 걷어내야 한다. 그동안 우리가 이룩한 성취를 통해 확인하게 된 민족적 저력에 비추어 우리 사회를 보호하고 규제하기 위해 나라 안팎으로 드리워져 있던 커튼이 더 이상 필요 없다고 생각했다. 필요 없을 뿐만 아니라 걷어내야 할 장애물로 생각되었다. 보호와 규제의 틀 안에서 유지되는 성장과 발전은 한계가 있다. 벽속에 갇힌 상태에서는 개인의 창의가 충분히 발휘될 수 없다. 개인의 창의와 국민의 발전의지는 자율개방체제에서 더욱 활발하게 발휘될 수 있다는 믿음이 있었다. 나는 새 공화국의 출범과 함께 자율과 개방으로 생활분위기를 일신함으로써 사회 각 분야에서 활력이 솟아나게 해야 한다는 생각을 굳혔다.

1980년대 우리나라 경제는 규모도 커지고, 구조도 복잡해졌으며 상당 수준 국제화가 이뤄져 정부주도로 이끌어나가는 것은 무리였다. 대기업에 대한 과보호와 독과점은 기업의 경쟁력 약화와 중소기업의 침체를 가져왔고, 정부가 자원배분에 관여함으로써 투자 부실화를 초래했다. 1970년대 말 표면화된 중화학공업에 대한 과잉 중복투자 문제는 정부주도 경제개발정책, 특히 관치금융의 한계와 폐해를 상징적으로 보여주고 있었다.

정부주도의 관치경제를 민간주도의 자율경제로, 보호·독과점체제를 개방·경쟁체제로 전환해야 하는 것은 더 이상 피할 수 없는 시대적 과제였다. 정부주도의 경제운용을 민간주도로 전환한다고 해도 정부의 기능을 무조건 축소하는 것은 아니다. 민간의 자율적인 경제활동은 최대한 보장하되, 경쟁의 규칙을 정하고 그것이 공정하고 질서 있게 지켜지도록 관리하는 역할은 정부의 몫인 것이다. 말하자면 정부가 할 일이 따로 있고 민간에서 할 일이 따로 있는 것이다. 정부가 할 일이 분명히 있지만, 또 해서는 안 될 일도 있다. 그러니까 정부주도에서 민간주도로 간다는 것은 정부부문과 민간부문 사이에 새로이 분업체제가 이루어지는 것을 뜻한다. 사회간접자본의 확충 같은 사업은 민간에 맡겨놓을 수 없다. 물론 정부예산만으로 감당하기 어려울 때, 민간자본이 참여하게 하는 방법도 있겠지만 그것은 어디까지나 예외적이다. 또 인력개발이나 복지행정 같은 일도 정부부문에서 맡는 것이 원칙일 것이다.

나는 우리 민간기업의 성장 저력을 확신하고 있었다. 세계의 일류기업과 경쟁해서 이길 수 있도록 기술혁신과 품질개선을 이루어나갈 수 있다고 믿었다. 또 그렇게 하지 않으면 살아남을 수 없다고 보았다. 1980년대 초 우리 경제가 위기에 처해 있는 것은 사실이지만 그러한 위기야말로 혁신과 체질개선을 통해 재도약할 수 있는 기회일 수도 있는 것이다. 정부주도에서 민간주도로 경제운용 방식과 구조를 바꾼다는 것은 모든 국민에게 경제활동에 참여할 기회를 균등하게 제공하는 것을 전제로 하는 것이고, 모든 국민이 경제활동에 참여할 기회를 균등하게 갖게 됨으로써 모든 생산요소에 대한 고용기회가 확대되면, 그 자체만으로도 소득분배가 구조적으로 개선되는 효과를 낼 수 있다.

대통령이 되어 정부 각 부처의 업무를 파악해가면서 살펴본 결과 정부 당국이 지난 수십 년간 취해온 각종 규제조치 가운데에는 더 이상 유지할 필요가 없음에도 불구하고 타성에 젖어 해제하지 않고 있는 사항들이 적지 않게 남아 있었다. 어떤 일들은 국민이 겪는 불편은 고려하지 않은 채 단순히 당국의 편의만을 생각해서 취한 행정편의주의적 규제조치들도 있는 듯 했다. 그러한 규제들이 행정재량권의 남용이라고까지는 말할 수 없다 하더라도 국민의 행복추구권을 명문화한 5공화국 헌법의 정신에 맞지 않는 일이었다. 나는 국민 각자의 창의성과 자생력을 키우고 주체적인 참여의식과 책임감을 높이기 위해서도 이러한 규제들을 과감히 풀어서 자유롭고 활기찬 기풍을 조성해나간다는 방침을 세웠다. 나는 1981년 말 수석비서관회의를 주재하는 자리에서 "우리 사회는 다원화 전문화의 방향으로 급속히 변화하고 있다. 지속적인 국가발전을 보장하기 위해 정부는 1948년 건국 이래 유지해온 각종 규제와 통제를 줄이도록 노력해야 한다. 통제는 사람의 창의성을 저해하며, 자율적인 자기통제만이 건전하고 점진적인 민주발전을 앞당길 것이라고 믿는다. 국민에게 창의와 활력을 불어넣을 수 있는 방안을 검토해서 건의해달라."고 지시했다.

박정희 대통령은 5.16 직후에는 수입대체 개발전략을 취했으나 1960년대 중반부터 수출주도 개발전략을 채택하면서 개방주의정책으로 전환했다. 그러나 1970년대에 들어 중화학공업화 계획을 추진하게 되자 정부주도의 수입대체 전략으로 되돌아왔다. 전문가들의 타당성 검토에서 부정적 결론이 나왔음에도 불구하고 박 대통령이 집념어린 의지로 추진한 포항제철의 성공이 박 대통령으로 하여금 중화학공업으로의 전환에 자신감을 갖게 한 것으로 여겨졌다. 1967년 GATT(관세 및 무역에 관한 일반협정)에 가입하고 수입자유화의 기조를 유지하고 있었으나, 공업화의 진전으로 과거 수입에 의존하던 품목들이 국산화됨에 따라 수입제한 조치를 취해 수입자유화율은 1967년의 58.5%에서 1975년에는 49.1%로 오히려 낮아졌다.

우리나라는 근본적으로 부존자원이 빈약하고 국내시장이 좁은 여건상 대외지향적 경제 발전전략을 취하지 않을 수 없다. 또한 사실상 우리가 1960~70년대 비약적인 경제성장을 이룩할 수 있었던 것은 전적으로 대외지향의 발전전략을 추진해온 덕분이라고 해도 지나친 말이 아니다. 가발, 봉제품 등의 상품 수출은 물론 서독에 파견된 광부와 간호사들의 노임, 중동지역에 대한 건설 수출, 그리고 월남에 파견한 국군장병들의 피의 대가까지 모두 외국에서 벌어들인 돈이 우리나라 산업발전의 밑거름이 된 것이다. 1970년대에는 TV, 냉장고 등 전자제품이 가격경쟁력을 앞세워 미국시장에 진출했다. 수출주도의 개발전략을 세운 정부는 수출을 위한 일이면 무슨 일이든 다 들어준다고 할 만큼 적극적인 지원을 아끼지 않았다. 인플레가 심하던 그 시절 사업하는 사람에게 가장 중요한 지원은 금융상의 혜택이었는데 수출신용장만 있으면 이율이 싼 수출금융을 얼마든지 활용할 수 있게 해주었다.

개방화의 물결이 거스를 수 없는 추세로 인식되면서 정부 내에서도 1970년대 말부터 수입자유화 정책에 대한 논의가 제기되었다. 1978년에는 상공부에 수입자유화 대책위원회가 발족하면서 수입자유화 추진 계획이 발표되었다. 그러나 그 계획의 기본개념은 국내기업의 국제경쟁력 강화를 통한 국제화를 추진한다거나 국내 유치산업幼稚産業의 육성과 중화학공업 추진 등 국산화 정책과의 조화를 도모한다는 등 본격적인 수입자유화와는 거리가 있는 내용이었다. 국내산업의 보호에 앞장설 수밖에 없는 농수산부와 상공부, 특히 농수산부는 당연히 반대의 입장이었다. "수입장벽을 없애면 국내산업은 살아남을 수 없다." "할 땐 하더라도 점진적으로 해야 한다."면서 제동을 걸었다. 유치산업을 보호해야 한다는 주장은 물론 맞는 말이다. 유치원 아이를 어른하고 맞씨름을 하게 할 수는 없는 것 아닌가. 어른으로 자라날 때까지 보호 육성해주어야 한다. 그러나 언젠가는 한번 어른과 맞붙을 수밖에 없는 일이라면 어느 정도 성장했을 때 어른과 맞씨름을 시켜보면서 체력과 기술을 기르게 하는 것이 경쟁에서 이길 수 있는 좋은 방법인 것이다.

취임 초 나는 "외국자본과 기술의 도입을 촉진하기 위해 경제를 대외적으로 개방한다."는 정부방침을 밝혀 놓았다. 국내시장에서 수입품과 경쟁할 수 없는 제품은 국제시장에서도 살아남을 수 없다는 것이 내 생각이었다. 수입이 자유화되면 상품의 수급이 원활해져 물가가 안정되고 물가가 안정되면 각종 제조원가가 절감됨으로써 국제경쟁력이 강화되어 수출증대가 이루어지는 것이다. 내가 개방주의 정책 방향을 밝히자 정부 내의 개방론자들이 움직이기 시작했다. 김재익 수석과 더불어 개방론 신봉자인 강경식姜慶埴 재무장관, KDI의 김기환金基桓 박사 등이 경제부처 공무원들의 합숙연수회 등의 기회를 만들어 수입자유화 정책의 필요성을 강조하고 나섰다. 그러자 성급한 수입개방은 안 된다는 입장인 김동휘金東輝 상공장관이 즉각 반대주장을 하고 나서는 등 수입개방 정책을 둘러싼 논쟁이 벌어졌다.

수입을 자유화하고 외국인투자에 대한 규제를 완화하는 데 반대하는 사람들은 수입의 자유화 없이도 수출이 지속적으로 늘어날 수 있다고 생각하고 있는 듯했다. 또 외국인의 국내직접투자를 제한하더라도 외국자본이나 기술의 도입이 순조로울 것이라고 믿고 있는 듯했다. 그러한 주장은 시장원리를 몰라서 하는 얘기일 수도 있고, 알면서도 해보는 희망적 주장일 것이다. 정부 내의 반대론자들은 국내기업의 이익만을 생각해서 그러는 것은 아니고 국내산업의 보호라는 명분 때문에 저항하는 것일 터였다. 그러나 "우리는 당신네 시장에 들어가서 물건을 팔 텐데, 당신은 우리 시장에 물건 팔러 올 생각하지 말아라."고 할 수는 없는 일이다. 팔기도 하고 사주기도 해야 하는 세계시장에서 팔기만 하고 사지는 않겠다는 말이 통하겠는가. 사주는 것보다 많이 팔고, 주는 것보다 받는 것이 더 많도록 노력하는 것이 현명한 방법인 것이다.

정부 정책에 관해 여러 사람들의 의견이 한 방향으로 모아지는 경우는 많지 않다. 저마다 생각이 다르고 입장이 같지 않고 이해관계가 엇갈리니까 주장하는 내용과 방향이 상이할 수밖에 없다. 정부 내에서도 부처에 따라 다르고 심지어 한 부처 안에서도 다른 목소리를 내는 경우도 있다. 많은 사람의 의견을 들어보기 위해 공청회도 하고 연구기관에 연구조사를 의뢰해보기도 하지만 한 방향으로 결론이 나기보다는 끝내 이견이 대립하곤 한다. 결국 최종적으로 최고결정권자가 책임 있는 결정을 내려야 한다. 이때 만약 결과가 잘못되면 그 책임은 모두 최종결정권자에게 돌아오는 것이지만 그것이 두려워 결정을 미룰 수는 없는 것이다. 그러한 위험부담을 짊어지는 것이 지도자의 용기이고 책임이다. 수입자유화문제가 그랬다. 나는 수입을 개방해야 한다고 생각해왔다. 외국제품, 외국기업과의 경쟁을 통해서 우리 경제가 성장하고 발전해 나갈 수 있다고 나는 확신하고 있었다. 또한 그러한 경쟁에서 이겨야 살아갈 수 있고 이길 수 있다고 믿었다.

수입자유화정책을 추진하기에 앞서 1983년 나는 수입제한품목을 중심으로 국제경쟁력조사를 실시하게 한 뒤 몇 가지 기본방향을 제시해 주었다. 개방과 경쟁을 통해 우리 산업의 국제경쟁력을 제고하고 대외통상 여건의 변화에 능동적으로 대응할 수 있게 수입자유화를 적극적으로 추진한다는 기본방침을 분명히 하면서, 시장지배적 사업자 품목 등 과도하게 보호되어온 산업에 대해서는 최대한 수입자유화를 앞당기도록 했다. 그러나 중소기업제품에 대해서는 가급적 수입자유화 시기를 늦추도록 하며, 농수산물은 원칙적으로 수입자유화대상에서 제외하도록 했다.

1983년 10월 나는 수입자유화 문제를 본격적으로 추진하기에 앞서 대외개방에 대한 소신과 의지가 확고한 김기환 KDI원장을 무역주무부처인 상공부차관으로 보내 수입자유화 문제를 본격적으로 추진하도록 했다. 무역개방 정책은 수입자유화 품목의 확대와 관세율 인하라는 두 가지 수단을 기본으로 해서 추진되었다. 그 당시 우리의 수입자유화 비율은 74.8%로서 대만의 97.7%, 일본의 97%에 비해 턱없이 낮았을 뿐만 아니라 우리의 최대 수출시장인 미국이 개방 압력을 가해오고 있는 상황이었다. 나는 미국과의 통상 문제가 상공부만이 아니라 여러 부처의 이해관계가 걸려 있는 만큼 김기환 박사를 부총리 직속기구인 해외협력위원회 기획단장으로 보내 대미통상對美通商 문제뿐만 아니라 무역개방 전략에 관한 문제를 전반적으로 검토해 대책을 마련하라고 지시했다. 김기환 박사는 그 과정에서 수입자유화를 반대하는 사람들로부터 "미국 CIA의 첩자."라느니, "미국에 오래 살아서 미국 입장만 생각한다."느니 하는 인신공격 등 많은 시달림을 받고 있다는 보고가 있었는데 나는 김 박사를 믿고 계속 밀어주었다.

수입자유화 시책은 소비자에게 선택의 폭을 넓혀주었을 뿐만 아니라 전반적으로 상품 값을 내리게 했다. 기업으로 하여금 수입품과 경쟁하기 위해 보다 싼값으로 더 좋은 상품을 만들도록 유도했다. 외국인의 직접투자를 권장하기 위해 1981년 7월 네거티브 리스트(negative list)제도를 도입해서 몇몇 전략산업 등 특수분야를 제외한 모든 부문에 대해 외국인 투자를 자동승인하도록 했다. 수입자유화 품목을 연차적으로 확대하고 관세율 인하도 꾸준히 추진한 결과 1985년 수입 자유화율이 78.0%, 관세율은 32.9%였으나 1987년에는 수입 자유화율은 94.6%로 높아졌고 관세율은 25.2%로 낮아졌다.

각종 규제의 철폐로 국민에게 자유를

1970년대에 예비군들이 집합해 있는 운동장에 나타난 현역 영관급 장교들의 손에는 바리깡(이발기)이 쥐어져 있었다. 그들은 도열해 있는 예비군 장병들의 뒷줄에서 시작해 앞으로 나아가며 장발인 사람이 발견되면 그 자리에서 바로 바리깡으로 뒷머리를 밀어버렸다. 그래서 그 시절 소집통보를 받은 예비군들은 미리 이발소에 들러 머리를 짧게 깎고 가야 했다. 유행에 앞서가는 젊은이들의 거리인 서울의 명동 등 번잡한 도심지 곳곳에서는 경찰관이 짧은 치마를 입은 젊은 여성들을 붙잡아 스커트 길이를 자로 재는 장면을 보는 것도 그저 예사로운 일일 뿐이었다. 밤 12시가 가까워오는 시간이 되면 영등포역이나 청량리역 주변엔 '총알택시'들이 시동을 걸어놓고 합승 손님들을 기다리고 있었다. 야간통행금지 시간 10분을 남겨놓고 그 택시들은 인천이나 수원, 수유리, 망우리 방향으로 총알같이 날아갔다. 술을 마시다 버스를 놓친 사람들도 있었지만, 야근하는 직장인이나 하루벌이를 위해 늦은 밤까지 일해야 하는 영세상인들은 그렇게 귀가전쟁을 치러야 했다. 그 시절 일반 국민들에게 해외여행은 관광 목적이 아니라 일 때문이라 하더라도 여간 어렵고 복잡한 일이 아니었다. 우선 복수의 신원보증인을 세우고 몇 단계의 신원조회를 거쳐야 했다. 이 조건에 약간의 문제라도 생기면 아예 외국에 나갈 생각을 할 수조차 없었다. 본인에게는 문제가 없더라도 친척 가운데 신원 이상자가 있으면 연좌제에 걸려 해외여행은 물론 취업이나 각종 사회활동에도 적지 않은 제약을 받았다.

대한민국의 건국이념을 자유민주적 기본질서 확립으로 명시한 헌법 전문을 상기하지 않더라도, 국가의 존립 이유 가운데 가장 중요한 일이 국민의 자유와 권리를 최대한 보장하는 일이다. 국민의 권리와 자유를 최대한 보장해주기 위해서는 국가의 간섭과 통제를 최소화해야 한다. 우리나라는 건국 이래 국민의 자유와 권리를 최대한 보장하고 있는 헌법과 법률체계를 유지해왔고, 실제로도 일상생활에서 국민은 법률이 보장하고 있는 각종의 자유를 누리고 권리를 행사할 수 있었다.

하지만 건국 이래 정부가 시행해온 각종 법령과 행정조치 가운데에는 국민의 자유와 권리를 제약하는 내용들이 적지 않았다. 자유민주주의의 기준에 비추어 보면 바람직하지 않은 일이었다. 비판자들은 우리의 역대 정권이 권력을 유지하기 위해 헌법의 유보조항을 악용한 것이라고 주장해 왔다. 그러한 비판은 우리나라가 그동안 놓여 있던 엄중한 안보상황과 특수한 환경을 간과한 것이다. 남북 분단, 북한의 남침에 따른 3년간의 전쟁, 끊임없는 북한의 무장간첩 침투, 대한민국의 적화를 위한 북한의 통일전선 책동에 직면했던 우리의 대응이 교과서적인 자유민주주의 정책을 따르는 것이 될 수는 없었다. 미군정美軍政 시절에 임시조치로 취해진 야간통행금지, 월북越北했거나 간첩활동을 했던 사람의 친인척에게 적용되었던 연좌제, 해외여행에 대한 제한 등의 조치가 2~30년 넘게 지속되어왔던 것이다.

그런데 비상 상황에서 일시적으로 시행돼야 할 그러한 조치들이 아무런 숙고와 검토 없이 장기간 지속되는 데 대한 반성의 목소리가 미약하나마 나오고 있었다. 그러한 조치가 불가피하다고 하더라도, 그로 인한 국민생활의 불편과 불이익이 너무 크다는 것이었다. 나부터 그런 생각이 들었지만, 보안사령관으로 있을 때까지는 그런 생각을 현실에 반영시킬 수 있는 이렇다 할 힘과 수단이 없었다. 그런데 10.26 이후 정치 사회적 격변을 겪으면서 1980년 6월 국가보위비상대책위원회가 발족하고, 내가 상임위원장을 맡게 되자 평소 개선의 필요성을 느껴왔던 각종 통제조치를 풀어보자는 생각을 구체화시킬 수 있었다. 야간통행금지의 경우에는 그즈음 부마사태와 광주사태를 겪은 직후였고 사회가 극도의 혼란 상태를 벗어나지 못하고 있어 해제하는 문제를 고려할 수 없었다. 해외여행도 경상수지 적자와 외환부족 상태가 해소되지 않고 있어서 자유화를 검토할 여건이 아니었다. 그러나 연좌제를 금지하는 문제는 국보위에서 원칙적인 방침의 결정이 이루어졌다. 이 문제가 입법 사항이어서 국보위에서 처리할 수는 없었지만, 앞으로 국가적 주요 정책과제로서 가능한 빠른 시기에 시행하기로 한 것이다.

연좌제 금지를 헌법에 규정하고, 야간통행금지를 해제하고, 자유롭게 해외여행을 할 수 있는 길을 열어놓은 일 등은 당시로서는 혁명적인 조치였다. 입만 열면 민주와 인권을 논하던 정치인들과 재야인사들은 막상 유신체제가 붕괴되고 새로운 시대의 개막이 눈앞에 다가오자 자신들의 집권으로 가는 길에만 정신을 팔고 있었고, 국민의 일상을 옥죄고 있던 야간통금 문제나, 심대한 인권침해 사례인 연좌제 같은 것은 안중에도 없는 듯했다. 그러한 문제에 착안한 것은 그들이 훗날 '군부독재정권'이었다고 비판했던 나와 나의 참모들이었다는 건 어찌 보면 아이러니인 듯하다. 나와 나의 참모들이 '독재체제'를 구축해서 끌고 나가려고 했다면, 각종 통제의 고삐를 틀어쥐려고 했어야지 그 반대로 서둘러 손을 놓지는 않았을 것이다.

허화평許和平 수석비서관을 비롯한 나의 참모들은, 연좌제, 야간통금, 해외여행 제한을 풀어서는 안 된다는 정부 내의 반대에 부딪혔다. 특히 검찰, 법무부 측의 반대가 컸다. 그러한 통제를 일거에 해제하기에는 여건이 허락하지 않은 만큼 시기상조라는 것이다. 공공의 안녕질서를 지킬 책무가 있는 공안 관련 부처의 주장에 합리적인 이유가 없지 않았으나, 나와 나의 참모들의 생각은 달랐다. 수십 년간 시행해온 제도를 갑자기 바꾸면 변화를 따라가지 못해 다소간의 시행착오와 부작용이 생길 수도 있지만, 개혁의 취지가 정당하고 개혁조치가 가져 올 국민생활의 편의와 이익이 그에 비교할 수 없을 만큼 중요하다는 믿음이 있었다. 반대를 무릅쓰고 단행한 통제의 해제 조치가 옳았음은 그 뒤 국민생활의 변화가 생생히 말해 주고 있다.

허화평 수석비서관을 비롯해 당시 개혁 작업을 주도한 나의 참모들은 젊은 시절 군에서 교육을 받고 군에서 성장한 사람들이었으나, 당시 민간 출신 관료들에 비해 개혁적 마인드가 더 투철했고 자유민주주의에 대한 신념도 확고했던 것 같다. 그 까닭은 앞에서도 언급한 바 있지만, 미국 웨스트포인트의 교육과정을 그대로 활용한 육군사관학교에서의 교육을 통해 미국식 자유민주주의의 사고방식과 가치관이 체질화되었기 때문이라는 생각을 해본다.

야간통행금지 해제

대통령 취임 직후인 1980년 12월 정부의 자율, 개방화정책의 가시적이고 상징적인 조치로 컬러 TV 방송을 허용한 뒤 이어서 취해진 조치가 야간통행금지 해제였다. 야간통행금지를 가급적 빨리 해제해야겠다고 생각한 것은 무엇보다도 서민들의 불편을 덜어줘야 할 필요성 때문이었다. 30년 넘게 지속되어온 야간통행금지로 국민 모두가 일상생활에 제약을 받고 불편을 느끼고 있었지만 밤늦게까지 일해야 하는 시장상인 등을 비롯한 영세사업자들과 종업원들은 누구보다도 큰 불이익을 받고 있었다. 한 시간이라도 더 일해야 그만큼 돈을 더 벌 수 있는데 야간통행금지 때문에 일찍 문을 닫을 수밖에 없었기 때문이다.

이러한 사정 등을 고려해 그동안 간간이 야간통금을 해제하자는 논의가 제기되기도 했지만 시행에 이르지는 못했다. 해제 필요성은 누구나 다 인정하면서도 간첩이나 불순분자들의 준동을 도와주는 결과가 될 것이라는 우려가 있었다. 또한 정부로서는 사회를 통제하는 데 편리한 점이 있다는 이유도 있었다. 그러나 그러한 이유만으로 국민생활에 커다란 불편과 불이익을 주는 제도를 타성적으로 유지한다는 것은 설득력이 없는 얘기였다. 해방 직후인 1945년 9월 미 군정청의 포고령에 따라 선포된 야간통행금지 조치가 건국 초기와 6.25전쟁, 그리고 그 후 한동안 북한의 공비가 준동하던 때에는 필요했겠지만 1980년대 초 우리의 치안능력에 비추어 더 이상 존속시킬 이유가 없다고 생각했다.

그러나 나는 통금해제를 당장 지시하기에 앞서 다시 한 번 상황을 점검해보았다. 박정희 대통령이 여러 차례 통행금지 해제를 건의받고도 받아들이지 않은 이유가 있었을 것이다. 박 대통령은 치안을 무시하면서까지 정부의 위신을 지킬 필요가 없다면서 남북통일이 이루어질 때까지 통금 해제는 없을 것이라고 잘라 말했다는 것이다. 1980년대 초 안보상황과 치안상태는 박 대통령 시절과 별로 다를 것이 없었으나 시대적 환경과 과제는 변해 있었다. 침체된 경제를 하루빨리 회생시켜야 했다. 통금 해제는 국민에게 야간생활을 돌려준다는 의미 외에도 기업과 국민의 경제활동에 활력을 주게 될 것이라고 생각했다. 또한 1988년 서울올림픽과 1986년 아시안게임 개최를 앞두고 우리나라를 찾는 외국 관광객의 증가 추세가 두드러질 것이 예상되는 상황에서 야간통행금지는 그들의 관광일정에 지장을 줄 뿐만 아니라 후진국 이미지를 심어주게 될 것이라는 점도 고려하지 않을 수 없었다. 외국인들에게 치안상태가 불안하다거나 자유스러운 분위기가 보장되지 않는다는 인상을 줄 필요가 없었다.

나는 야간통행금지 해제를 앞두고 불순분자들이 준동하거나 범죄가 증가할 가능성에 대해 최종적으로 확인 점검해보았다. 새로 취임한 유흥수柳興洙 치안본부장은 즉각 시행에 들어가도 문제가 발생하지 않을 만큼 실무적으로 대비책을 강구해놓았다고 보고했다. 마침 국회도 1981년 12월 여야 만장일치로 야간통행금지 해제 건의안을 채택했다. 나는 정초 연휴가 끝나면 바로 통금을 해제하라고 내각에 지시했다.

매일 밤 자정이 되면 광화문 네거리 등 주요도시의 간선도로에는 바리케이드가 쳐졌다.

야간통금 해제 조치에 따라 바리케이드가 철거되고 있다.

드디어 1982년 1월 6일 자정을 기해 야간통행금지가 전면 해제되었다. 통금 시작과 해제 시간을 알려주던 사이렌소리도 이날부터 울리지 않았다. 실로 36년 만의 일이었다. 통금 시간만 되면 서울역 앞, 광화문 네거리, 서대문 로타리 등 시내 요소요소를 가로막았던 육중한 바리케이드 앞에서는 시민들이 마지막 기념촬영을 하는 모습이 보이기도 했다. 36년 만에 야간통행금지가 해제되면서 국민의 생활 풍속도가 크게 달라졌다. 국민들의 생활패턴이 24시간 체제로 바뀌었다. 특히 두드러진 현상의 하나는 음주문화가 많이 달라졌는데 그 전에는 통금 전에 집에 돌아가기 위해 일찍 끝나던 술자리가 늦게까지 계속되어 가정주부들이 불만을 토로하는 현상도 생겨났다. 야간 통행금지의 해제로 치안상의 부담도 조금 늘어났지만 범죄행위가 크게 늘어나지는 않았다. 치안수요의 증가는 국민생활 전반에 걸친 플러스 요인에 비교할 바는 아니었다.

연좌제의 폐지

범죄인과 특정한 관계에 있는 사람에게 연대책임을 지워 불이익을 주는 연좌제連坐制는 과거 동서양의 여러 나라에서 시행되었으나, 우리나라에서도 1894년 갑오경장 때 이미 폐지된 전근대적 형벌제도다. 근대 형법은 '형사처벌개별화 원칙'에 따라 연좌제를 금지하고 있다. 우리 헌법정신에도 어긋나는 반인권적 제도다. 그럼에도 불구하고 우리나라에서는 5공화국이 출범하던 1980년대 초까지 일반적 관행으로 남아 있었다. 우리의 불행한 현대사가 빚어낸 낡은 유물이었다.

우리가 비록 자력으로 쟁취한 해방은 아니었다 해도, 1945년 일본제국주의가 한반도에서 패퇴함으로써 우리 민족은 드디어 오랜 민족적 수난과 고통에서 벗어나게 됐다는 희망을 품을 수 있었다. 그러나 기쁨은 잠시였고 남북 분단에 따른 혼란과 4.3제주폭동, 여순 반란, 6.25전쟁을 겪으면서 엄청난 상처와 후유증을 남겼다. 대한민국 국민 가운데에도 격동의 시기를 지나는 동안 월북하거나 부역을 함으로써 조국에 등을 돌린 사람이 적지 않았다. 그들은 법에 의해 응분의 처벌과 불이익을 받을 수밖에 없었다.

그런데 월북했거나 부역을 한 당사자도 아니고, 그들에게 적극적으로 동조한 일이 없음에도 불구하고 단지 그들과 혈연관계에 있거나 인척이라는 이유만으로 불이익을 받고 감시를 당하는 것이 당연한 관행처럼 되어 있었던 것이다. 공직 진출에도 제약을 받는 것은 물론 해외여행도 할 수 없었다. 특히 해방 공간에서 폭동·반란 사건이 발생했던 지역에 사는 국민들

다수가 연좌제 때문에 갖가지 불이익을 감수할 수밖에 없는 처지에 놓여 있었다. 남북 대치상황이 지속되고 있었고, 북한이 끊임없이 간첩을 침투시키면서 우리 내부에 대한 분열 책동을 멈추지 않고 있었기 때문에 공안기관으로서는 불가피한 조치였다고 하겠다. 그러나 당하는 사람의 입장에서는 억울하기 짝이 없는 일이었다. 이들이 대한민국에 대한 반감을 갖게 되고 한을 품고 살아간다는 것은 체제 안정 차원에서도 이로울 것이 없다. 뿐만 아니라 능력이 있는 사람들이 연좌제에 걸려 공직을 비롯한 사회 진출의 기회를 잃게 된다는 것은 국가적으로도 손실인 것이다.

연좌제 금지는 죄형법정주의, 형벌불소급의 원칙, 일사부재리의 원칙과 함께 개인의 기본권을 보장하기 위한 현대 형법의 가장 중요한 원칙이다. 1980년은 불행한 역사가 흘러간 지도 30년이 지난 시기였다. 그해 6월 활동을 시작한 국가보위비상대책위원회에서는, 지난 세월 특별히 반국가적 행위를 한 일이 없는 사람들이 연좌제로 인해 계속해서 불이익을 받는다는 것은 정의의 이념에 어긋나는 일이라는 점에 주목했다. 연좌제 때문에 더 이상 억울한 일을 당하는 일이 없게 하자는 방침을 세웠다. 국보위는 입법기능이 없었기 때문에 법적 제도적 조치는 내가 대통령이 된 뒤로 미루어졌다. 1980년 11월 확정 공포한 5공화국 헌법은 "모든 국민은 자기의 행위가 아닌 친족의 행위로 인하여 불이익한 처우를 받지 아니한다."고 12조에 명문화했다.

제5공화국이 출범한 1981년 3월 정부는 연좌제 폐지를 발표했다. 월북자, 부역자의 모든 직계 존비속. 형제자매. 배우자 등을 비롯한 모든 연고자의 기록을 없애도록 했으며 신원조사 과정에서 차별대우를 받는 일이 없게 했다.

정부는 또 직접 이런 특수한 정치상황에 말려든 이른바 신원 특이자라고 할지라도 그 행위가 경미하거나 그 후의 정상으로 보아 개전의 정이 뚜렷하여 국가반공 시책에 적극 호응하고 있다고 판단되는 경우 연좌제에서 제외했다. 정부는 또 정부수립 이후 1981년 당시까지 벌금 이상의 형을 받은 전과자 1백만 2,939명 가운데 절반이 넘는 67만 8천여 명의 전과기록도 말소해주었다. 아울러 해외에 거주하는 인사 가운데 국가안보 또는 정치적인 사유로 국내 입국이 금지된 대상자에 대해서도 특별한 사유가 없는 한 모두 입국을 허용하기로 했다. 이 조치에 따라 반한활동反韓活動 해외교포의 입국, 공산권 거주 교포의 자유로운 모국 방문, 제3세계의 친북한국가 및 공산국가 인사들의 방문, 마르크스주의자 및 해방신학자들의 입국도 허용됐다.

해외유학, 해외여행 자유화

국정의 기조를 대내외적 개방으로 전환한 후 연좌제 폐지와 해외거주자의 입국 자유화 조치까지 허용한 5공화국 정부는 국민의 해외진출 규제를 과감히 해제하기로 결정했다. 12대 대통령으로 취임한 후인 1981년 4월 해외진출의 자유화를 위한 작업에 착수하도록 내각에 지시했다. 이 지시에서 나는 개방과 자율을 통해 국민 각자의 능력과 발전 의지를 최대로 발휘하게 하고, 국제화 자유화의 추세에 맞추어 폐쇄적인 시책을 과감히 지양하며, 선진학문과 기술습득, 국제협력의 증진 해외취업 확대 등을 통해 국가발전과 국력신장을 도모할 수 있도록 하는 방안을 마련하라는 지침을 주었다. 정부는 그해 8월 해외진출 확대방안을 발표했다.

1970년대까지 정부는 국가안보와 국제수지를 지키고 국민 위화감을 방지하기 위해 국민의 해외진출을 규제하고 제한하는 소극적이고 폐쇄적인 정책기조를 유지해왔다. 뿐만 아니라 해외진출 기업과 교민을 보호하고 국제 문제를 일으킬 우려를 없앤다는 이유에서 해외진출 대상자를 소수 엄선주의로 선별해왔다. 그러나 5공화국 정부의 개방화 정책으로 해외여행이 자유화되고 해외유학의 자유화가 이루어졌으며 해외취업과 이민 기회가 확대되었다. 아울러 정부는 건국 이래 최대의 해외이주 알선 사업을 추진했다. 지난날 이민이 현실도피로 인식되어 금기시됐지만 이주와 이민의 증대를 국력신장의 차원에서 인식하고 활용한다는 계획이었다. 과거 일제강점기 때의 해외이민이 고국에서 살기 어려워 살길을 찾아 떠나는 유민流民이었다면 지금의 해외이민은 적극적인 해외진출인 것이다.

정부는 또 무역수지의 안정적 균형이 가시화되자 1983년 1월부터 50세 이상 국민에 한한다는 등의 조건을 붙이기는 했으나 관광여권을 발급함으로써 사상 처음으로 일반국민의 관광 목적의 해외여행을 자유화했다.

우리나라는 1970년대까지 전반적인 해외진출 억제 정책으로 해외유학도 그 자격조건을 매우 엄격하게 제한해 매우 적은 수의 학생만이 외국유학의 기회를 얻을 수 있었다. 국민의 해외진출 확대 정책을 추진한 5공화국 정부는 해외유학 문호도 크게 개방했다. 1981년에는 해외유학에 대한 규제를 거의 모두 해제한다고 할 만큼 획기적인 자유화 조치를 취했다. 대학 재학생 이상 또는 고등학교 졸업자로서 졸업 석차 상위 20% 이내인 학생에게 유학 자격을 주도록 했고, 유학 자격시험을 폐지했으며, 예체능 및 자연과학 특기자에 대해서도 유학 기회를 확대시켰다. 또한 병역미필자에게도 유학을 허용하였으며, 단기연수의 경우 거의 모든 학생에게 해외연수의 길을 열어 주었다. 이러한 유학 문호 확대조치로 유학생 수가 급격히 늘어나 1985년에는 1만 명이 넘었다.

중고등학생의 교복, 두발 자율화

성장기에 있는 중고등학교 학생들에게 교복을 입게 하고 두발도 일정한 모양으로 통일시키는 것은 교육 목적에 부합하는 측면이 있는 것이 사실이다. 교복을 입은 집단은 우선 단정해 보이고 질서와 통일성을 보여준다. 교복을 입은 사람들 자신도 집단에 대한 귀속감과 공동체의식을 갖게 됨으로써 스스로 몸가짐을 조심하게 되고 신중하고 절도 있는 행동을 하게 된다. 피교육자에게 요구되는 바른 모습이다. 따라서 학생들의 바른생활 지도를 위해서는 교복을 입히는 것이 좋은 점도 분명히 있는 것이다. 우리나라에서 근대적 학교 교육이 본격화된 것은 일본의 식민통치를 받기 시작한 것과 때를 같이했는데, 일본의 학교제도와 관습이 그대로 우리나라 이식되어 국내의 사립학교까지도 학생들에게 교복을 입혀 왔다.

우리나라가 해방이 되고 독립정부를 수립한 이후에도 1980년대 초까지 교복 제도가 유지된 것은 과거의 관습을 쉽게 바꾸기 쉽지 않았던 까닭도 있겠지만, 보다 큰 이유는 경제적 형편 때문이었을 것이다. 교복을 입히면 동복 한 벌, 하복 한 벌로 1년을 지낼 수 있지만 자유 복장을 하게 되면 의복에 들여야 하는 비용이 더 많아진다. 국정의 각 부문에서 자율화를 국정기조로 정한 5공화국이 중고교생의 교복과 두발을 자유화하기로 방침을 정할 때 고심했던 점도 학부모에게 경제적 부담을 주게 되지 않을까 하는 걱정이었다. 그러나 1980년대 초 우리나라의 1인당 국민소득이 1,600달러에 이르렀으므로 자유 복장을 하게 되면 교복 비용보다 다소 더 들더라도 가계에 큰 부담이 되지 않을 것으로 생각되었다.

그러나 교복, 두발 자유화를 단행하자고 결정한 이유는 무엇보다도 일제의 잔재를 더 이상 남겨둬야 할 필요가 없었기 때문이었다. 특히 남학생들의 삭발 스타일은 과거 일본군국주의를 연상시키고 사람에 따라 지나친 구속감과 굴욕감을 느끼게 했다. 다음으로는 학생들의 개성과 창의를 계발해주는 데 도움이 될 것이라는 판단도 있었다. 또한 사회 각 부문에 자율과 개방의 물결이 일고 있는 가운데 학교장에게도 학교운영의 자율권을 주는 것이 마땅했다. 당시 교복을 착용하고 있는 나라는 전 세계에서 아시아 지역의 몇몇 나라에 불과했다. 또한 사춘기인 중고교 시기에 몰개성적이고 획일적인 교복을 입히는 것은 불필요한 저항감을 불러일으켜 오히려 학생들에게 일탈에 대한 유혹을 주는 역효과가 나타날 가능성이 크다는 지적도 있었다.

그러나 한편 일부 부작용을 우려하는 의견도 없지 않았다. 교복을 폐지하게 되면 학생들의 사회적인 탈선이 우려된다는 것이고 학생들이 의복 차이로 인해 빈부의 격차가 드러나게 돼 서로 위화감을 느낄 수 있다는 것이었다. 그러나 일부의 우려에도 불구하고 1년의 유예기간을 두고 1983년부터 일제히 자유화조치를 시행한 결과, 예외적 일탈이 없지 않았겠지만, 그러한 걱정은 기우였던 것으로 밝혀졌다. 중고교 학생의 교복, 두발 자율화는 학생들의 학내외 활동에 활력을 주고 개성과 창의력 발달에 도움을 주는 것으로 평가되었다. 또 교복 자율화 조치는 화려하거나 사치스럽지 않으면서도 다양한 디자인과 색상의 교복을 학교에서 자율적으로 결정하여 착용하게 할 수 있는 길을 남겨놓았기 때문에 학교에 따라서는 학교 특성에 맞는 새로운 모습의 교복을 착용하기도 했다.

자율, 개방화 조치

1983년 가을, 비서실에서 올린 보고서를 읽다보니 뒷부분에 여론동향에 관한 내용이 들어 있었다. 5공화국 정부가 취한 일련의 자율화, 개방화

정책에 대한 시중의 반응과 일부 전문가들의 분석 내용이 포함되어 있었다. 그런데 보고문안 가운데 낯선 낱말이 있었다. 일부 학자들이 자율화, 개방화 조치가 3S정책의 일환이라고 한다는 것이다. 국민의 부정적인 평가를 받거나 인기가 없는 정부가 국민의 불만을 잠재우고 정치에 대한 무관심을 유도하려는 우민화愚民化정책으로 3S(Sports-Screen-Sex)를 이용한 사례들이 있다는 설명이었다. 야간통행금지 조치를 해제함으로써 퇴폐업소를 번창하도록 하거나 TV 컬러 방송을 허용해 음란영상물들이 범람하게 하는 것이 모두 의도된 대중조작大衆操作의 하나라는 것이다. 중고교생의 교복과 두발을 자유화한 것은 얄팍한 인기전략이고 프로야구와 프로축구를 출범시킨 것도 반정부적 성향을 갖기 쉬운 청소년의 관심을 스포츠에 쏠리게 하기 위한 꼼수라는 것이다.

이미 그전에도 비슷한 내용의 보고를 받은 적이 있었다. 정부가 하는 일이 옳은 방향이고 잘하는 것임에도 불구하고 비판자들은 사실을 사실로 인정하려 들지 않고 그 이면에 순수하지 않은 의도가 있다는 식으로 비틀어 본다는 것이다. 5공화국 정부를 비난하고 공격하려면 정부가 하는 일은 모두 나쁜 일이고 잘못된 것이라고 해야 하는데, 사실은 그렇지가 않으니 "정통성이 취약한 정권이…." "집권 과정에 문제가 있는…."이라는 말을 앞세우거나 덧붙인다. 그렇게 하지 않으면 '어용御用'이라는 비난에 직면할 것이라고 굳게 믿고 있는 듯한 모습들이다. 학자나 지식인들이 가장 겁내는 말이 어용이라고 했다. 그런 오해를 받을 땐 받더라도 사실은 사실대로 바른 얘기를 하는 것이 학자적 양식이요 용기일 텐데 그런 사람은 찾아보기 어렵다고 했다. 야당이나 직업적인 반정부인사들은 그렇다 치더라도 냉철한 이성으로 사물을 관찰하고 분석해야 할 학자들마저 왜곡된 시각으로 정부를 비판한다는 것이다.

통금 해제, TV 컬러 방송, 프로스포츠 출범 등 자율화, 개방화 조치에 대해서만 그런 얘기를 하는 것이 아니다. 내가 정치적 생명을 걸고 강력한 의지로 밀고 나간 물가안정정책도 "…정통성이 취약하기 때문에 물가를 잡아 경제를 안정시키지 않으면 안 되었다."는 식으로 해석한다. 정통성이 취약해 국민에게 인심을 쓰고 잘 보이려고 했다면, 온갖 비난과 원망을 들어가면서 무엇 때문에 공무원과 근로자의 임금 인상을 동결하고, 농민들이 거둔 추곡의 수매가 인상을 억제하고, 기업의 돈줄을 죄었겠는가. 돈을 풀어서 여기저기 펑펑 인심을 썼다면 또 "정통성 없는 정부가 국민의 마음을 돌려보려고 그런다."고 하지 않았을까. 그랬으면 처음 돈을 푼 순간은 반짝 인심을 얻게 될지 모르지만 나라경제는 곧 거덜나고 만다. 매사를 사시斜視로 보는 사람들의 시각에 나를 맞출 필요는 없는 일이다. "며느리가 미우면 발뒤꿈치가 달걀 같다고 나무란다."고 하지 않던가.

나는 보고서를 올린 비서관을 불렀다. 비서관은 송구스럽다면서 "앞으로 정부의 진의가 제대로 이해될 수 있도록 노력하겠다."고 했다. 내가 말했다. "정부가 일을 잘해서 비아냥을 받는다면 열 번, 백 번 비아냥의 대상이 된들 어떤가. 정부가 열심히 일을 잘해 국민이 행복해지고 나라가 잘되면 그만 아닌가. 색안경 쓴 사람의 눈치를 보느라 할 일도 못하면 안 되니 좋은 정책을 계속 찾아내고 열심히 일하라."고 격려했다.

정부의 개방화, 자율화 조치가 3S정책이었건 아니건 간에 야간통행금지를 풀고, 컬러 TV방송을 허용하고, 교복과 두발을 자율화하고, 해외여행을 자유화하고, 올림픽을 개최하고, 프로야구와 프로축구 그리고 레저 스포츠 붐을 일으키고 한 결과 일자리가 늘어나고, 국민의 일상생활이 자유로워지고, 여가가 즐거워지고, 국가브랜드 가치가 높아졌으면 나와 5공화국은 할 일을 한 것이라고 나는 생각한다. 근래 '한류韓流'가 아시아를 넘어 유럽과 미대륙, 중동 지역 등 전 세계로 흘러 들어가고 있고, 우리나라가 스포츠 강국이 될 수 있었던 것은 그와 같은 정부의 정책적 노력이 있었기 때문이다.

1982.3.27 프로야구 개막식에는 직접 야구장에 나가 시구를 했다.

은행 민영화를 통한 금융 자율화

내가 취임 초 경제의 자율화, 개방화 정책과 관련해 고심해야 했던 또 한 가지 문제는 금융자율화 문제였다. 금융자율화를 포함한 금융개혁 문제는 내가 대통령에 취임하기 전인 국보위 때부터 이미 논란이 되고 있었다. 금융산업은 개발연대를 지나오는 동안 정부의 지나친 간여로 인해 실물부문에 비해 상대적으로 크게 발전이 뒤지고 있었다. 금융산업은 실물경제와 표리관계에 있기 때문에 금융산업이 후진적 상태에 머물러 있는 한 장기적으로 보아서 실물경제의 발전에 걸림돌이 될 수 밖에 없는 것이다. 그 때 금융자율화와 관련해서 제기된 문제는 한국은행의 독립성을 보장해줘야 한다는 주장에서부터 은행에 대한 규제를 완화하고 시중은행들을 과감히 민영화해야 한다는 주장 등이었다. 이에 대한 반론이 뒤따르기도 했다. 새 정부가 금융자율화방침을 밝히자 민간경제단체를 중심으로 한 재계에서도 금융자율화의 방향을 제시하는 등 수용 자세를 보였다. 경제인들은 금융자율화를 위해서는 시중은행의 민영화, 금리의 자율화, 중앙은행의 독립 등이 보장되어야 한다는 의견을 제시했다.

중앙은행인 한국은행이 재무부 산하에서 독립해서 자율적으로 운영되어야 한다는 것은 한국은행의 오랜 숙원으로서 경제관료와 학계로부터 강력한 지지를 받고 있었다. 국보위 때 만들어진 금융자율화계획이 내가 대통령에 취임하자마자 곧바로 보고되었다. 이 계획에는 한국은행법을 고쳐 한국은행을 재무부로부터 독립시키기 위해 한국은행의 독립을 헌법에 명문화한다는 내용이 포함되어 있었다. 또 정책금융은 완전히 폐지한다는 내용도 있었다. 나는 국보위 상임위원장 시절 금융자율화 문제에 관한 내용을 보고받기는 했지만 한국은행을 헌법기관화한다는 것은 너무 급진적인 일이라고 생각돼 일단 보류시켰다. 금융제도의 개혁은 경제 전반에 미치는 영향이 엄청나게 큰 만큼 개혁을 하더라도 다소 보수적으로, 점진적으로 해야 할 필요가 있다고 생각해 최규하 대통령께 건의도 하지 않았었다.

은행의 민영화는 당초 계획대로 추진되어서 정부 보유 은행 주식의 매각과 한미은행, 신한은행의 신규설립 등은 순조롭게 추진되었다. 경쟁촉진 등을 통해 금융자율화를 전면적으로 시행하기 위해서는 은행 설립의 완전 자유화가 이루어져야 했지만 시기상조라고 생각했다. 그러나 해외의 선진 금융기법을 도입하자는 뜻에서 1982년도에 우선 2개 시중은행의 설립만을 추진하도록 했던 것이다. 또한 제2금융권에 대한 진입을 개방하기로 하고

1982년 9월 단자회사 설립을 자유화 한 후 1983년까지 12개 투자금융회사, 58개의 상호신용금고의 설립을 허용했다. 금융자율화를 위한 중요한 과제의 하나인 은행민영화도 서둘러 1981년부터 1983년 사이에 4대 시중은행과 10대 지방은행을 민영화했다. 금융자율화 계획을 추진하면서 우려되었던 것이 산업자본과 금융자본의 결합을 제한하는 금산분리金産分離 원칙이 깨지지 않느냐 하는 것이었다. 은행이 재벌의 사금고화私金庫化하도록 내버려둘 수는 없는 일인 만큼 민영화된 시중은행을 재벌이 장악하는 것을 방지하기 위해 한 주주의 은행주식 소유 상한에 제한규정을 두도록 했다. 당초 은행법 개정안에는 10%로 되어 있었으나 국회 심의과정에서 8%로 강화되었다.

금융자율화의 핵심과제는 은행민영화와 아울러 은행에 대한 규제완화였다. 은행이 정부 통제에서 벗어난다는 것은 곧 기업이 정부의 간섭을 덜 받게 된다는 것을 의미한다. 1970년대까지 시중은행을 비롯한 대부분의 금융기관은 정부 소유로 되어 있어서 정부가 은행을 통해 막대한 정책자금을 기업에 공급했기 때문에 기업은 정부방침대로 움직일 수밖에 없었다. 중화학공업의 과잉중복투자에서 보듯이 관치금융의 폐해는 경제구조를 왜곡시킬 만큼 컸다. 나는 금융자율화를 위해 은행에 대한 수많은 규제를 폐지하거나 대폭 단순화했다. 정책금융과 일반대출간의 금리격차도 거의 대부분 해소해서 기업들이 정부의 금융지원에 의지할 필요가 없도록 했다.

금융자율화를 추진하는 데 제도적 개혁 못지않게 중요한 일이 은행 임원에 대한 인사 문제다. 은행장을 제외한 임원에 대한 인사권을 정부가 갖고 있는 한 경영의 자율권을 보장한다고 해도 일일이 정부의 눈치를 보지 않을 수 없었다. 1982년 은행법을 고치면서 재무장관의 임원 선임 승인권과 파면권을 규정한 '금융기관에 대한 임시 조치법'을 폐지했다. 그러나 법을 바꾼다고 해서 오랜 관행에서 벗어나기 어려운지 은행장들이 계속해서 임원 인사안을 가지고 재무부장관에게 승인해달라고 요청해온다는 것이다. 강경식 재무장관은 나에게 이러한 사정을 보고하면서 은행 임원의 인사는 은행장에게 일임한다는 원칙을 재확인해줄 필요가 있다고 했다. 나는 두말없이 허락했다.

컬러 TV 방송의 시작

국내시장에 국산 텔레비전 수상기가 처음 나온 것은 1966년 금성사(현재의 LG전자)의 제품이었다. 물론 흑백TV였고 일본회사와 기술제휴로 생산된 것이었다. 컬러 TV 수상기는 1972년 아남산업이 역시 일본회사와 합작으로 처음 생산했다. 그러나 그때는 국내 TV방송이 흑백 화면만 송출하고 있었을 뿐만 아니라 국산 컬러 TV의 국내시판을 허용하지 않고 있어 거의 대부분 해외로 수출하고 국내시장에는 내놓지 않았다. 박정희 대통령이 컬러 TV 방송을 허용하지 않은 것은 그 당시의 국민소득 수준에 비추어 컬러 TV 방송은 시기상조라고 판단했다는 것이다. 오일쇼크 이후 추진해온 에너지 절약 시책과 근검절약 정신을 저해할 뿐만 아니라 컬러 TV 수상기를 마련할 수 없는 국민들에게 위화감을 줄 수 있다는 우려도 있었다. 그 시절에는 전기를 아껴야 한다는 방침에 따라 조명이 필요한 야간경기를 하지 못하도록 조치하기도 했던 것이다. 또 외래문화의 무분별한 수용으로 이어져 자칫 사치, 퇴폐풍조가 조장될 것이라는 점을 걱정하기도 했다.

국산 컬러 TV 수상기의 국내시판과 컬러 TV 방영을 더 이상 억제해서는 안 된다는 주장이 처음 제기된 것은 경제적 필요성 때문이었다. 당시 국내에는 흑백TV 수상기 600만 대가 보급되어 있었지만 그 신장세가 정체상태에 들어가 있었다. 게다가 석유파동과 국제무역 여건이 악화되면서 컬러 TV 수상기를 수출하고 있던 전자업계는 침체를 면치 못했다. 컬러 TV의 가장 큰 수출시장인 미국의 무역장벽마저 높아지게 되자 당시로서는 굴지의 중견기업인 화신전자, 동남전기, 올림푸스전자까지도 부도가 나는 극심한 불황에 빠져 있었다. 기반이 허약한 우리나라 전자공업의 뿌리까지 흔들리는 위기상황 속에서 국내 전자회사들이 생산해내는 컬러 TV 수상기가 100만 대를 넘어서고 있는데 국내시판은 하지 말고 외국에 수출만 하라고 하는 것은 경제 논리에 맞지 않는다는 주장이 관련업계, 경제부처, 학계를 통해서 국보위 경제분과위원회에 제기되었던 것이다. 수출을 해야 먹고 살 수 있는 우리의 입장에서 주요 수출품목인 컬러 TV의 생산량을 조절하라고 정부가 업계에 요구하기는 마땅치 않은 일이다. 뿐만 아니라 컬러 TV의 가장 큰 수출시장인 미국이 자국 내 수입 컬러 TV 시장에서 한국산 컬러 TV의 점유율을 30%로 제한한다는 것이다.

평상시에는 하기 힘든 개혁조치들을 취해나가고 있던 국보위의 추진력을 업고서 정부부처들이 해결하고자 했던 숙제들 가운데 하나가 컬러 TV의 국내 판매와 방송 허용이었다. 업계의 강력한 요구도 있었고 학계의 건의도 있었지만 상공부도 적극적이었다. 상공부나 국보위 경제분과위원들의 그러한 주장이 단순히 업계의 이익을 대변하는 것이라고 생각할 수는 없었다. 그러나 정부부처 가운데서도 반대가 없지 않았다. 경제적인 이유도 있었고 사회정책적인 문제점을 지적하기도 했다.

나는 반대 주장의 논리적 근거를 따져보았다. 14인치 컬러 TV 소비전력이 흑백TV에 비해 20W짜리 형광등 한 개 차이에 불과하고, 컬러 TV 수상기가 100만 대 보급되었을 경우 전력 소비증가율이 당시의 연간 소비전력의 0.12%정도밖에 추가되지 않는 것이어서 에너지의 과다소비를 우려할 일은 아니었다. 국민소득 수준이나 계층 간의 위화감 조성에 대한 걱정도 크게 괘념할 일이 아니었다. 박정희 대통령은 컬러 TV문제를 건의하는 청와대 수석비서관이나 학자들에게 "국민소득이 1,000달러는 넘어야 한다. 지금은 흑백TV도 없어서 못 보는 사람들이 있다."면서 저소득층의 위화감을 걱정했다고 한다. 그러나 1980년 당시 국민소득은 이미 1,600달러에 근접하고 있었고, 선진국들은 물론 우리보다 못 사는 나라들까지 포함해 80개국이 컬러 TV 방송을 하고 있었다. 북한조차도 이미 1974년부터 컬러방송을 하고 있었다.

컬러 TV의 국내 시판과 방송을 허용해서는 안 된다는 주장은 설득력이 없다고 느껴지는 반면 컬러 TV에 대한 규제를 풀어야 할 이유는 충분히 납득할 수 있었다. 기술 집약산업인 전자산업은 부가가치가 높다. 뿐만 아니라 앞으로 컴퓨터, 통신기기의 발전과 함께 정보화사회로 이행해가기 위해서는 반드시 전자산업을 발전시켜야 한다. 특히 컬러 TV의 경우 흑백TV보다 부품수가 세 배나 많고 생산 초기단계인 국내 반도체산업의 내수기반을 확충해나가기 위해서도 컬러 TV의 시판과 방영이 조속히 이루어져야 할 상황이었다. 나는 국보위 상임위원장으로서 이러한 분석을 토대로 국보위 의장인 최규하 대통령에게 보고하고 8월 1일부터 컬러 TV의 시판을 허용하는 조치를 취하도록 했다. 나는 11대 대통령에 취임한 3개월 후인 1980년 12월 1일 컬러 방영을 허용키로 했다. 한국방송공사(KBS)는 그날 오전 10시 30분 수출의 날 기념식을 컬러로 내보내면서 컬러 방송의 문을 열었다. KBS는 약 한 달 동안 시험방송을 거친 후 이날부터 모든 프로그램을 천연색으로 제작, 방송하기 시작했던 것이다.

앞에서도 언급한 바 있지만 나는 컬러 TV 방송의 문제를 단순히 경제적인 측면에서만 판단한 것이 아니다. 국민의 일상적 생활과 사회활동에 활력과 다양성을 부여할 것이라는 사회정책적 고려도 있었다. 우리 사회가 흑과 백이라는 2분법적 논리에서 벗어나 세상의 모든 빛깔을 보여주고, 받아들이고, 즐기는 사회가 돼야 한다는 믿음이었다. 그러나 컬러 방송 여부는 단순히 색깔의 문제가 아니었다. 내가 이런저런 반대 의견과 우려에도 불구하고 컬러 TV 방송 문제에 단안을 내려 일거에 풀어버린 것은 우리 사회의 작동원리가 자율과 개방이어야 한다는 신념 때문이었다.

TV의 컬러 방송이 시작된 첫해인 1981년 컬러 TV 수상기의 수출액은 전년대비 30%가 늘어나는 경제적 성과를 보여줬다. 또한 텔레비전의 컬러화는 경제적 효과 못지않게 우리 사회의 대중문화에 커다란 변화와 발전을 가져왔다. 가장 먼저 영향을 받은 것은 시각적인 것이었다. 그 다음해부터 전면적으로 시행한 공무원의 자가운전제에 따라 승용차의 색깔이 검은색 일색에서 다양한 색상의 차량이 늘어나기 시작했다. 그리고 고교생의 교복자율화 등과 때를 같이하며 의상의 색깔과 디자인 그리고 액세서리에 이르기까지 많은 변화가 일어났다. 뿐만 아니라 일반 가전제품이나 소비재 상품도 색깔이나 모양이 다양하고 세련되어 품질의 고급화를 불러온 일 등 컬러 TV 방송이 사회전반에 미친 효과는 가히 '색의 혁명'이라 부를 만했다. 겉모양의 고급화는 품질의 고급화를 불러왔다. 그러나 이러한 가시적인 변화보다 더 중요한 발전은 국민의 의식과 가치체계에 다원화의 길을 열어놓았다는 사실일 것이다. 컬러 TV 방송이 국민의 계층 간 위화감을 일으켰다는 보고는 어디에서도 찾아볼 수 없었다.

공권력으로 대응해야 했던 일들

우리가 선진국으로 나아가기 위해서는 우리 사회에 자율 의식이 뿌리내릴 수 있도록 해야 한다는 소신에 따라 나는 '자율'을 5공화국의 가장 중요한 정책기조의 하나로 정해서, 각종 타율적 규제를 없애고 줄이는 여러 가지 획기적인 조치들을 취했다. 하지만 한편으로는 자율에만 맡기지 않고 정부가 개입하거나 공권력을 동원해 간섭한 일들도 있었다. 돌이켜 생각해볼 때 하지 말았어야 했다고 후회가 되는 일도 있고, 사회의 안정과 공공의 이익을 지키기 위해 불가피했던 일들도 있었다. 내가 대통령에 취임한 지 얼마 안 된 1980년 가을의 '10.27법난法難'과 언론통폐합 조치는 그 대상이 종교와 언론이었다는 점에서 보다 신중하게 대처했어야 할 일이었다. 공권력으로 통제했던 사안들이 종교와 언론의 본질적 문제인 신앙이나 표현의 자유와 직접적으로 관련된 일은 물론 아니었다. 그러나 결과적으로 종교인과 언론인의 자유와 권익을 훼손한 셈이 되었다.

'10.27법난'이란 말을 들은 것은 실제 그 일이 일어난 지 8년도 더 지난 1988년 겨울이었다. 처음 들어본 말이었다. '5공 청산'의 강풍에 밀려 백담사에 유폐되어 있던 나를 위로하기 위해 찾아온 스님들이 "악연도 선연善緣이 될 수 있다."는 말을 했을 때 나는 그 말뜻을 알아들을 수 없었다. 악연은 무엇을 말하는 것인가. 누가 무슨 일을 했기에 불교와 악연을 지었다고 하는 것인가. 왜 그런 얘기를 나에게 하는 것인가. 그 말을 들었을 때 나는 1980년 10월 27일에 '법난'이라고 불리게 되는 일이 있었다는 사실조차 기억해낼 수 없었다. 아마도 그 무렵 내가 받아본 정보보고서에는 그 사건에 관한 내용이 포함되어 있었을 것이다. 언론에도 보도가 되었을 것이 틀림없다. 그러나 그 당시 나는 그 일을 주관한 노태우 보안사령관한테서 직접 보고를 받은 기억이 없었다. 정보보고서에 포함되어 있었을 테지만, 그해 6월 출범한 국가보위비상대책위원회와 사회정화위원회가 중심이 되어 사회

각 분야에 대한 개혁 작업이 진행되어 왔기에 불교계에 대해서도 적폐를 도려내는 작업을 했구나 하는 정도로 생각했던 것 같다. 나의 특별한 관심을 끌지 않았던 것이다. 그즈음 나는 새로운 5공화국 헌법을 만드는 일, 그 헌법이 확정되면 치르게 될 국회의원 총선거 준비, 파탄에 직면한 경제 살리기에 매달려 있었다.

'10.27법난' 직전 보안사에 연행돼서 곤욕을 치렀다는 이법철李法徹 '대한민국지키기불교총연합' 지도법사는 2015년 5월 인터넷 신문 『뉴스타운』에 기고한 글에서 "… 팔공산 파계사에서 소년 시절 신세를 진 노태우가 무슨 억하심정으로 소년기에 받은 불은佛恩을 군인들에 명령하여 군화발로 법당을 짓밟고, 승려들을 복날 개 패듯이 한 것인지…."라고 했다. 나는 노태우 보안사령관이 작심을 하고 불교에 대해 몹쓸 일을 했다고 생각하지 않는다. 아마도 무슨 특별한 정보가 있었기 때문일 것이다. 지명수배 중인 폭력배, 마약사범, 탈영병 등이 신분을 숨기고 깊은 산속 암자 등에 은신해 있다는 얘기들은 나도 듣고 있었다. 이들이 도주하지 못하도록 하려니까 법당에까지 쫓아 들어가는 일이 있었을 것이다. 나의 모친과 누이들, 형수님이 모두 불심이 깊은 분이었고, 뿐만 아니라 노태우 보안사령관 역시 불자였는데 무슨 까닭으로 불교에 대해 박해를 하려 했겠는가.

훗날 알게 된 일이지만, 당시 계엄사령부 합동수사본부는 스님을 비롯한 불교계 인사 100여 명을 연행하고, 전국의 사찰과 암자 5,000여 곳을 수색했다는 것이다. 이 조치와 관련해서 계엄사는 "상당한 기간이 경과해도 불교계 자체가 아무런 정화 움직임을 나타내지 않아 자력으로는 도저히 갱생의 힘이 없는 것으로 판단, 부득이 사회정화 차원에서 철퇴를 가한 것이며, 그 목적은 불교 내부의 분규 종식, 부정축재와 비리행위자 색출 및 종단 재산관리와 해외활동을 둘러싼 사기행위자, 국위 손상자 색출에 있다."고 발표했다는 것이다.

그 시절 불교계는 각 종단 간의 다툼, 종단 내의 분규, 일부 승려들의 탈선행위, 폭력배 등 무자격 승려들의 행패 등 많은 문제를 안고 있었고, 언론에서도 '불교 정화淨化'를 사회적 의제로 제기하기까지 했던 것이 사실이었다. 하지만 그러한 현상들이 우리 사회 전반에 해악을 끼친다고 볼 정도는 아니었고, 종교계 내의 문제였던 만큼 시간이 걸리더라도 자율적 해결에 맡겨뒀어야 할 일이었다. 특히 당시 계엄령하에서 사회 각 분야에 쌓여 있는 적폐를 척결해야 한다는 국민적 공감대가 형성되어 있었다고 하더라도 계엄당국의 조치가 매우 거칠었고, 적지 않은 후유증을 남겼다는 점에서 국정 최고책임자였던 나의 불찰과 책임을 통감하게 된다. 이 일로 인해 적지 않은 사람들이 피해를 입은 데 대해 유감스럽게 생각한다.

10.27법난은 내가 잘 모르고 있는 가운데 진행된 일이었지만, 그 다음달인 11월에 단행한 언론통폐합 조치는 내가 보고받고 재가한 일이었다. 내가 국보위 상임위원장으로 있던 그해 7월경 당시 허문도許文道 국보위 문공분과위원이, 사원들에게 월급도 주지 못해 '사이비 기자' '공갈 기자'를 만드는 일부 지방지 등 부실한 언론기관들을 통폐합할 필요가 있다는 건의를 했던 것으로 기억되는데 나는 언론 대책으로서는 적절치 않다고 생각돼 받아들이지 않았던 것 같다. 그런데 사실 언론 문제, 특히 사이비 기자 등의 문제는 그전부터 보안사에서 검토되고 있었다. 보안사 정보처는 정치, 경제, 사회 전반에 걸쳐 광범위한 정보와 자료수집, 여론동향 파악 등의 업무를 관장하고 있었는데, 특히 학원과 언론 문제는 체제관리 차원에서 중요 관심사였다. 박정희 대통령의 '10월 유신' 이후 그러한 활동은 한층 강

화되었다. 정보처 안에는 '학원대책반'과 '언론대책반'이 상설화되어 있었다.

나는 보안사령관으로서, 10.26 이후에는 중앙정보부장서리, 국보위 상임위원장을 겸직한 위치에서 보안사 정보처 이외에 중앙정보부와 경찰로부터 언론계 내부의 사정에 관한 다양한 정보들을 보고받을 수 있었다. 뿐만 아니라 주요 언론사 사주와 언론사 간부들과의 직접적인 접촉을 통해서도 여러 가지 얘기들을 들을 수 있었다. 내가 대통령에 취임한 뒤에도 상당 기간 보안사 정보처장으로부터 직접 보고를 받는 경우도 있었는데, 그것은 내가 보안사령관 때부터 진행되어오던 과제들에 관한 사항이었기 때문이었다. 그 가운데 중요한 일이 언론통폐합 문제였다. 정보처장 권정달은 한용원韓鎔源 과장, 이상재李相宰 언론대책반장 등의 보좌를 받으며 구체적인 계획까지 진행시키고 있었다. 국보위 때 언론통폐합의 필요성을 건의했던 허문도 정무비서관은 보안사 정보처의 작업에는 참여하지 않았던 것 같다.

대통령으로 취임한 지 얼마 되지 않은 10월 중순, 노태우 보안사령관한테서 같은 내용의 보고를 받았다. 그 자리에는 언론 주무장관인 이광표李光杓 문공장관과 청와대의 김경원金瓊元 비서실장, 허화평 보좌관, 허삼수 사정수석, 이웅희李雄熙 공보수석 등이 배석했다. 권정달 보안사 정보처장이 준비해온 구체적인 내용을 직접 보고했다. 나는 국보위 시절 허문도 문공분과위원이 건의했을 때와 마찬가지로 언론기관의 통폐합 문제는 신중히 다뤄야 한다는 생각에서 좀 더 심도 있게 검토하라는 지시를 내리고 더 이상 그 보고를 진행시키지 않았다. 그러니까 참석자들의 의견 개진도 없었다. 훗날 들리는 얘기로는 누구누구는 그 자리에서 반대의견을 밝혔다는데 그런 일은 없었다. 다만 나중에 노태우 사령관이 삼성그룹의 TBC만은 재고할 필요가 있지 않냐고 했지만 내가 그 건의를 배척한 일은 있었다. 나는 '신문, 방송 겸영 금지' '재벌의 언론 소유 금지' 원칙을 세웠으면 그대로 지켜야 하고 특히 TBC는 두 가지 원칙에 다 해당되는 회사인 만큼 예외로 할 수 없다고 생각한 것이다.

그런데 11월 10일경 이학봉 민정수석의 보고로는 수익구조를 제대로 갖추지 못한 군소 언론매체의 기자들이 기업과 공공기관들을 상대로 광고를 강요하거나 약점을 캐서 보도하겠다며 금품을 요구하는 사례들이 많아 이들 군소 언론매체를 정비할 필요가 있다는 것이다. 보안사 권정달 정보처장이 거듭해서 건의해오고 있다는 것이다. 처음 이 문제를 제기했던 허문도 비서관 외에도, 허화평 보좌관, 허삼수 사정수석, 이수정李秀正 정무비서관, 최재호崔在豪 민정비서관 등도 회동을 갖고 논의한 일은 없지만 모두 의견이 같다고 했다. 사실 나도 언론사 통폐합 문제까지 생각해본 적은 없었지만, 과거 군 지휘관을 지내면서 일부 사이비 언론의 폐해를 느끼고는 있었다. 이학봉 수석이 보고한 내용 가운데 재벌의 언론 소유 금지, 영리추구 법인의 신문과 방송의 겸영兼營 지양, 방송의 공영성 강화, 언론인 처우 개선을 통한 언론 부조리의 개선 등은 그 명분상 반대할 이유가 없다고 생각됐다. 사회 각 분야에서 개혁의 바람이 일고 있을 때 언론 개혁도 이루어지는 것이 바람직하다는 건의여서 나는 결국 보안사 정보처의 보고 내용대로 시행하라고 지시했다.

당시에도 무리가 있다는 점을 인식하면서도 내가 재가해서 추진했던 언론통폐합 조치는 5공화국 '악정惡政'의 상징적인 조치로 여겨지고 있을 뿐만 아니라 나는 그 조치 때문에 피해를 보았다고 생각하는 언론기관과 언론인으로부터 지난 30여 년간 뭇매를 맞아 왔다. 언론계 스스로 하도록 하지 않고 공권력으로 밀어붙인 데 대한 업보로 받아들인다. 그러나 앞에서 국보위에 관해 기술하는 대목에서 언급한 바 있지만, 언론통폐합 조치 이전에 국보위가 취했던 언론인 해직 때 대부분의 언론기관은 당국이 제시한 명단보다 훨씬 많은 인원을 보태서 해직했다는 보고를 받았었다. 언론사 경영주 측이 눈 밖에 났던 기자들을 그 기회에 끼워 넣기로 처리했던 것이다.

언론통폐합 조치와 관련해 내가 퇴임한 뒤 국회의 5공청문회 때 야당과 언론은 내가 언론을 장악하기 위한 의도에서 취한 것이라고 주장했다. 사실 언론을 정권적 차원에서 통제하려면 통폐합과 같은 조치를 하지 않고도 방법이 없지 않았을 것이다. 박정희 대통령 시절에는 그 수단 방법의 정당성이나 도덕성의 유무를 떠나 어쨌든 효율적으로 언론을 통제하고 조정해왔다. 언론을 통제하려는 목적뿐이었다면 5공화국의 언론대책은 유신정권을 그대로 답습하면 될 일이었다. 거기다 적당한 당근을 제공하면 언론의 공격을 완화시킬 수 있을 것이라는 의견도 제시되었다. 그러나 나는 그런 편의적 방법에 의존하지 않고 보다 근본적인 개혁이 이루어져야 한다고 생각했다. 5공화국에서는 과거처럼 정보기관원들이 언론사를 무시로 드나드는 일은 없게 했고, 언론의 협조가 필요한 사항에 대해서는 언론 주무부처인 문화공보부를 통하도록 했다.

언론통폐합 조치가 공권력에 의한 것이어서 그 명분이 크게 훼손되기는 했으나, 1980년 언론 개혁의 방향은 틀리지 않았다고 나는 지금도 믿고 있다. ICT(정보통신기술)의 획기적인 발달에 따라 그 당시와 지금은 언론 환경이 크게 달라져 있지만, 사이비 언론의 폐해와 '공룡 언론', 재벌의 언론 소유 등의 문제가 다시금 논란되고 있는 것으로 듣고 있다. 인터넷 뉴스매체가 우후죽순처럼 늘어나 통계에 따르면, 자칭타칭의 언론매체가 수천 개에 이른다고 한다. 한 재벌기업 한 곳에 등록된 출입 기자가 수백 명이라는 보도도 있었다. 언론기관의 범람은 저급하고 무책임한 보도를 양산하고 있을 뿐만 아니라 국민에게 '언론 피로감'을 주고 있다는 것이다. 한국광고주협회가 2015년 4월 100대 광고주廣告主를 대상으로 조사한 결과 응답자의 86.4%가 지난 6개월 사이 사이비 언론으로부터 피해를 경험했다고 응답했고, 이 가운데 97.6%는 협박성 요구에 굴복해서 광고와 협찬을 집행했다는 것이다.

정부가 나서서 종교계와 언론을 직접 규율하는 것이 바람직한 일이 아니듯이 학원學園도 외부의 간섭과 통제는 금물이다. 학원에 문제가 있으면 학원 스스로 해결하게 하는 것이 원칙일 것이다. 하지만 학원의 문제를 학교 밖으로 끌고 나오거나, 학원의 움직임이 정치사회적 문제로 확대될 경우 정부 공권력과의 마찰과 충돌은 피할 수 없게 된다. 우리나라에서 학생들이 집단적으로 교외 시위를 벌인 일은 1950년대에도 있었다. 하지만 휴전회담 반대 시위나, 재일교포 북송반대 데모였기 때문에 딱히 경찰과 충돌할 일은 없었다.

1960년 4.19의거는 집단화한 학생들의 힘이 정부 전복까지 가져올 수 있다는 것을 보여준 사건이었다. 대학생들은 그 뒤 계기가 있을 때마다 정치사회적 이슈에 대해 의사표시를 하고 행동에 나섰다. 5.16 이듬해인 1962년 봄 주한미군에 의한 민간인 폭행사건 등이 잇달아 발생하자 서울대와 고려대 학생들이 '한미행정협정'체결을 촉구하는 시위를 벌였다. 5.16 때 선포된 계엄령이 여전히 발효중인 때였다. 1964년6월 한일회담을 반대하는 학생시위가 격화되자 박정희 대통령은 1962년 말 해제했던 계엄령을 다시 선포해야 했다. 1967년 7대 국회의원 총선거 직후 대학생들의 '선거 부정'규탄 투쟁, 1968년 3선 개헌 반대 투쟁은 야당의 전면 투쟁과 공동전선을 형성하기도 했다.

미국에서의 반전운동, 프랑스의 5월 혁명, 일본 '전학련全學聯'의 미일안보조약 반대투쟁 등 1960년대 전세계적으로 맹위를 떨쳤던 '스튜던트 파워'가 1970년대 들어 와 점차 수그러드는 추세였지만 우리나라에서는 정치상황과 맞물리면서 학원 내의 권력으로 자리잡아갔다. 교련 반대를 내세운 학생들의 소요가 거칠어지자 1971년10월 박정희 대통령은 위수령을 발동하며 군을 교내로 진입시켜 1,800여 명의 학생을 검거해 그 가운데 100여 명을 구속하고 제적시키도록 했다. 그해 12월에는 국가비상사태를 선포했고, 다음해인 1972년 '10월유신'조치와 함께 또다시 계엄령을 선포했다. 학생들의 저항은 유신체제와 맞서면서 더욱 열기를 더해갔고 특히 1974년 4월의 민청학련 사건을 거치면서 학원사태는 대형화되어갔다. 1970년대 대학생들의 대정부 투쟁은 1979년 10월 부마사태를 겪으면서 최고조에 올랐다. 또다시 계엄령을 불러온 부마사태는 4.19때와 같이 정부가 무너지는 직접적인 요인이 되지는 않았지만, 김재규가 박정희 대통령을 시해하려는 마음을 굳히게 하는 하나의 촉매가 됐다고 김재규 스스로 밝히고 있다.

내가 대통령에 취임한 1980년 가을 이후 대학생들의 움직임은 한동안 두드러지게 눈에 띄지는 않았다. 10.26 당시 선포된 비상계엄령이 1981년 1월 해제되기까지 계속 발효 중인 탓도 있었을 것이다. 하지만 겉으로 드러나지 않았을 뿐, 5공화국 정부와 시국에 대한 불만이 내연하고 있었다고 보는 것이 정확한 관측이었다. 5공화국의 주도세력이 광주사태와 관련해 잘못을 저질렀고, 그러한 과정을 통해 집권한 만큼 정치적 정통성에 문제가 있다는 인식이 야당이나 재야세력은 물론 학원가에도 널리 퍼져 있었던 것이다. 그 까닭은 광주사태의 진행과정에서는 물론 그 후 수습이 된 이후에도 5.18의 진상에 관한 언론보도나 당국의 발표 내용이 국민 다수의 궁금증이나 의심을 해소할 만큼 충분하지 않았던 때문이었던 것 같다. 계엄령하에서 보도가 통제 되고 있다는 사실을 국민들이 모두 알고 있으니까, 당국의 발표나 언론보도 내용으로는 다 밝혀지지 않은 또 다른 '진실'이 있다고 짐작했을 것이다. 당시 최규하 대통령 정부와 계엄사령부의 방침이 사태수습과 민생안정이 최우선이어서 진상을 밝히고 책임을 규명하는 일이 미진했던 것이 사실이다. 이 글의 관련 대목에서 상세히 언급했지만, 당시 초기 진압과정에서 결정적 과오를 저질러 사태를 악화시킨 전남도경 국장과 현지 부대 지휘관들에 대한 책임 추궁과 처벌이, 그들이 계엄사령관과 내무부장관의 군대 동기여서 유야무야되었다. 그러니까 엄청난 피해가 났음에도 불구하고 아무도 책임지는 사람이 없게 됨으로써 의혹과 불신을 낳게 된 것이다. 광주사태가 수습된 지 3개월만에 대통령이 된 나는, 5.18을 딛고 집권을 한 모양새가 됐고, 그 의혹과 불신의 짐을 모두 떠안게 된 셈이었다. 1980년대 학원사태의 밑바탕에는, 내가 5.18이라는 비극적 사태의 책임자였고 미국은 그러한 비극의 방관자였다는 인식이 깔려 있었던 것이다.

1982년 3월 발생한 부산 미문화원 방화사건의 범인인 부산 고신대高神大 학생들은 범행 동기가 광주사태 때 미국이 유혈진압을 방조 용인했기 때문이라고 했다. 그들은 또한 '제국주의 미국'이 우리나라를 식민지화하면서 남북 분단 상황을 고착화시키려 한다고 주장했다. 이 사건은 우리나라 대학생들의 투쟁이 폭력화하고 반미 성향을 노골화하고 있음을 보여주었고, 그 뒤 같은 해 11월의 광주 미문화원 방화사건, 1983년 9월 대구 미문화원

폭탄 투척사건, 1985년 5월 서울 미문화원 점거사건으로 이어지며 그 폭력성과 반미 성향을 더욱 분명히 드러냈다.

치안당국은 대학생들의 시위가 교내에서 벌어지는 경우 학교 자체적으로 대처하도록 하면서 교문 밖 진출을 저지하는 데 주력했다. 1982~83년 무렵 대학교 내에서의 시위는 상시화常時化했지만, 정부는 대학 당국과 학생들의 자율적 해결 의지를 기대하면서 유화적인 조치를 취했다. 1983년 12월에는 1980년의 5.17 이후 제적된 1,000여 명의 학생들 전원이 복교할 수 있도록 했다. 또 유신시절인 1975년 해체시켰던 총학생회를 부활시킴으로써 학생운동의 자율적, 합법적 활동공간을 마련할 수 있게 해주었다. 대학 캠퍼스 내에 경찰이 출입할 수 없게 했고, 구속 학생들을 8.15특사로 모두 석방·사면했다. 이때 부산 미문화원 방화사건의 주동자로 사형선고를 받았던 문부식文富軾, 김현장金鉉奬 등에 대해서도 함께 감형 조치해주었다.

정부가 대학 당국과 학생들의 자율 의지를 믿고 유화 조치를 취했음에도 불구하고, 얼마 지나지 않은 1985년 5월 서울의 미문화원 점거사건이 발생했다. '삼민투위三民鬪委'소속의 서울의 5개 대학 70여명은 점거 직후 "광주사태 책임지고 미국은 공개 사과하라"는 구호가 적힌 플래카드를 내걸었다. '민족자주통일, 민중해방, 민중쟁취'를 투쟁목표로 내세운 삼민투는, 그에 앞서 4월 각 대학마다 공격적인 대중 투쟁조직으로서의 총학생회를 구성한 뒤 각 대학 총학생회들의 연합조직으로서 결성된 '전국학생총연합全學聯의 투쟁적 전위前衛로 출범한 조직이었다.

정부의 '학원 자율화' 조치 이후 학생들이 조직을 확대, 강화하면서 비합법적 폭력 투쟁을 노골화하자 대학의 총학장들은 "대학 당국만의 노력으로는 학생들을 지도하기 어렵다."며, 자율적 통제 의지를 스스로 포기하기에 이르렀다. 경찰은 1984년 자율화 조치 때 약속했던 "대학 총학장의 요청이 없이는 경찰을 대학에 투입하지 않는다."는 다짐을 풀고 6월 29일 9개 대학에 경찰이 들어가 삼민투 관련자 60여 명을 연행했다. 치안당국의 이러한 조치와 함께 정부로서는 보다 근본적인 대책을 강구하지 않을 수 없었다. 학생들의 투쟁 방식이 비합법적 폭력투쟁으로 치닫고 있을 뿐만 아니라, 투쟁 조직의 성격과 목표가 좌경화되면서 민중혁명을 획책하는 것으로 드러나고 있었던 것이다.

그해 8월 초 고위 당정회의에서는 '학원안정법'을 만든다는 방침을 정했다. 학원 소요와 관련된 학생들을 대상으로 6개월 이내의 선도교육을 실시하고, 학원소요를 선동조장하고 반국가단체의 사상과 이념을 전파 교육하는 행위 등을 처벌하는 내용들이 주요 골자였다. 근본 취지는 소요 주동 학생들을 보안법 등으로 처벌하면 전과자前科者들을 양산하는 결과가 되어 젊은이들의 앞길이 막히게 되니까 처벌 대신 선도교육을 통해 학생들을 바로잡아주자는 것이었다. 하지만 취지가 어떠한 것이든 학생들을 본인의 의사에 반하여 학교 외부에 강제로 격리 수용돼 교육한다는 것은 5공화국 교육정책의 이념에도 맞지 않는다는 지적이 있었다. 당연히 야당과 학생들의 반발이 뒤따랐는데 나는 법안 내용이 발표된 지 일주일쯤 지난 8월 중순 신민당의 이민우李敏雨 총재, 국민당 이만섭李萬燮 총재와 만나 학원대책에 관한 의견을 물었다. 그 직후 나는 학원안정법의 입법을 보류하도록 지시했다. 대학생들에 대한 이념 교육과 훈육을 정부가 맡아서 한다는 것은 아무래도 문제가 있다고 판단한 것이다. 어렵고 힘들더라도, 시간이 걸리더라도 학생들을 선도하는 일은 학원에 맡기고, 다만 국가적 가치를 훼손하고 법치질서를 교란하는 행위는 철저히 단속한다는 방침을 다시 확인했다.

1986년 가을의 아시아경기대회를 앞두고 정부가 가급적 학생들과의 마찰이 없도록 유화책을 펴고 있는 사이 학생들은 투쟁노선의 이념적 정립과 조직 강화를 꾀하고 있었다. 그해 4월 서울대에서 전방입소 거부 투쟁을 전개하는 것과 동시에 '자민투(반미자주화반파쇼민주화투쟁위)'와 '민민투(반제반파쇼민족민주투쟁위)'가 각각 결성되었다. 서울대 사회대를 중심으로 한 자민투는 NL(민족해방)노선을, 서울대 인문대를 중심으로 출범한 민민투는 PD(민중민주주의)노선을 각각 취함으로써 다소간의 편차가 있기는 했지만 비합법적 투쟁을 통해서라도 미국을 쫓아내고 민중혁명을 일으켜 새로운 정부를 세운다는 목표에서는 일치하고 있었다. 특히 자민투의 일부는 '주체사상'을 신봉하며 노골적으로 북한을 추종하는 경향을 보였다.

자민투와 민민투로 조직을 확대 정비한 학생 세력은 전국 각 대학의 학생들이 연합하는 '연합시위'의 투쟁 방식으로 투쟁력을 강화했는데 1986년 10월의 건국대 점거 농성 사건이 그 대표적인 사례라고 하겠다. 서울대, 연세대, 고려대 등 전국 26개 대학의 2,000여 명이 건국대에서 '애학투(반외세반독재 애국학생투쟁연합)'의 발대식을 진행했는데 경찰이 교내로 진입하자 학교 건물을 점거한 채 4일간 농성을 벌이다가 1,000여 명이 연행 구속됐다. 자민투 계열의 '애학투'는 북한의 남침에 따른 6.25는 민족해방 투쟁이었고, 해방정국에서의 반탁운동은 미 제국주의에 예속되는 결과를 초래했다고 주장함으로써 북한의 역사관을 추종하는 세력임을 드러냈다.

대학생의 사회를 향한 발언과 행동은 배움의 도상에 있는 젊은이답게 순수한 정의감과 애국심을 발현하고 이상理想을 추구하는 것이어야 한다. 하지만 앞에서 살펴봤듯이 1980년대 학생운동은 시간이 갈수록 국민이 이해하고 납득할 수 있는 한계를 벗어나고 있었다. 반미反美 구호가 나온 것은 광주사태와 관련한 오해에서 빚어진 것으로 이해할 수도 있는 일이지만, 점차 주한미군 철수, 경제 협력관계의 단절 주장 등 미국에 대한 전반적인 배척으로 나타났다. 미국은 우리나라를 제국주의적 군사전략의 전초기지로 삼고 있고, 경제적 식민지화해서 수탈을 일삼고 있다고 주장했다. 사용하는 용어도 북한이 쓰는 말들을 그대로 옮겨놓은 것이었다.

학생들은 우리 사회가 안고 있는 일부 사회경제적 불평등의 문제를 과장 왜곡할 뿐만 아니라, 반제, 반매판, 반독점자본을 통한 민중혁명을 외쳤다. 그들이 말하는 민중은 무산계급을 의미했고, 민중혁명은 계급투쟁을 말하는 것이었다. 학생들의 신념체계가 되어 있는 역사관은 앞에서 언급한 바와 같이 북한의 역사관을 복사한 것이었다. 그들은 신념에서 우러나온 것인지, 아니면 조직의 분위기 때문인지 '위수김동(위대한 수령 김일성 동지)' '친지김동(친애하는 지도자 김정일 동지)'이란 호칭을 자연스럽게 사용했다고 한다. 학생들의 생각과 주장이 대한민국의 헌법적 가치와 국가 이익에 배치되는 위험한 내용이었지만, 그 보다 더 우려스러운 것은 학생들이 자신의 주장과 목표 실현을 위해 행동에 나섰다는 사실이었다. 더욱이 모든 개량주의적 타협적 방법을 배제하고, 비합법적 폭력과 민중 봉기를 획책하고 있었던 것이다.

나는 취임 후 경제적 난국을 극복하고, 86아시안게임과 88서울올림픽을 준비하면서 아울러 단임 실천을 통한 평화적 정부이양의 전통을 만들기 위해서는 정치 사회적 안정이 반드시 이루어져야 한다는 생각에서, 소모적이고 불필요한 정쟁이나 학원소요를 예방하는 데 힘을 기울였다. 그러나 학원의 동향은 나의 바람과 기대에 어긋났다. 1984년 학원자율화 조치의 결과는 투쟁적 학생 조직의 출현으로 나타났다. 내가 심혈을 기울여 추진하는 국정 과제의 수행을 위해서는 대학의 불법적 반국가적 투쟁에 공권력으로 대응할 수 밖에 없었다.

나는 취임 초부터 나라가 망하는 상황이 아닌 한 절대로 군을 동원하지 않겠다는 철칙을 마음속 깊이 다짐하고 있었다. 학원 소요가 사회적 위기를 불러오더라도 경찰력으로만 대응한다는 방침을 세웠다. 치안을 책임진 경찰의 역할이 중요했고 책임도 컸다. 나는 그만큼 경찰에 대해 관심을 기울이고 배려했다. 격무를 덜어주기 위해 2교대 근무를 3교대 근무로 완화할 수 있게끔 경찰 인력을 증원했다. 경찰 간부 양성을 위해 4년제 경찰대학을 설립해 1985년 1기생을 배출할 수 있었다. 그동안 청사가 비좁아 분산되어 있던 경찰청 본청의 신청사를 마련해주었다. 기회 있는 대로 경찰의 일선 근무자들을 찾아가 근무 상태를 점검하고 격려도 해주었다.

나의 임기 후반으로 가면서 학생들의 투쟁이 좌경 극단주의로 치닫고, 정치권의 직선제 개헌 투쟁과 맞물리면서 치안 수요가 급격히 증대되었다. 일선 경찰의 업무량도 늘어나고, 경찰관 개개인도 격무로 인한 피로가 쌓일 수밖에 없었을 것이다. 전자기기에 과부하가 걸리면 고장이 나게 되듯이, 임무수행에 쫓기는 경찰관들도 사고를 일으킬 개연성이 높아지는 것이다. 1987년 1월 박종철朴鍾哲 군 고문치사사건, 1987년 6월 이한열李韓烈 군 사망사건, 같은 시기에 있었던 부천경찰서 성고문 사건 등은 두 말할 필요 없이 죄질이 나쁜 범죄적 행위였고 5공화국과 경찰의 명예와 도덕성에 큰 상처를 남긴 사건이었다. 더욱이 박종철 군 사건이나 부천서 사건은 사후에 은폐조작 행위까지 드러남으로써 국민의 분노를 샀다. 그러나 국정 최고책임자였던 나로서는 그들만을 나무라기도 어려운 일이다. 물론 나는 그 사건의 관련자들을 엄중히 문책했고, 그들은 또 그 죄과에 상응한 처벌을 받았다. 하지만 그 시절, 경찰이 그처럼 임무 수행에 쫓기지 않아도 되었었고 학생들과 맞붙어 싸워야 하는 상황이 아니었다면 그들이 그러한 잘못을 범하지 않았을 수도 있었겠다는 생각이 드는 것이다. 어쩌면 그들도 상황이 빚어낸 피해자였을 것이다. 나는 국정 최고 책임자로서 그에 대한 정치적 도의적 책임을 피할 수 없다고 생각한다. 아울러 사건의 직접적인 피해자에게는 물론 사건 관련 경찰관들에게도 미안한 마음을 금할 수 없다.

공정경쟁을 통한 균형발전과 동반성장

기회균등과 공정경쟁

　1권에서 상세히 설명한 바 있지만 국가보위비상대책위원회는 계엄업무와 관련한 대통령의 통치기능을 효율적으로 보좌하기 위해 한시적으로 설치된 대통령 자문기구였다. 계엄업무 가운데 국가안보, 치안질서 확립 등의 일은 계엄사령관이 대통령의 지휘감독 아래 처리해나갈 수 있지만 일반 행정사무 등 내각이 해야 할 일, 사법사무 등과 관련한 일까지 계엄사령관이 처리하는 것은 현실적으로 불가능했다. 그래서 생긴 것이 국가보위비상대책위원회였고 이 기구에는 주로 행정 각 부처의 기획관리실장 등이 각 분과위원회의 간사 일을 맡고 있었다. 그러니까 그 시점에서 각 부처가 역점을 두고 있는 사업, 정책과제들이 국보위 상임위원회에서 다루어졌다. 각 부처는 그동안 여러 가지 제약과 여건 미비로 추진하지 못했던 현안들을 시한이 정해진 국보위 활동기간에 처리했으면 하는 의욕을 보이는 듯했다. 내가 국보위 상임위원장직을 수행한 것은 불과 3개월도 채 안 되는 짧은 기간이었지만 그때의 경험이 그 뒤 바로 대통령이 되어 국정전반을 파악하고 정책을 구상하는 데 크게 도움이 되었다.

국보위의 각 분과위가 하는 일을 살펴보면서 내가 새삼 느꼈던 한 가지 사실은 우리나라가 자유민주주의 시장경제체제를 근본이념으로 하고 있지만, 그 이념, 그 체제를 지켜나가기 위해서도 국가가 해야 할 일이 많다는 깨달음이었다. 일부 계층, 특히 힘 있는 계층이 자유민주주의 시장경제체제라는 장치 안에서 누리고 있는 '자유'와 '권리'가, 한편으로는 그렇지 못한 계층, 힘이 없고 약한 계층에게 고통이 되고 박탈감을 일으키고 위화감을 준다는 사실이었다.

대한민국은 헌법 전문前文에서 "자유민주주의적 기본질서를 더욱 확고히 하여…"라고 밝힘으로써 자유민주주의를 기본이념으로 하고 있음을 확인하고 있다. 또한 5공화국 헌법은 경제조항에서 "대한민국의 경제 질서는 개인의 경제상의 자유와 창의를 존중함을 기본으로 한다."고 규정해놓았다.

그런데 자유민주주의 시장경제체제의 핵심원리는 '경쟁'이다. 자유민주주의국가, 시장경제체제의 국가가 발전하는 것은 그 사회에 경쟁의 원리가 작동하고 있기 때문이다. 경쟁이 없는 사회는 죽은 사회나 마찬가지다. 개인이건, 기업이건, 국가건 남과의 경쟁에서 이겨야 살아남을 수 있고, 경쟁에서 이기기 위해서는 끊임없이 노력해야 한다. 경쟁에서 이기기 위해 노력하는 과정을 통해 발전하고 성장해가는 것이다.

그러나 한편 경쟁사회에서는 우승열패優勝劣敗의 원리가 작동한다. 힘이 더 세고 능력이 보다 우월한 사람이 승자가 되고 그렇지 못한 사람은 패자가 될 수밖에 없다. 적자생존適者生存의 사회다. 인간의 본성은 이기적이고, 기업은 본질적으로 최대한의 이윤을 추구한다. 현대 인간사회가 약육강식弱肉强食의 자연 상태의 사회는 아니지만, 그렇다고 우리의 일상적 현실이 조화롭고 윤리적인 상태인 것은 아니다. 그러한 현실을 격차, 차별, 불평등이 형성된 현실을 합리적으로 설정된 공정의 법칙에 따라 해소해서 조화롭고 윤리적인 상태로 발전시켜나가는 기능을 수행해야 하는 것이 바로 정치이고 국가의 존립이유일 것이다.

5공화국 헌법은 헌법 전문에서 "… 모든 영역에 있어서 각인各人의 기회를 균등히 하고… 국민생활의 균등한 향상을 기하고…"라고 밝힘으로써 대한민국은 평등사회임을 천명하고 있다. 5공화국 헌법은 또 전문 외에 따로 평등조항을 두고 있다. 자유민주주의사회에서, 시장경제시스템 아래서 자유경쟁은 보장하되 그 경쟁이 공정하고 질서 있게 이루어지도록, 그리하여 그 사회가 조화롭게 발전해나갈 수 있게 관리하고 감독해야 할 책임은 국가에게 있다. 정의의 이념은 강자와 약자, 다수와 소수가 조화를 이루는 가운데에서만 실현될 수 있다. 힘이 있다고, 돈이 많다고, 하고 싶은 대로 힘 자랑 돈 자랑을 하게끔 내버려두는 사회는 정의사회일 수 없다. 강자들이 이성적 자제력을 발휘한다면 그보다 바람직한 일은 없겠지만 현실은 그렇지 못하다. 정의사회를 이루기 위해서는 자유경쟁에서 불가항력적으로 낙오한 계층을 부추겨줘야 한다. 대기업과 중소기업 간, 기업과 근로자 간, 기업과 소비자 등 각 경제주체들 간의 공정한 경쟁의 토대를 마련하고 이를 성실하게 감시하는 역할을 국가가 해야 한다. 정치철학자 이수윤李壽允 교수에 따르면 민주주의, 정의사회의 이념은 억강부약抑强扶弱이다. 국가가 강자들을 관리감독하고 약자들은 도와줘야 한다는 뜻이다. 경제적 권리의 평등화를 우선한 자유주의 국가는 경제발전에 성공하고 나아가 정치적 권리의 평등화를 달성해가고 있는 것이다.

우리나라는 1960년대 본격적인 경제개발을 추진하면서 1970년대까지 불균형 성장전략을 추구해온 결과 산업별 불균형뿐만 아니라 대기업과 중소기업 간의 불균형이 심화되어왔다. 뿐만 아니라 성장, 복지, 재정, 물가, 투자, 고용, 분배 등 경제 전반에 걸쳐 구조적인 왜곡현상이 빚어졌다. 상대적 불평등, 양극화에 따른 불만은 그 사회의 경쟁력과 효율성을 저해하는 요인이 될 뿐만 아니라 그것을 치유하는 데에는 정치적, 사회적 비용을 치르게 된다. 중노동 후에 휴식을 통해 새로운 활력을 회복하듯이 일정한 성장단계를 통과한 후에는 잠재성장력을 높이기 위해서라도 형평에 중점을 두어야 하는 것이다.

1980년 9월 대통령에 취임하면서 '정의사회구현'을 4대국정지표의 하나로 제시한 내가 취임 초부터 시작해 임기 내내 강한 의지로 물가안정에 올인하다시피 한 이유도 고물가로 인한 고통이, 부동산 등의 재산이 없는 사람, 봉급생활자 등 저소득층의 어려움을 가중시켜 사회정의에 반하는 것이기 때문이었다. 나는 그해 12월 전문경영인, 산업기술인들을 만난 자리에서 당면한 경제난과 세계적 불황에 대처해나가기 위해서도 공정경쟁과 기회균등을 바탕으로 한 합리적인 경제 질서의 확립과 국제경쟁력 강화가 반드시 필요하다는 점을 강조하고 정부시책에 반영해나가겠다는 뜻을 밝혔다.

과외수업 금지

내가 대통령이 되기 전의 일이지만, 국보위 상임위원장으로 활동을 시작한 지 두 달도 되기 전에 전면적인 과외금지조치를 취했던 것은 그 시절 극히 일부의 부유층과 과외교사들을 제외하고 국민 모두가 과열과외의 폐해에 시달리고 있었기 때문이었다. 과외 시장에 나도는 비용이 한 해에 1조 원이 넘을 것이라는 보도와 함께 '과외망국'이라는 말이 공공연히 나돌고 있어 하루빨리 무슨 대책이 나와야 한다는 공감대가 폭넓게 형성되어 있었다. 자녀들의 과외비용 때문에 가계가 압박을 받는 것도 문제였지만 그보다는 과외를 시킬 수 없는 가정이 느끼는 열패감劣敗感, 계층 간 위화감은 심각한 사회적 불안요인이 되고 있었다.

그때 과외금지조치로 불이익을 받게 된 일부에서는 명분에 밀려 내놓고 말은 못하면서도 "마치 군사작전이라도 하듯 해치웠다."고 비난하기까지 했다. 그러나 국보위가 과외전면금지를 기습적으로 취한 것은 아니다. 7월 30일 조치를 발표하기 전에 세 차례 공청회를 열어 교육학자와 교육행정관계자, 언론계, 학부모 등의 의견을 충분히 수렴했다. 또한 과외금지조치에 따른 사후대책도 마련했다. 가정교사를 하면서 학비를 벌던 대학생들이 이 조치로 당장 어려움을 겪게 될 것이라는 점을 고려해 근로장학금제를 실시하는 등 장학금 제도를 대폭 확충했다. 그밖에 대학생들에 대한 학자금 지원을 강화해 당시 전체 대학생의 7%에 해당하는 2만 5천여 명의 학생에게 학자금이 지원되었다. 또 대학의 신입생 선발 때 전국의 대도시, 중소도시와 농어촌 지역 등 모든 고교의 내신성적을 동일한 기준에서 평가하도록 함으로써 대도시 등에서의 사교육 의존도를 줄이게 했다.

나는 그때 과열과외 문제를 교육의 문제로만 보지 않았다. 물론 과외수업이 교육풍토를 왜곡시키고 있어 학교교육의 정상화를 위해서도 과외수업은 규제해야 마땅한 일이었다. 그러나 나는 그보다도 과외수업 등 사교육의 과열화가 정의사회의 이념인 기회균등의 원칙을 심대하게 저해하고 있다는 사실에 주목했다. 5공화국 헌법은 29조에서 "모든 국민은 능력에 따라 균등하게 교육을 받을 권리를 가진다."고 명시하고 있고, 교육법도 모든 국민에게 그 능력에 따라 수학할 기회를 균등하게 보장하기 위한 규정을 두고 있다. 능력에 따른다는 그 '능력'이 부富의 능력은 아닐 터이다.

모든 사람에게 기회가 균등하게 주어진다면 그 균등한 기회를 이용한 경쟁의 결과가 불평등하게 나타나더라도 그에 대해 불평하거나 불만을 말할 수는 없다. 사실 인간사회에서 모든 경쟁의 결과가 평등하게 나온다는 것은 현실적으로 불가능한 일이고, 또한 그것은 정의의 이념에 맞지도 않을 것이다. 그러나 결과로서의 평등을 보장하지 못하더라도, 국가는 그러한 결과에 이르는 절차와 형식이 공정하게 이루어지도록 보장해줘야 한다. 특히 경쟁의 출발선은 같아야 한다. 100미터 경주를 하는데 누구는 출발선 30미터 앞에 나가 있고 다른 누구는 또 10미터 앞에서 뛰기 시작한다면 그것은 이미 경주가 아니다. 사람이 부잣집에서 태어나느냐 불우한 집안에서 태어나느냐 하는 것은 국가로서도 어쩔 수 없는 일이지만, 학교교육이라는 것은 인생이라는 경주에서 출발선에 서는 일인 만큼 국민이 동일한 출발선에서 경주를 시작할 수 있도록 국가가 관리해야 한다고 나는 믿었다.

국정을 다루어야 하는 입장에서 교육정책처럼 어렵고 까다로운 문제가 없다. 국가가 해야 할 일 가운데 국민의 복지증진 문제는 국가재정이 넉넉하면, 단적으로 말해서 돈만 있으면 해결해나갈 수 있는 문제다. 그러나 교육 문제는 국가재정이 넉넉하다고 해서 뜻대로 되는 것이 아니다. 특히 우리나라는 세계인들이 모두 감탄할 정도로 국민들의 교육열이 높다. 열의가 높은 만큼 관심도 크고 국가와 사회에 대해 요구와 기대도 크다.

과외수업 같은 폐해가 많은 사교육 문제의 근본적 해결책은 대학을 가지 않아도, 일류대학을 나오지 않아도 경제적, 사회적으로 큰 어려움 없이 살아갈 수 있는 세상을 만드는 일일 것이다. 학력과 학벌이 인생의 모든 것을 좌우하는 사회환경이 지속되는 한 사교육에 대한 수요는 사라지지 않는다. 사교육에 의지하지 않아도 될 만큼 충실한 공교육이 이루어지도록 하는 일도 쉽지 않지만, 설사 그렇게 된다 하더라도 사교육이 깨끗이 사라지지는 않을 것이다. 남보다 우월해지고 싶고, 또 남보다 좋은 대우를 받고 싶은 것은 인간의 상정常情이다.

사교육을 규제하는 문제는 사실 법이나 제도만으로 해결될 수 있는 일이 아니다. 1980년대 과외금지조치 이후 과외를 하다 적발되면 과외교사나 과외를 받은 학생의 부모에게 커다란 불이익이 돌아갔지만 그래도 뒤로는 숨어서들 하고는 했었다. '몰래바이트'니 하는 말까지 생겨날 정도였다. 그러나 근절되지 않는다고 해서 불법과외를 방치할 수는 없는 일이었다. 나는 그래서 국보위 때 취한 조치를 임기 내내 끌고 갔는데, 그 뒤 여러 가지 우여곡절을 겪은 끝에 2000년 헌법재판소가 과외금지조치에 대해 헌법불합치 판결을 내렸다고 들었다.

나도 과외금지조치가 영구적으로 지속될 수 있을 것으로는 생각하지 않았다. 공교육을 강화함으로써 과외와 같은 사교육 수요가 자연스럽게 사그러들 때까지는 한시적으로 유지되어야 한다고 생각했다. 공교육 강화를 위해 나는 취임 초 비서실에 교육문화수석비서관을 두었고, 목적세인 교육세를 신설해 학교교육 정상화를 위한 투자재원을 확충할 수 있게 했다. 1982년부터 5년간 임시적 목적세였던 교육세는 그 뒤 두 차례의 시행령 개정으로 영구세로 전환되었으나, 사교육과 관련한 폐해는 지금도 복잡한 양상으로 심화되어가고 있는 안타까운 현실인 것 같다.

헌법재판소의 판결로 이제 모든 과외를 불법이라고 단속하거나 처벌할 수는 없게 된 것 같은데, 나는 5공화국의 과외금지조치가 교육 기회의 균등, 공정경쟁의 원칙에 합당한 조치였다고 믿고 있고 또 그러한 믿음이 옳다는 조사결과도 있다. 국책연구기관인 한국보건사회연구원 조사에 따르면 과외가 금지되었던 기간 동안 중고교를 다닌 세대가 하위계층에서 상위계층으로 올라선 확률이 과외가 허용되었던 시대의 세대보다 7.3% 높은 것으로 나타났다. 과외 허용 세대는 상층에서 상층으로 귀착한 확률이 41.9%였던 데 비해 하층 출신이 상층으로 올라선 확률은 17.9%로서 과외를 받을 수 있었던 상층 출신의 상층 귀착 확률이 23.9%포인트나 더 높았다. 반면에 과외가 금지되었던 세대에서는 상층에서 상층으로 귀착된 확률이 58.3%인데 비해 하층에서 상층으로 올라선 확률이 41.7%로서 16.6%포인트의 차이밖에 나지 않았다. 말하자면 과외를 금지함으로써 교육 기회의 균등화를 도모한 것이 계층 간 이동사다리를 활성화시킨다는 조사결과인 것이다. 흔히 "개천에서 용 난다."는 말을 하는데 과외가 허용되면 개천에서 용이 나올 확률은 줄어들게 된다는 얘기일 것이다.

공정거래제도의 도입

1960~70년대의 경제개발과정에서 정부는 불균형 성장전략을 펴왔다. 자원도 없고 기술 수준도 낮고 자본도 형성되지 않은 상태에서 수출주도의 성장정책을 추진하자니 국책사업이나 수출기업 중화학공업 등에 정부의 투자와 지원 특혜 등이 집중될 수밖에 없었다. 그러한 과정에서 필연적으로 대기업의 경제력 집중과 독과점 현상이 초래되었다. 정부의 보호와 지원 아래 몸을 불린 대기업들은 독과점으로 얻은 초과이윤을 생산성 향

상에 투자하는 대신 무분별한 기업 확장이나 부동산투기 등 비생산적 부문에 투입하는 현상이 빚어졌다.

우리나라는 시장경제체제이고, 진정한 시장경제체제에서는 모든 경제부문에 '경쟁'이 핵심원리로 작동되기 마련이다. 공정하고 자유로운 경쟁이 보장되는 시장경제시스템의 확립이야말로 국가경쟁력 제고의 가장 중요한 기반으로서 지속적인 경제성장을 위해서는 자유롭고 공정한 경쟁이 보장되어야 한다. 자유경쟁체제 아래서는 동일한 기회와 여건 속에서도 경영 능률의 차이에 따라 대기업이 발생하게 되는 것은 당연한 현상이다. 그러나 우리나라의 경우 독과점적 시장지배력을 토대로 계열기업을 확장해나감으로써 경제력 집중현상이 심화되고 시장기능이 왜곡되었으나 그에 대한 규제장치가 없어서 관계법령의 정비 필요성이 제기되었다. 그래서 1976년 '물가안정 및 공정거래법'을 제정 시행했다. 그러나 이 법은 주로 물가안정을 위해 독과점 품목의 가격 관리를 위한 것으로서 본래 의미의 시장 활성화는 아니었다.

국정 각 분야에 대한 개혁조치를 추진하던 국보위는 대기업의 경제력 집중과 불공정행위를 규제하기 위한 제도적 뒷받침을 강구하려고 했으나 입법 기능이 없어 공정거래법 제정을 뒤로 미룰 수밖에 없었다. 그러나 1980년 안에 입법조치를 끝낸다는 방침을 정해놓았다. 국보위에서는 입법조치가 있기 전이라도 대기업의 지나친 기업 확장을 시정한다는 방침아래 재벌기업들의 주력업체 이외에 문어발식으로 확장한 계열기업수를 정리하도록 조치했다. 특히 중소기업을 보호하기 위해 중소기업형 계열기업을 우선적으로 처분하도록 했다.

나는 11대 대통령에 취임하자 재벌의 과다한 영향력을 줄이고 기업의 국제경쟁력을 높이기 위해 공정경쟁을 제도적으로 유도하기 위한 제도를 검토했고, 그 결과 1980년 9월 20일 공정거래제도를 도입하기로 정부의 최종방침을 정했다. 이어서 11월 확정 공포한 5공화국 헌법의 경제조항에 시장경제시스템의 경제질서를 규정하면서도 "독과점의 폐단은 적절히 규제 조정한다."고 명문화해놓았다.

그 뒤 국가보위입법회의가 구성된 뒤 1980년 12월 31일 '독점규제 및 공정거래에 관한 법률'을 통과시켰다. 이 법은 다른 경제관계 법령에 우선하는 경제 헌법과 같은 성격의 법률로서 개발도상국은 물론 다른 경제 선진국들도 쉽게 도입하지 못하고 있는 제도였다. 1970년대까지의 고도성장 과정에서 비대해진 대기업의 경제력 집중현상을 바로잡아야 한다는 강력한 의지가 있었기 때문에 가능했던 입법조치였다. 평상시 같으면 대통령인 나의 의지가 강했다 하더라도 엄청난 로비와 반발에 부딪혀 그처럼 짧은 기간에 처리하기는 쉽지 않았을 터였다.

공정거래법이 제정 발효됨에 따라 1981년 5월 경제기획원 산하에 공정거래위원회가 발족되었다. 비록 독립부처로 출범한 것은 아니었지만 공정거래위원회가 힘을 발휘할 수 있도록 나는 그 뒤 각별한 관심과 격려를 아끼지 않았다. 공정거래제도는 공정거래법 1조에서 "사업자의 시장 지배적 지위의 남용과 과도한 경제력 집중을 방지하고, 부당한 공동행위 및 불공정거래행위를 규제하여 공정하고 자유로운 경쟁을 촉진함으로써, 창의적인 기업활동을 보장하고 소비자를 보호함과 아울러 국민경제의 균형 있는 발전을 도모함을 목적으로 한다."고 밝혔듯이 시장경제체제의 기본원리인 기업간의 공정하고 자유로운 경쟁을 보장하기 위한 제도다. 민간의 자율적인 경제활동을 최대한 보장하고 정부는 어디까지나 경쟁의 규칙을 정하고 그것이 지켜지도록 관리하는 역할에 국한하도록 되어 있었던 것이다.

1986년 8월 김만제金滿堤 부총리는 '공정거래제도의 발전방안'을 보고하면서 대기업들이 자기자본이 아닌 사채를 돌려서 단기간에 수십 개의 회사를 늘리고 있다고 보고했다. 나는 대기업의 문어발식 기업 확장이 지주회사를 통해 이루어지고 있는 만큼 더 이상 방치하지 말라고 지시했다. 그즈음 비대해진 대기업들은 로비활동을 강화하면서 정부를 우습게 생각한다는 정보보고를 받은 바 있었다. 나는 대기업의 불공정행위에 대해서는 불공정거래 규모의 열 배 백 배의 과징금을 물리거나 국세청에 즉각 고발할 수 있도록 관계법을 고쳐서라도 뿌리를 뽑으라고 강력히 지시했다. 이에 따라 정부는 1987년부터 상호출자를 금지키로 한다고 발표했고 이어서 12월에는 경제력집중의 억제시책을 보다 효율적으로 시행하기 위해 공정거래법을 개정해 상호출자금지 및 출자총액제한 제도를 도입했다.

경제력 집중 완화와 중소기업 육성

대통령에 취임하고 나서 경제현황을 보고받을 때 거시지표巨視指標들보다 더 관심이 가는 부문이 민생문제와 기업활동 등에 관한 일이었다. 거시지표들에 관한 보고가 주로 각종 통계수치들이나 경제이론들을 동원한 것이어서 다소 추상적이고 실제 피부로 느껴지지 않는 내용들 때문이기도 했지만, 당시 경제적 위기상황에서 당장 국민들이 하루하루 겪어야 하는 어려움들에 더 마음이 쏠리는 것은 당연한 일이었다. 미곡과 원유확보 문제 등 긴급한 경제 현안들에 대한 대책을 강구하고, 경제정책기조를 안정화로 전환하는 개혁조치들을 추진하는 한편으로 산업정책을 검토하기 시작했다.

상황을 파악해보니 중화학공업에 대한 과잉 중복투자로 진퇴양난의 어려움을 겪고 있는 대기업들은 물론 중소기업들도 한계상황을 맞고 있었다. 그동안의 경제발전 과정에서 중소기업은 상대적으로 혜택을 덜 받아왔을 뿐만 아니라 1970년대에 정부의 지원과 투자가 중화학공업에 편중돼 중소기업은 투자 부족과 금융지원 부족으로 극심한 어려움을 겪고 있었다. 그때까지 정책금융의 80%가 중화학공업에 집중되고 있었다.

한 사회의 핵심기반은 중산층이고 중소기업은 바로 중산층이 뿌리를 내릴 수 있는 토양이다. 중소기업은 국민경제의 활력 있는 다수를 점하고 있어서 중산층의 육성과 저변을 확대하기 위해서도 대기업과 균형 있게 발전시켜나가야 한다. 이러한 정치사회적 고려에서뿐만 아니라 산업정책 측면으로 보아도 중소기업은 산업의 밑바탕을 이루고 있고 고용흡수력이 커서 균형분배의 촉매제 기능을 하게 되는 것이다. 또 소량 다품종의 생산체제로는 중소기업이 대기업보다 더 적합할 뿐 아니라 지역사회의 균형발전을 촉진하는 역할을 한다.

나는 대기업과의 보완적 발전을 위해서도 중소기업을 육성 발전시켜 나가자는 생각을 했다. 대기업과 중소기업은 경쟁적 대립관계가 아닌 상호보완적 공생관계로 발전시켜 나가야 한다. 우리나라 경제가 잘 되려면 중소기업과 중견기업의 수출 비중이 전체 수출액의 60%는 되어야 한다고 생각했다. 그래야 대기업과 중소기업이 동반성장하면서 나라의 산업구조 전반도 건전해지고 안정을 이룰 수 있다고 믿었다. 나는 1984년 6월 무역진흥회의 때 "대기업 몇 곳에서 100억 불을 수출하는 것보다 1,000개의 중소기업이 1,000만 불씩 수출해서 100억 불 수출고를 달성하는 것이 보다 더 건전한 수출구조다. 그런 만큼 대기업은 중소기업에 대해 기술과 경영지도도

해주고 수출 정보도 제공해줘서 적극 육성해주어야 한다."고 강조했다.

5공화국 헌법은 123조 3항에서 "국가는 중소기업을 보호 육성해야 한다."고 규정하고 있고 5항은 "농어민과 중소기업의 자조조직을 육성하여야 하며, 그 자율적 활동과 발전을 보장한다."고 밝히고 있다. 세계중소기업연맹(WASMZ)의 조사에 따르면 중소기업의 보호와 육성을 정책의 의무로 헌법에서 규정하고 있는 나라는 우리나라밖에 없다. 5공화국은 출범 초부터 중화학공업과 경공업, 대기업과 중소기업 간의 균형성장을 경제개혁의 주요목표로 설정하고 있었던 것이다.

나는 1982년부터 1991년까지 10년간의 '중소기업진흥 장기 10개년 계획'을 세우도록 하는 한편 중소기업 보호육성을 제도적으로 뒷받침할 수 있도록 1982년 10월 '유망 중소기업 발굴 육성 계획'을 확정한 데 이어 12월에는 중소기업기본법 등 5개 중소기업 관련법을 전면 개정하도록 했다. 또 1983년 초부터 2시간 이상 진행되는 '중소기업 성공사례 발표회'를 직접 주재하며 관계자들을 격려했다. 나는 특히 세계시장에 나가 외국의 일류기업과 경쟁해야 할 대기업이 두부공장을 하고 빵집을 경영하고 하는 일이 없도록 적극 억제하라고 했다. 1980년대 초 중소기업의 고유업종은 성냥 등 23개에 불과했으나 그 뒤 타월, 가방 등 100여 개 업종으로 확대되었다.

나는 관계부처로 하여금 은행의 신규융자 가운데 35%는 중소기업에 할당하도록 권장하고 중소기업을 재벌그룹의 종합무역상사와 연계시켜 해외에서 금융조달을 하거나 무역활동을 하는 데 도움을 받도록 했다. 아울러 조세 면에서도 중소기업의 수출활동을 지원하도록 했다. 나는 1985년부터는 중견 수출기업 발굴 지원업무를 하도록 지시했는데 중소기업이나 중소기업의 범위를 초과하는 업체 가운데 1,000만 달러대의 수출이 가능한 기업을 중견 수출기업으로 선정하여 1985년부터 3년간 1,000개를 발굴해서 유망 중소기업에 대한 것과 같은 지원을 하게 했다. 또한 근로환경이 대기업에 비해 상대적으로 열악한 중소기업 근로자들의 건강보호와 재해예방을 위해 1986년부터 중소기업에 대한 재해예방시설자금의 융자를 늘리고 산업재해보상보험의 적용범위를 영세사업장까지 확대해나가도록 했다. 1981년 '중소기업제품 판매촉진법'을 제정하여 정부 및 공공기관이 매년 계획을 만들어 중소기업 특히 지방소재 중소기업제품의 구매를 더욱 확대시켰다. 이에 따라 1986년 한해에만도 4조 3천억 원어치의 중소기업 제품을 정부 등 공공기관에서 구매했다.

1986년 5월에는 '중소기업창업지원법'을 제정하여 1987년도에 350억 원의 창업지원기금을 설치 운용토록 했으며 특히 중소기업의 기술개발을 적극 지원한 결과 기업부설 연구소가 1980년 53개(연구원 2,086명)에 불과했으나 1987년에는 9배 가까운 435개(18,182명)으로 늘어났다. 발전 가능성이 높아 조금만 지원하면 조기에 국제경쟁력을 갖출 수 있는 중소기업을 1983년부터 1987년까지 5년간 매년 1,000개씩 5,000개 기업을 발굴해 금융, 기술지원, 정보제공, 연수, 해외시장 개척 행정지원 등 포괄적인 지원을 함으로써 당해 유망 중소기업을 본격적으로 육성, 지원하게 했다.

지역격차 해소와 농어촌개발

내가 대통령이 되고 한 일 가운데 가장 마음 아팠던 일이, 물가안정을 위해 공무원, 근로자의 임금과 쌀값인상률을 억제하고 동결까지 시켰던 조치였다. 나 역시 가난한 농촌에서 태어나고 자랐기 때문에 농민들의 살림이 얼마나 어려운지 너무도 잘 알고 있었다. 쌀 미米 자를 파자破字 하면

八十八이 되는데, 처음 볍씨를 뿌린 뒤 밥을 지어 우리 입으로 들어가기까지 농부의 손길이 여든여덟 번 가야 된다는 뜻이라는 집안어른들의 말씀을 들으며 자랐다. 그렇게 힘들여 농사지은 쌀인 만큼 정부가 사들일 때는 당연히 제값을 쳐줘야 하는 것이다. 최소한 물가상승률만큼은 보전해줘야 하는데, 고질적 인플레를 잡으려니 그마저 어려웠다. 물가가 안정되면 농민의 전반적인 생활비 부담이 줄어드니까 당장의 괴로움은 참아야 한다고 설득할 수밖에 없었다. 말하자면 정부가 농민들에게 내일 쌀밥을 먹기 위해 오늘은 보리밥마저도 조금만 먹으라고 요구하는 모양새였다. 우리 경제의 앞날을 위해 어려운 처지의 농민들에게 희생을 요구하자니 참으로 마음이 괴로웠다.

사실 농민들의 생활을 풍족하게 만들고, 시골마을을 살기 좋은 복지농촌으로 가꾼다는 것은 단지 농민들의 소득이 늘고 농촌의 생활환경이 향상된다는 것 이상의 의미를 지니고 있다. 농어촌은 우리의 정신적 뿌리이고, 국민 모두의 영원한 마음의 고향이다. 산업화, 도시화가 빠르게 진행되면서 도시에서 태어나고 자라난 젊은 세대들도 할아버지 할머니가 살고 계신, 과거 부모님이 살았던 농어촌을 고향으로 그리고 있는 것이다. 농업과 어업에 종사하는 인구가 많이 줄어들기는 했지만 국민의 먹거리를 만드는 농어업은 나라살림의 근본이다. '농자천하지대본農者天下之大本'이라는 말은 권농일勸農日에나 한 번 나부끼는 깃발이 아니다. 갈수록 심각해지는 지구의 기후환경 변화 속에 주곡의 자급 문제가 초미의 과제로 등장하게 되었고, '식량자원의 무기화' '식량안보'라는 보다 절박한 깃발이 내걸리게 된 것이다.

내가 재임하는 7년 내내 농사는 풍작을 이루었다. 가뭄도 있었고 태풍이 몰아쳐 홍수가 나기도 했지만 농민들이 고통을 인내하며 땀 흘린 보람이 있어 풍년 농사가 이어졌다. 외국산 쌀의 도입이 중단됨은 물론이고 상당량의 양곡을 비축할 수 있게 되었다. 정부도 농민들의 자조 노력을 적극적으로 지원해 농업생산성 증대와 생활환경 개선을 위한 투자를 지속적으로 확대해나갔다. 경제개발 예산 가운데 농수산개발 예산의 비중이 1970년대에는 18.7%였으나 1981~85년에는 33%로 거의 두 배로 늘어났다.

나는 1985년 10월 내각에 농어촌 문제를 종합적으로 다루어나갈 장단기 대책을 마련하라고 지시했다. 쌀 등에 편중되어 있는 농가소득 구조를 계속 복합영농 체제로 개선해나가는 한편 특히 농어가의 소득을 늘리기 위해서는 농업의 구조전환이 필요하다는 판단 아래 농어촌 공업화를 통해 농외 소득을 늘려나가는 방안을 마련하라고 지시했다. 농어촌의 공업화는 과거 실패로 끝난 개별공장 위주의 새마을 공장 형태를 탈피해 소규모 공단인 농공지구農工地區 위주로 추진하도록 했다. 아울러 국민경제의 안정과 균형발전을 위해서도 상수도와 도로망, 문화복지시설 등을 확충해 활기찬 '지방시대'가 열릴 수 있도록 하라고 지시했다. 또한 농어민들에게도 재산형성을 위한 저축가입 대상자를 확대해 농어민들도 금융자산을 가질 수 있도록 지원하게 했다. 잘사는 복지농어촌을 만들자는 정책을 사회개발 정책의 일환으로 추진하라고 한 것이다.

이에 따라 정부는 15개 부처가 참여해 1986년 3월 '농어촌 종합대책'을 수립하고 본격적으로 추진해나갔다. 당면한 농어촌의 어려움을 해소하기 위한 부채경감 조치와, 장기적으로 농어민의 소득을 지속적으로 증대시키기 위한 소득원 창출 및 농어촌 환경, 문화, 교육, 의료 등 복지기반 확충 사업에 1988년까지 1조 5천억 원을 집중 투자했다. 농기계 보급률이 1980

년 13%에서 1986년 34%로 두 배 이상 늘어났고, 경지정리율은 52%에서 66%로, 수리안전답률은 68%에서 74%로 향상되었다. 이에 따라 농가소득은 실질소득이 1980년 가구당 270만 원에서 1985년 407만 원으로 연평균 8.6% 수준의 실질소득 증가를 지속했다. 또한 상수도 보급률은 1980년 47%에서 1986년 64%로, 지방도로 포장률은 12.6%에서 33%, 전화 보급률은 14%에서 51%로 크게 늘어났다.

분배의 재정립

1970년대까지 우리나라의 개발전략은 '선성장 후분배先成長 後分配'였다. 분배를 하기 위해서는 우선 성장이 이뤄져야 했던 것이다. 성장과 분배에 관한 논의는 흔히 파이(pie)의 비유로 설명된다. 일단 익은 대로 나눠 먹어야 한다는 주장과, 좀 더 배불리 먹으려면 파이가 더 커질 때까지 기다려야 한다는 주장이 엇갈리는 것이다. 성장과 분배는 우리의 삶의 질을 향상시키기 위한 두 축이다. 성장과 분배 가운데 어느 쪽을 우선해야 하느냐 하는 논의는 사실 절대적 정답이 없다. 상대적인 선택이 있을 뿐이다. 분배를 하기 위해서는 우선 성장이 이루어져야 한다. 성장의 과실이 없거나 너무 적으면 분배 자체가 아예 불가능한 것인 만큼 성장을 우선시해야 한다는 데 이의를 제기할 수는 없는 것이다. 나눌 것이 없는 상황에서 분배 정의를 주장하는 것은 비현실적이다. 정의롭고 공정한 분배는 무조건적인 평등주의적 분배를 의미하는 것은 아닐 것이다. 열심히 일한 사람이나 그렇지 않은 사람, 유능한 사람과 그렇지 못한 사람을 가리지 않고 무조건 똑같이 나누어 가져야 한다는, 평등 분배는 근로의욕을 저하시키게 되고, 근로의욕이 저하되면 생산성 또한 저하됨으로써 결과적으로 소득, 분배의 하향평준화를 초래하게 된다. 합리적인 원칙과 기준에 따른 어느 정도의 차등 분배가 불가피한 이유다.

그렇다고 파이가 커질 때까지 무작정 기다리라고 할 수만은 없는 일이다. 과실의 분배가 어느 정도 이뤄져야 지속적인 성장도 가능해질 수 있다. 더욱이 절대 빈곤층이 남아 있는 사정이라면 경제적 불평등의 문제를 넘어 상대적 박탈감, 사회적 갈등을 초래하여 성장 잠재력 자체를 해치게 될 우려가 있는 것이다. 상대적 박탈감과 소외감, 불평등에 대한 불만은 사회통합의 큰 장애요인이다.

내가 대통령에 취임하던 1980년대 초 우리 사회에서는 분배의 문제가 이미 정치사회적 논란의 주요 이슈로 제기되어 있었다. 10.26사건 직전에 발생한 YH사건이나 부마사태의 이면에는 1970년대 우리나라가 이룩한 성장의 과실을 나누어 갖는 데서 소외된 계층의 불만과 분노가 서려 있었다. 당시 우리 사회는 1950~60년대의 절대적 빈곤에서는 벗어났지만 상대적 빈곤인구는 오히려 증가했다는 분석이 있었다.

나는 경제개발과 사회개발은 상호의존적이어서 둘이 함께 가는 것이라는 믿음을 갖고 있었다. 사회개발 정책에서 가장 중요한 내용은 소득분배의 형평성, 분배정의의 실현이다. 성장과 분배는 반드시 양자택일적인 것은 아니다. 경제성장은 국민 모두가 인간다운 삶을 살아갈 수 있는 사회, 보다 잘 사는 사회를 만들어가기 위한 방편이지 그 자체가 목표는 아니기 때문이다. 사회개발이 수반되지 않는 경제개발은 각종 부작용과 병폐를 유발하게 될 뿐만 아니라, 이러한 사회적 불평등과 갈등은 사회통합을 저해하고 경제개발 자체에 장애요인이 된다고 생각했다. 시장경제체제에서 소득 분배는 원칙적으로 자유로운 시장의 수요와 공급의 원리에 따라 결정되지만 결과적으로 소득의 불평등을 초래하게 되는 것이다. 분배정의의 문제는 이에 대한 도덕적, 철학적 반성에서 나온 것일 터였다. 5공화국이 내세운 '정의사회구현'이라는 국정지표의 '정의'는 말하자면 도덕적 정의, 정치적 정의 뿐만 아니라 경제적 정의, 분배의 정의를 함의含意하고 있었다. 모두가 잘사는 복지사회를 지향한 5공화국은 성장의 혜택이 국민 각계각층에 균형 있게 배분되어야 한다는 목표를 실현하려고 했다.

앞에서 5공화국의 안정화 정책을 설명하는 대목에서도 언급했지만, 내가 물가안정에 집착하면서 전력투구했던 뜻도, 인플레를 퇴치하지 않으면 그로 인해 가장 고통 받고 희생당해야 하는 계층이 바로 저소득층이었기 때문이었다. 5공화국에서 국민의 소득분배 구조가 개선된 것은 물가가 획기적으로 안정된 결과다. 그러한 결과는 저절로 생긴 것이 아니라, 내가 분명한 목적 아래 강한 의지를 갖고 물가안정에 올인했기 때문에 이루어질 수 있었던 것이다.

물가가 오르면 가계의 명목소득 지출은 그만큼 늘어나게 되어 소득이 줄어드는 것과 같은 결과가 초래된다. 이와 같은 현상은 봉급, 연금 등 정액 소득자에게 더 심각한 영향을 미치게 되는데 특히 소득 증가율보다 소비자물가 상승률이 더 큰 경우에는 실질소비 수준이 저하됨으로써 생활의 위협을 받게 된다. 이때 재산이 많은 사람은 인플레의 영향으로 재산 소득이 늘어나니까 어려움이 없거나 또는 득이 있지만, 근로소득밖에 없는 계층은 손해를 보게 된다. 물가가 안정되면 근로자의 실질임금이 보장됨으로써 실질소득이 늘어나고, 플러스의 실질금리를 유지함에 따라 저축 의욕이 높아져 저축 증대가 가능해지고 또 한편 저축자의 실질소득의 증가를 가져오게 되는 것이다. 부동산투기와 같은 투기 요소의 제거로 새로운 중산층 형성이 촉진되고 저소득층에게 성장의 혜택을 누릴 수 있게 함으로써 소득의 공평한 분배를 촉진하고 소비생활 합리화의 기틀을 마련할 수 있는 것이다.

내가 퇴임한 직후인 1988년 5월 『이코노미스트』는 "한국의 소득분배는 어떤 개발도상국가보다 양호했으며, 미국이나 영국보다도 나은 편."이라고 소개하고 "세계 어디에서 찾아볼 수 없을 정도로 경제발전, 교육발전 그리고 소득분배 면에서 큰 성과를 거두었다."고 평가했다. 2005년 10월 UN본부에서 열린 「사회발전 국제포럼」(International Forum for Social Development)에서 UN무역개발회의(UNCTAD)를 대표하는 경제학자는 성장과 분배라는 두 마리 토끼를 동시에 잡은 성공적인 사례로 우리나라를 소개하는 데 발표시간의 대부분을 할애했다. 남아프리카의 사회발전 장관도 분배 정책에 성공한 사례로 우리나라를 지목했다. 1980년대 전반의 물가안정은 경제적 측면뿐 아니라 사회적 측면에서도 소득분배 구조 개선에 기여했다고 나는 믿고 있다.

금융실명제 입법

1982년 4월 한 사채업자가 시내 모 호텔에 거창한 사무실을 차려놓고 사기행각을 벌이고 있는데, 청와대를 배경에 업고 있는 것처럼 행동하고 있다는 소문이 들려왔다. 나는 즉시 이학봉 민정수석비서관을 불러 그 소문이 사실인지 알아보라고 지시했다. 이 수석은 4월 말경, 조사결과 문제의 사채업자는 나의 처삼촌의 처제인 장영자張玲子라고 보고했다. 장영자는 그해 초, 중앙정보부 차장을 지낸 이철희李哲熙 씨와 재혼한 후 자금난을 겪고 있는 일부 기업체를 상대로 돈 장사를 하고 있다는 것이다. 대통령인 내가 일개 사채업자의 사기사건에까지 관심을 가질 이유가 없었고, 또 그들의 사기행각의 규모가 어느 정도인지 알 수 없었으나 청와대를 팔고 다녔다는 사실이 꺼림칙해서 철저히 수사하도록 지시했다.

검찰은 곧바로 5월 4일 이철희, 장영자 부부를 구속했고, 이 사실이 알려지면서 주식시장이 얼어붙는 등 전 금융권에 회오리바람이 몰아쳤다. 이들이 주무른 자금의 규모가 엄청났던 것이다. 수천억 원에 달하는 자금의 유통질서가 흐트러지자 그렇지 않아도 자금난을 겪던 기업들이 도산위기에 빠지는 등 경제 전반에 걸쳐 일파만파의 파문을 일으켰다. 수사결과 밝혀진 내용은 이들 부부가 자금난에 허덕이는 기업들에게 현금을 빌려주는 대신 받아낸 어음의 총액은 무려 7천억 원이 넘었고, 이 가운데 6천여억 원어치를 할인해 사용했다는 것이다.

이철희, 장영자 부부가 주로 이용한 대상은 자금압박에 시달리는 건설업체들이었다 한다. 최대의 피해자였던 공영토건이 이들의 그물에 걸려든 것은 1981년 2월이었다. 당시 공영토건이 중동 공사 수주에 실패해 자금압박을 받고 있다는 정보를 입수한 장영자는 공영토건 사장에게 접근했다. 장영자는 남편 이철희의 과거 경력(중앙정보부 차장 역임)을 이용해 "이것은 특수자금이니 절대 비밀로 하라."면서 현금을 빌려주는 대신 이들로부터 그 몇 배에 해당하는 약속어음을 받아냈다. 공영토건이 장영자에게 맡긴 약속어음은 빌려준 돈의 9배가 되는 1,200억 원이 넘었고, 이들은 이 어음을 할인해 다른 회사에 빌려주거나 생활비와 유흥비로 탕진했다 한다. 장영자가 이철희와 결혼한 것이 1981년이고 1982년 5월에 구속되었으니 불과 1년 남짓한 기간 내에 그런 엄청난 일을 벌였던 것이다.

당시 경제적, 사회적 논란의 초점이 되었던 문제는 도대체 무슨 수를 썼기에 은행장과 기업인들이 장영자의 말 한 마디에 속아 넘어가 빌린 돈의 몇 배에 이르는 액수의 어음을 끊어주었느냐 하는 것이었다. 심지어 태양금속 같은 경우는 돈 한 푼 안 받고 어음만 주었다고 한다. 특히 은행장들은 자금관리의 전문가일 뿐만 아니라 오랜 세월 수많은 사람들을 접촉해 온 노련한 사람들인데 어떻게 그처럼 속절없이 사기를 당할 수 있었는가 하는 것이 의문이었다. 상식적으로 잘 납득이 가지 않는 일이었다. 이철희, 장영자 부부의 사기수법이 대담하고 교묘했기 때문일 수도 있지만, 그보다는 이들이 청와대가 뒤에서 봐주고 있다고 명시적으로 말하지는 않았어도 상대방이 그렇게 믿게끔 자신의 언니의 남편이 나의 처삼촌이라는 사실을 십분 이용했던 것 같았다.

속담에 "처삼촌 묘 벌초하듯 한다."는 말이 있다. 어떤 일을 성의 없이 건성으로 하는 태도를 이르는 말인데, 처삼촌이란 촌수는 그처럼 대강대강 모르고 지내도 될 만큼 친밀도가 떨어지는 관계라는 의미가 된다. 그런데 장영자는 그처럼 '대강대강 모르고 지내도 될' 나의 처삼촌이 아니었다. 그 처삼촌의 처도 아닌 처삼촌의 처의 동생이었던 것이다. 인척관계라고 하기도 어려운 사이였다.

이 사건의 여파는 대단했다. 사기행각을 벌인 이철희, 장영자는 물론 그들에게 놀아난 은행장 2명과 기업체 간부, 전직 기관원 등 30여 명에 이르는 사람들이 구속되었다. 나의 처삼촌 이규광李圭光 씨도 처제인 장영자와 연루된 의혹으로 구속됐다. 또한 당시 포항제철 다음으로 규모가 큰 철강회사인 일신제강과 도급순위 8위였던 공영토건이 무너졌다. 뿐만 아니라 그일 때문에 나는 두 차례나 개각을 해야 했다. 사건의 경위나 내용이 어떠한 것이었든 간에 나의 친인척을 사칭한 사람들이 대형 비리사건을 저질러 비판 여론의 도마 위에 올랐고, '정의사회구현'을 국정지표로 내세웠던 제5공화국은 그 도덕성에 큰 상처를 입었다. 참으로 어이없는 일이었다.

장영자는 그 사건으로 15년형을 선고받고, 10년간 옥살이를 한 후 1992년 가석방으로 풀려났으나 2년 후인 1994년 또다시 사기사건으로 4년형을 선고받았다. 1998년 8.15특사로 풀려났지만 2000년도에 또다시 구권화폐로 사기극을 벌이다 체포돼 2006년 대법원에서 10년형을 선고받았다. 내가 대통령 임기를 마치고 물러나 수난을 당하고 있는 상황에서도 그들은 계속 사기극을 벌였고 그 사기극에 속아 넘어가는 사람들이 있었다는 사실은, 1982년의 사건이 내가 대통령이었기 때문에 일어난 일이 아니었다는 하나의 반증일 수도 있는 것이다. 그러한 뻔한 사기극들이 되풀이되는 세태가 참으로 한심하고 안타까울 뿐이다. 장영자 사건의 원인과 책임은 오로지 사기를 친 사람과 그러한 사기극에 넘어간 사람들에게 있었음에도 불구하고 일부 사람들은 지금까지도 나를 탓하고 있다고 하니 나로서는 할 말을 찾지 못하겠다.

그런데 이 일은 그동안 명분과 필요성이 제기됐지만, 여건 미비로 논의조차 되지 못하고 있던 금융실명제를 추진하는 계기가 되었다. 금융실명제를 실시해야 할 이유와 필요성은 진작부터 제기돼왔다. 경제개발 과정에서 필요한 재원조달을 위해 국내저축을 늘릴 필요성 때문에 예금주의 비밀을 보장해줄 수 있도록 가차명假-借名 또는 무기명에 의한 금융거래가 그때까지 허용되어왔다. 그러나 우리 경제가 성장함에 따라 금융거래 규모도 커지면서 여러 문제점이 드러났던 것이다. 가차명 거래가 허용되는 여건에서는 조세정의租稅正義가 실현될 수 없을 뿐만 아니라, 각종 경제 비리와 사회악이 움틀 수 있는 토양을 만들어주는 결과가 되었던 것이다. 바로 이철희, 장영자 어음사기사건은 비금융실명제의 폐단을 극명하게 보여주었다.

이철희, 장영자 사건에 충격을 받은 나는 김재익 수석에게 이와 같은 일이 다시는 일어나지 않도록 근원적인 해결방안을 연구해서 보고하라고 말한 후 관계부처에도 긴급처방을 마련하도록 지시했다. 정부는 그 사건이 불거진 지 두 달 만인 7월 3일 '7.3조치'를 발표했다. 1년간의 유예기간을 둔 뒤 1983년 7월 1일부터 모든 금융자산에 대해 금융실명제를 실시한다는 파격적인 내용이었다. 사실 이 '7.3조치'는 그 내용이나 성격에서는 물론 성안 과정을 보더라도 가히 '혁명적인 거사'라고 해도 지나치지 않는 것이었다. 나는 김재익 경제수석과, 개각에 따라 6월 25일 새로 부임한 강경식 재무장관에게 실명제 추진방안을 마련하도록 일임했는데 불과 일주일 만에 극비리에 만들어왔다. 나는 발표 하루 전인 7월 2일 김재익 수석한테 보고를 받고는 바로 그 자리에서 재가했다. 사실 이런 내용의 조치를 하려면 관계부처 장관이나 여당의 수뇌부, 정책담당자들과의 협의절차도 거쳐야 하고 공청회 등을 통해 각계각층의 여론을 수렴하는 절차도 밟아야 했지만 엄청난 반발이 예상되는 작업인 만큼 그 모든 과정을 생략한 채 철저한 보안 속에 작업이 이루어졌던 것이다.

그러나 '7.3조치'는 발표 당시의 충격파가 가라앉으면서 차츰 현실적인 벽에 부딪히기 시작했다. 명분상 절대적인 타당성을 갖추고 있었고, 대통령인 나와 실행팀인 김재익 수석, 강경식 장관의 강력한 의지와 추진력이 뒷받침하고 있었지만, 오랜 기간 깊이 뿌리내린 관행과 실무적 실행여건의 미비라는 현실적 장애물을 만난 것이다. 실명제 실시에 필요한 전산화電算化 준비가 충분한 것인지에 대한 확신이 서지 않는 상태에서 실시를 강행했다가는 엄청난 혼란만 초래하게 될 것이라는 지적이 있었다. 뿐만 아니라 '7.3조치'가 발표된 지 얼마 지나지 않아 은행에서 뭉칫돈이 빠져나가면서 과소비 풍조로 물가가 오르고 자금이 부동산으로 몰려 투기 현상이 나타난다는 보고가 들어왔다. 설상가상으로 수십 년간 지속돼온 물가 오름세가 고통스런 긴축정책으로 모처럼 진정되어가고 있었는데 자칫 그 성과가 물 거품이 될지 모른다는 우려마저 제기되었다.

8월에 접어들자 '7.3조치'를 마련하는 과정에서 소외되었던 정치권에서도 반론이 제기되기 시작했다. 여당인 민정당에서는 이재형李載瀅 대표를 비롯해 권익현權翊鉉 사무총장, 이종찬李鍾贊 원내총무, 진의종陳懿鍾 정책위의장 등 고위 당직자 모두가 반대의사를 표명했다. 조세당국의 행정 수준으로는 어차피 혼란 없이 관리하기가 불가능한데 명분이 옳다고 해서 밀어붙일 수는 없다는 주장이었다. 청와대 비서실 내에서도 김재익 수석은 외로운 처지에 몰리고 있다고 했다. 김재익 수석이 나를 설득해 실명제 파동을 일으켰다고 생각한 허화평 정무수석과 허삼수 사정수석도 강력히 반대했다. 내각 안에서도 김준성金埈成 부총리를 비롯해서 노태우 내무장관, 정재철鄭在哲 정무장관 등도 반대를 하고 나섰다. 나는 이러한 반론들이 제기될 것이라는 점을 예상하고 있었기 때문에 토론을 벌이면서까지 당초 소신을 굽히지 않았다. 실명제 추진에 정치생명을 걸겠다고까지 생각했던 것이다. 그러나 실명제를 반대하는 사람들도 어떤 사심이 있어서 그런 것이 아닌 만큼 소신이 분명했다. 원칙적으로는 옳은 방향이지만, 급격한 실명제 전환은 그 부작용이 커 자칫 교각살우矯角殺牛의 결과를 가져올 우려가 있기 때문에 단계적으로 시행해야 한다는 주장이었던 것이다.

나의 고심이 깊어지던 10월 말의 어느 날 일과가 끝날 즈음, 경제기획원 장관인 김준성 부총리가 찾아왔다. 김 부총리는, 충분한 준비 없이 실명제로 전환하면 그동안 애써 살려놓은 우리 경제에 회복하기 어려운 타격을 입히게 될 것이라며 실명제를 갑작스럽게 실행하면 안 되는 이유를 조목조목 설명했다. 부총리의 얘기는 정책 건의라기보다 읍소였다. 김 부총리는 반평생을 금융계에서 보냈고, 내각의 경제총수직을 맡고 있는 분이었다. 금융 문제를 비롯한 실물경제에 대해서 내가 김 부총리보다 더 잘 안다고 내세울 일도 아니었던 만큼 김 부총리의 간절한 호소에 귀를 기울일 수밖에 없었다. 깊은 고민 끝에 실명제의 시행을 일단 보류하기로 했다. 당초 추진하던 대로 '금융실명제에 관한 법률'을 제정하기는 하되 그 실시 시기를 정하지 않음으로써 금융실명제의 시행을 보류시키도록 한 것이다. 국회를 통과한 법안 부칙에 "1986년1월 1일 이후 대통령이 정하는 시기에 시행한다."는 단서조항을 넣는 것으로 매듭을 짓게 되었다. 결국 명분과 의지만으로 밀어붙이려 했던 실명제는 현실적인 한계와 압도적인 반대론을 극복하지 못하고 보류되고 말았다. 대통령인 내가 재가했고, 국회에서 법률로서 통과된 정책이 무산된 사례는 그것이 처음이지 않았나 생각된다.

서울대학교의 이재열 교수는 2014년에 발표한 논문에서 5공화국 시절에 대해 "모두가 중산층이고, 앞으로 더 나아질 것이라는 '희망의 문화'가 넘친 1980년대."라고 썼다. 실제로 1980년대 당시에도 언론사들이 여론조사기관에 의뢰해 조사한 통계에 따르면 우리나라 국민들중 자신을 중산층이라고 답변한 사람이 1983년 한국일보 조사에서는 63%였는데 1985년 조선일보 조사에서는 70%, 1986년 동아일보 조사 때는 77%로 나타났다. 국민의 80%가 스스로 중산층이라고 생각하는 사회는 정치적, 경제적, 사회적으로 안정되고 발전이 약속된 사회다. 이재열 교수는 "1980년대의 계층적 자신감은 정치민주화도 이끌어냈다."고 평가했다.

제4장

전 국민의 중산층화

본격화된 복지정책

재정 능력에 맞는 복지정책

11대 대통령으로 취임하면서 밝힌 4대국정지표 중 하나는 복지사회 건설이었다. 취임사 내용을 보고받는 자리에서 '복지사회의 건설'이라는 말을 들었을 때 얼핏 내 머릿속으로는 '요람에서 무덤까지' '영국병英國病'이라는 두 단어가 떠올랐다. 영국병은 유럽 국가들에서는 오래 전 나온 말이지만, 1979년 영국의 마가렛 대처 수상의 등장과 함께 우리나라에서도 그즈음 하루가 멀다하고 신문, 방송에 등장하고 있었다. 고복지高福祉, 고비용高費用, 저효율低效率의 이른바 '복지병福祉病'을 앓고 있다는 얘기였다. 사실 복지정책의 첫걸음도 떼기 전인 우리 처지에서 복지병을 떠올린다는 것은 마치 끼니도 못 채우는 사람이 비만에 걸릴까봐 걱정하는 꼴이라고도 하겠지만 그즈음 대처수상의 과감한 복지 축소 개혁은 국제사회에서도 공감을 얻고 있었다. 근래 그리스 같은 나라는 수십 년 전에 영국이 겪었던 길을 뒤늦게 밟아가고 있는 모습이다.

취임사에서 나는 '복지사회의 건설'을 국정지표의 하나로 제시했지만 내 머릿속에 그 목표를 실현해나갈 구체적 청사진이 그려져 있었던 것은 아니었다. 1981년 1월 민정당의 12대 대통령 후보로서 정견을 발표하는 기회에 5공화국이 지향하는 복지사회의 모습을 "모든 가정이 그들의 주택을 가질 수 있는 사회, 아픈 사람은 누구나 치료받을 수 있는 사회, 자질이 있는 사람은 돈이 없어도 교육을 받을 수 있는 사회."라고 그려보였다. 그러한 사회는 우리에게 아직 실현되지 않은 하나의 목표로서 제시된 것이지만 나는 그 목표가 새 정부의 의지를 담고 있는 만큼 최선을 다해 실현시켜보자는 마음이었다. 1980년 11월에 확정 공포된 5공화국 헌법은 우리나라 헌정사에 처음으로 '행복추구권'을 명문화했다. 5개년계획 이전까지는 경제개발계획에 치중했지만 1982년부터 시행에 들어갈 5차 계획에서는 '사회발전' 부문에 역점을 둘 계획이었던 만큼 나는 1981년 4월부터 열 차례나 이 회의를 주재하면서 의료보험과 고용증대 등 복지정책 과제를 해결하는 데 주안점을 두도록 했다.

그러나 5차 5개년계획, 그리고 각 부처의 업무계획을 보고받는 과정에서 나는 복지이념의 기본방향, 정책과제의 실현단계와 관련해 몇 가지 원칙을 정해줘야 할 필요를 느꼈다. 우선 정부의 복지정책이 국민으로 하여금 국가에 대한 의타심을 갖게 하거나 도덕적 해이解弛를 가져와서는 안 된다는 것이고, 또 한 가지는 재정의 뒷받침이 가능한 범위 안에서 시행되어야 한다는 점이다. 나는 1981년 10월 언론과 회견하는 기회에 "복지사회는 놀고도 잘 사는 사회가 아니라 국민 모두가 합심 협력하여 힘을 생산적으로 모을 때 가능한 것."이라고 정부의 복지정책의 기본원칙을 밝혔다. 아울러 내각에 두 가지 원칙을 강조했다. 첫째로 재정의 복지기능을 강화해나가되 5공화국 출범 초부터 강력한 의지로 추진해온 안정화 정책을 저해하지 않

는 범위 안에서 추진하고, 둘째로 자조자립이 가능한 대상에까지 구호부
조救護扶助 차원의 복지혜택을 주는 일이 없도록 하라고 강조했던 것이다.

내가 취임한 다음해부터 바로 우리 경제가 안정기조로 돌아서고 성장
세를 회복하고 있었지만 그렇다고 해서 세출을 인심 쓰듯이 늘려나가다간
모처럼 이룩한 물가안정이 허물어질 우려가 있었다. 물가를 안정시키는 데
에는 엄청난 고통과 인내가 요구되지만 무너지는 것은 잠깐인 것이다. 우리
경제의 발전단계와 부담능력에 맞도록 복지정책을 펴나가야 한다고 생각
했다.

사실 마음이 쓰이는 대로 하자면 복지 지출을 대폭 늘려야 한다. 5.16
이후 본격적인 경제개발을 추진한 이래 괄목할만한 성장을 이루었지만 그
성장의 열매가 국민들에게 골고루 돌아가지 못한 것이 사실이었다. 더욱이
국민총생산(GDP) 대비 사회복지 지출은 1980년대 초에는 채 10%도 되지
않아 북유럽 국가들은 물론 여타 OECD국가들에 비해서도 크게 부족했
다. 그러나 우리의 조세부담률은 20%에도 못 미치는 것이어서 50%에 육
박하는 덴마크나 30%가 훨씬 넘는 스웨덴 등과 동일한 기준에서 비교할
수는 없었다. 조세를 그만큼 늘릴 수 없는 실정에서 복지 지출을 대폭 늘
린다는 것은 뱁새가 황새를 쫓아가는 격이 되는 셈이었다. 더욱이 분단국
가로서 부담해야 하는 안보비용이 막중해 OECD국가들에 비해 훨씬 어려
운 여건이었다.

내가 복지시책을 펴나가는 데 그처럼 신중을 기할 수밖에 없었던 또 한
가지 이유는 과거의 경험에서 교훈을 얻었기 때문이다. 박 대통령 시절인
1970년대에 우리나라의 산업구조를 경공업에서 중화학공업으로 이행해간

것은 방위산업 육성이라는 특별한 목적이 아니었다 하더라도 우리의 경제발전 단계에 비추어 반드시 필요하고 옳은 방향 전환이었다. 그러나 재원조달 능력이나 시장사정 등을 고려하지 않은 채 과잉 중복투자가 이루어짐으로써 관련 기업의 부실화는 물론 우리나라 경제구조 자체를 왜곡시켜 1970년대 말 파탄 직전의 위기를 빚어냈던 것이다. 복지증진에 대한 국민적 기대가 크고 또 정부가 반드시 추진해야 할 과제임에도 불구하고 또다시 그러한 시행착오를 저지르지 않도록 신중을 기할 수밖에 없었다.

안정화 시책을 펴나간 지 불과 2년 만에 기적과도 같이 물가가 한 자릿수로 잡히자 나는 1983년도 예산안에 "취업연령의 모든 국민에게 일자리를 보장하고, 집 없는 국민들을 위한 주택공급을 늘려가며, 교육과 국민의료의 기회를 확대하고, 사회구호社會救護를 넓혀나가는 것." 등을 내용으로 하는 사회복지정책을 반영하도록 지시했다. 또한 1984년 5월 내각의 주요 업무현황을 보고받는 자리에서 장기의료 보장시책을 확대하는 등 의료시혜를 확충하고, 근로자의 재산 형성을 지원하는 방안을 만들어 근로자의 중산층화中産層化를 촉진하고, 특히 빈곤이 세습화하지 않도록 하는 대책을 마련하도록 강력히 지시했다.

복지 능력이 향상되고 6차 5개년계획이 시작됨에 따라 5공화국 정부는 1987년부터 전면적인 의료보험과 국민연금제도 그리고 최저임금제도를 도입하여 본격적으로 시행해나갈 태세를 갖추었다. 그러나 이때에도 나는 복지시책의 강화가 수년째 뿌리를 내려가고 있던 안정 기반을 해치지 않도록 하는 데 각별히 유념했다.

취업 기회의 확대와 고용안정

복지의 출발은 국민의 소득을 늘려주는 일이다. 교육, 주택, 의료의 문제도 소득의 증대만으로 다 해결되는 것은 아니지만, 소득이 없으면 아무 일도 해결되지 않는다. 국민의 소득을 늘려주는 첩경은 일자리를 마련해줘서 국민 각자가 근로를 통해 소득을 얻게 하는 데에서 찾을 수 있다. 따라서 복지정책의 첫째 과제는, 일할 능력이 있고 일할 의사가 있는 사람에게 일할 기회를 만들어주는 일이다.

1980년대 초 우리나라의 고용 사정은 매우 어려웠다. 인구의 증가로 매년 50~60만 명의 경제활동인구가 유입되는데, 세계적인 경제 침체의 여파가 우리에게 밀려와 일자리는 늘어나지 않고 있었다. 산업구조의 고도화가 진행되는 과정에서 기술개발과 생산라인의 자동화로 단순기능 인력에 대한 수요가 줄어들었다. 게다가 중동 건설현장에 나갔던 해외근로자들이 다시 돌아오고 농어촌지역의 청소년들이 도시로 유입됨으로써 고용시장이 좁아져 1980년에는 실업률이 5.2%에 이르렀다.

늘어나는 경제활동 인력의 고용 흡수를 위해서는 7~8%의 성장이 지속되어야 하는데 1980년에는 -5.6%로 뒷걸음치기까지 했으니 고용 사정은 말이 아니었다. 이러한 상황에서 나는 성장을 희생하더라도 인플레를 반드시 잡겠다는 불퇴전의 의지로 안정화 시책을 밀고 나갔는데 국민 모두가 어려움을 함께 참으며 협조하고 관계관들이 사명감을 갖고 노력한 덕분에 기적과도 같이 1982년부터 물가가 한 자릿수로 안정되고 성장률도 6%대로 회복되었다. 성장이 희생된다 해도 어쩔 수 없다는 강력한 안정화 시책이 역설적이게도 지속적이고 안정적인 성장으로 이어졌다. 그런데 사실은 그것이 역설이 아니고 당연한 결과였다. 물가가 안정되면 임금, 금리, 환율이 안정되고, 산업의 대외경쟁력이 향상되고, 경쟁력이 높아지니까 수출이 잘 되고 수출이 잘 되니 기업이 성장하면서 일자리도 생기고, 국제수지도 개선되고, 경제 전반이 다 좋아진 것이다.

이러한 안정적 성장은 경제활동인구와 취업자의 증가를 가져왔고 당연히 실업률의 감소로 나타났다. 1980년 1,443만 명이던 경제활동인구는 1986년 11.7%가 늘어난 1,611만 명으로 증가했고, 취업자는 1980년 1,368만 명에서 1986년 13.3%가 늘어난 1,550만 명으로 증가해 182만 명이 새로운 일자리를 얻은 것이다. 이에 따라 1980년 5.2%였던 실업률은 1986년 3.8%로 개선되었다.

경제가 안정궤도 위에서 고도성장을 지속하고 산업구조의 고도화가 진행되어감에 따라 취업 구조도 개선되었는데, 산업별 취업자 구성비가 1980년 1차 산업 34%, 2차 산업 22.5%, 3차 산업 43%였던 것이 1986년에는 1차 23.6%, 2차 25.9%, 3차 50.5%로 바뀌었다. 고용 흡수력이나 생산성 소득수준 등이 1차 산업보다는 2차 산업이, 2차 산업보다는 3차 산업이 커서 근로자의 취업 구조나 소득수준이 모두 향상된 것이다.

고용 기회를 확대하기 위해 공업입지 정책을 전환해서 종전과 같은 대규모 공업단지를 개발하는 대신 중소규모의 공업단지를 필요한 지역에 고르게 배치 개발하도록 했다. 특히 1983년에는 '농어촌 소득원개발 촉진법'을 만들어 지방 중소도시와 농어촌지역의 취업 기회를 보다 적극적으로 제공토록 했다. 이 법을 토대로 농공지구農工地區를 지정 개발한 결과 종업원 5인 이상의 공장부지 면적이 크게 늘어났고 제조업 종사자도 1985년에는 전체 취업자의 23.4%에 해당하는 350만 명으로 증가했다.

산업구조가 고도화되는 과정에서 일자리가 늘어나기도 하지만 한편으로는 이미 있던 많은 일자리가 사라지게 됨으로써 해고와 실업의 문제가 제기되었다. 정부는 이러한 상황에 대비하기 위해 민간부문과 협력하여 전업轉業을 위한 직업훈련기능을 대폭 보강토록 하고, 구직과 구인 수요를 연결하는 직업안전망의 기능을 한층 더 보강해 나갔다. 아울러 1987년 9월 종업원지주제從業員持株制를 확고히 정착시킬 수 있는 제도를 도입하여 근로자 등 소시민이 상장기업의 주주로 발돋움할 수 있는 길을 열어놓았다. 국민이 키운 건실한 공기업을 민영화하는 과정에서 이들 주식이 국민주國民株 형태로 최대한 국민에게 공평하게 돌아가게 했다. 자본주의의 원칙과 근간을 지키면서도 근로자를 포함한 국민 모두가 유산계층으로 올라설 수 있게 된 것이다.

나의 임기 후반에는 졸업시즌이 다가오면 각 기업이 대학으로 몰려가 저마다 우수한 졸업생들을 끌어가기 위해 회사 PR에 열을 올리는 풍경이 벌어졌다. 졸업을 앞둔 대학생들이 직장을 골라가는 시대, 기업은 일손을 구하기 어려운 '구인난시대求人難時代'라는 언론보도가 있을 정도였다.

최저임금제 도입

국민복지의 기본은 일자리 마련이지만, 취업이 되었다고 해서 복지가 보장되는 것은 아니다. 근로자가 노동을 제공하고 그 대가로 받는 임금은 '최소한의 인간다운 삶'을 영위할 수 있는 수준은 되어야 한다. 그러나 1980년대 초까지 우리나라 근로자들의 임금 수준은 매우 빈약했다. 특히 영세 사업장이나 일용직 등 비정규 근로자들의 임금은 자신의 노동력을 유지하고 가족을 부양함으로써 노동력을 재생산할 수 있는 '생존임금' 수준은 벗어났다고 하더라도 자녀들의 교육과 최소한의 문화생활을 누릴 수 있는 '생활임금' 수준조차 충족시키지 못하는 실정이었다. 그때까지 우리나라가 수출주도의 고도성장을 이룩할 수 있었던 것은 실상 저임금에 의해 가격경쟁력을 지킬 수 있었기 때문이라고 해도 지나친 말은 아닐 것이다. 말하자면 저임금의 희생 위에 우리 경제가 뻗어나갈 수 있었던 것이다.

복지사회 건설을 국정지표로 내세운 나로서는 이러한 저임금을 해소해야 하는 문제를 놓고 고심하지 않을 수 없었다. 물가안정이라는 절대명제 앞에서 통화긴축, 예산 동결, 공무원 봉급 동결, 추곡수매가 인상 억제 등 잇따라 파격적인 정책을 강행하면서, 한편으로는 기업에 대해서 근로자들의 임금을 올려주라고 권할 수는 없는 일이었다. 더욱이 임금문제는 원칙적으로 사용자와 근로자 사이에 결정되어야 할 일이 아닌가. 그러나 당시 사회안전망이 미흡하고, 임금격차가 확대되고 일자리가 모자라는 실정에서 저임금문제를 노동시장에만 맡겨놓고 있을 수는 없었다. 시장경제체제를 유지하기 위해서도 국가와 사회가 치러야 할 최소한의 비용이 최저임금제일 수 있다는 생각을 했다.

취임 2년 만인 1982년부터 물가가 한 자릿수로 안정되고 계속해서 2~3%대의 안정세가 유지되자 나는 저임금을 제도적으로 해소해서 근로자들에게 일정 수준 이상의 안정된 생활을 보장해주는 시책을 펴나가도 될 것이라는 확신을 갖게 되었다. 나는 1986년 초 예산안 시정연설을 통해 "근로자들이 건전한 중산계층으로 육성될 수 있도록 적정한 임금보장과 실질임금 향상에 꾸준히 힘쓸 것."이라고 정부 방침을 밝혔다. 이어 내각으로 하여금 민정당과 협의해서 입법조치를 하도록 지시했는데 그해 12월 국회에서 '최저임금법'을 통과시켰다. 다만 일부 기업과 영세사업장에 준비기간을 주기 위해 내가 퇴임하는 해인 1988년 1월부터 시행하도록 했다.

의료보험의 전국 확대

산업화, 도시화가 빠르게 진행됨에 따라 각종 산업재해와 사고의 위험이 증대되고 환경오염도 갈수록 심해져서 과거에는 없었던 질환을 앓게 된 국민들이 늘어나고 있는 추세였다. 또한 수명연장에 따라 성인병의 증가 등 질병구조의 변화가 일어나 의료보험제도의 조기 확대 실시가 긴요한 과제로 제기되었다. 나는 이러한 점들을 고려해서 의료보험제도의 실시에 국민연금제도나 최저임금제 등 그 밖의 다른 사회보장제도보다 더 역점을 두기로 했다.

우리나라는 일찍이 1963년 '의료보험법'이 제정되었으나 임의가입 형식의 시범사업으로 실시되어오다가 1976년 법을 고쳐 1977년 7월부터 500인 이상 사업장을 대상으로, 그리고 1979년 1월부터는 공무원과 사립학교 교직원으로 의료보험을 확대 실시했다. 이어 1979년 7월부터는 300인 이상 사업장까지 적용했다.

내가 취임한 뒤 1981년 1월부터 100인 이상 사업장에 대해서는 의료보험을 의무적으로 적용하도록 하는 한편 7월에는 군 단위 지역을 대상으로 한 지역의료보험 시범사업을 개시했다. 의료보장의 혜택을 보다 더 넓혀나가기 위해 1982년 2월부터는 공무원, 교원연금 수급자에 대해서도 의료보험을 적용하고 5인 이상 사업장에는 임의적용하게 했다. 아울러 의료망과 의료시설을 계속 확충함으로써 1985년까지 650만 명의 국민이 의료보험, 또는 의료보호의 혜택을 새로이 받게 되었다.

그러나 농어민 등 저소득층의 상당수가 여전히 보험은커녕 상대적으로 비싼 의료비를 물어야 하는 안타까운 현실이 계속되고 있었다. 국민 누구나 저렴하고 양질의 의료혜택을 받을 수 있도록 의료시설의 지역 간 불균형을 해소하고 예방의료와 1차 의료를 강화하는 등 농어민과 저소득층에 대한 의료혜택을 점진적으로 강화해나가야 한다고 생각했다. 취임 초에는 재정 형편 등 여러 가지 제약으로 의료보험의 전면적인 실시 계획을 착수할 수 없었지만 경제안정의 정착과 활력 회복에 대한 확신이 서자 나는 1986년 5월 선진복지제도의 전면적인 도입을 결심했다. 이때에도 내각 일부에서는 여건 미비를 이유로 반대 의견이 높았으나 나는 통치 차원의 결단으로 밀고 나갔다.

1986년 1월부터 저소득 국민에 대한 의료부조사업을 실시하여 전체인구의 57%가 의료보장을 받게 되었다. 나아가 과감한 재정적자 축소와 경제 활력 회복에 의한 세수 증대로 중하위 소득계층에 대한 재정지원이 가능하다고 판단해서 1988년 1월부터는 농어촌지역에, 1989년 1월부터는 도시지역 주민에게 정부가 일부 지원하는 방식의 전면적 의료보험제도를 실시하기로 결정했다.

국민연금제도의 본격 실시

우리나라는 노령화가 급속히 진행되고 산업화, 도시화로 인해 각종 재해발생이 증가함으로써 준비도 없는 상태에서 소득능력을 상실할 위험성이 높아졌다. 평균수명은 늘어났지만 직장의 정년停年이 그만큼 따라서 연장되지는 않는다. 노년층이라고 할 수도 없는 50대부터 일자리를 잃게 되는 사람이 늘어나고, 일자리가 없으니 소득도 없어 생활대책이 막막해지는 사람들이 늘어나는 것이다.

예로부터 "가난 구제는 나라도 못 한다."는 말이 전해져 내려오고 있듯이 이제나저제나 오로지 국가가 국민 개개인의 생계를 책임지거나 가난을 해결해줄 수는 없는 것이다. 우리나라가 예상보다 빠르게 노령화 사회로 이행하게 됨에 따라 노인 빈곤층의 부양 문제를 사적 부조私的 扶助에만 맡겨 둘 수 없게 되었다. 과거 2대, 3대가 함께 생활하며 자식들이 부모세대를 봉양하던 때에는 가난하고 부족한대로 각 가정의 생활대책은 스스로 책임 질 수밖에 없었고 또 누구나 그것이 당연한 일로 여겼다. 그 시절은 수명이 길지 않아 자식들이 부모를 봉양하는 기간이 짧았고 또 집안어른들에 대한 공경심이 있어서 크게 부담으로 느끼지 않았다.

그러나 지금은 평균수명까지 산다고 해도 소득능력을 상실한 상태에서 20~30년 이상을 살아야 하니 자식들로서는 여간 부담스러운 일이 아니다. 노인들 스스로도 이러한 사정을 잘 알고 있지만 지난 세월 자식들 키우고 교육시키고 하느라 막상 자신들의 노후대책까지 신경을 쓰지는 못했다. 그래서 "우리는 부모를 봉양한 마지막 세대인 동시에 자식들의 봉양을 받지 못하게 된 첫 번째 세대."라는 한탄을 하게 된다. 이러한 한탄을 국가와 사회가 한귀로 듣고 한귀로 흘려보낼 수는 없는 일이다.

노후준비가 전혀 없거나 대책이 있더라도 퇴직금 개인연금 등 한계가 있는 노후생활의 어려움을 개인 또는 가족 스스로에게만 맡겨놓지 않고 국가가 나서서 사회구성원 간의 공동체적 연대와 세대 간의 부양 시스템에 기초를 두어 해결해나가는 국민연금제를 본격적으로 시행할 필요가 있었다. 나는 1986년 2~3%대의 물가안정세가 유지되자 1974년도 도입한 뒤 유명무실해진 국민연금제도를 전면적으로 실시할 수 있는 기반이 마련된 것으로 판단하고 국민복지연금제도를 재검토하라고 내각에 지시했다. 이에 따라 정부는 민정당과의 협의를 거쳐 1986년 12월 18세 이상 60세 미만의 국민 누구나 가입할 수 있는 국민연금법을 제정했고 1987년 9월 국민연금공단이 발족한 데 이어 내가 퇴임하는 해인 1988년 1월부터 시행에 들어갔다.

영세민 등 취약계층에 대한 정부 부조

정부의 복지정책이라는 것은 국민 모두가 편안하고 건강한 삶을 영위할 수 있도록 제도적으로 보장해주는 데 그 목표를 두고 있다. 복지시책이 국민 모두를 대상으로 해야지 특정계층, 특정지역, 특정부문에 편중되어서는 안 된다는 것은 두말할 필요도 없는 일이다. 우선은 사회의 그늘진 곳을 줄이는 일부터 시작하는 것이 순서였다. 우리나라가 1960년대 이래 산업화와 경제개발을 본격적으로 추진해온 결과 절대빈곤을 벗어나 중진국을 바라보는 수준까지 성장했으나 우리 사회 어느 곳에는 개발의 혜택을 받지 못하는 그늘이 남아 있기 마련이었다. 특히 노인이나 불우아동, 심신장애자 등 정부와 사회의 도움을 필요로 하는 취약계층을 보호하기 위한 시책을 강화해나갔다. 아울러 생활 무능력자에 대해서도 정부는 최소한의 생활을 보장해주는 시책을 강구해나갔다.

그러나 저소득 영세민이라 하더라도 근로 능력이 있는 사람에 대해서는 단순생계 구호방법 대신 생업자금 대부, 직업훈련 및 취업알선 등을 통하여 자립능력을 키워주는 방향으로 전환해나갔다. 자조 자립할 수 있는 사람에게까지 정부가 도움의 손길을 뻗은 것은 복지의 이념에도 맞지 않는 일이었다.

저소득층 어린이를 위한 유아교육 확대

평소 나는 유아기야말로 어린이의 기초건강이나 기본적인 지적 능력, 정서, 사회적 도덕심, 신체능력의 잠재적 가능성을 개발하기에 가장 중요한 시기라고 생각해왔다. 군에 있을 때에도 늘 부대 내에다 유치원을 만들어 장병들의 자녀들과 함께 유아교육시설이 미비한 동네 꼬마들을 돌보곤 했고, 은퇴하면 변두리에 조그만 집이라도 장만해 어려운 아이들을 돌보며 살아갈 생각을 아내와 의논해보기도 했다.

내가 11대 대통령에 취임한 직후인 1980년 10월 7일 연두순시 자리에서 "교육은 국가의 흥망성쇠를 좌우하기 때문에 유아기 교육에 관심을 가져야 하며 가난한 집 아이들을 잘 보살펴주는 것이 바로 복지국가 건설의 일환책."이라고 말한 것도 유아교육에 대한 나의 큰 관심 때문이었다. 나는 1981년 5공화국을 출범시킨 후 바로 청와대에 교육문화비서실을 신설하고 국정연설을 통해 취학 전 아동교육 강화 방침을 발표함으로써 유치원 교육을 비롯한 취학 전 교육의 공교육화를 활성화했다. 그동안 일부 부유층 자녀들만이 누려왔던 유아교육의 기회를 저소득층의 자녀들에게도 제공될 수 있도록 내무부 산하에 우리나라 최초의 정부수립 유아원인 새마을협동유아원(203개소)을 설립 운영하여 취원율을 50%대로 올리게 했던 것이다. 유네스코에서 발표된 '1981년도 취학 전 교육의 세계적 동향'을 보면 미국 83%, 일본 60%, 영국 22%, 프랑스 100%, 서독 58%인 데 반해 한국은 겨우 5%에 불과했던 것과 비교하면 기적과도 같은 결과라 할 수 있다.

겨우 7년이라는 짧은 기간 동안에 유아원이 갑작스럽게 많이 생겨 유아교육 50%시대가 열리게 되었는데도 별 문제점 없이 교육적 성과를 거두게 된 것은 내가 아내로 하여금 설립하게 한 '새세대육영회'의 도움이 컸다. 새세대육영회는 시범유아원을 지어 유아교육 전문가와 현장교사들, 원장 등의 교육을 담당해주었고 유아의 발달단계에 적합한 교구(教具), 교재를 개발해 보급함과 동시에 어린이들의 몸에 꼭 맞는 가구와 의자, 변기 등을 제작해 갑자기 생겨나 미비한 점이 많아 힘들어 하고 있던 유아원에 보내고 또 시설이 낡고 운영이 어려운 유아원을 선정해 고쳐주거나 지원해주는 일 등을 했다. 서울 장지동에 생활관을 지어 전국의 보육원에서 거주하는 청소년들이 방학 동안 일반가정에서 생활하는 청소년과 같은 환경에서 생활하며 전문가들의 도움을 받을 수 있도록 하는 한편 평소에는 실업계 고등학생들을 위한 생활관으로 활용했다.

심장병 어린이들에게 새 생명을

아세안 5개국 순방을 마치고 돌아온 1981년 여름 어느 날, 저녁상을 물리자 아내가 자못 진지한 표정을 지으며 얘기를 들어달라고 했다. 라디오 방송을 통해 충격적인 사실을 알게 되었는데, 곰곰이 생각한 끝에 나에게 대책을 마련해달라고 호소해보려는 것이라고 했다. KBS 1라디오의 '어느 인생'이라는 프로그램을 우연히 듣게 되었는데, 선천성심장병 어린이들의 실상과 이들을 돕고 있는 김옥희金玉姬 수녀님에 관한 내용이었다는 것이다.

우리나라에서는 갓난아기의 0.8%가 심장병을 안고 태어난다. 통계에 따르면 줄잡아 6,000~8,000명의 아기들이 첫 울음을 우는 순간부터 선천성심장병으로 고통을 받게 된다는 것이다. 이들 중 절반이 넘는 4,000여 명은 수술이 필요한 아이들인데, 적절한 시기에 수술을 받으면 건강한 삶을 살아갈 수 있지만 시기를 놓칠 경우 스무 살을 넘기기 어렵다는 것이다. 한 해 선천성심장병을 갖고 태어나는 어린이들 가운데 수술비를 감당할 수 없어서 수술을 받지 못하는 어린이들이 2,000명 선에 이른다. 그들이 질병을 안고 시한부 인생을 살아가거나 막연히 도움의 손길을 기다리는 처지라니 도와줘야 되는 것 아니냐는 것이었다.

마음이 급했던 아내는 나한테 정부 차원의 대책 마련을 호소하는 한편 우선 자신이 설립한 새세대육영회를 통해 수술 지원사업을 시작했다. 새세대육영회는 당초 심장병 어린이 돕는 일과는 상관없이, 집이 가난해서 유치원이나 유아원에 다닐 수 없는 어린이, 맞벌이 집안의 어린이들을 보육하는 사업을 위해 설립된 기관이었지만, 시간을 다투는 심장병 어린이들의 수술 지원사업도 떠맡고 나선 것이다. 그러나 새세대육영회의 심장병 수술 지원은 그 기관의 사업 본령이 아니었던 만큼 가용자금의 규모 등에서 여러 가지 제약이 따랐다. 그런 여건 속에서도 1983년까지 약 200명의 어린이가 새세대육영회의 도움으로 꺼져가던 생명을 살릴 수 있었다.

그런데 1983년 11월 우리나라를 공식 방문했던 낸시 레이건 미 대통령 영부인의 귀국길 모습이 선천성심장병 어린이들의 수술을 돕기 위한 사업을 본격적으로 추진하는 우연찮은 계기가 되었다. 11월 14일 한국 공식 방문을 마치고 귀국하기 위해 미 공군 1호기의 트랩에 오르는 낸시 여사는 양손에 두 어린이의 손을 잡고 있었다. 선천성심장질환을 앓고 있는 이길우(4세, 서울 도봉구 월계동) 군과 인지숙(7세, 마산 무학국교 1학년) 양이었다. 그 이틀 전인 11월 12일 오후 낸시 여사는 주한미군 부사령관 특별보좌관의 부인 해리엣 호지 여사의 주선으로 그 두 어린이를 만나 미국에 데려가 수술받게 해주겠다고 약속했다. 호지 여사는 국제민간협력기구 한국본부를 통해 그동안 600명의 우리나라의 심장질환 어린이들을 미국 병원에서 무료로 수술해주는 사업을 주도해오고 있었다. 낸시 여사가 약속대로 두 어린이의 손을 잡고 전용기 트랩을 오르는 장면이 TV를 통해 방영되었던 것이다.

그 두 어린이는 레이건 대통령이 미국에 도착해 귀국 성명을 발표하는 자리에도 모습을 보였고, 레이건 대통령은 미국 국민들에게 두 나라 국민 사이의 우정을 보여주는 사례로 소개했다. 이길우 군과 인지숙 양은 그 후 뉴욕의 로슬린 성프란시스 병원에서 성공적인 수술을 마치고 건강한 모습으로 귀국했다.

이 사연을 TV를 통해 지켜본 많은 국민들, 특히 일부 사람들 사이에서는 우리나라가 언제까지 '6.25전쟁을 겪은 가난한 나라' '전쟁고아들의 나라' 심지어 '고아 수출국'의 그릇된 국가 이미지를 안고 있어야 하는가 하는 개탄과 자성의 목소리가 터져 나왔다. 한 걸음 더 나아가 이제 우리나라도 스스로의 힘으로 심장병 어린이들을 수술해줄 수 있는 재정적 여력과 의술을 갖추고 있지 않은가, 그렇다면 서둘러서 사업을 추진하자는 논의가 자연스럽게 제기됐다.

심장병을 앓는 어린이들에 대한 국민의 관심이 높아지자 1983년 말 보사부는 "심장병 어린이를 돕자."는 모금운동을 전국적으로 벌이기로 했다. 성금이 모이면 그동안 심장병 어린이를 꾸준히 도와온 새세대육영회에 관리를 맡겨 진료비가 없어 수술을 받지 못하는 어린이들을 위해 쓰기로 한 것이다. 모금운동은 모든 국민이 참여하는 운동으로 번져나가 각 신문사, 방송국 등 언론기관에서도 접수창구를 마련해 성금을 모았다. 온 국민의 정성이 담긴 이 성금은 심장재단을 세우는 주춧돌이 되었고 1984년 2월 27일 '새세대심장재단'으로 태어났다.

새세대심장재단이 출범하던 1984년 당시는 복지정책의 기반이 약해 전 국민의 38%밖에 의료 혜택을 받지 못하던 시절이었다. 심장재단이 문을 열고 접수를 받기 시작하자 도움을 요청하는 환자들이 밀물처럼 몰려왔다. 하루에도 수백 명씩 몰려드는 환자들을 돕기 위해 병원은 최선을 다했지만 수술실 사정 때문에 마음처럼 해결되지 않았다. 그러다가 1985년에는 의료보험 환자를, 1987년도에는 의료부조 환자를, 1989년도에는 의료보호

환자에게까지 진료비를 지원함으로써 매년 1,200명의 수술지원이 가능해졌다. 창립 30년을 맞이한 2014년 말 기준으로 심장재단은 모두 32,013명의 환자들에게 782억 원의 수술비를 지원해주었다. 심장재단의 설립으로 심장수술 사례가 급속히 증가하면서 우리나라 의료진들의 심장수술 수준이 세계 최고라는 평가를 받게 되자 우리도 이제는 어려운 나라의 환자를 데려와 수술을 시켜주는 한편 의료진을 데려다 수련시켜주는 등 의료 선진국으로서의 역할을 당당하게 해내고 있다.

중산층을 두텁게

■

전 국민의 중산층화 구상

　불가능할 것으로 여겨지던 한 자릿수 물가가 가시화되자 안정화 시책에 대한 나의 확신은 더욱 굳어지게 되었다. 자신감도 생겼다. 나뿐만 아니고 국민들도 우리 경제가 안정적으로 성장 발전할 수 있다는 신뢰와 기대감을 보여줬다. 그러한 신뢰와 기대감은 통화가치에 대한 불안 때문에 사재기와 부동산 투기 등 실물자산으로 쏠리던 현상이 많이 줄어든 데서도 알 수 있었다. 물가가 안정되고 실질금리가 오르게 되자 과소비 풍조도 진정되면서 금융저축도 크게 늘어났다.

　경제의 안정화 시책이 취임 초 나의 최대, 최우선의 과제였지만 내가 생각하고 있는 국정의 최고 목표는 아니었다. 5공화국 정부가 난국수습의 책임을 떠맡고 출범했으나 위기에서 벗어나게 되었다고 해서 소임을 다한 것이라고 할 수는 없는 것이었다. 국민이 안전하고 보다 행복한 삶을 누릴 수 있도록 임기 끝날 때까지 열과 성을 다해 봉사해야 한다. 어제보다 나은 오늘, 오늘보다 더 좋은 내일을 국민들에게 열어주어야 한다. 국민 모두의 안전하고 행복한 삶, 이것이 경제의 안정이란 목표보다 상위의 가치인 것이다.

자신감이 생긴 나는 내 임기 중 GNP 1000억 달러, 1인당 GNP 2,500달러를 만들어 놓겠다는 목표를 세웠다. 이 목표만 달성되면 우리나라가 선진국까지는 못되더라도 유럽의 웬만한 나라만큼 잘사는 나라가 될 수 있다는 계산을 해봤다. 오스트리아, 그리스, 노르웨이, 스웨덴 등의 경제성장률 추세에 비춰볼 때 내가 퇴임하는 1988년 시점에서 우리 GNP가 1,000억 달러가 되면 이들 나라보다 국력이 앞설 수도 있다는 계산이 나왔다. 물론 우리나라가 그들 국가보다 인구가 훨씬 많으니 1인당 국민소득은 낮겠지만 국민들의 생활만족도, 행복감은 상대적인 만큼 그때가 되면 우리 국민도 풍족한 생활을 할 수 있게 될 것이라는 기대를 가졌다. 그런데 실제 1987년 말 기준으로 우리나라 GNP가 1,300억 달러, 1인당 GNP 3,218달러였고, 내가 퇴임한 해인 1988년에는 GNP 1,800억 달러, 1인당 GNP 4,295달러였으니까 목표를 초과달성한 것이다.

우리 경제가 안정궤도에 올라서고 국민들의 생활도 나아지고 있는 상황을 살펴보면서 나는 국민들의 기대욕구를 충족시키는 문제를 생각해봤다. 국가경제가 성장하고 가계소득이 늘어나면 자연히 국민들의 생활수준도 향상될 것이고 그에 상응해서 한층 높아진 수요가 발생할 텐데 정부로서는 그 기대에 어떻게 부응해야 하는가, 앞으로 국민소득이 2,000달러, 2,500달러, 3,000달러로 늘어나면서 국민들이 추구하는 삶은 어떤 모습이 될 것인가.

빈곤 국가를 탈피해 중진국이 되려면 국민생활에 필요한 최소한의 기본수요는 국가가 완비해놔야 한다. 우리나라는 1960년대부터 경제개발 계획을 추진해오면서 도로, 철도, 상하수도, 통신시설 등 사회간접자본 확충과 주택건설 사업에 힘을 기울였지만 1인당 GNP 1,600달러를 달성한 1980년대 초까지도 미흡한 상태였다. 국력이 커지고 고도산업사회로 발전해감에 따라 이들 사회간접시설도 끊임없이 개선 확충해나가야 하는 것이지만 1980년대 초의 현황은 목표에 미달하고 있었다. 그래서 나는 1982년부터 시작되는 5차 5개년계획 기간에는 무엇보다도 국민생활의 기본수요를 충족하는 데 역점을 두도록 했다. 1981년 5월 6일 사회발전부문에 대한 보고를 받으면서 상하수도가 가장 중요하다는 점을 강조했고 복지의 핵심은 주택이라는 사실을 일깨웠다.

　경제사회발전 계획의 추진과 관련해 내가 역점을 두고 있었던 것은 우리 사회에 중산층을 최대한 두텁게 형성하고 아울러 중산층의 기본수요를 충족시켜나가는 문제였다. 나는 5차 5개년계획을 10회에 걸쳐 보고받았는데 그때마다 중산층 형성이 중요하다는 사실을 강조했다. 4월 29일 총량계획보고 때는 "중산층이 많아져서 국민 모두가 자신이 중산층이라는 생각을 갖도록 해야 한다."고 말했다. 내가 이처럼 중산층의 중요성을 강조한 것은 중산층은 한 사회를 지탱하는 허리와 같은 계층이어서 중산층이 두터워야 그만큼 사회가 안정되고 경제적으로나 정치적으로 튼튼하게 받쳐줄 수 있다고 믿고 있었기 때문이었다.

　어떤 계층을 중산층이라고 말할 수 있나 하는 기준과 조건에 관해 학문적으로 확립된 정의定義가 있는지는 모르겠지만 우리 사회에서는 통상 재산이나 소득수준이 기준이 되곤 한다. 나라에 따라서는 재산규모 등 물질적 기준으로 중산층을 따지는 경우도 있을 것이고 문화적 소양이나, 사회적 역할, 도덕적 수준 등으로 분류하기도 할 것이다. 재산이나 소득을 따져 중산층을 얘기하는 경우에도 그 기준은 상대적이다. 1인당 소득 1만 달러의 사회와 1천 달러인 사회의 중산층이 누리는 생활수준은 차이가 날 수밖에 없다. 저개발국가의 중산층이 중진국 이상의 나라에 가면 빈곤층을 면할 수 없을 것이다.

나는 1959년과 1960년 두 차례 미국에 군사교육을 받으러 갔을 때 미국 중산층의 생활 모습을 보면서 우리나라는 언제가 돼야 저런 생활을 할 수 있을까 부러움을 느꼈었다. 그때 나는 미국 상류층의 생활 모습을 실제로 들여다볼 기회가 없었지만 특별히 빈민이라고 볼 사람들도 별로 목격하지 못했고 대부분의 미국시민이 안정된 주거와 자가용 승용차를 소유하고 편안하고 여유로운 생활을 즐기고 있는 것으로 보였다.

20년이 훌쩍 지나고 내가 대통령이 되었을 때 나는 우리가 가까운 시일 안에 미국시민 수준의 질 높은 생활을 따라갈 수는 없다 해도 목표한 대로 경제의 안정적 성장을 지속해서 1인당 GNP 2,500달러를 달성한다면 중산층 국민들은 모두가 '내 집' 마련의 꿈을 가지고 주거에 불안을 느끼지 않는 가운데 소형차 정도를 굴리며 행복한 삶을 영위할 수 있게 되지 않을까 하는 생각을 했다. 가능한 정책적 수단을 다 동원해서 '내 집'과 '자가용 승용차'를 가진 중산층이 최대한 늘어나도록 하자고 다짐했다. 나의 임기가 끝날 때쯤이면 충분히 가능하다고 믿었다. 내가 퇴임한 해인 1988년 1인당 GNP가 4,000달러를 넘어섰을 뿐 아니라 1가구 1전화, 마이카 시대가 열렸고 국민의 75%가 스스로를 중산층으로 인식하고 있다는 조사결과가 발표되었다.

서울대학교의 이재열 교수는 2014년에 발표한 논문에서 5공화국 시절에 대해 "모두가 중산층이고, 앞으로 더 나아질 것이라는 '희망의 문화'가 넘친 1980년대."라고 썼다. 실제로 1980년대 당시에도 언론사들이 여론조사기관에 의뢰해 조사한 통계에 따르면 우리나라 국민들이 자신을 중산층이라고 답변한 사람이 1983년 한국일보 조사에서는 63%였는데 1985년 조선일보 조사에서는 70%, 1986년 동아일보 조사 때는 77%로 나타났다. 지난 2012년 대통령선거 때 당시 여당의 박근혜 대통령후보는 중산층을 70%로 끌어올리는 '중산층 재건 프로젝트'를 공약으로 제시했다. 1988년 내가 퇴임한 이후에도 GNI(국민총소득)은 계속 늘어났지만 소득분배의 균형은 악화되고 국민의 행복지수가 낮아졌다는 의미일 것이다. 국민의 80%가 스스로 중산층이라고 생각하는 사회는 정치적, 경제적, 사회적으로 안정되고 발전이 약속된 사회다. 이재열 교수는 "1980년대의 계층적 자신감은 정치민주화도 이끌어냈다."고 평가했다.

1가구 1전화의 시대로

초등학생들까지 스마트폰을 들고 다니는 지금에 와서 생각하면 마치 호랑이 담배 피우던 시절의 얘기처럼 느껴질 일이지만 내가 대통령에 취임하던 30여 년 전만 해도 전화는 아주 귀한 대접을 받았다. 휴대전화라는 것이 아직 세상에 나오기도 전이었고 일반전화가 가설된 가구는 네 집에 한 집 정도밖에 없었다. 학생들의 가정조사에 집에 전화가 있느냐는 문항이 들어 있을 정도였다. 집에 전화가 있다고 하면 부잣집이거나 특권층이라며 부러워하던 시절이었다. 그 시절엔 공중전화도 귀해 급한 일이 있으면 남의 집 전화를 아주 어렵게 빌려 써야 했고, 사무실에 전화가 없는 영세사업자들은 인근 다방의 전화를 연락처로 이용하곤 했다.

나도 대령시절까지 집에 일반전화가 없었다. 1973년 1월 장군으로 진급하면서 집에 일반전화를 놓으려고 신청을 했다. 퇴근해서 집에 온 후에 공무 이외의 이런저런 일로 외부에 연락할 일도 많아졌는데 전화국에서는 전화회선에 여유가 없다는 이유로 아예 신청조차 받아주지 않았다. 그 시절에는 전화 가설 신청을 접수시켰다고 해도 최소 수개월이 걸렸고 지역에 따라서는 2~3년은 기다리기 예사였다. 1978년 당시 전화신청을 해놓고 기다리는 사람이 60만 명이나 될 정도였다. 나는 여기저기 부탁을 한 끝에 겨우 임시로 청색전화를 놓을 수 있었는데 청색전화는 사용권만 있는 것이어서 이사를 간다거나 하면 반납해야 하는 전화였다. 물론 전화 가입권을 구입해 가설하면 되는 것이었지만 사고 팔 수 있는 '백색전화'는 엄청나게 비쌌다. 서울 강남지역의 전용면적 20~30평짜리 집값이 200만 원 정도였는데, 사고 팔 수 있는 백색전화는 한때 260만 원까지 치솟은 적도 있었다. 전화가 재산목록의 윗자리를 차지하고 있었다는 말이 결코 과장이 아니었던 것이다.

1970년대 들어와 경제가 성장하면서 기업체와 기업 활동이 증가하고 가계소득도 늘어나자 전화 수요는 더욱 급증했다. 전화시설이 이를 감당하지 못하다 보니 공공기관에 우선권을 주었고 일반인에게는 공개추첨을 통해 전화를 배정했다. 여분의 회선이 많지 않으니 경쟁률이 높아 전화를 배정받으면 마치 복권에 당첨된 듯 기뻐했다. 전화 가입권이 심지어 재산증식 수단이나 이권처럼 되어서 전화 임대업, 전화의 매점매석으로 인한 시세조작, 전화 가입권을 담보로 한 사채행위, 가수요자의 청탁행위 등 온갖 사회적 병폐까지 생겨났다. 1970년 8월 31일 이후부터 승낙된 전화는 청색전화로 분류해서 매매를 할 수 없도록 하고, 그 이전의 전화가입권은 백색전화로 분류했다.

우리나라 통신 사정이 이처럼 낙후된 까닭은 그동안 사회의 기반구조로서 전기통신이 갖는 중요성이 제대로 인식되지 못한 데 있었다. 전화가 단지 통화수단에 그치는 것이 아니고 정보의 유통수단이 된다는 점이 간과된 것이다. 정보유통이 활발해야 여러 부문의 생산성이 향상되고 국민소득 증대에도 기여하게 된다는 사실에 대한 인식이 부족해 전기통신에 대한 투자를 소홀히 하였기 때문이었다. 그 결과 1980년 우리나라 전화 가입자 수는 불과 284만 명으로 인구 1백 명당 가입자 수는 7.2명에 머물렀으며 그로 인한 전화의 적체는 심각한 사회문제가 되어 있었다. 취임 초 "우리 국민의 60~70% 이상이 스스로 중산층이라고 여기도록 중산층을 두텁게 만들자, 그러자면 주택보급을 늘려서 국민의 주거 문제를 안정시키고 웬만한 가정은 자가용 승용차를 마련할 수 있도록 해서 마이카시대를 열어보자."는 꿈을 그리던 내가 주택보급과 자동차산업 육성에 앞서 먼저 손을 대야 할 과제는 전화 문제였던 것이다. 1980년 당시 전 가구의 87%는 TV를 갖고 있었고 농촌 가정에도 냉장고, 세탁기가 있었다. 그런데 전화가 있는 집은 네 집에 한 집 꼴 밖에 안 됐다. 이제 자가용차를 마련하려고 하는 집에 전화도 없다면 말이 되지 않는다. 통신사업 선진화를 추진하자는 나의 결심은 사실 이처럼 단순하고 소박한 생각에서 비롯되었다.

나는 과학기술 담당인 오명吳明 비서관을 불러 내 생각을 얘기했다. 그러자 그는 우리나라 통신사업의 문제점과 그 개선책 그리고 통신시설의 확장과 고도화를 포함한 선진화방안을 자세히 설명했다. 나는 1981년 5월 오명 비서관을 체신부 차관으로 보내 통신현대화 사업을 총괄하도록 했다. 오명 차관은 그 뒤 체신부장관으로 장기간 재직하면서 오늘날 우리나라가 IT(정보통신) 강국으로 성장하는 데 핵심적 역할을 수행했다. 그때 청와대 비서실에는 오명 비서관 외에도 홍성원洪性源, 박재하朴在夏, 정홍식鄭弘植 등 첨단 통신기술과 관련한 전문지식을 가진 공학박사, 경제학박사들이 포진하고 있어 내가 이들을 믿고 힘을 실어 맡겨주니까 일사천리로 통신혁명을 추진해 나갔다. 청와대 경제팀 이외에도 과학기술처 김성진金聖鎭, 이정오李正五 장관과 한국전기통신연구소, 전기통신공사의 최순달崔順達, 서정욱徐廷旭 박사, 그리고 경상현景商鉉 사장 등 관련업체 관계자 등이 우리나라가 통신혁명을 이루어 오늘의 IT강국으로 자리매김하는 데 큰 공을 세웠다.

나의 지침을 받은 청와대 비서실 경제팀은 정부의 경제·과학기술부처 관계공무원과 학자, 기업인 등 전문가들로 대책반을 만들어 전자산업의 획기적인 발전을 위한 기본계획과 구체적인 추진방안을 마련해 보고했다. 이 기본계획은 단순히 전화시설 확충이라는 당면 과제의 해결방안을 제시하는 데 그치지 않고 반도체, 컴퓨터, 전자교환기 부문을 3대 전략산업화 하자는 중장기적인 구상을 담고 있었다. 모두가 획기적인 기술개발과 경험축적이 요구되고 적잖은 시일이 필요한 사업이었을 뿐만 아니라 무엇보다도 막대한 투자재원이 소요되는 거창한 계획이었다. 그러니까 이 구상에 대해 다른 경제부처 공무원들마저 냉소적이었다. "야심을 크게 갖는 것은 좋은데 무슨 수로 그 엄청난 재원을 마련하느냐, 통신사업에 투입할 그 많은 돈으로 차라리 한강에 다리를 하나 더 놓는 것이 낫겠다."며 비웃기까지 했다는 것이다. 나는 제5차 경제사회발전 5개년계획 기간 중 통신 투자 비율을 국가 총고정자산 형성액의 7.5%로 책정하도록 했다. 또한 통신개혁 재원조달을 위해 1981년 전기통신사업법을 고쳐 모든 통신 사업자는 수입의 3% 이상을 의무적으로 연구개발비에 쓰도록 법제화했다. 연간 대략 700~800억 원 규모의 재원이 꾸준히 조달될 수 있었다.

나의 신임과 적극적인 지원 약속을 받은 오명 비서관 팀은 거침없이 당초의 구상과 계획을 밀고 나갔다. 제일 먼저 착수한 일은 전화 적체를 해소하기 위한 사업이었다. 전화를 공급하려면 먼저 전화국에 교환기를 설치해야 한다. 그런데 그 교환기는 국내 기술로는 만들지 못해 외국 제품을 수입해서 사용하고 있었다. 많은 비용을 들여 미국에서 비싼 교환기를 들어와야 하니 공급을 제대로 할 수 없었다. 교환기는 당시 선진 6개국밖에 만들지 못하는 가장 높은 수준의 전자장비여서 구입비로만 연간 5천억 원이 사용되고 있었다.

전화적체를 해소하기 위한 과제는 결국 교환기를 충분히 확보하는 문제였다. 그러나 외국의 교환기를 수입해오는 데에도 한계가 있었다. 청와대가 만든 중화학공업개발계획에도 전자식 전화교환기 도입 계획은 포함되어 있지 않았다. 관련업계가 집요하게 반대했고 체신부도 반대했다. 우리 스스로 전자교환기를 개발하는 길밖에 없었다. 그러나 대부분의 기술자들은 무모한 도전이라고 했고 외국의 교환기 제작회사들도 인도와 브라질이 자체 개발을 시도했다가 실패했었다며 코웃음을 쳤다는 것이다. 외국의 전화교환기를 수입해서 가설한 국내 통신업체들도 자신들의 사업을 뺏기는 결과가 되니 집요하게 반대했다. 안팎으로 시달리던 실무진들은 "실패할 경우 모든 책임을 지겠다."는 각서까지 써야 했다고 한다. 나는 그러한 내용들에 관한 보고를 다 받고 있었는데, 전혀 흔들리지 않고 관계공무원들을 격려하며 힘을 실어줬다.

마침내 전자교환기 개발을 위한 사업단이 구성되었다. 나는 1982년 9월 전자교환기 추진상황을 보고받고 5차 5개년계획에 이 사업을 포함시키라고 했다. 1982년부터 5개년계획으로 추진된 이 사업의 개발비는 240억 원이었다. 후에 대용량 모델 개발비로 투입된 560억 원을 합하면 결과적으로 거의 800억 원이 투자되는 대형 연구개발 사업이 시작된 것이다. 당시 연구소로서는 10억 원짜리 프로젝트도 없던 실정이었던 만큼 240억 원의 개발비를 사용한다는 것은 아주 파격적인 조치였다. 그러나 240억 원의 개발비용은 선진국들이 전자교환기 개발에 들인 비용의 10분의 1도 안 되는 금액이었다. 벨기에서 첫 전자교환기를 도입할 때 우리가 지불한 기술료만 약 500억 원이라는 사실에 비춰보면 전전자식全電子式 교환기 개발을 위한 우리의 투자는 매우 경제적인 것이었다.

개발에 착수한 지 4년 만인 1986년 마침내 우리의 독자적인 전전자식 전화교환기가 개발되었다. 계획보다 1년 빨리 성공을 거둔 것이다. 이 전화교환기에 TDX(Time Division Exchange System의 약자)라고 이름을 붙였다. TDX의 개발은 국내외에 큰 반향을 일으켰고 세계 정보통신 분야에서도 놀라운 뉴스가 되었다. 선진 6개국밖에 생산하지 못하던 전전자교환기를 개발도상국인 한국에서 개발했으므로 뉴스가 될 수밖에 없었다. 체신부 관계자들과 한국전기통신공사, 한국전기통신연구소, 그리고 여러 생산업체(금성반도체, 동양정밀 OPC, 삼성반도체)기술진 등 TDX를 개발한 연구원들은 세계 IT업계에서 신화적 존재가 되었다. 해외 심포지엄에 참석한 우리 연구원들은 TDX 개발 성공담을 자랑스럽게 소개하면서 아낌없는 박수갈채를 받았다.

우리의 TDX 개발이 성공하자 외국산 교환기의 가격이 2분의 1, 3분의 1, 5분의 1로 하락하기 시작했다. 1980년 밴쿠버 엑스포가 개최되었을 때 교환기는 회선 당 1,300달러에 거래되었다. 그런데 우리가 교환기를 개발하자 우리나라에서는 교환기의 가격이 300달러 선으로 내려가 있었다. 그 후 우리나라의 전화교환기는 필리핀을 시작으로 베트남, 몽골, 러시아 일부 지역 등의 통신서비스 사업에 진출하게 되었다.

　국산 교환기가 생산되면서 국내의 전화 적체는 일거에 해소되었다. 따라서 수백만 원을 호가하던 백색전화 가격이 일반 가입전화 수준으로 뚝 떨어지게 되었다. 그리고 전화 가입은 급속히 늘어나 1987년에는 마침내 1,000만 회선을 돌파하게 되었다. '1가구 1전화 시대'가 열린 것이다. 부유층이나 특권층의 전유물처럼 여겨지던 가정집 전화가 중산층은 물론 국민 누구라도 신청만 하면 싼값에 공급받을 수 있게 된 것이다. 도시는 물론 외딴 섬이나 깊은 산골짜기까지 전 국토를 연결하는 자동통신망이 완성되어 전국 어디서나 DDD통화가 가능하게 되었다. 이로써 전국토의 동시생활권 형성과 도시, 농촌 간의 균형발전을 촉진할 수 있게 되었다. 우리나라는 전화시설 수로는 세계 14위, 아시아에서는 2위로 뛰어올랐다. 전화 가입자 수는 그 후에도 폭발적으로 증가해 1992년에는 2,000만 회선을 넘어섰다고 한다. 그 뒤 다시 비약적으로 발전하여 지금은 세계 8위의 통신 선진국에 진입하게 되었다고 한다.

　우리나라 통신사업은 그 시설 면에서는 물론 서비스 면에서도 세계 최선진국이다. 전화의 수요자가 신청만하면 원하는 시간에, 원하는 장소에 즉각 가설이 된다. 이사를 할 때에도 철거에서 개통까지 당일에 모두 끝이 난다. 이삿짐과 함께 전화도 거의 동시에 옮겨지는 것이다. 이 점에서는 세계 최선진국 정도가 아니라 아마도 세계 유일의 나라가 아닐까 생각된다. 미국과 일본의 경우 전화를 새로 놓으려면 여러 날 걸리고 유럽 국가들에서는 한 달 이상 기다려야 한다고 한다. 가히 통신선진국, 통신천국이라고 할 수 있을 것이다.

내 집 마련 프로젝트

1960~70년대 우리나라의 많은 젊은이들이 국내에서 버는 것보다 많은 소득을 얻을 수 있는 일자리를 찾아 해외로 나갔다. 서독에 광부와 간호사로 취업한 근로자들, 중동에 나간 건설 근로자들은 그 열악한 환경 속에서 땀 흘려 돈을 벌어 본국의 가족들에게 착실히 송금했다. 파월 장병들도 목숨을 내건 전장에서 받은 전투수당을 한 푼도 쓰지 않고 모아두곤 했다. 그들이 그처럼 힘들여 번 돈을 차근차근 챙기면서 가슴속에 품었던 간절한 소원은 "내가 벌어 모은 돈으로 아담한 집 한 채 살 수 있었으면…"하는 것이었다. 당시 해외 근로자들을 상대로 한 조사에서 "돈을 모아 어디에 쓸 계획인가?"라는 물음에 "내 집 마련"이라는 응답이 가장 많았다는 보도가 있었다. 물론 형편이 더 어려웠던 가정은 병원비나 약값으로, 그리고 당장의 생활비로 사용해야 했겠지만 많은 사람들의 소원은 '내 집 마련'이었다. 해외근로자들은 그 꿈을 위해 열심히 본국의 은행에 적금을 부었다.

그들 해외근로자들뿐만 아니라 집 없는 많은 서민들이 '내 집'에 대한 열망과 집착을 갖고 있었다. 1980년의 통계에 따르면 당시 680만 가구 가운데 37%인 252만 가구가 월세나 전세를 살고 있었다. 세 가구 가운데 한 가구는 내 집이 없었다는 얘기다. 설움 가운데 가장 큰 설움은 '나라 없는 설움'이라고 한다. 맞는 말이다. 나라가 없으면 나의 생명과 재산과 자유를 누가 지켜줄 것인가. 그러나 나라 없는 설움은 너무 큰 것이어서 일상생활에서는 잘 느끼지 못하고 살아가게 된다. 그러나 집 없는 설움은 하루하루 겪게 마련이다. 내가 살아가야 할 곳에 내 집이 없다는 것은 단순히 불편하다는 데 그치는 것이 아니고 생활 자체를 불안정하게 한다. 특히 전통적 농경사회인 우리나라에서는 오랜 과거부터 땅이나 집 등 부동산은 생활의 터전이고 생계의 근거였다. 농사짓는 일 이외에는 이렇다 할 생활수단이 없던 시절에는 부동산이 곧 전 재산이고 생활의 전부였다. 또한 우리 민족의 정서에는 예로부터 땅이나 집에 기氣가 있다는 풍수사상이 깃들여져 있어서 부동산에 대한 애착심이 매우 컸다.

나도 결혼 후 전세를 얻을 비용이 없어 처가살이를 했다. 내가 처음 내 집을 마련한 것은 중령으로 진급되면서 1공수여단 부단장직을 맡았던 1966년의 일이다. 1973년 장군이 된 뒤에야 비로소, 그것도 아주 어렵게 집 전화를 가질 수 있었던 것에 비하면 그래도 나이 40이 되기 전에 내 소유의 주택을 마련한 것은 나로서는 대견한 일이었다. 대지 50평 건평 17평짜리 작은 기와집이었지만 방이 2개에 부엌과 화장실을 갖춘 집을, 그 시절 비교적 젊은 나이에 장만할 수 있었던 것은 결혼 직후부터 8년간이나 처가살이를 하면서 열심히 저축한 덕분이었다.

현재에 와서도 우리나라는 외국과 비교해볼 때 소득 대비 주택 가격이 매우 높다. 또 가계자산의 80%를 부동산이 차지하고 있고 그 부동산의 80%가 주택이다. 웬만한 사람들은 자기 소유의 집이 전 재산이나 마찬가지인 것이다. 그러니까 집이 없다는 것은 재산이 없다는 얘기가 된다. 주거 빈곤층이 곧 빈곤층이 되는 셈인 것이다. 아무리 높은 생활수준을 유지하고 있더라도 자기 소유 주택이 없으면 주거가 불안하게 되고 주거가 불안하면 생활 자체에 불안을 느끼게 되는 것이 우리 사회의 특성이다. 유학시절 경험으로는 미국에서는 단독주택이든 아파트든 집을 재산으로 여기기보다는 거주공간으로 여기는 듯했다. 그러나 우리의 경우는 다르다. 집을 거주개념이 아니라 소유개념으로 받아들이고 있는 것이다.

우리나라는 1970년대까지 인구의 증가와 급속한 산업화, 도시화에 따라 도시에서의 주택 부족 현상이 두드러지게 나타났다. 공공부문과 민간의 주택건설 사업이 꾸준히 증가했으나 급속히 늘어나는 주택 수요를 따라가지 못했던 것이다. 뿐만 아니라 핵가족화가 가속화되면서 이러한 현상은 더욱 심화되었다. 주택이 부족한 상황에서 물가가 계속 오르니 부동산이 실물투기의 대상이 되어 집값은 하루가 다르게 뛰어올랐다. 더욱이 1970년대 중동의 건설 붐을 타고 오일 달러와 해외근로자들의 송금이 부동산 시장에 유입되면서 전국적으로 부동산 투기 광풍이 몰아쳤다. 특히 1970년대 초 서울 영동지역 개발과정에서 일어났던 토지 투기와 1970년대 후반의 아파트 투기는 전국으로 확산되어갔다. 그 결과 무주택 서민들의 내 집 마련은 더욱 어렵게 되었고, 임대보증금이 그렇지 않아도 폭등하는 물가상승률을 뛰어넘어 세입자들의 고통은 이루 말할 수 없었다. 1970~1980년까지 10년간 도매 물가는 6.8배 상승된 데 비해 도시의 땅값은 76배나 상승했으며 1977~1980년까지의 부동산 가격은 매년 평균 64%씩 상승했다. 그러니까 부동산은 사놓기만 하면 어떤 투자보다 높은 수익을 올릴 수 있다는 부동산 투기 심리가 만연하게 되었던 것이다.

부동산 투기에 의한 불로소득은 소득분배 구조를 악화시키는 요인이 되어 국민의 건전한 근로의욕을 저해함은 물론 투기로 인한 계층 간의 위화감마저 불러일으키게 되었다. 또한 금융저축이 부진하여 제도권 금융기관을 통한 기업자금 조달은 저조하였으며 그 결과 기업의 생산적 투자는 위축될 수밖에 없었다. 기업은 공장 지을 땅을 비싼 값을 주고 사게 되어 생산원가가 높아지게 되고 우리 제품의 국제경쟁력은 그 만큼 약화될 수밖에 없었다. 또한 장기적 안목에서 생산성과 품질향상 등의 합리적 경영에 의한 이윤추구보다는 손쉬운 부동산 투기를 선호하게 되었다.

나는 주택문제를 경제적 측면에서만 접근할 일이 아니라고 생각했다. 주택 문제는 5공화국이 4대 국정지표로 설정한 복지사회건설의 가장 핵심적 과제 중의 하나였다. 나는 1981년 5월 5차 5개년계획의 사회개발부문에 관한 종합보고를 받는 자리에서 복지정책의 핵심과제로서 주택 문제를 첫손가락에 꼽았다. 집이 없는 저소득층은 물론 중산층까지도 자기 소유의 집 한 채가 거의 전 재산이나 다름없는 현실에서 주거의 안정을 확보해주는 일은 사회정책적 차원에서, 그리고 정치적 고려에서도 가장 중요한 과제라고 생각한 것이다. 나의 임기 동안 중산층을 최대한 두텁게 넓히자는 목표를 세운 나는 1980년대 말쯤 되면 우리나라의 중산층은 자그마하나마 '내 집'에 '마이 카(my car)'를 갖출 수 있어야 한다고 믿었다. 1986년 9월 나는 '국민복지증진대책' 가운데 근로자의 중산층화를 위한 지침으로 '근로자가 10년 근속해서 35세 전후가 되었을 때 20평 정도의 내 집을 마련'하는 방안을 제시했다.

내가 대통령에 취임하던 때로부터 30여 년이 지난 지금도 사정은 마찬가지지만 우리나라 가정에서 주거비와 교육비가 차지하는 비중이 소득수준에 비해 너무 지나치게 과중하다. 자가 소유이건 셋집이건 간에 주택에 잠겨 있는 돈이 많고 자녀교육, 특히 사교육에 투입해야 할 비용이 너무 커서 다른 소비수요를 잠식하고 있고 심지어 아이를 낳지 않으려는 경향이 갈수록 심해지고 있는 실정이다. 내가 대통령이 되기 전 국가보위비상대책위원회에서 개혁적 역점 과제로서 과외금지 조치와 함께 500만 호 주택건설 사업을 계획했던 것도 이 두 문제를 해결하지 않고는 우리 국민들의 삶의 질을 향상시켜 나가기 어렵다는 판단 때문이었다.

500만 호 건설 계획은 이처럼 시급하고도 긴요한 필요에 의해 제기된 것인데 국보위 경제과학위원회 간사 오관치吳寬治 박사의 아이디어였다. 이 구상은 당시 주택건설비의 60%가 대지 비용이라는 점을 고려할 때, 시세보다 싼값으로 토지를 확보할 수 있다면 대지 조성을 통해 재원을 마련하고 대규모로 집을 지어 서민들의 주택난을 해소할 수 있지 않겠나 하는 생각에서 출발한 것이었다. 오 박사는 국보위 경과위원장이었던 김재익 박사와 의견을 나누었고 사전에 예비조사를 한 결과 서울을 비롯한 전국 대도시 주변의 부재지주不在地主의 땅을 정부가 수용한 뒤 택지로 개발해 분양하면 막대한 자금이 조성돼서 집을 엄청 많이 지을 수 있고, 향후 10년간 500만 호까지도 건축이 가능하다는 계산이었다.

이 계획은 탁상의 구상으로서는 매우 좋은 아이디어였고 당시의 시대적 상황에서 개혁의 명분 아래 밀고 나갈 수 있는 여지가 전혀 없는 것은 아니었다. 그러나 구체적인 계획 수립을 위해 관련 법령들을 검토하고 실무팀과 협의하는 과정에서 그 구상을 조급하게 실현에 옮기기에는 많은 무리가 따른다는 결론에 이르러 뒤로 미루었다. 당초의 구상이 1991년까지의 10년 계획이어서 차기 정부에도 부담이 된다는 점 등이 고려되었던 것이다. 그러나 종래의 구획정리 방식 대신에 정부가 토지를 수용해서 공영개발 방식으로 주택단지를 조성하고 그곳에 대단위 아파트를 건설하는 정책은 그 뒤 주택난을 해소하고 부동산 가격을 안정시키는 데 크게 기여했다.

주택난의 원인은 분명했다. 우선 주택의 수가 절대적으로 모자란다는 것, 그리고 집값이 너무 비싸다는 것이다. 원인이 분명한 만큼 대책도 분명했다. 가급적 싼값으로 집을 많이 지어 급증하는 주택수요에 대응하는 일 이외에 다른 방도가 있을 리 없는 것이다. 주택난이 심한 곳은 대도시였고 그중에서도 서울을 중심으로 한 수도권은 인구의 급격한 집중으로 특단의 대책이 필요했다. 정부는 '택지개발촉진법'을 만든 데 이어 우선 서울 강남의 개포지역을 구획정리 방식과 정부수용 방식을 절충하는 식으로 시행했고 고덕지구는 100% 공영 방식으로 개발했다. 뒤이어 1983년 서울시가 목동지역에, 주택공사가 상계지역 개발사업을 순차적으로 추진했는데 주변시세보다 싼값에 아파트를 대량 공급함으로써 서민의 주택난을 덜어주고 집값을 안정시킬 수 있었다.

정부는 특히 저소득층 무주택자들의 부담 능력을 고려하여 주택 규모를 소형화하도록 하는 한편 1981년 주택건설촉진법을 고쳐서 국민주택기금을 설치했는데 1986년 말까지 4조 원 가까운 자금을 조성 운용했다. 또한 주택 구입이 어려운 저소득층을 위해 1984년 12월 임대주택건설촉진법을 만들어 임대주택의 건설을 확대하는 등 임대주택제도를 정착시켜 나갔다. 뿐만 아니라 저소득 무주택자의 내 집 마련에 도움이 되도록 조세 면에서도 배려를 해 소형 주택과 임대주택의 건설 및 최초 입주 시 취득세, 등록세 등을 대폭 감면해주었다.

정부는 5차 5개년계획 기간(1982~86) 중 주택 200만 호를 건설한다는 당초의 계획을 1981년 3월 146만 호로 축소 조정했는데 실제로는 1982년부터 1986년 사이에 176만 호의 집을 지었다. 1980년 인구 100인 당 14.2호였던 주택 수가 1985년 15.5호로 늘어났다. 1982년 7월 금융실명제 실시 계획 발표 등으로 시중의 돈이 일시에 부동산에 몰려 한때 부동산 투기 열풍이 일어났으나 주택 공급이 꾸준히 늘어남에 따라 1983년도부터는 진정되기 시작해 아파트 값은 1987년도에는 4,000만 원이면 40평, 2,000만 원이면 20평짜리 목동 아파트를 살 수 있을 정도로 집값이 안정되었었다.

'마이 카' 시대의 개막

"화목한 부부와 귀여운 두 자녀로 구성된 4인 가족이 '포니 2' 자가용의 앞뒤에 다정히 나눠 타고 외식하러 나가는 그림엽서 같은 풍경…" 1990년대에 등단한 한 소설가는 자신이 사춘기를 보낸 1980년대 중산층 소시민 가정의 행복한 모습을 이렇게 묘사했다. 1976년 우리나라에서 처음으로 독자적 설계에 의한 고유모델의 승용차 포니가 출고되면서 신문과 방송에 '마이 카'라는 낯선 낱말이 등장했다. 당시 이 말은 정부로서는 하나의 미래 비전으로, 그리고 국민 각자에게는 하나의 꿈으로 다가왔었다. 1인당 GNP가 1,000달러에도 못 미치고 있었지만 10%대의 성장을 이어간다면 1980년대에는 자가용시대가 열릴 수 있을 것이라는 전망이 제시되기도 했다. 그러나 1970년대 말 2차 오일쇼크 등으로 비롯된 경제적 파탄과 극심한 정치사회적 혼란을 겪으면서 이 말은 한갓 신기루처럼 여겨졌다.

그로부터 6년이 지난 1982년 물가는 획기적으로 안정되기 시작했고 마이너스 성장까지 기록했던 경기도 고도성장 추세를 회복해가고 있었다. 때마침 겉모습부터 멋스러운 '포니 2'가 거리를 누비자, '마이 카'는 이제 꿈이 아니라 중산층 가정의 실현 가능한 목표가 되어 있었다. 일본 등 다른 선진국들의 예를 보더라도 1인당 GNP가 2,000달러 선에 이르면 자가용 승용차의 수요가 급속히 늘어나는 추세를 보였다. '마이 카'시대를 예상하는 정부의 정책적 대응이 필요하다고 생각했다. 나는 경제의 안정적 성장에 대한 자신감을 갖게 되면서 내 임기 중 GNP 1,000억 달러, 1인당 GNP 2,500달러라는 목표가 달성되면 '내 집'과 '마이 카'를 갖춘 중산층 가정이 두텁게 형성되어 사회안정과 정치발전의 토대가 마련될 것이라고 확신하게 되었다. 나는 자동차 문제를 두 가지 측면에서 다루자고 생각했다. 산업전략적 측면에서 그리고 중산층 의식을 지닌 국민의 생활의 질을 향상시킨다는 관점에서 자동차산업을 지원하기로 했다.

마이카시대의 도래가 머지않아 피할 수 없는 추세가 될 것이라는 미래 예측은 분명해 보였지만 이를 위한 정부의 정책적 대응에는 쉽지 않은 과제들이 놓여 있었다. 자가용 승용차 수요의 급증에 따라 늘어날 연료 확보 문제, 도로망 확충 문제, 시민의 교통안전의식 함양 방안 등이 마련되어야 하지만 그런 것은 차라리 부차적인 문제였다. 근본적인 과제는 고사 직전의 상태에 있는 자동차산업을 살려놓는 일이었다. 당시 우리나라 자동차 회사들은 적자에 허덕이며 존폐의 기로에 서 있었다. 전반적인 경제 불황으로 소비가 억제되어 국내 자동차 수요가 크게 위축되어 있었던 것이다. 자동차 판매마저 부진하니까 재고가 쌓이고 공장 가동률이 떨어지고 일부 부품업체들은 도산위기에 몰리고 있었다. 국산 자동차의 품질이 해외시장에서 외국차와 경쟁할만한 수준에 도달해 있지 못했기 때문에 수출을 기대할 수도 없었다.

자동차산업은 박 대통령 시절부터 중화학투자 조정 문제가 거론될 때 발전설비와 함께 통폐합 문제가 논의될 만큼 많은 문제를 안고 있어 몇 년간 논란만 거듭했을 뿐 해결책을 찾지 못하고 있는 상태에서 10.26사건이 일어난 것이었다. 국보위에서는 골칫거리였던 중화학투자 조정 문제를 도마 위에 올려놓고 경제개혁 차원에서 일거에 해결해보려는 시도를 했다. 이때 제시된 방안이 비교우위론比較優位論에 따라 국제경쟁력이 없는 회사들을 외국회사에 넘기자는 주장이었다. 당시 국보위의 경제·과학분과위를 맡고 있던 김재익 박사의 생각이 그랬는데 그런 주장을 펴는 사람은 김재익만이 아니었다. 엎친 데 덮친 격으로 1980년 초 세계은행은 우리 정부가 외채원리금상환 부담 때문에 산업구조 조정자금으로 2억 달러를 차입할 때 우리 정부가 자동차산업에 정책적 지원을 하지 말아야 한다는 조건을 붙였다. 우리나라에 투자자문 등을 해주던 외국의 전문가들도 "한국은 내수시장이 좁으니 자동차를 자체 생산하는 것보다 수입하는 것이 합리적일 것."이라는 의견을 내놓고 있었다. 이들의 그러한 의견 제시는 순수한 사업적 분석에 따른 것이라고 했지만 외국 자동차업계의 입장이 반영될 수밖에 없는 여지도 있었다. 국내의 가장 큰 자동차회사였던 현대자동차를 미국 제너럴모터스(GM)에 넘기는 방향으로 얘기가 진행됐는데 현대의 정주영鄭周永 회장이 완강히 버티는 데다 한시적 일정에 쫓기는 국보위가 결정할 일이 아니라는 판단으로 결정이 유보됐는데 나중에 생각해보니 정말 잘 된 결말이었다. 정주영 정세영鄭世永 형제의 뚝심과 고집이 오늘의 한국의 자동차산업을 있게 한 것이라고 하겠다.

사실 이 문제 말고도 경제이론을 앞세운 학자들의 비교우위론比較優位論은 국가 전략적 차원에서는 수용하기 어려운 주장들이 더러 있었다. 생산비가 많이 드는 쌀농사를 계속 지어야 하느냐, 아니면 훨씬 값이 싼 외국산 쌀을 수입해 먹느냐 하는 문제 같은 것이었다. 농민들의 쌀 생산비를 보장해주기 위해 매년 추곡수매가를 올려줘야 하고, 한편 소비자들은 상대적으로 싼값에 사먹을 수 있도록 2중 곡가제를 유지해야 하니까 엄청난 재정적자가 발생하고 이 때문에 수십 년간 고질적인 인플레를 감수할 수밖에 없었던 것을 생각하면 쌀농사를 짓지 말고 외국산 쌀을 사다 먹는 것이 훨씬 경제적일 수도 있었다. 그러니까 비교우위론에서 보자면 우리나라는 자동차산업을 해야 하느냐 하지 말아야 하느냐 논란을 벌이기 이전에 쌀농사 포기를 먼저 결정해야 했다. 비교우위론에 따르면 미국이나 동남아국가들보다 훨씬 생산비가 많이 드는 쌀을 굳이 힘들여 농사지을 것이 아니라 외국산 쌀을 싼값에 사다 먹는 것이 경제적이다. 그러나 우리의 쌀농사 문제를 단지 기회비용機會費用의 관점에서 다룰 수만은 없는 일이다. 식량주권食糧主權, 식량의 무기화武器化라는 말도 있지만 쌀이 우리의 주식主食인만큼 쌀농사 문제는 식량안보의 차원에서도 접근해야 한다. 또 우리나라에서 농업과 농민이 차지하는 비중 등을 고려하면 쌀 문제를 비교우위론으로 재단할 수는 없는 일이었다.

자동차는 2~3만 개의 부품이 들어가는 종합산업이다. 자동차공업을 키우면 다양한 품목의 연관 산업을 일으킬 수 있고 수많은 일자리가 생긴다. 내수시장이 비록 초라했지만 경제성장에 따라 국민소득이 일정 수준에 이르면 자동차 수요는 급격히 증가될 것으로 예상되었다. 우리나라 국민은 손재주가 좋아서 하기에 따라서는 기술교육과 훈련을 통해 빠른 시일 안에 선진국과 경쟁할 수 있는 자동차를 생산해낼 수 있다는 보고도 있었다. 섬유류 등 노동집약적 공업제품 위주의 품목만으로는 수출을 늘리는 데 한계가 있는 만큼 해외시장을 개척해나가고 있는 가전제품에 이어 자동차를 수출 전략품목으로 육성하자고 생각했다. 자동차업계의 의욕도 나의 결심에 영향을 주었다.

선진공업국들도 마찬가지였겠지만 우리나라는 산업화를 추진해나가는 데 있어 공기업은 물론 민간기업에 대해서도 정부가 도움을 주는 사례가 많았다. 정부의 산업지원정책은 세금감면 등 조세제도 면에서 혜택을 주거나 자금을 지원하는 방법도 있지만 여러 가지 규제를 풀어주고 수요를 창출해주는 식으로 도와주기도 한다. 나는 1981년 3대 국가전략품목으로 정한 반도체 등 신규 IT산업에 대해서는 각종 규제 완화와 함께 막대한 자금 지원 등을 아끼지 않았지만 자동차와 가전제품 등 기존의 경쟁산업에 대해서도 직접적인 지원 정책과 함께 규제완화와 수요창출 등의 간접적인 지원정책을 펴나감으로써 경쟁력을 키워나갈 수 있게 했다.

컬러 TV 등 가전산업에 대한 규제완화 문제는 따로 언급했지만 자동차산업을 지원하기 위한 조치로 나는 먼저 공무원의 자가운전제를 시행하도록 했다. 공무원사회에서부터 솔선해서 자가운전을 하게 되면 자가용 승용차의 수요를 자극하는 요인이 되고 나아가 자동차산업 진흥에 도움을 준다는 건의가 있었던 것이다. 나는 수개월간의 준비기간을 거친 뒤 1981년 7월 우선 청와대 비서관들부터 자가운전을 하도록 하고 이어 다음해 1월부터는 전 공무원에게 일제히 실시하도록 했다. 자가운전제는 당시 국장급 이상 공무원에게 배당되던 공무용 승용차와 운전기사를 없애고 각자가 자가용 승용차를 구입해서 운용하되 그 대신 30만원의 교통비 지원금을 주도록 한 것이었다. 국장급 이상 공무원에게 공무용 승용차를 배정한 종래의 제도에서는 운전기사의 봉급, 연료비, 차량유지비 등으로 한 사람당 70만원의 예산이 소요됐으나 자가운전을 하게 되면서 교통비 지원금 30만원을 뺀 40만원의 지출이 줄어듦으로써 예산절감 효과도 볼 수 있었다.

지금은 나이가 성년에 이르면 집에 자가용차가 있건 없건, 또 누가 배우라고 하지 않더라도 운전교습소에 다니며 운전면허를 따두는 것이 당연한 일처럼 되었지만 내가 공무원 자가운전제를 지시할 때만 해도 자동차운전을 한다는 것은 남이 갖지 못한 기술을 지닌 것으로 여겨졌다. 공무원이라면 필요할 때 스스로 공용차를 몰고 나가 공무를 수행할 수 있어야 한다. 특히 경찰공무원이라면 어느 때곤 차를 몰고 출동할 수 있어야 한다. 나는 1983년 초 새해 업무보고를 받는 자리에서 공무원들에게 운전기능을 생활화하고, 경찰은 누구나 다 운전면허를 따도록 하라고 지시하고 경찰대학의 교육과정에 운전교습을 포함시키도록 했다.

공무원 자가운전제는 예산절감 효과 이상으로 사회 분위기와 자동차 산업에 미친 파급효과가 컸다. 자가운전이 민간기업 등으로 확산되어 자가운전의 일반화, 관용차의 감소와 민간 승용차의 증가로 이어지면서 자동차 수요가 늘어나 내수시장이 활기를 띠게 되었다. 또한 자가운전제의 시행을 계기로 종래의 검은색 일색이던 자가용 승용차 색상과 디자인이 다양해졌다. 자가운전제 시행으로 정부부처의 승용차 수요가 2배 이상 늘어났는데 정부는 자가운전제 시행에 앞서 이미 1980년 11월 소형자동차 등에 대한 특별소비세 인하 등을 내용으로 하는 '수요 진작을 위한 경기활성화 대책'을 발표한 바 있었다. 1980년에는 전국을 통틀어 18만 대에 불과했던 자가용 승용차가 7년 만인 1987년에는 그 4배인 75만 대를 넘어 본격적인 마이카시대를 실감하게 되었다.

국산 자동차는 1982년의 포니2에 이어 1984년에는 역시 현대의 소형승용차 엑셀이 미국시장에 진출해 크게 성공을 거두었는데 1986년부터 3년 연속으로 미국에서 베스트 판매차량으로 선정되기도 했다. 자동차는 우리의 3대 수출품목 가운데 하나일 만큼 자동차산업은 크게 성장했다.

5공화국 정부는 자동차의 급속한 증가와 마이카시대에 발맞추어 도로의 확충에도 힘썼는데 1980년부터 1987년까지 국토 4,450킬로미터를 포장해 포장률을 67.4%에서 80%로 끌어올렸고, 지방도로도 2,663킬로미터를 포장해 포장률이 12.6%에서 42%까지 늘어났다.

나는 이병철, 정주영, 구자경 회장을 불러 4MD램 반도체를 공동으로 연구개발해 줄 것을 간곡히 요청했다. 아울러 정부 각 부처가 민간기업의 공동개발을 적극 지원하도록 지시했다. 1988년 2월 4MD램이 드디어 국내 개발진에 의해 개발되었다. 대통령 퇴임을 보름 앞둔 2월 8일, 나는 4MD램 개발의 주역들을 모두 초청했다. 그 자리에서 나는 "64MD램을 세계에서 제일 먼저 개발하시오. 그때는 내가 대통령은 아니겠지만, 몇 가닥 남지 않은 머리카락이라도 팔아서 크게 한턱내겠소."라고 약속했다. 내가 퇴임한 후인 1992년 우리나라는 세계 최초로 64MD램 개발에 성공했다.

제5장

과학기술의 진흥

미래에 투자하다

과학기술, 국가경쟁력 강화의 요체

　내가 대통령에 취임한 1980년대 초 국제경제 환경은 그 어느 때보다도 각박했다. 1970년대 말 몰아닥친 2차 오일쇼크의 영향으로 세계적인 경기후퇴가 회복되지 않고 있는 가운데 경제대국들은 보호주의를 강화하고 있었다. '경제전쟁' '기술쇄국주의'라는 말이 과장이 아니었다. 우리나라 같은 수출 주도형 개발도상국은 어려움이 가중되고 있었다. 부존자원이 없는 우리나라는 수출을 해야 먹고 살 수 있는데 우리가 해외시장을 뚫기 위해서는 경쟁력을 강화하는 길밖에 없었다. 경쟁력을 키우려면 남보다 품질을 좋게 만들어야 하고, 품질 개선의 요체는 기술혁신이다. 결국 우리가 먹고 살기 위해서는 과학기술을 발전시켜야만 하는 것이다. 경제전쟁은 '과학기술전쟁'이었다. 과학기술이 낙후된 나라는 아무리 몸부림쳐도 선진국에 종속될 수밖에 없는 것이 냉혹한 현실이었다. 경제적 종속관계는 군사적, 정치적 종속관계보다 더 무섭다. 경제적 종속에서 벗어나려면 과학기술을 따라잡아야만 한다. 취임 초 내가 강조한 '기술만이 살 길'이라는 명제는 나 개인만의 신념이 아니라 국가적 과제였다. 나는 이러한 인식 아래 취임 초부터 기술 진흥 중심의 국가발전전략을 세워 범국가적으로 기술발전 정책을 추진했다.

우리나라는 박정희 대통령 시절인 1967년 '과학기술장기종합계획' 아래 과학기술진흥법을 만들고 과학기술처를 발족시킴으로써 과학기술 발전의 기틀을 마련했지만, 1980년대 초 당시만 해도 우리의 기술 수준은 선진국에 비해 크게 뒤처져 있었다. 자체 기술개발 능력이 부족했던 우리나라는 그동안 공업화 과정에서 필요한 기술을 주로 기술 도입에 의존해 왔다. 선진국의 과학기술을 배우며 모방하거나 개량하는 수준에 머물렀다. 특히 제4차 경제개발5개년계획 기간에 들어서면서 기술 도입은 급속히 증가하여 산업의 국제경쟁력 강화와 산업구조의 고도화의 견인차 역할을 함으로써 수입 대체와 수출 증대에 크게 기여해 왔다. 그러나 이미 보급된 선진기술을 도입해서 그 바탕 위에서 새로운 기술개발을 서두르지 않는 한 우리의 기술 수준은 항상 뒤떨어질 수밖에 없는 것이다. 더욱이 1980년대에 들어 선진국들의 '기술보호주의'가 심화되어 단순한 기술 모방만으로는 한계에 부딪힐 수밖에 없었다. 세계 산업의 흐름은 첨단과학기술을 배경으로 한 기술집약적인 산업구조로 개편되어 근원적인 과학기술의 뒷받침이 없이는 지속적인 성장을 기대할 수 없게 되었다. '기술개발의 자주화'를 통해 첨단기술을 스스로 개발해나가는 일이 시급한 과제가 되었다.

과학기술 투자 확대

과학기술 수준을 획기적으로 향상시켜야 한다는 마음은 급했지만 현실적 여건은 간단치 않았다. 모든 일이 그러하듯이 가장 큰 문제가 투자재원의 부족이었다. 5공화국 출범 초기인 1982년 당시 GNP 대비 연구개발투자

비율은 겨우 0.9% 수준에 불과했다. 미국의 2.5%, 일본과 서독의 2%에 비해 한참 뒤쳐져 있었다. 정부투자의 경우 세입은 한정되어 있는데 GNP의 6%가 넘는 과중한 국방비 부담을 비롯해서 써야 할 곳이 너무 많아 기술개발에 대한 투자를 늘린다는 것이 결코 쉽지 않았다. 이러한 투자 규모로는 기술 경쟁의 대열에 끼어들겠다는 욕심부터가 무모한 것이다. 그러나 여건이 어렵다고 주저앉아 있을 수만은 없는 일이다. 난관에 부딪혔을 때 가장 요구되는 것은 지도자의 의지와 돌파력이다. 반드시 해내야 할 일이라고 판단한 이상 대통령인 나의 정책 의지가 중요했다. 나는 또한 우리 국민이 어느 민족보다도 두뇌가 우수하고 근면하며 재주가 많고 끈질긴 성취의욕을 지니고 있다는 확신이 있었다. 과학기술 투자율을 1986년까지 2% 선까지 끌어올리자고 결정했다. 이에 따라 1985년 1조 2,900억 원으로 늘어났고, 1986년에는 1980년에 비해 6배 이상인 1조 7,000억 원을 투입했다. 더욱이 정부 및 공공부문이 2,100억 원에서 3,600억 원으로 1.8배에 그친 반면, 민간부문은 1,060억 원에서 9,300억 원으로 9배나 증가해 과학기술투자가 민간주도로 이루어지기 시작했다.

또한 기술개발을 위한 투자는 정부의 투자 못지않게 민간기업의 투자가 중요한 만큼 민간기업의 기술개발 참여와 투자확대를 적극적으로 촉진할 필요가 있었다. 그러나 당시 우리나라의 기업들은 경영의 어려움 때문에 연구개발에 대한 투자가 너무도 미약한 실정에 놓여 있었다. 정부는 기술주도 정책과 보조를 같이해 기업도 기술을 제1의 목표로 삼도록 여러 시책을 펴나가는 한편 기업이 시장경제 원리에 따라 자율적으로 기술개발을 신장시켜나갈 수 있도록 유도해나갔다. 그리하여 민간부문에서도 1980년 814억 원으로 매출액 대비 0.47%이던 것이 1985년에는 9,380억 원으로 매출액 대비 1.3% 수준으로 연평균 64% 정도로 증가하여 산업개발 투자를 주도해나가게 되었다.

나는 과학기술부문에 대한 정부의 투자 부담률을 최소 40%는 유지할 수 있도록 했다. 투자 여력이 부족한 중소기업의 참여를 이끌어내기 위해 기술개발 준비금제도를 만들어 지원을 했다. 그 중 대표적인 것은 조세면에서의 지원이었다. 주로 소득 및 세액공제에 의해 기업체의 기술개발 참여를 유도하는 방법이다.

자금지원제도는 기술개발 특성과 자금수요를 고려해 비교적 양질의 자금을 공급 지원해 줌으로써 기업의 기술개발 및 개발된 기술의 기업화를 촉진시키기 위해 마련된 제도였다. 특정 연구사업의 추진은 정부가 출연금으로 지원하고 기술개발 자금은 금융기관을 통해 지원하는 방법이다. 이외에도 정부구매제도의 개선, 신규 발명품에 대한 수의계약제도, 연구원에 대한 병역특례제도를 비롯해 국산신기술제품의 보호제도 등 다양한 지원제도를 마련해서 산업기술 개발이 촉진되도록 노력했다.

그 결과 기업의 기술개발 활동은 크게 활성화되었다. 과거에는 실험실이나 개발실을 중심으로 이루어지던 기술개발업무가 기업부설연구소의 형태로 수행 주체가 급속히 바뀌어갔으며 생산현장에서 근무하는 연구원 수도 현저하게 증가했다. 물론 이와 같이 성장하게 된 직접적인 동기는 기업체에서 기술혁신의 필요성을 크게 느끼고 경영전략 면에서 기술개발을 중시하게 된 것이지만 정부의 각종 지원제도가 이러한 움직임을 가속화시키는데 크게 기여한 것도 사실이다. 이와 같이 민간기업의 기술개발투자가 확대됨에 따라 대기업의 경우 기술개발의 복합화 추세에 대응하여 종합연구소의 설치를 통해 이에 적극 대처해나가고 중소기업도 자체기술 개발이 활성화되었다. 정부에서는 산업기술연구종합육성법을 제정해 대기업 상호 간, 대기업과 중소기업 간, 중소기업 상호 간의 협동연구가 활성화되도록 지도해 나갔다.

정부와 민간기업의 과학기술투자 규모가 증가함에 따라 1980년 3,000억 원에 불과했던 과학기술 분야에 대한 투자 규모는 연평균 GNP 성장률의 2.7배의 속도로 증가해 1985년 처음으로 1조 원을 넘어섰고 1986년에는 GNP의 2%인 1조 7,000억 원으로 늘어났다. 또한 재원별로 볼 때 민간부문의 투자가 정부공공부문 투자를 크게 상회해 정부 대 민간 비율이 1980년 68:32에서 1986년에는 26:74로 역전되어 선진국처럼 민간기업이 기술개발을 주도하는 과학기술개발 체제를 구축하는 기틀이 마련됐다.

나는 퇴임이 1년 남짓 앞으로 다가온 1986년 12월 기술진흥심의회의를 주재하는 자리에서 기술투자가 1991년까지 최소한 GNP의 2.5% 이상이 되도록 하라고 관계 장관에게 지시했다. 나는 재임 중에는 물론 퇴임 후에라도 혹시 기술개발투자를 위한 정부의 예산 확보가 다른 부문에 밀려 축소되지 않을까 신경이 쓰였다. 그래서 나는 공연한 일이었는지 모르지만, 퇴임을 앞두고 경제기획원 예산실의 과장을 불러 예산을 편성할 때 투자의 우선순위를 첫째 과학기술, 둘째 교육, 셋째 국방에 두도록 단단히 당부해 뒀다. 과장을 불러 이런 얘기를 한 것은 그보다 상위 직급에 있는 공무원들은 정권이 바뀌면 물러나거나 자리를 옮길 가능성이 많지만 과장급의 공무원은 최소한 10년은 더 그 일을 맡게 될 것으로 생각했기 때문이었다.

선진 과학기술의 도입

1980년대 초까지만 해도 각종 전자제품이나 자동기계류에 이르기까지 거의 모든 고도산업기술은 외국기술 아니면 그 모방에 지나지 않는 실정이었다. 그동안은 이같은 외국기술에 힘입어 급속한 성장발전을 이룩한 것이다. 그러나 이런 방식에는 한계가 있었다. 당시 대부분의 선진국, 특히 일본 등이 이른바 부메랑 효과를 두려워한 나머지 기술 이전을 극력 회피하고 있을 뿐만 아니라 설령 기술을 제공한다고 할지라도 2류 기술, 그나마 비싼 로열티를 받고서야 마지못해 넘겨주는 실정이었다. 선진국들이 특히 한국과 같은 의욕적인 선발개도국에는 어떠한 종류의 첨단기술도 가르쳐주기는커녕 웃돈을 준다고 해도 마다하고 무슨 구실을 붙여서라도 기술 이전을 기피하고 있었다.

뿐만 아니라 당시의 첨단부문의 최신 기술은 워낙 복잡해 비록 선진국으로부터 이전받는다고 하더라도 이를 수용하고 소화할 만한 일정 수준 이상의 자체 기술운용 능력을 갖추지 않고서는 제대로 활용하거나 모방하기조차 어려운 형편이었다. 유전자결합을 포함한 생명공학, 뉴세라믹을 포함하는 신소재 등은 하루가 다르게 약진하고 있었고, 기술혁신의 순환주기가 단축되어 기술의 수명이 점점 짧아지고 있었다. 당시 미국, 유럽, 일본 등 선진국 중심으로 엄청난 속도로 발전하고 있는 선진과학기술을 따라잡기 위해서는 피나는 노력을 기울여야만 했다. 우리가 살아남기 위해서는 가능한 한 모든 역량과 수단 방법을 동원해서라도 새 기술을 익히고 약간의 희생을 치르더라도 우리 것을 개발하는 길 밖에는 다른 도리가 없었다. 우리나라의 산업기술은 모방적 의존형에서 창조적인 연구개발에 들어가야만 했던 것이다.

1985년 나는 우리나라 기업의 대외 기술경쟁력과 기술 도입상황을 파악해보기 위해 제조업 분야의 기술 실태를 조사해보도록 했다. 조사대상

837건 가운데 웬만한 것은 과학기술원이나 우리 기업들이 개발해낼 수 있는데 설계, 금형金型 제작, 자동화사업, 고도정밀가공 등의 분야를 포함한 138건은 안 된다는 보고였다. 결국 돈을 주고 외국에서 사와야만 하는데 기술 도입에는 한 건당 수천만 달러가 소요되는 것도 있다는 것이다.

외국의 선진과학기술을 도입하는 데 있어서는 우리나라의 해외 두뇌를 활용하는 방안이 효과적일 수도 있었다. 과학기술처에서는 해마다 재외 과학기술자들을 초청하곤 했는데, 1986년 컬러 필름 기술자를 초청해 그 기술을 전수받은 일이 있었다. 그 기술을 정식으로 도입하려면 일본인은 로열티를 300만 달러, 미국인은 200만 달러를 달라고 요구했었는데 모국을 방문한 우리의 재외 과학기술자가 대가 없이 가르쳐주어서 우리나라도 컬러 필름을 생산할 수 있게 된 것이다. 내가 그 보고를 받고 그 교포 과학자를 청와대로 초청해 선물이라도 주려고 했더니 그 사실이 보도되면 당장 문제가 생길 수 있다면서 그날 바로 출국해버렸다. "과학에는 국경이 없지만, 과학자에겐 조국이 있다."는 말을 떠올리게 했다.

과학기술 진흥을 위한 기반 조성

나는 구체적인 과학기술 진흥정책을 수립하고 시행해나가는 일과 병행해 우선 우리 사회에 과학기술을 존중하는 풍토가 이루어져야 한다고 생각했다. 1981년부터 4월 21일을 '과학의 날'로, 그리고 그 전후 1주일간을 과학주간으로 설정해서 과학기술의 중요성을 일깨우고 그 발전을 다짐하는 다양한 행사를 열도록 했다. 각 지역단위로 과학기술에 관한 강연회를 개최하고 과학영화를 상영하며 과학과 관계되는 학회에서는 전문가를 초청해 학술발표회, 세미나, 워크숍, 심포지엄 등 각종 학술행사를 가졌다. 또 호기심과 학구열이 많은 청소년들에게 과학적 탐구심과 창의성을 길러

주며 과학기술에 관한 기초지식과 응용 능력을 배양시켜주고 합리적 생활과 건전한 사고방식을 갖도록 하기 위하여 '청소년과학화운동'을 전개하도록 했다. 과학기술처와 문교부, 기타 관련기관에서는 청소년을 위해 우수 과학어린이 표창, 청소년 과학경진대회, 과학자 순회계몽, 과학기술자료 전시 등 과학풍토 조성을 위한 각종 행사를 개최했다. 과학기술진흥을 위한 기반을 강화하기 위해 과학화운동과 아울러 표준화 사업과 특허제도의 개선을 추진했다. 5공화국 헌법은 128조에서 "국가는 국가표준제도를 확립한다."는 명문규정을 두고 있었다. 나는 1980년대에 각광을 받기 시작한 전자, 정보, 유전자, 에너지, 신소재산업 등 첨단산업은, 시작된 지 얼마 되지 않았기 때문에 선진국과의 기술 격차가 크지 않다고 판단해 1982년부터 특정연구 개발사업을 추진하여 국가전략 핵심기술 분야에 대한 집중적인 노력을 경주하게 했다.

또한 정부의 각종 정책수단이 기술혁신 지향적인 차원에서 조성되고 국가의 모든 역량이 결집되어 목표의 설정과 역할의 분담, 가용재원의 배분, 활동의 유기적인 협동체제의 유지 등을 협의하기 위해 기술진흥확대회의, 기술진흥심의회의, 기술진흥지역협의회 등을 설치하여 정책의 조정과 부처 간의 의견조정을 비롯해서 산업현장에서의 기술적인 애로요인을 해결하는 데 도움이 되도록 했다. 나는 과학기술진흥의 방향을 설정하고 사회 각계의 대표들이 모두 그 추진 방법을 함께 모색하는 자리를 마련하기 위해 과학기술진흥확대회의를 신설해서 내가 직접 회의를 주재했다. 1982년 1월 첫 모임을 가진 이 회의에는 과학기술인들은 물론 전 국무위원과 정당과 입법부의 대표, 산업계, 금융계, 언론계 대표들까지 참석하게 했다. 또 1985년 11월에는 기술진흥심의회를 구성했다. 이와 같은 기구의 설치는 과학기술의 중요성을 다시 한 번 일깨워주고 과학기술의 저변을 확대해나가는 데 큰 역할을 했다.

　아울러 과학기술인의 사기를 진작하고 연구개발 의욕과 사명감을 고취시키는 일에도 각별히 관심을 기울였다. 나는 과학기술처, 상공부, 재무부 등에 지시해 과학기술자들에게 이윤배당을 할 수 있는 방안을 마련해 시행하도록 했다. 새로운 제품을 개발해서 상품화했을 때 그 제품을 연구개발한 과학기술자들에게 주식 배당하듯이 일정 비율의 이익을 주도록 한 것이다. 과학기술 창달과 진흥에 기여한 공이 뚜렷한 인사에게는 대한민국 과학기술상 등을 주어 포상했다. 한국과학기술진흥재단에서는 원로과학자에 대한 존경심을 일깨우고 노후에 존경과 대우를 받을 수 있도록 과학기술 발전에 헌신적으로 공헌한 원로과학기술자들의 노후생활을 지원하게 했다. 지원 대상은 과학기술 발전에 공이 큰 정년퇴임 과학기술자 또는 원로과학기술자 등이었다. 내가 과학기술자의 노후생활에 대해 특별히 관심을 가지게 된 것은 원로과학자 이태규李泰圭 박사와 관련된 신문기사 때문이었다.

　1980년 어느 날 나는 신문에서 과학원 교수로 있었던 이태규 박사가 정년퇴임으로 살고 있던 관사를 비워줘야 해서 살 집이 없다는 기사를 보고 비서실에 대책을 찾아보고 지원해드리도록 했다. 이태규 박사는 한때 노벨상 수상자 후보로 추천되기도 했던 세계적 과학자로 정부의 해외석학 유치 계획에 따라 영구 귀국했던 것인데, 팔순 나이에 마땅한 거처조차 없다는 사실을 두고볼 수는 없었던 것이다. 그분은 '우리나라에 돌아오지 않고 미국에 그대로 머물고 있었다면 나라에서 노후에 내가 살 집까지 걱정해주었겠느냐'면서 조국의 배려에 감격해했다는 보고를 받았다.

　5공화국은 과학기술 교육의 진흥을 위해 초중등 기초과학 교육에 대한 예산지원을 대폭 강화하고, 1983년부터 과학고 4개교를 신설 운영하게 했다. 각 대학의 기초과학연구소에 대한 지원도 크게 늘렸다. 또한 실업계 고등학교도 계열별로 특성화해서 농업, 공업, 상업, 수산고등학교에 농업후계자 육성과 산업현장 적응력 배양 그리고 정보처리능력 배양과 영농후계자 육성을 위한 재정지원을 대폭 확대했다.

국제기능올림픽에 참가하는 우리 선수단을 격려.

손톱깎이와 전기밥솥

공업학교를 다니며 기계과에서 수학한 나는 여러 가지 공업제품이라든가 그런 물건을 만드는 기술 등에 관해 남다른 관심을 갖곤 했다. 공업학교 때 배운 지식이라고 해야 그야말로 초보적인 것이어서 고도의 정밀기계나 첨단기술은 이해하기도 어려웠다. 그러나 우리 주변에서 볼 수 있는 생활기기들의 원리나 성능 같은 것을 평가할 정도는 되었다. 1980년대 초 우리나라 가전제품들은 품질이나 디자인 등에서 일본이나 미국 등 선진국 제품에는 못 따라가지만 그런대로 외국에 수출도 할 수 있는 수준은 된다고 생각했다. 그런데 1983년 초 어느 날 조간신문을 보던 나는 분통이 터졌다. 일본 여행을 다녀오던 우리나라 주부 관광단이 하나같이 일본제 밥통을 사갖고 들어오다가 세관에서 말썽이 났다는 내용이었다. 우리나라 관광객, 특히 주부들은 일본에 갔다 귀국할 때면 빠짐없이 일제 밥솥을 사갖고 온다는 기사가 이미 현지 신문에 실렸고 우리나라 신문과 방송을 통해서도 보도된 것이다. 언론보도는 고위 공직자 부인도 포함된 주부들이 관광하러 가서 쇼핑에 더 열을 올리는 행태를 비판하는 것인 듯했지만, 나는 그보다는 우리나라 가전공업의 기술 수준이 전기밥솥 하나 제대로 못 만든다는 사실에 속이 상했다. 우리 제품의 품질이 외국산 못지않게 우수하다면 누가 귀중한 외화를 주고 번거롭게 외국에서 밥솥을 사갖고 들어오겠는가. 우리나라 주부들이 우르르 몰려가 일제 밥솥을 사오는 꼴불견을 보지 않으려면 먼저 우리가 품질 좋은 전기밥솥을 만들어야 되는 것 아닌가. 그 기사를 본 나는 즉시 경제비서관을 불러 6개월 안에 일제와 동일한 수준의 밥솥을 만들 수 있도록 행정지도를 해보라고 엄중히 지시했다.

우리나라 국민들은 하고자 하는 마음만 먹으면 어떤 어려운 일도 해내고야 마는 의지와 능력이 있었다. 나의 지시가 떨어진 지 6개월 만에 내놓은 국산 밥솥은 일제 못지않다는 평가를 받았다. 새로 개발된 밥솥 기술을 마마전기, 대원 후지카 전자, 성광전자 등 중소기업에 제공하게 되었다. 그 후 공항에서 밥솥을 들고 들어오는 가정주부의 모습은 사라졌다. 근래의 보도들을 보면 거꾸로 우리나라 전기밥솥이 중국 관광객들의 인기 쇼핑품목에 들어 있고, 중국을 통해 북한에까지 흘러 들어간 국산 전기밥솥이 북한 특수층 가정에서는 귀중품이 되어 있다는 보도도 있다.

1985.12.13 우수상품 평가전에 출품된 국산 밥솥.

중소기업이 기술혁신을 통해 세계시장을 석권하는 우수제품을 만들게 된 계기가 된 또 다른 이야기도 있다. 1982년 초 김동휘 상공부장관이 유럽으로 출장을 가게 되어 신고할 겸 청와대로 들어왔다. 나는 김 장관에게 여비로 얼마를 보태주면서 품질이 좋은 손톱깎이를 하나 사오라고 했다. 내가 왜 하필 손톱깎이를 사달라는지 김 장관에게 얘기하지는 않았지만, 얼마 전 회의를 주재할 시간이 다가와 서둘러 손톱을 깎다가 무딘 손톱깎이 때문에 피가 흐를 정도로 상처가 난 적이 있어서였다. 기술선진국을 지향하는 우리나라가 손톱깎이 하나 제대로 만들지 못해서야 되겠느냐는 생각이 들었다. 그런데 손톱깎이는 공업제품으로는 별스럽지 않은 품목같이 생각되지만, 사실은 강재鋼材, 금형, 열처리, 도금, 연마 등 금속가공기술의 종합판이라고 할 만한 품목이다. 10여 일 후 귀국한 김 장관은 금빛으로 도금된 듯한 꽤 비싸 보이는 것들을 포함해서 10여 개의 손톱깎이를 가져왔다. 얼마 뒤 청와대에서 열린 회의에 참석한 관계관들에게 나는 그 외국산 손톱깎이를 나눠주면서 품질 수준이 그 정도 되는 손톱깎이를 만들어보라고 했다. 반 년쯤 지나자 몇 사람이 기술혁신을 통해 새로 만든 것이라면서 손톱깎이를 들고 청와대에 들어왔다. 품질이나 디자인이 어떤 외국 제품보다 못지않게 훌륭한 손톱깎이들이었다. 그때부터 우리나라 손톱깎이가 세계시장에 퍼져나갔다. 근래에는 우리가 만든 손톱깎이의 세계시장 점유율이 50%쯤 된다고 듣고 있다. 세계 인구의 반은 우리나라 손톱깎이를 사용하고 있다는 얘기다.

나는 이런 일들을 겪으면서 우리의 기술개발에 자신감을 갖게 되었다. 마음만 먹으면 불과 몇 달 사이에 세계 최고 수준의 공산품들을 만들어낼 수 있는 것이다. 1980년대에 들어와 각광을 받기 시작한 전자, 유전자, 에너지 및 신소재산업 등 첨단산업도 우리의 기술로 발전시켜나갈 수 있다는 자신감도 갖게 되었다. 나는 '생활필수품 100개 품목 품질향상 전략'을 지시했다. 전기밥솥, 손톱깎이 이외에 면도기, 칫솔, 넥타이핀, 라이터, 만년필, 안경테 등 세계 최고 수준의 국산 생필품들이 지금 세계시장을 누비고 있다고 듣고 있다.

IT강국의 씨앗 '전화 적체를 해결하라'

내가 취임 초, 당시 심각했던 전화 적체 문제를 해결해보라고 지시한 일이 우리나라가 오늘날과 같은 최첨단 디지털 강국으로 성장하는 씨앗이 될 줄은 짐작도 못했다. 나의 지시에 따라 청와대 경제비서실이 정부의 경제·과학기술부처 관계공무원과 학자, 기업인 등 전문가들로 대책반을 만든 것은 1980년 12월이었다. 5개월 후인 1981년 5월 김재익 경제수석과 오명 과학기술비서관이 '전자산업육성방안'을 보고했다. 이들은 나의 지시가 있기 전부터 전자산업의 육성 필요성 등에 관해 일치된 의견을 갖고 있다가 마침 내가 전자통신사업에 관한 지시를 하자 자신들의 구상을 계획화해서 보고한 것이다. 이 기본계획은 단순히 전화시설 확충이라는 당면과제의 해결방안을 제시하는 데 그치지 않고 전자산업의 획기적인 발전을 위한 기본 계획과 구체적인 추진방안을 포함하고 있었다. 가전제품 위주의 전자산업을 발전시켜 반도체, 컴퓨터, 전자교환기 부문을 3대 전략산업으로 육성하자는 중장기적인 구상을 담고 있었다. 사실 이때만 해도 나는 우리나라가 1980년대와 90년대를 거치면서 이룩해온 전자통신산업의 발전이 오늘날 세계 최고의 IT강국으로 부상하는 토대가 되리라고는 생각하지 못했다. 아마 김재익 수석이나 오명 비서관도 그러한 성과를 꿈꾸었을지언정 실현될 수 있다는 기대까지는 하지 못했을 것이다.

경제보좌관들은 IT산업이 다른 산업분야의 경쟁력을 높이는 수단과 도구가 될 뿐만 아니라 다른 산업분야의 효율성을 제고하고 성장을 촉진하기 위한 간접자본(industrial overhead capital)인 동시에 기반구조(infrastructure)가 된다고 보고했다. 국가경쟁력을 강화하기 위해서는 첨단산업, 미래선도산업, 미개척산업에 대한 연구개발과 과감한 투자가 필요한데 IT산업은 고부가가치高附加價値의 수익성이 보장되는 산업이라는 점을 강조했다. 또한 정보는 자원과 에너지보다 더 편재되기 쉬워서 앞으로 맞이하게 될 정보화시대에서는 산업사회에서보다 부富의 편재가 더 심화될 우려가 있는 만큼 정보이용의 대중화를 위한 수단을 개발해야 한다고 건의했다.

나는 국내산업 발전을 위한 정책으로는 자금지원, 조세감면 등 공급 측면의 직접적인 지원보다는 수요창출 등을 통한 수요 측면의 지원이 바람직하다는 생각을 갖고 있었고 IT산업에 대해서도 우선은 규제를 완화하는 방법으로 육성해나가도록 했다. 두 달 후인 1981년 7월 확정된 '전자공업육성계획'에 따라 '전자산업진흥법'을 개정하여 신규 사업자의 전자시장 진입 제한을 완전히 해제하고, 업체 간의 생산품목 규제를 철폐하며, 기술도입을 자유화하는 등 각종 규제를 풀었다. 그러자 삼성, 금성 등 기존의 전자회사 외에 현대, 대우 등이 전자산업에 새로 진입하거나 시설을 확충했는데 1980년 911억 원이었던 전자산업 투자액이 1984년에는 8,500여억 원으로 9.5배나 증가했다. 1982년에는 반도체공업육성추진위원회가 구성되고 1983년을 '정보산업의 해'로 선포하면서 '정보산업 및 반도체공업육성추진위원회'를 구성했다. 1984년부터는 기술진흥심의회로 확대 운영하면서 내가 직접 회의를 주재했다.

반도체 개발의 선두주자가 되다

반도체산업의 육성에 대해서는 반대하는 목소리가 만만치 않았다. 거시경제를 담당했던 경제부처나 일부 경제학자들은 우리나라의 반도체산업은 국제경쟁력이 미약하기 때문에 투자우선순위에서 밀릴 수밖에 없다고 주장했다. 특히 경제기획원의 반대가 심했다. 그러나 상공부, 과기처, 국책연구소 등에서는 우리나라 전자산업의 발전을 위해서는 반도체산업의 육성이 필수적이라는 생각을 가지고 있었다.

관련업계는 반도체산업이 기업 자체는 물론 국가경제의 성장동력 확보라는 차원에서도 꼭 필요하다는 인식을 하고 있었다. 그러나 반도체산업은 '금식충金食蟲산업', 즉 돈을 먹어 치우는 산업이라고 불릴 만큼 엄청난 투자재원을 쏟아 부어야 하는 산업일 뿐만 아니라 그 시절 우리의 기술력이 미국, 일본 등 선진국에 비해 한참 뒤떨어져 있는 상태여서 쉽사리 사업 착수를 결단하지 못하고 있었다. 업계 내부의 분석이 그랬고 외국 연구기관 등의 보고서도 한국의 반도체산업은 전망이 없다고 했다. 내수시장이 좁은 데다 수출경쟁력도 없고, 기술력도 떨어지며 무엇보다 투자자본이 없다는 것이다. 냉철한 사업 분석이기는 했지만, 한편으로는 경쟁자의 등장을 원천적으로 봉쇄해보려는 상대편 국가들의 저의가 없지 않았을 터였다.

1982년 6월, 일본 전자회사 히다치와 미쓰비시가 미국 IBM으로부터 기술정보를 빼내오다가 들통이 난 산업스파이 사건으로 일본이 국제적으로 크게 망신을 당한 사건이 보도되었다. 그즈음 마침 청와대를 찾아온 이병철李秉喆 삼성 회장이 반도체사업에 관한 구상을 얘기하자 나는 그 사건을 거론하면서 외국의 첨단기술을 따라잡겠다고 설계도를 빼내는 일은 불법이지만, 대신 첨단기술을 갖고 있는 사람을 파격적인 대우를 해주면서 데려오면 고급두뇌와 기술자들을 확보할 수 있지 않겠는가 하는 의견을 얘기해주었다. 그 뒤 이병철 회장은 미국 실리콘밸리에 조사팀을 보내 반도체사업과 관련한 시장조사, 사업성 검토 등 준비작업을 마친 뒤 1983년 2월 64KD램 개발에 착수한다는 '동경선언'을 발표했다. 그로부터 10개월 만인 그해 11월 삼성전자는 마침내 64KD램을 개발하는 데 성공했다. 이로써 우리나라는 미국, 일본에 이어 세 번째로 메모리반도체의 생산국이 되었다. 이 성과는 또한 10년 이상 차이가 나던 선진국과의 기술 격차를 3년으로 좁혔고, 메가 비트급 반도체의 개발 가능성을 보여 주었다는 점에서 우리나라 첨단산업 개발에 중요한 이정표를 만든 쾌거였다.

64KD램 개발에 성공했다는 사실은 즉각 나에게 보고되었는데 삼성 측은 이 성과를 대대적으로 홍보할 계획이라는 얘기였다. 나는 관계관을 통해 "이제 겨우 시제품이 나온 것인데 그 사실을 국내에서 먼저 보도하게 되면 일본이나 미국에서는 우리가 기술을 개발했다고 믿지 않고 자기들의 기

술을 훔친 것 아니냐고 따지고 나올 염려가 있다. 또 외국기업들이 삼성의 진출을 막으려고 덤핑 공세를 펼 가능성도 있다고 봐야 한다. 그러니 우리가 시장을 개척해 어느 정도 쫓아갈 수 있는 단계가 되고 외국에서 먼저 보도가 될 즈음 국내에서 보도해도 늦지 않을 것 아닌가. 흥분될 만큼 기분이 좋은 일이지만 장래를 위해 참는 것이 좋을 것 같다."는 얘기를 이병철 회장에게 전하도록 했다. 훗날 보고받은 바로는 이 말을 전해들은 이병철 회장은 "전 대통령이 사업에 관해 무얼 안다고 이런 것까지 간섭하느냐."며 못마땅해했다고 한다. 결국 삼성은 바로 다음달 64KD램 개발 성공을 공식 발표했다. 이 사실은 곧 국내외에 주요 뉴스로 보도되었다. 걱정했던 대로 삼성은 그 뒤 한동안 많은 어려움을 겪었다. 초기 사업에 막대한 투자가 되었음에도 불구하고 당시 시장은 최대의 침체기였다. 또한 반도체의 생산, 판매 등에 대한 경험도 우리에겐 없었다. 특히 바로 다음해부터 64KD램의 수출에 나선 삼성의 급부상을 견제하기 위해 일본이 덤핑 공세를 취해왔다. 이에 대해 미국이 미국 통상법 301조를 걸어 일본을 굴복시키기는 했으나 가격이 급격히 떨어져 삼성의 적자폭은 더욱 커졌다.

그해 연말 나는 경제계 원로들을 부부동반으로 초청해 만찬을 함께 한 일이 있었다. 이 자리에서 이병철 회장은 "64KD램을 개발했을 때 나는 하루빨리 발표를 해 자랑을 하고 싶었는데 전 대통령께서 광고를 하지 말도록 권유했다는 얘기를 듣고 납득할 수가 없어서 듣지 않았다. 그런데 시간이 지나면서 사정 돌아가는 것을 보니 전 대통령이 걱정한 대로 흘러갔다. 전 대통령의 판단이 선견지명이었음을 알게 되었다. 나는 평생을 장사를 하면서 살았고 전두환 대통령은 경제를 공부하거나 사업을 해본 경험도 없는데 전 대통령이 나보다 뛰어난 사업 감각을 가지고 있음을 알게 되었다."고 말했다.

삼성이 64KD램 개발에 성공하고 수출에 나섰지만 고전을 면치 못하고 있는 상황이 빚어지자 경제기획원 등 반도체 개발에 반대 의견을 가졌던 측에서는 다시 목청을 높이기 시작했다. 반도체산업은 고도의 첨단기술과 막대한 자본이 필요한 산업인데 우리나라처럼 노동집약적인 산업구조를 가진 나라가 하기에는 적합하지 않다는 것이었다. 또한 미국이나 일본에 비해 기술이 10년이나 뒤처져 있으며 기술의 수명이 2~3년에 불과해 하나를 개발하면 또 새로운 것이 나와 개발비용조차 건지기 힘들다는 것이다. 학계에서도 우리가 어떤 제품개발에 성공하더라도 그 사이 선진국은 한 단계 더 앞으로 나가기 때문에 경쟁력이 없다며 반대했다. 그래서 나도 한때 반도체 개발을 재검토해야 하는 것이 아닌가 하고 고민을 했었다.

1986년 7월 양산에 들어간 1MB반도체.

그런데 삼성전자는 그 1년 뒤인 1984년 10월 256KD램의 개발에 성공했다. 256KD램은 64KD램보다 60퍼센트 가까이 가늘면서도 기억량은 4배가 되는 반도체였다. 또 1985년 11월에는 금성반도체가 1메가비트 롬의 국내개발에 성공했다. 다음 해인 1986년 2월 양산에 들어가 수출할 계획이라고 했다. 1985년 당시 1메가비트 롬은 미국과 일본만이 생산하고 있었다. 1986년 7월에는 삼성반도체통신이 1MD램 반도체의 국내개발에 성공했다. 1MD램은 256KD램의 약 4배 용량인 13만 글자를 기억할 수 있는 제품으로 역시 미국과 일본만이 생산하고 있는 당시의 최첨단 제품이었다.

반도체 개발이 일정한 성과를 거두면서 나는 반도체 개발전략을 다시 점검해보도록 관계관에 지시했다. 정부 내에서는 여전히 경제기획원의 반대 의견이 높았고 또 관계 부처 사이에는 주도권을 둘러싼 갈등이 있었다. 삼성, 금성, 현대 등 민간기업들도 반도체 개발투자를 계속해야 할 것인지 선뜻 결정을 내리지 못한 채 고민하고 있었다. 다음 목표는 4MD램인데 4MD램은 막대한 설비투자가 요구될 뿐만 아니라 그 성공 가능성도 그다지 높지 않다는 것이다. 나는 정부부처와 연구기관들의 분석 보고와 의견들을 종합적으로 판단한 결과 어렵고 힘들더라도 이 사업을 꼭 성공시키자는 결정을 내리고 1986년 8월 4MD램의 개발을 정부 방침으로 확정시켰다. 개발 목표를 4MD램으로 한 것은 미국과 일본이 4MD램의 개발에 착수했기 때문이었다.

이러한 상황 속에서 4MD램의 개발을 성공시키기 위해서는 무엇보다도 먼저 관련 대기업들의 공동연구개발 노력이 전제되어야 함은 물론 범정부 차원의 적극적인 지원이 반드시 필요했다. 경쟁이 치열한 국제 반도체시장 상황을 볼 때 국내의 어느 한 회사만 나서서 경쟁하기에는 역부족이었다. 삼성 이외에 금성과 현대를 참여시키자는 방침을 세웠다. 일본은 D램을 만드는 회사만 10개가 넘었다. 그래서 일본이 세계시장을 석권할 수 있었던 것이다. 우리나라는 3개 업체 정도는 동참해서 일정 규모를 유지해야 가격 결정의 주도권을 가질 수 있고 원자재 시장에서도 힘을 갖게 되며 나아가 생산 장비의 국산화도 가능해지기 때문이었다. 정부와 관련기업들의 힘을 한 곳으로 결집시켜 개발능력을 극대화시켜야 할 필요가 있었던 것이다.

4MD램 개발사업을 정부가 지원에 나서기에 앞서 우선 서로 경쟁관계에 있는 3개 민간기업의 협력체제를 구축하는 문제가 선결과제로 등장했다. 삼성, 금성, 현대의 세 반도체 회사들이 과연 4MD램 생산을 위한 연구개발에 서로 힘을 합칠 수 있는 것인가. 이들 기업은 각자 연구소를 갖추고 있었고 나름대로 이미 많은 투자를 해놓은 상태였다. 특히 삼성은 몇 년간 대규모 투자를 해 1MD램의 개발을 완료한 상태였다. 나는 삼성의 이병철李秉喆 회장, 현대의 정주영鄭周永 회장, LG의 구자경具滋暻 회장을 불러 반도체를 공동으로 연구개발할 것을 권유했다. 아울러 이 사업에 소요되는 막대한 개발비용의 상당 부분을 정부에서 투자하겠다고 약속했다. 나는 정부 부처 내에서 일부 반대의견이 가라앉지 않고 서로 불협화음을 내는 데 대해 경고를 주었다. 그리고 반도체산업은 국가경쟁력 확보와 경제의 성장 동력 강화를 위해 반드시 필요한 사업이라는 점을 강조하고 따라서 난관이 있으면 있는 대로 극복해나가면 되는 것이라고 나의 강한 의지를 밝혔다.

1986년 8월 경제기획원, 상공부, 체신부, 과기처 등 4개 부처 공동명의로 '초고집적 반도체기술 공동개발안'을 확정하고 4MD램의 공동개발에 착수했다. 400억 원 규모로 추계된 연구개발비 가운데 100억 원은 3개 참여업체가 분담하도록 하고 200억 원은 체신부가, 나머지 100억은 과기처가 각각 부담하도록 했다. 민간과 정부의 협력지원체제가 구축됨에 따라 한국통신연구소의 주관 아래 연구개발사업에 박차를 가하여 1988년 2월 드디어 4MD램이 국내 기술진에 의해 개발되었다. 4MD램의 개발은 세계에서 세 번째로 일본을 6개월 정도 차이로 바짝 추격해간 것이었다. 1988년 2월 8일 그날은 내가 퇴임을 보름 정도 앞둔 시점이었다. 나는 뛰어넘을 수 없을 것으로 보였던 난관을 극복하고 성공을 거둔 4MD램 개발의 주역들을 모두 청와대로 초청하여 만찬을 베풀었다. 이 자리에는 한국전자통신연구소의 연구원들, 삼성, 금성, 현대의 회장과 연구원들 그리고 상공부, 과기처, 체신부의 장관들이 모두 모였다. 나는 그들의 노고를 진심으로 치하했다. 우리 연구진들과 기업인, 관계공무원들 모두가 자랑스럽고 고맙게 느껴졌다. 나는 사실 처음 이병철, 정주영, 구자경 회장 세 사람에게 힘을 합쳐 4MD램을 개발하자고 강력히 권유할 때에도 속으로는 반신반의했다. 그런데 어쨌든 우리는 해낸 것이다. 그래서 나는 4MD램을 내가 직접 개발한 것보다 더 기뻤다. 나는 연구원들 한 사람 한 사람에게 직접 술을 따라주었다. 나도 연구원들이 권하는 술잔을 모두 받아 마셨다. 나는 "정부가 계속 지원해줄 테니 다음에는 64MD램을 세계에서 제일 먼저 개발해내시오. 그때는 내가 대통령이 아니겠지만 돈이 없으면 내 머리카락이라도 팔아서 한턱내겠소."라고 했더니 참석자들이 모두 웃음을 터뜨렸다. 나는 다시 "당신네들이 내 머리카락이 없다고 모두 웃는 모양인데 이게 몇 가닥 안 남아서 아주 비싸게 팔립니다."고 했더니 만찬장에는 한동안 웃음소리가 끊이지 않았다. 이날 나는 많이 취했고 참으로 기쁘고 행복했다.

나는 퇴임한 후에도 반도체 개발사업은 그대로 계속되어야 한다고 생각해 오명 체신부장관을 노태우 대통령 당선자에게 보내 보고를 하게 했다. 나는 5공화국에서 시작한 반도체 개발이 중단되지 않고 6공화국으로 이어지기를 바랐던 것이다. 나의 바람과 기대대로 우리나라는 내가 퇴임한 2년 후인 1990년 16MD램의 개발에 성공하고 1992년에는 64MD램을 개발했다. 미국과 일본보다 앞서 세계 최초로 개발해낼 수 있었다. 뒤이어 1994년에는 256MD램의 개발에 성공했다. 삼성은 1996년에는 1GD램, 2001년에는 4GD램 그리고 2005년에는 세계 최초로 50나노 반도체를 개발하는 등 D램 분야에서 정상을 이어가고 있다. 우리나라가 전반적인 산업화에서는 미국, 유럽국가나 일본 등에 뒤졌지만 이러한 노력을 통해 IT산업을 주도하는 나라가 되었던 것이다.

전국을 동시 생활권으로

내가 취임한 직후부터 청와대 경제비서실이 정보화시대를 내다보며 의욕적으로 추진한 3대 전자통신 전략사업의 중요한 목표 가운데 하나는 국가기간전산망國家基幹電算網 National Computer Network을 구축하는 일이다. '국가기간전산망'이라는 개념이 정립된 것은 1983년 9월경이었다. 나는 그해 12월 비서실장이 위원장을 맡고 있던 '반도체 및 정보산업육성위원회'로부터 이 계획의 중간보고를 받고 승인했다. 이 계획은 컴퓨터 수요를 창출하고 정보산업을 체계적으로 육성하며 경제적이고 효율적인 정부를 구현한다는 목표 아래 추진되는 사업이다. 이 계획은 종래 부처별, 기관별로 추진 운영되던 전산화사업을 행정망, 금융망, 교육연구망, 국방망, 공안망 등 5대 기간전산망으로 통합 운용하기로 하는 것이다.

정부는 국가기간전산망의 구성과 운영에 사용될 기본 시스템의 하드웨어와 소프트웨어를 국산화하고, 통신 네트워크도 우리에게 적합한 정보고속도로 개념으로 건설한다는 방침을 정했다. 1982년 8비트 교육용 컴퓨터가 개발됨에 따라 이듬해 5,000대를 전국 학교에 보급하도록 했다. 컴퓨터 수요를 늘린다는 목적과 아울러 학생들에게 컴퓨터 마인드를 심어주기 위한 조치였다. 행정전산화 등 국내 공공수요를 활용해서 반도체, 컴퓨터, 교환기 등 핵심 IT산업의 일감을 제공할 필요에 따라 군부대에 퍼스널 컴퓨터를 대량 보급하고 1인1기(1人1技) 교육 등을 통해 10만 IT 인력을 양성하는 등의 방안으로 지원하게 했다.

1985년 1월부터 사무자동화 시범사업을 본격적으로 추진했는데 나에게 보고하는 문서를 국산 워드프로세서로 작성하는 문제를 놓고 비서실 내에서 찬반 의견이 엇갈렸다. 그 얘기를 듣고 나는 사무자동화를 솔선수범하는 뜻에서 워드프로세서를 사용하도록 지시했다. 그 후 나에게 보고되는 모든 문서는 워드프로세서로 작성되어 올라왔다. 1987년 7월에는 제1회 국가전산화확대회의를 내가 직접 주재했다.

국가기간전산망의 완성으로 우리나라는 국민 개개인이 언제 어느 곳에서나 전국의 모든 기관과 온라인으로 연결돼 동시에 소통하고 일을 볼 수 있게 되었다. 국가기간전산망 사업은 우리나라가 그 어떤 선진국보다도 인터넷을 빨리 수용하고 소화할 수 있게 해준 계기가 되었다. 우리나라가 국가기간전산망 사업에서 앞서나가자 다른 나라에서도 깊은 관심을 나타냈다. 1984년에는 빌 게이츠가 나를 만나러 왔었고 이듬해 1985년에는 2008년 미국 대통령선거에 출마한 로스 페로도 방한해 국가기간전산망 사업을 살펴보고 갔다. 국가기간전산망 구축은 우리나라를 IT강국으로 우뚝 서게 한 기념비적인 사업이었다.

극지極地로 뻗어나간 한국인의 기상

1985년 10월 한국해양소년단연맹의 윤석순尹碩淳 총재가 남극탐험대에 관해 보고할 일이 있다며 접견을 요청해왔다. 민간단체와 관련한 사항은 관련부처에서 보고하기 마련인데, 정부기관이나 관련 비서실도 거치지 않고 부속실을 통해 직접 접견을 요청해온 것이다. 관례를 벗어난 일이었지만, 나는 취임초인 1981년 이미 남빙양南氷洋의 크릴어업을 위한 남극조약 가입을 적극 추진하도록 강력히 지시한 일이 있었고, 또 남극 진출 문제는 내가 특별히 관심을 갖고 있는 사항이어서 보고를 받아보기로 했다. 윤 단장의 접견 요청이 있기 6개월 전인 1985년 4월, 나는 이미 남극해양생물자원보존협약에 가입했다는 보고를 받은 바 있었던 것이다.

윤석순 총재의 보고로는 11월 6일 출발하기로 일정이 확정된 '85한국남극관측탐험대'는 '한국해양소년단연맹'이 주축이 되어 남극조약 가입을 목표로 남극에 도전한다는 것이었다. 탐험대의 단장을 맡은 윤석순 총재는 남극 탐험에 나서게 된 목적에 대해 남극조약에 가입함으로써 자원개발에 공동 참여할 수 있는 계기를 마련하고, 국민의 진취적 기상을 고취하기 위한 것이라고 했다. 윤 단장은 이어 남극 대륙 현황, 세계 각국의 남극 진출 상황과 남극조약 가입 전망, 남극에 진출한 각국의 기지와 활동 상황 등을 설명했다.

보고를 받던 나는 우선 남극 탐험이 해양소년단연맹의 주관 하에 이뤄진다는 사실에 놀랐다. 국내의 산악이나 바다에서 훈련하는 것도 아니고 극지極地를 탐험하는 것인데 청소년단체가 과연 감당할 수 있는 것인지 걱정이 되면서도 한편으로는 우리나라 젊은이들의 드높은 기상과 도전정신에 대견한 생각이 들었다. 청소년단체가 남극 탐험에 나선 일은 세계적으로도 유례가 없다고 했다. 나도 청년장교 시절에 미국에 두 차례 군사교육을 받으러가서 극한상황에서의 생존훈련을 받은 경험이 있었지만 무엇보다도 대원들의 안전대책이 걱정스러웠다. 훗날 들은 얘기로는 일부 대원들은 부모가 가지 못하게 말릴까봐 남극에 간다는 사실을 가족에게도 비밀로 했다는 것이다. 사람들의 머릿속에는 20세기 초 노르웨이의 탐험가 로 알 아문센과 남극 탐험을 경쟁하던 영국의 로버트 스콧 해군대령의 탐험대가 처절한 죽음을 맞이한 이야기가 남아 있어서 남극 탐험은 목숨을 걸어야 하는 매우 위험한 일로 여겨지는 것이 무리는 아니었다. 윤 단장은 전 대원이 이미 현지 적응훈련까지 마쳤다고 했지만, 나는 조난을 당하거나 예기치 않았던 긴급상황이 발생할 경우의 대책을 일일이 물어봤다. 식량이나 개인장비, 통신수단에 이르기까지 하나하나 점검하고 확인해봤다.

윤석순 단장은 관측 탐험이 성공하면 정부 내에 특별기구를 구성해 남극조약 가입을 적극 추진하는 한편 남극 기지를 건설하고 과기처 산하에 남극연구소를 설치해줄 것 등을 건의했다. 보고를 마친 윤 단장은 보고 내용이 담긴 '남극관측탐험계획'이라는 제목의 서류를 내밀며 재가를 해달라고 했다. 나의 재가문서가 있어야 앞으로 관계부처의 협조를 받을 수 있다는 것이다. 그런데 결재란에 국무총리나 관계 장관 또는 수석비서관 등의 부서란(副署欄)도 없이 덩그러니 '대통령 재가란'만 있었다. 이런 재가문서는 본 적이 없었다. 윤 단장은 주무부처도 없기 때문에 정부기관을 거칠 수 없었다며 재가를 간청했다. 나는 윤 단장의 보고 절차 등이 관례에 벗어난 일이었지만, 남극 탐험에 나서는 우리 청소년들의 기개와 의지를 높이 평가해 서류에 서명했다. 아울러 "꼭 성공해서 무사히 돌아오라."고 격려해줬다.

나는 무엇보다도 탐험대원들의 안전이 걱정돼 윤 단장을 보내고 난 직후 외무부에 "미국과 칠레 정부와 협조해서 우리 탐험대에 긴급사태가 발생할 경우 탐험대의 안전에 만전을 기할 수 있도록 협조 요청을 하고 주재 공관에서 탐험대에 필요한 모든 편의를 제공하라."고 지시했다. 남극 탐험대는 24일간의 일정을 성공적으로 마치고 12월 10일 칠레의 푼타아레나스에 귀환했다는 보고를 받았다. 나는 이들이 귀국하자 12월 20일 대원 전원을 청와대에 초청해서 오찬을 베풀고 격려했다. 아울러 배석한 관계 장관에게 남극 기지 건설을 적극 추진할 것을 지시하고 한국인의 드높은 기상을 보여준 17명의 전 대원에게 공로 포상을 주도록 지시했다. 이들에게는 국민훈장이 수여됐다.

남극 관측 탐험대의 활동이 국제적으로 공인을 받아 우리나라는 미국, 일본, 소련, 중공 등 18개 남극조약협의당사국의 동의 아래 1986년 11월 28일 세계에서 33번째로 남극조약에 가입할 수 있게 되었다. 이로써 남극과 그 주변의 평화적 이용과 과학 연구의 자유를 보장받을 수 있게 되었다. 북한도 바로 뒤를 이어 1987년 2월 남극조약에 가입했다. 그 당시만 해도 소련, 중공과는 수교가 없었고, 우리나라는 남북한 동시 UN가입을 추진하던 때여서 남극조약 가입에 소련과 중공의 동의를 받은 사실은 외교적으로도 의미가 있었다. 또한 86아시안게임에 중공이 대규모 선수단을 파견함으로써 성공적인 대회를 치른 데 이어 88서울올림픽에 소련 등 동구권의 참가 가능성을 한층 더 높여준 것으로 평가되었다.

나는 1987년 신년 업무보고 때 남극 기지사업의 주무부서가 된 이태섭 李台燮 과학기술처 장관에게 북한보다 앞서서 가능한 한 빨리 기지를 건설하도록 하라고 지시하는 한편 외무부에 대해서도 관련 국가들과의 협조에 차질이 없도록 도와주도록 했다. 과기처는 남극 기지 건설 사업을 해양연구소가 주관하도록 했고, 사업비는 미리 확보된 예산이 없어서 우선 예비비에서 55억 원을 충당하게 했다. 5개월의 준비기간을 거쳐 그해 12월 16일 기공식을 가졌다. 남극은 우리나라와는 계절이 반대여서 겨울이 시작되는 3월 이후에는 공사를 할 수 없기 때문에 착공한 지 불과 3개월 만에 본관동, 연구동, 주거동, 장비지원동 등 연건평 400평이 넘는 건물과 유류 저장탱크, 부두 등 최신식 과학기지를 건설하고 다음해 2월 17일에 준공식을 가졌다. 기지가 준공된 2월 17일은 나의 퇴임을 일주일 앞둔 시점이어서 나는 임기 중에 우리나라가 남극 기지를 갖게 되었다는 낭보를 듣게 된 것이다.

준공식을 하루 앞둔 2월 16일 밤 9시 30분, 나는 남극 현지에 가 있는 박긍식朴肯埴 과기처장관과 7분간 통화를 해 세계에서 18번째로 남극 상주 과학기지 보유국이 된 것을 자축하고 관계자들의 노고를 치하했다. 남극 과학기지는 남극지역의 대기, 지질, 동식물 분포, 천연자원에 관한 탐사 및 연구 활동을 하게 되는 것이다. 남극 과학기지의 명칭은 공모를 거쳐 '세종世宗', 영문으로는 'King Sejong'이라고 했다. 조선조의 임금 가운데 과학에 대해 가장 관심이 많았던 분이 세종대왕이었고, 또 우리의 기지가 들어선 땅이 '킹 조지'섬이어서 아주 잘 어울리는 이름이라고 생각했다.

2008년 10월 30일 반가운 손님들이 집으로 찾아왔다. 1987년 남극 관측 탐험에 나섰던 윤석순 단장을 비롯해 홍석하 킹조지팀 대장, 허욱 빈슨 매시트봉 등반대장, 장신근 월동대장, 허형택 전 해양연구소장, 송원오 전 세종기지 건설단장 등이 남극 세종과학기지 설립 20주년을 맞아 인사를 온 것이다. 이들은 색다른 선물을 가져왔다. 남극의 얼음이었다. 공해가 없는 남극에 내린 눈이 얼어서 만들어진 얼음덩어리는 티끌만한 먼지조차 없는 청정 얼음이었다. 양주를 칵테일해서 마실 때 이 얼음을 넣으면 퍽, 퍽 터지는 소리가 나서 술맛을 더해준다고 했다. 눈이 얼음으로 될 때 기포氣泡가 생겨 얼음 속에 남아 있다가 녹을 때 터지면서 소리가 난다는 것이다. 그 얼음도 귀한 것이었지만, 20년 전의 일을 잊지 않고 찾아준 것이 더욱 귀하고 고마웠다.

1988년 1월 탐사활동을 시작한 남극 세종기지.

남극 세종기지의 건립을 계기로 2002년 4월에는 북극에도 다산기지가 개설되어 우리나라는 남극과 북극 양극에 기지를 가진 세계 여덟 번째 국가가 되었다. 2006년에는 남극 연구활동 진흥 기본계획이 수립됨으로써 2009년 우리 손으로 만든 우리나라 최초의 쇄빙선碎氷船 아라온호가 건조되었을 뿐 아니라 2014년 남극에 제2기지인 장보고기지가 건설되는 등 우리나라의 극지사업이 날로 발전해가고 있는 것은 국가적으로 볼 때 매우 의미 있는 일이라 하겠다.

핵무기 개발과 원전原電기술의 자립

핵무장 집념에서 시작된 원자력 개발

1952년 11월 미국이 최초로 수소폭탄 실험을 실시한 데 이어 소련도 그 다음해인 1953년 8월 수소폭탄 실험에 성공했다. 그즈음 우리나라에서도 '수소폭탄' 실험이 이뤄졌다. 휴전 협상이 막바지 이른 1953년 이승만 대통령을 비롯하여 몇몇 국무위원과 군 고위층이 참관한 가운데 진해 앞바다에서 실시된 그 실험에서는 '수소탄 폭발'이 이뤄져 거대한 물기둥이 솟아올랐다. 참관석에서는 감격에 겨워 기립박수를 하는 사람도 있었다고 한다. 미국은 우리가 '수소탄' 개발을 위한 연구를 진행 중이며 실험까지 준비하고 있다는 사실을 모르고 있었는지, 아니면 알고 있었지만 관심을 둘만한 일이 아니라고 판단해서 모른 척했는지 알 수 없는 일이다. 어쨌든 함께 전쟁을 치르고 있는 미국 몰래 치른 거사였다. 그해 6월 미국을 감쪽같이 속이고 반공포로 석방을 단행했듯이 이승만 대통령의 배짱을 엿볼 수 있게 한 일이었다. 그 일은 얼마 안 가서 한마당의 소극笑劇이었던 것으로 드러났고 그 뒤 흐지부지되었지만, 원자탄 개발은 이승만 대통령의 집념어린

목표였다.

　이승만 대통령이, 2차대전 때 일본이 추진하던 원자탄 개발 설계도를 가지고 있다는 일본인 기술자에 관한 보고를 받은 것은 그 실험이 있기 2년 전인 1951년 봄이었다. 그때는 미국과 1948년 핵실험에 성공한 소련만이 핵보유국이었고, 영국도 아직 핵을 갖지 못하고 있었다. 이승만 대통령은 곧 그 일본인을 모셔 오도록 해서 해군기술연구소를 개설하고 그 일을 맡겼다. 2년간 준비한 실험은 철제통에 압축한 수소가스를 채워놓고 원격장치로 폭파하는 것이었다. 그는 단지 '수소탄'을 만들 수 있다고 했지 핵반응에 의한 '수소핵폭탄'을 만든다고 한 것은 아니라고 변명했다고 한다.

　북한의 기습남침으로 부산까지 밀려 내려가야 했던 이승만 대통령으로서는 절치부심切齒腐心하며 '북진통일'을 외칠 수밖에 없었다. 원자탄만 손에 넣으면 그 뜻을 이룰 수 있다고 생각했을 것이다. 그러니까 "원자탄도, 수소탄도 만들 수 있다."는 말에 솔깃했을 터였다. 그 '수소탄 실험' 촌극을 통해 핵무기 개발에 지름길이 없음을 깨달았을 이승만 대통령은 새로운 접근법을 펴나갔다. 같은 해인 1953년 12월 미국의 아이젠하워 대통령은 '원자력의 평화적 이용'이라는 UN 연설을 통해 원자력 발전 등 원자력을 평화적 목적으로 이용하려는 나라에 대해서는 기술을 제공하겠다고 밝힌 것이다. 우리나라는 1956년 2월 미국과 '원자력의 비군사적 사용에 관한 정부 간의 협력'을 규정한 협정을 맺었다. 이어 1957년 8월 IAEA(국제원자력기구)에 가입했다. 같은 해 11월에는 문교부에 원자력과를 신설하고 1958년 2월 원자력법을 제정했다. 동시에 100여 명의 원자력 유학생을 미국에 보내고 원자력연구소도 만들었다. 이승만 대통령은 연구용 원자로 도입을 위한 예산을 특별히 지원하도록 조치했다. 원자력과 관련한 이승만 대통령의 이처럼 각별한 배려는, 그에 앞서 윤세원尹世源 원자력과장에게 "우리나라에서도 원자폭탄을 만들 수 있나?"라고 물은 뒤 "지금 당장은 어렵지만 연구를 계속하면 불가능한 것은 아니다." 는 대답을 들은 후의 일이었다.

나는 이승만 대통령의 그러한 결정들이, 오로지 원자탄을 손에 넣어야겠다는 집념에서 비롯된 것만은 아닐 것으로 생각한다. 1950년대에는 비록 선진국들에 국한된 일이었지만 이미 원자력을 이용한 발전發電이 군사적, 경제적 목적에 실용화되고 있었다. 당시 심각한 전력난을 겪고 있던 우리나라로서는 원자력발전소 건설이 오랜 기간이 필요한 사업이라 하더라도 언젠가는 착수해야 할 과제였던 것이다. 전쟁 중에는 그럴 여유가 없었지만, 휴전이 되자 급증하는 산업용, 가정용 전기 수요를 감당하기 위한 발전소 건설이 시급했다.

해방 당시 남한은 몇몇 소규모 화력발전소 외에 이렇다 할 발전시설이 없어서 소요 전력의 상당 부분을 북한의 송전에 의존하고 있었다. 당시 남북한의 전원電源시설 비율은 15% : 85%였다. 그런데 대한민국 정부 수립을 꼭 3개월 앞둔 1948년 5월 14일 밤 우리나라는 암흑천지가 되었었다. 북한이 돌연 그날 정오를 기해 남한에 대한 송전을 중단한다고 선언했기 때문이었다. 갑자기 제한 송전이 되자 대부분의 가정에서는 전깃불을 켜지 못하고 촛불을 밝혀야 했다. '특선特線'이 가설되지 않은 일반 가정은 전기가 들어오는 3~4시간 외에는 라디오를 청취할 수도 없었다. 이러한 사정은 1964년 제한 송전이 전면 해제될 때까지 계속됐다. 북한의 돌연한 단전 조치는 우리가 경험한 1차 에너지 쇼크였을 것이다.

신생국인 우리나라, 건국한 지 2년도 못 되어 혹독한 전쟁의 참화를 겪어야 했던 우리나라. 휴전 후에도 대한민국을 적화통일하겠다고 여전히 칼을 갈고 있는 북한을 머리에 두고 있는 우리나라. 천연자원도 빈약하고 전력자원도 부족한 우리나라의 경우 이승만 대통령이 아니더라도 국정 최고책임자라면 원자력을 붙잡지 않을 수 없는 것이었다. 국가의 안전을 담보하는 강력한 전쟁 억지력으로서의 원자력, 경제적 성장과 발전의 동력인 원자력에 갈증을 느끼는 것은 당연하고도 자연스러운 일이다. 원자력에 대한 이승만 대통령의 집념어린 관심과 배려가, 군사적인 목적과 평화적인 목적 가운데 그 어디에 더 역점을 두었던 것이든 간에 우리나라에 원자력기술 연구개발의 씨앗을 심어놓은 것은 분명한 사실이다.

미국의 '한국 원자력' 딜레마

심각한 전력난을 겪던 우리나라가 수력발전소. 화력발전소 외에 원자력발전소 건설 쪽으로 눈을 돌릴 수 있게 한 것은 미국이었다. 앞에서 언급한 1948년 북한의 단전 사태 때, 그리고 6.25 전쟁을 치르고 있던 때 발전함發電艦을 들여와 전기를 공급할 수 있도록 도와준 미국 에디슨사의 시슬러 회장이 1956년 이승만 대통령에게 원자력 발전소 건설을 조언했다. 5.16으로 집권한 박정희 대통령은, 이승만 대통령 때 착공한 원자로가 준공된 1962년 11월 '원자력발전대책위원회'를 만들었다. 원자로를 연구용으로만 활용할 것이 아니라 발전으로 이어질 수 있도록 준비하게 했다. 1968년 1월 원자력발전소 건설계획을 발표한 데 이어 1969년 1월 미국의 웨스팅하우스와 계약을 체결했다. 그리하여 1971년 3월 우리나라 최초의 원자력발전소인 고리 1호기의 기공식을 가질 수 있었다. 이어 중수로인 월성 1호기와 고리 2호기를 착공했고, 1978년 7월 고리 1호기의 준공식 때에는 고리 3~4호기의 기공식을 동시에 갖는 등 원전 건설에 박차를 가했다.

하지만 이승만 대통령 시절, 그리고 박정희 대통령 시절에 걸쳐 추진된 원자력발전소 건설 사업이 모두 순조롭게 진행된 것은 아니었다. 순조로운 진행을 방해한 가장 큰 요인은, 한국이 원자력발전소를 건설하고 운용해 나가는 과정을 통해 핵무기 개발의 기회를 포착하려 한다는 미국 측의 의심과 견제 때문이었다. 애초에 원자력발전소 건설 계획 자체가 미국의 협조와 지원 없이는 이루어질 수 없는 일이었지만, 동시에 미국은 우리가 정해진 궤도 밖으로 일탈하지 않는지 끊임없이 감시하고 견제했다. 이승만 대통령, 박정희 대통령의 말이나 정책에서 핵무기 개발에 대한 집념이 노골적으로 드러나곤 했던 것이다.

"미국은 한국의 원자력기술 개발과 원자력 산업 건설을 도와야 한다."는 명제는 미국으로서는 딜레마였다. 한국은 미국의 혈맹이자 각별한 우방이다. 북한의 침략으로부터 한국을 구하기 위해 미국의 젊은이 수만 명이 목숨을 바쳤다. 냉전 상황에서 국제공산세력의 팽창에 맞선 전초가 되고 있는 한국은 미국의 세계 전략상 중요한 나라다. 한국이 발전하고 강력해질 수 있도록 도와줘야 한다. 한국이 경제적으로 자립하고 성장하는 데에는 원자력산업의 육성이 필수적이다. 그러니까 미국은 한국이 원자력기술을 연구 개발하고, 또한 원자력을 평화적으로 이용하는 일에 도움을 주어야 한다. 미국은 이미 이승만 대통령 시절인 1958년 한국이 연구용 원자로를 도입하는 데 자금의 절반 가까이를 지원해주었다. 또 100여 명의 원자력 유학생을 받아주었다. 박정희 대통령 시대에 들어와서도 우리나라 최초의 원자력발전소인 고리 1호기를 비롯한 원자력발전소 건설 사업을 추진하는 데 양국 간에 협력이 이뤄졌다.

한국은 원자력을 들여다볼 때 군사적 가치에 눈독을 들이는가, 아니면 평화적 이용 가치에 주목하는가. 미국은 이 대목에서 의심을 갖게 되고, 의심은 우려로 발전하고, 우려는 견제의 손길을 내밀게 했다. '북진통일'을 외친 이승만 대통령 시절은 원자탄을 갖고자 하는 한국의 열망이 분명히 드러나 있었지만, 기술 수준에 비추어 그 실현 가능성은 없는 것이나 마찬가지였다. 그럼에도 불구하고 미국은 이승만 대통령이 선정한 원자력연구소 부지의 후보지가 모두 군부대 근처나 깊숙한 오지인 데 대해 "대학 가까이에 둬야지 무슨 이유로 그런 곳에 원자로를 설치하려고 하느냐?"며 의심을 거두지 않았다. 결국 절충 끝에 서울대 공대와 가까운 지금의 서울 공릉동에 자리를 잡았는데, 이때에도 이승만 대통령은 최종 결정권을 국방부가 행사하게끔 했다. 군의 의견을 존중했던 것이다. 1959년 7월 원자력연구소 부지에서 원자로 기공식을 갖던 날, 첫 삽을 뜬 이승만 대통령은 "원자력연구소는 장차 훌륭한 '어토믹 머신(atomic machine)'을 만들어야 한다."고 강조했다는 것이다.

박정희 대통령 시절인 1971년 고리 1호기를 착공한 우리나라가 다음 해인 1972년 프랑스와 플루토늄 재처리 기술 및 시설 도입 교섭을 추진하자 미국은 핵우산을 철수하겠다며 압박했다. 국제사회에서는 핵무기 확산을 통제해야 한다는 여론이 조성되고 있는 가운데 1974년 5월 인도가 캐나다의 CANDU형 원자로를 이용해 핵무기를 만들어 실험까지 했다. 다음 해인 1975년 1월 우리나라가 AECL(캐나다원자력공사)와 농축우라늄을 활용하는 CANDU형 원자로 도입을 추진하자 캐나다에 압력을 넣어 이를 무산시켰고, 고리 2호기 차관 도입 승인마저 보류시켰다. 미국은 대만에 대해서는 연구용 CANDU형 원자로를 아예 철거시키도록 했다.

내가 대통령으로 재임하던 1982년 5월 에너지연구소는 연계핵연료주기(tandem)를 AECL 산하 화이트쉘 연구소와 공동 개발하기로 합의한 뒤 연구를 진행 중이었는데 1983년 12월 말 미 국무부 핵 감시국장이 중지할 것을 강력히 요구함으로써 1984년초 포기할 수밖에 없었다. 1985년 9차 한미 원자력공동상설위원회에 참석한 IAEA의 사찰관, 미 상무부 소속의 담당관, 미 대사관의 과학 담당관 등은 가동 중인 고리 1호기와 건설 중인 원자력발전소 등을 살펴봤다. 특히 1983년 운전을 시작한 월성 1호기를 비롯해 앞으로 건설될 원자로가 모두 중수로인 월성원자력본부에는 IAEA의 사찰관이 24시간 눈에 불을 켜고 감시했고, IAEA는 그 사찰관을 또 2중으로 감시한다고 했다.

뒤에 언급하겠지만, 1985년 8월 우리 과학자들이 경수로 핵연료 국산화 사업의 기술 도입선으로 독일의 카베유를 선정했는데, 응찰했다가 탈락한 미국 웨스팅하우스 측에서는 주한 미국대사를 지낸 고문을 보내 항의했다. 이에 그치지 않고 8월 하순 미 국무부 앨런 세섬 핵核 감시국장이 6명의 핵 전문가를 대동하고 내한해 "에너지연구소가 도대체 무엇을 하는 곳인데 이렇게 고급 인력이 많은가."라고 따지며 3일에 걸쳐 핵연료주식회사 시설들을 샅샅이 살펴보고 돌아갔다.

이때뿐만이 아니었다. 1986년 9월 영광 3~4호기 원자로 계통 설계를 위한 기술 도입선으로 미국의 CE(컨버스천 엔지니어링)를 선정했는데, 이번에도 탈락한 웨스팅하우스 측은 항의공문을 보내는 등 강력히 항의하면서 정치 문제화하려고까지 했다. 나에게 탄원서를 보내오기도 했다. 당시 직선제 개헌 요구로 정치사회적으로 시끄러울 때였는데 탈락업체들은 한전 측에 비리가 있다는 듯이 몰아가기도 했다. 이때의 어려웠던 사정과 관련해 이종훈李宗勳 당시 한전 부사장은 훗날 수기에서 "돌이켜보면 이때 전두환 대통령의 절대적인 신임을 받던 박정기朴正基 사장이 아니었더라면 이렇게 정치적으로 민감한 부문을 결단 내린다는 것은 결코 쉽지 않았을 것."이라고 썼다.

자주국방을 위한 한국의 핵드라이브

박정희 대통령 시절인 1970년대 한국의 핵개발 문제는 미국의 주한 미지상군 철수 계획과 얽히면서 복잡한 양상을 띠게 됐다. 박 대통령이 언제부터 원자력발전소 건설 문제에 핵무기 개발 의지를 접목시켰는지는 확실치 않지만, 1969년 7월 닉슨 미국 대통령의 '괌 독트린' 이후 구체화됐을 것이란 추측이 가능하다. 월남전의 수렁에 빠져 허우적대던 미국이, 아시아 국가들에 대해 조약상의 의무는 다하겠지만 기본적으로 각 국가의 안보는 스스로가 책임져야 한다는 선언이었다. 이 논리를 우리나라에 적용하면 '한국 안보의 한국화(Koreanization of Korea Security)'가 되었다. 우리의 입장에서 '자주국방'은 자주적 의지의 표현이기 이전에 강요된 과제가 된 것이다. 월남에서의 철군과 함께 닉슨은 괌 독트린을 발표한 지 2년 만인 1971년 3월 미 7사단 병력 2만 명을 우리나라에서 빼내갔다. 주한미군의 철수계획을 공약하고 1976년 11월 대통령에 당선된 카터는 취임 직후인 1977년 3월 5년 내에 주한미군을 철수한다는 계획을 발표했다.

박정희 대통령은 닉슨 독트린과 그에 따른 주한미군 철수 움직임이 가시화하자 몇 가지 대응조치를 취해나갔다. 체제 강화와 국력 결집의 명분 아래 '10월 유신' 조치를 취하는 한편 '자주국방'의 토대가 되는 방위산업 육성을 위해 중화학공업에 집중 투자했다. 이즈음 박 대통령은 "우리나라 같은 작은 나라는 고슴도치처럼 온몸을 바늘로 감싸야 사자 같은 큰 맹수도 함부로 덤비지 못한다."고 강조했는데, 이 말은 북한의 도발 의지를 원천적으로 꺾어버릴 수 있는 핵무장을 마음에 두고 있는 것으로 받아들여졌다. 고슴도치의 비유는 핵무장하려는 의도가 핵공격이 아니라 억지력, 응징력 확보라는 점을 강조하는 것으로 보였다.

비밀해제된 미국 측 문서에 따르면 키신저 미 국무장관은 스나이더 주한 대사에게 보낸 1975년 3월 4일자 전문에서 "우리의 기본목표는 핵무기와 운반체계를 개발하려는 한국의 노력을 좌절시키는 것이다. 민감한 기술과 장비에 대한 한국의 접근을 금지하고 한국이 NPT(핵확산금지조약)에 가입하도록 압력을 가하라. 또 한국의 핵관련 시설에 대한 감시를 강화해야 한다."고 했다. 박 대통령은 바로 다음 달인 1975년 4월, 그 5년 전인 1970년 3월에 발효된 NPT를 비준했다. 하지만 핵문제에 관한 박 대통령의 입장은 경우에 따라 다르게 표현됐다. 그때마다 생각이 바뀌었기 때문은 아니고, 의도적인 이중성이었을 것이다.

NPT를 비준한 지 두 달 뒤인 1975년 6월 박 대통령은 『워싱턴포스트』와의 회견에서 "핵무기를 개발할 능력이 있다."고 한 걸음 더 나아갔다. 그러자 슐레진저 미 국방장관은 박 대통령의 이 발언에 즉각 반응해서 "북한이 도발해올 경우 핵 사용도 불사한다."고 강조했다. 이 말은 우리나라에 대한 핵우산 제공 방침을 밝히는 동시에 우리나라가 독자적으로 핵무장을 할 필요가 없다는 점을 강조하려는 의도의 발언인 것으로 해석되었다. 실제로 그 두 달 뒤인 1975년 8월 서울에서 열린 8차 한미안보협의회에 참석하기 위해 방한한 슐레진저 장관은 박 대통령을 만난 자리에서 "평양에 핵무기를 사용한다면 2~3만 명이 사망하지만, 반대로 소련이 서울을 향해 핵무기 공격을 가한다면 300만 명이 사망할 것."이라는 논리로 핵개발 포기를 설득했다고 2015년 비밀해제된 문서는 밝히고 있다. 슐레진저 장관은 또 "한미관계를 손상시키는 가장 안 좋은 요소는 바로 자체적 핵무기 확보 노력."이라고 했는데, 이 말은 분명한 경고를 담고 있는 것이다. 스나이더 미국

대사는 1976년 1월 본국에 보낸 전문에서 "한국과의 대결이나 박정희 대통령의 권위나 위신을 손상하지 않고도 한국의 핵개발계획 포기 목적이 가능하다는 확신을 갖게 됐다."고 보고했다. 현지 대사의 이러한 판단에도 불구하고 미국은 방위력 증강, 자주국방의 명분을 앞세운 박정희 대통령의 '핵드라이브'에 대한 의심을 거두지 않았고, 특히 우리의 국방과학연구소(ADD), 원자력연구소와 그 산하의 핵연료개발공단 등에 대한 감시의 강도는 갈수록 심해졌다.

카터 대통령은 철군 계획을 발표한 두 달 후인 1977년 5월 기자회견에서 "미 지상군의 철수는, 북한의 남침 시 미국이 한국을 보호하기 위해 필요하면 전술핵무기를 사용할 용의가 있다는 암시를 수반하는가?"라는 질문에 "우리가 원자무기로써 전략적 엄호를 하고 재래식 한국 군사력을 이에 결부하면 적절하다고 생각한다. 그러나 이 두 개가 나 자신의 계획에서 꼭 결부되어 있다고는 말할 수 없다."고 답변했다. 이 '전략적 엄호' 발언이 2년 전 당시 슐레진저 국방장관의 '핵 사용 불사' 발언을 재확인한 것인지는 확실하지 않지만, 주한미군 참모장 싱글러브 장군의 항명 파동 와중에서 나온 것이어서 우리나라 언론은 '핵 사용'의 의미로 해석했다. '핵우산'을 제공한다는 방침만은 분명히 한 것으로 본 것이다.

카터 행정부는 1978년 초 '미군 철수 보완을 위한 특별국제안보원조법안'을 의회에 제출했다. 해롤드 국방장관은 의회에서 "이 법안의 승인과 철군 추진은 뗄 수 없는 한 묶음."이라고 증언함으로써 의회의 승인을 받지 못하면 철군 계획이 보류될 것임을 비쳤는데, 결과는 승인 거부였다. 카터 행정부는 결국 1979년 2월 주한미군의 철수를 잠정 보류한다고 발표했다.

핵무기의 제조 능력을 갖추자

1970년대에 한국의 원자력기술 개발 문제가 미국의 딜레마였다면, 우리도 또 다른 측면에서 핵 딜레마를 안고 있었다. 원자력은 평화적 목적으로만 이용해야 한다는 미국의 요구와 NPT 체제의 질서에 순응하느냐, 아니면 우리나라가 놓인 엄중한 안보 환경에 대처한다는 명분 아래 국제사회의 제재를 각오하고 군사적 활용 방안을 추구해 나가느냐 하는 문제는 우리에게 선택을 요구한다. NPT를 준수하면서 동시에 핵무기를 개발하거나 보유하는 것은 불가능하다. 어느 한 노선을 택해야 한다. 국제사회의 감시의 눈을 피해 핵무기를 만든 나라들이 있다. 이스라엘과 인도, 파키스탄 등이 핵보유국으로 간주되고 있고, 최근에 와서는 북한이 그 대열에 들어서 있다고 주장하고 있다. 이들 국가는 NPT에 가입하지 않았거나 탈퇴했다. 그러니까 IAEA의 사찰 요구를 거부하고 핵을 가지려고 한다면, IAEA와 NPT를 탈퇴해야 한다.

박정희 대통령은 미국이나 국제사회의 가혹한 제재를 모면하면서 핵무장에 성공한 이스라엘의 경우에 주목했다는 추측이 있다. 이스라엘은 자국의 핵문제에 대해 '시인도, 부인도 하지 않는' 이른바 NCND(Neither Confirm Nor Deny) 원칙을 고수하고 있다. 미국은 이러한 이스라엘에 대해 '묻지 않을 테니까, 말하지 말아라' DADT(Don't Ask, Don't Tell)로 화답하고 있다. 이스라엘은 NPT가 발효되기 전에 이미 핵개발을 끝냈다고 하니까 인도, 파키스탄 등의 경우와는 다르다고 할 수 있을지 모른다. 하지만 이스라엘의 핵무장과 관련한 이러한 '의도적 모호성(deliberate ambiguity)'은 미국이 이스라엘의 핵무장을 눈감아줬다는 비난을 자초했다. 어쨌든 미국이 우리나라에 대해서도 '핵모호성'을 보여줄 것이라는 어떠한 낌새도 없었다. 그 반대로 압박의 강도를 높여갔다.

미국의 카터 행정부가 주한 미 지상군의 추가 철수 방침을 보류한다고 발표한 1979년 2월 즈음해서 박 대통령은 자주국방의 명분 아래 속도를 내던 핵드라이브를 포기했다. 박 대통령 시절의 마지막 한미 정상회담이 된 1979년 6월 말 청와대 회동을 계기로 미 지상군의 철군 중단 방침이 확인되었다. 한국의 독자적인 핵개발 명분을 없애버린 것이다. 이로써 박 대통령의 핵무기 보유 의지가 좌절된 것인지, 아니면 불씨를 가슴속에 감추고 있었는지 알 수 없는 일이다. 그러다가 10.26을 맞게 된 것이다. 내가 대통령에 취임했을 당시의 상황은 그랬다.

원자력 관련기관의 명칭에서 '핵', '원자력' 등의 용어를 빼버리는 것이 좋겠다는 건의가 있었다. 그 기관들이 하는 일의 내용이 중요하지, 이름 때문에 불필요한 견제와 마찰을 자초할 이유가 없다는 것이다. 나는 미국 측의 의혹과 감시가 과민한 것이라고 생각됐지만, 핵무기 개발계획을 공언하는 등으로 미국을 그처럼 과민하게 만든 원인의 일단이 우리에게 있는 것이 사실인 만큼 불필요하게 미국을 자극할만한 일은 자제하자고 마음먹었다. 대덕공학센터로 이름을 바꾼 핵연료개발공단을 방문할 때에도, 충남도청에서 도정보고를 받는 일정 중간에 잠깐 들르는 모양새를 취했다. 핵연료공단은 미국이 IAEA의 미국인 전문가를 상주시키면서 가장 민감하게 감시하던 기관이었다.

1980년대 초 당시 우리의 독자적인 핵무장 시도는 무엇보다 먼저 현실적으로 불가능했다. 우리에게 유능하고 애국심마저 투철한 고급 원자력 인력이 있고, 자금 조달이 가능했다고 하더라도 우선 핵무기에 필요한 우라늄 농축이나 플루토늄 재처리가 불가능하다. 설사 제조에는 성공한다 하더라도 고폭실험을 할 장소가 없었다. 지하 핵실험이라는 것이 북한 같은 체제에서는 할 수 있었는지 모르지만, 우리로서는 가능하지 않다. 우리의 독자적인 핵무기 개발 시도는 현실적으로 불가능할 뿐만 아니라 무모한 일이기도 했다. NPT와 IAEA 탈퇴를 선언할 경우 우리가 받게 될 국제사회의 제재는 상상하기조차 어려울 정도다. 가동 중인 원자력발전소의 핵연료 도입선이 끊어져, 30% 가까운 전력電力 생산이 중단된다. 전력 공급이 안 되면 공장이 문을 닫을 수밖에 없다. 특히 수출로 먹고 사는 우리나라가 무역제재를 받게 되면 경제는 파탄을 면할 수 없다. 수출품을 만들기 위한 수입 원자재 확보가 안 된다. 한미동맹도 사실상 파탄이 나게 돼 안보는 더 불안해진다. 안보를 위해 핵무기를 가져야 한다는 것이 안보를 해치는 결과를 빚게 되는 것이다. 그런 상황을 맞게 되면 핵무기 개발을 위한 추진 동력도 잃게 된다. 한 마디로 이것도 저것도 다 잃고 마는 셈이다. 무엇이 국익인지, 어떠한 선택이 옳은 것인지 답은 분명했다. 남아프리카공화국도 국제적 제재를 견뎌내지 못해 결국 6개의 핵탄두를 IAEA에 기탁하고 전면적인 사찰을 수용할 수밖에 없었다. 오늘날 북한은 버티고 있지만, 폐쇄국가인 북한과 우리의 사정은 전혀 다르다. 우리가 북한과 같은 처지가 될 각오를 한다면 못할 것도 없겠지만 그 길은 망국으로 가는 길이다. 1979년 즈음해서 박 대통령이 핵에 대한 집념을 포기한 데에는 그러한 고려들이 있었을 것으로 짐작된다. 미국이 철군 계획을 보류하고 핵우산 제공 방침을 다짐함으로써 독자적인 핵무장 추진의 명분을 잃게 된 사정도 작용했을 것이다. 박정희 대통령의 핵무기 개발 의지 표명이 우리나라에 대한 미국의 방위공약, 특히 핵우산 제공을 다짐받기 위한 압박용이었는지, 아니면 미국의 핵우산 제공 여부와 상관없이 정말로 독자적인 핵무기 보유를 목표로 한 것인지 나로서는 그 본심을 정확히 알 수 없는 노릇이다. 하지만 1970년대 상황에서 우리가 핵무기를 독자적으로 개발 보유할 수 있었다고 확신했다면, 나는 박 대통령에게 그러한 확신을 심어준 측근 보좌진들이 잘못 보필한 것이라고 믿는다. 특히 오원철吳源哲 경제제2수석비서관은 중화학공업과 방위산업 육성을 위해 헌신한 공로에도 불구하고 핵무기 개발 문제와 관련해서는 박 대통령을 올바로 보좌하지 못했다는 지적을 피할 수 없다고 하겠다.

1981년 2월 나의 방미로 이루어진 레이건 미 대통령과의 정상회담에서는 주한미군의 추가 철군이 없다는 방침이 확인됐다. 뿐만 아니라 우리의 방위력 증강을 위한 군사협력 강화 방안들에 합의했다. 이러한 결정들은 새로운 미 행정부 외교정책의 전략적 수정을 의미했고, 한국이 독자적인 핵개발 기도를 포기한 일과 직접적으로 연관된 것은 아니었다.

내가 대통령에 취임한 1980년 초 우리나라의 전력 생산에서 원전 의존도는 1970년대에 비해 급격히 증대되고 있었다. 이미 전력을 공급하고 있던 고리 1호기 외에 5기가 더 건설 중이거나 계획되고 있었다. 소비 에너지의 97%를 수입에 의존하고 있는 우리나라가 환경을 보존하면서 고도성장을 지속해나가려면 원자력이라는 대형 에너지 자원을 늘려나가야 할 필요성은 갈수록 커지게 되어 있었다. 그 당시에도 이미 태양광, 조력潮力, 풍력 등 신재생에너지를 활용하기 위한 연구개발이 활발히 진행되고 있었지만 온실가스 배출량이나 발전 단가 등을 비교할 때 원자력에너지가 가장 경제적임이 분명했다. 전력 자원으로서의 필요성 이외에도 산업이나 의학 등 활용 분야가 확산되고 있었다. 원자력기술에 관한 학술적 연구와 이용 기술의 개발을 위한 정부의 역할이 중요했다. 최첨단기술이 종합되어야 하는 기술집약형 원자력 산업을, 반도체를 비롯한 정보통신사업, 자동차 사업 못지않게 집중 지원해 나가자고 생각했다.

나는 우리가 직면해 있던 핵딜레마를 복잡하게 생각하지도 않았고, 오래 고심하지도 않았다. 우리가 자체적으로 원자탄을 만들어야 하는가, 만들 수 있는가, 만들었을 때 우리가 얻는 것은 무엇이고 잃는 것은 무엇인가 하고 자문했을 때 답은 분명했다. 원자력발전소 국산화를 위한 연구개발(Research & Development)에 총력을 쏟아 붓자, 그러기 위해서는 불필요한 갈등과 견제를 초래할 일들은 최대한 회피하자고 마음먹었다. 원자력발전에 필요한 핵연료를 국산화할 수 있고, 독자적인 원자로 기술을 개발 축적하면 핵무기 개발 능력도 배양되는 것이라고 생각했다. 나는 핵공학에 대해 깊은 지식은 없었지만, 핵무기 개발보다 원자로와 원자력발전소 건설, 핵연료 생산이 더 고도의 기술이 필요한 것이라고 알고 있었다. 그러니까 원자력에 관한 고도의 기술을 쌓는 일이 우선이라고 믿었다.

원자력기술 자립을 위한 사업은 그 성격상 민간에 맡길 수 없는 일이어서 나는 먼저 범국가적인 협의체를 만들어 추진해나갈 것을 지시했다. 1983년 7월 한국전력기술주식회사, 에너지연구소, 원자력연료주식회사, 한국중공업 등 원자력발전 관련기관을 망라한 '원자력발전 기술자립촉진 대책회의' (1984년 '전력그룹협력회'로 개칭)가 구성되었다.

경수로 기술의 국산화 성공

우리나라에서 초기의 원자력발전소는 턴키(Turn key), 일괄수주방식으로 건설되었다. 원자력발전소 건설을 위한 기술이 축적되어 있지 않은 당시 우리나라로서는 외국의 선진기술에 의존할 수밖에 없었다. 외국의 공급자에게 설계, 제작, 시운전에 이르기까지 모든 권한과 책임을 맡겼다. 플랜트의 성능, 가격, 공기工期 등에 대한 사업주 측의 위험부담은 적었으나 관련기술의 이전이나 국산화를 기대할 수는 없었다. 최초의 원자력발전소인 고리 1호기의 경우 기본설계는 웨스팅하우스의 책임 하에 미국 길버트가 기본

종합설계를 맡고, 세부설계는 건설 계약자인 영국전기가 맡아 설치하는 식이었다. 턴키 방식이어서 모래와 자갈 등 골재 이외의 기자재는 거의 모두 수입해서 사용해야 했다. 건설 사업 진행 중 비교적 국산화가 용이했던 조명기구를 제작, 납품하는 것이 고작이었다는 것이다.

발전소가 준공되어 전기를 생산하게 되었을 때에도 핵연료 공급은 전량을 외국과의 장기계약에 의해 확보되고 있었다. 그러나 핵연료의 안정적 확보를 위해서는 핵연료를 우리 스스로 만들 필요가 있었다. 원자력발전소 건설 기술의 자립화에 앞서 핵연료의 국산화가 보다 시급한 과제였다. 고맙게도 애국심과 사명감에 투철한 우리의 원자력 인재들이 이 일을 훌륭히 이뤄냈다. 국방과학연구소에 있다가 1982년 초 한국에너지연구소 대덕공학센터장으로 전임된 한필순韓弼淳 박사는 취임 초기 가장 빠른 시일 안에 괄목할만한 성과를 낼 수 있는 사업으로 중수로 핵연료 국산화사업을 선택했다. 이에 따라 중수로용 핵연료의 국산화를 위한 정련精鍊, 변환, 성형가공 등 일관된 시험시설을 확보하고 연구개발, 시제품 제작, 검증, 품질보증, 양산 체제 구축을 위한 과제들을 추진했다. 다음해인 1983년 1월 우선 중수로 핵연료의 시제품을 만드는 데 성공했다. 한필순 박사는 그에 앞서 1982년 10월 5일 AECL(캐나다원자력공사)에서 시제품의 성능 시험을 할 수 있도록 사전 협상을 타결해놓았다. 서병수 박사가 이끄는 우리 기술진은 "성능시험에 실패하면 태평양에 빠져 죽겠다."는 결의를 다지며 1983년 2월 말 시제품 세 다발을 갖고 캐나다로 떠났다. 1984년 6월 성능시험 결과 AECL 측의 공식 인정을 받았고 이어 그해 9월 월성 원전에 시험 장전할 수 있었다. 1년 후에는 실제 운용해본 결과 품질이 우수하다는 판정을 받았다.

1983년 4월 12일 나는 대덕공학센터를 방문했다. 한필순 박사는 중수로 핵연료 생산라인에서 나를 안내하며 "이제 노내爐內 검증시험에 들어가는데 겉보기에는 10억 캐나다 달러를 들여서 개발한 캐나다제와 비교해도 손색이 없다고 한다."고 보고했다. AECL에서 진행 중인 핵연료 시제품의 연소 시험이 성공적이라는 보고가 열흘 전인 3월 30일 도착했다는 것이다. 희소식이었다. 이날 한 박사가 준비한 중수로 핵연료 시제품에 관한 보고가 끝나자, 나는 경수로 핵연료 생산라인으로 가보자고 했다. 내가 한 부소장에게 물었다.

"이건 뭡니까?"

"가압경수로(PWR)입니다."

"우리 원자력발전소는 대부분이 경수로인데 거기서 사용할 핵연료는 왜 개발하지 않습니까. 우리로서는 중수로 핵연료보다 경수로 핵연료가 더 중요한데…."

"제가 알기로는 한전에서 외국기술 도입으로 추진하고 있다고 들었습니다."

"왜 그걸 한전에서 합니까? 한전이 외국회사에 사업을 맡기면 우리는 영영 기술을 가질 수 없지 않습니까. 힘들어도 우리 과학자들이 개발해야 우리 기술이 되지…. 여기서 해야 합니다. 여기서 해야 우리가 핵심기술을 자립시킬 수 있지. 한전에서 하면 기술 자립이 되겠습니까?"

나는 우리나라의 원자력기술 자립을 위한 과제는 사업부서인 한전이 아니라 연구소에서 주도하게 해야 한다는 점을 분명히 못박아두었다. 나는 대덕공학센터를 떠나면서 한필순 에너지연구소 부소장에게 다시 한 번 강조했다. "한 박사, 이거 여기서 해야 됩니다. 그래야 우리나라에 기술이 떨어지지."

그 자리에는 정부의 관계 국무위원과 연구소의 연구원과 직원 그리고 관련 연구기관 책임자들이 모두 참석하고 있었다. 나는 이들을 향해 이렇게 말했다.

"한필순 박사를 비롯한 전 연구원은 앞으로 연구와 기술 축적에 모든 역량을 다 바쳐 반드시 한국형 원자로를 개발해주시기 바랍니다. 그리고 정부의 관계부처와 관련기관은 연구소가 이 업무를 차질 없이 수행할 수 있도록 적극적으로 지원을 하고 협조를 해주셔야 하겠습니다. 그리고 앞으로 한 박사가 업무와 관련해서 한 말은 나의 지시로 알고 이행에 만전을 기해주기 바랍니다."

한 부소장은 훗날 월간지에 기고한 글에서 이 장면에 대해 이렇게 썼다. "필자는 꼭 쥐었던 손을 놓고 돌아서는 대통령의 모습에서 원자력기술 자립에 대한 의지를 느낄 수 있었다."

3개월 후인 1983년 7월 한필순 대덕공학센터장은 핵연료주식회사(1982년 11월 한전이 설립한 자회사) 사장으로 겸임 발령받았다. 1985년에는 중수로 핵연료를 양산하는 기술개발에 성공했다.

2015년 작고한 한필순 전 한국원자력연구소장은 2011년 7월 1일자로 작성된 글 '노과학자老科學者가 원자력 가족들에게 드리는 글'에서 이때의 일을 이렇게 기술했다.

"1983년 4월 전두환 대통령이 대덕공학센터를 방문했고, 나는 중수로 핵연료 개발 현황에 대하여 보고를 하였다. 보고를 받은 전 대통령은 매우 흡족하게 생각하시고 많은 격려를 보내주었다. 그때 전 대통령은 우리나라에는 중수로형보다는 경수로형이 더 많이 있는데 왜 경수로형 핵연료는 개발하지 않느냐는 질문에 나는 어리둥절하였으며, 경수로 핵연료 개발은 중수로 핵연료보다 훨씬 어렵다고 말씀드렸다. 이 자리에서 전두환 대통령은 기술 자립은 여기에 있는 과학기술자들이 꼭 담당해야 핵연료 제조가 우리 기술로 남는다고 강조하였다. 이날 내가 느낀 것은 지금까지 원자력을 죽이려는 대통령으로만 알고 있었는데 그게 아니었다. 원자력기술 자립 의지가 강하다는 것을 그날 알 수 있었다. 대통령이 환하게 웃으면서 기뻐하는 얼굴 모습을 본 순간 이제 한국 원자력이 다시 살아나는 순간이었음을 직감했다. 그 후 전두환 대통령은 나를 끝까지 믿어주고 적극적인 신뢰를 보냈다. 그리고 한참 후 들은 얘기지만 나를 모함하는 투서가 산더미처럼 쌓였어도 모두 무시하고 무조건 도와주라고 지시하신 최고통수권자가 믿어준 결과가 오늘의 한국 원자력발전 기술의 성공 신화를 낳을 수 있었다고 자신 있게 이야기할 수 있다."

그 후 나는 연구소 연구원들의 보수를 높여주고 그들의 자녀들이 좋은 환경에서 공부할 수 있도록 필요한 조치를 취하도록 지시했다. 또 단지 내에 7홀 규모의 골프장을 조성해 연구원들의 심신단련의 장소로 활용하도록 했다. 또 연구소의 부탁을 받아 '原子力은 國力'이란 휘호를 써주었다. 나는 에너지연구소가 중심이 되어 핵연료의 자립화, 원자로의 국산화 과제를 추진하도록 관련 부처와 기관에 지시하고 당부해두었지만, 연구소는 기관의 성격상 그러한 사업을 독자적으로 주도해나가는 데에는 한계가 있을 수밖에 없었다. 예산과 행정적 뒷받침이 있어야 한다. 나는 1983년 한전 사장에 박정기朴正基 한국중공업사장을 그리고 1985년 과학기술처장관에 김성진金聖鎭 체신부장관을 임명했다. 에너지연구소가 연구용역비를 제공받는 기관이 한전이었고, 과기처장관은 예산배정권을 갖고 있었다. 김성진 장관은 나와 육사 동기생이고, 박정기 사장도 육사 후배였지만, 그런 개인적 인연 때문에 그 인사를 한 것은 물론 아니었다. 김성진 장관은 미국에 유학 가서 물리학 석사, 공학박사 학위를 취득한 뒤 국방과학연구소에서 책임연구원, 소장으로 있으면서 많은 연구실적을 쌓았다. 박정기 사장은 한국중공업 사장을 역임하면서 경영 능력과 추진력을 평가받았다. 나는 이들이 원자력기술 자립화를 위한 에너지연구소의 노력에 든든한 후원자가 될 것으로 믿었다. 그 믿음은 옳았다. 경수로 핵연료 국산화 계획이 한전의 이사회에서 제동이 걸렸을 때 박정기 사장은 한필순 박사 편을 들어준 것이다. 이 일과 관련해 한 박사는 후에 월간지 『경제풍월』에 기고한 글에서 이렇게 말했다.

"박정기 한전 사장을 만난 뒤 '경수로 핵연료 국산화 사업의 주관자는 전두환 대통령이구나'라고 직감적으로 느꼈다. … 박 사장은 경수로 핵연료 국산화에 강한 집착을 갖고 있던 전두환 대통령의 심중을 읽고 '총대'를 맨 게 틀림없었다."

중수로 핵연료를 국산화하고 양산 체제까지 갖추게 된 에너지연구소의 다음 목표는 경수로용 핵연료를 국산화하는 일이었다. 경수로 핵연료 국산화 계획은 설계, 평가, 자본 모두를 우리나라가 주도한다는 원칙을 세웠다. 이 과업에 착수하던 1983년 당시 우리나라는 중수로 1기, 경수로 8기를 가동 또는 건설하고 있었다. 경수로용 핵연료 기술을 자립하기 위해서는 농축기술을 제외한 설계, 제조분야를 완전 국산화할 계획으로 설계는 한국에너지연구소가, 제조는 한국핵연료가 각각 담당하여 1988년 말까지 연 200톤 규모의 핵연료 가공공장을 준공하고 1989년부터는 소요핵연료 전량을 공급할 계획을 세웠다. 1985년 8월 초 40명의 과학기술자들로 구성된 우리 평가단은 경수로 핵연료 국산화 사업의 기술 도입선으로 독일 지멘스 그룹의 카베유 사를 선정했다. 계약 체결 후 과학기술진 30여 명은 독일로 가서 공동 연구개발에 참여하여 내가 퇴임한 다음 해인 1989년 말 최초로 국산 경수로 핵연료를 생산한 데 이어 1990년 2월 원자로에 첫 장전을 할 수 있었다는 것이다. 이로써 국내 가동 중인 모든 원전에 전량 국산 핵연료를 공급할 수 있게 되었다. 국내 원전에 필요한 핵연료 전량을 국산화할 경우 내 임기가 끝나는 1988년 기준으로 5,000만 달러의 수입 대체 효과가 있을 것이라고 했다.

한국형 원전 개발

중수로 핵연료의 국산화에 이어 경수로 핵연료의 국산화도 이뤘지만, 원전 기술의 중요성을 생각할 때 그러한 성공에 만족할 수는 없었다. 과학기술은 현재의 선택이 짧게는 5년, 길게는 10~20년, 나아가 50년 후의 국가 미래를 좌우할 수도 있는 것이다. 원전사업은 자동차, 반도체, 조선에 이어 가장 유망한 차세대 주력 수출사업으로 기대할 수 있겠다는 생각이 들었다. 수출을 할 수 있으려면 무엇보다도 원전을 100% 우리의 기술만으로 건설할 수 있어야 한다. 원전기술의 제공을 둘러싸고 콧대 높은 선진국의 자세를 보면서 나는 어떠한 대가를 치르더라도 원전기술의 자립화를 이룩해야겠다는 결심을 하게 되었다. 나는 1984년 말경 한필순 에너지연구소장에게 한국형 원자로를 개발할 수 있도록 역량을 집중하라고 지시했다. 특히 안전성과 경제성을 갖춰야 한다는 점을 강조했다.

영광 3~4호기는 한국형 표준원전의 효시였다. 지금까지의 외국 기술에 의존하던 방식을 탈피해 국내업체 주도로 선진외국의 핵심기술을 도입하는 방식을 택했다. 기술이전과 국산화율 제고에 최우선 순위를 둔 것이다. 원전의 설계, 엔지니어링과 원자로 등 기기의 국산화 및 기술 이전을 촉진하기 위해 핵증기 공급계통의 설계, 기술용역, 원자로 및 터빈, 발전기 제작, 공급 분야의 주계약자를 각각 국내회사로 지정하고 미국회사를 하청업체로 고용하는 건설 방식을 취해 더 많은 기술 축적이 이뤄지도록 했다. 특히 원자로 및 노심爐心 등 핵심기술을 국산화함으로써 원자력산업의 실질적인 기술 자립을 성취하자는 것이다. 1985년 7월 에너지연구소가 원자로 계통설계를 맡기로 최종 결정이 나자 그해 10월 원자로 계통설계 프로젝트에 대한 국제입찰을 실시했다. 1986년 3월 4개 회사가 응찰했는데 6개월 뒤인 9월말 40여 명의 우리나라 과학기술자로 구성된 평가단은 미국 CE(컨버스천 엔지니어링)사를 기술도입선으로 선정했다. 1987년 4월 정식 계약을 체결한 이 사업은 국내 업체가 각 분야별 기술 도입을 위해 외국업체를 하도급업체로 참여시킴으로써 외국의 핵심기술을 도입할 수 있는 기틀을 마련한 사업이었다.

1986년 12월 14일 에너지연구소의 선임연구원 이병령 박사를 비롯한 70여 명의 젊은 핵과학자들이 CE사로 연수 겸 원자력 공동설계에 참여하기 위해 미국으로 파견됐다. 출발에 앞서 그 이틀 전 12월 12일 한필순 에너지연구소장은 "한국형 원자로 탄생은 여러분의 손에 달려 있다. 실패하면 돌아오지 않는다는 각오로 임해달라."고 당부했다. 단원들은 모두 눈물을 글썽이며 "대한민국 만세!"를 삼창했다고 한다. 이처럼 삶 전체를 걸고 원자력기술 개발에 매달린 우리의 젊은 과학자들은 1988년 미국 CE사와 공동으로 영광 3~4호기 원자로의 계통설계를 완성하는 데 성공했다. 한국표준형 원자로(KSNP-Korea Standard Nuclear Power Plant)를 창조해낸 것이다. 이 한국형 원자로는 특히 1979년 스리마일 원전 사고를 계기로 미국원자력규제위원회 등이 대폭 규제를 강화한 안전규제항목 등을 반영함으로써 선진국들의 기존 원전보다 안전성이 10배 수준으로 향상된 것으로 평가되었다.

이어 울진 3~4호기부터는 우리나라의 책임 아래 우리나라의 기술로 한국형 원자로를 건설할 수 있게 되었다. 이로써 우리나라의 원자력사업은 중수로 핵연료의 국산화, 경수로 핵연료의 국산화에 이어 한국형 경수로 개발에 성공함으로써 명실상부한 원자력 선진국으로 발돋움했다. 1980년대 10년이란 짧은 기간에 원전기술의 자립화를 이룩할 수 있었던 것은 투철한 애국심과 사명감으로 연구와 기술 축적에 온 힘을 쏟아 부은 우리 과학자들의 노력이 거둔 결실인 것이다.

원자력발전소는 미국의 스리마일 사고, 소련의 체르노빌 사고 이후 안전성에 대한 우려로 한때 건설이 주춤하기도 했으나 전 세계적으로 기후변화에 대처하기 위한 신재생에너지 개발의 난점들이 제기되면서 각국이 다시 원전 건설에 나서고 있다고 한다. 우리나라는 원자력기술을 도입한 지 50년 만에 2009년 아랍에미리트와 3세대 한국형 원전인 가압경수로(APR-1400) 4기의 공사수주에 성공했다. 같은 시기에 요르단과는 교육 및 연구용 원자로 건설 계약을 체결함으로써 한국원전기술이 세계 최고 수준임을 입증했다. 이러한 소식에 접하면서 나는 대통령 재임 시 원전기술의 자립화를 위해 그렇게도 고심했던 일들이 머리에 떠오르며, 그간의 원자력인들의 헌신과 공로에 새삼 고마움을 느낀다.

1982년, 일본의 역사 교과서 왜곡 사실이 알려지자 국민의 분노가 폭발했다. 국민은 울분을 터뜨리는 데 그치지 않고 분노를 민족의 자주와 자존을 자각하는 극일운동克日運動으로 승화시켜나갔다. 진실된 역사를 분명하게 입증하고 역사의 왜곡으로부터 파생될 수 있는 분쟁들을 방지할 수 있도록 독립운동사 관련 자료를 한곳에 전시할 필요성이 제기되었다. 민족의 자주정신과 독립의지를 선양하는 독립기념관을 국민의 손으로 건립하자는 데 뜻이 모였고 국민적인 모금운동으로 번지게 되었다.

제6장

교육혁신과 문화 창달

교육 기회의 확충과 내실화

입시교육이 아닌 전인교육을

　이렇다 할 부존자원도, 쌓아놓은 자본과 기술도 없는 처지에서 압축 성장을 통해 오늘의 성취를 얻게 한 힘의 원천은 교육이었다. 우리나라를 관찰하고 연구하는 외국 학자들도 이구동성으로 우리 민족의 교육열을 우리나라가 생존하고 발전한 원동력으로 꼽고 있다. 근대식 학교 교육이 시작된 도시는 물론 농촌의 부모들도 대대로 내려온 생활의 터전인 논밭까지 팔아 자식들을 학교에 보냈고, 밥은 굶더라도 학교를 거르지는 않았다. 나는 1980년대 초의 각박한 내외 환경을 극복하고 각 분야에서 지속 가능한 성장의 토대를 마련해 나가려면 교육을 보다 내실화해서 우수한 인재들을 길러내는 길밖에 없다고 생각했다.

　5공화국이 출범하던 당시 우리의 교육 현실은 교육 본래의 목적은 간데없이 오로지 일류학교에 진학하기 위한 입시교육이 교육의 전부인 것처럼 왜곡되어 있었다. 과열과외 문제는 바로 이러한 왜곡된 교육 풍토와 표리관계를 이루고 있었다. 과열과외는 학생의 전인적 발달을 저해하고 학교교육의 기능을 약화시키며, 또한 교사의 사기를 저하시킬 뿐만 아니라 가계에도 큰 부담이 되고 있었다. 교육이 부자와 가난한 사람에게 차별적으로 이뤄져서는 안 된다고 나는 생각해왔다. 부모의 재산이나 지위와 상관없이 학생 개개인의 자질과 능력에 따라 누구나 적성에 맞는 교육을 받을 수 있어야 한다. 그것은 나 개인의 소신이기 이전에 너무도 당연한 교육의 이념인 것이다. 교육혁신을 4대 국정지표의 하나로 설정한 5공화국은 국민정신교육, 과학기술교육, 전인교육, 평생교육 등 4대 이념을 기본으로 삼아 과열과외 추방, 대학입시 본고사 폐지와 내신성적 반영, 교육과정 축소조정, 졸업정원제 도입, 교원의 처우개선 등 획기적인 교육 개혁을 추진했다.

나는 평소 올바른 교육을 위해서 가정과 학교 그리고 사회가 삼위일체를 이루어야 한다고 생각해왔다. 가정에서는 유아 때부터 올바른 생화습관과 가족공동체에서의 공경심과 사랑과 우애를 배우고 학교에서는 필요한 지식과 기술 그리고 사회생활에서 필요한 규범을 배우며, 사회는 건전한 문화 환경을 제공하여 학생들이 건전한 시민으로 성장할 수 있도록 지원하여야 올바른 교육이 이루어진다고 생각해왔던 것이다.

학생의 적성과 소질을 무시하고 지나친 욕심으로 자녀교육을 그르치는 경우가 있다. 학부모의 자녀에 대한 교육관이 중요한 이유이다. 또한 나는 교육에 있어 기초교육이 특히 중요하다고 생각했다. 세 살 버릇 여든까지 간다는 옛말이 있듯이 유아-소년기의 교육은 인격 형성에 참으로 중요하다. 정직과 근면, 성실, 인내, 검약, 관용 등의 생활습관과 인성은 어린시절의 교육을 통해 형성되는 것이다.

오늘날 학교교육이 지나치게 지식 편중으로 흘러 민주시민으로서 지녀야 할 도덕과 윤리의식이 결여되고 사회생활에 필요한 생활규범을 익히지 못하는 사례들을 우리 주위에서 볼 수 있다. 학교 교육에서 지식과 덕성 그리고 강인한 체력의 삼위일체가 중요하다고 생각했다. 아울러 건전한 정신은 건강한 체력과 무관하지 않은 것이다. 내가 지, 덕, 체의 전인교육을 주장했던 이유가 바로 거기에 있는 것이다.

올바른 교육을 위해서는 교육자의 역할이 무엇보다 중요하다. 교육자는 높은 애국심과 도덕성과 사명의식 그리고 교육에 대한 열정이 요구되며, 전공분야에 대한 해박한 지식을 지니고 있어야 함은 물론 자기계발도 게을리해서는 안 되는 것이다. 그래야 스승으로서 학생으로부터 존경과 신뢰를 받을 수 있는 것이다. 학생의 학습권과 더불어 교원의 교권은 존중되어야 한다. 지식과 과학기술, 정보통신의 급격하고 지속적 발달에 부응하여 학교교육을 마친 후에도 계속 배워야 사회변화에 적응할 수 있다. 평생교육이 중요한 이유다. 5공화국 헌법은 국가의 평생교육 지원의무 조항을 명문화했다.

내가 교육의 정상화를 위해 추진한 첫 번째 개혁과제는 과열과외 금지 조치였는데, 이 문제는 앞에서 상세히 설명한 바 있다. 30년의 세월이 지난 오늘 우리 교육 현실이 그때보다 더 악화되어 초등학교 어린이들까지 각종 과외를 받으러 학원을 순례하는 현실이라고 하니 걱정이 아닐 수 없다. 과외비 부담 때문에 중산층이 무너진 것이 아닌가 싶어 가슴이 아프기도 하다.

대학별 본고사를 폐지하고 졸업정원제를 도입한 대학입시제도 개선책도 과열과외 현상을 해소하기 위한 시책의 일환이었다. 과열과외의 원인이 대학입시제도에 있고 대학의 문이 좁아 1980년 당시 25만 명의 재수생이 발생했다. 입시정책 개선책으로 학생의 부담을 덜어주기 위해 대학별 본고사를 폐지하고 전국단위의 학력고사와 고등학교 내신성적으로 학생을 선발하도록 간소화했다. 고등학교 내신성적을 반영함으로써 고교교육의 정상화와 지역 간, 학교 간 평준화에 기여하도록 했다. 그리고 수도권집중현상을 완화함으로써 도시와 농촌 간의 교육 차별도 완화하게 된 것으로 평가되었다. 졸업정원제는 대학 입학의 문은 넓히고 졸업의 문은 어렵게 만든 제도이다. 현재의 정원을 졸업정원으로 하고 신입생을 30%를 더 뽑되 4년 후 졸업정원만 학위를 취득하게 제도화했다.

이 제도의 도입으로 대학 입학의 문이 넓어진 반면, 면학 분위기는 크게 향상될 것으로 기대했다. 대학입학 경쟁을 완화하기 위해 사립대학 신설을 권장하여 많은 대학들이 신설되기도 했다. 고등교육 인구가 졸업정원제 도입으로 크게 확대되었고 재수생 문제 완화에도 기여했다. 주야간 대학의 구분도 폐지해서 아침부터 야간까지 대학 강좌를 개설하여 교육시설 활용을 극대화하도록 했다. 졸업정원제는 많은 성과를 거뒀으나 탈락률 등 모든 대학에 획일적으로 적용하여 다양한 대학들의 특성을 고려하지 않은 폐단이 있어 그 후 대학자율에 맡겨야 했다. 우리나라 고등교육은 다른 나라와 달리 거의 80%를 사학에 의존하고 있기 때문에 정부 차원의 개혁이 쉽지 않음을 알게 되었다.

양질의 교육이 이루어지려면 먼저 우수한 교원이 있어야 한다. 교원의 자질을 높이고 교원의 사기진작과 신뢰회복을 위한 정책들을 시행했다. 초급대학이던 교육대학을 4년제 학위과정으로 개편해서 초등교원의 자질을 높이고 중학교까지 의무교육을 연장하기 위한 기반을 조성했다. 아울러 시도별로 현직교원 재교육을 위한 연수원을 설립해 현직교원의 연수를 전담토록 했다. 또한 지방화시대에 대비하여 국민기초교육을 담당할 교원들의 전문성을 높이고 교원교육의 혁신을 선도하기 위하여 교원교육의 중추기관으로 한국교원대학교를 설립했다. 초등교사와 중등교사의 호봉을 단일화해 모든 초등교사의 호봉을 중등교사와 동일하게 격상시켰다. 같은 학력과 경력을 가진 초등교원들이 중등교원보다 3호봉이나 낮게 책정됨으로써 빚어졌던 초등교원들의 불만이 이 조치로 인해 해소되고 초등교육 경시풍조를 바로잡게 되었다. 아울러 교직수당을 대폭 인상하여 교원들의 처우를 개선하고 학교장의 여비규정을 개정해서 부이사관급으로 우대되도록 하는 등 교육자의 사기진작에 힘썼다.

교원의 자질 향상을 위한 노력과 아울러 스승 존경 풍토를 조성하기 위한 시책을 펴나갔다. 교육이 바로서자면 교육자가 학생과 학부모는 물론 사회로부터 존경을 받아야 된다. 간혹 교육자에 관한 불미스러운 사건 보도를 보면 교권이 추락되는 것 같아 걱정이 되었다. 교육자는 다른 직종에 종사하는 사람보다 자기관리를 철저히 해야 존경을 받을 수 있다. 교육자를 존경하는 풍토를 조성하는 데에는 정부의 노력 못지않게 민간의 역할이 중요하다. 정부는 1982년을 '교권확립의 해'로 설정하는 한편 당시 유일한 교직단체인 대한교육연합회의 자체 기념행사였던 5월 15일 스승의 날을 정부기념일로 정해 스승 존경 운동을 전개하도록 했다. 대한교육연합회도 이에 부응하여 교육자들의 뜻을 모아 스스로의 윤리강령인 사도헌장師道憲章을 제정하여 실천에 옮기기도 했다. 언론계에서도 이 운동에 적극 참여했다. 몇몇 신문사에서는 '사도상'을 제정해 전국의 교육현장에서 2세 교육에 헌신하는 모범 교육자를 발굴, 시상해오고 있는 것은 바람직한 일로서 나는 고맙게 생각하고 있다. 나는 그해 정부에서 대한 교육연합회회관 건립에 41억 원의 예산을 지원하도록 했다.

교육재원 확보를 위해 목적세로 교육세를 도입했다. 학교교육의 질적 개선을 위해 예산의 지원은 필수적이다. 1981년 교육세법을 제정하여 내국세의 11.8%를 초중등 과밀학교 해소와 중학교 의무교육 기반을 조성하는 데 충당하고 사립중고교 지원에 필요한 예산확보 대책을 마련해서 교육 사업에 지원토록 제도화했다. 이 제도로 연간 약 3,000억 원 정도의 추가 예산을 교육에 투자할 수 있었다. 당초 5년 한시법으로 제정하였으나 오늘날까지 지속되고 있어 교육 발전에 크게 기여하고 있는 것으로 평가받고 있다.

대학의 학술연구 예산을 대폭 확대하고 대학생의 면학 여건을 조성하기 위하여 장학금을 대폭 확대했다. 대학의 학술연구를 지원하기 위해 한국학술진흥재단을 그리고 대학의 자율적 협력체제를 구축하기 위하여 한국대학교육협의회를 설립했다. 한국대학교육협의회는 전국 4년제 대학을 회원으로 하는 사단법인체로서 회원 대학총장들의 자율단체인데 대학교육 정책에 관한 연구와 개발을 하여 정부에 건의를 하고 대학 상호 간에 협력을 통해 대학의 자율성을 높이는 역할을 하고 있다. 교육부가 주관하던 대학의 입시정책과 평가업무를 현재는 대학교육협의회가 관장하고 있다.

21세기 교육발전의 기초를 마련하기 위하여 1985년 3월 대통령 자문기구로 교육개혁심의회를 발족시켰다. 위원회는 학계, 교육계, 경제계, 언론계, 문화계, 과학기술계 등 사회 각계를 대표하는 지도급 인사 32명으로 구성하고 전문위원 20명을 위촉했다. 심의회는 교육제도, 초중등교육, 고등교육, 그리고 교육발전의 4개 분과로 나누어 내가 퇴임하기 직전인 1987년 말까지 운영했다. 교육개혁은 국민적인 관심사이고 국가 백년대계인 만큼 밀실에서가 아니라 각계 각층의 허심탄회한 토론과 의견수렴을 거치도록 했다. 심의회 운영과 활동은 완전히 공개적으로 하도록 했다. 나는 심의회 건의를 국민의 의견으로 생각하고 모두 받아들였다. 또한 각급 학교의 교육과정을 체계적으로 연구하고 전국학력고사와 고교의 내신제 운영 지원 등의 업무를 담당하기 위해 한국교육과정 평가원을 설립했다.

국민의식을 고취하는 국학교육의 강화

한 국가가 존속하고 발전해나갈 수 있기 위해서는 그 구성원들이 같은 가치관과 국가관을 공유해야 한다. 같은 가치관, 같은 국가관을 갖는다고 해서 한 개인이 인간으로서 가진 기본적인 사상의 자유나 신앙의 자유를 침해당하지는 않는다. 일부에서는 국민정신 교육이 과거 일본 식민통치시대에 '황국신민皇國臣民'을 교육하던 공민교육公民敎育을 떠올리게 하는 말이어서 거부감을 갖게 된다고 했다. 심지어 '국민'이란 말이 '황국신민'의 준말이라거나 , 국가지상주의에서 비롯된 말이라는 등의 의견을 말하는 사람도 있었다. 그러나 자유민주주의국가인 우리나라에서는 기본적으로 국가의 이익과 국민 각자의 이익이 서로 배치되거나 충돌하지 않는다는 것이 나의 믿음이었다. 그래서 나는 사회 일각의 그러한 비판이나 시비에 구애받지 말고 국민정신교육을 체계화해서 실행해나가도록 했다.

더욱이 당시 우리의 국가 상황은 남북의 대치 상황이 완화되기는커녕 갈수록 더욱 격화되고 있었고, 북한은 무력도발 책동과 아울러 우리 내부의 분열과 혼란을 야기하기 위한 교란전술을 강화하고 있었다. 자유민주주의체제를 수호하기 위한 신념체계를 보다 확고히 해야 할 필요성이 증대되고 있었다. 지금은 그 비율이 더욱 늘어났겠지만 당시만 해도 6.25를 경험하지 못한 젊은 층이 전 국민의 70%를 넘어서고 있었다. 뿐만 아니라 대학가를 중심으로 일부 젊은 층 사이에 급진적 좌경이데올로기에 호기심을 갖거나 빠져드는 사례들이 나타나고 있었다. 이처럼 사상교육, 이념교육의 필요성이 제기됨에 따라 1981년부터 국사, 사회과 등의 분야를 시작으로 교과서 개편에 착수하는 한편 국민정신교육 강화를 위해 한국정신문화연구원을 강화하고 국립사범대학에 국민윤리교육학과를 설치했다.

국민정신교육은 이처럼 국가관을 확립하고 애국심을 고취하는 정치교육에 그치지 않고, 건전한 국민윤리와 미래지향적 가치관을 정립하는 도덕교육으로 그 분야를 확장했다. 사상무장과 국가관 확립을 위한 통일안보교육, 민주국민의 생활윤리 정립을 위한 국민윤리교육, 경제현실의 이해와 경제 역량의 결집을 위한 경제교육, 새마을교육, 사회정의의 실천을 위한 사회정화교육으로 체계화한 것이다. 1982년에는 애국심, 반공정신, 통일의지 등 사상성 덕목 외에 주인정신, 명예심, 도덕심, 협동정신, 사명감, 준법정신 등을 9대 덕목으로 설정하고 각종 교육과정을 통해 생활화할 수 있도록 했다.

이처럼 사상교육, 도덕교육을 강화하는 한편 국민정신교육의 근간이 되는 국어와 국사교육을 내실화하기 위한 시책을 펴나갔다. 민족의 얼이 담긴 말과 글을 바로 세우고 바르게 사용해야 국민정신도 건전해지는 것이다. 우리가 급속한 근대화를 이루는 과정에서 서양 문화를 비롯한 외래문물이 무분별하게 도입됨으로써 적지 않은 혼란이 빚어졌다. 외래어가 남용되고, 사투리가 범람하는 가운데 각종 표기법의 통일성이 흐트러짐으로써 우리의 언어생활이 무질서해진 것이다. 정부는 5공화국 출범과 동시에 외래어 표기법, 국어의 로마자 표기법 등을 개정하고 현대생활에 맞게 맞춤법과 표준어 개정작업도 추진했다.

국민정신교육을 강화한다는 지침에 따라 바른 국어 생활을 위한 정책들과 함께 추진된 정책이 국사교육의 강화였다. 우리는 1945년 민족 해방으로 나라를 되찾았지만, 민족적 긍지와 주체성 회복을 위한 교육체계가 제대로 확립되어 있지 못했다. 정부 수립 과정에서의 갈등과 뒤이은 6.25전쟁, 빈곤과 정치적 혼란 등으로 우리의 민족사관을 정립하는 일에 힘을 쏟을 여유가 없었던 것이다. 특히 일본제국주의의 통치기간에 주입된 식민사관이 우리의 민족사를 심대하게 왜곡시켜 놓고 있었지만, 그동안 우리의 역사교육은 단편적인 역사 지식을 가르치는 데서 크게 벗어나지 못함으로써 우리의 젊은 세대들에게 역사 창조의 주역이라는 자긍심을 심어주는 데에는 모자람이 있었다. 또한 일부 기성세대 사이에서는 일제의 식민사관에서 비롯된 '엽전 근성 운운'하는 자기비하의 말들을 부끄럼 없이 사용하는 사례들조차 없지 않았다. 우리가 이러한 그릇된 열등의식, 패배감에서 벗어나기 위해서는 정확한 역사교육을 통해 올바른 민족사관과 민족주체의식을 확립해야 했다. 나는 취임 초 국사교과서의 전면적인 개편을 지시하는 한편 민정당 내에 민족사관정립추진위원회를 구성하여 한국사 연구를 적극 지원하도록 했다. 아울러 국사편찬위원회의 기능을 강화하는 한편으로 1983년에는 민족사연구의 전당이 될 국사관國史館의 신축에 착수케 하여 4년 만인 1987년 3월 개관식을 가졌다.

나는 또 취임 초 한국정신문화연구원이 주최하는 지도자 간담회에 참석해 각계의 지도층 인사들과 민족사와 우리의 미래에 관해 토의를 갖기도 했다. 뿐만 아니라 민족주체의식 확립과 민족문화의 창조적 계승발전을 위해 한국정신문화연구원과 민족문화추진회의가 '한국민족문화대백과사전' 편찬, 국민정신연찬, 고전들을 번역하는 사업을 추진할 수 있도록 적극 지원했다.

평생교육체제의 확립

교육의 영역을 한정적인 학교교육으로부터 넓혀서 사람의 전 생애에 걸쳐 조직적이고 체계적인 교육을 계속한다는 '평생교육'의 이념은 1970년대 유네스코에서 논의되기 시작했는데, 5공화국 헌법은 "국가는 평생교육을 진흥해야 한다."고 명문화했다. 헌법에 평생교육을 명문규정으로 둔 것은 우리나라가 처음이었다. 나는 1981년 국정연설에서 "사회가 어떤 계층, 어떤 연령의 사람에게도 교육을 받을 기회를 주어야 한다."고 강조했다. 정부는 평생교육의 이념을 실현하기 위한 구체적인 조치로서 유아교육진흥법과 사회교육법을 제정하고 유아교육시설과 사회교육단체 등에 대한 지원을 강화했다. 아울러 산업체 부설학교 및 특별학급, 방송통신고등학교, 방송통신대학을 설치 운영함으로써 경제적 사정 등으로 정규 고등학교에 진학하지 못한 근로청소년들과 고등교육을 받을 기회를 놓친 직장인과 학령 초과자들에게 교육 기회를 제공했다.

어린 시절 가난 때문에 열 살이 넘도록 정규학교를 다닐 수 없었던 나는 특히 근로청소년들에게 배움의 기회를 제공하는 문제에 각별한 관심을 기울였다. 특별학급 및 산업체부설학교를 졸업하면 일반 중고교의 졸업자와 동등한 학력을 인정받게 했다. 특별학급은 1981년 2,600개 산업체가 참여해서 99개교 600개 학급에 30,000여 명을 취학시켰는데 1986년도에는 그 두 배에 가까운 증가를 보였다.

5공화국 정부는 방송통신대학에 대해 전문대학과정에서 학사과정으로 개편하게 했는데, 1981년 43,000여 명이었던 재학생이 1987년에는 147,000여 명으로 3배 이상 늘어났다. 또 1985년부터는 일부 과목의 TV방송 강의를 실시했고 각 시도에 12개의 지역 학습관과 23개 시군 학습관을 설치 운영함으로써 학습 기회를 넓혀줬다. 또한 모든 국민에게 고등교육을 받을 수 있는 기회를 확대 개방하는 개방대학을 설립했다. 1982년 경기공업개방대학을 시작으로 부산과 대전, 광주와 대구, 군산에 차례로 개방대학을 설립해 유능한 전문 직업기술인을 양성할 수 있도록 했다. 개방대학은 일반대학과 달리 수업 연한에 제한을 두지 않음으로써 평생 학적을 보유하면서 학업을 계속할 수 있는 글자 그대로 평생교육기관인 것이다.

또 정부는 평생교육 정책을 뒷받침하기 위해 공공도서관을 확충하는 데도 힘썼다. 공공도서관이 없는 시군구를 해소한다는 목표 아래 1981년부터 1987년까지 40개의 도서관을 건립했다. 또한 1986년에는 이동도서관에 대한 국고지원을 확대해 33개의 이동도서관이 운영되도록 했다. 특히 국립중앙도서관이 명실상부한 국가대표도서관으로서의 기능을 구현하고, 교육문화 창달의 중추적 역할을 수행할 수 있도록 하기 위해 현대식 시설과 충분한 서고 용량을 갖춘 도서관을 건립했다.

의무교육의 확대와 내실화

5공화국 교육정책의 기본 지침의 하나인 평생교육을 위해서는 무엇보다도 교육 기회의 확대와 균등화가 이루어져야 한다. 태교란 말이 있듯이, 태중胎中에서부터 시작되는 교육에 대한 국가의 관심과 배려는 이를수록 좋은 것이다. 취학연령에 이르지 않은 유아들의 교육을 전적으로 가정에만 맡겨놓을 순 없다. 더욱이 핵가족화가 급속히 진행되고, 출산 이후에도 사회에 나가 일을 해야 하는 주부들이 많아지는 추세에 비추어 국가는 유아교육의 기회를 확대해야 할 책무를 깨닫지 않을 수 없는 것이다.

나는 취임 초 1981년 연두교서에서 유아교육을 평생교육의 일환으로 다룰 방침임을 밝혔고, 이어 1982년 유아교육진흥법을 제정해 그 법적 기초를 마련한 뒤 유아교육의 기회를 확대하기 위한 시책을 강력히 추진하도록 했다. 1980년 전국 271개 유치원 가운데 공립은 겨우 11개뿐이었으나 1981년부터 전국의 초등학교에 병설유치원을 확충하기 시작해 1986년까지 공립유치원이 4,500여 개로 늘어났다. 이에 따라 1980년 다섯 살 취원就園 대상 아동의 7.3%인 60,007명에 불과했던 취원율이 1986년에는 57%인 473,000명으로 대폭 늘어났고 1986년부터는 초등학교 1학년 취학아동의 반 이상이 유치원 교육을 받고 입학하게 되었다. 이로써 과거 부유한 가정 등 특수층 가정의 자녀들만 누릴 수 있던 유아교육의 기회를 서민층에게까지 확대시킴으로써 유아교육의 공교육화公教育化가 촉진된 것이다.

국민의 교육 기회 보장을 위해 우리나라는 정부수립 직후인 1950년 6월 초등학교 교육을 의무화했지만, 내가 대통령에 취임한 1980년 당시만 해도 중등학교까지의 교육은 이미 보편화되고 있었다. 1986년 기준의 통계로는 초등학교 졸업생의 중학교 진학률은 99.4%에 이르고 있었다. 중학교 졸업생의 고등학교 진학률도 91.2%여서 전체 국민의 90% 이상이 고등학교 교육까지 받고 있는 것으로 나타난 것이다. 그러니까 중학교 교육까지 의무화해야 한다는 논의가 제기되는 것은 자연스런 일이었다. 5공화국 정부는 5차 경제사회발전5개년계획을 수정하면서 이미 중학교 의무교육 계획을 확정하고 단계적으로 실시한다는 방침을 정해 놓고 있었던 것이다. 1984년 8월 교육법에 "모든 국민은 6년의 초등교육과 3년의 중등교육을 받을 권리가 있다."고 규정해놓았다.

그러나 중학교 의무교육의 전면 실시에는 막대한 국가재정이 소요되는 사정을 감안해 지역별로 순차적으로 실시해나갔다. 첫해인 1985년에는 도서벽지지역의 중학교 신입생 60,000여 명에게 의무교육을 실시했고 그 후

점차 대상 학생과 지역을 확대해나갔다. 아울러 중학교 의무교육의 전제가 되는 초등학교 교육의 내실화를 위해 교육 여건 개선과 질적 향상을 위한 시책들을 꾸준히 펴나갔다.

민족정신 함양과 문화의 생활화

헌법을 통해 '문화국가' 지향을 선언하다

11대 대통령 취임에 앞서 나를 보좌할 대통령비서실 직제를 만들 때 나는 비서실 내에 교육문화수석실을 별도로 설치하도록 했다. 취임사를 통해 제시할 4대 국정지표로 '교육혁신과 문화 창달'을 포함시키자 나는 교육문화정책을 전담할 수석비서관이 필요하다고 생각했다. 정부수립 후 대통령비서실에 교육문화수석비서관과 문화비서관이 임명된 것은 그때가 처음이었고, 종전까지는 정무수석비서관실에서 그 업무를 관장해왔었다.

나는 취임 당시 문화정책에 관해 구체적으로 생각을 가다듬어보지는 못했지만 새 정부가 지향하는 선진조국을 창조해내기 위해서는 경제 선진화 못지않게 문화 선진화가 긴요한 과제가 될 것이라는 점은 분명히 인식하고 있었다. 우선 나는 5공화국 헌법에 문화민족, 문화국가의 국민적 이념과 문화 창달을 위한 정부의 의지가 반영되는 것이 좋겠다는 뜻을 밝혔다. 이에 따라 1980년 11월에 확정 공포된 헌법은 전문에서 "문화의 … 영역에 있어 각인의 기회를 균등히…"라고 국민의 문화적 평등권을 천명하고 있고, 8조에서는 "… 국가는 전통문화의 계승발전과 민족문화의 창달에 노력해야 한다…"고 문화 선진화를 위한 국가적 목표와 책임을 밝혀놓았다.

이제 헌법의 문화조항과 국정지표를 구현해나갈 구체적 정책을 마련할 책임은 정부에 있었다. 나는 우선 1981년 1월 국정연설을 통해 자주적이고 진취적인 민족문화의 창달, 문화복지의 균점에 1980년대 문화정책의 기조를 두겠다는 방침을 밝혔다. 아울러 문화예술계 인사들과 학자들 40명으로 위원회를 구성하여 정부의 문화정책에 관한 의견을 제시해주도록 요청했다. 이 위원회는 수차례 모임을 갖고 자유로운 의견개진과 토론을 거쳐 정부의 새 문화정책의 기본방향에 관한 의견서를 보내왔다. 정부는 이 위원회의 건의 등을 토대로 1982년 시작되는 5차 경제사회발전5개년계획의 수정계획에 문화부문을 포함시켰다. 이에 따라 문화정책이 경제사회정책의 부차적 과제가 아니라 국가발전을 견인하는 요소로 자리 잡게 된 것이다. 이러한 계획은 민족문화의 연구계발, 예술의 생활화 및 대중화, 문화예술의 국제교류 등의 내용을 담고 있었다. 현대 선진국가는 국민의 생명과 재산을 지켜주는 경찰국가, 법치국가의 차원을 넘어 문화의 창조, 유지, 발전을 통해 국민생활의 질을 높여주고 행복한 삶을 영위할 수 있게 하는 문화국가를 지향해야 한다. 5공화국 헌법의 문화 조항은 이 같은 국가적 이념과 목표를 선언하고 있는 것이다.

문화예술은 본질적으로 개인의 자유와 자율, 창의, 다양성 등을 속성으로 하고 있는 것이어서 국가의 개입이나 간섭에서 벗어나 있어야 하는 것이 상식일 것이다. 그러나 국민의 삶의 질을 향상시켜야 할 책무가 국가에 있고 더욱이 5공화국 헌법은 국민의 행복추구권을 명시하고 있는 만큼 문화예술부문이 갖는 공공성을 정부가 외면해서는 안 되는 것이다. 또 민족문화의 전통을 계승 발전시키고 문화재를 보존할 책임도 헌법은 명시하고 있고 국민의 문화복지, 특히 저소득층의 문화향수권文化享受權을 보장해야 할 책임도 정부의 몫이 아닐 수 없다. 나는 국가는 문화를 지원은 하되 간섭하지는 않는다는 방침을 지키도록 하라고 교문수석을 통해 관계부처에 지시했다. 정부의 문화정책이 문화예술 진흥을 위해 인적, 제도적, 법적 수단을 동원하게 되는 것이지만, 개인의 자유로운 창의력을 계발하고 발휘하게 하는 데 주안점을 두어야 한다는 점을 강조했다.

문화예술부문에 대한 행정적 지원과 뒷받침을 위해 그동안 문화예술 관련 기관장을 공무원들에 맡겨왔으나, 나는 특별한 경우를 제외하고는 미술관, 박물관, 극장, 국악원 등의 장長은 해당 분야의 전문가 중에서 선정하도록 했다. 문화예술인에 의한 자율적인 운영과 참여의식을 높여줘야 한다고 생각했던 것이다.

문화 창달과 문예 진흥을 위한 투자

문화예술부문에 대한 정부의 지원은 종전까지 전적으로 정부예산에 의존했다. 그러나 문화정책 주무부처인 문화공보부의 예산이 전체 정부예산의 1%도 못 되는 0.4%대에 지나지 않았고 그나마 공보부문 소요예산을 빼고 나면 문화 예산이란 것은 매우 부족했다. 하지만 국방비, 추곡수매예산, 중화학산업에 대한 투자 등 예산의 경직성이 커서 문화예술 진흥에 쓰일 예산을 확보하기란 여간 어렵지 않았다. 1972년 문화예술 진흥법이 제정되고 이듬해에는 문예중흥선언이 발표되면서 한국문화예술진흥원이 설립되고 문화예술 진흥기금이 조성되기 시작했지만 극장이나 공연장 등을 통한 모금이다 보니 그 금액도 미미했다.

나는 공공재원만으로는 한계가 있는 문예 진흥기금을 획기적으로 늘릴 수 있는 방안을 찾아보도록 했다. 우선 문화예술진흥법을 고쳐 개인이나 법인으로부터도 기부금품을 받을 수 있도록 문호를 터놓았다. 이와 함께 1981년 조세감면규제법을 고쳐 기업이 문예진흥기금으로 출연하는 금액은 손비 처리할 수 있도록 함으로써 기업이 문예 진흥에 참여할 수 있게 길을 열어놓았다.

그러나 이러한 재원만으로는 문화예술 진흥을 획기적으로 지원할 수 있기에는 많이 부족했다. 그래서 나온 대안이 언론공익자금을 문화예술 진흥을 위한 기금으로 활용하는 방안이었다. 새 정부 들어 언론 창달을 위한 기금을 마련하기 위해 방송광고공사를 만들어 방송광고비의 일정액을 공익자금으로 쓸 수 있도록 했는데 1982년 12월 방송광고공사법을 개정해서 그 공익자금의 사용대상에 문예 진흥을 포함시킨 것이다.

이에 따라 1983년부터 예술의 전당 건립비를 비롯하여 문예진흥원을 통한 문화예술 진흥사업에 공익자금이 출연되기 시작해서 해가 갈수록 금액이 증가했다. 종전까지는 연간 50억 원 안팎이었던 문예 진흥 사업비가 공익자금의 출연을 계기로 대폭 늘어나 1983년 90억 원, 1984년 130억 원, 1985년 158억 원, 1986년 186억 원으로 증가했다. 이러한 추가투자는 지방문화시설 확충과 문예 진흥기금의 적립, 그리고 공연예술 활성화와 청소년 문화사업에 크게 도움이 되었다. 또한 문화예술진흥원의 문화예술기금을 문화예술인의 후생복지 증진을 위한 사업에도 지원할 수 있도록 법을 개정해 문화예술인들도 의료보험 등 복지혜택을 받게 되었다.

문화 공간 확충

새 정부가 문화 창달 의지를 가시적으로 구체화하기 시작한 사업은 문화시설의 기반을 조성해나가는 일이었다. 1970년대에도 꽤 많은 문화시설이 새로 지어지기도 하고 기존 시설을 개축해서 문화예술 공간으로 이용되기도 했다. 1967년 착공한 국립중앙극장이 신축개관하고 1, 2차 문예중흥5개년계획에 따라 1970년대에 세종문화회관, 문예진흥원 산하의 미술관과 문예회관이 건립되었지만, 문화예술부문의 수요를 충족하기에는 미흡했다. 문화공간이 부족했었기 때문에 음악, 연극, 영화 등 여러 장르의 공연이 같은 무대에 올려졌다. 음악공연만 하더라도 교향악, 오페라, 실내악, 독창, 독주회 등이 같은 장소 같은 공간에서 공연되는 실정이었다. 뿐만 아니라 건립 목적에 맞지 않는 각종 대중집회 장소로 이용되기도 해서 문화 전용시설다운 기능을 감당하기엔 역부족이었다.

취임사에서 문화예술인들의 자주적이며 창의적인 활동을 적극 뒷받침하겠다고 다짐한 나는 문화예술인들의 창작 의욕을 북돋기 위해서는 무엇보다도 먼저 문화시설을 확충해야 한다고 생각했다. 문화예술인들이 창작활동을 하고 발표할 공간이 마련되어야 예술 활동이 활성화되고 국민들이 문화예술을 향유할 기회도 많아지는 것이다. 내가 대통령에 취임한 당시 우리의 경제상황은 매우 어려운 난관에 직면해 있었지만 국민소득이 2,000달러대를 바라보면서 문화 수요가 급격히 증대되고 있었고, 문화예술인들의 창작 역량도 크게 향상되어 전문적인 공연장의 확충이 절실히 필요했다.

내가 여러 장르의 전용공연장을 포용하는 종합예술공간과 문화시설들을 시급히 건립해야 하겠다고 마음먹게 된 이유는 1988년의 서울올림픽 개최에 대비해야 했기 때문이었다. 전 세계인의 이목이 집중될 올림픽 기간 중 우리가 보여줄 수 있는 것이 단지 스포츠경기뿐이라면 그것은 한 세기에 한 번 찾아올까 말까 한 기회를 놓쳐버리는 셈이 되는 것이다. 올림픽은 우리가 5천 년 문화민족의 전통과 우리의 예술 수준을 세계인에게 과시할 수 있는 절호의 기회가 아닐 수 없다. 이를 위해서는 무엇보다도 우리의 문화 자산과 예술 역량을 펼쳐 보일 수 있는 공간을 마련해야 했다. 더욱이 '서울올림픽'이 열리는 서울은 상주인구 1,000만 명이 넘는 거대도시인데 전용음악당, 현대미술관이 없다는 것은 체면이 서지 않는 일이었다.

문화예술 공간을 확충하는 데 가장 큰 애로사항은 재원을 마련하는 일이었다. 한정된 정부예산에서 문화예산을 끌어내는 데는 한계가 있었다. 그러나 앞에서 밝혔듯이 공익자금 등의 출연과 기업의 문화활동 참여를 유도해냄으로써 문화시설 확충사업에 착수할 수 있었다. 이러한 방침에 따라 5공화국 정부가 추진한 사업은 민족정신을 선양하고 5천년 역사의 문화적 자산을 계승 발전시키기 위한 국사관國史館, 독립기념관, 국립중앙도서관, 국악당 등이고, 문화예술 공연과 전시를 위한 예술의 전당, 국립현대미술관, 국립박물관, 조각공원 그리고 각 지방의 종합문화회관 등이었다.

1980년대의 경제사회적 발전과 상응하여 국민의 문화 욕구와 문화예술에 대한 인식도 높아지는 가운데 정부의 이와 같은 노력은 민간기업에도 영향을 미쳤다. 대기업들도 서둘러 문화예술 공간 건립에 나서 호암아트홀, 리틀엔젤스예술회관, 각종 사립 박물관, 소극장, 개인미술관, 조각공원에 이르기까지 다양한 문화시설이 조성되었다.

예술의 전당

예술의 전당은 5공화국 정부가 세운 건축물 가운데 가장 역점을 둔 기념비적인 문화예술 공간이다. 예술의 전당은 "민족예술의 정수를 수집 집대성하여 이 시대 우리 민족의 뛰어난 예술성을 국내외에 선양하고 민족예술의 빛나는 전통을 유지하고 발전시키며 문화민족의 자존과 긍지를 상징하는 종합예술의 전당을 건립한다."고 설립 목적에서 밝혔듯이 서울의 문화센터에 그치지 않고 한국문화의 상징적인 중심거점이며, 실제적으로 전국의 수백 개의 관립 문화공간을 선도해나가는 기능을 하고 있다.

복합문화예술단지로 조성된 예술의 전당 전경.

나는 예술의 전당 건립 구상을 보고받고 프랑스의 퐁피두센터나 영국의 바비칸 센터와 같은 문화예술의 중심역할을 할 수 있는 시설의 건립을 검토하라고 관계자들에게 당부했다. 다양한 문화예술 형식을 국민이 함께 향유할 수 있는 시설을 갖추어서 문화 선진화를 지향하는 기념비적인 문화

공간이 되어야 한다는 점을 강조했다. 아울러 우리의 전통문화의 계승 발전과 국제교류 활성화를 위한 기능도 수행할 수 있는 종합센터를 건립하자는 것이었다. 심포니 홀, 오페라 하우스, 실내악 앙상블 홀, 미술관, 자료관 등을 갖춘 복합문화예술단지(arts complex)가 조성되는 것이다. 예술의 전당은 이러한 문화적 요구에 대한 응답으로 계획된 것으로 1988년 2월 15일 개관했다.

국립현대미술관

국립현대미술관은 1969년 10월 경복궁 내 현재의 민속박물관 자리에 개관했으나 전시공간이 비좁아 시설 확충 필요성이 줄곧 제기돼왔다. 미술작품의 소장 기능을 높이고 보다 넓은 전시공간을 확보하기 위해 1973년에 다시 덕수궁의 석조전으로 옮겼지만 날로 증가하는 미술 수요를 감당하기에는 그곳 역시 시설이 미비하고 전시공간의 규모가 부족하였다. 미술관의 기능이 단순히 미술품을 수집, 전시, 보존하는 데 그치는 것이 아니라 사회교육의 장으로서의 기능도 하는 것이고 또한 미술행사의 국제교류가 빈번해지고 있어서 본격적인 미술관 건립이 절실히 필요했다.

대통령 취임 직후인 1980년 10월 제29회 국전 개막식에 참석하여 미술계 인사들과 만난 자리에서도 그동안 곁방살이같이 운영되어오던 현대미술관을 새로 건립해야할 필요성이 거론되었다. 나는 미술인들의 숙원이기도 한 현대미술관을 신축하려면 건축물 자체부터 한국현대미술의 우수성을 보여줄 수 있고 야외조각장까지 갖춘 본격적인 미술관을 짓도록 해야한다고 강조했다.

이듬해 7월 미술인과 관계 인사들로 국립현대미술관 건립추진위원회가 구성되고 미술관 신축공사를 위한 기초자료 조사에 들어갔다. 그러나 막상 실행단계에 들어서자 장소를 확보하기가 쉽지 않았다. 교통이 편리한 시내 주변에는 2만 평이라는 땅을 구하기가 어려웠을 뿐만 아니라 땅값도 비싸 마땅한 부지를 찾을 수 없었다. 그래서 서울 변두리로 눈을 돌려 20여 곳의 후보지 가운데 과천 서울대공원 인근의 문화공원지역이 가장 적합하다고 판단해 1982년 9월에 부지를 확정했다. 이 미술관의 위치 선정을 놓고는 건설 당시부터 논란이 끊이지 않았다. 도심지와 너무 멀리 떨어져 있고 대중교통으로는 접근하기가 어려워서 미술관이 들어설 적지가 아니라는 얘기들이었다. 분명히 일리가 있는 주장이었다. 그러나 당시 서울시내의 교통여건이 좋은 곳에 부지를 매입하려면 건축비를 몽땅 다 투입해도 모자라는 사정이어서, 이 사업을 주도한 문공부로서도 어쩔 수 없이 차선의 방안을 선택할 수밖에 없다는 설명이었다.

국립현대미술관 전경 – 시골 마을의 초가지붕에서 모티브를 얻은 '초가 파노라마'의 건축미는 외국에서도 높은 평가를 받았다.

부지가 확정되자 미술관 설계를 공모에 붙였다. 당시 국내에서 건축가로 평가가 높던 김수근金壽根 씨와 재미 건축가 김태수金泰修 씨를 지명해 현상 초청했는데 최종적으로 김태수 씨의 안이 채택됐다. 1984년 5월 과천 서울대공원 문화시설지역에서 착공하여 2년 4개월에 걸친 공사 끝에 1986년 8월 25일 준공함으로써 처음 현대미술관의 신축을 구상한 지 6년 만에 개관하게 되었다. 이로써 현대미술관은 개관 후 18년 만에 독자적인 자기 건물을 마련하게 된 것이다. 김태수 씨의 설계안은 우리나라 시골 마을의 초가草家들의 지붕이 겹겹이 어우러져 만들어내는 아름다움에서 영감을 받은 '초가 파노라마'를 응용한 것이라고 했다. 그런데 심사 과정에서 정부 관계자들이 지붕에 기와를 얹으라는 등 수정을 요구해 결정을 짓지 못한다는 보고를 받았다. 나는 설계자의 얘기를 들어볼 필요가 있다고 생각했다. 건축 설계자가 대통령에게 직접 설계안을 보고하는 사례는 없다고 했지만 나는 보고석상에 김태수 씨를 참석시키라고 했다. 설명을 들어본 결과 설계자의 뜻을 존중해줘야 한다고 생각했다. 원안대로 하라고 결정해줬다. 국립현대미술관은 그 규모에서는 물론 내용적으로도 우리나라의 현대미술 수준을 보여주는 역작으로 세계의 어느 미술관과 비교해도 손색이 없다는 평가를 받았다.

독립기념관

나는 1981년 1월 국정연설을 통해 문화정책의 기조 가운데 하나로 자주적이고 진취적인 민족문화의 창달을 제시했는데 그 핵심과제는 민족정신의 함양이다. 민족의 자주의식을 북돋고 민족문화에 대한 자긍심을 고취하기 위한 정책 구상을 구체화하고 있는 시점에 일본의 역사교과서 왜곡 사실이 국내에 알려졌다. 1982년 7월 일본 문부성의 검인정교과서는 임진왜란에 대해 '출병出兵' 운운하고 을사늑약에 대해서도 한국의 발전을 도모하기 위한 것으로 미화하는 등 역사적 사실을 일본의 입장에서 철저히 왜곡 기술하고 있었다. 뿐만 아니라 스즈키 내각의 국토청장관은 한일합방이 침략이라고 하지만 어느 쪽이 옳은 것인지 알 수 없다고 하는가 하면 문부성의 교과서검정관은 한국인의 징용은 강제연행이 아니라 합법적이라고 망언을 늘어놓았다는 보도가 이어졌다.

국민의 분노가 폭발했다. 정부당국자들은 외교 경로를 통해 항의와 시정조치를 요구했고 국회에서도 여야 가릴 것 없이 일본을 규탄하는 목소리가 분출했다. 광복회 등 애국단체들은 물론 각계각층의 시민들이 시내 광장과 일본대사관 앞에서 연일 시위를 벌였다. 그러나 우리 국민들은 울분을 터뜨리는 데 그치지 않고 이 분노를 민족의 자주와 자존을 자각하고 다짐하는 극일운동克日運動으로 승화시켜나갔다. 일제의 식민통치를 받게 된 역사의 교훈을 되새겨 다시는 그러한 역사는 되풀이할 수 없다는 자각과 결의를 다짐하고 독립을 위하여 싸워온 피어린 항쟁과 민족의 강인한 의지를 되살려 국력 배양의 원동력으로 삼아야 한다는 결의를 다지게 되었다. 이를 위해서는 진실된 역사를 분명하게 입증하고 역사의 왜곡으로부터 파생될 수 있는 분쟁들을 방지할 수 있도록 독립운동사 관련 자료를 한 곳에 전시할 필요성이 제기되었다. 그리하여 민족의 자주정신과 독립의지를 선양하는 독립기념관을 국민의 손으로 건립하자는 데 뜻이 모아졌고 이어 모금운동으로 번지게 되었다. 이와 같이 독립기념관의 건립은 민족 수난의 역사를 청산하고 영광의 미래사를 창출하겠다는 민족적 자성으로부터 출발했다는 점에서 큰 의미가 있었다.

독립기념관에는 일제의 침략사와 우리 민족의 수난 사실을 전시하여 항일독립투쟁 사실을 재확인함은 물론 이를 통하여 겨레의 자주, 자존, 자위의 기상을 선양하는 산 교육장이 될 수 있도록 조성하자는 것이 본래의 국민적 목표였다. 그렇기 때문에 독립기념관의 건립은 국내외 모든 동포가 열렬히 참여했고 정부도 지원을 아끼지 않았다.

1982년 8월 각계 대표자가 모인 자리에서는 독립기념관 건립의 기본방향으로 국민적 역량을 결집하여 우리 시대의 국력을 상징하는 역사적 영조물營造物을 조성하되 소요자금은 건립 취지에 맞게 국민성금으로 충당한다는 데 의견을 모았다. 전시 유물과 자료도 국민으로부터 자발적으로 기증받기로 했다. 또한 정부의 지원을 받되 사업 주관은 어디까지나 민간단체인 독립기념관 건립추진위원회가 담당하기로 했다. 사업 추진 과정에서는 공청회와 관계단체, 학회 등의 자문을 받아 국민의 의견을 광범위하게 수렴, 반영하도록 하며 건물 조성과 전시자료의 수집, 제작을 병행하여 1986년 8월까지 공사를 마친다는 목표를 세웠다.

이와 같은 방향에 따라 1982년 8월 31일부터 모금운동에 들어갔는데 국내는 물론 해외동포들까지 적극적인 호응을 보내와 4개월 만인 1982년 말까지 약 350억 원의 성금이 모였다. 그 뒤 준공을 앞둔 1987년 7월 말까지 모금된 성금 총액은 706억(이자 201여억 원 포함) 원으로 전액 건립사업에 투입되었다.

독립기념관이 들어설 부지를 선정하기 위해 몇 가지 기준을 마련했다. 지역적으로 역사성이 있는 곳, 교통이 편리해 국민이 접근하기 쉬운 곳 등을 추천해주도록 전국 각 시도에 의뢰했다. 나는 접근 편의성, 주변 경관 등도 중요하지만 특히 역사적인 유서가 있는 고장을 찾는 데 주안점을 두도록 지시했다. 추천된 장소 가운데 14개 지역을 선정해 정부와 추진위원회

합동조사단이 현장답사 등을 거쳐 충청남도 청원군 옥천면 흑성산 기슭에 약 120만 평의 대지를 선택했다. 나는 헬리콥터를 타고 직접 현장을 살펴보았는데 인근 지역에서 유관순 열사 등 독립유공자와 충신들이 많이 배출된 충효의 고장이고 한눈에 봐도 주변 산세가 훌륭하고 고속도로에서도 가까운 곳이어서 입지로서는 최적지로 생각되었다. 정부는 1982년 11월 이 대지를 매입해주었고 정부기관이 소장하고 있는 각종 자료를 제공하고 또 주변지역의 조경, 진입로 개설 등 관련 사업을 최우선적으로 지원했다. 정부는 1986년 5월 독립기념관법을 만들어 독립기념관이 법인체로서 그 기능을 수행할 수 있도록 제도적인 뒷받침도 마련해주었다. 나는 독립기념관 건립의 뜻을 되새겨 기공식과 준공식은 가급적 역사적 의미가 있는 날에 거행하는 것이 좋겠다고 생각했는데 결국 기공식은 1983년 8월 15일 38주년 광복절기념식과 함께 현장에서 거행되었다.

독립기념관 준공식 – 흑성산 일대는 독립유공자와 충신들을 많이 배출한 고장이다.

독립기념관 개관 예정일을 열흘 앞둔 1986년 8월 4일 뜻하지 않은 화재 사고가 발생해 건립사업 관계자들은 물론 국민들을 충격과 실망에 빠뜨렸는데 개관을 1년 뒤로 미루고 전시와 조경 등 여러 분야에 걸쳐 수정보완을 해 1987년 8월 15일 드디어 국민 앞에 웅장한 자태를 드러내게 되었다.

국립중앙도서관

제5공화국의 출범과 함께 국가대표 도서관으로서의 기능을 구현하고 교육문화 창달에 중추적 역할과 정보자료 제공에 기여하기 위해 국립중앙도서관의 신축이전 사업을 1982년에 착수했다. 1988년 5월 개관을 목표로 강남구 서초공원에 부지면적 11만 1,505m², 건물면적 4만 3,600m², 열람석 5,400석, 서고용량 600만 권 규모의 최신 시설을 갖춘 도서관을 건립하였다. 총사업비는 247억 원으로 1982년부터 1988년까지 7개년에 투입하기로 계획되었다. 이 사업은 나의 임기 중에 대부분의 공정이 이루어졌으나 공사는 제6공화국에 들어서 완료되어 1988년 5월에 개관했다.

국립국악당

국립국악원은 1,600여 년의 역사를 자랑하는 가장 오래된 기관으로서 왕조시대에는 왕궁에 부속되어 있었으나 해방이 되면서 국립극장에 더부살이를 하고 있는 형편이었다. 우리나라는 오랜 역사와 함께 독창적인 전통음악을 고이 간직해온 문화민족임에도 불구하고 1980년대 초까지 국악 전용공연장을 갖고 있지 못했던 것이다. 국악은 공연 방식이나 음향, 감상법 등이 서양음악과는 크게 달라 전용공연장이 반드시 필요했다. 경제적 성장에 따라 국민생활에 여유가 생기면서 우리 전통예술에 대한 국민들의 관심과 인식도 높아졌다. 국악의 보존 보급의 중요성이 강조돼 정부는 국악전용공연장 건설 계획을 마련하고 1983년 12월에 서울 강남구 서초동

예술의 전당 부지 내에 국립국악당 부지를 확보하고 1984년 11월부터 본격적인 공사에 착수하였다. 이 공사는 2단계로 나누어서 시공하도록 계획되었는데 1단계는 1987년 말까지 소극장과 사무동, 연습동을 완공해 1988년 초에 개관하고 2단계는 1992년까지 대극장과 교육연구동을 완공하여 마무리할 계획으로 추진되었다.

지방 문화예술 진흥

문화 창달을 위한 정책을 구상하면서 내가 특히 관심을 기울였던 과제는 문화복지의 혜택이 국민 모두에게 골고루 돌아가도록 하자는 것이었다. 우리나라는 오랜 역사를 통해 정치 경제활동이 중앙에 지나치게 집중돼 문화예술 분야도 중앙으로 편중되어 있었다. 따라서 지방의 문화예술 활동이 침체되고 각 지방마다의 특성도 희미해져 있었다.

나는 새 정부 문화정책의 주요과제로 지방문화 육성과 활성화를 제시하고 우선 이에 필요한 법적, 제도적 뒷받침과 아울러 재정적 지원대책을 마련하도록 했다. 나는 1983년 예산 연설을 통해 문화권의 신장을 위해 지역과 계층, 세대 간의 문화 격차를 해소하는 데 역점을 두고 문화발전의 혜택이 전국의 모든 국민에게 고루 돌아가도록 하겠다는 방침을 밝혔다. 이어 지방 문화예술행사를 장려 지원하고 그 지방의 특성에 맞도록 발전할 수 있게 하라고 문공부에 지시했다. 이에 따라 정부는 1984년 '지방문화 중흥 5개년계획'을 세워 지방예술인의 창작발표 기회 확대, 지방예술제의 시상 격상과 특전 확대, 지방 문화시설 확충, 지역별 대표 향토축제 육성, 전국적인 예술행사의 지방 개최, 시도단위 지방문화 예술진흥회 구성 등의 구체적인 시책을 마련했다.

그러나 이러한 지방문화 육성시책이 실효를 거두려면 무엇보다도 예산의 지원이 필요했다. 정부는 문화예술진흥법을 고쳐 지방문화 예술진흥위원회를 신설하고 지방문예진흥기금도 거둘 수 있도록 입법 조치도 했다. 특히 1983년부터 실시된 언론 공익자금의 문화사업 지원 계획이 큰 힘이 되었다. 이에 따라 1982년 문예진흥기금의 지방지원 예산은 5억여 원에 불과했으나 1983년에는 19억여 원으로 275%가 늘어났고 이듬해에도 1983년 대비 220% 증액된 58억여 원이 지원되었다. 나는 지방의 문화예술 진흥을 위해서는 보다 획기적인 지원이 필요하다고 판단해서 1984년 문예진흥기금으로 400억 원을 각 시도에 지원하라고 비서실을 통해 관계부처에 지시했다.

중앙 위주의 문화 편중을 해소하기 위하여 지방 문화시설의 확충에도 많은 노력을 기울였다. 지역문화의 특성과 전통을 살리고 이를 육성하기 위한 정책적 의지와 꾸준한 노력이 지방문화의 균형 발전에 크게 기여했으며 지방문화 진흥 계획이 일차 마무리되는 1990년대에는 지방의 민족문화에 획기적인 전환점을 맞이하게 될 것으로 기대되었다. 경기, 경남, 경북, 전남, 제주의 종합문예회관과 전주대사습놀이 전수회관, 난계국악당, 대가야국악당, 홍성문화회관, 세종국악당, 백제음악당 등의 문화시설 건립비가 지원되고 충북예술회관, 경주서라벌문화회관, 대전시민회관, 전북예술회관, 대구 시민회관, 성남시민회관 등의 개수비가 지원되었다. 동래야유전시관을 비롯하여 6건의 중요무형문화재 전수회관이 개수·완료되었다. 이처럼 지방 문화공간의 건설로 문화 격차가 많이 해소되기 시작하였다.

민족문화의 주체성 확립과 민족정신 선양

우리 민족은 오랜 역사를 통해 다른 민족, 다른 문화와 끊임없이 접촉하고 교류해 왔지만 외래문화를 주체적으로 받아들였다. 선진 외래문화를 수용하면서도 그에 동화되지 않고 독창적인 문화로 발전시켜왔다. 또한 외래문화를 주체적으로 수용하되 배타적 경향으로 흐르지 않았다. 우리나라처럼 토속신앙이 아닌 외래종교들이 널리 뿌리를 내린 가운데서도 서로 간에 이렇다 할 갈등과 충돌 없이 공존하는 사회도 흔치 않다. 그것은 우리 국민 각자가 자신의 종교적인 신앙만큼 다른 사람의 가치체계를 존중하고 관용하는 차원 높은 주체성을 지니고 있기 때문일 것이다.

한편 일본의 식민통치와 6.25 그리고 5.16 이후의 개발연대를 거치는 과정에서 우리 민족의 전통적 가치관과 고유문화가, 쏟아져 들어오는 서양문물의 거센 물결에 잠겨버리는 듯한 양상을 보인 것이 사실이다. 모두가 사는 데 급급하고 외래문물을 받아들이는 데 바빠서 우리의 고유사상과 전통문화에 눈을 돌릴 여유를 찾기 어려웠다.

전통문화의 계승 발전과 민족문화의 창달을 명시한 5공화국 헌법의 문화조항을 새 정부의 정책에 반영하는 문제를 놓고 문화계 인사, 학자, 관계관들의 의견을 듣고 숙고하면서 나는 민족문화의 주체성 확립과 관련해 세 가지를 생각했다. 국사 등 국학國學 연구에 대한 지원을 강화하고, 민족 고유의 가치체계를 재정립하며, 전통문화재를 비롯한 민족문화유산의 보존 전승에 힘쓰자는 것이다. 나는 1981년 1월 국정연설에서 1980년대 문화정책 기조의 첫 번째로 '자주적이고 진취적인 민족문화 창달'을 꼽았고 그 뒤 계기가 있을 때마다 문화적 주체성의 확립을 강조했다.

민족문화의 주체성 확립을 위해서는 무엇보다도 먼저 국학연구가 충실해야 한다. 민족정신의 본질과 역사적 뿌리에 대한 실증적 연구가 선행되어야 한다. '우리 것'에 대한 연구가 단순한 복고주의復古主義로 흐르거나 폐쇄적인 것으로 되는 일은 경계해야 하지만 우선 '우리 것'이 무엇인지부터 알아야 한다. 국학연구에 대한 지원을 위해 한국정신문화연구원에 장서각 자료를 이관시키고 국내외 국학 자료를 수집토록 해서 명실상부한 국학연구의 본산 기능을 할 수 있게 했다. 국학 분야에 대한 장학지원을 강화하고 국학자의 해외연수 기회를 확대시켰다. 아울러 고전의 국역國譯사업에 대한 지원을 강화하도록 했다.

민족사의 맥을 올바르게 이어가기 위해서는 우리 역사에 대한 올바른 인식이 선행되어야 한다. 나는 우리나라 역사연구에 필요한 각종 사료史料를 체계적으로 조사, 수집, 보존, 편찬하는 사업을 하는 국사편찬위원회의 활동을 적극 지원하도록 했다. 특히 국사학계의 연구 활동을 활성화하기 위해서는 그동안 곁방살이로 지내온 국사편찬위원회의 전용건물 신축이 필요하고 그것이 학계의 오랜 숙원이라는 박영석朴永錫 국사편찬위원장의 건의를 받고 과천의 정부청사 단지 안에 국사관을 지어주도록 예산당국에 지시했다. 이에 따라 1984년 8월 광복절을 기해 공사에 들어간 국사관은 1987년 3월 서고, 연구실, 전시실, 열람실, 시청각실 등을 갖춘 지하 1층 지상 3층 건물 2개동으로 지어졌다. 나는 국사관 개관에 즈음해 국사편찬위원을 비롯한 학계인사들에게 국사교육을 통해 우리 자신과 후손들이 민족적 자신감을 지닐 수 있도록 해달라고 당부하고 특히 식민사관, 사대주의 사관, 유물사관을 극복할 수 있는 교육을 강화해야 한다고 강조했다.

새 정부는 문화적 주체성을 확립하기 위한 1차적 과제로 민족문화유산의 보존 정비에 힘을 기울였다. 전통문화재는 우리 민족의 자랑스러운 역사와 문화적 우수성을 실증하는 귀중한 재산이다. 1981년부터 6년간 국가지정문화재로 487건이 새로 지정되어 원형보수, 정비, 보존이 이루어졌다. 나는 민족문화유산 보존사업과 관련해 두 가지 지침을 주었다. 첫째는 훼손 유실된 문화재를 복원 재건하되 원상原狀을 해치지 않도록 하라는 것이다. 역사적 유적지에 사당이나 인위적 시설물들을 새로 짓기보다는 옛 모습 그대로 보존하는 것이 더 의미가 있다고 생각했다. 1970년대에 불국사, 광화문 복원 등 문화재 발굴 보수사업에서 많은 성과를 거두었으나, 예산이나 공사기간 등의 이유 때문에 석재나 목재 대신 시멘트를 사용함으로써 원형이 훼손된 사례가 많았다. 특히 단청 대신 획일적으로 도료를 칠해 복원의 의미가 크게 퇴색했다. 나는 1984년 창경궁 등 5대 궁을 포함해 시멘트를 사용하는 등 변형 축조한 유적들을 복원하면서 원형에 가깝게 복원하도록 문화공보부장관에게 단단히 일러두었다.

민족문화유산 복원과 관련해 내가 관계자들에게 강조한 또 한 가지 지침은 수난의 역사 현장을 그대로 복원 보존하라는 것이었다. 나는 1981년 4월 남한산성을 돌아본 뒤 관계관들에게 영광스러운 사적史蹟에서 긍지와 자부심을 얻고 굴욕적인 사적에서는 교훈을 얻을 수 있는 것인 만큼 역사적 유적은 어떤 것이든 소멸시키지 않도록 하라고 지시했다. 과거 우리 민족이 이민족의 침략으로 숱한 고난을 겪었고 식민통치까지 받았던 역사가 있긴 하지만 그러한 치욕과 상처를 상기시켜주는 유적을 굳이 보존할 필요가 있느냐는 논란은 그때도 있었고 지금도 있을 것이다. 그러나 나는 수난의 역사도 우리의 역사인 만큼 현장을 그대로 복원 보존함으로써 다시는 그러한 치욕의 역사를 되풀이하지 않겠다는 결의를 다지는 것은 자랑스러운 문화유산을 통해 민족적 긍지와 자존심을 일깨우는 일 못지않게 중요한 일이라고 생각했다. 이러한 생각에서 나는 경복궁안의 명성황후 시해현장, 병자호란 때의 치욕의 상징물인 삼전도비三田渡碑, 경기도 화성의 제암리

堤岩里 교회, 서대문형무소 등을 원상태대로 복원 보존하도록 했다.

민족사의 수난의 현장을 보존하는 문제와 관련해 내가 고심했던 일은 제국주의 일본의 총독부 청사였던 중앙청 처리 문제였다. 그 건물이 경복궁 앞을 가로막고 있지 않고 서울시내 어느 한 곳에 위치해 있었다면 하루라도 빨리 헐어버리자는 주장이 강력하게 제기되지는 않았을 것이다. 중앙청 청사가 일본 식민통치의 상징적 건축물인 만큼 대한민국 정부의 행정 중추부가 사용하기에는 적절치 않았다. 그러나 정부수립 후 초기에는 한때 이승만 대통령의 집무실이 있었고 1980년대 초까지 30여 년 간 국무총리 집무실을 비롯해서 몇몇 중앙행정부처의 업무공간으로 사용한 것은 불가피한 사정이 있었기 때문이었다. 그렇지 않아도 긴요한 재정수요가 많은 형편인데 그 건물을 사용하는 대신 막대한 예산을 투입해야 하는 신청사 건립은 말하자면 불요불급한 사업이었다. 중앙청을 해체해서 다른 곳으로 옮기는 일 역시 신청사 건립보다 훨씬 더 많은 재원이 필요한 것이어서 검토사항이 아니었다.

나는 당장은 해체할 수도, 이전할 수도 없는 중앙청 건물을 국립중앙박물관으로 개축 활용하자는 생각을 했다. 치욕적 역사의 잔영이라고 할 건축물에 민족의 얼이 깃든 문화유산들을 보존 전시하는 것이 바람직한 것이냐 하는 회의가 없지 않았지만, 고난과 핍박 속에서도 유구한 민족혼과 문화를 지켜온 자취를 되돌아보는 일은 역사교육, 사회교육의 효과도 기대할 수 있다고 생각했다. 또한 마침 범국민적인 결의와 호응 속에 독립기념관의 신축이 별도로 추진되고 있는 만큼 자주적 민족정신을 선양할 독립기념관과 전통문화유산을 국내외에 과시할 국립중앙박물관의 확충이 동시적으로 이루어지는 것은 더욱 뜻이 깊은 일이었다.

나는 1981년 5월 역사학, 고고학계 관계자들을 비롯한 문화계 인사들의 의견을 물어 국립중앙박물관을 중앙청 건물로 이전하는 방안을 검토하라고 내각에 지시했다. 정부는 공청회를 열어 각계각층의 의견을 모은 뒤 1982년 3월 중앙박물관 이전확충계획을 확정지었다. 이어 1983년 6월 공사에 들어가 3년여 만인 1986년 8월 개관을 하게 되었다. 총공사비 270억 원이 투입된 새 박물관은 경복궁 내의 구 박물관에 비해 대지가 3배, 연건평은 4배가 크고, 세계 최초로 진열식 보관설비를 갖춘 수장고도 3배로 커졌다.

나는 퇴임 후 중국인민외교학회의 초청으로 몇 차례 중국을 방문할 기회가 있었는데, 중경시重慶市와 남경대학南京大學에 갔을 때 그곳에서는 대만臺灣 장개석蔣介石 총통의 발자취를 그대로 보존하고 있었고, 중국 측 관계자들은 묻지도 않았는데 그러한 사실들을 알려주었다. 중국당국의 입장에서는 장개석 총통과 관련된 유적들이 자랑스러운 것이라서 보존하고 있는 것은 아닐 터였다. 영광스러운 역사건 치욕의 역사건 후대의 사람들은 그러한 역사적 사건들에서 교훈을 얻을 수 있는 것이고 그것이 역사적 유적을 보존해야 할 이유인 것이다 주한미군 철수 계획의 백지화가 갖는 의미는 획기적인 것이었다. 미국이 주한미군을 빼낸다고 하더라도 한국에 대한 방위 공약은 지킬 것이라고 다짐하고 있었지만 실제 미군이 철수한다면 한국의 안보는 물론 동북아 지역의 평화 유지에 치명적 위협이 될 것이라는 사실은 역사를 통해 이미 증명된 바 있다. 1950년 1월 미국 트루먼 대통령 때 국무장관 애치슨이 미국의 방위선에서 한국을 제외하는 이른바 '애치슨 라인'을 발표함으로써 채 반 년도 지나기 전에 북한의 6.25남침을 초래한 가장 큰 원인이 되었다. 따라서 한미 정상회담의 합의는 실로 역사적인 의미를 갖고 있었다.

제7장

국방·외교 역량 강화

정상회담을 통한 한미 혈맹관계 복원

시급했던 주한미군 철수 문제

　대통령에 취임한 후 경제문제와 함께 내가 최우선적으로 정책적 배려를 기울여야 했던 것은 국가안보 문제였다. 외부의 도전과 침략으로부터 국가와 국민의 안전을 지키는 일은 그 어떤 과제에 우선하는 막중한 책무였다. 더욱이 내가 대통령에 취임하던 1980년 전후의 우리의 안보 환경은 그 어느 때보다도 절박한 상황이었다. 가장 큰 위협은 두말할 필요도 없이 북한의 도발 책동이었지만, 상황을 더욱 어렵게 만들고 있는 것은 미국 카터 행정부의 주한미군 철수 계획이었다. 카터 행정부는 인권외교를 내세워 박 대통령을 압박함으로써 우리 정부와 줄곧 티격태격해왔다. 특히 주한미군 철수 방침에 따라 혈맹관계인 두 나라의 군사협력 체제에 균열이 생겼다. 대통령선거 유세 때 주한 미 지상군 철수를 공약했던 카터는 1977년 1월 20일 대통령으로 취임하자마자 공개적으로 한국의 인권문제를 거론하며 향후 4~5년 내에 주한미군을 점진적으로 철수할 것임을 통고해왔다.

물론 박정희 대통령은 주한 미 지상군 철수에 반대했고, 부득이 철수한다면 전쟁을 방지할 수 있는 억지력의 보전과 한반도의 군사력 균형이 파괴되는 일이 없도록 한국의 자체 방위력을 증강하는 등 필요한 보완조치가 철군에 선행되어야 한다는 입장을 고수했다. 카터 행정부는 1978년 '미군 철수 보완을 위한 특별국제안보원조법안'이 의회의 승인을 얻는 데 실패하자 결국 이듬해인 1979년 2월 주한 미 지상군의 철수를 잠정적으로 보류한다고 발표했다. 하지만 임기가 끝나가는 카터 행정부에 이어 그 다음해 대통령선거를 통해 들어설 미국의 새 행정부가 주한미군 철수 문제에 어떤 정책을 들고 나올지 알 수 없는 불안정하고 유동적인 상황이 지속되고 있었다. 더욱이 당시 남북한의 대치 상황은 우려할 만큼 우리에게 불리했다. GNP의 6.3%를 군사비에 지출하고 있었던 한국과 달리 북한은 23.8%를 군사력 증강에 투자하고 있어 군사력 면에서는 북한이 우리보다 현저한 우위에 있었다. 또한 북한의 군사력을 뒷받침하는 소련 극동군의 배치 병력도 위협적인 규모에 이르고 있었다.

내가 대통령으로 취임한 이후에도 미군 철수 문제는 여전히 미해결 상태에 놓여 있어 박 대통령의 고민이 나의 고민으로 이어질 수밖에 없었다. 그런 상황에서 내가 11대 대통령에 취임하고 70여 일이 지난 1980년 11월 공화당의 로널드 레이건이 민주당의 지미 카터를 누르고 미국의 제40대 대통령으로 당선됐다. 공화당 레이건 후보의 대통령 당선은 주한미군 철수 문제를 해결하고 한미 군사동맹관계를 회복시킬 수 있는 기회를 열어준 것이라고 생각되었다. 서로 인간적인 반감까지 가지고 있던 박 대통령과 카터 대통령이 마침 모두 퇴장하게 된 것은 두 나라 정부 사이의 불필요한 갈등관계를 청산할 수 있는 좋은 기회가 아닐 수 없었다. 나는 미국의 차기 대통령을 가능한 한 빨리 만날 수 있는 길을 모색해보기로 했다.

비공식채널을 통한 정상회담 교섭

나는 대통령인 내가 가능한 한 빨리 직접 미국을 방문해 레이건 대통령을 만나기 위해서는 레이건이 아직 당선자 신분일 때부터라도 미국 방문계획을 추진해보자는 생각을 했다. 주한미군 철수 문제 등 한미 간의 안보협력 강화 문제가 우리에게는 초미의 해결과제였지만 미국으로서는 대통령이 취임 첫 주부터 한국의 대통령을 초청해서 만나야 할 만큼 긴급한 현안이 아니어서 다른 강대국의 정상들을 제치고 제일 먼저 초대받는다는 것은 기대하기 어려운 일로 생각됐다. 그러나 나는 가능한 방법을 다 동원해서라도 추진하기로 마음먹었다.

그런데 마침 유병현柳炳賢 합참의장이 연례 한미안보협의회의 문제로 헤럴드 브라운 미 국방장관을 만나러 미국에 간다면서 출국신고차 접견을 요청해왔다. 나는 유병현 장군에게 임무를 주기로 했다. 11월 18일 유병현 합참의장은 출국신고를 한 뒤 "혹시 하명 사항은 없으십니까?"하고 물었는데 의례적으로 하는 말이었을 것이다. 나는 "특명이 있다."면서 베시 미 육군참모차장을 통해 레이건 새 정부의 국무장관 물망에 오르고 있는 알렉산더 헤이그 장군을 만나보라고 했다. 헤이그 장군을 통하면 레이건 대통령과의 정상회담을 성사시키는 길이 열릴 수 있을지 모른다는 생각을 한 것이다. 유병헌 합참의장은 베시 미 육군참모차장이 한미연합사령관으로 있을 때 그 밑에서 부사령관을 지낸 사이여서 친숙한 관계였다. 또 헤이그 장군은 6.25 때 참전한 바 있어 한국의 전략적 중요성을 충분히 인식하고 있을 것으로 생각됐다. 또 베시 장군은 내가 제1사단장으로 있으면서 제3땅굴을 발견하자 자기 일처럼 기뻐하며 세 번이나 전방의 땅굴 현장을 찾아온 일이 있어 나를 잘 알고 있었다. 나는 베시 장군이 힘껏 도와줄 것이고 베시 장군이 적극적으로 주선에 나서면 헤이그 장군을 움직일 수 있을 것으로 기대했던 것이다. 나는 유병현 합참의장에게 미국 측 인사들을 만나 레이건과 나의 정상회담 필요성을 설득하면서 제시할 논리를 설명해줬다. "주한미군이 철수하게 되면, 소련이 주한미군을 견제하기 위해 극동지역에 주둔시키고 있는 극동군을 유럽으로 이동할 가능성이 있다. 그렇게 되면 미국의 세계 전략도 수정할 수밖에 없지 않겠는가. 한국의 대통령을 만나 이 문제를 해결하면 한국의 안보는 물론 동북아의 안정에 기여하게 되고 미국의 국익에도 도움이 될 것이다."

내가 미국 대통령과의 정상회담이라는 중요한 행사를 정부의 공식적인 외교 경로를 통하지 않고 비공식채널을 이용하기로 한 데에는 이유가 있었다. 우리 대사관이 전면에 나서서 외교교섭을 한다면 국무성과 접촉해야 하는데 그 시점은 아직 미국 새 정부가 출범하지 않은 때여서 국무성의 고위직은 카터 대통령 사람들이었다. 카터 행정부의 국무성에서, 나와 레이건 당선자 사이의 정상회담 개최 문제를 다루게 한다는 것은 적절치 않은 것으로 생각되었다. 뿐만 아니라 공식 외교 계통으로 교섭하게 되면 성사가 되더라도 절차를 밟느라 시일이 많이 걸릴 수밖에 없는 일이었다. 이런 일은 인맥을 이용해 속전속결로 접근하는 것이 더 효율적일 수 있었다. 그래서 정상회담 개최에 원칙적인 합의를 보는 단계까지는 비공식채널을 이용하기로 한 것이다.

레이건 대통령이 초청한 첫 번째 국빈

베시 장군을 통해 헤이그 장군을 접촉하려던 계획은 처음부터 차질이 생겼다. 유병현 합참의장이 미국에 도착했을 때 마침 헤이그 장군은 해외 출장 중이어서 만날 수 없었다. 그러나 베시 장군의 도움을 받으려는 생각은 제대로 맥을 잡은 것이었다. 베시 장군은 매우 적극적인 자세로 유병현 장군을 도와주었다. 베시 장군은 헤이그 장군 대신 미 상원 공화당 원내 총무인 하워드 베이커 의원을 소개해주겠다고 했다. 베이커 공화당 원내총무가 레이건 대통령의 안보담당 특별보좌관으로 내정되어 있는 리처드 알렌을 잘 알고 있는데 알렌을 통해 추진하는 것이 더 빠른 길이 될 수 있다는 얘기였다. 베시 장군은 유병현 장군을 위해 미 상원 군사위원회의 존 글렌, 멜빈 프라이스, 스트래튼 의원 등을 자택으로 초청해서 한미 군사협력의 중요성을 강조한 데 이어 알렌도 따로 자택으로 초청해 유병현 장군과 함께 조찬을 나누는 자리를 마련해 주었다. 내가 이때 베시 장군의 도움을 받을 수 있었던 것은 나로서는 행운이었고, 우리나라로서도 큰 신세를 진 셈이다. 베시 장군에게 감사의 마음을 전하고 싶다.

알렌과의 접촉을 통해 한미 정상회담을 추진해보겠다는 약속을 받아냈다는 유병현 합참의장의 보고를 받자 나는 그때부터는 공식 외교라인을 가동하기로 했다. 그 시점까지는 글라이스틴 주한 미국대사는 물론 김용식金溶植 주미대사와 노신영盧信永 외무부장관한테도 전혀 이러한 사실을 알리지 않았다. 다만 중앙정보부에서 근무한 적이 있는 손장래孫章來 주미 공사가 군 출신이라 유병현 장군이 알고 있어서 중간연락 임무를 맡도록 했을 뿐이었다. 비공식채널을 통한 한 달여의 교섭으로 미국 방문 계획이 공식화되자 노신영 장관은 12월말께 김용식 대사에게 박쌍룡朴双龍 차관보를 보내 전후사정을 설명하고 미국 국무부와의 실무 교섭을 맡겼다.

미국 공식 방문 계획이 차질 없이 진행되어 내가 김포공항에서 전세기에 몸을 실은 것은 1981년 1월 28일 오후 3시였다. 나의 미국 방문에는 신병현 부총리 겸 경제기획원장관, 노신영 외무부장관, 주영복 국방부장관, 유병현 합참의장 등 공식수행원 11명, 비공식수행원 15명과 기자단 20명이

동행했다. 나로서는 대통령 취임 후 첫 외국 방문이었다. 미국의 레이건 대통령에게도 나는 취임 후 첫 번째 맞이하는 외국 국빈이었다. 레이건 대통령이 취임한 것이 1월 21일이었으니 레이건 행정부가 출범한지 불과 일주일 만의 일이었다. 레이건 대통령으로서는 백악관 생활이 아직도 낯설기만 한 때였을 것이다. 레이건 대통령은 2월 2일 백악관에서 의전행사를 마치고 나를 회의실로 안내하면서 "취임 후 며칠이 안 돼서 나 자신도 침실, 화장실, 집무실이 어디 있는지 겨우 알고 있는 상태에서 귀빈을 맞게 되었다."고 할 정도였다. 미국의 대통령이 취임식을 가진 뒤 겨우 열흘 정도 지난 시간에 강대국이 아닌 나라의 국가원수와 정상회담을 갖는다는 것은 이례적인 일이었다. 당시 우리 대한민국은 미국 정부가 최우선적으로 상대해야 할 만큼 중요한 나라로 인식되고 있지 않았기에 수많은 나라를 제쳐둔 채 한국의 대통령을 미국 대통령이 제일 먼저 만난다는 자체가 빅뉴스가 되었다.

내가 레이건 대통령이 취임 후 첫 번째로 맞이하는 국빈이 될 수 있었던 일과 관련해서 그 일이 성사되기까지 교섭 과정에서 어떤 일들이 있었는지, 그 이면에서 양측이 서로 주고받은 것은 무엇인지 이런저런 얘기들이 있었던 것 같다. 절차상으로는, 앞에서 언급했듯이 우리 측의 유병현 합참의장 등 양측 비공식채널 간의 교섭이 성공적으로 진행된 공로가 있다. 또한 그 뒤 외무부와 대사관을 통한 공식 협의도 차질 없이 잘 이루어졌다. 그러한 과정에서 당시 사형선고를 받고 있던 김대중 씨에 대한 형 집행을 면제하는 문제가 양측 간에 주요 관심사의 하나로 논의된 것은 사실이다. 그러나 세간에 알려진 것처럼 김대중 씨 문제가 정상회담 개최의 전제조건이었던 것은 아니다. 사실 나는, 한때 야당의 강력한 대통령 후보였던 김대중 씨를 처형한다는 생각은 하지 않고 있었기 때문에 그 문제로 양측이 밀고 당기고 하는 일은 없었다. 김대중 씨의 사형이 집행되지 않도록 하기 위한 목적에서 레이건 대통령이 나를 국빈 초청한 것은 아니었다. 나의 미국 방문을 위한 교섭에 나섰던 리처드 알렌 등 레이건 측 참모들은 그 사실을 카터 행정부가 알아챌 수 없도록 극비에 붙여주기를 신신당부했고, 자신들도 철저히 보안을 유지했다. 글라이스틴 주한대사도 레이건 대통령 취임식 준비를 통보받을 때까지 전혀 모르고 있었다.

훗날 알게 된 일인데, 레이건 행정부가 나와의 정상회담을 그처럼 전격적으로 결정한 것은 근본적으로는 전임 정권인 카터 행정부의 인권외교가 전략적으로 실패했다는 반성에서, 우리나라에 대한 인권외교정책을 수정한다는 첫 번째 신호였던 것이다. 카터의 인권외교 전략은 소련 등 적대국과, 한국 등 동맹국을 구분하지 않고 무차별적으로 적용한 결과 적대국의 인권 상황을 개선하는 효과는 거두지 못한 채, 박정희 대통령의 핵무기 개발 기도에서 보듯이, 동맹국의 반발만을 초래했다. 그러한 반성 위에서 적국과 동맹국에 대해 인권정책을 차별적으로 적용하기로 한 첫 번째 케이스가 우리나라였다. 동맹국이나 우방의 인권 상황이 미국의 기준에 맞지 않는다 하더라도 일방적으로 압력을 가한다거나 하는 대신, 지속적인 관심을 가지고 영향력을 행사하되 긍정적인 결과에 이르기까지 인내한다는 것이다. 미국 인권외교정책의 전환을 의미하는 이러한 전략을 제시한 것은 1981년부터 5년간 레이건 행정부에서 UN 대사를 지낸 진 커크패트릭 여사(조지타운대 교수)였다. 원래는 민주당원으로서 카터의 당선을 돕기도 했던 커크패트릭은 카터의 인권외교 정책을 비판하며 1980년 2월 공화당 레이건 후보의 외교정책 참모가 되었다. 커크패트릭을 레이건 후보에게 소개한 사람이 바로 나의 미국 방문 교섭에 나섰던 리처드 알렌이었다. 레이건 행정부가 출범하면서 새로운 패러다임의 외교정책을 선보이는 첫 케이스가 나의 미국 국빈 방문 초청이었던 것이다.

방미 길에 구상한 일본의 경협자금 지원 요청

김포공항을 이륙한 비행기가 고도를 잡게 되자 나는 이번 방미의 핵심적인 일정인 레이건 대통령과의 회담에서 무엇을 얘기하고 무엇을 얻어내야 할 것인가를 곰곰이 생각해보았다. 출국하기 전에도 이미 외무부와 관계비서관으로부터 정상회담 의제 등에 관해 몇 차례 보고를 받기는 했다. 또 기내 집무실의 탁자 위에는 관계 부처에서 준비한 회담 관련 자료도 수북하게 쌓여 있었다. 분량이 너무 많아 손을 댈 엄두가 나지 않았다. 그 많은 자료들을 모두 읽어낼 수도 없었거니와 읽는다 해도 그 세세한 내용들이 레이건 대통령과의 회담에서 활용할만한 것인지 알 수 없었다. 나는 외무부나 비서실에서 준비한 의제의 틀에서 벗어나 시야를 넓혀 생각해보기로 했다. 실무적인 의제들은 어차피 나중에 두 나라의 관계관들이 논의하면 되는 일이고 나는 레이건 대통령한테서 큰 원칙에 대한 찬성과 동의만 얻어내면 되는 것 아닌가. 레이건을 만나면서 마음이 위축될 필요가 전혀 없다고 생각했다. 미국이 우리나라와는 비교할 수 없을 만큼 강대한 국가이고 안보와 경제면에서 우리나라에 결정적인 버팀목이 되어주고 있는 나라인 것이 사실이지만, 미국으로서도 세계 전략상 우리 한국의 협력을 필요로 하고 있는 것 또한 엄연한 현실 아닌가. 레이건 대통령이 나보다 스무 살이나 연세가 많고 또 캘리포니아 주지사를 역임하는 등 정치 경력도 많은 분이지만 따지고 보면 나나 레이건 대통령이나 이제 막 대통령의 임기를 시작한 처지인 것은 마찬가지 아닌가. 레이건은 백악관의 주인이 된 지 이제 겨우 열흘이 지났지만 나는 그래도 지난 다섯 달 동안 대통령직을 경험해보지 않았나. 그러니 조금도 위축될 필요가 없고 오히려 내가 회담을 리드해 나가보자 이렇게 마음먹었다.

이륙한 지 한 시간쯤 지났을까. 일본 땅이 시야에 들어왔다. 오른쪽 창으로 후지산이 내려다보였다. 기장이 기내방송을 통해 후지산에 관해 간략히 설명했다. 나는 후지산을 그림이나 사진으로는 보았지만 실제로 본 것은 그때가 처음이었다. 대위 때인 1959년 미국으로 교육받으러 갈 때 일본의 미 공군기지에서 군용기를 타고 일본열도 상공을 지나간 적은 있지만 그때 후지산을 본 기억은 없었다. 하늘에서 내려다보는 내 눈에 후지산은 그 웅장하고 아름다운 자태를 여지없이 드러내고 있었다. 원뿔형으로 솟아 있는 봉우리 주위로 만년설을 이고 있어서 신비감마저 자아내고 있었다. 우리가 백두산을 영산靈山으로 생각하듯이 일본인들이 후지산을 신앙의 대상으로까지 삼는 이유를 알 것 같았다.

잠시 후지산을 맴돌던 내 상념은 금세 현실로 돌아왔다. 저 후지산의 영험한 힘이 오늘날 일본이 누리고 있는 풍요와 평화를 가져다 준 것인가. 원자탄 두 발을 맞고 패전국이 된 일본이 수십 년 만에 세계 2위의 경제강국으로 발전할 수 있었던 힘은 어디서 나온 것인가. 2차 세계대전이 끝난 뒤 거세게 몰아닥친 국제공산주의세력의 팽창 전략으로부터 일본이 안전할 수 있었던 배경은 무엇인가. 일본 스스로의 힘으로 지켜낸 것인가. 미국의 보호막 덕택인가.

북한을 시켜 우리 대한민국을 침략한 소련의 태평양 진출 전략은 6.25의 패전으로 좌절했다. 그러나 이 전쟁에서 우리 국토는 폐허가 됐고 수백만 명의 인명이 희생되었다. 미국을 비롯한 UN 회원국 16개국의 수많은 젊은이들도 한반도에서 피를 흘렸다. 한반도의 저지선이 뚫렸다면 일본도 온전할 수 없었을 것 아닌가. 그러나 일본은 아무런 피해가 없었을 뿐 아니라 '한국전 특수韓國戰特需'를 톡톡히 보았다. 이 엄청난 희생 위에 일본은 평화를 누렸고 오늘날 번영을 구가하고 있었다. 일본의 평화비용은 결국 우리 대한민국이 지불하고 있는 것 아닌가.

생각이 여기에 이르자 곧바로 나는 수행하고 있던 주영복周永福 국방부 장관을 불렀다. 미국이 우리나라에 미군 1개 사단을 유지하는 데 1년에 드는 비용이 대략 얼마쯤 되는지 물었다. 약 10억 달러가 소요된다고 했다. 나는 머릿속으로 계산을 해보았다. 과거 제국주의 일본은 한반도에 2개 사단을 주둔시켰다. 일본이 한반도를 계속 강점 상태로 유지하기 위한 전략 때문이기도 했지만 대륙으로부터의 위협에 대처하기 위해서도 2개 사단을 주둔시킬 필요가 있었던 것이다. 그렇다면 지금 일본은 최소한 그 정도의 안보 비용은 덕을 보고 있는 것이 아닌가.

그렇다. 바로 이거다. 10억 달러×2개 사단×5년=100억 달러. 이 100억 달러를 일본으로부터 안보협력자금으로 받아내자는 생각이 떠오른 것이다. 이 일을 성사시키자면 미국을 움직여야 한다. 미국이 강하게 밀어붙이면 일본도 외면할 수는 없을 것이다. 그런데 마침 지금 나는 미국 대통령을 만나러 가는 길 아닌가. 나는 마음속으로 쾌재를 불렀다. "레이건 대통령을 만나서 이 얘기를 하자." 나는 레이건 대통령과의 정상회담에서 제기해야 할 중요한 의제 중의 하나를 발견한 셈이었다.

지금 와서 생각해봐도 엉뚱하다고 할 기발한 착상이었다. 관료나 직업외교관 출신이었다면 상상도 할 수 없는 아이디어였다. 직무를 수행함에 있어서 정해진 일만 하는 것이 아니고 적극적이고 능동적으로 일을 찾아서 하는 나는 상식을 뛰어넘는 일을 곧잘 벌이고는 했다. 앞에서 언급한 일이지만, 1.21사태가 일어나기 전 청와대를 향해 박격포를 조준해놓는 일 같은 것은 감히 생각해볼 수도 없는 일이었다. 그러나 사소하면서도 무모한 일인 듯 보이는 그 전술적 판단이 치명적인 위험을 맞이한 순간에 결정적인 힘을 발휘했다. 100억 달러 안보차관 구상도 말하자면 나의 그렇게 일하는 방식 덕분에 생각해낼 수 있었다.

그러나 그 일이 그리 간단치 않을 것이라는 사실을 깨닫는 데는 오랜 시간이 걸리지 않았다. 레이건 대통령이 우리나라의 안보상황을 충분히 이해하고 나의 주장과 논리에 공감을 한다고 하더라도 일본으로부터 안보협력자금을 얻어내는 일은 어디까지나 한국의 일일 뿐 미국이 나설 일은 아니지 않은가. 미국의 이익에 직결되는 문제가 아닌 한 적극적으로 협조해줄 리가 없는 일이다. 또 우리나라의 GNP가 겨우 600억 달러에 불과하고 외채 150억 달러를 안고 있는 처지에서 100억 달러의 차관을 얻는데 도와달라고 하는 것을 과연 수긍해줄 것인가. 생각이 여기에 이르자 맥이 빠지는 느낌이었다.

묘책이 없을까. 해볼 만한 일이라면 어렵다고 주저앉을 것이 아니라 뜻을 관철할 수 있는 방법을 찾아봐야 한다. 그것이 나의 일하는 방식, 살아가는 방식이다. 순간 한 가지 생각이 떠올랐다. "우리나라가 일본으로부터 안보협력자금으로 차관을 얻을 수 있도록 미국이 도와주면 우리는 그 자금으로 미국의 무기를 사주겠다. 그렇게 얘기하자. 미국의 방산업계는 물론 미국 정부도 외국에 무기를 팔 수 있는 일이라면 마다할 리가 없을 것 아닌가. 그리고 자금 규모에 관해서는 거론되지 않도록 일단 뒤로 미뤄놓도록 하자. 미국 측의 원칙적인 찬성을 얻어내면 구체적인 액수는 이후 실무선에서 협의하도록 한다는 선에서 정상회담에서의 논의는 매듭짓자" 이렇게 생각을 정리했다.

한미韓美 두 신임 대통령의 첫 대좌

로스앤젤레스와 뉴욕을 거쳐 2월 1일 오후 워싱턴에 도착했다. 다음날 오전 10시 45분 나는 백악관의 대통령 집무실에서 레이건 대통령과 상견례를 겸한 단독회담을 가졌다. 우리 쪽에서는 노신영 외무부장관과 김병훈金炳薰 의전수석비서관이 배석하고 미국 측에서는 부시 부통령, 헤이그 국무장관, 알렌 보좌관, 맥닐 통역관이 배석했다.

레이건 대통령은 간단한 수인사를 주고받은 뒤 한국의 안보문제의 중요성에 대해 깊은 관심을 가지고 있다는 것을 보여주기라도 하려는 듯 먼저 땅굴 문제에 관해 질문을 던졌다. 땅굴이 땅속 얼마나 깊은 곳에 있는지, 굴의 폭과 높이, 길이는 어느 정도인지 물었다. 또 첨단장비로도 그처럼 발견하기 어려운 것인가 묻기도 했다. 보좌진의 보고를 받았겠지만 그는 내가 북한이 비무장지대를 뚫고 파내려온 땅굴을 발견한 지휘관임을 이미 알고 있었다. 레이건 대통령이 회담 벽두에 땅굴 얘기부터 꺼낸 것은 그 문제가 그만큼 중요해서라기보다는 나 개인에 대한 관심을 표명하는 제스처로 보였다. 나는 땅굴이 지표에서 100미터 아래에 폭 2미터, 높이 2미터로서 100분의 1 정도의 완경사로 북쪽으로 물이 흐르도록 되어 있으며 굴착 작업에서 생기는 흙을 교묘하게 은폐하고 있어 공중감시에는 잘 나타나지 않는다고 설명했다. 또 굴착기의 굴착 각도가 조금만 빗나가도 100미터 지하에서는 크게 틀어지기 때문에 구멍을 찾는 것이 여간 어려운 일이 아니라고 설명했다. 나는 이어서 동북아 지역의 군사적 불균형을 지적하면서 한반도에 있어서의 주한미군의 역할을 중점적으로 설명해나갔다. 이때 레이건 대통령은 이미 전문가를 통해 한국 정세에 관한 보고를 받고 모종의 결심을 굳히고 있었던지 예의 그 환한 웃음을 얼굴 가득 띠고 주한미군 철수는 없을 것이니 안심하라고 말해주었다.

단독회담에 이어 곧 자리를 각료회의실로 옮겨 11시부터 본격적인 정상회담을 시작했다. 12시까지 1시간 동안 진행된 이 회담에는 한국 측에서 신병현 부총리 겸 경제기획원장관, 노신영 외무부장관, 주영복 국방부장관, 김용식 주미대사, 김경원金瓊元 대통령 비서실장, 김병훈 대통령 의전수석비서관과 공노명孔魯明 외무부 정무차관보가, 그리고 미국 측에서는 조지 부시 부통령, 알렉산더 헤이그 국무장관, 캐스퍼 와인버거 국방장관, 윌리엄 브록 백악관 특별통상대표, 제임스 베이커 백악관 비서실장, 리처드 알렌 백악관 안보담당 보좌관, 윌리엄 글라이스틴 주한대사 그리고 존 홀드리치 국무성 아시아·태평양담당보좌관이 각각 참석했다.

백악관에서 열린 레이건 대통령과의 단독 정상회담 – 레이건 대통령 취임 후 첫 번째로 맞이한 외국 원수였다.

이 회담에서 레이건 대통령은 "이번 전두환 대통령의 미국 방문은 한미 양국 간의 우호관계를 확인하고 상징하는 것이다. 미국은 태평양 지역에서의 미국의 방위의무를 준수할 것을 천명하는 바."라고 전제한 뒤, " 한반도에서의 미군 철수에 관한 어떠한 논의도 앞으로는 없을 것을 다짐한다. 미국은 한반도에 대한 방위공약을 재확인한다. 미국은 북한과 일방적으로 접촉하는 일은 없을 것이며 접촉해야 할 경우가 있게 되면 그때는 한미 양국이 반드시 다 같이 나란히(side by side) 갈 것."이라고 단호한 어조로 말했다. 지난 수년간 태평양 상공을 뒤덮고 있던 먹구름을 한순간에 걷어내는 듯한 명쾌한 발언이었다. 한미 간에 쌓여 있던 모든 불신과 우려가 말끔히 사라지고 긴밀한 유대관계가 확인되는 순간이기도 했다.

양국 대통령 내외가 백악관 발코니에서 기자들을 향해 포즈를 취해주고 있다.

레이건 대통령의 발언이 끝나자 나는 먼저 한반도의 안보 정세와 정치 발전 및 경제상황에 대해 설명했다. 이어 동북아 지역의 군사적 불균형을 지적하면서 한반도에 있어서의 미군의 역할에 대하여 강조했다. 나는 또한 북한이 이미 소련 MIG-29 전투기를 도입한 데 비해 한국에는 그에 대응할 수 있는 F-16 전투기가 한 대도 없다는 사실을 상기시키면서 한국은 극동에 있어서의 미국의 중요한 전략적 요충지대로서의 역할을 계속할 것이며 또한 미국의 안보유지 부담을 덜어주기 위해 노력할 것을 다짐했다. 나아가 한반도에 미군이 계속 주둔하고, 한국이 정치적으로 안정된 가운데 지속적인 경제발전이 이뤄진다면 북한의 전쟁도발을 억제할 수 있을 뿐만 아니라 소련까지도 견제할 수 있을 것이라는 점을 강조했다. 내가 취임 초 '평화통일을 위한 여건 조성'이라는 국가목표아래 구상하고 추진해 나가려는 첫 번째 전략과 두 번째 전략을 설명한 것이다.

레이건 대통령은 한국의 방위산업을 위한 기술 제공에 협력할 것과 한국 정부가 원한다면 F-16 전폭기를 구매할 수 있도록 즉각 의회에 통고할 것임을 밝혔다. 또 1980년도에 열리지 않은 연례 한미안보협의회를 재개하겠다는 방침도 분명히 했다. 미국은 그동안 최신무기의 대외판매를 정부방침으로 금지해왔다. 시간이 지나 판매금지를 해제하더라도 NATO 회원국을 우선했고 우리나라는 한참 뒤로 밀리는 신세였다. 최신예기인 F-16은 그동안 우리가 살 수 없는 품목이었을 뿐만 아니라 10억 달러의 군사차관도 14%의 높은 이자를 주어야 했다. 이런저런 사정을 생각할 때 이날 레이건 대통령의 약속은 실로 기대 이상의 선물이었다. 그동안 그렇게도 한국의 대내외 정세를 불안하게 만들었던 미군철수 문제가 백지화되고 F-16 구매도 약속을 얻었으니 그것만으로도 나의 미국 방문과 한미 정상회담은 성공이었다.

서로 준비하고 예상했던 의제들과 논의가 마무리되어가자 양측 참석자들은 홀가분한 표정들이었다. 이제 성찬이 차려진 오찬장으로 갈 일만 남아 있었다. 그러나 나에겐 아직 풀어놓지 않은 보따리가 있었다. 그것은 우리가 미국한테 얻어내야 할 보따리이기도 하고 한편으론 미국한테 선물할 보따리이기도 했다. 내가 일본의 후지산 상공을 지나오면서 생각해낸 일본의 안보협력차관을 얻어내는 일은 미국의 협력이 필요한 것이지만, 한편으로는 우리가 차관 자금으로 미국의 무기를 사오게 되는 것이니까 미국으로서도 환영할 일인 것이다.

　회담이 끝나가는 무렵 내가 다시 발언을 시작하면서 "사실 이번 나의 미국 방문에는 두 가지 목적이 있다. 하나는 레이건 대통령의 취임을 축하하기 위한 것이고 둘째는 레이건 대통령을 조금 도와드리기 위한 것."이라고 말하자 레이건 대통령을 비롯한 미국 측 참석자들은 자못 궁금한 얼굴이 되었다. "한국은 지금까지 미국으로부터 도움을 받아 신세를 져왔는데 이번에는 조금이나마 도움을 드리려고 방문한 것."이라는 말이 이어지니까 미국 측 참석자들은 정색하며 귀를 기울였다.

　나는 재미있는 질문을 하나 하겠다면서 LA의 GNP가 얼마나 되는지 물었다. 나의 예상 밖의 질문에 캘리포니아 주지사를 두 번이나 지낸 레이건 대통령은 좌우를 한번 쳐다보고는 기억이 나지 않는다고 대답했다. 나는 "내가 미국으로 출발하기 전에 알아보았더니 800억 달러."라고 하면서 한국의 GNP는 작년에 600억 달러였다고 말했다. 그런데 미국 측 통역관이 한국의 GNP 총액 600억 달러에 실수로 0을 하나 더 붙여 6,000억 달러로 잘못 통역한 것이다. 미국 측 통역관은 일개 시에 불과한 LA의 GNP가 800억 달러인데 한 국가의 GNP가 그보다 적다고 생각할 수 없었던지 아마 내가 6,000억 달러를 600억 달러라고 잘못 말한 것으로 지레 짐작했던 모양이었다. 물론 그 실수는 우리 측 통역에 의해 바로잡혔다. 그러자 이번엔 레이건 대통령과 배석했던 각료들이 모두 눈이 휘둥그레졌다. 한국의 GNP 총액이 LA보다도 더 적다는 말이 잘 믿겨지지 않았던 것 같다.

나는 본론으로 들어갔다. "그동안 미국은 한국의 경제발전을 위해 많은 지원을 했지만 이 수치에서 보는 바와 같이 아직은 경제력이 미약하다. 더욱이 600억 달러 중에서 6%를 국방비로 지출하고 있다. 이에 비해 일본은 1조 1,600억 달러의 GNP 중 불과 0.09%만 국방비로 부담하고 있다. 아시다시피 미국과 한국은 동북아시아의 공산주의세력에 대하여 방파제와 전초기지의 역할을 담당함으로써 일본은 평화 속에서 오늘날의 경제대국으로 성장할 수 있게 되었다. 그런 만큼 일본은 동북아시아의 안보를 위해서 보다 중요한 역할을 담당해야 하며 그 일환으로 한국의 방위를 위해 그 비용의 일부를 부담하는 것이 도의적으로나 실질적으로 필요하다고 본다."

이러한 설명에 이어 나는 미국에 대한 요구사항을 얘기했다. "따라서 일본은 미국이 2개 사단을 한국에 주둔시키는 데 소요되는 만큼의 비용에 해당하는 금액을 방위비 형태가 아닌 경제협력 방식으로 지원하는 것이 바람직하다고 생각한다. 이 일이 성사될 수 있도록 미국이 일본을 설득해주기 바란다. 다시 말하지만 한국은 미국이 아닌 일본으로부터 돈을 빌리자는 것이다. 레이건 대통령께서 일본이 한국에 차관을 공여해주도록 일본 정부에 영향력을 행사해달라는 것이 나의 요구이다. 각하의 도움으로 만약 일본으로부터 차관을 받게 되면 우리는 그 돈으로 국방력 강화를 위해 미국으로부터 비행기와 탱크 등 무기를 구입할 생각이다. 그러면 결국 미국에 도움을 드리는 것으로 되지 않겠는가. 내가 미국에 도움을 드리겠다고 하는 것은 바로 이 점을 말하는 것이다."

내 말이 끝나자 레이건 대통령은 예상치 못했던 나의 제안을 흥미롭고 유익한 내용이라고 받아들였는지 큰 몸짓으로 웃음을 터뜨렸고 다른 배석자들도 따라서 웃었다. 레이건 대통령은 바로 이어 "전 대통령의 말에 이견이 없다(no disagreement)."면서 "그러면 어느 정도의 금액을 요구하는 것인가?" 하고 물었다. 나는 "그 금액은 앞으로 좀 더 검토해서 외교 계통을 통해 협의를 하도록 하겠다."라고만 대답했다. 원칙적인 동의를 얻은 이상 그 금액을 산정하는 일은 보다 신중한 검토가 필요하다고 생각했던 것이다

기대 이상의 회담 성과에 나는 무척이나 흡족했기 때문이었을 것이다. 오찬장으로 향하는 내 마음은 고무되어 있었고 발걸음은 가벼웠다. 그날 오후 나는 미국의 상하 양원을 방문한 데 이어 2월 3일에는 내셔널 프레스 클럽, 4일에는 하와이의 미 태평양사령부를 방문하고 7일 가벼운 마음으로 귀국 행 비행기에 올랐다.

'한미 밀월시대'를 열다

나의 방미로 이루어진 레이건 대통령과의 1차 한미 정상회담이 가져온 가장 중요한 변화는 한미 동맹관계의 복원이었다. 카터 정부 시절 크게 틀어졌던 양국 관계는 미국 레이건 정부의 출범, 나의 미국 방문과 정상회담을 거치면서 비온 뒤에 땅이 더 굳어지듯 과거 그 어느 때보다 공고해졌다. 한미 관계는 내가 재임했던 1980년대가 우리나라 정부 수립 이래 가장 생산적이고 유대가 돈독했던 밀월시대였다고 단언할 수 있을 것이다.

무엇보다 주한미군 철수 계획의 백지화가 갖는 의미는 획기적인 것이었

다. 미국이 주한미군을 빼낸다고 하더라도 한국에 대한 방위공약은 지킬 것이라고 다짐하고 있었지만 실제 미군이 철수한다면 한국의 안보는 물론 동북아 지역의 평화 유지에 치명적 위협이 될 것이라는 사실은 역사를 통해 이미 증명된 바 있다. 1950년 1월 미국 트루먼 대통령 때 국무장관 애치슨이 미국의 방위선에서 한국을 제외하는 이른바 '애치슨 라인'을 발표함으로써 채 반 년도 지나기 전에 북한의 6.25남침을 초래케 한 가장 큰 원인이 되었다. 따라서 한반도에 새로운 전화戰禍의 단초를 제공할지 모를 주한미군 철수 계획을 중단한다는 한미 정상회담의 합의는 실로 역사적인 의미를 갖고 있었다.

1983.11.13 청와대에서 열린 레이건 대통령과의 정상회담.

1983.11.13 비무장지대 관측소에서 북한 쪽을 바라보고 있는 레이건 대통령.

 1976년 3월, 당시 미국 민주당의 카터 대통령 후보가 4~5년 내에 주한 미군을 단계적으로 철수한다고 발언함으로써 촉발된 주한미군 철수 문제는 그 뒤 적잖은 논란과 우여곡절을 겪었다. 대통령에 당선된 카터가 1977년 3월 주한 미 지상군 철수 계획을 발표했는데 바로 두 달 뒤 싱글러브 주한미군 참모장이 미 지상군을 철수하면 전쟁을 초래할 것이라고 비판하자 카터 대통령은 싱글러브를 즉각 해임했다. 그해 7월 제10차 한미연례안보협의회에서 철군 일정이 발표되고 1978년 4월 카터는 미 지상군 철수 계획을 수정 발표했다. 이어 1979년 1월 미 하원 소위에서 카터 대통령에게 철군 중지를 요청했고, 카터 대통령은 그해 7월 추가 철군 계획을 1981년까지 중지하며 추가 철군은 1981년도에 재검토한다고 발표했다. 이러한 논란 끝에 나의 방미가 이루어진 1981년 1월 헤이그 신임 국무장관은 주한 미 지상군과 공·해군 병력을 현 수준에서 동결시킬 필요가 있다고 천명하기에 이른 것이었다.

정상회담에서는 주한미군 철수 계획을 완전히 백지화함과 동시에 주한 미군의 전력을 증강한다는 약속까지 했다. 또한 미국의 핵우산으로 한국의 안보를 보장할 것임도 확인했고, 1982년부터 시작되는 2차 전력증강 5개년계획을 적극 지원하기로 약속했다. 뿐만 아니라 우리나라에 대한 안보공약의 준수, 국군 전력증강을 위한 무기 및 장비와 방위산업 기술의 계속 제공 등 기존 정책을 재확인했다. 그리고 한미 양국은 한동안 중단되었던 양국 간의 안보, 경제문제 등 제반 정례협의 경로도 재개하기로 합의했다.

정상회담의 합의에 따라 한미수교 100주년을 맞는 1982년에 개최된 제14차 한미연례안보협의회에서 와인버거 미 국방장관은 한반도에서 우발사태가 발생할 때를 대비해 전투준비 태세를 강화하기 위해 전시 소요물자의 사전준비를 증대시키기로 하고 전시 소요 전쟁예비물자 이양에 관한 합의각서에도 서명했다. 또한 공동성명에서 미국은 미 지상군 전투력 강화와 A-10기 및 F-16기의 한국 배치 및 주한미군 현대화계획을 계속 추진할 것을 다짐하고 미국의 핵우산으로 한국의 안보를 보장할 것을 확인했다. 이에 따라 미국은 주한 미 공군력 강화를 위해 최신예 F-16 전투기로 편성된 2개 비행대대를 한국에 이동 배치키로 하고 1981년 8월 주한 미 공군기지에 이동 배치했다. 미국이 '싸우는 매'라고 불리는 F-16기를 해외 주둔군에 배치한 것은 우리나라가 처음이었다. 미국은 육군의 방위력 강화를 위해 주한 미 육군의 AH1G 코브라 헬리콥터를 대전차 미사일을 적재한 신형 S모델로 교환했다. 또 1985년 5월 미 국방부에서 열린 제17차 한미연례안보협의회에서는 '북한의 예상남침계획'(남침 시나리오)을 작성하고, 이에 대한 우리의 대비책을 검토하기도 했다.

한미 정상회담의 성과에 대한 재미있는 후일담도 있다. 귀국 후 얼마 지나지 않은 어느 날 김재익 경제수석비서관이 우리나라에 진출해 있는 외국기업들의 동향을 보고했을 때의 일이다. 카터 정부의 주한미군 철수 방침이 현실화 되는 듯 보이자 우리나라에서 떠나겠다고 했던 외국기업들이 한미 정상회담이 끝나자마자 그대로 머물겠다고 통보해왔다는 것이다. 두말없이 환영할 일이었지만 나는 "가겠다고 했던 업체는 그대로 나가라고 하라."고 짐짓 못마땅해했다. 물론 김재익 수석은 내 말뜻을 알아들었을 것이다.

레이건 대통령과의 정상회담은 생각하지 못했던 쪽으로도 파문을 던져주고 있었다. 공식적으로 알려진 한미 정상회담의 성과 외에 외교가에서는 레이건 미국 대통령과 전두환 한국 대통령은 어떤 관계인가 하는 문제에 대해 더 관심이 많다는 것이다. 두 대통령은 원래부터 친분이 있었는가, 레이건 대통령이 취임 후 제일 먼저, 그것도 취임 후 불과 일주일 만에 한국 대통령과 정상회담을 갖게 된 특별한 이유라도 있는 것인가, 경위야 어쨌든 레이건 대통령이 전두환 대통령을 각별히 생각하고 있는 것은 틀림없는 사실 아닌가, 이런 얘기들을 한다는 것이었다. 실제로 그해 여름 내가 동남아시아 5개국을 순방할 때 몇몇 외국정상들이 나와 레이건 대통령의 정상회담을 화제로 올리면서 이것저것 물어보기도 했다. 미국이 세계 최강국이고 또 이들 나라가 친미 성향인 만큼 레이건 대통령에게 접근하는 일이 큰 관심사였을 것이다.

한미 정상회담이 가져온 변화는 외국 언론의 보도에서도 나타났다. 미

국내 언론을 비롯해 서방 국가들의 언론들은 전통적으로 한국 외교에 대해 매우 인색했다. 특히 인권외교를 앞세운 카터 정부의 등장 이후 한미 관계가 삐걱거리자 줄곧 비판적 보도를 해오던 미국 내 언론들도 정상회담의 성과와 우리의 외교역량을 긍정적으로 평가했다.

힘의 우위 확보를 통한 전쟁 억지 전략

적의 도발 의지를 봉쇄하라

남북 분단 상황과 수십 년간 끊임없이 각종 형태의 도발 책동을 계속해 온 북한의 전략에 비추어 우리의 안보는 단지 북한의 군사적 침략에 대비한다는 것 이상의 의미를 지닌 과제다. 민족의 생존을 확보하기 위해서는 이 땅에서 다시는 전쟁이 일어나지 않도록 해야 하고, 민족사의 정통성을 수호하기 위해서는 적의 통일전선전략을 분쇄해야만 한다.

만에 하나 적이 오판하거나, 또는 무모한 도발을 해올 경우 공세적 방어 개념에 따라 즉각적인 반격을 가하여 적을 섬멸할 수 있는 대비태세를 갖추어야 한다. 그러나 고전적 병법에서도 강조하고 있듯이 싸우지 않고 이기는 것이 최고의 전략이다. 우리의 안보정책이 평화를 추구하는 것인 만큼 우리가 싸우지 않으려면 적이 원천적으로 도발할 생각을 하지 못하도록 해야 한다. 한반도의 무력적화통일이라는 목표 아래 정규전, 비정규전을 획책하고 있는 호전적 집단인 북한의 무력침공을 봉쇄하는 길은 적으로 하여금 도발은 곧 자살행위라는 점을 인식시키는 일이다. 섣불리 불장난을 했다가는 스스로 궤멸을 자초하게 된다는 사실을 깨닫게 해야 하는 것이다.

하지만 안타깝게도 미소 두 초강대국을 주축으로 긴장 상태가 계속되고 있던 냉전체제하에서의 안보 현실은 미국의 핵우산이 받쳐주지 않으면 설 수 없는 불완전한, 대미對美 의존적 관계에서 벗어날 수 없는 한계를 가지고 있었다. 따라서 북한의 전쟁도발 기도를 억지하기 위한 우리의 국방정책의 기조는 안으로 자주국방의 내실을 다지는 한편으로 밖으로는 한미 군사협력을 강화하는 데 주력하는 것이었다. 한미 두 나라는 전통적인 동맹관계를 바탕으로 한 연합방위태세의 강화와 남북 간의 군사력 불균형을 해소시켜 한반도에서의 전쟁 억제와 긴장 완화에 크게 기여해왔다. 특히 한미 두 나라는 1978년 11월 7일 한미연합사령부 창설과 주한 미 지상군의 주둔을 통하여 한미 공동방위의 편성, 지휘, 통제, 연합작전체제 등 제반 분야에 걸친 발전을 도모하고 전력을 극대화함으로써 북한의 도발 의지를 사전에 분쇄하여 상호 항구적인 평화 정착을 위한 노력을 추구해왔다.

그런데 미국이 1970년대에 들어서면서 주한미군의 감축 계획을 본격적으로 거론하기 시작, 1978년까지 6,000명을 철수하고 4~5년 내로 단계적으로 지상군 모두를 철군한다는 계획을 발표함으로써 한국의 안보 불안을 가져왔던 것이다. 카터 행정부는 1978년에 1차로 3,400명을 철수시켰다. 나머지 2,600명도 1979년에 철수하기로 예정되어 있었다. 때마침 북한의 군사력 증강에 관한 정보가 미 CIA(중앙정보국) 및 DIA(국방정보국)에 의해 입수됨으로써 한반도 정세에 대한 오판을 자인한 카터 행정부가 1979년 7월 철군 스케줄을 1981년까지 보류한다고 발표한 상태에서 대통령에 취임한 내가 레이건 미국 대통령과의 정상회담을 성사시켜 주한미군 철수 계획을 완전 백지화시키게 되었던 것이다.

이는 양국 간의 불편했던 관계를 청산하는 동시 한반도의 전략적 가치를 미국이 재인식하게 만드는 중대한 계기를 마련했다. 비온 뒤에 땅이 굳어진다는 말도 있지만 한미 정상회담의 성과는 1982년부터 시작된 제2차 한국군 전력증강 5개년계획을 미국이 적극 지원하고 동시에 주한미군의 전투력을 보강하기로 합의하는 등 전쟁 억지력을 확보하는 데서 나타났다.

또 한 가지 간과해서는 안 될 긍정적인 효과는 주한미군 철수 계획으로 야기된 안보 공백에 대한 충격과 파장이 매우 커서 한국 정부와 국민들이 자주국방의 필요성을 통감하게 되었다는 사실이다. 방위성금의 답지와 방위비 신설에 힘입어 한국의 방위산업이 눈부신 발전을 보이게 되었던 것이다. 1970년대에 M16소총 생산으로 시작된 한국의 방위산업은 그로부터 박차를 가해 국산 장갑차, 한국형 탱크, 다연장 로켓포, 고속포함 및 경비함, 헬기에 이어 마침내 국산 전투기까지 제작해내는 등 대형병기의 양산체제에 들어갔다.

한편으로는 미군 감축과 한반도 유사시에 대비, 팀 스피릿 훈련의 확대 등 한미 연합작전 능력 향상으로 나타났다. 1976년부터 매년 실시해온 한미 연합기동훈련은 참가하는 병력 수준이 최초 10만 명 수준이었으나 훈련규모가 점차 확대되어 1983년부터는 그 두 배에 달하는 규모로 발전하여 한미 연합훈련의 새로운 기틀을 마련하게 되었다. 주요 훈련은 을지 포커스 렌즈, 지휘소 연습 훈련, 팀 스피릿 훈련, 독수리 훈련, 쌍용 훈련으로 구분되어 매년 1회씩 일정기간 동안 실시하게 되었다. 모든 연합훈련은 한국 방어계획과 연계성을 가지고 북한의 오판에 의한 전쟁도발을 억제하고 한국 방위를 위한 전투력 증강에 기여하도록 했던 것이다. 하지만 외세 의존에는 한계가 있고 민족의 생존권과 행복추구에 대한 책임은 궁극적으로 우리 자신이 져야 한다는 믿음을 가지고 있던 나는 군 현대화, 방위산업 육성, 야간 전투능력 배양 등 자주국방태세 확립에 총력을 기울였다.

돌이켜보면 내가 재임했던 기간 북한은 우리의 한미 연합방위태세가 한층 공고해지고 자체 방위 전력이 강화됨에 따라 군사적 모험을 획책할 수 없게 된 데 대해 초조감을 느꼈던 것 같다. 나에 대한 암살 계획을 집요하게 추구해온 사실이 그 방증이다. 내가 대통령으로 있는 한 전쟁도발은 어렵다고 보고 나를 제거하려고 혈안이 됐던 것이다. 아울러 우리에 대한 비대칭전력非對稱戰力의 강화를 위해 아마도 그 시절 이미 핵무기 개발에 나섰던 것으로 짐작된다.

방위산업 육성

나의 일관된 안보관安保觀은 힘의 우위만이 침략을 억지하고 평화를 유지하는 수단이 된다는 논리로 집약된다. 전력의 상대적 우위 확보는 장래에 있을 전쟁에 있어서의 승리를 위해서뿐만 아니라 북한의 전쟁도발 기도를 미연에 억제하기 위해서도 필수불가결한 요건이기 때문이다. 그런데 당시 남북한 군사력 비교에서 북한이 우리보다 적어도 수적으로는 압도적으로 우세를 확보하고 있었다. 북한은 경제적 파탄을 무릅쓰고 군비증강에 몰두해왔다. 당시 남북한의 주요 전력을 비교해보면 북한의 병력은 80만 명으로 우리의 1.2배, 전차는 3,500여 대로 2.7배, 야포는 7,400여 문으로 2배, 항공기는 1,500여 대로 1.4배가 되었다. 게다가 북한은 전 병력의 60%를 휴전선 가까이에 전진배치해서 전격전 태세를 갖추어놓았다. 1980년대에 들어와서는 소련으로부터 미그23 전투기, SA3 지대공미사일, 스커드B 지대지미사일 등 신무기를 들여와 배치해놓은 상황이었다.

그러나 나는 이와 같은 남북 간의 군사력 불균형이 우리에게 결정적 안보불안 요인이라고 생각하지는 않았다. 군사력의 수적 우열이 실전에서 승패의 결정적 요인이 될 수는 없는 것이다. 나는 우리에게는 북한의 침략을 봉쇄할 수 있는 충분한 억지력이 있다고 확신하고 있었다. 잘 훈련된 국군 전투요원들의 드높은 사기와 우수한 장비는 수적인 열세를 충분히 상쇄할 수 있었다. 또한 우리의 전략전술은 북한의 어떤 기습 전략도 분쇄할 수 있도록 개발되었다. 막강한 화력과 최신장비로 무장된 주한미군과의 연합 전력은 북한의 도발을 제압할 만큼 충분히 위력적인 것이었다. 무엇보다도 우리는 북한을 압도하는 경제력과 무한한 잠재적 국력을 지니고 있는 것이다. 북한보다 인구가 2배 이상 많고, 남북 간의 경제력의 격차는 시간이 흐를수록 벌어지고 있었다. 나의 임기 마지막 해인 1987년의 전체 경제규모는 우리가 북한의 5.5배, 1인당 GNP는 2.5배로 북한보다 앞서 있었다.

나는 이러한 국력을 바탕으로, 북한의 도발 의지를 꺾을 수 있는 전력을 확보하는데 주력했다. 북한의 군사도발을 충분히 격퇴할 수 있는 전력과 태세를 갖추고 있었음에도 불구하고 내가 국군의 전력증강에 힘을 쏟은 것은 현실적으로 북한의 공격무기가 우리보다 우세하다는 평가와, 무엇보다도 저들의 예측하기 어려운 모험주의에 대비해야 했기 때문이었다. 1차적으로는 남북한 전력 격차를 조기에 해소하기 위해 전력을 증강할 필요가 있었고, 나아가 전략을 수세적 방위 개념에서 공세적 방위 개념으로 전환하여 공세 기동전략 위주의 전력증강과 한국형 무기체계를 연구 개발하는 데 힘썼다.

나는 우리의 전력을 북한 대비 70% 수준까지 끌어올리면 자주국방이 가능하다는 판단 아래 1982년 11월 우선 적의 기습공격에 대비할 수 있는 수준을 확보하도록 하라고 국방부에 지시했다. 이에 따라 정부는 2차 율곡사업기간(1982~1986년)에 모두 5조 3,800여억 원을 투자하여, 1981년 54.2%이던 대북한 전력이 1986년 60.4%로 증강되었다.

지상전력은 초전대응과 수도권 방위전력 우선 확보를 위해 한국형 K-1 전차(88전차), 장갑차 생산으로 기갑기계화부대의 기동력을 증강했다. 또한 보병의 자주화, 사거리 연장, 공격용 헬기인 500MD 구입 등을 통해 수적, 질적으로 보강했다. 해상전력은 한국형 구축함(FFK), 초계전투함(PCC)의 건조로 대함對艦 전투력을 질적으로 보강했다. 공군의 전력은 F-4D 팬텀기 도입과 F-16기의 실전배치로 정예화해 나갔다.

우리나라의 방위산업은 초기인 1970년대 전반기에는 그 기반을 구축하고 후반기에는 유도무기를 포함한 각종 고도정밀병기를 개발하게 되었는데 1980년대에 이르러서는 자립기반을 구축하는 데 정책 목표를 두어 외국 선진기술의 모방 개발에 그치지 않고 독자적인 한국형 무기체계 개발과 기본병기의 성능을 개발하는 데 힘을 기울였다. 기술 도입선도 미국 일변도에서 서독, 이탈리아, 영국 등으로 다각화하여 국내산업 및 과학기술 발전에 기여할 수 있게 했다.

나는 우리의 방위산업이 핵무기를 제외한 모든 종류의 병기를 생산할 수 있는 능력을 갖출 수 있도록 한다는 목표 아래 발칸포, 다연장 로켓, 155밀리 개량포와 자주포의 양산체제를 갖추도록 하는 한편 1981년 이후에는 한국형 전차 및 장갑차, 지대지 및 함대함 유도탄 등에 대한 독자적 개발 능력을 향상시켰다. 특히 1982년 9월에는 항공기 개발에 착수하도록 했는데, 국산 헬기에 이어 최신예 전투기인 제공호(F-5E/F)를 생산하게 됨으로써 아시아에서 세 번째 항공기 생산국이 되었다. 항공기 산업은 고도의 기술이 요구되는 정밀산업으로서 우리가 전투기를 조립, 생산하게 되었다는 것은 세계 각국이 생산하는 어떤 종류의 항공기도 정비가 가능하다는 것을 의미한다. 또한 1982년 11월에는 우리 해군 사상 최초로 한국형 경비함이 건조되었다. 이 경비함은 우수한 기동력과 함께 대함對艦, 대공對空 해상작전을 펼칠 수 있는 탁월한 성능을 갖추고 있었다. 1983년 4월에는 한국형 잠수정이 진수되었고, 1987년에는 우리나라 유도무기의 효시인 현무 미사일을 개발했다.

이와 같은 방위산업의 눈부신 발전은 무엇보다도 국민들의 땀이 어린 방위성금이 큰 몫을 했다. 아울러 일본과의 끈질긴 협상 끝에 타결을 본 40억 달러 '안보차관'이 도움이 되었다.

기습공격에 대비한 3군 본부의 이전

6.25전쟁 때 서울은 개전 4일째인 6월 28일 새벽 적에게 점령되었다. 수도가 적에게 함락되었다는 것은, 그 사실만으로도 패전이라고 할 만큼 치명적인 패배다. 물론 우리는 UN군의 참전과 인천 상륙작전의 성공으로 3개월 만인 9월 28일 서울을 수복한 데 이어, 전세를 역전시켜 10월 19일에는 평양을 탈환하고 10월 25일에는 압록강까지 진격할 수 있었다. 하지만 개전開戰 초에 수도를 빼앗겼던 치욕은 우리에게 뼈아픈 교훈을 남겼다.

6.25의 경험이 아니더라도 바로 머리맡에 적의 총구가 닿아 있는 서울의 지리적 여건은 특단의 수도권 방어 전략을 수립해야 할 필요성을 제기했다. 북한이 단기속결전短期速決戰으로 서울을 점령하여 고립시킨 후 계속적인 고속기동전高速機動戰으로 미국의 증원군이 전개되기 전에 전세를 장악하려고 할 것이라는 점은 쉽게 예상할 수 있는 일이다. 더욱이 북한은 주력

을 휴전선 가까이 전진배치하고, 기계화부대를 접근로에 집중 배치해 놓음으로써 부대 재배치 없이 기습공격할 수 있는 태세를 갖추고 있었다. 적의 예상되는 이러한 공격기도에 대응하기 위해서는 조기경보태세를 유지하고 초전에 전방지역에서 적의 공격을 격퇴하기 위한 대응태세를 확립해야 했다.

나는 북한이 전면전을 도발해올 경우 개전 초 3일만 최전방에서 적의 침공을 저지할 수 있으면 우리가 반격에 나서 침략군을 격퇴하고 충분히 전쟁을 승리로 이끌 수 있다는 판단 아래 1983년 2월 '3일 결전' 개념을 수립하여 대비태세를 갖추도록 하라고 지시했다. 1984년 7월 '수도권 방어 우발 계획'을 수립해 수도권 방어 능력을 증강하도록 했다. 나는 전장종심戰場縱深이 짧고 산악지대가 많은 우리의 지역적 특성 때문에 조기경보에 취약한 점을 감안하여 1985년 1월 미군에만 의존하지 않을 수 있도록 조기경보 능력을 보완 발전시켜 나갈 것을 지시했다. 이어 수도권에 대한 대공방어력 강화를 위해 1985년 7월까지 중앙방공통제소(MCRC)를 중심으로 한 방공 자동화 체제를 구축하게 했다.

수도권 방어 능력을 강화해나가는 한편으로 나는 전쟁 초기에 서울에 있는 국군 지휘부가 공격을 받는 최악의 상황에 대비하기 위해 국군 지휘부를 계룡대 지역으로 이전하는 계획을 추진했다. 장차 예상 가능한 북한과의 전쟁에서 수도 서울의 위치가 휴전선과 너무 가까워 작전 운용상 전략전술 사용에 제약을 받는 등 전략적으로 취약점이 없지 않았다. 그때까지 국방부는 물론 육해공군의 3군 본부가 모두 서울에 위치하고 있어 유사시 적의 공격을 받을 경우 통합전력을 발휘하는 데 지장을 받을 우려가 있었던 것이다.

3군 본부 이전 계획은 중원권에 새로운 전략 거점을 구축하고 전략 수행의 유리한 여건을 확보하며 통합전력 발전의 기반을 조성한다는 목표 아래 추진되었다. 평상시부터 유기적인 지휘체계를 유지하는 한편, 전시에는 필요할 경우 전쟁지휘부가 될 청와대, 국방부, 합동참모본부가 신속히 이동할 수 있게 준비하는 계획을 발전시키도록 하라고 지시했다. 아울러 필요시 행정부 전체를 수용할 수 있는 충분한 공간을 확보함으로써 국토의 지역적 균형 발전에도 기여할 수 있게 했다.

  사실 유사시 대전大田에 임시수도를 두는 문제는 이미 박정희 대통령 시절 입안된 바 있었다. 박 대통령이 중부권에 임시수도를 세우는 계획을 추진했던 것도 역시 안보상의 이유 때문이었다. 서울이 적의 기습적인 미사일 공격을 받을 경우 나라 전체가 공황상태에 빠질 것을 우려했던 것이다. 박 대통령은 그러나 임시수도 계획이 자칫 '서울 포기 전략'으로 받아들여질 것을 경계했다. 1978년 1월 연두 기자회견 때 이 문제에 관해 "한 가지 확실히 해둘 것은 임시수도가 세워져도 대한민국의 수도는 여전히 서울이라는 점이다 … 수도 사수死守의 결의와 전략 개념도 하등 변동이 없다. 여하한 경우에도 적에게 수도권을 뺏겨서는 안 된다."고 강조했던 것이다.

  나는 1983년 6월 20일 육군본부의 이전 계획을 재가했다. 그해 10월에는 국방부와 육군본부 이전 계획을 확정하고 신도안-자운리 지역의 부지를 마련함으로써 본격적인 추진에 들어갔는데, 1987년 2월 사회적, 군사적 여건을 감안한 국방부의 건의에 따라 이전 계획을 보류시켰다. 그 후 육군본부와 직할부대를 우선적으로 이전하기로 했다가 1987년 4월 다시 1차 이전 부대를 육군본부와 공군본부로 다시 변경 추진했다. 내가 퇴임한 후인 1989년 7월 육군과 공군본부는 신도안 지역으로 이전했고 이어 1993년 해군본부까지 이전 완료함으로써 3군 본부의 계룡대시대가 열렸다.

2000.10.1 국군의 날을 맞아 계룡대를 방문했을 때 - 3군본부의 계룡대 이전은 나의 대통령 재임 때 시작되었다.

막강한 군사력만이 평화를 지켜낸다

아무리 현대식 무기가 고도로 발달되고 고차원의 전술전략이 개발되어 있다 할지라도 군의 정예화로 완벽한 방위태세가 되어있지 않으면 전쟁에서 결코 승리할 수 없다. 군의 정예화를 위해 내가 기회 있을 때마다 강조한 것이 강력한 실전적인 훈련을 쌓아 일당백의 정신을 갖춘 군인으로 만들도록 하라는 것이었다. 북한이 어떠한 형태의 도발을 해오더라도 초전에 격멸할 수 있는 전술 교리를 발전시키고 훈련을 강화하여 전투준비 태세를 향상시키도록 한 것이다.

이를 위해 교육훈련 전 분야에 걸쳐 훈련방법 및 체계를 개선시켰다. 1970년대까지 실시하던 교관에 의한 주입식 교육과 실적 위주의 타성적 훈련에서 탈피하여 극한상황 극복훈련, 전장실상戰場實狀 체험 훈련, 적 전차 격멸 훈련, 공수 훈련 등 강도 높은 훈련을 지속적으로 실시하도록 했다. 극한상황 극복 훈련은 장거리 행군, 유격 훈련, 소부대 훈련, 혹한기 훈련 등 육체적 극기 훈련을 강화하고 정신적 극기 훈련도 개발, 적용했다. 또 전장실상 체험 훈련에 있어서는 그 여건을 개선하기 위하여 분소대공방 전투 사격장, 진내陣內 사격 체험 훈련장, 침투 사격장을 설치한 후 훈련체계 및 방법을 정립하여 실전적인 전장 실상 체험이 가능하도록 발전시켰다.

나는 또 야간훈련을 강화하도록 했다. 앞으로의 전쟁은 주간에 이루어지는 전투보다 기습과 기만, 야음의 심리적인 효과 등을 고려할 때 필연코 야간전투 위주로 결전이 이루어질 가능성이 많을 것으로 판단했던 것이다. 북한군은 야간전투에 중점을 두고 훈련을 강화하고 있었고, 북한이 기도하는 전격전도 속전속결에 주안을 두고 있기 때문에 주야 구분이 없는 연속전투에 대비해야 하는 것이다. 각 군은 야간전투 훈련의 실전화를 위해 훈련체계를 정착시켰으며, 야간전투에 대비한 작전계획을 보완하였고, 야간 공중기동 훈련과 육해공 합동 훈련을 강화했다.

군의 정예화를 위해서는 이와 같은 전술 훈련 못지않게 장병들의 정신전력을 강화해야 한다. 정신전력이 모든 전력 형성의 핵심을 이루고 있다는 전제 아래 국가와 민족사의 정통성을 수호하기 위한 국민의 군대로서 정신교육을 강화해 투철한 국가관과 멸공사상, 필승의 투철한 군인정신을 확립하도록 했다. 정신교육은 이론보다 훈련을 통한 체험교육에 치중하게 했다. 산업시설 및 호국전적지 견학 등을 통하여 체험적 실증교육을 실시함으로써 장병의 안보의식을 고취하도록 했다.

나는 이러한 교육 가운데서도 반공이념교육을 매우 중시해 1983년 12월에 장병들에 대한 반공이념교육을 강화하라는 특별지시를 내렸다. 특히 1984년에는 중단되었던 남북대화의 실마리가 풀렸기 때문에 대화시대에 유의해야 할 이념교육을 실시하도록 했다. 상투적인 북한의 평화공세 뒤에는 언제나 그들의 도발 흉계가 도사리고 있다는 이중성을 강조하여 장병들의 경각심을 고취토록 한 것이다.

나는 전군지휘관회의나 국방부를 연두순시할 때 지휘관들에게 여러 가지 당면사항을 지시하게 되지만, 한 번도 빼놓지 않고 강조한 것은 북한의 각종 기습도발에 대비하라는 것이었다. 전격적인 전면남침은 물론 각종의 비정규전에 대한 대비태세를 강화할 것을 지시했다. 내가 비정규전에 철저히 대비하도록 지시한 것은 우리의 경제적, 사회적 구조나 생활상의 행태가 비정규전에 대항하기에는 너무도 취약점이 많다고 판단했기 때문이다. 북한은 비정규전 요원을 후방 깊숙이 투입시켜 게릴라전을 감행하도록 전력을 강화하고 있었다. 정보분석 결과 북한은 당시 10만 명의 유격특공병력을 양성해놓고 있었다. 따라서 이에 대비한 전후방 일체의 총력 방위체제가 요청되었다.

나는 취약지역 특히 연평도, 백령도 등 서해 5도를 비롯한 도서지역의 방위를 위해 철저한 대비를 하도록 지시했다. 보안사령관에 부임한 뒤 나는 백령도와 대청도를 찾아 그 지역의 방위태세를 살펴본 일이 있었다. 북한이 그 지역을 눈엣가시같이 여기고 있었고, 북한의 포격 사정권 안에 있는 지리적 특성에 비추어 북한의 기습공격 가능성이 높다고 판단됐다. 나는 백령도 등지의 병영시설을 요새화하여 은폐하도록 지시했다. 1986년 2월 국방부의 연두보고를 받는 자리에서 해안포 기지를 강화하고 연차적으로 계속 보강해나가도록 지시했다.

또한 북한이 도발해올 경우 방어에 그치지 않고 응징하는 방안을 마련해 유사시 즉각 행동에 옮길 수 있도록 훈련을 강화하라고 지시했다.

보안사령관 부임 후 백령도에 있는 보안부대까지 방문했다.

우리 군이 이처럼 철저히 대비를 하고 있는 것을 알고 있었기 때문인지, 내가 대통령에 재임하고 있었던 기간 중에는 서해 5도 등 동서해안과 휴전선에서 북한이 군사적으로 도발하는 사례는 없었다. 이것은 우연인지 혹은 우리의 철저한 대비를 알고 감히 도발할 생각을 접었는지, 혹은 귀순한 북한병사들의 말처럼 내가 군 출신이라 함부로 덤볐다가는 엄청난 보복을 당할 것을 두려워한 나머지 꼼짝도 하지 않았는지 알 수 없는 일이다. 다만 1980년 5월 동해안에 2인조 무장공비가 침투했으나 1명은 사살되고 1명은 도주한 사건이 있었고, 1983년 10월 부산 다대포로 2명의 무장간첩이 침투했으나 2명 모두 생포한 사건이 있었다.

나는 북한의 턱밑에 있는 서해 5도가 북한의 포격 사정권 안에 있어서 기습공격을 가해올 가능성이 높은 만큼 대비책을 철저히 강구해야 하며 북한이 공격해올 경우 야음을 이용해 기습할 것이라고 판단했다. 2010년 11월 23일에 발생한 연평도 포격 사건과, 그보다 8개월 전 2010년 3월 26일 밤 9시 22분에 발생한 천안함 사건은 그러한 우려가 언제든지 현실로 나타날 것이라는 점을 말해주고 있다.

제5공화국 당시는 이미 모든 면에서 우리가 북한을 압도하고 있었지만 군사력에서는 부분적으로 낙후된 부분도 없지 않았다. 그래서 나는 재임 중 전력증강에 최선을 다했다. 그래서 1990년대 이후에는 군사 면에서도 우리가 압도적으로 우세해 북한은 우리에게 대항할 모든 수단을 잃게 될 것으로 기대했었다. 그런데 그 후 노태우 정부 시절에는 동서간의 양극체제가 무너지면서 화해무드의 조성으로 군비증강이 다소 소홀하게 된 경향이 없지 않았고 그 후도 계속 "한반도에는 이제 전쟁이 없다."고 하거나 햇볕정책 등으로 군비증강 문제는 시책의 중심에서 밀려나고 군기도 이완되고 군의 사기도 저하되었다는 지적이 이어졌다. 북한은 이제 핵폭탄까지 만들어 우리를 넘보고 있다. 안보문제는 시책의 우선순위에서 결코 뒤로 밀려나서는 안 될 절대우선의 시책이어야 한다. 막강한 군사력과 철통같은 방위태세만이 평화를 지킨다. 그리고 그것은 통일의 지름길이기도 하다

88서울올림픽 유치

올림픽대회를 서울에 유치하자

대통령에 재임하는 동안 내가 가장 많이, 자주 입에 올린 말은 아마도 '88서울올림픽'이 아닐까 생각된다. '하루도 더도 덜도… 단임 실천' '물가 안정'에 관한 얘기도 듣는 사람의 귀에 못이 박힐 정도로 많이 언급했지만, '88서울올림픽'은, 내가 그 말을 입에 달고 살았다고 할 만큼 나의 최대의 관심사 가운데 하나였다. 퇴임을 앞두고 이삿짐을 꾸리는 가운데서도 태릉선수촌을 방문했을 정도로 임기 내내 마음을 썼다. 올림픽대회 유치 계획을 추진할 때는 물론 성공적인 대회가 될 수 있도록 준비하는 과정에서도 정부 각 부처와 민간의 역량을 총동원하다시피 했다.

내가 대통령에 취임하던 때 내 머릿속에는 1988년에 열리는 24회 하계올림픽대회의 서울 유치가 하나의 아이디어로 이미 자리 잡고 있었다.

그 아이디어를 심어준 사람은 일본 이토추상사伊藤忠商事의 상담역인 세지마 류조瀨島龍三 씨였다. 내가 세지마 씨를 만난 것은 최규하 대통령으로부터 후임을 맡아달라는 권유를 받고 고심하던 8월이었다. 그는 일본상공회의소 부회장이었던 고토 노보루玉島昇(후에 회장 역임) 도큐東急그룹 회장과 함께 나를 찾아왔다. 그 두 사람은 이미 나와는 구면이었다. 그 두 달 전인 6월에 삼성그룹에서 일하던 나의 육사 동기생 권익현(뒤에 민정당대표 역임) 씨의 소개로 만난 일이 있었던 것이다. 세지마 류조 씨는 1970년대 초부터 삼성의 이병철 회장 등 우리나라 대기업 총수들과 교류하면서 종합상사를 설립 육성하는 방안을 조언도 하는 등 우리나라 경제인들에게는 자문 역할로 잘 알려져 있었다. 한때 우리나라에서도 베스트셀러였던 소설 『불모지대』의 주인공 모델이었다는 인물이었다. 일본의 육사와 육군대학을 수석으로 졸업한 뒤 2차대전 때 일본 대본영에서 활약하다 패전 후 포로가 되어 11년간 시베리아 수용소 생활을 했던 그는 특히 정보 분석과 판단이 빠르고 정확하다는 평판을 받고 있었다. 일본 육사를 나온 우리나라 원로장성들과도 잘 알고 있고 박정희 대통령도 몇 차례 접견한 일이 있다고 소개받았다. 내가 국보위상임위원장을 맡고 있을 때, 그리고 최 대통령의 후임을 맡게 될 때에 즈음해서 나를 만나러 왔던 것은 이병철 회장의 권유가 있었던 것으로 훗날 알려졌지만 일본 정계와 재계의 밀사로서 한국의 정치동향을 탐색하기 위한 발걸음이었을 것이다. 세지마 씨는 훗날 나카소네 일본 총리의 밀사로 우리나라를 오가며 한일경협자금 규모를 40억 달러로 타결하는 데 중요한 역할을 수행하기도 했다.

그런데 두 번째 만난 자리에서 세지마 씨는 우리나라가 10.26 이후 혼란과 침체를 겪고 있고 장래가 불투명한 상황에서 사회 분위기를 일신하고 국민의 힘과 지혜를 한데 모으려면 올림픽대회를 유치하는 것이 좋을 것이라는 의견을 냈다. 고토 회장도 1964년 동경올림픽이 패전국이었던 일본이

다시 도약할 수 있게 된 결정적 계기가 되었다는 사실을 상기시키면서 일본이 올림픽 유치 운동을 벌이던 때에 비해 한국의 사정이 더 낫다고 강조했다. 세지마 씨는 한반도의 안전이 일본의 안전과 직결되어 있는 만큼 한국의 올림픽 유치를 적극 돕겠다는 뜻을 비쳤다.

나는 그들이 돌아간 후 올림픽 유치를 권유하는 그 두 사람의 진의가 무엇인지 생각해보았다. 혹시 무슨 저의가 있는 것은 아닌가. 우리가 올림픽을 개최하는 것이 결과적으로 일본의 국익에 도움이 된다는, 특별한 판단자료라도 있는 것인가. 혹시나 그 두 사람의 개인적 이해와 관련된 계산이 숨어 있는 것은 아닌가. 아무리 따져 봐도 그렇지는 않은 듯했다. 내가 그 두 사람의 제언이 선의로 하는 조언일 거라고 생각하게 된 데에는 근거가 있다.

그때 일본의 나고야名古屋시는 이미 88올림픽 유치 의사를 밝히고 있었고 고토 씨는 도쿄상공회의소 부회장으로서 나고야 올림픽 유치위원회의 부회장을 겸하고 있었다. 그러니까 일본으로서는, 특히 나고야 올림픽 유치위원회의 입장에서는 한국이 유치 경쟁에 뛰어든다는 것이 전혀 반가울 까닭이 없는 일이었다. 아마 당시 두 나라의 국력이나 준비 상황을 비교할 때 후발 경쟁자가 될 한국의 승산은 거의 없다고 판단했을 수는 있을 터였다. 그러나 어쨌든 세지마 씨나 고토 씨의 제언은 좋은 뜻에서 한 말이라고 생각됐다. 실제로 얼마 뒤 고토 씨가 나에게 올림픽 유치를 권했다는 이야기가 나고야에 알려져 각계로부터 항의에 시달렸다는 것이다. 고토 씨는 지역 경제인들에게 나고야의 올림픽 유치 운동은 종전대로 추진한다고 밝히면서도 서울의 올림픽 유치를 찬성하는 입장에는 변함이 없다고 밝혔다고 한다. 고토 씨는 일본은 이미 경제적으로 크게 성장했기 때문에 나고야에서 올림픽을 개최해봤자 주변의 사회간접자본이 늘어나는 정도의 효과밖에 없지만 한국에서 올림픽을 개최하게 되면 아시아 전체에 큰 영향을 끼치게 된다고 설명했다는 것이다. 이러한 전후 사정들을 살펴본 나는 세지마 씨와 고토 씨의 조언이 선의에서 나온 건의라고 판단했고, 설사 다른 의도가 있는 것이라 하더라도 우리에게 이익이 되는 일이라면 마다할 이유가 없다고 생각했다.

노력해보지도 않고 안 된다고 하지 말자

24회 하계올림픽대회를 서울에 유치하는 것이 좋겠다고 생각한 나는 우선 그동안 올림픽대회 유치와 관련한 국내의 논의 과정을 알아봤다. 최 대통령 시절 한때 논의가 되기는 했지만, 최 대통령의 반응이 회의적이어서 더 이상 논의가 진행되지 않았다는 보고를 받은 적이 있었다. 1988년의 하계올림픽을 서울에 유치하는 문제를 처음 꺼낸 사람은 박정희 대통령 시절 경호실장을 지낸 박종규 씨였다. '피스톨 박'이라는 애칭으로 불릴 만큼 사격 솜씨가 뛰어났던 박종규 씨는 우리나라 사격연맹 회장과 아시아사격연맹 회장을 역임하면서 1978년 제42회 세계사격선수권대회의 서울 개최에 큰 역할을 했다. 박 대통령 시절인 1979년 2월 대한체육회장으로 취임한 박종규 씨는 이때의 경험과 자신감을 바탕으로 올림픽 유치를 구상하고 그 해 3월 문교부에 올림픽 유치 건의안을 제출했다. 9월 3일에는 국민체육진흥심의위원회에서 서면결의로 올림픽 유치계획을 의결한 후 9월 21일 박 대통령의 재가까지 받았었다. 그러나 그로부터 한 달 뒤 10.26이 일어나자 올림픽 유치 문제는 증발된 것이나 마찬가지 상태가 되었다. 정치상황이 혼미해지고 사회는 격동하고 경제 사정은 나락을 헤매고 있어서 올림픽 유치를 추진할 동력의 불씨조차 남아 있지 않았던 것이다.

그간의 경위를 살핀 뒤 나는 우선 관련 부처와 관계기관의 입장을 들어봤다. 한국올림픽위원회(KOC)는 일단 유치 신청서를 내자는 입장인 반면 서울시는 반대였다. 그때까지 시설을 준비하기가 어려워 유치해도 제대로 치르기는 불가능하다는 것이다. 그러나 주무부처인 문교부는 일단 찬반 양쪽 의견을 묶어 나에게 보고했다. 문교부의 보고를 통해 양측의 주장을 면밀히 살펴본 뒤 나는 올림픽 유치 계획을 적극 추진하라고 지시했다. 당초 올림픽 유치 방침을 결정했을 때와는 다소 사정이 달라진 것도 사실이지만 어쨌든 1979년 9월 박 대통령의 재가까지 받았던 계획이었다. 이미 결정된 사안을 뒤집어야 할 특별한 이유가 없는 한 변경해서는 안 되기도 하지만 역사적 과업을 추진해보지도 않고 처음부터 패배의식에 젖어 물러날 수는 없었던 것이다. 나의 지시에 따라 서울시는 1981년 2월 26일 국제올림픽위원회(IOC)에 신청서를 제출했다.

IOC에 신청서를 제출한 뒤에도 관계자들 사이에서는 여전히 회의적인 분위기가 강하다는 보고가 들어왔다. 올림픽을 개최하려면 22억 8천만 달러(1조 5,500억 원)의 막대한 예산이 필요한데 그러한 자금을 스포츠 행사에 투자할 수 있느냐 하는 것이 반대주장의 핵심논거였다. 물론 이 예산은 한 해에 쏟아 붓는 것은 아니고 7년간 나누어 투입되는 것이지만 1981년 우리나라 총예산이 7조 5,371억 원인 점에 비추어 그 20%에 해당하는 엄청난 자금을 경제개발이나 복지사업에 쓰지 않고 스포츠 행사에 쏟아 붓는 것은 무리라는 주장이었다. 이미 우리나라는 1971년에 1976년 아시안게임을 유치했다가 3,400만 달러의 투자비용을 감당할 능력이 없어 반납함으로써 나라의 체면만 손상시킨 전례를 들기도 했다. 그리고 무엇보다도 경제력과 국제적 영향력 면에서 우리보다 월등히 강한 일본과 대결해봤자 이길 가능성이 없다는 것이었다. 그런 가운데 3월과 4월에는 국가올림픽위원회

(NOC)와 IOC 조사단이 우리나라를 방문하여 올림픽의 개최 가능성을 점검하고 돌아갔다.

나는 남덕우 총리에게 올림픽 유치대책회의를 설치해 주도적으로 끌고 나가라고 지시했다. 이 지시에 따라 4월 16일에는 국무총리 주재로 안기부장과 경제기획원, 외무, 문교, 문공부 장관과 체육회부회장, IOC위원 등이 참석하는 1차 대책회의가 열렸다. 이 회의에서 이규호李奎浩 문교부장관은 적극적인 유치 추진방안을 설명했는데 다른 참석자들은 거의 모두가 반대 입장을 밝혔다. 우선 경제부총리를 지낸 남덕우 총리부터 회의적이었다. 신병현 경제기획원장관은 경제적인 이유로, 박영수朴英秀 서울시장은 시설미비를 이유로, 체육계는 유치 경쟁에서 승산이 없다는 이유로 반대했다. 심지어 김택수金澤壽 IOC위원은 표결에 들어가면 한국 지지표는 자신의 한 표밖에 안 나올 것이라 했다. 김집金潗 KOC 부위원장은 일본 방문 결과를 설명하면서 일본은 나고야 유치가 결정된 것 같은 분위기여서 한국은 올림픽 유치를 포기할 테니 그 대신 일본은 우리가 86아시아경기대회를 유치할 수 있도록 협조해달라고 부탁했다는 것이었다. 외로운 입장의 이규호 문교부장관을 도와 유일하게 찬성 발언을 한 사람은 이광표李光杓 문공부장관이었는데 이광표 장관도 기왕 유치 결정을 했으니 우리 한국을 국제무대에 알리는 기회로 활용하도록 바덴바덴까지는 가보자는 의견이었다.

청와대의 이상주李相周 교육문화수석비서관은 이 대책회의에 앞서 대통령 비서실의 의견 조율을 위해 김경원金瓊元 비서실장 주재로 수석비서관회의를 가졌는데 여기서도 반대가 압도적이었다는 비서실 분위기를 전했다. 이처럼 반대 의견이 압도적으로 많은 가운데 올림픽 유치의 타당성을 원점에서 다시 검토해야 한다는 주장이 제기되고 유치를 포기하자는 주장까지

나오자 이날 회의는 결론을 내리지 않고 대통령인 나의 결심을 다시 들어보자는 선에서 마무리 짓게 되었다는 것이다. 내 결심을 다시 들어보자는 것은 말하자면 내가 유치 결정을 번복해주기 바란다는 뜻이나 마찬가지였다.

4월 27일 열린 2차 대책회의에서는 논의가 한 걸음 더 뒤로 후퇴했다. 반대 주장이 지배적이어서 유치 포기까지도 고려한다는 전제하에 조용하고 명분 있는 후퇴를 위해 일본 측에서 먼저 우리에게 양보를 요청해오도록 막후교섭을 추진하는 문제까지 논의하기에 이르렀다. 그러나 5월 16일 열린 3차 대책회의에서는 명분 없이 포기하는 경우 국가적 위신이 손상되고 국민의 사기에 나쁜 영향을 줄 우려가 있는 만큼 유치활동은 계속하되 표결 직전에 최종결정을 내리기로 의견을 모았다.

사실 1981년 당시의 나라 형편에서 올림픽 유치가 무리한 욕심이라는 주장은 맞는 말이었다. 그 전해엔 흉년이 들었다. 1981년에도 한발과 수해가 번갈아 닥쳐 농사를 망쳤다. 긴 가뭄이 겨우 해갈되는가 했더니 이번엔 태풍이 온다는 예보가 있었다. 쌀도 떨어져서 급히 외미를 들여와야 할 사정이고 유가는 나날이 치솟아 경제장관들은 물가를 잡느라 연초부터 여념이 없었다. 나 역시 온갖 걱정과 시름에 잠을 제대로 이루지 못했고 입술이 부르트기까지 했다. 상황이 그렇게 흘러가다가는 올림픽 유치활동은 제대로 뛰어보지도 못하고 주저앉게 될 지경이었다.

나는 스스로 자문해보았다. 올림픽 유치를 결단할 때 엄청난 시설 투자가 필요하고 막대한 예산이 소요된다는 사실을 모르고 있었는가, 우리의 경제 형편에서 그러한 자금여력은 있는 것인가, 경쟁상대국인 일본은 경제력을 비롯한 모든 부문에서 우리보다 훨씬 앞선 선진국일 뿐만 아니라 유치활동에서도 저만치 앞서가고 있는 사실을 모르고 있었는가. 나는 또 나 스스로에게 반문해보았다. 우리의 형편이 어렵다는 사실을 누구보다도 잘 알고 있으면서도 올림픽대회를 유치하라고 지시한 것 아닌가. 올림픽을 유치해오고, 성공적으로 준비하고, 성대하게 치르는 과정을 통해 국민적 자신감과 일체감을 얻게 됨으로써 오히려 당면한 경제사회적 위기를 극복할 수 있을 것이라고 확신했던 것 아닌가. 반쪽 대회로 끝난 1980년 모스크바 올림픽과 84년 LA올림픽에 이어 열리는 서울올림픽에 소련, 중공 등 공산권 국가들을 참석시키게 되면 동서 해빙과 화해의 무대를 연출하여 한국의 국제적 위상이 크게 부각될 수 있는 것 아닌가. 세계 유일의 분단국가이며 긴장지역인 한국에서 올림픽이 개최되면 한반도의 안정과 세계평화에도 도움이 될 것 아닌가. 또한 북한과의 체제 경쟁이라는 측면에서 보더라도 우리의 확고한 우세를 증명하는 일이 아닌가.

자문자답의 결론은 분명했다. 난관이 많다고 하더라도 그 모든 어려움을 강력한 의지로 헤치고 나가 반드시 목표를 달성해야 한다고 마음을 다잡았다. 그동안 선진국의 전유물처럼 인식되었던 올림픽을 한국이 유치하여 성공적으로 개최할 수 있다면 우리가 한 단계 도약하여 선진국 대열에 진입할 수 있는 절호의 기회가 될 수 있을 것이다. 기회는 자주 오는 것이 아니다. 각 대륙을 돌아가며 개최지가 결정되는데 이번에 일본 나고야에서 열리면 언제 다시 아시아 국가에 차례가 돌아올지 알 수 없는 일이고 또 그 경우에도 한국이 유치에 성공할 것이라는 보장도 없는 것 아닌가. 천재일우의 이번 기회를 놓쳐서는 안 된다고 결심을 굳혔다.

민관 총력추진체제 구축

이제 목표는 정해졌고 그 고지를 향해 달려가야 한다. 그러나 무턱대고 앞으로 뛰어갈 수만은 없는 일이다. 올림픽대회를 개최하는 데 필요한 시설을 만들고 손님을 맞이할 채비를 갖춰야 한다. 그러나 그에 앞서 무엇보다 유치에 성공해야 한다. 그러자면 일본 나고야와의 경쟁에서 이겨야 한다. 올림픽의 유치 경쟁을 앞두고 먼저 유치운동의 추진체제를 정비할 필요가 있었다. 1981년 초에 내각에 특임사항을 맡길 정무장관실을 신설했다. 올림픽 유치활동이 그 주된 임무였다. 그리고 보안사령관을 끝으로 예편한 노태우 장군을 정무장관에 임명했다. 올림픽 유치와 관련해서는 정무장관이 관계부처와 대한체육회의 활동을 지휘하게 된 것이다. 또 노신영 외무부장관에게는 외교채널을 최대한 활용하도록 하고 특히 재외공관을 통해 주재국의 IOC를 접촉하게 하여 올림픽 유치활동을 지원하도록 했다. 아울러 민간 차원에서도 지원활동을 전개할 수 있도록 정주영 현대그룹회장을 올림픽 추진위원장으로 위촉했다.

올림픽 유치운동에 나설 추진체제를 구축했지만 일은 이제부터가 시작이었다. 그런데 그 일이 결코 간단치 않다. 치밀한 전략부터 세워야 한다. 먼저 일본 나고야시와 경쟁해야 하는 상황을 분석해봤다. 첫째 일본은 경제를 비롯한 국력 면에서 우리를 압도하는 힘이 있다. 둘째 일찌감치 올림픽 유치방침을 정한 나고야시는 벌써 저만치 앞서 나가고 있었다. 셋째 일본은 이미 1964년 동경올림픽을 치러본 경험이 있어서 많은 노하우가 축적되어 있다. 그러나 이러한 불리한 상황이 결코 뛰어넘을 수 없는 난관은 아니라고 생각했다. 올림픽의 유치 경쟁은 결코 힘만의 싸움이 아니다. 우리에게 불리한 여건이라는 것도 상대에게는 방심을 초래하게 해 함정이 되기도 하는 것이다. 장애물인 듯이 여겨지는 요소도 우리가 하기 나름으로는 좋은 도구로 역이용할 수 있다. 이를테면 한반도가 남북으로 분단되어 있는 위험한 지역이므로 올림픽 개최지로 부적당하다는 주장이 제기되겠지만, 우리는 역으로 "한반도에서 전쟁을 예방하고 평화를 가져오기 위해 한국이 올림픽을 유치해야 한다."고 설득할 수 있는 것 아닌가. 나는 치밀한 전략을 세우고 최선을 다한다면 이길 수 있는 가능성이 있다고 믿었다. 그것은 단순한 기대감 이상의 신념이었다.

나는 다음과 같은 기본자세와 전략을 생각했다.

첫째, 우리 국민과 정부, 체육계가 한마음으로 올림픽 유치를 열망하고 올림픽 개최를 위해 총력체제로 나아가는 모습을 보여줌으로써 세계인의 신뢰와 감명을 불러일으키자. 다소 자만하고 있을 일본에 대해 우리가 확실한 비교우위를 가질 수 있는 요소다. 둘째, 유치활동 기간이 짧은 만큼 치밀한 계획을 세워 조직적이고 능률적인 운동을 전개해나가자. 이렇게 생각을 정리한 나는 우리의 올림픽 유치 가능성에 대해 회의를 품고 아직까지도 소극적인 자세를 보이고 있는 관계관들을 설득하며 유치운동을 적극적으로 추진하도록 다시 강력히 독려했다. 처음부터 반대의견을 굽히지 않던 남덕우 국무총리와 신병현 경제기획원장관도 올림픽 개최 문제를 경제적 논리로만 따질 것이 아니라 국가전략 차원에서 보아야 한다는 나의 생각을 이해하고 유치운동에 적극 나서주었다.

올림픽 개최지를 결정하는 IOC 총회 날짜가 가까워 오면서 우리의 유치활동도 본격화되었다. 7월 미국에서 열린 NOC(국가올림픽위원회) 총회에 참석해 각국의 IOC위원들을 상대로 한국의 유치 의지를 설명했고 8월에는 인도, 노르웨이, 자유중국의 IOC위원을 개별적으로 초청하는 등 일련의 유치활동을 활발히 전개했다. 올림픽 유치에 조금이라도 힘이 미칠 수 있는 사람이 있는 곳이라면 공직자든 민간인이든 5대양 6대주를 돌아다니며 총력을 기울였다. 올림픽 유치활동에 참여했던 사람은 대체로 문교부와 서울

특별시의 고위 간부, 대한체육회의 임원, IOC 위원이 있는 국가에 주재하고 있는 외교관, 외국에 지사를 두고 있거나 사업관계로 외국과 특별한 연고를 가지고 있는 기업의 임원들이었다. 공직자나 체육회 인사들이 유치활동에 적극적으로 활동하는 것은 당연하지만 직접 관계가 없는 기업의 대표나 임원들이 자신들의 일인 것처럼 적극적으로 활동한 것은 참으로 고마운 일이었다. 특히 올림픽 유치 민간추진위원장을 맡고 있었던 현대의 정주영鄭周永 회장, 대한항공의 조중훈趙重勳 회장, 동아건설의 최원석崔元碩 회장 등이 큰 활약을 했다.

그런데 훗날 들은 얘기로는 정주영 회장은 자신이 올림픽 유치 민간추진위원장으로 위촉된 데 대해 처음에는 석연찮은 감정을 가지고 있었다는 것이다. 올림픽 유치의 책임을 맡은 자리에 왜 공직자도 아닌 자신이 가야 하는지 알 수가 없다는 얘기였다. 올림픽 유치위원장은 으레 개최 도시의 시장, 곧 서울특별시장이 맡아야 하는 것인데 자신을 위촉한 것은, 승산이 없는 싸움에 자신을 앞에 내세워 놓고 그 패배로 인한 책임을 떠안기려는 의도가 아니냐 하고 생각했다고 한다. 즉 어차피 예정된 패배인 만큼 그 실패에 대한 비난이 자신에게 쏠리면 정부로서는 부담을 덜 수 있다는 계산에서 자신을 화살받이로 쓰는 것이라고 오해한 것이다. 하지만 나는 정주영 회장의 뚝심 있는 추진력과 아이디어를 높이 평가했고 당시 정 회장은 전국경제인연합회 회장을 맡고 있어서 다른 대기업 회장들의 참여를 유도할 수 있으리라고 판단했던 것이다. 유치 결정이 이루어지는 순간까지 현대의 해외주재 임직원들을 총동원하다시피 하며 최선을 다한 정 회장은 자신에게 맡겨진 소임을 백분 완수한 것이고, 그에게 중책을 맡긴 나의 선택도 옳았던 것 같다.

제84차 IOC 총회가 열리기 약 한 달 전쯤인 1981년 9월 1일 나는 대책회의를 소집했다. 마라톤 경주에서 골인 지점을 앞둔 마지막 구간에서 스퍼트하듯 혼신의 힘을 다 쏟아야 한다. 결승 테이프를 끊은 뒤에 힘이 남아 있다면 그것은 경기운영을 잘못했다는 반증일 뿐이다. 나는 그 어느 때보다 확신에 찬 어조로 관계관들에게 무슨 일이 있더라도 올림픽을 유치해 와야 한다고 강조했다. 총력전을 펼치라고 강력히 주문했다.

바덴바덴의 뜨거운 결전

당초에 제24회 하계올림픽대회를 유치하겠다고 나선 도시는 일본의 나고야 외에도 호주의 시드니, 중국의 북경, 벨기에의 브뤼셀, 브라질의 상파울루, 알제리의 알제, 영국의 런던 등이었으나 마지막에는 대한민국의 서울과 일본의 나고야로 압축되었다. 1981년 9월 28일, 독일 서부의 조용한 휴양도시인 바덴바덴은 88올림픽 개최지 결정을 앞두고 들끓기 시작했다. 최종 경쟁 도시인 서울과 나고야 양측의 득표 공작은 치열했다.

우리 대표단은 IOC 위원이 소속된 국가의 특성에 따라 그에 상응한 유치활동 방법을 고안해 접근했다. 선진국 IOC 위원들보다는 소외되고 있는 중동 및 아프리카 IOC위원들을 적극 공략하는 작전을 폈다. 특히 우리의 건설업체가 나가 있는 중동국가에는 현대건설, 대우건설, 동아건설 등이 그 지역에서 쌓아놓은 좋은 이미지를 십분 활용했다. "우리 회사가 당신네 나라의 공사를 맡아 신용과 책임으로 차질 없이 수행하고 있는 사실을 여러분들이 잘 알고 있지 않은가. 일개 기업에 불과한 우리도 일을 그렇게 잘하는데 대한민국이 국가적 명예와 책임을 지고 하는 올림픽이니만큼 훌륭하게 해낼 수 있다. 믿어 달라."며 설득했다. 또 개발도상국에 대해서는 "당신네 나라도 언젠가는 올림픽을 유치해야 할 것 아니냐. 개발도상국도 올림픽을 훌륭하게 치를 수 있다는 것을 우리 한국이 보여줄 수 있도록 도와달라."는 논리를 폈다.

우리와 일본 나고야가 각각 설치한 홍보관에서도 양측이 올림픽을 유치하기 위해 기울인 정성과 열의의 차이가 드러났다고 한다. IOC 위원들이 묶고 있는 호텔 로비에는 한국과 일본의 홍보관이 나란히 설치되어 있었는데, 올림픽 유치에 자신이 있었던지 일본의 홍보관에는 사진 몇 장만 걸려 있었다. 반면 우리는 홍보관을 관람하는 IOC 위원과 관계 인사들에게 한국 고유의 문양을 넣은 부채와 인형, 지게, 버선, 짚신 등의 선물과 함께 정성을 전달했다. 우리는 안 될 때 안 되더라도 후회 없이 해보자고 철저하게 정성껏 준비했던 것이다.

IOC 총회가 서울과 나고야를 상대로 마련한 청문회 때에도 우리는 6명의 대표단을 단상에 앉혀놓고 국립영화제작소와 KBS가 공동 제작한 15분짜리 한국 소개 영화를 상영했다. 우리나라를 와본 적이 없는 많은 IOC 위원들은 빌딩 숲을 이룬 서울의 모습을 보고 크게 놀란 듯 웅성거리는 모습을 보였다. 영화 상영이 끝나고 IOC 위원들이 질문하고 우리 측 대표들이 답변하는 순서가 되었을 때에도 우리 대표단의 답변은 매우 훌륭했다. 날카로운 IOC 위원들의 질문에 대비해 예상 질문을 만들어 예행연습까지 한 덕분이었다. 설명회는 대성공이었다.

그러나 우리 앞에는 여전히 어려운 문제들이 남아 있었고 결코 형세를 낙관할 수 있는 상황이 아니었다. 우리 대표단의 애를 태운 것은 현지 언론들의 계속되는 불리한 보도였다. 현지의 신문과 방송들은 언론의 정도에서 벗어난 지나치게 편향적인 보도로 일관했다. 심지어 일부 외국신문은 홍보관에서 안내를 맡고 있는 미스코리아와 스튜어디스들을 가리켜 기생을 동원한 것이라는 기사를 싣기까지 했다. 어처구니없는 허위보도였지만 그래도 우리는 그런 악의적인 보도의 빌미를 주지 않도록 손기정孫基禎 씨, 조상호曺相鎬 씨 등이 전시실에서 손님을 맞게 했다. 또한 이원홍 KBS 사장이 정주영 회장의 외신기자 인터뷰를 주선하기도 하면서 언론 대책에 애를 썼다. 그럼에도 불구하고 투표 전날인 9월 29일에는 서독의 한 지방신문이 "하계올림픽은 나고야로 결정된 것이나 다름없는데 한국 대표들은 그것도 모르고 아직도 로비를 하고 다닌다."는 기사를 실었고 그 기사를 보고 나고야 측 관계자들은 샴페인을 터뜨렸다는 소문도 들려왔다.

그러나 무엇보다도 우리 대표단의 분통을 터지게 한 것은 북한의 태도였다. 북한은 올림픽 유치를 놓고 우리와 경쟁하는 관계가 아니면서도 오로지 우리의 올림픽 유치를 방해하기 위해 20여 명이나 되는 인원을 파견해 훼방을 놓았다. 우리 대표단은 북한 IOC 위원에게 우리가 같은 민족인데 북한이 일본을 지지할 수 없는 것 아니냐고 민족의식에 호소하면서 우리를 지원해달라고 요청했다. 그러한 내용을 담은 편지를 보내기도 했다.

표결 날짜가 임박해오면서 조금씩 분위기가 달라지는 기미가 나타나자 자만하는 듯했던 일본도 공격적으로 나왔다. 일본은 "남북한이 극한으로 대치중인 서울에서 어떻게 올림픽을 개최할 수 있다는 것인가. 서울에서 올림픽을 치르자는 것은 88올림픽 자체를 하지 말자는 것과 같다."는 등의 주장을 펴면서 우세를 지키려고 안간힘을 썼다.

예상 못한 압승

마침내 운명의 날이 밝아왔다. 9월 30일, IOC 총회는 아침 9시부터 12

시 30분까지 진행되었다. 나는 이날 청와대에서 투표의 결과를 초조하게 기다리고 있었다. 현지 우리 대표단이 느끼고 있을 긴장감과 초조감은 나보다 훨씬 더했을 것이 분명했다. 한국 대표단은 오후의 투표를 앞두고 한식으로 점심을 먹었다. 모두들 투표 결과에 대한 불안과 긴장으로 말이 없고 표정은 굳어 있었다. 가라앉은 분위기를 깨듯 정주영 회장이 입을 열었다. "나는 언론이 뭐라고 하건 최소한 46표는 나올 것으로 믿는데 여러분은 어떻게 생각하시오. 우리 내기를 합시다." 그러나 자리를 함께한 그 누구도 입을 열지 않았다. 침묵이 계속되었다. 그 침묵은 모두 자신이 없다는 표현이었다. 그러다가 한국올림픽위원회(KOC) 부위원장인 전상진全祥振 대사가 침묵을 깼다. 전상진 부위원장은 교섭반장을 맡아 매일매일 예상득표수를 점검하는 책임을 맡고 있었다. 그는 며칠 전부터 "된다."는 얘기를 하고 있었다. 그러나 그 말을 들은 사람들은 그저 뭘 잘 모르는 외교관이 대표단의 사기가 떨어질까 해보는 정도의 얘기로 치부했다. 그런데 전상진 부위원장은 표를 점검하면서 나름대로 확신이 서 있었던지 자기는 46표보다 많은 50표 이상이 나올 것으로 생각한다면서 내기에 응했다. 그래서 정주영 회장과 전상진 대사는 실무지원 책임을 맡고 있던 이연택李衍澤 총리실 조정관을 증인으로 세워 20마르크를 걸었다. 참석자 가운데에는 이러한 상황을 바라보면서 고무되어 혹시나 하는 일말의 기대를 거는 듯하는 사람도 있었고 결국 허망한 결과가 나올 터인데 실없는 장난을 하고 있다고 생각하는 사람도 있을 터였다.

오후 2시부터 서울이냐 나고야냐를 판가름하는 비밀투표에 들어갔다. 대표단은 알파벳 순서대로 앉았기 때문에 우리 바로 앞에 일본이 앉았다. 마침내 발표시간이 다가왔다. 투표 결과의 발표는 예정보다 15분이 빨랐다. 3시 45분, 한국시간 밤 11시 45분, 사마란치 IOC 위원장이 투표 결과를 발표하기 위해 단상에 나타났다. 위원장은 입을 열었다.

"오늘 IOC 총회는 서울을…."

위원장이 서울이 개최지로 결정되었다는 발표를 하자 장내는 경악과 환호의 도가니로 변했다. 이어 사마란치 위원장은 봉투를 열었다. 그는 "서울 52표, 나고야 27표."라고 했다. 순간 한국 대표단은 감격에 넘쳐 자리에서 튕겨나듯 일어선 채 일제히 만세를 부르며 서로 얼싸안았다. 과연 나고야를 이길 수 있을 것인가 하고 불안감에 싸여 있던 중 52 대 27이라는 압도적인 표 차이로 나고야를 물리쳤을 때 대표단뿐 아니라 모든 인사들이 놀랄 수밖에 없었다. 축하인사를 하면서 손을 내미는 나고야 시장의 두 눈에서는 눈물이 흐르고 있었다고 한다.

IOC총회에서 88올림픽의 서울 유치가 결정되었다는 사실을 보도한 신문기사.

이 장면을 나는 위성중계되는 TV방송을 통해 지켜보고 있었다. 우리 시각으로는 늦은 밤 11시 45분 우리 대한민국 역사에 길이 기억될 감격적인 순간이었다. 나 개인으로서도 참으로 벅찬 감회를 누르기 힘들었다. 현장에 있었다면 아마 나도 벌떡 일어나 만세를 외쳤을 것이다. 참으로 감개무량했다. 그동안 올림픽 유치와 관련해 쌓였던 고민과 불안이 일시에 씻은 듯이 사라지고 세상이 온통 밝게 보였다. 그리고 그동안 올림픽 유치에 매달렸던 공직자들이 신명을 다 바쳐 노력한 결과 그 어려운 일을 해낸 것이 참으로 대견하게 생각되었다. 또 기업인들이 기업 운영을 하면서도 나라의 어려운 일에 흔쾌히 뛰어들어 헌신적으로 노력해준 데 대해서도 고개가 숙여지도록 고마움을 느꼈다. 이제 아시아에선 일본에 이어 두 번째, 개발도상국 중에서는 멕시코에 이어 두 번째, 또 세계에서는 16번째 개최국이 될 것이 아닌가. 우리 국민은 참으로 저력이 있고 훌륭한 국민이라는 생각과 함께 내가 대한민국의 국민이라는 것이 감사하게 느껴졌다.

얼마나 간절히 바랐던 올림픽이던가. 바덴바덴에서의 승전보를 접한 연만하신 어르신들 사이에 "88년 올림픽 때까지는 살아야지." 또는 "올림픽은 보고 죽어야지." 라는 말이 유행한다는 보고를 듣고서는 가슴 뭉클한 느낌이 들었다. 올림픽 개최지가 서울로 결정되었다는 사실은 한국 국민에게 크나큰 의미로 다가왔다. 동족인 북한의 집요한 반대 책동을 극복하고 올림픽 개최권을 따냈다는 사실만으로도 감격스러웠지만, 무엇보다도 일본과의 경쟁에서 승리했다는 점에서 민족적 자긍심을 갖게 되었다. 올림픽을 개최할 수 있다는 점이 국력과 국위를 가늠하는 하나의 척도라고 볼 때, 우리는 1964년 동경올림픽을 개최한 일본과의 격차를 24년 정도로 좁혀놨다는 의미가 있었다.

돌이켜보면 동경올림픽은 일본이 서양을 향해 문호를 개방하게 된 명치유신明治維新으로부터 100년이 되는 해였다. 일본이 근대화를 본격화하던 시기에 조선조 말의 우리나라는 쇄국주의에 갇혀 문호 개방의 기회를 놓침으로써 망국의 수모를 겪을 수밖에 없었다.

아시아에서 두 번째로 올림픽을 개최할 수 있게 되었다는 것은 근대화에서 뒤처진 우리의 일본 추격전이 본격화했음을 알리는 하나의 신호탄이 되었다. 서울올림픽으로부터 14년 후인 2002년 우리는 일본과 함께 월드컵 축구대회의 공동개최국이 됨으로써 일본과 어깨를 나란히 할 수 있게 된 것이다. 미국과 함께 세계 양강兩强으로 부상했다는 중국도 우리보다 20년이나 늦은 2008년이 되어서야 베이징올림픽을 개최할 수 있었다.

40억 달러 차관의 극적인 타결

안보전략이기도 했던 100억 달러 차관 교섭

　나의 지시로 서울시가 국제올림픽조직위원회(IOC)에 신청서를 제출하던 날로부터 꼭 19일 전의 일이었다. 미국 방문을 마치고 돌아온 나는 1981년 2월 7일 관계장관회의를 소집해서 한미 정상회담에서 논의됐던 사항의 후속조치를 차질 없이 추진하도록 지시했다. 미국 방문을 준비하는 과정에서 레이건 대통령과의 정상회담에 올릴 공식 의제들은 관계 부처와 비서실에서 이미 협의를 거쳐 정리되어 있었고, 후속조치까지 검토를 끝내놓은 상황이었다. 그러나 일본의 경제협력자금 문제는 내각 차원에서는 전혀 생각하지도 않았던 사항이었다. 그런 만큼 관계 장관들에게 나의 구상과 추진 의지를 지체 없이 알려줄 필요가 있었다. 더욱이 대일對日 차관 문제는 후속조치가 필요한 사항 가운데 가장 중요한 문제였다.

　나는 신병현 부총리와 김경원 비서실장을 따로 불러 대일 100억 달러 차관 요청서를 만들어올 것을 지시했다. 신병현 부총리는 내가 레이건 대통령에게 대일 안보협력차관 문제를 제기했던 자리에 배석했던 만큼 귀국한 뒤 앞으로 그 문제가 정부의 현안과제가 될 것이라는 점은 인식하고 있었을 것이다. 그러나 정상회담 자리에서는 거론되지 않았던 액수가 100억 달러라고는 전혀 예상하지 못했을 터였다. 나의 지시를 받은 신병현 부총리는 한동안 말이 없었다. 아마 경제도, 외교도 모르는 대통령이 말도 안 되는 지시를 하고 있다고 생각했을지 모르는 일이다. 한참 만에 그는 입을 열었다. 한마디로 불가능하다는 것이었다. 일본에 대한 경제차관의 한도는 이미 소진되어 전혀 여유가 없을 뿐 아니라 국가 간의 경제협력에 있어서도 100억 달러라는 거액은 들어본 일조차 없다고 했다. 일본 정부에 실제로 그 액수를 제시하면 자칫 국제사회에 웃음거리가 될 거라는 얘기까지 했다.

나는 신 부총리를 포함해 대일 차관 문제를 추진해야 할 관계 장관들이 난색을 보일 것이라는 점은 예상하고 있었다. 그러나 검토해볼 여지조차 없는 듯한 반응을 보이리라고 생각하지는 않았다. 나는 그들을 설득할 논리를 준비하고 있었다. 불가능한 일이라는 신 부총리에게 나는, 나의 제의를 일본이 받아들일 가능성이 있는가를 따져보기 전에 먼저 내 얘기가 억지는 아니라는 점을 설명했다.

"과거 우리가 일본으로부터 빌린 것은 상업차관이나 경제협력차관이었지만, 이번에 우리가 받고자 하는 것은 안보차관이다. 차관의 성격이 전혀 다르니 근본적으로 접근방식 자체를 달리해야 한다. 더구나 이 사항은 나와 미국 레이건 대통령과의 정상회담에서 방침이 결정된 것인 만큼 주저할 이유가 없다."

내가 애써 설명했지만 신병현 부총리는 여전히 아무런 말이 없이 긴 한숨만 내쉬고 있었다.

나는 또 주영복 국방부장관을 불러 가급적 빠른 시일 안에 100억 달러 차관자금의 사용계획서를 만들어 오도록 지시했다. 국방부는 한술 더 떠서 200억 달러에 대한 사용계획서를 두 시간 만에 만들어 왔다. 차관을 얻어 오는 일에는 아무런 책임도 없고, 돈이 마련되면 쓸 일만 남은 국방부로서야 어려울 게 없었다. 돈이 없어서 그렇지 방위력 증강을 위해 사고픈 무기가 얼마나 많았을 것인가. 사실 군사장비는 워낙 고가高價여서 미사일도 구입하고 전투기, 잠수함도 도입하려면 100억 달러가 아니라 1,000억 달러도 모자랄 것이었다. 물론 국방장관이 들고 온 그 차관자금 사용내역서는 급히 만들었기 때문인지 다소 조잡하기는 했다.

나는 국방장관이 가져온 그 계획서를 신병현 부총리에게 주면서 경제기획원의 안을 만들어 오도록 지시했다. 2월 말 신 부총리는 50억 달러 규모의 대일 차관 요청안을 만들어 왔다. 50억 달러는 일본의 정부개발원조(ODA) 40억 달러, 금융기관차관 10억 달러로 구성되어 있었다. 그 근거로, 일본 정부가 정부개발 원조를 향후 5년간 2배로 늘린다는 공약을 한 만큼 그 총액이 214억 달러는 될 것으로 예상해 그 20%에 해당하는 40억 달러를 지원받도록 요구한다는 것이다. 이 경협안도 나의 지시를 따르느라 신 부총리가 고심 끝에 만들어 온 것이겠지만, 사실 일본으로서는 액수도 액수려니와 자금의 성격상 받아들이기 어려운 내용이었다. 우리나라는 이미 1978년 한일 정기각료회의 때 앞으로의 경제협력은 민간 주도로 한다는 데 합의해주었고, 또 일본의 ODA 자금은 1인당 국민소득이 1,000달러 이하인 나라에 제공되는 것인 만큼 우리나라는 해당되지 않았다. 나는 신병현 부총리에게 주영복 국방장관이 만들어 온 200억 달러 사용계획서를 주면서 100억 달러로 조정해서 가져오도록 했다. 신 부총리는 ODA 총액의 30%에 해당하는 60억 달러와 수출입은행차관 40억 달러, 도합 100억 달러의 대일 경제협력안을 다시 만들어 왔다.

나는 이번에는 차관 교섭을 맡을 노신영 외무부장관을 불러 신 부총리가 작성해 온 대일 경제협력안을 주면서 "이것을 일본 정부와 협상해서 성사시키되 100억 달러에서 한 푼도 삭감하지 않도록 직을 걸고 추진하라."고 단단히 일러뒀다. 노신영 장관 역시 레이건 대통령과의 정상회담에 배석을 해 내용을 알고 있었으니 내 지시를 받고 그 자리에서는 별 말이 없었지만, 100억 달러라는 액수가 적힌 서류를 자꾸 들여다보고 있었다. 돌아나가는 뒷모습을 보니 어깨가 무거워 보였다. 국방장관이야 차관을 받아 사용하기만 하면 되지만, 국제 관례나 상식을 뛰어넘는 거액을 받아내야 할 책임을 지게 된 외무부장관은 그야말로 죽을 맛이었을 것이다.

사실 대일 차관의 명목이나 성격이 어떠한 것이든 간에 100억 달러라는 액수는 누가 보더라도 과도한 금액이었다. 2개 사단을 5년간 유지하는 데 필요한 액수라는 주먹구구식 계산에서 나온 것이지만 당시 우리나라의 GNP가 600억 달러였다는 점을 생각하면 사실 무리한 요구였다. 그러나 나는 나름대로 생각하는 것이 있었다. 차관 협상이라는 것이 한마디로 말하면 장사판의 흥정인데, 속된 표현대로 "세상에 에누리 없는 장사가 어디 있느냐."는 말도 있지 않은가. 일본과 협상하는 과정에서 밀고 당기고 하다보면 어차피 금액이 축소 조정될 수밖에 없을 텐데, 그렇다면 미리 하한선 또는 적정선으로 낮추어 제시할 필요는 없다고 생각했다. 장사할 때 에누리 당할 것을 생각해 가격을 높여 부르는 일과 다름없었다. 국가 간의 협상도 협상은 협상이니까 국익을 위한 것이라면 시장 상인의 수법이라도 쓰지 못할 일은 아니었다.

내가 무리한 요구라는 점을 충분히 알고 있으면서도 이 문제를 강하게 밀고 나간 것은, 협상 과정을 통해서 일본의 지도자들에게 한반도에 대한 인식을 바꿔주고, 대한민국이 한반도를 포함한 동북아 지역의 평화유지를 위해 과다한 방위비 부담을 하고 있다는 점을 깨닫게 해주고 싶었던 것이다. 카터 대통령의 주한미군 철수 방침 때문에 우리가 얼마나 노심초사하고 있었던가. 일본은 '안보무임승차安保無賃乘車'라는 말에 예민하게 반응하고 있었지만, 그러나 그것은 엄연한 현실이었다. 더욱이 일본은 한반도 분단 상황을 이용해 정경분리의 원칙을 내세우면서 실리를 챙기려 했고, 우리에 대한 압력수단으로 '북한 카드'를 내밀곤 했다. 일본은 지역 안보와 평화유지를 위해서는 한 푼의 돈도 지불하지 않은 채 한국의 불행을 강 건너 불 보듯 해온 것이다. 일본의 번영을 우리가 배 아파 할 일은 아니지만, 일본이 평화와 번영을 누릴 수 있게 하는 그 무풍지대를 만드느라 우리가 과중한 안보부담금을 떠안고 있다는 사실을 알려주고 싶었던 것이다.

일본에 대한 안보차관을 추진하던 1980년대 초 당시만 해도 국제사회는 2차 세계대전 이후의 냉전체제가 지속되고 있었다. 우리나라는 공산진영의 양대 주축인 소련, 중공(1980년대까지 중국에 대한 우리의 공식 호칭은 '중공'이었다)과 지리적으로 마주하고 있어 동서 냉전의 전초 같은 위치에 있었다. 우리의 생존과 안전을 지키면서 국가발전을 이루기 위한 전략도 그러한 인식 위에서 출발해야 했다. 외교정책의 최우선적 과제는 맹방과의 협력관계 강화가 될 수밖에 없었다. 우리의 혈맹인 미국과의 관계는 1970년대 인권외교를 앞세운 카터 정부의 주한미군 철수 방침과 이에 대응한 박정희 대통령의 자주국방 정책이 맞부딪침으로써 한때 위기를 빚어냈다. 그러다가 나의 대통령 취임 초 이뤄진 레이건 대통령과의 정상회담으로 양국의 동맹적 유대는 비온 뒤에 땅이 굳어지듯 한층 더 견고히 구축되었다. 미국과 함께 태평양국가로서 공산권에 대한 공동안보 협력체제의 한 축을 이루고 있는 일본과의 협력관계를 강화하면, 이른바 '한·미·일 3각안보체제'가 공고화됨으로써 북한의 도발을 억지함은 물론 동북아 지역의 평화 유지에 크게 기여할 수 있게 될 것이었다. 다행스럽게도 레이건 대통령은 정상회담에서, 일본에 안보경협차관을 요청하겠다는 나의 계획을 적극 지원해주겠다고 약속을 했던 것이다. 이제 일본과의 교섭을 강하게 밀어붙여 성사시키는 일은 바로 우리 정부의 과제가 된 것이다.

일본과는 1965년 기본조약 체결로 제국주의 일본의 36년간의 한반도 강점에 대해 외형상, 문서상의 청산 절차를 마치기는 했지만, 과거의 불행했던 역사의 유산들이 양국 정부와 국민사이의 보다 긴밀한 우호협력관계 증진을 저해하고 있었다. 정치, 외교, 문화 등 각 분야에 걸쳐 시각차가 있었고, 특히 한반도 문제에 대한 인식에 있어서는 뚜렷한 입장 차이를 드러냈다. 한일 기본관계조약은 대한민국을 "한반도에 있어서 유일한 합법정부임을 확인한다."고 명시했고, 1969년 닉슨-사토 공동성명은 "한국의 안전은 일본의 안전에 긴요하다."고 밝히고 있었다. 그러나 일본 정부는 기본적으로 '정경분리政經分離'와 '전방위외교全方位外交'라는 외교지침에 따라 한반도 문제를 다루고 있었다. 기본조약을 해석함에 있어서 "한국 정부의 관할권은 휴전선 이남에만 미치고 있다."고 주장하기도 했다. 또 1972년 중국과의 국교정상화 당시 다나카 총리는 "한국만의 안전보다는 한반도 전체의 안정이 일본의 국익에 더 합치된다."고 함으로써 일본 정부가 안보 문제에 있어서 서방국가의 일원으로서의 공통인식에서 벗어나 있음을 보여주고 있었다. 그러니까 '자유세계의 방위 분담'이란 명분으로 시작된 대일對日 100억 달러 차관 교섭은 그 액수는 차치하고라도 명목을 둘러싸고 처음부터 난항을 겪을 수밖에 없었다.

2년에 걸친 협상

우리 정부가 일본 측에 경제협력차관을 정식으로 요청한 것은 내가 관계 장관들에게 차관 교섭을 지시한 지 두 달쯤 지난 때였다. 1981년 4월 22일 노신영 외무부장관은 이임을 앞둔 스노베 주한 일본대사를 통해 향후 5년간 경협자금으로 100억 달러의 차관(정부개발협력자금 60억 달러 + 수출입은행자금 40억 달러)을 제공해줄 것을 요청했다. 훗날 스노베 대사는 이때의 일을 회상하며, 100억 달러라는 숫자를 듣고 "경악했다."고 술회했다고 한다.

이어 8월 21일 열린 양국 외무장관회담에서 이 문제가 정식의제로 상정됐을 때의 일이다. 회담 벽두 일본 외무성의 담당국장이 "한국이 요청한 경협 요구서에는 그 금액이 100억 달러로 되어 있는데 아마 착오로 10억 달러를 100억 달러로 잘못 기재한 것 같다. 0을 하나 잘못 붙인 것 아닌가?"라며 우리 측에 물어왔다. 우리 외무장관이 스노베 일본대사에게 차관 요청 금액이 100억 달러라고 이미 알려줬으니 일본 외무성의 국장이 그 사실을 모르고 왔을 리는 없었다. 우리의 요구가 국제상식으로는 이해할 수 없는 무리한 액수라는 것을 그런 식으로 지적했던 것 같다. 당연히 한국 측에서는 착오가 있는 것이 아니고, 우리가 요구하는 경협자금 액수는 100억 달러가 맞다고 확인해줬다. 그러자 일본 측은 할 말을 잊은 듯 아무도 발언을 하지 않았고 회담장엔 한동안 침묵이 흘렀다. 결국 양측 간에는 도저히 접근하기 어려운 거리가 있음을 확인한 채 회담은 더 이상 진행되지 못하고 중단되었다. 이 문제에 대한 논의를 언제 재개한다는 합의도 하지 못하고 헤어졌다. 사실 1965년 한일 국교정상화 이후 15년간 일본이 한국에 제공한 경협자금 총액이 유상, 무상 합쳐 13억 달러였던 만큼, 스노베 대사가 100억 달러라는 숫자를 듣고 경악했다고 한 것이나, 일본 외무성 국장이 우리의 요구액 100억 달러는 10억 달러의 오타誤打가 아니냐고 물은 것은 충분히 있을 수 있는 일이었다.

회담 결과를 보고받은 나는, 협상은 상대가 있는 것이고 또 주는 쪽은 일본인데 받는 입장인 우리가 계속 우리 주장만을 고집하는 것은 무리라고 생각됐다. 그리고 당초부터, 일본이 감액을 요청해올 것을 예상하고 100억 달러를 제시했던 것인 만큼 무조건 다 내놓으라고 할 수는 없는 일이었다. 협상을 진행시키려면 우리가 융통성을 보일 수밖에 없었다. 생각 끝에 60억 달러를 제시하기로 했다. 이 금액도 국방부와 경제기획원이 만든 사용계획서를 꼼꼼히 살펴보고 나서 산출해낸 숫자는 아니었고, 당초 100억 달러를 생각했던 때와 마찬가지로 머릿속에서 만들어낸 액수였다.

양측이 생각하고 있는 액수가 단위부터 다를 만큼 현격한 차이를 드러내니까, 실무적 협상은 더 이상 진전이 없었고 아예 서로 접근조차 이루어지지 않고 있었다. 공식 협상 테이블에 앉지 않는 비공식채널을 통한 교섭 재개 노력이 필요했다. 나는 이듬해인 1982년 3월 18부터 3일간 일본에서 열리는 한일의원연맹에 한국 측 대표로 가는 권익현 의원에게 임무를 주었다. 일본 정부와 의회, 재계 인사들을 두루 접촉해서 "차관 문제가 이미 양국 사이에 주요 현안으로 등장했는데 미결인 상태로 시간을 끄는 것은 두 나라 모두에게 결코 도움이 되지 않는다. 100억 달러라는 금액에 대해서는 우리나라 정부도 신축적인 입장인 것 같으니 조속히 논의를 매듭짓는 것이 좋지 않겠느냐."고 회담 재개를 위한 운을 떼두도록 지시했다.

한일 간의 차관 교섭이 교착상태에 놓여 있는 가운데 1982년 6월초 개각을 단행하면서 노신영 외무부장관을 안기부장에 임명하고 그 후임에 이범석李範錫 대통령 비서실장을 기용했다. 나는 이범석 실장에게 외무부장관 임명 사실을 알려주면서 대일경협차관의 최후 양보선이 60억 달러라고 못 박았다. 노신영 장관에게 했던 것처럼 이범석 장관한테도 장관직을 걸고 반드시 목표금액을 관철시키라고 단단히 일러뒀다.

한 달 후 7월 5일 일본 도쿄에서 열린 한일외무장관 회담에서 이범석 외무부장관은 내가 지침을 준대로 경협자금으로 당초 100억 달러에서 축소된 60억 달러를 제시했고, 이에 대해 일본 측에서는 40억 달러를 제시했다. 일본 측이 구체적인 액수를 내놓은 것은 이때가 처음이었다. 그러나 역시 양측이 제시한 액수의 차이가 너무 커서 의견을 접근시키지 못한 채 이범석 장관은 이틀 후 귀국했다. 합의 없이 회담이 끝났으니 일단 실패한 회담이었다. 그러나 회담 결과를 보고받을 때 나는 굳은 표정을 보였지만 마음속으로는 웃음을 지었다. 아직 최종 타결을 본 것은 아니지만 일단 40억 달러는 확보가 된 셈 아닌가. 사실 일본으로서는 전혀 생각할 수도 없었던 명목과 근거를 제시하며 우리가 100억 달러라는 거액을 제시했는데, 최소한 40억불은 확보하게 됐으니 대성공이었다. 우리가 요구한 만큼 다 받는 것은 아니지만, 사실 나는 물론 우리 정부 내에서조차 그 액수를 다 얻어낼 수 있다고 믿은 사람은 없었을 것이다. 레이건 대통령과의 정상회담이 이루어지지 않았더라면, 레이건 대통령에게 나의 대일 경협차관 구상을 납득시킬 수 없었더라면, 레이건 정부가 일본에 대해 영향력을 행사해주지 않았다면 이루어질 수 없는 성과였다.

서로 제시하는 액수의 차이가 좁혀지기는 했지만, 양측이 60억 달러 대 40억 달러 주장으로 맞선 상태에서 차관 협상은 새로운 돌파구를 찾지 못하고 몇 달이 흘렀다. 그런 가운데 일본 검정교과서의 역사왜곡 사건이 일어나 서울에서는 연일 시위대가 일본대사관으로 몰려가는 일이 벌어지고 있었다. 한일경협 협상은 완전히 중단되다시피 한 상태였다. 그런 상황에서 11월 일본의 스즈키鈴木善幸 총리가 사임했다. 스즈키 총리의 사임은 갑작스러운 퇴장이었다. 차기 자민당 총재에 재선될 것이 확실한 상황에서 출마를 포기하고 사임한 것이었다. 사임 이유가 뚜렷하지 않았다. 한일 경협 교섭이 지지부진하고 있는 상황과도 관련이 있는 것 아닌가 하는 추측도 있다고 했다. 그런 추측을 가능케 하는 정황이 있었다. 사임을 발표하기 두 달 전인 9월 미국 아마코스트 국무성 아시아태평양 담당 부차관보가 일본 언론과 가진 회견에서 한 말이 있었다. "미국으로서는 한국과 일본은 같은 우방이다. 한국은 서방진영에서 전략적으로 중요한 곳이고 … 그러므로 미국은 한국에 대한 일본의 경제적 지원을 환영한다. 원조의 성격을 설명하고 액수를 정하기 위하여 어떠한 명분을 붙여야 하는지는 일본 정부가 결정할 문제…."라고 한 것이다. 또 일본 『지지통신』時事通信은 10월 13일자 기사에서 "… 안보경협론의 발상과 60억 달러의 산정 근거를 보면 거기에는 미국의 그림자를 보지 않을 수 없다."고 보도하고 있었다. 일본 언론의 '안보경협론의 발상'이라는 표현은 당시 일본 내에서 차관의 명목이 '경제협력'이 아니라 '안보협력'이라는 데 대해 거부감이 드러나고 있는 상황이 반영된 것 같다.

협상 타결의 전환점이 된 나카소네 총리의 취임

스즈키 내각이 물러나고 1982년 11월 27일 나카소네中曾根康弘 신임 총리가 취임했다. 당시 한일관계는 교과서 문제, 소노다 스나오園田直 외상의 실언 등으로 벽에 부딪쳐 있었고 무엇보다도 2년 가까이 끌어온 경협 문제의 타결이 큰 숙제였다. 따라서 일본 총리의 교체는 나에게는 새로운 부담으로 느껴졌다. 경협 문제에 대해 새로 취임한 총리와 다시 교섭을 시작해야 하는데 그가 어떤 방침을 가지고 나올지 알 수 없기 때문이었다. 그런데 나카소네 총리는 한국과 관련해 취임 초부터 발 빠르게 움직이고 있었다. 총리에 취임한 바로 그 이튿날에는 나에게 먼저 전화를 걸어왔다. 그는 취임 인사를 한 후 "한일 관계를 꼭 회복하고 싶습니다. 열심히 하겠으니 잘 지도해주십시오."라고 했다. 나는 취임을 축하한다고 말한 뒤 "나도 전적으로 동감입니다. 나카소네 총리라면 협력할 수 있을 것 같습니다."라고 화답했다.

나카소네 총리는 취임 나흘째 되는 11월 30일에는 세지마 류조瀬島龍三 일본 경제인단체총연합 회장을 불러 한일 경제협력차관 문제를 해결하기 위한 밀사를 맡아달라고 부탁했다. 이 일과 관련해서 나카소네 총리는 대담 형식으로 된 그의 자서전에서 "왜 세지마 씨를 밀사로 선택했느냐?"라는 질문에 대해 다음과 같이 설명하고 있다.

"세지마 씨는 임시행정조사회의 유력한 멤버로서 도코土光 회장을 보좌해서 야당과 각 성省의 절충에 힘쓴 솜씨는 대단했습니다. 게다가 그는 전쟁 중에 대본영大本營(통합참모본부)의 참모를 지냈는데, 일본 육사 때의 관계였는지 한국군부에 친지가 많아 가끔 한국에 초대되어 일본의 정치 정세와 국제 정세에 대해 이야기를 나누기도 했던 모양입니다. 그는 전두환 대통령과도 친했습니다. 대통령의 밀사로 최적임자라고 생각해서 결정했던 것입니다. 그래서 내가 미국을 방문하기 이전에 방문이 실현되도록 의뢰한 것입니다."

나카소네 총리의 그 같은 요청에 따라 세지마 씨가 한국을 방문하게 되었다. 그는 기자들의 눈을 피해 12월 19일 나리타成田공항 대신 오사카 공항을 이용했고 한국에 도착할 때도 김포가 아닌 김해 공항에 내렸다. 세지마 씨의 한국측 카운터파트(상대역)은 당시 민정당 사무총장이었던 권익현 의원이었다. 세지마 씨는 권익현 총장과 부산에서 몇 차례 만나 실무적인 협의를 가진 후 서울에 올라와 극비리에 나와의 면담을 요청했다. 앞에서 서울올림픽 유치 과정을 설명하면서 밝힌 바 있지만 나는 세지마 씨를 이미 몇 차례 면담한 일이 있었다.

나를 만난 세지마 씨는 나카소네 총리의 요청에 따라 그의 밀사로 한국에 왔음을 밝히고 한일 간의 현안인 차관 문제에 대하여 일본이 제시한 40억불 선을 그대로 수용해 줄 것을 간곡히 요청했다. 그는 일본의 정계 사정을 상세히 설명하면서 만약 60억불안을 의회에 제출할 경우 그 의결이 결코 쉽지 않다고 했다. 만약 무리하게 밀어붙였다가 부결이 된다면 다시 추진한다는 것은 더욱 어렵고 그렇게 될 경우 차관 문제의 추진은 미제 사건으로 남아 있게 될 우려가 있다는 것이다. 그리고 나카소네 총리는 젊고 유능하여 장래가 크게 기대되지만 아직까지 정치적 기반이 미약하여 이 사안이 의회에서 부결이 되게 되면 그의 정치적 입지는 크게 손상될 거라고 했다. 그러니 장래가 촉망되는 나카소네 총리를 내가 좀 도와주기를 부탁한다고 했다. 그리고 40억불 제의를 그대로 받아들여 준다면 현금 차관 이외에 기술지원 등 다른 분야에서 도움을 줄 수 있을 것이라고 했다. 그리고 자신의 그 건의를 받아줄 것을 약속해준다면 나카소네 총리가 미국 방문에 앞서 바로 한국을 공식 방문하도록 할 것이라고 했다. 나는 세지마 씨의 진지한 설명을 듣고 보니 일본측의 사정이 어느 정도 이해가 되었고, 세지마 씨의 말을 통해 간접적으로 접하는 것이긴 하지만 나카소네 총리의 진정성이 읽혀져서 그의 간청을 받아들이기로 했다.

첫 방문국으로 한국을 택한 나카소네 총리

세지마 회장은 곧 일본에 돌아가 12월 27일 나카소네 총리에게 한일경협문제가 대체로 합의가 되었음을 보고했다고 한다. 지체없이 한일 양국의 외교채널이 바쁘게 움직였고, 마침내 1983년 1월 11일 나카소네 일본 총리의 방한이 이루어지게 되었다. 나카소네 총리는 취임 후 불과 1개월여 만에 첫 방문국으로 한국을 택한 것이었다. 일본 총리가 정상회담을 위해 한국을 공식 방문한 것은 이때가 사상 처음이었다. 나와 나카소네 총리는 두 차례의 정상회담을 갖고 40억불 경제협력안을 최종 타결지음으로써 우호 협력의 새로운 한일 신시대를 열어놓았다.

1월 11일 정상회담에서는 몇 가지 부수적인 의제가 논의되기도 했지만 나카소네 총리가 서둘러 방한해서 이 회담을 갖게 된 가장 중요한 목적은 40억불 차관 문제의 타결이었다. 나와 나카소네 총리는 사전에 세지마 밀사와 조율한 대로 40억불에 원칙적인 합의를 했다. 양국 정상간에 합의가 이루어진 만큼 세부적인 사항은 실무진에서 계속 협의하여 서류를 작성하도록 한 뒤 다음날 협약서에 서명하기로 했다. 그날 저녁 나는 홀가분한 마음으로 한일 양국 관계자와 함께 만찬을 마치고 12시가 넘어서야 잠이 들었다. 막 잠이 깊이 들 무렵 인터폰 소리가 요란하게 울렸다. 이범석 외무부 장관이 급한 보고가 있어 대기하고 있다는 장세동 경호실장의 전화였다. 밤 1시에 이범석 장관을 만났다. 그는 퍽 난처한 표정을 지으며 실무회담에서 타결이 되지 않아 서명에 필요한 서류를 작성하지 못하고 있다는 것이다. 일본 측에서 짧은 시간안에 작성할 수 없는 서류를 무리하게 요구하고 있으니 어찌하면 좋겠냐는 것이었다. 나는 "이미 양국 정상간에 정치적으로 합의를 본 사항인데 그 세세한 내용을 일일이 꼬치꼬치 따지면 어쩌겠다는 것이냐. 일본이 달라는 서류를 내놓을 필요도 없고 같이 술이나 마시면서 내일 아침까지 끌고 가라. 내일 아침이 되면 서류에 사인을 안 할 수 없을 것"이라고 말하고는 돌려보냈다.

서울 시내 신라호텔에서 진행된 실무회담은 우리나라에서는 공노명 외무부차관보가, 일본 측은 기우치 외무성 아주국장이 각각 대표를 맡고 있었다. 그런데 기우치 아주국장은 두 나라 정상간에 경협의 전체적인 규모와 내용에 관해서는 원칙적인 합의를 보았지만, 협약서를 만들기 위해서는 구체적인 사업계획서가 있어야 한다고 주장한 것이다. 돈을 빌려주는 입장에서는 당연한 요구였겠지만, 한국 측으로서는 짧은 시간 내에 그 많은 사업의 구체적인 집행계획을 수립한다는 것이 쉽지 않을 뿐만 아니라, 방위력 증강과 관련된 사업의 성격상 그 내용을 상세히 밝히기도 어려운 일이었다. 일본 측의 독촉을 받으며 새벽녘까지 밀고 당기고 하던 공노명 차관보는 부친상을 당했다는 거짓 핑계를 대고 회담장을 나가버렸다. 밤을 꼬박 지새우며 버티던 기우치 국장도 아침이 되자 결국 서류에 서명을 하지 않을 수 없었다. 오전 10시 청와대에서 차관협정문서에 서명을 한 뒤 일본대표들의 이한 인사를 겸한 회의가 있었다. 뒷좌석에서 꾸벅꾸벅 졸고 있던 기우치 국장의 모습이 지금까지 기억에 남아 있다.

내각책임제인 일본은 전문적 공무원 집단이 행정을 주도해 나가는 엘리트적 관료주의가 확립된 나라다. 정무직의 대신(장관)보다 전문 관료인 국장의 힘과 발언권이 더 강하다. 주무국장이 도장을 찍지 않으면 장관도 결재를 하지 않는 것이 관례로 되어 있다는 것이다. 40억불 차관문제를 최종 타결지으려면 합의문에 기우치 국장이 도장을 찍어야 하는 것이다.

기우치 국장이 구체적인 사업계획서를 내라고 요구하며 협정서에 도장

찍기를 거부하고 있었던 일이 우리 입장에서는 불편하고 난처한 일이기는 했다. 양국의 정상회담에서 원칙적으로 합의한 사항임에도 하급자가 딴 얘기를 한다는 것은 부당한 일로 여겨지기도 했다. 더욱이 기우치 국장은 1주일 후에는 공직을 떠나게 되어 있다고 했다. 이번 일을 마치고 일본에 돌아가면 바로 정년퇴직을 한다는 것이다. 퇴임이 며칠 안남았다면, 더욱이 총리가 합의해준 일이니까 그저 일을 원만하고 무난하게 처리할 법도 한데, 그는 끝까지 자기의 책임을 다하기 위하여 잠도 자지 않고 일을 꼼꼼히 챙기고 있었던 것이다. 일본 관료주의의 무서움이 이런 것이구나 하는 느낌과 함께, 비록 우리를 힘들게 한 상대국의 대표지만 그 책임감과 공직 의식은 높이 평가해야 한다고 생각되었다.

차관 협상이 타결된 후 5일 만인 1월 17일 나카소네 일본 총리가 미국을 방문하여 레이건 대통령과 정상회담을 가졌다. 나카소네 총리는 한일 간의 40억 달러 차관 교섭을 타결한 데 대해 설명했다는 것이다. 나카소네 총리는 취임한 후 대미관계의 새로운 설정을 위하여 정상회담의 개최가 필요했고, 레이건 대통령을 만나기 전에 미국의 의중이 실린 일본의 대한對韓 차관 공여를 타결해야 했던 것이다.

나카소네 일본총리가 한일관계를 중요시하고 한국과 한국민에 대해 친밀감을 가지게 된 경위에 대해 그는 그의 자서전『정치가는 역사의 법정에 선 피고』에서 다음과 같이 기술하고 있다.

"일본의 총리로서 한국을 최초로 공식 방문한 것은 대단히 극적인 것으로서 평생 잊지 못할 일입니다. 복잡한 감정으로 받아들이는 한국 국민의 심정을 생각하니 김포공항에서도 발걸음이 무거웠고 집사람도 허리를 굽힌 자세로 걸었습니다. 서울시내에 들어가 길 가는 사람들의 표정을 자세히 살펴보니 표정이 굳어 있고 차가운 눈으로 쳐다보고 있는 느낌이 들었습니다. 그러나 방한을 마치고 귀국할 때에는 연도를 메운 사람들 가운데에 손을 흔드는 사람도 있어서 두 나라 국민의 마음을 갈라놓았던 빙벽氷壁이 한꺼번에 녹아내린 것 같은 느낌이 들었습니다. 그처럼 많은 군중이 배웅을 나왔던 것은 대통령 주최 만찬에서의 내 인사말이 TV로 방영되었기 때문이라고 생각합니다. 인사말의 첫머리와 마지막 부분, 전체로 치면 4분의 1 정도를 한국말로 인사를 했어요."

나카소네 총리는 행정관리청장관 시절부터 한국어를 공부했는데 NHK 한국어 강좌의 초급 교본을 사고 방송을 녹음해 두었다가 차를 마실 때나 목욕을 할 때 그것을 들으면서 공부를 했다고 한다. 흔히 쓰이는 단어나 문장을 카드를 만들어 대학 수험생들처럼 주머니에 넣어두고 수시로 암기를 했다고 한다.

일본 천황의 사과

40억불 차관 협상이 타결된 이듬해인 1984년 9월 6일 나는 일본을 공식 방문했다. 나의 방일은 그 전해인 1983년 나카소네 총리의 한국 방문에 대한 답방의 성격도 있었다. 나카소네 총리의 우리나라 방문이 일본 총리로서는 첫 번째 공식 방문이었듯이 나의 일본 방문도 우리나라 국가원수로는 첫 번째 공식 방문이었다. 과거 이승만 대통령이 1948년과 1950년, 1953년에 각각 일본을 방문한 적이 있고 1961년에 박정희 국가재건최고회의 의장이 방미 길에 일본에 들른 적이 있었지만 모두가 비공식 방문이었다. 나는 2박 3일간의 방일 기간 중 나카소네 야스히로中曾根康弘 일본 총리와 두 차례 정상회담을 갖고 한일기본조약의 기초 위에서 양국이 호혜평등과 상호이해 및 존경에 입각한 성숙한 우방으로서 영원한 선린우호관계를 세계적 시야에서 구축해나갈 것을 다짐했다.

9월 6일 오후 하네다 공항에 도착한 후 나는 곧바로 공식 환영행사가 준비된 영빈관으로 이동했다. 이 자리에는 히로히토 일본 천황도 참석했다. 우리나라와 일본의 국가원수가 공식 대면한 것은 수천 년 한일 관계사에서 이때가 처음이었다. 곧이어 나는 궁성으로 천황을 예방했다. 천황은 저녁 8시 궁성 2층에서 나를 위한 공식 만찬을 베풀었다. 이날 만찬에는 황실 의전 사상 최대 인원이 초대되었다고 했다. 히로히토 천황은 만찬사를 통해 "금세기의 한 시기에 있어서 양국 간에 불행한 과거가 있었던 것은 진심으로 유감이며 다시 되풀이되어서는 안 된다고 생각한다."고 말했다. 일본의 천황이 우리나라에 대해 과거 제국주의시대의 과오에 대해 사과의 뜻을 밝힌 것은 이것이 처음이었다.

외교 관례상 한 나라의 국가원수가 상대국에 대해 '유감'이라는 용어를 사용한다는 것은 공식 사과의 표현으로는 가장 높은 수위라고 인식되고 있다. 히로히토 천황이 과거 일본의 행적과 관련해 다른 나라에 대해 사과한 표현을 보면, 1974년 미국의 포드 대통령 방일 때 "일시 진실로 불행한 시대를 가졌던 것은 유감스러운 일."이라고 밝혔었다. 1975년 엘리자베스 영국 여왕의 방일 때는 "귀국과의 우호친선관계는 큰 시련을 겪었다."고 했고, 1978년 중국의 등소평 방일 때는 "양국의 긴 역사 중에 일시 불행한 사건도 있었다."고만 했었다. '유감' '시련' '불행' 등의 표현으로 일본의 과거 행적을 사과했던 것이다. 그러나 일본 천황의 이번 사과는 '유감'이라는 말 앞에 '진심으로'란 표현을 쓴 데 이어 재발 방지를 다짐하고 있어서 지금까지 다른 나라에 대해 표명했던 사과와 반성의 표현에 비해 한결 수준이 높은 것으로 평가되었다.

일본 천황의 이와 같은 사과는 다음과 같은 두 가지의 의의를 함축하고 있었다.

첫째는 일본국의 상징이며 일본 국민통합의 상징(일본국 헌법 제1장 제1조)인 일본 천황이 직접 한국의 국가원수를 맞아 사상 최초로 과거에 대한 반성을 했다는 것이다. 일본 측은 천황의 사과에 앞서 총리, 외무장관 등 고위 레벨을 통해 대한對韓 사과를 여러 차례 했었다. 이와 같은 일본 수뇌부의 연속적인 사과가 있었는데도 일본 천황의 직접 사과를 필요로 했고 또 그 사과에 더 크고 차원 높은 의의를 찾고자 했던 것은 일본 천황이 지니는 지위와 무게가 있을 뿐만 아니라 천황이 식민통치를 했던 장본인이라는 데에 있었다. 우리 국민들로서는 일본에는 당시 83세의 히로히토 천황 이상의 적격자는 없다고 생각했다. 우리 국민들은 20년간 식민통치의 장본인이었던 천황으로부터 사과가 있기를 바랐던 것이다.

둘째는, 일본 천황의 과거사 반성은 같은 민주진영으로서 격변하는 국제 정세 속에 진정한 동반자로서의 미래지향적 지표를 마련했다는 점이다. 한일 양국은 1965년 기본조약의 체결로 형식적인 관계정상화는 이룩했지만 내면적으로는 양국 국민감정 속에 앙금이 깔려 있었던 게 사실이다. 이는 서로가 주요 교역 상대국이고 일본 내 외국인의 90% 정도가 한국인임에도 각종 국내 여론조사 결과 서로 싫어하는 나라로 나타났음이 실증해 주고 있다. 따라서 일본 천황의 사과는 양국이 서로 마음의 응어리를 풀고 태평양협력시대의 동반자로서 새로운 출발을 할 수 있는 지표를 설정한 것으로 볼 수 있었다.

일본 천황의 만찬사에서는 또 한때 한국이 일본 문화의 스승이었다고 언급한 부분이 관심을 끌었다. 일본 천황은 '회고해보면 귀국과 우리나라와는 일의대수一衣帶水의 이웃나라로서, 그간에는 옛날부터 여러 분야에 있어서 밀접한 교류가 행해져왔다 … 귀국과의 교류를 통해 많은 것을 배웠다. 예를 들면 기원 6~7세기에 우리나라가 국가를 형성하게 되었을 당시에는 귀국의 사람들이 많이 와서 우리나라 사람들에게 학문, 문화, 기술 등을 가르쳤다는 중요한 사실이 있다'고 밝히고 있다. 이 대목은 과거 역사를 왜곡 없이 올바르게 인식, 한국을 대하겠다는 의지표시로 풀이되었고, 일본의 역사교과서 왜곡 파동까지 일으켰던 당시 사정을 감안하면 상호 응어리를 푸는데 좋은 계기를 제공한 것으로 받아들여졌다.

일본 천황은 또 "장래를 향해 점점 더 우호와 친선이 깊어지고 함께 번영하는 시대가 열리고 있다."고 했는데 이 발언도 발전적이고 미래지향적인 양국 관계의 신시대를 나타내는 말이었다. 나는 일본 천황의 만찬사에 대한 답사에서 "지난날 양국 관계사에 있었던 불행한 과거에 대해 말씀하신 것을 우리 국민과 함께 엄숙한 마음으로 경청했다."고 말하고, "우리 양국 간에 있었던 불행한 과거는 이제 보다 밝고 가까운 한일 간의 미래를 여는 소중한 밑거름이 되어야 할 것."이라고 강조했다.

식민지 조선의 소년, 살아있는 신神을 만나다

히로히토 천황을 만나러 황궁으로 향하는 차 안에서 나는 온갖 상념이 교차하는 것을 느꼈다. 나에게 있어 히로히토 천황은 그저 또 다른 한 명의 외국 군주가 결코 아니었다. 히로히토 천황은 1926년 부친이던 다이쇼大正 천황이 사망하고 나서 25세의 젊은 나이에 즉위한 뒤 살아있는 신神으로서 일본을 다스려 왔으며 당시 일본의 식민지였던 조선에서도 역시나 그런 신적인 존재로서 군림해왔던 바로 그런 존재였다.

해방 당시 내가 살던 동네에는 라디오조차 거의 없어서 그가 했다는 '항복 선언'을 직접 들어보지는 못했지만 일제의 강점기 내내 모든 조선 사람들의 피 끓는 증오와 원망의 대상이 되어 있던 히로히토 천황의 항복 선언은 우리에게 충격과 감격으로 다가왔다.

한때 자신이 식민지로 통치했던 대한민국의 대통령을 맞은 히로히토 천황의 태도는 공손했다.

그 살아있는 지상의 신神 히로히토 천황이 내 앞에 서서 나를 기다리고 있었다. 이미 팔십을 넘겨 하얗게 변해버린 머리카락에 조금은 굽은 허리를 한 채로…. 그분이 본래 평화주의자였지만 군국주의자들에게 휘둘리고 이용당한 시대의 희생자였는지 나로서는 짐작할 길이 없었다. 하지만 대한민국의 대통령으로서 해방 후 39년 만에 그 자리에 서서 히로히토 천황의 손을 마주잡은 순간 나는 지난 세월 마음 깊은 곳에 쌓여 있던 수많은 앙금들이 비로소 녹아내리기 시작하는 것을 느꼈다.

신은 이미 그 자리에 없었다.

그리고 이제는 인간들 사이에 새로운 역사가 시작되어야 하리라는 것을 느꼈던 그런 만남이었다.

"역사에서 한국은 스승, 일본은 제자."

우리나라 국가원수로서는 처음인 나의 일본 공식 방문에서 과거사에 대한 일본 천황의 사과가 한일관계의 신기원을 여는 상징적인 행사였다면, 나카소네 총리와의 정상회담은 안보, 경제, 문화 등 각 분야에 걸쳐 양국 간의 협력관계의 증진에 합의함으로써 실질적인 성과를 거두었다. 나와 나카소네 총리는 1984년 9월 6일과 7일 두 차례에 걸쳐 정상회담을 가졌다. 제1차 회담에서는 한일 양국의 과거와 미래, 동북아정세를 포함한 국제 정세 전반과 일·북한 관계 등을 1시간 35분 동안 논의했다. 이 회담에서 나와 나카소네 총리는 양국 관계의 호혜정신과 상호이해의 범국민적 기반 위에서 선린우방으로서의 성숙한 동반자관계를 구축해나가야 된다는 데 의견을 같이 하고 앞으로 한일 동반자관계의 천년 미래를 지향한다는 결의를 다짐했다. 우리 두 사람은 특히 한반도를 포함한 동북아정세와 관련해서 소련의 지속적인 극동 군사력 증강과 북한의 폭력주의 노선이 이 지역의 평화와 안정을 위협하는 주요 원인이 되고 있다는 데 인식을 같이하고 한반도의 안정은 일본을 포함한 동아시아의 평화와 안정에 긴요하다는 것을 재확인했다. 특히 이 회담에서는 북한의 주요 동맹국들이 한국에 대해 상응한 문호개방 조치를 취하지 않는 한 일본이 한국 어깨너머로 북한과 일방적인 조치를 취하지 않을 것임을 분명히 했다.

이튿날 열린 2차 회담에서는 무역 역조 시정 문제 및 기술이전 문제 등 양국 간 경협 문제와 재일한국인의 처우개선 문제 등 양국 간의 실질적이고 쌍무적인 현안을 다루었다. 나카소네 총리는 거듭 "한일 양국은 단순한 인접우방으로서만 아니라 자유진영의 일원이라는 대국적 관점에서 우호협력관계를 보다 더 다져나갈 필요가 있다."고 강조했다. 이 같은 기본틀 속에서 두 나라 경제의 균형 있는 발전이 양국의 공동번영은 물론 세계경제의 발전에도 기여한다는 데 인식을 함께 하고 무역의 균형 확대, 정부·민간 차원에서의 산업기술 협력, 과학기술 협정의 조기 체결, 청소년 교류 확대 등을 위해 노력하기로 합의했다.

나는 특히 일본 측이 재일한국인의 지위 향상을 위해 성의 있는 노력을 계속해줄 것을 요청했으며 나카소네 총리는 일본 정부가 앞으로 최선을 다할 것을 약속했다. 나는 또 종전 후 사할린에서 귀환하지 못한 우리 동포가 아직도 약 6만 명에 달하고 있음을 지적하면서 일본 정부가 이들의 귀환이나 이산가족과의 상봉이 이루어지도록 성의 있는 노력을 기울여줄 것을 촉구했고 나카소네 총리는 최대한 노력을 기울이겠다고 다짐했다.

나카소네 총리는 9월 7일 나를 위해 베푼 오찬석상에서, 전날 히로히토 천황의 사과에 이어 "유감스럽게도 금세기 한 시기에 일본이 한국과 한국 국민으로 하여금 숱한 고난을 겪게 한 사실을 부인할 수 없다."면서, "일본 정부와 국민이 이러한 과오에 대해 깊이 유감스럽게 생각하는 동시에 장래를 위하여 엄숙히 계심戒心하려고 결의하고 있음을 표명하고자 한다."고 말해 일본 천황의 사과 표현보다 구체적이고 적극적인 자세로 사과의 뜻을 나타냈다. 나카소네 총리는 또 "일본 정부와 일본 국민은 전후戰後 그러한 과거를 반성하는 입장에서 성의껏 새로운 양국 관계를 이룩해보려는 노력을 기울여왔다."면서 자신의 한국 방문도 역시 그러한 반성에 바탕을 둔 것이라고 덧붙였다. 나는 답사에서 "양국은 그동안 선린의 역사를 가꾸기도 했지만 … 가해와 피해의 관계에까지 놓이게 된 불행한 역사도 있었으며 그러한 역사가 국민감정에 앙금으로 남아 서로의 마음을 열고 두 손을 마주잡는 데 저해요소가 되어온 것 또한 엄연한 사실."이라고 말하고, "불변의 숙명을 희망의 미래로 바꾸는 것은 우리 두 나라 지도자들의 슬기와 양 국민의 정성에 달려 있다."고 강조했다. 두 나라 사이의 문화교류와 관련해

히로히토 천황이 과거 우리나라한테 배웠다고 한 데 이어 나카소네 총리도 "두 민족의 교류의 역사는 아마도 수천 년에 이르렀을 것이다. 그 대부분의 기간을 통하여 한국은 스승이었고, 우리는 그 제자의 입장이었다. 일본이 고대국가를 형성하는 데 있어서 한국에서 도래한 선인들이 전해온 문화와 기술이 기여한 역할이 그 얼마나 컸던가에 대하여는 새삼 말씀드릴 나위도 없다."고 했다.

나의 공식 방일은 한일관계사의 신기원을 마련하는 것이었다. 일본 천황으로부터 직접적인 사과를 받아냄으로써 양국 간의 불행한 과거를 청산하고 한일관계사에 새 장을 여는 계기를 마련했다. 특히 과거에 매달려 미래의 발전을 가로막는 한일 간의 비정상 요소를 청산하고 국민간의 진정한 화해를 기반으로 새로운 한일관계사를 전개시키는 출발점을 마련했다. 나의 방일은 한일 양국의 현안 해결에 도움이 됐다는 가시적 성과뿐 아니라 일본 국민이 지금까지 지녀왔던 왜곡된 한국관을 바로잡는 계기가 됐다는 평가가 뒤따랐다. 동경 한복판 영빈관에 태극기가 휘날리고 궁성 만찬장 안에서 애국가가 울려 퍼지면서 이곳에 쏠렸던 일본인들의 눈과 귀를 통해 한국인의 메시지가 전달된 셈이었다.

한일관계는 1965년 기본조약 체결로 법적, 공식적으로는 정상화되었지만 가해자와 피해자라는 과거의 상처로 인한 응어리가 맺혀 있는 미묘한 관계였다. 이와 같은 특수 관계는 양국 모두에게 불이익을 가져다주었지만 20년이 지나도록 양국 정부 어느 쪽도 이를 타개하지 못한 채 끌어오기만 했다. 피해자인 한국의 대통령이 국가원수로서는 처음으로 일본을 공식 방문한 것 자체가 가해자에 대한 용서의 뜻을 함축하고 있으며, 가해자의 상징인 일본 천황과 나카소네 총리의 강도 높은 사과 발언이 뒤따라 양국은 비로소 과거를 청산하는 화해의식을 치를 수 있게 되었다.

이와 관련해서 8일 오전에 발표된 공동성명 가운데 가장 주목을 끈 대목은 '한일기본조항(3항)'으로 무척 함축적인 의미를 띠었다. 일본 측으로부터 한일 신시대 조항이라고도 불린 이 조항은 나의 방일을 한일 양국의 관계사에 새로운 장章을 여는 것이라고 전제하고 양국이 성숙한 우방으로서 영원히 선린, 우호, 협력을 구축해나갈 것을 다짐했다. 21세기를 향한 새로운 한일관계의 기본정신을 밝힌 것이라고도 할 수 있는 이 조항은 '자자손손에 걸친 선린우호관계의 발전'을 결의함으로써 불행했던 과거를 청산하고 있다. 이와 함께 지금까지 적지 않았던 일본인들의 대한무지對韓無知가 나의 방일로 상당히 무너졌다고 평가했다.

세교世交로 이어진 나카소네 총리와의 우정

나의 방일로, 나와 나카소네 총리와의 교분은 급속도로 가까워졌다. 나카소네 총리는 내가 귀국하는 8일 낮 우리 내외를 총리공관으로 초청해서 가족들과 함께 오찬을 나누는 자리를 마련해줬다. 나카소네 총리가 공식적인 오찬에 이어 별도로 가족과 함께 개인적인 오찬을 베푼 것은 그리 흔치 않은 일이라고 했다. 가족적인 분위기 속에 진행된 오찬에서 나카소네 총리의 부인은 내가 하네다 공항에서 트랩을 내릴 때 아내의 손을 꼭 잡고 다정스럽게 내리는 모습이 무척 부러웠다고 했다. TV를 통해 그 장면을 본 일본의 많은 가정에서도 좋은 자극을 받았다는 것이다. 일본에서는 저명인사가 부인의 손을 다정스럽게 잡고 걸어가는 모습을 좀처럼 보기 어렵고 나카소네 총리 내외의 경우에도 두 사람이 같이 나들이를 하게 되면 키가 큰 총리는 앞에서 성큼성큼 걸어가고 키가 작은 부인은 종종걸음으로 남편의 뒤를 쫓아가기가 바쁘다고 했다. 그런데 비행기 트랩을 내릴 때 내가 아내의 손을 잡고 내린 것은 사실이지만, 우리 부부가 평소에도 손을 잡고 걷는 습관이 있어서 그랬던 것은 아니었다. 긴 치마를 입는 한복차림일 경우 트랩을 내리다가 자칫 치마를 밟아 넘어지게 될까봐 그럴 때는 손을 잡아주고는 했던 것이다. 어쨌든 일본의 부인들에게 우리나라 남자들이 부인한테 자상하고 다정하다는 인상을 심어준 것은 나의 일본 공식 방문이 남긴 뜻밖의 긍정적인 소득이라고 하겠다.

나카소네 총리는 나보다 열세 살이나 연상이다. 그러나 지금까지도 형제처럼, 친구처럼 지내고 있다. 그 우의는 1983년의 나카소네 총리의 방한으로 이루어진 정상회담 때부터 싹튼 것이었다. 두 나라가 풀어야 할 숙제였던 경협 문제가 원만히 해결됨으로써 서로가 도움을 주고받았던 데서 우러난 신뢰가 바탕이 되었다. 그 당시 나카소네 총리와 내가, 서로가 외국의 국가원수라는 사실, 식민통치의 고통스런 과거를 경험한 나라의 상대국 정상이라는 공식적 신분의 거리감을 잊고 인간적인 친밀감을 갖게 된 사연을 나카소네 총리는 회고록에 이렇게 기록해놓았다.

"… 공식 만찬이 끝난 뒤 전두환 대통령과 단 둘이 함께 술잔을 기울였는데, 어지간히 취기가 돌아 동지랄까 형제가 된 것 같은 기분이 되어 내가 한국말로 '노란 셔츠'를 부르고 전두환 씨는 '가게오 시타이데(影を慕いて, 그림자를 그리워하며)'를 부르며 서로 껴안았습니다. 일본을 출발할 때는 전혀 생각도 못했던 일이지요. 한일 2천 년 역사상 최초의 빅 이벤트였어요. 그 사실이 한국의 신문, TV에 크게 보도된 덕분에, 나는 한국을 가장 잘 아는 일본 정치가로 한국의 조야朝野에서 대접을 받게 되었습니다. 내 저서인 『정치와 인생』도 '조선일보사'가 한국어로 번역해서 출판을 해주었습니다. 일본의 문화 침략을 막는다고 바로 얼마 전까지만 해도 일본 노래를 부르지 못하게 했던 나라가 일본 정치가가 쓴 책을 출판한다는 것은 전혀 생각도 못했던 일이지요. 그때 이후로 전두환 씨와는 가족끼리 교제가 시작

되었고, 수시로 전화로 연락하는 사이가 되었습니다. 특히 서미트에 참석하기 전후에는 직접 전화로 협의하고 회의가 끝난 뒤에는 결과를 상세하게 보고하곤 했습니다. 국가 간의 신뢰와 우의라는 것은 최고지도자 사이의 개인적인 우정과 신뢰에 의존하는 바가 크기 때문에 그러기 위해서는 서로의 전인적全人的인 이해가 불가결하다고 생각합니다. 레이건 대통령과 호요방胡耀邦 총서기를 비롯한 그 후의 각국 정상 수뇌들과의 신뢰와 우정을 축으로 하는 나의 국가외교는 그러한 신념에서 나온 것입니다. 전두환 씨와의 교제가 그 첫 번째가 된 것이었습니다. 외교는 정성을 들여서 손수 만드는 것입니다."

퇴임 후 제주도를 찾은 나카소네 총리 부부와 함께.

그 후 나와 나카소네 총리는 다른 어느 나라의 정상 간에도 유례를 찾을 수 없을 만큼 교분이 가까워졌다. 이러한 교분은 서로가 대통령직과 총리직을 각각 떠난 지 30년이 가까워오는 오늘날까지 이어져왔다. 나카소네 총리는 회고록에서 밝혔듯이 회의나 행사 참석을 위해 우리나라를 방문할 때에는 따로 시간을 내서 연희동 사저로 나를 찾아오곤 했다. 우리나라에 올 일이 없는 해에는 아드님인 나카소네 히로부미中曾根弘文 참의원 의원으로 하여금 대신 예방을 하도록 했다. 나도 우리 아이들이 일본을 갈 일이 있으면 나카소네 총리를 찾아뵙고 인사를 드리도록 하고 있다. 외상과 문부상 등을 역임하기도 한 아드님은 2006년 나카소네 총리의 미수연米壽宴에 외국 인사로는 유일하게 특별히 우리 내외를 초청했다. 또 나의 장남(宰國)을 일본에 초청해서 군마현群馬縣의 나카소네 총리 기념관 등을 안내해 주기도 했다. 재임 시절 맺어진 나와 나카소네 총리의 우정이 오랜 세월을 지나며 더욱 두터워지고 세교世交로 이어지고 있는 것이다.

공산권과의 관계 개선 노력

■

비동맹 제3세계 외교 강화

1981년 2월 7일 하와이의 미 태평양사령부 방문을 끝으로 방미 일정을 마치고 귀국길에 오른 특별기 안은 미국 공식 방문이 무사히 끝났다는 안도감과, 한미 정상회담의 성공에 대한 만족감으로 분위기가 한껏 고조되어 있었다. 몇몇 수행원들의 얼굴은 술을 마신 것도 아닌데 발그레 기분 좋은 홍조를 띠고 있기까지 했다. 나 역시 대통령으로서의 첫 외국 방문이 기대 이상의 성과를 거둔 데 대해 가벼운 흥분을 느낄 만큼 기쁘고 행복했다. 그러나 나는 곧 들뜬 마음을 가라앉히고 지체 없이 수행해나가야 할 차후의 외교 과제가 무엇인지 생각했다. 우리나라 안보와 외교의 중심축인 한미 동맹관계는 이번 방미로 더욱 굳건해졌지만, UN을 비롯한 외교무대에서 북한의 도전은 갈수록 강화되고 있었다. 일본과의 우호 협력 증진 문제는 일단 레이건 대통령으로부터 측면 지원을 약속받은 만큼 시간을 두고 해결해야 할 과제였다. 그런 만큼 나는 우선 북한이 주력하고 있는 비동맹 제3세계에 대한 외교부터 강화해나가야 한다고 생각했다.

1961년 제1차 비동맹정상회의에서 채택한 베오그라드 선언은 냉전체제 하에서 중립을 표방했으나 반제국주의, 반식민주의를 내세움으로써 반서방反西方의 색채를 드러냈다. 이후 이집트, 인도, 인도네시아, 쿠바 그리고 아시아와 아프리카의 신생 독립국들이 대거 가입함으로써 국제사회에서 비동맹이 차지하는 비중과 역할이 계속 증대되어 왔다. 북한은 1975년 비동맹국 수뇌회의의 정식 가맹국으로 가입했다. 북한은 비동맹그룹의 회원국이라는 위치를 이용해 UN 회원국인 아시아, 아프리카의 많은 신생국들과 교류하고 있었고, 이미 상당한 외교적 소득도 얻고 있었다.

2차 세계대전 종전 후 전개된 냉전 상황에서 동서 양진영은 UN을 무대로 해마다 한반도 문제를 놓고 대결을 벌였다. 대한민국이 수립되기 전해인 1947년 처음 한반도 문제에 관한 결의안이 UN에 상정된 후 해마다 빠지지 않고 UN 총회 의제로 올라왔다. 결의안이 채택되더라도 전혀 실효성이 없는, 어느 일방도 얻는 것이 없는 비생산적 연례행사였다. 1975년의 30차 UN 총회는 서방 측 결의안을 찬성 59, 반대 51, 기권 29표로 가결했고, 내용이 상반되는 공산 측 결의안 역시 찬성 54, 반대 43, 기권 42표로 통과시키는 우스꽝스러운 광경을 연출하기도 했다. 우리 정부는 이러한 소모적 대결을 방지하자는 입장을 견지해왔다. 그러나 북한은 공산권 국가와 비동맹세력을 동원해서 매년 UN에 결의안을 제출했다. 그들의 목적은 UN이 1948년 총회에서 대한민국이 한반도의 유일 합법정부라는 결의안을 채택함으로써 국제사회에서 북한의 설 땅이 궁색해진 현실을 타파해보려는 것이었다. 이와 함께 아시아·아프리카의 제3세력 국가들에 대한 수적數的 우세를 과시하기 위한 것이었다. 북한은 비동맹국가 특히 아프리카 국가들에 대해, 국력에 걸맞지 않은 과도한 원조를 퍼부으며 환심과 지지를 얻기 위해 안간힘을 쓰고 있었다. 북한이 싸움을 걸어오는 한 우리 정부도 맞대응하지 않을 수는 없었다. UN에서의 표 대결이 불가피한 경우에 대비해, 숫자가 많은 제3세계 국가들의 지지를 확보하는 일이 중요했다. 100여 개국의 회원을 가진 비동맹권은 UN에서 거대 세력권을 형성하고 있었고, 각종 국제기구와 지역협력회의에서 막강한 영향력을 행사하고 있었다. 인구 수억 명의 국가나 불과 수십만 명밖에 안 되는 나라나 UN에서는 보편성의 원칙에 따라 똑같이 한 표를 행사하게 된다. 그래서 아시아·아프리카국가들에 대한 외교적 열세를 어떻게 극복하느냐가 우리 외교당국의 큰 숙제 가운데 하나였다.

나는 우리와 지리적으로 먼 거리에 있는 아프리카나 중동지역에 앞서, 먼저 동남아시아 국가들과의 관계를 강화해나가기로 했다. 이를 위해서는 내가 직접 나서서 각국을 순방하며 정상외교를 펼치는 것이 효과가 있을 것이라는 생각이 들었다. 마음이 정해지자 나는 바로 실행에 들어갔다. 하와이를 떠난 특별기가 급유를 위해 잠시 괌도에 기착했을 때 나는 노신영 외무부 장관을 불러 지시를 내렸다.

"인도네시아는 국토도 넓고 자원도 풍부한 나라일 뿐 아니라 제3세계에 막대한 영향력을 가진 나라니, 인도네시아를 첫 방문국으로 해서 아세안 순방계획을 짜보도록 하시오."

취임 초이기도 했지만, 이즈음 나는 뼈가 부서지라고 열심히 일을 해야 한다고 스스로 채찍질을 했다. 의욕과 활력이 따라서 샘솟는 듯했다. 그것은 나의 천성과 기질이기도 했다. 그때 내 나이 50세였다.

아세안 5개국 순방

1981년 2월 한미 정상회담을 마치고 돌아오는 귀국길에 구상한 아세안

국가 순방 계획은 순조롭게 추진되어 4개월 후인 6월 25일 등정길에 나설 수 있었다. 우리나라 대통령이 아세안 전 회원국 국가원수의 초청을 받아 순방길에 오른 것은 그때가 처음이었다.

'아세안'(ASEAN:동남아 국가연합)은 1967년 8월 8일 태국 방콕에서 인도네시아, 필리핀, 태국, 말레이시아, 싱가폴 등 5개국 외상회의를 통해 창설되었다. 창설 초만 해도 회원국들 사이에 이해의 불일치가 두드러져 그 장래를 비관적으로 보는 견해가 많았다. 회원국들은 경제, 사회, 문화 등 비정치적 분야에서의 협력을 추진해오다가 1975년 월남이 적화된 이후부터는 지역의 안전보장 문제에까지 적극적인 협력을 모색해오고 있었다. 소련의 팽창주의 전략에 대해 아세안 회원국들이 공통적으로 위기의식을 갖게 됨으로써 우선회右旋廻하게 된 것이다. 그들은 소련의 아프가니스탄 침공과 베트남의 캄푸치아(현 캄보디아) 침공을 소련세력의 팽창이라는 동일선상에서 상호 연관이 있는 것으로 인식하게 되면서 동남아의 안전보장에 대해 심각한 우려를 갖게 되었던 것이다. 아세안 국가들은 지역의 안전보장책으로 아세안 중립지대 구상을 내놓았지만 인도양과 태평양의 길목에 위치한 지정학적 사정 때문에 소련으로부터 중립을 지킨다는 것은 어려웠다. 이런 배경에서 아세안은 미국이 아세아·태평양 지역에서 초강대국으로서의 역할을 해줄 것을 기대하면서 갓 출범한 레이건 대통령의 아시아 정책과 군사전략에 관심이 쏠려 있던 시점이었다.

아세안은 외교적인 면에서 동서세력이 자유롭게 교차하고 있는 지역적 특성을 지니고 있었다. 아세안지역은 소련과 이에 대항하는 미·일·중공의 삼각체제 간에 힘의 균형이 이뤄지고 있었다. 또한 경제 협력을 바탕으로 국제무대에서 공동보조를 취함으로써 정치외교적인 발언권이 점차 강화되고 있었다. 또한 필리핀을 제외하고 아세안 회원국은 모두 북한과도 외교관계를 갖고 있는 남북한 동시수교국이어서 우리의 외교력이 제한적일 수밖에 없는 취약지역이기도 했다. 이들 나라들은 자원이 풍부해 우리는 천연고무, 목재, 주석의 80%를 아세안 국가들로부터 수입하고 있었다. 이밖에도 원유, 천연가스, 석탄 등의 에너지자원도 많이 보유하고 있는 지역이었다. 뿐만 아니라 건설, 상품 수출, 자본투자시장으로서의 잠재력이 커서 우리나라로서는 이들 국가와의 외교적 유대를 강화하고 경제적 교류 협력을 증진할 필요성이 증대되고 있었다.

특히 그 시점에서 내가 비동맹국가들을 중심으로 한 제3세계 국가들을 순방하며 정상외교를 펼칠 생각을 하게 된 것은 마음 속으로 올림픽대회 유치에 도움이 될 것이라는 생각을 하고 있었기 때문이었다. 치열한 유치경쟁에 대비해 가급적 많은 나라들과 우호친선관계를 확대해 둘 필요가 있었던 것이다. 미국 방문에서 돌아온 직후인 1981년 2월 나는 IOC(국제올림픽위원회)에 올림픽 유치 신청서를 제출했던 것이다.

14박 15일의 일정으로 시작된 아세안 순방의 첫 목적지는 인도네시아의 수도 자카르타였다. 6월 25일 오후 특별기가 도착한 할림 국제공항에는 수하르토 대통령 내외가 영접 나와 있었다. 순방국 모두 중요하지 않은 나라가 없었지만, 내가 가장 신경을 썼던 나라는 인도네시아였다. 인도네시아는 2억 인구에 석유를 비롯한 자원이 풍부한 나라였다. 또한 수하르토 대통령은 비동맹그룹의 창설멤버로 비동맹국 정상들 가운데서도 가장 영향력이 큰 인물이어서 그와의 정상회담 결과가 다른 방문국에게 영향을 미칠 것이었다. 비동맹회의그룹을 이끌고 있는 리더 중 한 명인 수하르토 대통령은 그동안 남북한과 동시수교를 맺고 등거리외교를 펼치고 있었다. 하지만 실질적으로는 친북 성향을 띠고 있어서 그동안 양국 사이에는 불편한 상황들도 많았다. 수하르토의 전임 대통령인 수카르노와 김일성이 평양과 자카르타를 상호 방문했을 정도로 북한과는 친밀한 교류를 해오고 있었던 것이다.

1981.6.26 인도네시아 수하르토 대통령과의 정상회담.

수하르토 대통령과의 정상회담은 자카르타 도착 이튿날 오전에 열렸다. 두 나라가 정식으로 국교를 수립한 후 9년 만에 처음으로 갖는 정상들 간의 회동이었다. 첫 정상회담에서는 국제 정세 전반에 관한 의견교환과 아울러 동남아 정세를 검토하고, 한국과 아세안과의 경제협력 방안 등을 진지하게 논의했다. 특히 수하르토 대통령은 남북한이 UN에 동시 가입해야 한다는 우리나라의 정책을 흔쾌히 지지해주었다. 바로 다음날 수하르토 대통령은 나를 골프에 초청했다. 더위를 피해 이른 아침에 시작된 골프 회동은 2시간 남짓 진행되었다. 그런데 아웃코스 9홀을 돈 뒤 수하르토 대통령은 "만나 뵙고 보니 각하는 완전히 가족 같은 기분이 듭니다. 긴밀한 이야기를 좀 더 나누고 싶으니 각하가 허락하신다면 제 사저로 모시고 싶습니다."라고 제의해왔다. 결국 일정에 없던 제2차 정상회담은 골프복 차림으로 수하르토 대통령의 사저에서 이루어졌고 그 회담에서는 뜻밖의 소득이 있었다. 인도네시아가 UN과 비동맹회의 등 국제회의에서 한국을 전폭 지지하겠다고 약속한 것이다. 비동맹회의와 아세안 회원국들의 발언권이 날로 높아져가고 있는 현실에서 골프복 차림으로 얻어낸 그 약속은 아세안 순방외교의 성공을 예언해주는 값진 선물이었다.

4박 5일간의 인도네시아 방문을 끝내고 6월 29일 오후 두 번째 방문국인 말레이시아의 수도 쿠알라룸푸르의 수방공항에 도착해서 후세인 온 수상 내외의 영접을 받았다. 이어 공식 환영행사장인 국회의사당으로 이동해 하지 아마드 국왕과 상면했다. 숙소인 영빈관 접견실에서 만난 후세인 온 수상은 내가 레이건 대통령의 초청을 받은 첫 번째 국빈이었다는 사실에 특별히 유념하고 있었던 듯 레이건 대통령과의 정상회담과 관련해 많은 질문을 했다. 후세인 온 수상은 레이건 정부의 동남아 외교정책이 어떻게 전개될 것인지 나의 견해를 물으면서 왜 자신이 미국과 레이건 대통령의 정책에 대해 민감한 관심을 갖고 있는지 설명했다.

"소련의 영향력은 계속 증가하고 있고 그것은 곧 동아시아 지역에 대한 구체적인 위협을 증명하는 것이기도 합니다. 중공 역시 위협적인 상대지요. 나로서는 어느 쪽이 더 두려운 존재인지 분간하기 어려울 때가 많습니다."

나는 "위협이 어디로부터 오든 우리는 혼자가 아니라 여럿이 함께 공산주의를 경계하는 지혜가 필요합니다."라고 자유진영의 공통된 안보의식과 협력의 중요성을 강조하고 나의 아세안 순방외교의 목적도 그 점에 있다는 사실을 설명해줬다. 처음 만난 외국 정상 간에 나눈 대화로서는 참으로 허심탄회한 의견교환이었다.

1981.6.30 말레이시아 차기 수상 내정자인 마하티르 부수상과의 정상회담을 가졌다.

다음날 후세인 온 수상은 15일 후에 수상직에 취임할 부수상 마하티르와 내가 정상회담을 하는 것이 양국의 이익을 위해 좋지 않겠느냐는 제의를 해왔다. 국가 간의 정상회담에 수상 대신 부수상이 나온다는 것은 외교의전상 결례일수도 있는 일이었지만, 불과 15일 후면 물러날 자신 대신에 실질적으로 국정을 계승할 후임자가 정상회담의 당사자가 되어 두 나라 간의 현안을 협의하도록 하겠다는 뜻이었다. 후세인 온 수상의 배려가 인상적이었다. 나와 정상회담을 하게 된 마하티르 부수상은 자신이 수상에 취임한 뒤 'Look East Policy(동방정책)'을 강력히 추진할 생각이라면서, 가장 주목하고 있는 나라가 바로 대한민국이라는 점을 강조했다. 부수상 마하티르와의 회담이 끝난 후 발표된 공동성명에서 말레이시아는 평화통일을 원하는 한국에게 유리한 국제적 조건이 조성되도록 적극 지지한다는 공식 입장을 밝혔다. 에너지자원과 천연자원의 안정적 공급, 말레이시아 농업과 자원 개발을 위한 한국의 전문용역 제공 같은 구체적 사항들도 합의되었다. 마하티르 부수상은 그 후 수상을 22년에 걸쳐 다섯 차례나 연임하면서 말레이시아의 현대화에 크게 기여해 '말레이시아의 국부國父'로 불리는 인물이다. 특히 그는 한국과 일본을 본받자는 이른바 '동방정책'과 '아시아적 가치'를 주창했다. 미국의 빌 클린턴 전 대통령은 마하티르 수상을 자신이 가장 존경하는 인물 가운데 한 명으로 꼽기도 했다.

7월 1일 오전 11시 나는 세 번째 방문국인 싱가포르의 창이국제공항에 도착했다. 싱가포르는 도시국가여서 자연자원이 부족할 수밖에 없는 나라다. 하지만 그러한 악조건 속에서도 놀라운 발전을 지속해 국제사회에서는 우리나라와 함께 '신흥공업국(NICS)-아시아의 떠오르는 네 마리 용' 가운데 한 나라로 꼽히고 있었다. 기계, 조선, 자동차 조립과 같은 중공업을 일으켜 세웠고, 자유무역항을 중심으로 한 물류업, 금융업, 해운업이 발달해 부를 축적하고 있었다. 싱가포르의 오늘을 있게 한 국가지도력의 중심에는 이광요 수상이 있었다. 이광요 수상은 7월 1일 오후 내가 머물고 있는 영빈관으로 찾아 왔다. 나는 국가 발전전략의 비결을 들을 수 있을까 하는 기대에서 이광요 수상과의 단독회담을 원했는데 그 점은 이광요 수상도 마찬가지였다. 정상회담에는 예정되어 있던 모든 공식 배석자들이 제외되고 김병훈 의전수석비서관만이 통역을 위해 배석했다. 1시간으로 예정된 회담은 1시간이나 더 길어졌는데, 나와 이광요 수상은 각자가 이루고자 하는 국가경영에 대한 기본 철학과 소신에 대해, 또 세밀한 통치 문제들에 관해 솔직하고 허심탄회한 논의를 가졌다. 이광요 수상의 집권 22년 동안의 정치 경험담은 취임 9개월에 불과했던 나에게는 값진 정치 수업이 되었다. 당시 회담에 배석했던 김병훈 의전수석이 남긴 의전기록에는 이러한 대화 내용이 남아 있다.

1981.7.1 이광요 싱가포르 수상이 마련한 만찬장에 도착. 인사를 나누고 있다.

나 : 수상께서 아시다시피 저는 대통령이 되려는 야망이 있었던 사람이 아닙니다. 제게 던져진 임무와 어려움을 대처해나가는 과정에서 주위로부터의 압력과 권유에 못 이겨 중책을 맡았던 것이 사실인데 개인적으로 고

심하고 어려움을 느낄 때가 많습니다. 수상께서는 높은 고용률을 유지하시면서 물가를 안정시키고 나라를 훌륭히 영도하고 계실 뿐 아니라 존경받는 지도자로서 세계의 인정을 받고 계십니다.

이광요 : 감사합니다. 나는 각하께서 대통령직에 오르는 과정과 상황을 주의 깊게 읽었습니다. 각하께서 취하고 계신 일련의 조치와 결심을 지켜보았고, 『아시안 월스트리트저널』과 『뉴스위크』 등의 기사도 열심히 읽었습니다. 제가 받은 인상은 각하께서 과거를 청산하고 참신한 새 출발을 하시려는 결의가 비상하시다는 것입니다. 나는 크게 감명을 받았고, 성실하신 각하의 인품에 경의를 표하고 싶습니다. 나의 경험을 종합해서 말씀드린다면, 문제는 어떻게 하면 국민들이 합심하여 같은 방향으로 나아가도록 할 수 있는가 하는 것이 되겠습니다. 그러기 위해서는 능력이 부족해도 열심히 일하는 사람이, 능력이 있으면서 일하지 않는 사람보다 더 나은 대우를 받을 수 있는 도덕적인 환경을 만들어주는 것이 중요하다고 생각합니다.

이튿날 저녁 이광요 수상은 예정에 없던 비공식 만찬을 열어주었다. 나는 분단국인 한국은 운명적으로 막대한 국방비 부담을 안은 채 경제발전을 이뤄야 하는 어려움이 있다고 말했다. 또한 국방비 부담만큼 김일성이라는 호전적 인물에 대한 부담도 크다고 했다. 과장이나 가상이 아니라 김일성은 언제라도 국지전을 일으킬 수 있는 인물이며, 한국에서의 국지전은 아시아와 세계를 최악의 상황으로 몰고 갈 수 있다는 점을 지적했을 때 이광요 수상은 큰소리로 "동감입니다."라고 화답했다. 그러면서 이광요 수상은 덧붙여 말했다.

"북한의 김일성은 정말 고정관념에 사로잡혀 있지요. 제 견해로는 북한이야말로 가장 비합리적이고, 비현실적이며, 비상식적인 집단이라고 생각합니다. 그런 형태로 정치를 운영하고 있기 때문에 북한은 적자생존의 법칙에 따라 반드시 도태될 것입니다. 그 사람들은 모든 형식이 어처구니없도록 어리석어요. 언젠가 한번은 김일성의 특사라는 자가 내 사무실에 들어와 김일성의 친서를 낭독하겠다는 겁니다. 나도 글을 읽을 줄 아는 사람이니 놓고 가라고 했지만 굳이 고집대로 알아듣지도 못하는 말로 낭독하고 갑디다. 막대한 돈을 들여 신문에 광고를 내는 일, 영사관 현관 앞에 김일성 초상화를 걸어놓고 길가는 사람들이 건너다보게 하는 일 등 촌스럽고 비능률적인 일들이 한둘이 아닙니다. 이런 모든 것들로 보아 북한은 세계의 적자생존의 원칙에서 살아남을 수 있는 체제가 도저히 못 됩니다. 문제는 바로 그런 북한으로부터 돈을 받아먹고 이런저런 표를 찍어주는 부도덕한 일부 비동맹국들입니다."

피차 속에 있는 말을 주고받느라 만찬은 예정 시간을 훨씬 넘겨 자정이 임박할 때까지 이어졌다. 끝날 무렵 나는 자리에서 일어나 즉흥적으로 이광요 수상에게 감사 인사를 했고, 이광요 수상도 일어나 답사에 나섰다.

"오늘밤 저는 전두환 대통령 각하 내외분을 모시게 된 것을 영광으로 생각합니다. 저는 원래 조심성이 많은 사람이라 사람을 사귈 때는 그 사람이 과연 믿을 수 있는 사람인가 의심도 해보고 자세한 이력서도 들여다보곤 합니다. 전 대통령 각하를 만나 뵙고 저는 놀랐습니다. 서면으로 보고된 각하에 관한 자료를 자세히 들여다봐도 드러나지 않았던 각하의 솔직하고, 직선적이고, 진지하신 대인적 성품, 형식적인 의전을 무시한 채 저에게 건네시는 각하의 직관과 진실됨에 저는 깊이 매료되었습니다. 전 대통령 각하를 좋아하고 존경한다는 오늘 본인의 이 실토는 미리 계산된 정치가로서의 얘기가 아니라 가슴속으로부터의 솔직한 고백입니다. 본인이 한국을 방문하고 돌아온 지 엿새 만에 10.26사태가 발생했습니다. 한국으로부터 들어오는 속보는 우려에 찬 것이었습니다. 한국이 정상궤도에서 이탈해 세계무대로부터 탈락해버리는 것이 아닌가 하는 위기감과 근심이 일었습니다. 그러나 세계의 근심이 곧 안도감으로 바뀌었습니다. 위기 속에서 보여주신 각하의 용기와 결단이 한국을 절대 위기로부터 구해냈습니다. 구국의 결단이었습니다. 한국은 이제 염려할 필요가 없게 되었습니다. 여러분, 한국과 전두환 대통령 각하를 위해 건배합시다!"

아세안 순방의 네 번째 방문국은 태국이었다. 7월 3일 오전 방콕의 돈무앙 공군기지에 도착하니 푸미폰 국왕이 공항까지 나와 영접해주었다. 국왕을 수행해 나온 전 각료와 장녀 마하 차크리 시린돈 공주가 우리 일행을 맞이했다. 방문 첫날 오후 나는 프렘 총리와 각료 8명을 접견했다. 푸미폰 국왕은 그랜드 팰리스 왕궁에서 환영 만찬을 베풀어주었다. 만찬이 한창 무르익었을 때 푸미폰 국왕이 새삼 엄숙한 표정을 지으며 나에게 말했다.

"박정희 대통령의 갑작스런 서거로 혼란에 빠진 한국을 나는 우려 속에서 지켜보았습니다. 한국은 이제 당분간 혼돈의 늪에 빠져 허우적거릴 수밖에 없을 것이라고 한국의 사정을 아는 정치가들은 대체로 생각했습니다. 그러나 얼마 후 한국이 이미 충격을 수습하고 안정을 되찾았고, 게다가 거기서 더 나아가 이제는 새로운 도약까지 계획하고 있다는 소식을 듣고 참으로 놀랐습니다. 그리고 제게 떠오른 것은 태국에도 그런 지도자가 있다면 얼마나 좋을까라는 부러운 생각이었습니다. 제 개인적인 선망이었습니다."

국왕은 태국이 라오스나 캄보디아처럼 공산화될 것을 몹시 걱정하고 있었던 것이다. 다정다감한 왕비는 자신이 '아끼는 물건'이라며 정교하게 만든 불상을 선물로 주었다.

방문 이틀째인 7월 4일 푸미폰 국왕과 프렘 총리의 안내를 받으며 크롱사이 전략촌을 방문했다. 수도 방콕으로부터 320킬로미터 거리에 있는 크롱사이 전략촌은 캄보디아와 국경을 맞대고 있는 분쟁지역이어서 위험한 곳이었지만 공산 위협에 맞서고 있는 국왕의 특별한 요청을 거절하기 어려웠다.

　국왕 부처는 자동차나 헬리콥터를 이용해 전략촌까지 가서 가난한 촌락민들을 도와주고 있었다. 그곳의 주민들은 웅덩이에 고여 있는 흙탕물을 식수로 사용하고 있는 등 상상 이상의 비참한 생활을 하고 있었지만 위험을 감수하고 찾아와 저수지를 파주고 쌀과 의약품을 전달해주는 국왕 부처에게 무한한 존경과 사랑을 표하고 있었다. 전략촌에서 직접 확인할 수 있었던 국왕 부처와 국민들 사이의 깊은 신뢰와 사랑은 감동적인 것이었다.

1981.7.4 송크림 저수지에서 태국 국왕과 함께 붕어 방류.

8시간에 걸친 전략촌 시찰을 마친 뒤 방콕으로 돌아와 숙소인 영빈관에서 프렘 총리와 회담을 가졌다. 정상회담에서 태국측은 우리의 1.12제의 및 남북한 최고책임자간의 직접 대화를 통한 통일정책을 지지하는 등 국제사회에서의 한국의 입장을 강력히 후원할 것을 약속했다. 방문 마지막 날 오전 발표된 18개 항의 공동성명은 한국 정부의 한반도 평화 정착 노력에 대한 태국 정부의 계속적인 지지를 확인하는 내용이었다. 태국은 6.25전쟁 때 UN군의 일원으로 전투부대를 파견해준 혈맹이었다. 한국전에서 태국군은 그 용맹성을 유감없이 발휘했었다. 1975년 북한과 국교를 맺어 남북한 동시 수교국이 된 후 북한과 통상협정에 서명하는 등 교류의 폭을 확대하고 있었는데 나의 방문을 계기로 우리의 외교정책을 전적으로 지지하고 나서게 된 것이다.

3박 4일간의 태국 공식 방문을 마치고 7월 6일 오후 2시 45분 필리핀의 마닐라국제공항에 도착했다. 아세안 순방의 마지막 일정이었다. 푹푹 찌는 열기 속에 마르코스 대통령과 이멜다 여사 그리고 많은 교포들이 우리 일행을 기다리고 있었다. 도착한 날 저녁 마르코스 대통령은 말라카낭 궁에서 만찬을 베풀었다. 마르코스 대통령의 만찬사는 노련한 정치인의 연설답게 사람의 마음을 움직이는 힘과 매력이 있었다.

"아시아에는 두 개의 분쟁 가능 지역이 있다고 하는데 바로 인도지나반도와 한반도가 그 지역입니다 … 박정희 대통령께서 시해된 후 많은 관측통들은 한국에서의 혼란을 예상했습니다. 그러나 신비한 일이 일어났습니다. 위대한 국민은 국가 위기이거나 무정부 상태일 때 용기와 열정과 책임이 합쳐진 위대한 인물을 만들어냅니다. 오늘 만찬에 모신 우리의 귀빈이 바로 그분이십니다. 한국인은 위대한 국민입니다."

방문 이틀째인 7월 7일 나는 말라카낭 궁의 2층 뮤직룸에서 마르코스 대통령과 정상회담을 가졌다. 이튿날 내가 주최한 답례 만찬에서 마르코스 대통령을 다시 만났을 때 그는 병색이 짙어 보였다. 신부전증을 앓고 있으면서도 권좌에서 내려올 생각을 하지 않고 있는 마르코스 대통령을 착잡한 심정으로 마주하며 취임식에서 내가 국민에게 했던 약속을 다시 한 번 생각했다.

"국민이 헌법으로 허락한 임기 동안만 대통령 자리에 있겠습니다. 나는 임기를 끝내고 청와대를 나서는 최초의 대통령이 되고자 합니다."

1981.7.7 필리핀 한국전 참전 용사들과 함께 기념탑 앞에서.

아세안 5개국 순방은 자원문제에서 안보문제까지, 방문국들과의 협력 필요성이 증대되던 시기에 추진된 외교 여정이었다. 특히 1970년대 말부터 심화된 경제난을 극복하기 위해 경제인들까지 수행원으로 대동하고 갔던 순방외교는 정부 차원의 협력을 넘어 기업인들이 직접 각국의 정부나 기업과 민간 차원의 협력을 넓혀나가는 데 하나의 기폭제가 되기를 기대했던 것이다.

순방 결과는 성공적이었다. 한반도의 평화적 통일과, 북한이 집요하게 반대하고 있는 남북한 UN 동시 가입 원칙에 대한 아세안 5개국의 문서(공동성명)를 통한 확고한 지지를 얻어낸 것은 큰 소득이었다. 우리나라도 캄푸치아(현 캄보디아) 문제 해결을 위한 그들의 입장을 적극 지지해주었다. 무엇보다도 그 순방은 처음으로 아세안 5개국을 하나의 집단으로 파악한, 보다 진일보된 외교정책으로 간주될 만한 것이었다. 이번 순방은 경제적 차원에서도 한국과 아세안이 공영할 수 있는 실질 협력의 바탕을 마련해주었다. 국내업체의 건설 진출, 투자 증진, 기술 협력 등의 계기가 마련되었고 석유 등 자원의 공동개발 및 안정공급체제를 확보하는 결정적인 계기가 되었다. 순방 후 한국과 아세안 5개국의 외교적, 심정적 거리가 놀랍도록 가까워진 것도 큰 성과였다.

아세안 순방을 통해 나는 개인적으로도 얻은 것이 있었다. 아직은 경험이 많지 않은 국제 정치무대의 신인이었던 나는 공통적으로 우리나라에 깊은 관심을 가지고 있던, 경륜과 통찰력이 뛰어난 베테랑들과 만나 그들의 경험과 의견을 듣는 소중한 기회를 가질 수 있었다. 말레이시아의 아마드 국왕과 마하티르 수상 내정자, 태국의 푸미폰 국왕, 싱가포르의 이광요 수상, 필리핀의 마르코스 대통령, 인도네시아의 수하르토 대통령. 그들은 각각 자기 나름의 국가에 대한 정열과 통치철학, 인간관과 세계관을 가지고 있었다. 공교롭게도 아세안의 다섯 지도자는 모두가 집권 기간도 길었다. 세습왕인 태국 국왕 푸미폰은 그때 이미 즉위 35년째를 맞고 있었고, 집권 22년의 이광요 수상, 집권 16년의 마르코스 대통령, 그리고 수하르토 대통령이 집권 20년째였다. 통치 경력에 투쟁 경력까지 일생을 모두 독립투쟁과 정치에 바쳤다고 해도 과언이 아닌 그들 지도자들에게서 나는 긍정적, 부정적인 교훈을 동시에 얻을 수 있었다.

수하르토 대통령은 비동맹국가들과도 정면으로 친교할 수 있다는 가능성을 보여주었다. 태국의 푸미폰 국왕에게서는 지도자가 국민에게 쏟는 절절한 부정父情을 보았고, 이광요 수상은 청렴하고 실용적인 정부를 보여주었다. 그리고 마르코스 대통령에게서는 권력의 순환이라는 지도자의 덕목 중 가장 중요한 것에 대한 성찰의 기회를 발견할 수 있었다. 참으로 수확이 많은 순방이었다.

태평양 국가 정상회담 구상

귀국길에 오른 특별기 안에서 아세안 순방 여정을 돌아보던 나는 태평양 연안의 국가들이 서로 협력하는 체제를 강화할 수 있다면 참으로 유익할 것이라는 생각을 했다. 물론 태평양은 지역적으로 넓을 뿐만 아니라 인종적 문화적 다양성과 이질성, 그리고 경제발전 수준의 불균형 등으로 인해 하나의 협력권을 형성하는 데에는 많은 제약이 있긴 했다. 그러나 대서양시대가 선박을 통해 인류 문명을 형성했다고 본다면 '태평양시대'는 항공기가 중요한 역할을 하는 시대라 할 수 있는 만큼, 연안국들이 태평양권의 평화와 번영을 지향하는 위대한 태평양시대를 창출하기 위해 공동의 노력을 경주할 필요가 있다고 본 것이다. 태평양 지역은 동서 20,000킬로미터, 남북 15,000킬로미터에 달하는 광대한 지역으로 소련, 중공 등 공산국가를 제외하고도 연안국의 수가 무려 35개국에 세계 총면적의 28.4%, 세계 총인구의 19.4%를 점하고 있었다. 역내의 정치상황은 미소 양진영의 군사동맹관계, 비동맹권의 집단 유대관계 형성 등으로 다양하고 복잡한 이해관계가 얽혀 있어 국제협력이 어려운 실정이었지만 역내의 경제상황은 각국 간의 경제발전 단계의 심한 격차에도 불구하고 경제적 공조의식이 싹트고 있는 실정이었다.

그 1년 후인 1982년 7월 31일 나는 여름 휴가지인 진해 저도에서 기자회견을 갖고, 아세안 순방을 끝내고 갖게 된 구상을 설명하면서 세계사의 중심권은 태평양으로 이동하고 있으며 특히 1980년대 이후에는 확실히 태평양이 세계사의 중핵지대가 될 것이라는 전망을 피력했다. 나는 그 기자회견을 통해 태평양 연안국들이 각 분야에서 좀 더 긴밀한 협력을 한다면 다가올 태평양시대를 앞당길 수 있으며 이를 위한 가장 효율적인 방안은 연안 각국의 정상들이 정기적으로 한 자리에 모이는 것이라는 견해를 밝혔다.

태평양 정상회담에 관한 다음과 같은 나의 구상은 각국의 국내 사정과 국제 환경의 미성숙으로 실현될 수 없었지만, '태평양시대'를 예비하는 하나의 지표가 될 수 있었다고 생각한다. 첫째, 태평양시대의 실현에 가로놓인 여러 가지 제약을 극복하는 데 가장 빠른 길은 이 지역 연안국의 정상이 정기적으로 회합하여 공동 관심사를 협의하고 협력방안을 논의하는 제도적 장치를 마련하며 둘째, 이 협의체를 통해 역내 모든 국가는 원칙적으로 상호 문호를 개방하고 셋째, 역내 모든 국가 간의 관계는 주권과 독립의 존중, 호혜평등, 내정불간섭을 기본으로 하고 특정국가의 패권을 인정하지 않으며 정치화, 블록화를 지양하며 넷째, 연안국이 보유하고 있는 잠재력을 다방면으로 개발하는 문제를 비롯해 무역 증대, 경제기술협력의 강화,

인력개발, 교통통신망 확충, 교육문화 교류 증대 등에 주력하고 다섯째, 역내 선진국과 개발도상국 간의 협력, 그리고 개발도상국가 상호간의 협력을 확대 심화시킴으로써 선후진국 간의 각종 문제가 원만히 해결될 수 있도록 한다는 등의 내용이었다.

아프리카 4개국 및 캐나다 방문

'킬리만자로'라는 암호명으로 아프리카 순방 계획을 은밀하게 추진하기 시작한 것은 올림픽 유치 성공으로 온 국민의 흥분이 채 가시지도 않은 1981년 12월경이었다. 아프리카지역 국가들은 우리와 지리적으로 멀리 떨어져 있고, 문화와 전통이 매우 다를 뿐만 아니라 그동안 관계가 소원해 글자 그대로 머나먼 이역으로 남아 있었다. 뿐만 아니라 남북 대치에서 북한이 압도적인 우위를 누려오는 우리의 외교적 취약지역이기도 했다.

아프리카는 크롬, 다이아몬드, 백금 등은 전 세계 매장량의 90% 이상을, 탄탈, 금, 플루토늄, 망간은 50% 이상을 보유하고 있는 광물자원의 보고였다. 특히 나이지리아는 석유매장량이 123억 배럴이나 되는 세계 5대 산유국이고 가봉은 세계 유수의 우라늄 산출국으로 그 매장량은 460만 톤에 이르고 있었다. 따라서 아프리카와의 경제협력을 강화함으로써 우리는 자원의 안정적 공급과 자원 공동개발의 폭을 넓혀나갈 필요가 있었다.

1950년대 후반부터 유럽 국가들의 식민통치에서 벗어나 독립국가를 세우기 시작한 아프리카 신생국들은 자연히 반서방反西方, 반식민지 정서가 강할 수밖에 없었다. 소련과 중공 등 국제공산주의세력의 팽창 전략은 이러한 반서방 정서를 파고들면서 아프리카지역에서의 세력을 확장해나갔고, 북한은 이에 편승해 아프리카 신생국들에 효과적으로 진출할 수 있었다. 1980년대 초 우리나라와 단독으로 수교한 나라는 4개국인데 비해 북한과의 단독 수교국은 15개국이었다. 동시 수교국도 29 대 40으로 우리가 열세였다. 당시 아프리카지역에 있는 독립국가들은 모두 51개로 97개 비동맹회원국의 반 이상을 차지하고 있었고, UN에서도 159개 회원국의 약 3분의 1을 점하고 있었다. 북한은 제3세계의 중심세력인 아프리카 국가들의 지지를 확보하여 한국을 국제사회에서 고립시키려고 아프리카 국가들에 원조를 베풀고 국가원수들을 평양으로 초청하여 환대를 하는 등 제3세계에 대해 외교력을 집중하고 있었다. 1975년에는 김일성이 알제리아(현 알제리)와 모리타니아를 방문하기도 했다. 그에 비해 우리나라는 대통령은 물론 고위 인사들의 아프리카국가 방문도 거의 없는 등 외교 관계가 소원한 상태였다.

제3세계 국가들에 대한 외교적 열세를 일거에 만회해보고자 하는 뜻에서 추진된 것이 아시아·아프리카 순방외교였고, 대통령인 내가 그 앞장에 서서 정상외교를 펼쳐 나갔던 것이다. 1981년의 아세안 5개국 순방외교가 기대 이상의 성과를 거둔 데 이어 바로 계획에 착수한 것이 아프리카 4개국 순방이었다. 특히 아프리카 국가들의 외교 관행이 전통적으로 국가원수들 간의 정상외교를 중시하고 있는데다 순방국 가운데 나이지리아는 비동맹조정위원국으로서 아프리카의 대변국이라 할 정도로 중요한 위치를 차지하고 있고, 케냐 역시 1981년도 아프리카단결기구(OAU) 의장국으로 국제사회에서 강력한 발언권을 갖고 있다는 점에서 이번 순방을 대 아프리카 외교의 전환점으로 삼는다는 목표를 세웠다.

나의 아프리카 순방 계획에 대해서는 추진 초기부터 일부에서 신중한 검토가 필요하다는 우려가 제기되었다. 한 해 전 내가 아세안국가들을 순방할 때 캐나다 교포를 사주해 나를 위해하려던 음모가 바로 그 얼마 전에 밝혀졌던 것이다. 우리나라 장군 출신인 최홍희崔泓熙의 아들이 꾸몄던 나의 암살 계획에 대해서는 따로 언급하겠지만, 북한이 외교적 우위를 점하고 있는 지역으로 간다는 것은 상당한 위험부담을 안고 있는 것은 사실이었다. 반서방 정서가 지배하고 있고 북한의 외교활동이 활발한 지역이어서 신변의 안전이 보장되지 않는 지역이었지만, 그렇다고 정상외교의 필요성을 외면해서는 안 된다고 생각했다. 자원문제를 비롯한 경제협력은 물론 비동맹국가들에 대한 외교적 지지기반 확충을 위해서도 아프리카 국가들의 지도자들을 내가 직접 만나야 한다는 믿음 때문에 계획을 포기할 수 없었다. 아프리카 국가들은 물론 북한도, 대한민국의 대통령이 결코 우호적이라고 할 수 없는 그 먼 지역까지 직접 날아갈 것이라고 생각하지 못할 것인 만큼, 그 의표를 찔러 단번에 국면을 역전시켜보자는 생각이었다. 분단국이며 개발도상국으로서 올림픽대회를 유치한 기세를 몰아 1980년대 이후 제3세계의 주전장主戰場이 될 아프리카 대륙에 우리 외교가 본격적으로 상륙함과 동시에 올림픽의 성공적 개최를 위한 중요한 디딤돌을 놓는 효과를 기대할 수 있는 길이었다.

아세안 순방을 계획하던 1981년 봄만 하더라도 서울올림픽의 유치는 성취해야 할 목표에 불과했고, 따라서 그때는 순방국을 상대로 우리의 올림픽 유치를 지지해달라는 입장이었다면, 이제는 올림픽 참가를 다짐받는 일이 목적이 되고 있었다. 서방국가들이 모스크바올림픽을 보이콧한 데 대한 반발로 공산권 국가들이 LA올림픽이나 서울올림픽에 불참할 가능성을 예상할 수 있는 일이었고, 1988년까지는 시간적으로 여유가 있었지만 우리로서는 비동맹국가들의 서울올림픽 참가를 다짐받아 둘 필요가 있었던 것이다.

순방 일정은 1982년 8월 16일부터 9월 1일까지 16박 17일로 정해졌다. 그런데 출발을 보름쯤 앞둔 시점에 중요 순방국인 케냐에 군사쿠데타가 일어났다. 외무부와 안기부는 정세가 불안하니 순방을 보류하는 것이 좋겠다고 건의했다. 나는 외무차관과 안기부 관계자들을 신속하게 현지로 보내 상황을 파악하되 현지 대사와 협조해 가급적이면 계획대로 실행될 수 있도록 준비할 것을 지시했다. 애초 순방 계획이 1982년 9월초 이라크의 바그다드에서 열릴 예정이었던 비동맹정상회의를 겨냥해 계획되었던 만큼 나는 예정대로 아프리카 방문이 이루어지기를 바랐던 것이다.

국익을 위해 위험을 무릅쓰고 가는 길이지만 북한의 압도적인 거점이라고 볼 수 있는 곳으로 가는 만큼 테러나 암살 등 위해 가능성을 생각해두지 않을 수 없었다. 나는 출국하기 전날 장남 재국에게 봉투 하나를 남겼다. 내가 돌아올 때까지 잘 보관해 두었다가 무슨 일이 생기면 즉시 열어보라는 당부도 잊지 않았다. 그 봉투 속에는 두 통의 유서가 들어 있었다. 한 통은 국가의 비상시기를 대비해서 국무총리 앞으로, 또 한 통은 가족들 앞으로 써놓은 유서였다.

당시 총 51개의 아프리카 국가 가운데 사하라사막 북쪽에 위치한 7개국을 제외한 44개국의 사람들은 피부색이 검어 블랙 아프리카라 불렸다. 내가 방문할 나라들은 모두 이 지역의 국가들이었다. 케냐, 나이지리아, 가봉, 세네갈 등 4개국을 각각 2~4일간 공식 방문하고 돌아오는 길에 캐나다를 공식 방문하는 것으로 순방 계획이 짜여졌다.

첫 번째 방문국인 케냐는 우리나라와 단독 수교를 맺고 있는 4개 아프리카 국가 중 하나였다. 국토의 10분의 1을 보호구역으로 지정하고 있는 목가적인 나라로 마사이마라 국립공원으로 유명한 나라이기도 하다. 8월 17일 오후 케냐타국제공항에 도착한 나는 숙소인 영빈관에 여장을 풀자마자 바로 다니엘 아랍 모이 대통령과 정상회담을 가졌다. 아프리카 단결기구의 의장인 모이 대통령은 "공산권과 사회주의국가에 둘러싸여 있어 늘 공산화에 대한 불안으로 걱정이 많다."고 토로했다. 모이 대통령은 정정이 불안함에도 불구하고 내가 케냐를 방문함으로써 케냐의 주 수입원인 관광을 빠른 시일 내에 정상궤도에 올릴 수 있게 되었다며 고마워했다. 함께 공산주의와 소리 없는 이념전쟁을 치르고 있는 나라의 지도자들이기 때문에 나와 모이 대통령은 만나자마자 의기투합할 수 있었다. 공산화의 불안과 유혹을 이길 수 있는 방법은 경제발전이라는 데 동의한 우리는 가능한 것부터 시작해 경제협력의 문호를 넓혀가기로 합의를 보았다.

3일 간의 케냐 공식 방문을 마치고 도착한 두 번째 방문국 나이지리아는 1억 명의 인구를 가진, 아프리카에서 가장 큰 나라로 주요 산유국이었다. 1976년 북한과 단독수교를 했고 우리나라와는 1980년에 와서야 외교관계를 맺었다. 샤가리 대통령이 당선된 후 사회주의를 버리고 친 서방으로 돌아서 우리나라와 수교했지만 사안에 따라 여전히 북한에 더 기울어지기도 하는 등 국익에 따라 입장을 정리해오고 있었다. 그러나 내가 멀고 먼 자신의 나라까지 직접 찾아오는 정성을 보이자 아프리카 대륙을 혼란하게 하는 이념과 정치노선 선택의 어려움 가운데에서도 "우리 나이지리아는 그 어떤 선진국보다 바로 각하의 나라 한국으로부터 배우고, 한국과 협력하고 싶습니다."라고 말했고, 한반도 문제에 있어 나이지리아는 한국의 모든 입장을 강력히 지지한다고 공동성명을 통해 공식 선언했다.

1982.8.17 케냐 모이 대통령과의 정상회담.

1982.8.20 나이지리아 교민들과의 만남.

세 번째 방문국인 가봉의 봉고 대통령은 1975년 우리나라를 방문했었는데, 그 2년 뒤인 1977년 5월에는 북한을 방문함으로써 등거리외교를 펴고 있었다. 그러한 일들을 의식했음인지 봉고 대통령은 이렇게 말했다.

"김일성의 간절한 초청이 있어 평양을 방문했습니다. 방문해보니 분명히 알 수 있었습니다. 김일성은 공화국 대통령이 아니라 공산왕조의 창건자로 존재하고 있었습니다. 저는 이제껏 그토록 낙후되고 전근대적이며, 온종일 정치선전만이 난무하는 나라를 본 적이 없습니다. 세상에서 가장 폐쇄된 땅이었습니다. 방문 1년 후 우리는 평양에 있는 우리 공관을 폐쇄시켜 버렸습니다. 그런데도 북한은 이곳에 있는 그들의 대사관을 지금껏 철수하지 않고 있습니다. 이곳 북한 대사 역시 정치선전 이외에는 하는 일이 없습니다. 이번에도 북한대사관 요원들이 한국 정부를 비방하는 벽보를 여기저기 붙여놓았습니다. 그들의 저항이 대단합니다."

봉고 대통령의 말처럼 그들의 저항은 집요했다. 아니 저열했다. 자신들이 그동안 공들여 가꾸어놓은 지역을 한국의 대통령이 누비고 다니는 것이 그렇게 못마땅했던지 환영행사에서 애국가 대신 북한의 국가를 연주하도록 악보를 바꿔치기한 파렴치한 사건을 저지른 것이다. 다행히 6.25를 서울에서 겪은 김병훈 의전수석과 황선필 공보수석이 연주되는 음악이 북한 국가임을 알아차리고 재빨리 단상에서 뛰어 내려가 연주를 중단하도록 했다. 하지만 그 일로 심히 난처해진 봉고 대통령은 "완전히 진절머리가 난다."는 직설적인 말로 북한의 작태에 분노를 표시했고 정상회담에서는 우리 정부의 외교적 입장을 지지하고 경제협력 문제에 관해서도 우리의 요구를 거의 완벽하게 받아주었다. 방문을 끝내고 작별 때에는 의전 관례를 깨고 특별기 안까지 따라 들어와 나를 얼싸안으며 우정을 표시하기도 했다.

마지막 방문국인 세네갈은 200년간 프랑스의 식민지배를 받다가 독립한 나라여서 불어를 공용어로 사용하고 있었다. 20년간 집권했던 전임 생고르 대통령 역시 1974년 평양에 초청되었을 정도로 깊은 관계였지만 5년 후 1979년에는 서울을 방문했었다. 디우프 대통령은 8월 25일 나와 2시간 동안 단독회담을 하는 자리에서 한반도 문제에 관한 우리 정부의 정책에 대해 전폭적인 지지를 다짐했다. 당시 내가 순방한 4개국 가운데 세네갈은 1인당 GNP가 449달러로서 가봉 3,071달러, 나이지리아 1,010달러 등에 비해 소득은 낮았으나 프랑스의 통치를 받아서인지 세네갈에는 각료와 국회의원 가운데 여성이 많았고, 아프리카에서는 세네갈이 모범적인 민주국가로 평가받고 있었다.

아프리카 4개국 순방을 성공적으로 마친 후 나는 스페인령인 라스팔마스에 기착해서 그곳에 있는 우리나라 원양어선 선원과 가족들을 만나 격려해줬다. 이어 8월 28일부터 3박 4일간 한국 대통령으로서는 처음으로 캐나다를 공식 방문했다. 8월 30일 트뤼도 수상과 가진 단독 정상회담은 예정 시간을 1시간이나 넘겨 2시간에 걸쳐 진행됐는데 나의 구상인 태평양 정상회담 문제와 교역 확대, 경협 증진 등을 광범위하게 협의했다. 나와 트뤼도 수상은 이날 회담에서 태평양 지역 국가들의 공동번영과 평화를 위해 새로운 태평양시대를 열어가도록 함께 노력하고 이를 위해 역내 국가들의 정상회담이 필요하다는 데 의견을 같이했다.

1981년 9월 우리나라 국가원수로는 처음으로 아프리카 4개국을 순방한 데 이어, 라이베리아의 도우 국가원수, 자이르의 모부투 대통령, 수단의 니메이리 대통령, 세네갈의 디우프 대통령, 감비아의 자와라 대통령, 가봉의 봉고 대통령, 기니비사우의 비에이라 대통령, 중앙아프리카의 콜링바 대통령, 코모로의 압달라 대통령 등을 우리나라에 초청해 활발한 정상외교를 펼쳤다. 이로써 아프리카 국가들과 정치, 경제 등 분야에서 실질적인 교류 협력이 증진되었을 뿐만 아니라 국제무대에서 우리를 적극 지지하는 아프리카 국가가 눈에 띄게 증가했다. 1981년 제38차 UN 총회에서 한국에 대한 지지 입장을 표명했던 아프리카 국가는 6개국에 불과했으나 나의 아프리카 순방이 있었던 1982년에는 그 2배가 넘는 14개국이 UN 총회에서 적극적인 지지 입장을 밝혔다. 우리가 회원으로 가입되어 있지 못한 비동맹 회의에서도 한국의 입장을 대변해주는 아프리카국가들이 큰 세력으로 등장함으로써 북한이 마음대로 휘젓고 다닐 수 없게 되었다.

북한의 테러로 중단된 순방 외교

나는 12대 대통령에 취임한 첫해인 1981년의 아세안 5개국 순방과 다음 해인 1982년 아프리카 4개국 순방에 이어 1983년 10월에는 서남아시아와 대양주 5개국 및 브루나이 공식 순방에 나섰다. 동남아, 아프리카 지역과 더불어 제3세계 국가들이 몰려있는 곳이 서남아시아다. 서남아·대양주 순방 계획은 1983년 10월 8일 서울을 출발해서 버마, 인도, 스리랑카를 차례로 방문한 뒤 대양주로 건너가 호주와 뉴질랜드를 방문하고 이어 브루나이를 거쳐 10월 25일 귀국하는 18일 간의 일정으로 계획돼 있었다. 이 계획은 첫 방문국인 버마에서 발생한 아웅산 묘소 폭발 테러 사건으로 중단됐다. 서남아·대양주 순방 계획과 관련한 일에 관해서는 뒤에 아웅산 폭탄 테러 사건을 설명하는 대목에서 따로 상세히 언급하겠지만, 그 사건 때문에 우리나라의 기라성 같은 국가 인재들을 잃게 됐고, 내가 취임 초부터 의욕적으로 실행해온 제3세계 국가들에 대한 순방 외교가 중단될 수밖에 없었던 것은 두고두고 통한으로 남아 있다.

서울올림픽 지원을 약속받은 유럽 순방

1986년 4월 5일 나는 영국, 서독, 프랑스, 벨기에 등 유럽의 핵심 4개국과 EC(유럽공동체) 공식 순방길에 올랐다. 김만제金滿堤 부총리, 이원李源京경 외무장관 등 17명의 공식 수행원 외에 평소보다 많은 수의 경제인 등 비공식 수행원들이 수행했다. 대통령 취임 이래 일곱 번째 방문 외교이자 우리나라 대통령으로는 처음이었던 유럽 4개국 순방 계획은 우리나라의 외교 반경을 태평양에서 대서양으로 확대하는 의미가 있었다. 당시 우리나라와 유럽 국가들과는 수교 2세기를 맞이하고 있었지만 그다지 교류가 활발하다고는 할 수 없었다. 조선조 말기인 1883년에는 영국과 독일, 1886년에는 프랑스와 수교통상조약을 맺어 이들 3개국과의 국교는 이미 100년을 넘고 있었다. 하지만 1905년 일제에 의한 을사보호조약으로 우리나라의 외교권이 박탈되면서 이들 국가와의 교류는 단절되었고 1945년 해방될 때까지 한-유럽 교류는 거의 암흑기에 가까웠다.

대한민국 정부가 수립되고 반년쯤 지난 1949년 1월 18일 영국이 처음으로 우리나라를 승인했고 그해 12월 15일 프랑스가 유럽국가들 중 두 번째로 신생 대한민국을 승인함으로써 한-유럽 교류의 길이 열리게 되었다. 이들 두 국가와 벨기에는 6.25전쟁 때 각기 군대를 파견함으로써 우리나라와는 혈맹의 관계에 있었다. 한편 역시 분단국가인 서독은 1955년 12월 25일이 되어서야 우리나라를 승인했지만 분단이라는 특수한 상황 때문인지 우리나라와 가장 돈독한 관계를 유지해 왔다. 1960년대 초반부터 수만 명의 우리나라 광부와 간호사가 서독에 파견돼 일했고 유학생의 숫자도 서유럽 국가 중 가장 많았다. 1964년 12월 7일 박정희 대통령이 당시 뤼프케 대통령의 초청을 받아 처음으로 서독을 방문했고 1967년 3월 2일에는 뤼프케 대통령이 한국을 방문했다. 그러나 그토록 돈독했던 한-서독 간의 관계는 뤼프케 대통령의 방한 직후인 7월 동백림 사건으로 서독의 한국인 유학생들이 대거 우리나라로 소환되고 서독당국이 우리나라 정부에 강력히 항의하면서 냉각기를 맞게 되었다.

또한 영국, 서독, 프랑스, 벨기에 등 4개국이 포함된 유럽공동체(EC)가 세계 최대의 경제권인데도 그동안 우리나라와의 경제적 교류는 저조했다. 나의 17일간의 유럽 4개국 순방은 이들 국가들과의 관계 증진을 통해 한반도 평화 정착과 우리나라의 국제적 지위 향상을 도모하는 것은 물론 미국 등 선진국의 보호무역 장벽에 부딪친 한국경제의 앞날을 헤쳐나가겠다는 절실한 열망도 깃들어 있었다.

국내 정국이 개헌 논란으로 한창 시끄러운 가운데서도 내가 보름 이상 국내를 비우고 해외순방에 나서기로 한 것은 두 가지 분명한 목적이 있었기 때문이었다. 하나는 2년 앞으로 다가온 서울올림픽의 성공을 위해 유럽 국가들의 확실한 지원 약속을 다져놓는 것이었고, 다른 하나는 개헌 논란과 관련한 나의 생각을 정리할 필요성이 있었다. 나는 그동안 개헌 논의는 올림픽을 앞두고 다루기에는 사안이 너무 중대하고, 국론 분열과 국력 소모가 엄청날 것인 만큼 올림픽이 끝나는 1989년까지 미뤄야 한다는 입장이었다. 그런데 한편 다시 생각해보니 가장 바람직한 방향으로 헌법을 바꿔놓고 올림픽을 치르는 것도 좋을 것이라는 생각이 들기도 했다. 그렇다면 각 나라마다 가장 적합한 제도를 찾아내기 위한 시행착오의 흔적과 전통이 온전히 보존되어 있을 유럽의 정치 선진국들을 돌아보고 어떤 제도가 우리에게 가장 적합한 것인지 살펴보자는 생각을 했던 것이다.

1986년 4월 6일 서울을 출발해 경유지인 캐나다 밴쿠버에서 잔느 소베 캐나다 총독과 오찬을 가진 후 4월 7일 첫 방문국인 영국 런던에 도착했다. 방문 이틀째인 4월 8일 엘리자베스 여왕은 윈저성에서 오찬을 베풀어주 었다. 영국 왕실의 사저인 윈저성에서 여왕이 외국 국가원수를 위해 오찬 을 베푼 것은 처음 있는 일이라고 했다. 엘리자베스 여왕은 2년 후 한국에 서 개최될 88올림픽에 관심을 나타냈다. 영연방국의 하나인 캐나다가 몬트 리올올림픽을 위한 시설투자 때문에 아직도 빚을 갚는 중이라면서 서울의 경우 어떻게 대비하고 있는지 물었다. 나는 자신 있게 말했다.

1986.4.8 엘리자베스 여왕은 왕실의 사저인 윈저성에서 외국 국가원수에게는 처음으로 우리 내외를 위해 환영 오찬을 베풀어주었다.

"모든 시설은 올림픽 후에도 계속 사용할 수 있도록 하는 점을 고려해 투자하고 있습니다. 예를 들면 선수들의 숙소는 대회 후에는 주택으로 분 양한다는 조건으로 튼튼하게 지어서 이미 시민들의 참여와 투자가 있습니 다. 아직도 주택 수요가 많은 우리 여건을 활용한 것입니다. 그 밖에 도로, 오물처리장, 공중편의시설 투자 등도 사실은 올림픽이 아니더라도 필요했 던 사업들이어서 계획을 앞당겨 실천하는 셈이 되고 있습니다."

그날 저녁에는 다우닝가 10번지 총리관저에서 마가렛 대처 총리가 베푼 공식 만찬이 있었다. 총리와의 만찬에서는 왕실 오찬 때와는 달리 현실 문제들에 관한 깊이 있는 이야기들이 오갔다. 대처 총리의 첫마디는 인상적이었다.

"자유와 독립은 항상 투쟁에 의해서만 확보된다는 것이 내 생각."이라고 단호한 목소리로 말했다.

총리가, 북한이 일방적으로 중단한 남북대화의 전망을 물은 데 대해 나는 휴전 이후 지금까지도 북한의 대남적화전략은 변화하지 않았으며 수단 방법을 가리지 않고 도발을 계속 해오고 있다는 사실을 진지하게 설명했는데 영국 보수당의 당수인 대처 총리는 영국에서도 공산주의자들의 문제는 심각하다고 말했다.

"공산주의자들은 그들의 전략 목표를 절대 바꾸지 않기 때문에 공산국가에 대해서는 항상 경계하지 않으면 안 된다. 우리 영국에서는 공산당을 불법화하고 있진 않지만 공산당으로 입후보해봤자 당선은 불가능하다. 유권자가 공산당을 냉대하기 때문이다. 그러니까 공산당은 노동당으로 침투해 들어간다. 그래서 영국 노동당은 그 주장이 공산당과 똑같다."

대화가 깊이 있는 문제들로 옮겨가자 나는 대처 총리가 만찬사에서 우리나라의 정치제도에 관해 언급한 사실을 상기하면서 내각제의 전통이 오래된 영국의 총리로서 대통령제와 대통령 선출방법에 대한 소견을 물어보았다.

대처 총리의 대답은 진지했다. 나라마다 다른 전통과 특수성에 따라 운용되는 제도 중 어떤 것이 낫다고 말하는 것은 기본적으로 무리라고 생각한다면서 지역감정의 골이 깊은 영국이 의원내각제 대신 만약 대통령 중심제에 직선제를 선택했다면 국론 분열과 국력 낭비가 초래됐을 것이라고 했다.

1986.4.9 대처 총리와의 정상회담에 앞서 인사를 나누고 있다.

1986.4.9 영국의 방위산업체를 방문하여 우리 해군 함정에 장착할 자이로스코프를 살펴보고 있다.

대처 총리가 공식 만찬사에서 충무공 이순신 장군을 언급한 대목이 기억에 뚜렷이 남아 있다. 그 대목에서 대처 총리의 목소리는 만찬장을 압도할 만큼 장중했다.

　　"우리는 대한민국을 위대한 역사를 가진 나라로 알고 있다. 귀국 역사의 가장 영광스러웠던 순간들 중의 하나는 영국과 같이 해전에서의 승리에 의한 것이었다. 이순신 장군은 우리 역사 중 가장 유명한 넬슨 제독의 트라팔가 해전에서의 승리보다 200여 년이나 앞선 1592년에 이미 일본의 함대를 섬멸시켰던 것이다."

　　영국 방문 3일째인 4월 9일 오전 9시에는 총리관저 화이트 룸에서 대처 총리와 약 2시간에 걸쳐 단독 정상회담을 가졌다. 양국의 외무장관과 주재대사가 배석한 가운데 한반도를 중심으로 한 동북아 정세 및 국제 정세, 세계경제 문제, 그리고 양국 간의 경제·외교 협력방안에 대해 논의했다. 나와 대처 총리는 앞으로 2~3년이 한반도에서 전쟁 재발의 가능성이 높은 시기라는 데 인식을 같이하고 한반도의 전쟁 방지와 평화 정착을 위한 안전장치의 하나로 남북한의 UN 동시 가입과 미국, 일본, 중국, 소련 등 한반도 관련 4강의 남북한 교차 수교가 실현될 수 있도록 외교적 협력을 강화하기로 합의했다. 또한 남북한의 군사력 비교로부터 시작해 세계보호무역주의 추세까지 실질적이고 긴요한 모든 현안들이 거론되었다.

　　그날 내가 선진국들의 보호무역주의 강화에 대한 의견을 피력한 데 대해 대처 총리는 깊은 공감을 표시했다. 나는 "자유민주주의 국가들이 자유무역 체제 아래에서 보호무역주의를 채택한다면 통제체제를 유지하는 공산주의보다 열세에 놓이게 된다는 것이 내 생각이다. 보호무역주의는 결국 아무도 보호하지 못하게 될 것."이라고 했는데, 대처 총리는 내 말 가운데 끝 구절이 특히 마음에 드는 듯 "탁월한 견해다. 허락하신다면 저도 자주 대통령 각하의 말씀을 인용하고 싶다."고 했다. 대처 총리는 회담을 끝내면서 "국제 정세와 자유세계의 전략과 경제문제에 대해 거의 완전한 의견의 일치를 본 데 대해 만족스럽게 생각하며 이번 회담은 대단히 유익했다."는 소감을 피력했다.

두 번째 방문국은 서독이었다. 우리와 서독은 2차대전의 유산으로 국토 분단이라는 고통을 안게 되었다는 점, 그리고 전쟁의 폐허 위에 이룩한 경제부흥으로 세계를 놀라게 하고 있다는 점 등 남다른 공통점을 갖고 있었다. 그러나 같은 분단국이라도 실제 상황은 판이하게 달랐다. 서독의 통일 정책을 담당하는 장관은, 국토가 분단된 후 참혹한 내전을 겪고 휴전이 된 후에도 여전히 대립과 갈등 상태에 놓여 있는 한국과는 달리 독일은 분단국이면서도 한 번도 전쟁을 치른 적이 없을 뿐 아니라 상호 접촉도 단절된 적이 없다고 설명했다. 그의 말은 통일 독일을 위해 서독이 그동안 기울여 온 노력과 정성을 함축해주는 말이기도 했다. 우리가 서독을 찾은 그 시각에도 동서독 간에는 상호 방문과 편지 교환이 이루어지고 있었고 동독 주민들의 8할이 이미 서독 텔레비전을 시청하고 있었으며, 서독은 동독에 대해 무역 관세를 적용하지 않는 등 여러 가지 경제적 도움을 주고 있었다. 베를린 장벽이 무너진 것이 1989년이니까, 내가 서독을 방문했던 때로부터 불과 3년 후의 일이었지만, 당시 내가 방문했을 때 만난 바이츠체커 대통령이나 콜 총리는 물론 그 누구도 3년 후 독일이 통일될 것이라는 사실을 전혀 예측하지 못하고 있었다.

4월 10일 서독의 수도 본에 도착한 나는 곧바로 대통령궁으로 가서 바이츠체커 대통령이 주최하는 공식 환영행사와 오찬에 참석했다. 이어 그날 저녁 헬무트 콜 총리가 레두트 연회장에서 베푼 만찬에 참석했다. 콜 총리 내외는 연회장 문 앞에 나와 있다가 포옹으로 우리 내외를 맞아주었다. 나는 콜 총리에게 우선 두 가지 점에 대해 사의를 표했다. 먼저 지난해 본에서 열린 서방 7개국 정상회담에서 한국 조항을 포함시켜준 독일의 성의에 대해 감사했고, 또 1988년 서울올림픽 유치를 결정한 바덴바덴에서의 지원에 대해서였다. 같은 분단국 입장인 독일의 지도자라는 특수성 때문인지 콜 총리는 자리에 앉자마자 북한과 중국에 대한 질문을 던졌다.

"아시아에서 한국은 어느 나라와 가장 가깝게 지내고 있는가. 또 앞으로 15년간의 한국과 북한의 관계에 대해서는 어떻게 전망하고 있는가, 특히 중공과의 관계를 좀 알고 싶다."

외국의 정상들과 회담할 때마다 내가 직면하게 되는 일 가운데 가장 힘든 것은 바로 분단국 지도자로서 우리의 상대국인 북한을 설명해야 할 때였다. 한국과 서독은 각기 공통적 지상과제인 통일을 성취하는 데 있어 상호 정보교환을 통한 협력과 세계여론을 유리하게 이끌 수 있게 오래도록 서로 도와온 나라지만, 정치 지도자들조차 대개는 우리나라가 처해 있는 특수한 분단 상태에 대해 제대로 인식하고 있지 못하는 것 같았던 것이다.

독일의 통일이 예기치 못한 시기에 갑작스럽게 이뤄지자 우리의 통일이 독일보다 늦어지는 이유가 민족성 때문이라거나, 또는 통일 의지와 능력의 결여에 기인하는 것이라고 말하는 사람도 있지만 나는 그러한 의견에 결코 동의할 수 없다. 2차대전 후 비슷한 시기에 분단이라는 민족적 비극을 맞이한 것은 사실이나 분단의 실상에는 독일과 큰 차이가 있었다. 우선 우리와 대치하고 있는 북한은 남침 경험을 가진 침략자이자 동족을 살상한 가해자이지만, 독일의 경우는 동족간의 전쟁이라는 비극적인 경험이 전혀 없다. 이것이 바로 우리와 달리 분단 후에도 동서독이 곧 서로 대화를 시작할 수 있게 한 원동력이 되었다는 점에서 우리하고는 다르다. 또 정치이념 면에 있어서도 북한은 공산사회주의로 출발한 이후 '김일성주의'를 신봉하는 지구상에서 그 유례를 찾기 힘든 폐쇄적 독재국가로 변질되어간 반면, 동독은 시간이 흐를수록 지속적인 교류를 유지하던 서독의 노력으로 동구권에서도 가장 개방된 사회주의 국가로 발전해갔다. 그러나 가장 확실한 차이는 적화통일을 당헌 당규에 못 박아두고 무리하게 국방력을 키우고 있는 북한의 호전성이었다. 나는 정상회담에서 우리의 특별한 상황을 설명할 때면 장황한 이야기보다는 명확한 통계에 의해 나타나는 북한의 적화통일 야욕을 전략적인 측면에서 설명하여 우리의 어려운 입장에 대한 이해를 구하려고 했다.

1986.4.11 콜 총리는 정상회담 때 남북한의 군사 대치 상황에 대해 깊은 관심을 나타냈다.

나는 콜 총리에게 남한과 북한의 병력을 비교하며 자세하게 설명해주었다. 당시 북한은 인구 1,900만에 88만의 병력을, 남한은 인구 4,000만에 65만의 병력을 유지하고 있으며, 북한은 GNP의 24%를, 남한은 6%를 국방비로 지출하고 있었다. 다시 말해 무력통일이라는 호전적 통일전략으로 이념무장이 되어있는 북한이 군사력마저 월등한 우위를 유지하고 있다는 두려운 사실이었다. 적어도 적군 군사력의 70% 수준의 군사력은 지녀야 자주국방이 가능한데 우리나라는 주한미군의 도움을 받아야 겨우 북한을 저지할 수 있을 정도의 심한 군사력 불균형 상태에 있었던 것이었다. 콜 수상은 동독은 인구 1,700만에 20만의 병력을, 서독은 인구 6,000만에 50만의 병력을 보유하고 있다고 말했다.

우리나라의 자세한 사정까지는 알 수 없던 콜 총리는 내가 남북한의 전력 차이를 구체적으로 지적해가며 한반도의 상황을 설명하자 놀랍게 받아들이면서 다음과 같이 제안했다.

"우리의 경우 동독의 병력을 크게 우려할 처지가 아니다. 나는 중국의 지도자들과 비교적 가까운 관계를 유지하고 있다. 보다 이상적인 북한과의 관계를 위해 중국의 역할은 분명히 중요하다고 생각한다. 한국과 중국의 관계 정상화를 위해 나의 역할이 필요하시다면 언제든지 각하를 돕고 싶다." 나에게 아시아 국가, 특히 중국과의 관계에 대해 특별한 관심을 보였던 이유를 짐작하게 하는 참으로 고마운 제안이었다.

콜 총리는 또 서울올림픽의 결정지가 바로 독일의 남부 도시 바덴바덴이었던 만큼 서울올림픽을 위한 협조도 아끼지 않겠다고 덧붙였다. 올림픽 개최에 대한 북한의 비합리적인 주장은 이성적인 국제사회에서 곧 묵살될 것이고, 자신의 견해로는 중국과 동구권 국가 모두가 기꺼이 서울올림픽에 참가할 것이라고 했다. 콜 총리는 북한이 당시 주장하고 있던 올림픽 공동 주최 주장 등에 대해 우리 측의 입장을 확실하게 지지한다는 약속과 함께 서울올림픽의 성공을 예견하는 격려의 말도 잊지 않았다. 이데올로기 전쟁의 부산물로 빚어진 국토 분단의 비극을 공감하고 있던 두 지도자는 한 가지 중요한 결론에 동의했다.

"사회주의 국가에 대한 자유민주주의 국가의 유일한 무기는 바로 자유와 풍요뿐이다."

1986.4.11 독일 교민 리셉션에서 당시 분데스리가에서 활약하던 차범근 선수로부터 축구공을 기증받고 있다.

그날의 만찬은 콜 총리의 감동적인 연설과 함께 끝났다.

"수십 년간의 예속과 희생 그리고 잿더미만 남긴 동족상잔의 전쟁을 딛고 이제 고도의 산업국가로 성장한 한국이 걸어온 이 길이 얼마나 어려운 것인가를 짐작할 수 있다. 40여 년 전 독일도 완전히 새로운 출발을 하지 않으면 안 되었다. 그리하여 우리 두 나라는 경제에 있어 기적이란 있을 수 없다는 사실을 말할 수 있게 되었다. 양국의 번영은 기적이 아니라 국민 개개인의 각고, 내핍, 근로로 창조된 것이다. 두 나라 협력의 제2기인 21세기를 위해 우리가 한국의 동반자가 되도록 해주시기를…."

이튿날 정상회담과 경제협력 회의들이 잇달아 열렸다.

서독 방문을 끝으로 유럽 4개국 순방 일정의 반을 마친 나는 주말 이틀을 스위스에서 보낸 뒤 4월 14일 파리의 오를리공항에 도착했다. 2박 3일간의 서독 방문 일정을 끝낸 내가 스위스에서 주말을 보내기로 한 것은 다음 방문국인 프랑스의 미테랑 대통령과의 주말 일정을 피하고 싶어서였다. 미테랑은 대통령이 되기 전 두 번이나 평양을 방문한 경험이 있는 사회주의자였을 뿐만 아니라, 취임 초 북한을 공식 승인하려는 움직임을 보여 우리 정부를 긴장케 했던 일이 있었던 것이다. 서방 7개국의 핵심국가인, 자유진영의 지도국 중 하나인 프랑스가 북한 지지세력인 소련과 중국이 한국을 승인하지 않은 상태에서 북한을 승인한다는 것은 우리에겐 받아들이기 어려운 일이었다. 프랑스가 북한과 수교함으로써 국제사회에서 북한의 지위가 높아진다는 것도 문제였지만, 그 일로 인해 북한이 상황을 오판해 외교적, 군사적 공세를 강화할 우려가 있었기 때문에 나는 어떠한 무리수를 쓰더라도 프랑스의 일방적 북한 승인을 저지해야겠다고 마음먹었던 것이다. 뒤에 따로 언급하겠지만, 다행히 프랑스가 우리의 입장을 이해해 북한과의 수교를 포기해줌으로써 잘 무마되었는데 외교관계의 균열까지 각오하며 신경전을 벌였던 당사자를 만나러 가는 나의 마음이 가볍지만은 않아 프랑스 일정을 서독 다음으로 미룬 것이었다.

그날 오후 3시 엘리제궁에서 프랑소와 미테랑 대통령과 정상회담을 가졌다. 미테랑 대통령은 "금년은 양국이 수교한 지 100년이 되는 해."라며 두 나라의 기나긴 수교의 역사를 언급하는 것으로 첫 인사를 건넸다. 나는 우리나라의 안보상황을 이해시키기 위해 미테랑 대통령에게 2차 세계대전 때의 경험을 상기시키는 말로 회담을 시작했다.

"각하께서는 2차대전의 참혹함과 불합리성을 누구보다 깊이 체험하신 분으로 알고 있다. 유럽에서의 소련 견제는 핵무기를 보유한 나토(NATO)의 역할로 균형이 유지되어 낙관적이다. 그러나 우리 극동은 그렇지 못하다. 핵무기 균형이 이루어지지 않고 있는 것이다. 소련의 많은 핵무기에 비해 중국은 너무 미미하고, 다른 나라는 핵무기 보유가 전무하다. 또 각하도 아시다시피 미국은 일본에 제5공군사령부를 주둔시키고 있고, 증강된 1개 사단을 한국에 주둔시키고 있다. 그럼에도 불구하고 중요한 것은 한국의 군사력은 북한에 비해 열세이며, 소련은 강세인 북한에 끊임없이 군사 지원을 하고 있다는 사실이다."

1986.4.14 미테랑 대통령과의 1차 정상회담.

1986.4.15 예정에 없었던 2차 정상회담 후 오찬장으로 이동하고 있다.

나는 이어 만약 한반도에서 전쟁이 재발한다면 유럽에도 중대한 영향을 미치기 때문에 한국은 전쟁 재발을 막기 위해 인내를 하며 북한과의 대화를 계속할 것이라고 밝히고, UN의 보편성 원칙에 따라 남북한이 UN에 동시 가입돼야 한다고 강조했다. 미테랑 대통령은 내 말에 전폭적인 지지를 보였고, 앞으로 두 나라가 협력해나가기로 약속했다. 이날 회담에서 미테랑 대통령이 불가침조약 등을 예시하며 북한과의 협상을 위한 우호적인 방법은 없는지 물은 데 대해 나는 북한의 완강한 적화통일전략을 설명했다.

"남과 북이 대화를 해도, 북한의 기본 전략은 무력적화통일이다. 그들은 아예 당헌 속에 무력적화통일을 성문화成文化시켜 놓고 불멸의 이상으로 따르고 있다. 하지만 통일에 대한 우리의 신념은 다르다. 강대국의 개입 없이 대화를 통해 평화통일을 이루고자 한다."

"북한에 영향력을 행사할 수 있는 나라는 소련과 중공이다. 그러나 중공은 한계가 있고, 정확한 의미에서 소련만이 북한에 대한 구체적인 영향력

행사가 가능하다. 하지만 소련은 우리에게 어려운 상대다. 북한을 대화의 장소로 끌어내기 위해 우리는 남북한 UN 동시 가입을 원하고 있다. UN 헌장을 준수하고 UN의 통제를 받게 되면 평화를 위한 최소한의 질서와 긴장 완화가 한반도에도 가능하리라 기대하기 때문이다. 그러나 UN 상임이사국 중 소련은 이 일을 가장 강력하게 반대하고 있는 나라다. 각하께서는 세계 평화가 대화를 통해 유지되어야 한다는 데 동의하셨다. 그러나 세계의 문제, 동서간의 고통을 대화로 이끌어갈 수 있도록 유도할 수 있는 지도자가 과연 몇이나 되겠는가. 미테랑 대통령께서는 바로 그런 능력과 뛰어난 정견을 가지신 지도자 중의 한 분이다. 소련 지도자를 만날 기회가 있으실 때마다 북한의 전쟁 욕구를 억제시키도록 말씀해주신다면 한반도 평화 유지에 많은 도움이 될 것이다."

나의 자세한 설명과 부탁의 말에 미테랑 대통령은 아주 우호적으로 반응해주었다.

"본인은 금년 6월 모스크바에 갈 예정이다. 지난해 고르바초프가 프랑스를 방문했고, 그때의 초청에 따른 일이다. 또 5월에는 동경 G7 회담에 참가하고, 7월에는 자유여신상 100주년 기념행사에 참석하기 위해 미국에 들러 레이건과 만날 계획이다. 말씀하신 대로 세계 정세에서 소련과 미국의 태도는 중요하다. 그런 이유로 이번 기회에는 솔직하고 실질적인 이야기들을 나눌 생각을 가지고 있다. 오는 6월 고르바초프를 만나면 반드시 각하의 말씀을 전하도록 하겠다. 그리고 즉시 그 결과를 각하께 직접 알려드릴 것을 약속드린다."

미테랑 대통령이 나와의 대화에 깊이 빠진 듯한 표정으로 "괜찮으시다면, 내일 예정된 공식 오찬 전에 시간을 내어 각하와 조금 더 환담할 수 있었으면 좋겠다."는 제의를 해옴에 따라 예정에도 없던 2차 정상회담을 갖게 되었다. 그날 저녁에는 외무성 대연회장에서 시락 총리가 주최하는 만찬이 있었다. 시락 총리는, 프랑스는 프랑스 정치사상 처음으로 국가원수와 행정부가 서로 다른 정당에서 탄생한 '좌우동거정부左右同居政府'를 구성하고 있지만 국가의 기본정책에 관해서는 언제나 초당적인 의견 일치를 보이고 있다고 말하면서도 3년 전 한국과 프랑스 정부 간의 북한 문제를 둘러싼 갈등에 대한 자신의 소신을 분명하게 밝혀 나를 감동시켰다.

"그 당시 저는 사회당 정부가 취한 경솔한 조치에 대해 비난했다. 미테랑 대통령께도 총리를 한국에 방문하게 해서 공식적인 사과를 해야 한다고 완강하게 주장한 주인공이 바로 나 자신이다. 이제 나 자신이 이끄는 프랑스 신정부는 결코 한국과 그런 식의 불편한 관계가 재현되는 일이 없도록 할 것을 약속드린다."

당사자들이 직접 만나니 감정이 상했던 문제들도 쉽게 해결된다는 사실을 가슴으로 느꼈던 순간이었다. 시락 총리는 이어서 차기 올림픽을 파리가 유치할 수 있도록 도와달라고 했다.

"1988년 서울올림픽에 이어 우리는 1992년 올림픽을 파리로 유치하기 위해 백방으로 분투하고 있다. 1992년은 올림픽 창시자인 우리 쿠베르탱 남작의 100주기가 되는 해이기도 해서 프랑스 정부의 올림픽 유치 의욕은 더욱 크다. 우리는 서울올림픽에서 얻어지는 경험을 배우고자 한다. 파리 시장을 겸직하고 있는 나는 각하께 우리 파리시의 1992년 올림픽 유치를 적극 지원해주실 것을 정식으로 부탁드린다."

나는 "파리가 서울올림픽에서 올림픽기를 인수할 수 있게 되기를 바란다."고 화답했고, 화기에 넘친 만찬은 밤 11시가 넘어서야 끝이 났다.

파리 도착 다음날인 4월 15일 12시 30분 내가 미테랑 대통령의 요청에 따라 엘리제궁을 재차 방문했을 때 양국의 정상은 한결 화기애애한 분위기를 즐길 수 있었다. 예정에 없던 제2차 정상회담을 가지게 되었지만 양국 정상은 국제 테러 방지를 위한 공동 대처방안, 서울올림픽의 성공적 개최 및 1992년 제25회 올림픽의 파리 유치 문제, 양국 간 경제협력의 확대와 과학기술 교류 문제 등 제반사항들을 흉금을 터놓고 협의했다. 오찬 중에는 전날 저녁에 있었던 미국의 리비아 공격 사건이 화제의 초점이 되었다. 미테랑 대통령은 국제 테러를 뿌리 뽑아야 한다는 점에는 동의하면서도 미국의 프랑스 영공 통과 요청 과정에 대해서는 큰 불만을 토로했다. 초기 결정 단계에서부터 프랑스와 상의하지 않고 결정된 후에야 일방적으로 통고한 것이 자존심을 상하게 해 미국의 영공 통과를 거부했다는 것이었다. 나는 국제사회를 이끌어가고 있는 지도자들 간의 흥미진진한 신경전 얘기를 듣고 국빈에게 제공되는 최고급 요리를 대접받고 있으면서도 마음은 시종일관 초조하기만 했다. 리비아에 남아 있는 우리 근로자 2,5000명의 신변안전이 염려되었기 때문이었다.

나를 수행한 이원경 외무장관은 이날 오후 레이몽 프랑스 외상과 따로 회담을 가졌는데, 레이몽 외상은 미테랑 정부 초기에 북한과 수교 움직임을 보였던 일을 의식한 듯 북한과의 관계 개선에 신중을 기하겠다는 다짐을 밝혔다고 했다.

마지막 방문국인 벨기에는 강대국에 둘러싸인 유럽의 조그마한 나라로 수없이 많은 외침과 전란으로 점철된 역사와, 비좁은 국토, 빈곤한 자원 등 우리의 처지와 비슷했다. 또 대외무역과 기술개발로 경제의 근간을 삼고 있는 것도 똑같았다.

그럼에도 보드웽 국왕을 국가원수로 모신 소왕국은 아름답고 당당한 모습을 지키며 유럽 대륙의 구심점으로 자리하고 있었다. 수도인 브뤼셀에 유럽의 심장인 유럽공동체(EC, 현재의 유럽연합 EU)와 나토(NATO) 본부를 품고 있는 것이다. 벨기에 국왕은 자신이 직접 참석한 공항 행사에서 6.25전쟁 당시 참전했던 제3공수단으로 의장대를 구성하도록 하는 세심한 배려를 해주었고 숙소인 왕궁으로 가는 길에도 100명의 기마대로 하여금 에스코트해주는 등 혈맹국 국가원수에 대한 최고 수준의 의전을 갖춰주었다.

원래 EC는 제2차 세계대전이 끝난 후 유럽 주요 국가들의 경제부흥을 위해 창설되었다. 그러나 내가 유럽을 방문하던 1986년 1월부터는 12개의 회원국을 가진 초국가적 기구로 성장해 있었고 무역 총규모 면에서도 미국의 2.5배, 일본의 4배를 넘는 세계 최대의 무역시장으로 성장해 이미 경제통합은 물론 정치 통합까지 도모하는 상황이었다. 세계적인 힘의 균형에 큰 지각변동을 가져올 유럽공동체를 적극적으로 활용해야 한다는 의미에서 나는 벨기에 방문 다음날인 4월 17일 구주공동체(현 유럽공동체) 본부를 방문했다. 영국, 서독, 프랑스 등 3개국 정상들과 논의했던 한국과 이들 나라간의 교역 증대, 과학기술 협력 등 실질협력 증진을 EC 여러 나라에 확대시키고 구체화시키는 방안에 관해 합의함으로써 1990년까지 무역 규모를 두 배로 늘리게 되었다. 특히 순방기간 중 10억 달러가 넘는 교역 상담이 성사되고 30~40건에 이르는 합작투자와 기술제휴, 제3국의 공동 진출에 합의한 것은 획기적인 성과였다. 영국과는 과학기술 양해각서를 교환했고, 서독과는 원자력기술협정 및 과학기술협정을 체결했다.

1986.4.17 벨기에의 한국전 참전용사들과 함께.

눈부신 발전을 이룩해 선진 공업국으로의 진입을 바라보게 되자 미국, 일본으로부터의 선진기술 도입에 제약과 견제를 받아오던 우리나라가 유럽 여러 나라와 산업기술의 교류 협력에 합의한 것은 미·일로부터의 기술 도입에 있어 까다로운 조건을 완화시키게 될 것이었다. 나는 유럽 순방 중 중소기업 분야에서의 경영 노하우와 기술협력도 합의했는데 그것은 그동안 정부가 중점적으로 육성해온 중소기업에 활력소를 제공해주기 위한 것이었다.

내가 순방한 유럽 4개국은 사실상 EC의 핵심 국가들이기 때문에 방문 효과는 2차적으로 EC 전체에 미칠 수 있을 것으로 기대됐다. EC 또는 NATO를 중심으로 한 서유럽제국은 미국과 함께 서방 진영을 구축하고 있는 3개의 축 중에 중요한 부분을 차지하고 있는 곳이다. 따라서 내가 이들 나라들과 고도기술의 이전 등 경제 분야에 있어서의 실질적이고 구체적인 협의를 진행시킬 수 있었다는 것은 행운이었다. 또한 각국의 지도자들로부터 공산세력과 대치해 있는 서유럽의 안보문제에 대해 직접 설명을 들을 수 있었고 이들 지도자들에게 한반도의 안보정세와 한반도 통일문제에 관한 한국의 입장을 설명하고 이해시킬 수 있는 기회를 가질 수 있었다. 방문하는 동안 만난 정상들이 모두 서울올림픽의 성공적 개최를 위한 전폭적인 지원을 약속해줌으로써 서울올림픽에 대한 현지 언론과 각국 국민들의 관심을 높인 것도 유럽 순방이 이룬 결실 중 하나였다.

프랑스 정부의 북한 수교 움직임을 저지하다

앞에서 언급한 것처럼 우리가 국제사회에서 북한보다 외교적 우위를 확보하기 위해 많은 노력을 기울였으나 적지 않은 난관들이 가로놓여 있었다. 또 그러한 난관들을 돌파해나가는 과정에서 외교 상식으로는 생각하기 어려운 일들이 빚어지기도 했다. 그 중에는 내가 조금은 감정적으로 대응했던 사례도 없지 않았다.

1981년 5월 미테랑이 집권한 프랑스의 사회당 정부는 출범 초부터 북한과의 수교 움직임을 보였다. 1983년 초 미테랑 대통령의 측근으로 있는 보좌관이 우리 대사에게 북한을 승인하겠다는 방침을 통보해온 것이다. 북한을 승인하겠다는 명분은 그럴듯했다. 북한은 프랑스가 수교 관계를 맺고 있지 않은 유일한 나라라고 말하면서 북한을 승인하게 되면 프랑스는 남북한 간의 조정 역할을 충실히 할 수 있다는 것이다. 하지만 프랑스가 만약 북한을 승인하게 되면 그것이 도미노 현상을 초래하게 될 것이라는 우려가 있었다. 그 영향으로 다른 서방국가들이 줄줄이 프랑스의 뒤를 이을 것은 충분히 예상되는 일이었다. 프랑스의 북한 승인을 저지하기 위해 뭔가 대책을 강구해야 했지만 당시 우리는 이를 막아낼 뾰족한 외교적인 무기를 가지고 있지 못했다. 외교 경로를 통해 프랑스 정부를 설득하는 한편 미국 등

의 우방국을 통해 설득하는 방법도 써보았지만 그러한 노력만으로 프랑스
의 북한 수교 움직임을 저지할 수 있을지 의문이었다.

　나는 며칠 동안 생각한 끝에 한 가지 모험적인 방책을 생각하게 되었다.
통상적 방법의 외교적 노력에는 한계가 있는 만큼 외곽을 통한 압박 전략
을 펴기로 한 것이다. 그러자면 우선 프랑스 조야에 안면이 넓은 사람을 대
사에 임명할 필요가 있었다. 나는 우선 부임한 지 얼마 안 된 민병기閔丙岐
대사 대신 이미 프랑스 대사를 오래 동안 역임한 후 UN 대사로 가 있는 윤
석헌尹錫憲 대사를 다시 프랑스 대사로 불러들였다. 민병기 대사는 직업 외
교관 출신이 아닌데다 대사로 나가기 직전까지 대학교수로만 있었기 때문
에 프랑스 정부에 영향력을 끼칠 수 있는 사람들을 많이 알지 못하고 있었
다. 일반적인 인사 관례로는 있을 수 없는 일이지만 프랑스 정부 요인들과
많은 지면이 있는 윤석헌 대사를 다시 불러 프랑스 당국과 교섭할 필요가
있다고 판단했기 때문이다.

　한편으로 나는 박봉환朴鳳煥 동자부장관을 불러 프랑스의 알스톰사가
맡고 있는 월성원자력발전소의 공사를 즉각 중지시키고 장비는 모두 철수
시키라고 지시했다. 프랑스의 기술 수준으로는 나중에 안전에 중대한 문제
가 생긴다는 정보를 보고받았다는 이유를 댔다. 공사 중단과 아울러 그 공
사에 참여하고 있는 프랑스인 직원과 기술자들을 10일 이내에 출국시키라
고 지시했다. 뿐만 아니라 원자력발전소의 관리를 위한 기술을 습득하기
위해 프랑스에 가 있는 우리 기술자들을 10일 이내에 모두 귀국시키라고
지시했다. 나의 갑작스러운 지시를 받은 박봉환 장관은 처음에는 나의 지
시 내용과 공사 중단 이유에 납득할 수 없다는 표정이었으나 나의 지시가
워낙 단호했고 또 안전에 문제가 있다는 지적에 반론을 제기할 수 없다고

생각했는지 지시대로 조치하겠다고 답변을 하고 나갔다.

나는 또 한불경제협력위원회 회장을 맡고 있는 조중훈趙重勳 KAL 회장을 불러 KAL이 비행기 관련 장비나 기타 부속품 등을 일절 프랑스로부터 구입하지 말라고 지시했다. 그리고 만약 이 지시를 어기고 못 한 개라도 프랑스에서 사온다면 KAL은 엄청난 불이익 조치를 당하게 될 것이라는 경고를 주었다. 나의 말을 들은 조중훈 회장은 몹시 당황해하면서도 그 영문을 몰라 몹시 답답해하는 듯했다. 나의 지시 내용을 즉각 프랑스에 있는 거래처에 통고하도록 하라는 말만 할 뿐 그러한 지시를 하게 된 배경에 대해서는 일절 말하지 않았던 것이다. 조중훈 회장은 프랑스 경제계의 많은 인사들과 돈독한 교분을 맺고 있을 뿐만 아니라 항공산업과 관련해 프랑스의 많은 기업과 거래를 하고 있었다. 나는 이 점을 십분 활용하고자 했던 것이다.

동력자원부와 한전, KAL 등 나의 지시를 받은 관계기관에서는 영문을 모른 채 어찌해야 될지 고심하고 있다는 보고가 들어왔다. 또 조중훈 회장이 나의 지시와 관련한 사항들을 프랑스에 통보했다는 보고를 받았다. 나는 바로 조 회장을 다시 불러 KAL이 프랑스와 모든 거래를 중단하도록 내가 무리한 지시를 하게 된 배경을 설명해 주면서 프랑스 정부의 북한 수교 움직임을 반드시 저지해야 할 필요성 때문이었던 만큼 프랑스 정부 요인에게 영향을 미칠만한 기업인들을 움직여 프랑스 정부에 압력을 행사하도록 설득해달라고 부탁했다. 조중훈 회장은 지체 없이 파리로 가서 협조관계에 있는 프랑스의 기업인들에게 내 얘기를 귀띔해주면서 "프랑스 정부가 무엇 때문에 실익도 없는 북한과의 수교를 모색하느냐, 프랑스 정부가 방침을 바꾸지 않으면 우리 회사도 프랑스와는 거래를 끊을 수밖에 없다."고 통보했다는 것이다.

사태가 이렇게 되자 막대한 이권을 놓치게 될 처지에 놓인 프랑스의 관련 기업인들은 일제히 불평을 하면서 정부에 압력을 가하기 시작했다. 전후 사정을 알게 된 미테랑 정부의 외상은 윤석헌 대사를 불러 "북한 승인 얘기는 미테랑 대통령 특별보좌관의 개인적인 의견일 뿐 정부의 공식적인 입장은 아니다. 외교정책의 총책임을 지고 있는 사람은 외상인 나다. 내가 그런 말을 한 사실이 없지 않느냐?"라고 해명을 했다. 이에 노련한 윤 대사는 "프랑스의 공식 입장이 그렇다면 말로만 하지 말고 그러한 내용을 문서로써 분명하게 밝혀달라."고 요청했다. 프랑스 정부는 북한을 승인할 의사가 없다는 뜻을 문서로써 만들어 우리 정부에 전달해왔고, 결국은 북한 승인을 포기했다. 1983년 6월에 있었던 일이다.

그 후 월성원자력발전소의 공사는 재개되었고 기술자들도 모두 제자리를 찾아갔다. 하지만 프랑스 정부는 그 후에도 1984년 12월에 북한의 무역대표부를 총대표부로 일방적으로 승격시켜서 나는 즉각 윤석헌 대사를 일시 귀국토록 훈령을 내린 일도 있었다. 동서 냉전체제가 지속되고 있던 당시 국제환경에서 북한에 접근하려는 미테랑 대통령의 프랑스 사회당 정부와는 외교적으로 편치 않은 관계가 지속되고 있었고, 그 때문에 유럽 4개국을 순방하면서도 미테랑과 정상회담을 갖는 데에는 적잖게 신경이 쓰였던 것이다.

중국과의 관계 개선

나는 체제와 이념의 차이를 떠나 모든 나라와 상호주의 원칙 아래 우호협력관계를 수립하고 이를 발전시켜나간다는 것을 외교정책의 기본방향으로 삼고 있었다. 특히 지리적 인접성으로 보나 역사적, 문화적 관계를 생각할 때 중국과의 관계개선은 긴요한 외교적 과제였다. 6.25때 전쟁을 치른 두 나라는 그 후 지속된 국제사회의 냉전적 대결구도 속에 단절 상태를 해소하지 못하고 있었다. 북한의 방해와 소련의 견제로 우리나라와 중국 두 나라가 직접 외교교섭을 갖는 기회는 좀처럼 열리지 않았다. 서해에서의 안전조업 문제, 대륙붕 석유개발 문제 등을 놓고 서로 대좌할 필요성이 절실했지만, 돌파구를 찾지 못하고 있었다. 그런데 중국과의 대화통로 개척을 다방면으로 암중모색하고 있던 때 그 실마리가 될 사건이 우연찮게 일어났다.

1983년 5월 5일 낮 중국민항中國民航(CAAC) 소속 여객기 1대가 무장 승객에 납치되어 강원도 춘천 부근 공군기지에 불시착했다. 이 여객기는 승객 102명(납치범 6명 포함), 승무원 9명을 태우고 중국의 요녕성 심양 遼寧省 瀋陽을 출발해 상해로 가던 길이었다. 납치범들은 한국으로 가자고 승무원들을 위협한 끝에 총격을 가해서 승무원 2명에게 부상을 입히기까지 했다. 어린이날이어서 모처럼 가족들과 테니스를 하려다가 보고를 받은 나는 직감적으로 길조吉鳥가 품안에 날아든 것 아닌가 하는 생각이 들었다. 아시아경기대회와 88올림픽에 중국의 참가가 반드시 필요하고, 그 일이 아니더라도 동북아 지역의 안정, 그리고 양국 간의 교역 문제 등 쌍무적인 관계개선이 절실히 요청되는 때여서 이 사건이 꽉 막혀 있는 양국 관계에 작은 숨통을 열어줄 수 있을 것이라는 예감이 들었다.

나는 첫 보고를 받는 통화에서 바로 이 사건을 1회적인 사건으로 끝내지 말고 앞으로 사건이 해결 된 뒤에도 중국과의 연결고리를 만들어두도록 하라고 지시했다. 아울러 일반 승객과 승무원들에게 최대한 편의를 제공하고, 비행기를 가급적 오래 붙들어 두라고 지시했다. 전혀 예기치 못했던 돌발사건이었지만 우리의 관계당국도 즉각 성명을 내 두 나라가 모두

가입해 있는 헤이그협약(항공기 불법납치 방지를 위한 국제협약)의 정신을 존중하여 항공기와 승무원 및 승객들을 처리한다는 방침을 밝혔다. 관계당국은 승객과 승무원의 안전을 최우선시해서 우선 승객들을 인질로 삼고 있는 납치범들을 설득한 끝에 그날 밤 9시 승객과 승무원들을, 납치범들과 분리해서 비행기에서 내리게 한 뒤 춘천에서 1박하고 이튿날 서울의 호텔에 투숙하도록 했다. 납치범들은 별도로 수용했다.

그날 오후 중국 국영항공사 대변인은 중국 민항기 1대가 한국에 착륙한 사실을 발표한 후, 밤 9시에는 서울지방항공관리국 통신소에 이 사건을 협의하기 위한 중국항공국장의 방한을 허용해달라는 전문을 일본 동경을 경유하여 보내왔다. 이어 중국 외무성은 중국 주재 일본 대사에게 중국은 한국과 외교관계가 없으니 일본 정부가 중국정부를 대신해서 중국민항직원을 서울에 파견할 수 있도록 협조해줄 것을 요청했다. 다음 날 바로 중국민항항공국 관계관 18명 및 항공기의 입국을 요청하는 내용의 전문을 동경을 경유하여 보내왔다. 이 전문에서 중국 당국은 'Republic of Korea'라는 우리나라의 정식 국호國號를 사용했다. 이것은 1948년 우리 대한민국 정부가 들어서고 1949년 중국에 공산당 정권이 들어선 후 처음 있는 일이었다.

우리 정부는 중국 측의 요청에 대해 사건 처리를 위해 중국 외무성의 고위 당국자를 대동해달라고 회신했다. 그러자 중국 측은 민항총국장 심도沈圖 등 33명의 대표단을 파견해왔다. 이로써 우리나라와 중국 공산당 정권과의 최초의 정부 간 공식 접촉이 이루어진 것이다. 이후 공노명 외무부 제1차관보를 수석대표로 하는 우리나라 대표단과 심도 단장의 중국 측 대표단은 5월 10일까지 진행된 협상을 통해 중국 민항기의 기체, 승객, 승무원의 송환 문제 등을 완전 타결하고, 두 나라의 공식 국호를 명기한 합의문서를 교환했다.

한편 납치범들은 관계법에 따라 구속 기소한 뒤 법적 절차를 거쳐 1년 후 그들의 망명 희망지인 대만으로 보냈다. 모든 처리 절차가 국제법과 국제관례, 인도주의 원칙과 선린 우호의 정신에 따른 것이었다. 이 과정에서 나는 관계당국과 우리 대표단에 협상 원칙은 물론 "중국 대표가 희망하고 또 납치범들이 희망할 경우 중국 대표들이 납치범들을 면담할 수 있도록 하여, 납치범들의 망명 의사를 확인할 수 있게 하라." 는 등 구체적 지침을 주었다. 중국 측 대표단과 중국 정부도 이러한 처리과정과 결과에 만족해 했다는 보고를 받았다.

1983.5.10 납치범들에 의해 춘천 부근 공군기지에 불시착한 중공 민항기가 계류되어 있다.

민항기 사건이 일어난 지 2년 후인 1985년 3월에는 중국 어뢰정 1척이 우리 영해를 침범해 들어온 사건이 발생했다. 3월 22일 중국 해군 북양함대 소속의 어뢰정 1척이 소흑산도 근해에서 표류하다 조업을 하고 귀항 중이던 우리나라 어선에 구조를 요청해왔다. 우리 측은 일단 이 어뢰정을 전북 부안군 부근 해상에 정박시켰는데 중국의 함정 3척이 어뢰정 수색을 구실로 우리 영해를 침범했다. 중국 함정들은 우리 해군과 공군이 무력시위를 하자 퇴거했지만 외무부는 즉각 성명을 내어 "중국은 영해 침범을 사과하고 관련자를 문책하라."고 요구했다.

우리 군 당국의 조사 결과 중국 어뢰정이 우리 영해에 들어오게 된 경위는 다음과 같이 밝혀졌다. "중국 북해함대 소속 P6형 어뢰정(40톤급) 1척이 19명의 승무원을 태우고 야간 항해훈련 후 청도青島 기지로 귀환 중이었는데 승무원 중 상관에게 불만을 품고 있었던 자들이 AK 소총 2정을 탈취하여 조타실에 있던 선장, 부선장 등 6명을 사살했다. 이들은 기지로 돌아가면 처벌을 받을 것이 두려워 5시간여 동안 공해상을 전전하다 연료가 떨어져 표류 중 우리 어선을 발견하고 구조를 요청해서 부안 앞바다까지 예인됐다."

우리 외무부의 성명에 대해 중국 측은 3월 26일 우리 측 홍콩 총영사에게 깊은 사과의 뜻을 담은 공식각서를 전달해왔다. 신화사통신 홍콩지사 부사장 명의였지만 중국 외교부의 수권授權에 의한 것임을 분명히 한 것이었다. 각서 수수 과정에서 한중 양측은 제3국 외교 경로를 통하지 않고 홍콩에서 직접 협상을 벌임으로써 새로운 선례를 남겼다. 정부는 이 사건이 긴급피난 및 해난구조의 성격이며 중국 군함 내부의 난동 살인사건이라고 규정하고, 어뢰정 및 승무원과 사상자 전원을 되돌려보낸다는 방침을 정하고 3월 28일 난동자 2명을 포함한 승무원 전원과 어뢰정을 공해상에서 중국 측에 인계했다.

이 사건 처리 과정에서 우리 정부 당국자들은 중국 어뢰정이 우리 영해를 침범한 것이 사실인 만큼 보다 강경한 조치를 취해야 하며 또 난동자 2명을 그들의 희망대로 대만으로 송환해야 한다는 생각이었다. 그러나 나는 난동자들이 정치적 망명을 기도한 것이 아니고, 개인적 불만 등으로 상관을 살해한 범법자인 만큼 인도적 또는 정치적 고려를 할 필요가 없다고 생각해서 대만 측의 강력한 항의에도 불구하고 중국으로 돌려보냈다. 중국은 우리 측의 조치에 대해 외교부의 성명을 통해서 한국 정부에 감사한다고 발표했다.

전기침錢其琛 전 중국 외교부장은 그의 회고록 『외교십기外交十記』에서 이 사건이 있은 다음 달인 1985년 4월 등소평鄧小平 주석이 외교 담당 간부들에게 한국과의 관계 발전이 필요하다는 점을 강조하면서, 한국과 교역을 할 수 있고 한국과 대만 관계를 단절시킬 수 있다고 말했다고 쓰고 있다. 등소평 주석은 이어 같은 달 나에게 밀사를 보냈다. 미국 내의 가장 강력한 중국 로비스트인 안나 셰놀트(Anna Chennault) 여사였는데, 중일전쟁 당시 장개석蔣介石 군에 100대의 전투기를 지원하여 참전했던 플라잉 타이거스(Flying Tigers) 의용항공대의 클레어 셰놀트 장군의 미망인이다. 등소평 주석은 중국 민항기 사건과 어뢰정 사건에 대한 나의 처리 결과에 대해 감사하며, 아직 수교가 없어 밀사를 보낼 수밖에 없다면서 앞으로 양국 관계가 개선되기 바란다는 희망을 전했다.

그해 8월에는 중국 공군의 폭격기 1대가 전북 이리(현재 익산)시 근교에 불시착한 사건이 발생했다. 또 그 이듬해인 1986년 2월과 10월에도 중국 공군기가 각각 우리나라 영공으로 들어와 망명을 요청했는데, 우리 정부는 이러한 사건들을 국제법과 국제관례에 따라 처리했다. 중국 정부로서는 이러한 사건들이 고통스러운 일이었고 더욱이 정식 국교는 물론 일체의 접촉과 교류조차 없었던 우리 한국에서 발생한 일이어서 외교적으로 처리하기에 매우 어려운 과제를 던져준 사건이었다. 나는 양국 관계의 앞날을 내다보고 통치권 차원의 결단에 따라 이 사건들은 중국이 겪어야 할 어려움을 최소화하는 수준에서 원만히 처리하게 했다.

이들 사건 처리 후 중국 정부는 관용여권을 가진 우리나라 정부 당국자들에게 입국사증을 발급하기 시작했고, 이어 중국과 우리나라에서 각각 열린 각종 스포츠 행사에 두 나라의 대표들이 빠짐없이 참석했다. 특히 1986년 서울에서 열린 아시아경기대회에는 중국이 사상 최대 규모의 선수단을 파견했다. 이에 우리나라는 1990년에 열리는 아시아경기대회의 중국 유치를 적극 지원하고 우리의 경험과 노하우를 전해주었다. 조자양趙紫陽 수상은 88서울올림픽에 참가할 것이라고 전하면서 "올림픽 준비를 위해 한국에서 하고 있는 일을 직접 현지에서 관찰하고 배울 수 있도록 중국의 체육관계 대표자들을 88올림픽 이전에 한국에 파견하고자 하니 방한을 사전에 허락해주시면 한국에 가서 견학하도록 관계자에게 지시할 것."이라는 부탁의 말도 전해왔다. 또 "북한에 대해 계속 줄기차게 대화를 촉구하고 있는 한국 대통령의 자세는 훌륭하다."고 말하면서 "나는 전두환 대통령의 용기에 경의를 표한다." 는 내용의 말도 전했다.

그는 또 "이제 중국도 남북한 문제의 개선을 위한 방도를 재검토할 수 있는 여유가 생기고 있다."고 전제하면서 "한중간의 비공식 교역에 대해서는 이를 장려할 것이다. 양국의 이익을 위해서도 좋은 일이다. 이미 일본과 많은 거래를 하고 있으며 미국도 기술을 사 가라고 하는데 한국과의 교역도 매우 바람직하다. 각하께서 말씀하신 한중 교역과 문화교류도 찬성이다.

다만 은밀하게 진행시켜야 한다."라고 말했다 한다. 그러면서 그는 당시 중국은 북한이 대對소련 일변도로 기울까봐 심히 염려하고 있다고 하면서 한국과의 관계는 신중하고도 신축성 있게 대처해나갈 생각이나 언젠가는 한국과 중국과의 관계 발전이 가능하리라고 생각하고 있다고 말했다 한다.

김석우金錫友 전 외무부차관은 2012년 2월 27일 가진 연합뉴스와의 인터뷰에서 이 두 사건은 이후 한중수교에도 적지 않은 영향을 미쳤다고 밝혔다. 김 전 차관은 전기침 전 중국 외교부장의 회고록 『외교십기』의 기록을 인용하면서, 1985년 4월 등소평鄧小平이 중국의 외교 관리들에게 "이제 남한과 수교를 준비해야 한다는 지침을 줬다."고 했다. 그 인터뷰에서 김 전 차관은 "만약 당시 어뢰정이 중국 본토로 돌아오지 못했다면 등소평이 추진하던 개혁개방정책에 큰 차질이 있었을 것."이라고 진단했다. 개혁개방을 추진하는 과정에서 중국 사회가 이완되는 다양한 징후가 나타났는데, 어뢰정 사건도 그 중 하나였다는 것이다. 따라서 어뢰정 사건이 제대로 처리되지 않았더라면 중국 내부에서 개혁개방에 반대하던 세력이 등소평의 정책에 제동을 걸었을 것이고, 이는 자칫하면 등소평의 실권을 무너뜨릴 위험성마저 있었다는 것이 김 전 차관의 분석이다.

우연찮게 발생한 사건들을 우리가 앞날을 내다보면서 슬기롭게 처리한 결과 그 뒤 두 나라 사이에는 자연스런 접촉과 교류가 이루어졌다. 홍콩을 매개로 한 양국 간의 간접 교역이 비약적으로 증가했다. 이러한 교류 협력이 쌓여가면서 1992년 정식 국교 수립으로 발전해간 것이다. 그런 인연으로 나는 퇴임 후 중국인민외교학회의 초청으로 세 차례 중국을 방문했다. 중국의 당과 정부는 한중수교의 단초를 놓은 사람이라고 나를 평가하면서 한중수교 10주년, 15주년, 20주년을 기념하는 때마다 우리 내외와 측근들을 초청해 국빈 수준의 예우로 환영해주었던 것이다. 가는 곳마다 나를 맞이하는 중국 측 인사들은 한결같이 '음수사원飮水思源 (물을 마실 때 그 우물을 판 사람을 생각한다)'을 얘기했다. 내가 한중 수교의 씨앗을 뿌린 사실을 잊지 않고 있다는 뜻일 것이다.

KAL기 격추 사건

1983년 9월 1일 새벽, 잠에서 막 깨어난 우리 국민은 라디오에서 흘러나오는 뉴스를 듣고 깊은 불안감에 휩싸였다. 승객 240명과 승무원 29명 등 269명을 태우고 미국 뉴욕을 출발해 새벽 5시 30분 서울에 도착할 예정이던 대한항공 747점보 여객기가 이날 새벽 3시 26분경 일본 북해도 근해 상공에서 마지막 교신을 한 뒤 연락이 두절되었고, 소련 영공 사할린 근처에서 실종됐다는 내용이었다. 충격적인 소식이었지만 사람들은 먼저 '기체 고장 등으로 인한 비상착륙' 또는 '공중납치' 등의 가능성을 생각하며 불안한 추측을 하고 있을 뿐이었다. 5년 전인 1978년 4월에도 KAL기가 소련 영공에 잘못 들어갔다가 소련령 무르만스크에 강제착륙당한 일이 있었기 때문에 사할린 근처에서 '실종'됐다는 소식을 듣자 이번에도 비슷한 상황이 아닐까 하는 추측을 했던 것이다. 이때까지만 해도 확실한 것은 '연락 두절' '실종'일 뿐이어서 공격을 받아 격추됐을 것이라는 등의 최악의 상황까지 생각할 근거는 없었다. 더욱이 오전 10시 50분경에는 확인되지는 않았지만, KAL기가 소련 땅 사할린에 강제착륙됐다는 소식이 들어와 한때 불행 중 다행이라며 크게 안도하기까지 했었다. 그러나 그로부터 1시간쯤 지난 오전 11시 55분경 우려했던 것 이상의 비극적 뉴스가 전해졌다. 외신은 "KAL기는 소련 전투기로부터 미사일 공격을 받은 후 행방을 알 수 없다."는 소식을 타전했다. 우리 국민은 다시 깊은 불안감에 빠져 초조하게 사건의 상보를 기다릴 수밖에 없었다.

사건이 일어난 곳은 미국의 비행정보구역, 일본의 비행정보구역, 소련 영공이어서 우리로서는 관할권이 없는데다가, 실종 상태의 KAL기와는 교신이 끊겼으니 원천적으로 정보가 없었다. 오후가 되자 미국 등 우방의 정보당국으로부터 입수된 정보는 소련에 의해 격추된 것이 거의 확실하다는 것이었다. 우리 정부는 이진희李振羲 문공부장관을 통해 "지금까지 여러 경로로 수집한 상황에 미루어보면 이 여객기는 제3국에 의해 격추된 것이 거의 확실시되고 있다."고 발표했다. 그때까지 소련으로부터는 아무런 발표나 정보가 나온 일이 없는 상황이어서 '소련'이라고 못 박지 않고 '제3국'이라고 발표할 수밖에 없었다. 뒤이어 외신은 슐츠 미 국무장관의 다음과 같은 특별 기자회견 내용을 전해왔다.

"항로를 잃은 KAL 소속 여객기 1대가 소련 영공으로 들어간 후 소련 전투기의 공대공 미사일 공격을 받고 격추됐다. 소련 전투기들이 KAL기를 추적하는 동안 지상관제소와 계속 접촉을 가져왔으며 1일 새벽 3시 26분(한국 시간) 한 소련군 조종사가 미사일을 발사, 목표물을 파괴했다고 지상관제소에 보고한 것이 확인됐다."

설마 했던 우리 국민들은 물론 전 세계가 경악했다. 국제 여론은 분노로 들끓었다. 비무장 여객기를 전투기가 미사일로 격추하다니…. 그것은 실로 상상을 초월하는 잔인무도한 만행이었다. 1978년의 사건 때에도 총격을 가해온 일이 있기는 했지만, 강제착륙시키려는 것이었고 이번처럼 미사일 공격으로 격추시키지는 않았던 것이다.

상세한 보고를 받아보니 격추된 여객기는 KAL 007편으로 8월 31일 저녁 9시 5분 뉴욕을 출발해 앵커리지 공항을 거쳐 앵커리지와 서울 간 항로 중 최북단을 경유하는 로미오20 항로를 택해서 비행하고 있다가 변을 당한 것이었다. 그 여객기에는 한국인 81명 외에 미국인 55명, 중국인 22명,

일본인 28명 기타 지역 51명 등 모두 240명의 승객이 타고 있었다. 미국인 승객 가운데에는 한미방위조약체결 30주년 세미나에 참석하려던 래리 맥도널드 미 하원의원도 포함되어 있었다.

나는 2일 오전 특별담화를 통해 소련의 만행을 규탄하고, 소련 당국에 대해 사건의 진상을 규명해 전 세계에 명백히 밝히고 사과하는 동시에 민간여객기 격추에 따른 모든 책임을 질 것을 요구했다. 담화 발표와 아울러 나는 이범석 외무부장관에게 UN 안보리의 소집을 요구하도록 지시했다. 이범석 외무장관은 UN 안보리 상임이사국 및 비상임이사국 중 서울에 주재하는 대사들과 만나 안보리에서 KAL기 피격 사건에 적극 대처해줄 것을 요청했다. 9월 3일 상오(한국시간) 소집된 UN 안보리에서 우리나라와 미국, 프랑스, 일본, 영국 등 13개국은 소련의 행위를 야만적이라고 규탄했으며, 소련이 사실을 밝히고 격추 책임을 받아들이도록 강력히 주장했다. 김경원 주UN 대사는 소련이 전 세계 민간항공기들의 안전을 위협하고 있다고 비난하면서, 격추된 KAL 여객기와 그 여객기에 타고 있었던 승무원과 승객 269명에 대한 완전한 보상과 사죄를 촉구했다.

그런데 이날 안보리에서는 중국과 일부 제3세계 국가들이 서방 측의 입장에 동조해 일제히 소련을 비난하고 나서 주목을 끌었다. 그러나 소련 대표 리처드 오비리코프는 KAL기가 소련 영공을 침범했으며 소련은 경고사격을 한 번 했을 뿐이라고 말하고, 여객기는 사라졌다고 주장했다. 특히 그는 한국이 미국 첩보기관과 합작해서 정보활동을 위해 소련 영내로 들어왔다고 주장했다. 소련의 관영 『타스통신』도 3일 KAL기 사건에 대한 3차 성명을 발표하고 워싱턴 당국이 미국을 떠나 소련 영공을 침범한 한국 항공기를 이용해 악의에 찬 반소反蘇 도발행위를 감행하고 있다는 적반하장 격의 비난을 퍼부었다.

소련이 완강한 태도로 나오자 전 세계의 분노는 더욱 고조되었다. 6일 오전 10시(한국시간) 레이건 미국 대통령은 미국인 희생자 55명의 유해 송환 및 희생자에 대한 보상을 요구하면서 미소 관계 개선에 관한 실무협상의 중단을 포함한 항공 및 외교적 제재 조치를 발표했다. 캐나다 정부는 소련에 대한 보복 조치로 소련 국영항공사인 아에로플로트사 소속 항공기의 몬트리올 비행을 6일부터 60일간 정지시키기로 결정했다고 발표했다. 한편 세계 최대의 민간항공조종사기구인 국제조종사협회연맹(IFALPA)은 6일 소련에 대한 보복 조치로 소련 취항을 60일간 거부하기로 결정했다. 서구 각국의 조종사협회도 모스크바 취항을 중지하기로 결정했다.

사고 현장 부근인 소모야宗谷 해역에서는 연일 희생자 진혼제가 열렸고 7일 오전 10시에는 고혼을 달래기 위한 합동위령제가 서울운동장에서 엄수되었다. 위령제에 이어 규탄대회에서는 소련의 만행을 전 세계에 폭로하고 그들에 대한 제재에 공동보조를 취해줄 것을 호소하는 결의문과 메시지가 채택되었다.

사고 이후 피격 KAL기의 유류품을 수색하던 일본 와카나이 경찰은 8일 오후 4시경 와카나이 동쪽 사루후츠 부근의 해안을 수색하던 중 이 해안에서 2미터 정도 떨어진 바다 속에서 KAL기 기체 파편으로 보이는 물체를 발견했고 계속하여 이 일대 해안에서 금속 파편 6점, 스펀지 3점 및 단열재, 여자용 구두, 산소마스크, 조끼 등 60여 점을 수거했다. 그러자 소련 당국은 10월 9일에 가서야 비로소 소련군 참모총장 니콜라이 오가르코프가 서방측 기자들과의 회견을 통해 소련의 수호이15 전투요격기가 2발의 공대공 미사일을 발사해 KAL기를 공중 폭발시켰으며 생존자는 없다고 밝혔다. 처음으로 그들이 KAL기를 격추했다는 사실을 직접 시인한 것이다. 그러면서도 오가르코프는 KAL기가 첩보 임무를 띠고 있었다는 종래의 주장을 되풀이하면서 KAL기와 269명의 승객 및 승무원에 대한 배상을 거부했다. 그뿐만 아니라 앞으로 유사한 상황이 발생할 경우 소련은 같은 행동을 취할 것이라고 위협했다. 그는 서방 기자들과의 이례적인 기자회견에서 여객기 격추 명령이 극동지역 방공사령관에 의해 내려졌으며 자신은 나중에 그같은 사실을 보고받았다고 말했다. 기자회견에 배석한 제1외무차관 게오르기 코르니엔코도 "소련이 배상을 할 것인가?" 라는 질문에 대해 "이들을 죽음으로 보낸 자들이 배상을 해야 할 것."이라고 말해 전 세계인을 아연케 했다.

어쨌든 이 사건은 세계인들이 소련 공산정권이 어떤 성격의 정권인지 새삼 그 폭력성, 야만성을 인식할 수 있게 해주었다. 그러나 무고히 희생된 269명에 대한 소련 측으로부터의 보상은 기대할 수 없는 가운데 항로 이탈의 원인마저도 미스터리로 남는 듯했다. 그러나 내가 퇴임하고 5년이 지난, 소련이 해체된 뒤인 1993년 6월 국제민간항공기구(ICAO)에 의해 다음과 같이 이 사건의 전모가 낱낱이 밝혀졌다. 또한 비행경로 기록 장치에 의해 당시의 긴박했던 상황과 소련 전투기 조종사와 관제소와의 교신내용도 확인되었다.

"뉴욕발 서울행 KAL 007편은 중간 기착지인 앵커리지 공항을 1983년 8월 31일 밤 9시 58분 이륙한 직후부터 조금씩 우측(북쪽)으로 항로를 이탈하기 시작했다. 이륙 29분 뒤인 밤 10시 27분 007편은 이미 규정항로로부터 10.8km 벗어난 북쪽을 날고 있었으며, 10시 55분에는 22km, 0시 58분에는 330km나 북쪽으로 항로를 이탈해 있었다. 소련 땅을 향해 007편은 진입하고 있었지만 조종사들은 이를 알지 못했다. 9월 1일 새벽 0시 51분

소련령 코만돌프스키예섬의 방공레이더망에는 베링해를 날고 있는 007편이 처음으로 포착됐으며, 곧 이어 쿠릴열도 이트루프의 소련 레이더기지에서도 미확인 비행물체가 레이더에 포착됐다. 007편은 그러나 오츠크해를 지나 사할린 상공으로 계속 날고 있었다. 동시베리아 하바로프스크의 극동지역 방공사령부에서는 미식별기未識別機가 미군 첩보기가 아닐지도 모른다는 의문이 제기되었음에도 불구하고 격추 명령이 떨어졌다. 사할린의 소콜 공군기지에 있던 겐다니 니콜라예비치 아시포비치 중령은 2시 23분 출격 명령을 받고 그의 수호이15 전투기에 올랐다. 지상 레이더의 유도에 따라 007기에 접근한 아시포비치에게 격추 명령이 떨어졌다. 아시포비치는 발사 버튼을 눌렀다. 두 발의 미사일이 연속적으로 발사됐다. 첫 번째 미사일은 비행기의 꼬리에 가서 맞고, 두 번째 미사일은 왼쪽 날개를 날려버렸다. 3시 25분 30초였다. 3시 26분 21초 조종실의 경보장치가 시끄럽게 울리고 기내는 삽시간에 아수라장이 되었다. 한국어와 영어, 일어로 된 기내방송이 계속해서 숨 가쁘게 터져 나왔다. 3시 27분 08초 동경관제소와 교신이 이루어졌다. 그러나 3시 27분 46초 동경관제소는 다급하게 007편을 호출했으나 007편에게서 더 이상 아무 응답도 없었다. 목표물에 미사일이 명중하는 것을 본 아시포비치는 승리감에 찬 목소리로 3시 26분 22초에 지상에 '목표물은 파괴됐다'고 보고했다. 통신도 두절되고 계기도 작동하지 않았다. 속수무책이었다. 5,000m 상공에서부터 007편은 나선형을 그리며 빠르게 추락했다. 소련 영공을 침범해 세 시간 가까이 비행했던 007편은 규정항로에서 660km나 떨어져 269명의 생명과 함께 어두운 바다에 기체를 묻었다."

비무장 여객기를 미사일 공격으로 격추한 이 사건은 그 자체가 인도주의 원칙은 물론 국제관례나 국제법에 어긋나는 만행이라는 점에서 국제사회의 규탄과 책임 추궁이 있어야 했지만, 공산권과의 관계 개선을 도모하고자 했던 우리 정부의 '북방정책'에도 찬물을 끼얹었다. 나는 취임 초 5공화국 외교정책의 기조를 문호 개방에 두고, 체제와 이념의 차이에 관계없이 모든 국가와 상호주의 원칙 아래 우호협력 관계를 수립 발전시킨다는 정책을 추진해나갔다. 나의 북방정책은 박정희 대통령 시절인 1973년의 6.23 선언의 연장선상에서 이를 한 차원 끌어올린 것이었다. 국제공산세력의 양대 축인 소련과 중공은 한반도와 국경을 접하고 있을 뿐만 아니라 6.25전쟁에 직접 관여한 국가들이라는 점에서, 또한 이들 나라가 UN 안보리의 상임이사국이라는 점에서 한반도의 평화 정착과 나아가 남북한의 평화적 통일을 위해서는 관계 개선이 이루어져야만 하는 것이다. '적성국'敵性國이라는 고정된 시각을 수정할 필요가 있었다. 이들 나라들에 대해 공산권이라는 단순한 진영적陣營的 구분을 초월해 '북방'이라는 지정학적 개념으로 접근해나감으로써 이념적 금단의 벽을 넘어서자는 것이었다. 1981년 레이건 미국 대통령과의 정상회담, 1983년 나카소네 일본 수상과의 정상회담을 통해 견고한 동맹관계를 구축해놓았고, 또한 1981년의 아세안 5개국 순방, 1982년 아프리카 4개국 순방으로 비동맹국가들에 대한 외교적 지지기반 확충이 이루어진 토대 위에서 의욕적으로 펼쳐나가고자 했던 북방정책이었다. 이범석 외무부장관이 5공화국의 북방정책선언을 발표한 것이 1983년 6월 29일이었다. 그로부터 불과 두 달이 지난 시점에서 소련의 KAL기 격추 사건이 발생한 것이다.

이 사건이 우리나라의 공산권에 대한 외교 환경, 특히 한소 관계에 전반적인 후퇴를 가져온 것은 사실이었다. 그렇다고 해서 북방정책을 전면적으로 후퇴시킬 수는 없었다. 한반도의 긴장완화 문제와 88올림픽 등 범세계적 규모의 국제행사를 주관할 만큼 그 외형이 늘어난 우리의 외교 환경을 생각할 때 미수교 공산권과의 관계개선은 지속적으로 추진해야 할 목표인 동시에 매우 시급한 당면과제이기도 했다. 나는 KAL기 사건 바로 직후에는 소련의 타쉬켄트에서 열린 유네스코 관련 국제회의, 키예프에서 열린 세계레슬링선수권대회 등 소련 영토 내에서의 국제행사에 대표단을 보내지 말라고 지시했다. 그러나 바로 그 다음달(10월) 우리나라에서 열리는 IPU(국제의회연맹) 70차 총회에 소련 대표단이 온다고 하면 참석하게 하라고 지시했다. 한소 관계의 개선은 국가 이익을 위해 필요한 일이라는 판단 하에 장기적인 안목에서 어떤 계기를 만들거나 돌파구를 찾으려 했던 것이었다.

KAL기 사건 후 한두 달이 지난 뒤부터 일선 외교 현장에서는 양국 간에 비공식 의사소통 채널이 열렸고 비정치적인 분야에서 추진되어온 일부 동구권과의 교류도 별다른 장애를 받지 않고 진행됐다. KAL기 사건 후 1년 가까이 단절됐던 한소 간의 비정치적 교류는 1984년 8월 4일 모스크바에서 열린 세계지질도편찬위원회 회의에 우리나라 대표가 참석함으로써 재개됐다. 정부는 이때 스포츠, 국제회의 등 비정치적 분야에서 건별로 선별적 교류를 허용한다는 방침을 밝혔다. 그 후 각종 전문분야 세미나 등에 공무원을 포함한 우리나라 대표들이 참석함으로써 한소 간의 교류가 확대되었다.

소련도 88서울올림픽을 앞두고 우리나라에서 개최된 각종 국제체육대회와 학술회의에 빠지지 않고 대표단을 보내왔다. 특히 1986년 4월 소련 국가스포츠위원장 마라트 그라모프가 서울을 방문한 것은 주목할 만한 진전이었다. 소련의 체육을 관장하는 각료급 인사인 그라모프는 4월 21일부터 6일간 서울에서 열린 제5차 세계올림픽연합회(ANOC) 총회에 참석했다.

총회에는 161개 회원국 중 152개국 NOC(국가올림픽위원회) 대표 800여 명이 참석했는데 그라모프 외에도 동독, 헝가리, 루마니아, 유고, 폴란드, 체코, 불가리아의 각료급 체육 인사들이 포함됐다. 또 9월 아시안게임을 계기로 서울에서 열린 IOC(국제올림픽위원회) 집행위원회 및 ASOIF(하계올림픽위원회)총회에도 소련 고위 체육인사가 참석했다. 한소 관계에서 특기할 만한 내용은 사할린교포 문제가 다소 해결의 조짐을 보였다는 점이다. 이는 1986년 1월 동경에서 열린 일소 외상회담에서 소련 측이 "사할린 거주 한국인이 공식적으로 귀환을 신청해오면 이를 검토할 것."이라고 밝힌 데 근거하고 있었다. 이 같은 소련 측의 태도는 종전에 이 문제가 "기본적으로 일소 간의 교섭사항이 아니며, 귀환 희망자도 없다. 다만 북한과의 협상대상이 될 뿐이다."고 고집해왔던 점에 비춰볼 때 큰 변화를 보인 것으로 해석됐다.

한편 소련을 제외한 동구 여러 나라와의 비정치적 교류는 KAL기 사건에도 별반 영향을 받지 않고 크게 증가했다. 서울에서 열린 각종 국제 스포츠 행사에 이들 국가는 거의 예외 없이 대표팀을 파견했으며 이들 국가에서 열린 각종 스포츠, 학술대회에도 한국 대표팀 및 대표단이 거의 참석했다. 동유럽에 대한 교류에 있어서 중요한 사항은 이러한 스포츠, 학술 관련 외에도 경제 관련 교류가 부쩍 증가했다는 사실이다. 매년 4월 체코의 브르노, 5월 불가리아의 프로프리포, 6월 폴란드의 포스만, 9월 헝가리의 부다페스트, 9월 동독의 라이프치히, 10월 유고의 류블라냐 등에서 열리는 무역 및 산업 전람회에 한국 내 일부 종합상사들이 간접적으로 참가했다. 또 동구 입국 한국인, 한국 입국 동구인 중에도 경제 관련 인사가 많았다. 1985년 10월 서울에 각료급 정부 인사들이 참가했다. 우리나라와 동구간의 간접교역량도 증가 추세에 있었고 유럽 주재 한국 현지법인을 통한 사실상의 직교역도 활발해졌다. 한편 이 같은 인적 물적 교류의 증가와 올림픽을 비정치화하려는 IOC의 노력을 배경으로 동구권 국가들은 서울올림픽 참가에 긍정적인 태도를 표명해왔다. 물론 소련을 비롯한 대부분의 국가들은 올림픽 공동 개최를 위해 생떼를 쓰는 북한의 입장을 의식해 공식적인 태도는 유보하고 있었지만 동독만은 참가의사를 분명히 했다. 1987년 3월 일본을 방문 중이던 동독 인민회의의장 호르스트 진더만은 기자회견에서 "동독은 내년 서울올림픽에 물론 참가한다. 이 올림픽이 한국과 동독의 관계 정상화를 위한 계기가 되기를 희망한다."고 말했다. 동구권 국가와는 체제상의 차이와 지역적인 거리 등으로 인하여 당시는 서로 국가 승인 단계까지는 이르지 못했다. 나는 이러한 상황을 매우 부자연스럽게 생각하여 비정치적인 경제, 문화, 사회 분야의 교류를 확대시켜나갔다. 이에 따라 한국과 동구권 국가 간의 간접교역량도 증가 추세를 나타냈고 유럽 주재 한국 현지법인을 통한 사실상의 직교역도 성행하게 되었다. 이와 같은 인적, 물적 교류가 증가하고 신뢰가 축적됨에 따라 동구권 국가들은 88년 서울올림픽에 모두 참가했을 뿐만 아니라 그 후 우리나라와 공식 외교관계를 수립하는 데까지 나아갈 수 있었던 것이다.

의료진을 태우고 버마로 가는 비행기가 우리가 탄 전세기 옆을 지나가고 있었다. 그들도 우리 내외처럼 많이 울었는지 눈이 충혈되어 있었다. 나를 도와 어떻게 해서든 제3세계에 기반을 구축해보겠다고 수행해왔던 그 많은 인재들이 희생됐다는 생각에 치가 떨렸다. 쓰리고 아픈 내 마음을 숨길 수도 없어 눈시울을 붉히며 말했다. "비행기가 이륙하는 순간부터 마음속으로 무수히 되뇌어보았습니다. 하늘이 우리를 살려둔 참뜻은 어디에 있을까 하고요. 나는 슬픔 속에 답을 얻었습니다. 어떻게 하든 국력을 키워 이 땅에 다시는 그런 끔찍한 일이 일어나지 않도록 하는 일과 그들의 가족을 보살펴줌으로써 고인들이 편안하게 눈감을 수 있도록 하는 일일 것이라고 말입니다."

제8장

김일성과의 대결과 대화

싸우지 않고 이기는 길을 찾아보자

■

평화 정착과 분단 해소를 위한 선결조건

개인 간의 일에서 그렇듯 국가 간의 일에서도 적대적인 사이에서 관계를 개선하려면 가장 필요한 것이 우선 상호 간에 신뢰를 회복하는 일이다. 신뢰 회복의 계기를 마련하기 위해서는 먼저 만남이 있어야 하고 소통해야 한다. 서로 믿지 못하고 미워하는 가운데 접촉과 대화마저 끊어지면 오해와 불신은 더욱 깊어지게 마련이다. 섣불리 만났다가 관계가 더욱 악화되는 경우도 있지만, 언젠가는 반드시 정상화되어야 할 관계라면 하루라도 빨리 만나 관계 개선에 나서야 한다. 남북 관계가 바로 그런 것이다. 언젠가는 합쳐져야 하는 한핏줄인 만큼 자꾸 만나고 대화하고 교류하면서 가까워져야 한다.

1981년 1월 12일 대통령 취임 후 처음으로 가진 국정연설에서 내가 남북 당국 최고 책임자 상호 방문을 제의한 것도 경색된 남북 관계에 돌파구를 열어보고자 하는 뜻이었다. 남북 관계는 1970년대 초 7.4남북공동성명을 발표하며 한때 반짝했다가 북한의 주체사상헌법 개정과 박정희 대통령의 유신 선포로 오히려 더욱 악화되어 있었다. 그나마 유지해오던 한 가닥 남북 적십자사 간의 접촉마저도 완전히 단절되어 있었다. 이러한 상황에서는 실무자 수준에서 대화 통로가 열리기를 기대할 수는 없다. 예상 못했던 상황이 조성되거나 책임 있는 사람의 결단이 있어야만 실마리가 풀릴 수 있는 것이다. 내가 1월 12일 행한 연설에서 남북한 최고 책임자의 상호 방문을 제의한 것도 남쪽에서는 내가 직접 나설 테니 북쪽에서도 주석 김일성이 결심을 하라는 요구였다. 나는 어렵고 긴요한 국가 간의 문제를 해결하는 데 가장 효과적인 방식은 정상외교라고 믿고 있었다. 특히 북한의 체제적 특성이나 김일성이 지닌 영향력 등에 비추어 남북 간의 문제에 있어서는 김일성을 움직이는 것이 가장 빠른 길이라고 생각했다. 남북 당국의 최고 책임자가 아무런 부담이나 어떠한 전제조건 없이 서로 교차 방문해서 분단 40년간의 단절로 이질화된 상대방의 실정을 직접 눈으로 보고 체험하게 되면 상호 이해의 바탕이 만들어지고 신뢰도 쌓여갈 수 있다고 생각했던 것이다.

북한 측은 나의 1.12제의에 대해 즉각적인 반응을 보이지 않았다. 아마 나의 제의가 전혀 예상치 못했던 파격적인 내용이어서 대응 논리를 준비해놓지 못했을 터였다. 나는 한걸음 더 나아가 그해 6월 5일 열린 제1차 평화통일정책자문회의 개회사를 통해 1.12제의의 상호 방문 수락을 촉구하면서 북한에서 먼저 서울에 와도 좋고, 내가 먼저 평양에 가도 좋으며 그 선택은 북한 당국의 판단에 맡기겠다고 밝혔다. 또 제3의 다른 어떤 장소에서든지 직접 만나 기탄없이 의견을 교환하자는 안을 내놓았다. 판문점이나 제3국을 포함하여 장소의 선택은 북측에 일임한다고 했다.

아울러 나는 이 6.5제의를 통해 남북 당국이 서로 그 사회를 겸허하게 개방할 것을 제의하면서 우선 체육, 문화, 학문, 우편, 경제교류부터 시작해 차차 완전 교류, 완전 개방으로 접근할 수 있기를 희망한다고 밝혔다. 남북 당국 최고 책임자 회담 제의는 단순히 1.12제의의 수락을 재촉구하는 데 그치지 않고 분단된 민족의 통일 염원이 결코 무력에 의해 이루어질 수 없다는 점과 만일 전쟁이 재발되면 승자도 패자도 없는 민족자멸의 상태를 초래할 수 있을 뿐이라는 사실을 지적하면서 북한 측의 긍정적 호응을 거듭 촉구한 것이다.

나는 1.12제의 1년 뒤인 1982년 1월 22일 국정연설을 통해 '민족화합민주통일방안'을 제시했다. 나는 이 연설에서 조국 통일의 근본원칙과 그 실현 방법 그리고 통일까지의 과정 및 통일조국의 미래상을 구체적으로 밝혔다. 이 통일방안은 우리의 평화통일장전平和統一章典이라 할 수 있다. 나는 통일은 어디까지나 민족자결의 원칙에 의거해 겨레 전체의 자유의사가 반영되는 민주적 절차와 평화적 방법으로 성취되어야 한다는 것이 근본원칙임을 명백히 했다. 나는 평화통일을 성취하는 가장 합리적인 길은 남북한 간에 화합을 이룩하여 민족 전체의 통일 의지를 한데 모아 통일헌법을 채택하는 것임을 강조하면서 구체적인 내용을 제시했다. 첫째, 남북한 쌍방 주민의 뜻을 대변하는 대표들로 민족통일협의회의를 구성하고 둘째, 민족통일협의회에서 민족, 민주, 자유, 복지의 이상을 추구하는 통일민주공화국을 실현하기 위한 통일헌법 초안을 마련하고 셋째, 통일헌법 초안이 마련되면 남북한 전역에 걸쳐 민주 방식에 의하여 통일헌법을 확정 공포하여 가장 합리적인 방법으로 통일헌법을 채택하자고 했다. 또한 통일헌법이 정하는 바에 따라 총선거를 실시해 통일국회와 통일정부를 구성함으로써 대망의 통일국가를 완성할 수 있음을 밝혔다.

또한 나는 통일을 이룩할 때까지의 실천 조치로서 남북한 기본관계에 관한 잠정협정을 체결할 것을 제의했다. 이 협정은 첫째, 남북한 쌍방은 장차 통일국가가 수립될 때까지 호혜평등의 원칙에 입각하여 상호관계를 유지해나가며 둘째, 남북한 쌍방은 쌍방 간의 분쟁 문제 해결에 있어서 모든 형태의 무력 및 폭력의 사용 또는 위협을 완전히 지양하고, 모든 문제를 상호 대화와 협상을 통해 평화적 방법으로 해결하고 셋째, 남북한은 현존하는 상이한 정치질서와 사회제도를 상호 인정하여 서로 상대방의 내외 문제에 일절 간섭하지 않으며, 넷째 남북한은 한반도에서의 긴장 완화와 전쟁 방지를 위하여 현존 휴전체제를 유지하면서 군비 경쟁의 지양과 군사적 대치상태의 해제 조치를 협의하며, 다섯째, 남북한 쌍방은 분단으로 인한 민족의 고통과 불편을 해소하여 민족적 신뢰와 화합의 분위기를 조성하기 위해 상호 교류와 협력을 통하여 사회적 개방을 추진해나가기로 한다. 쌍방은 이산가족의 인도적 재회 문제를 포함해서 남북 간의 자유로운 인적 왕래와 다각적인 교류를 촉진할 수 있도록 교역, 교통, 우편, 통신, 체육, 학술, 문화, 보도, 보건, 기술, 환경 보존 등 제 분야에서 협력하며 이를 통하여 민족의 이익을 증진시키는 구체적인 노력을 경주하기로 하며, 여섯째, 남북한 쌍방은 통일이 이루어질 때까지 사상, 이념, 제도의 차이에 구애됨이 없이 전 세계 모든 나라들과 각기 체결한 모든 쌍무적 및 다자간 국제 조약과 협정을 존중하며 민족의 이익에 관한 문제에 있어서는 서로 협의하고, 일곱째, 남북한 쌍방은 각료급 전권 대표를 임명하여 각기 서울과 평양에 상주 연락대표부를 설치한다는 합의사항을 내용으로 하고 있다.

나의 1.22제의에 이어 국토통일원장관은 1982년 2월 1일 대북성명을 통해 '민족화합민주통일방안'을 실현하기 위해 20개항에 걸친 구체적인 시범사업을 함께 추진해갈 것을 제의했다. 분단조국의 통일 문제를 해결함에 있어서는 대화를 통해 남북 간의 현안들을 현실적으로 해결하려는 자세가 무엇보다도 중요함을 강조하고, 북한 당국에 대해 우선 당장이라도 실천에 옮길 수 있는 시범사업으로 이산가족의 우편 교류와 상봉, 인천항과 진남포항의 상호 개방, 쌍방 정규방송의 자유로운 청취 허용, 민족사의 공동연구, 비무장지대 내의 공동학술조사 등 20개 사업을 제시했다.

남북 간의 대결 해소와 평화 정착을 위해 우리가 잇따라 제기한 진지한 제의에 대해 북한은 일관해서 부정적인 반응을 보였다. 북한은 우리의 제의가 분단을 영구화하려는 수단으로서 비현실적 제의라고 강변하기까지 했다. 그럼에도 불구하고 나는 1982년 광복절 경축사를 통해 북한을 포함한 모든 공산권에 거주하는 동포에게 우리 사회를 개방한다고 선언했다. 공산권 국가에 거주하는 동포가 자유롭게 모국을 왕래할 수 있도록 보장한 것이다.

나는 또 1983년 1월 18일 국정연설을 통해 남북한 당국 최고 책임자 회담 개최에 조속히 동의할 것을 다시 한 번 촉구하면서 남북한 당국 최고 책임자 회담에서 다룰 의제들을 구체적으로 제시했다. 남북한 간의 긴장을 완화하고 전쟁 재발을 방지하기 위한 효과적인 조치를 강구하는 일, 내가 1년 전에 제의한 '민족화합민주통일방안'과 북한이 주장하는 통일방안을 포괄적으로 협의함으로써 통일 문제 해결의 토대를 마련하는 문제, 국제무대에서 남북 간의 과다경쟁으로 인해 빚어지고 있는 민족 역량의 낭비를 방지하기 위한 실천적 조치를 강구하는 일, 평화통일을 촉진시키기 위한 국제적인 여건을 조성하는 데 획기적인 진전을 이룩하는 계기를 마련하는 문제 등을 다루자고 했다.

우리 정부가 지속적으로 제기한 대화 제의에 시종일관 부정적 반응을 보이던 북한 측은 내가 남북한 당국 최고 책임자 회담 개최를 거듭 촉구하는 연설을 한 같은 날인 1월 18일 성명을 통해 주한미군 철수 문제만을 토의하기 위한 남북한 제 정당·사회단체연석회의를 열자는 제의를 해왔다. 북한의 이 제의는 책임 있는 남북한 정부 당국의 최고 결정권자를 제외하고 정당, 사회단체 대표들로만 회담을 하자는 것이고, 뿐만 아니라 그 연석회의에서는 주한미군 철수 문제만을 다루자는 것이다. 우리의 잇단 대북 제의에 무응답으로만 버틸 수가 없어서 마지못해 내놓은 제안이겠지만 한마디로 대화를 하지 않겠다는 뜻으로밖에 볼 수 없는 것이다. 그럼에도 불구하고 우리 정부는 2월 1일 통일원장관 성명을 통해 남북한 당국 및 정당·사회단체 대표회의를 제의했다. 북한 측은 남북한 제 정당, 사회단체 연석회의를 제의해오면서 주한미군 철수의 단일 의제를 주장했지만, 우리의 제안은 당국을 포함시킨 남북한 당국 및 정당·사회단체 대표회의로 하자는 것이고, 의제도 남북한 쌍방이 제기하는 모든 문제들을 포괄적으로 토의하자는 것이었다. 그러나 예상했던 대로 북한 측은 국제관례와 상식에 어긋나는 반응을 보였다. 대표회의에 참가할 인원과 우리측 대표까지도 일방적으로 지명 발표하기까지 했다. 그들은 평화통일을 위한 실질적 대화의 창구를 마련하려고 한 것이 아니라 군중대회를 열어 정치선전장을 만들려는 책략을 부린 것이다.

북한의 수재구호물자 제안 수락

1984년 8월 31일부터 9월 4일까지 서울·경기 지방에 폭우가 내렸다. 9월에 내린 비로는 1904년 중앙기상대가 생긴 이래 가장 많은 강수량을 기록했다. 이 집중호우로 47명이 사망 또는 실종되고, 많은 가옥이 파괴 또는 침수되는 큰 수해를 입었지만 정부가 신속히 이재민 구호에 나서고 온 국민의 온정과 지원이 모아져 복구작업이 순조롭게 진행되고 있었다. 그래서 국제적십자연맹에서 원조 제의가 왔으나 자력으로 복구가 가능했기 때문에 이를 사양했다. 그런데 주말인 9월 8일 북한은 돌연 방송을 통해 북한적십자회 중앙위원장 명의로 우리의 수재민을 돕기 위해 물자를 지원하겠다는 제의를 해왔다. 지금까지 북한이 재난을 입었을 때 우리가 순수한 동포애와 인도주의의 정신에서 도와주겠다고 했을 때 번번이 부정적 태도로 일관해왔던 북한 측이었다. 뿐만 아니라 우리의 정보 분석으로는 실제 북한의 수해가 우리보다 더 컸다. 더욱이 북한 측 제의에는 이례적으로 쌀 5만 섬, 포목 50만 미터, 시멘트 10만 톤과 의약품 등 우리가 보기에 북한의 실정에 비추어 과다하다고 할 많은 양을 명시해놓고 있었다.

주말에 나온 북한의 제의를 놓고 관계부처 실무자들이 모여 거부한다는 방침을 정했다. 북한 측의 태도에 진정성이 없는 것이 분명했고, 우리가 으레 거절할 것을 예상하고 선전 목적으로 취한 조치였다고 판단한 것이다. 나는 노신영盧信永 안기부장으로부터 보다 상세한 내용을 보고받고, 관계 실무자들이 일단 거부하기로 한 결정을 검토했다. 우선 거부해야 할 이유를 따져봤다. 우리가 북한의 원조를 받게 되면 북한의 경제력이 크고 우리보다 잘 산다는 잘못된 인식을 대내외에 주게 되고 국민의 자존심이 손상되지 않겠느냐는 우려가 있을 수 있다. 그러나 우리의 경제력과 국민의 생활 수준이 북한보다 월등히 높다는 사실은 우리 국민이나 국제사회가 다 알고 있는 만큼 신경 쓸 일은 아니었다. 또 아웅산 폭발 사건으로 국제사회에서 고립되어 있는 북한의 이미지 개선에 도움을 주고 우리 국민의 대북 경각심이 해이해질지 모른다는 점을 생각할 수 있다. 그러나 이 문제 또한 우리가 북한의 제의를 수락함으로써 얻게 되는 이득에 비하면 사소한 것으로 생각되었다. 다음으로 나는 북한의 제의를 받아들였을 때 얻을 수 있는 이득이 있을까 생각해봤다. 나는 북한의 제의가 있기 10여 일 전 북한에 대해 북한 동포의 생활 향상에 도움을 줄 수 있는 기술과 물자를 무상으로 제공하겠다는 제의를 한 바 있는 만큼, 북한이 제공하는 수재물자를 받음으로써 남북 간 물자 교류의 하나의 계기를 만드는 결과가 되지 않겠는가. 또한 대화와 교류를 위한 우리의 대북정책에 대한 신뢰와 자신감을 대내외에 보여준다는 의미도 있는 것이다.

내가 북한의 제의를 받아들이기로 결정하게 된 또 한 가지 이유는 북한의 무책임한 위장전술에 한 번 쐐기를 박아둘 필요가 있다고 생각한 것이다. 북한은 우리가 자기네 제의를 걷어차버릴 것이 분명하다는 확신을 갖고 상투적으로 하던 작태를 다시 한 번 펼쳐 보인 것인데, 역으로 그 의표를 찌름으로써 다시는 국제사회를 향한 장난질을 할 수 없게 만들자는 것이다. 북한은 국제사회에 대고 공개적으로 수재물자 지원 제의를 한 만큼 우리가 공개적으로 수락 의사를 밝히면 울며 겨자 먹기 식으로라도 주지 않을 수 없는 것 아닌가. 준비도 없이 허풍을 떨다가 허둥댈 것이 뻔한데, 이번 기회에 나쁜 버릇을 고쳐놓을 필요가 있었다. 짧은 기간에 그 많은 물자를 대려면 북한 당국은 물론 많은 북한 동포들이 고생하게 될 것을 생각하면 마음이 편한 것은 아니었다. 그러나 '동포애'를 팔아먹으며 장난질치는 북한 당국자들을 한 번은 혼을 내줘야 할 일이었다. 나는 9월 11일 노신영 안기부장에게 북측 제의를 수용하는 방안을 검토하도록 지시한 데 이어 다음날에는 늦어도 9월 말까지 물자를 인도해주도록 북측에 요구하라는 등 물자의 처리와 홍보, 보안 대책에 관해 구체적인 지침을 주었다.

대한적십자사 유창순劉昌順 총재는 9월 14일 북한 적십자회 중앙위원장에게 수재물자를 인수하겠다는 의사를 통보했다. 이후 몇 차례의 실무접촉을 통해 인계인수 절차를 협의한 뒤 마침내 육로로는 9월 29일 판문점을 통해, 해상으로는 30일 인천을 통해 북한 측의 물자가 우리에게 인도되기 시작했다. 북한은 준비도 없이 큰소리쳤다가 자신이 공개적으로 제시한 물자를 뒤늦게 확보하느라 공장, 기업소, 협동농장을 총동원했다. 9월 26일 북한 방송은 "쌀은 남조선 수재민들에게 기름진 이밥을 먹일 수 있도록 최상품 쌀을 보내기 위해 북한 전역의 각 군들에서 농업 근로자들이 수십 톤씩 모아온 것."이며 또 "의약품과 천은 기존 제품보다 함량이나 성분이 더 나은 우수제품들로 생산했다."면서 이들 최상의 물품을 생산, 수거하기 위해 "각급 공장 근로자들과 품질 검사원들이 3~4번씩 검사 과정을 마치느라 밤잠을 설쳐가며 최단시일 내에 전량을 확보했다."고 보도함으로써 북한 주민들은 먹어보지도, 입어보지도 못한 최상의 품질 좋은 고급 쌀과 물자 마련에 애를 먹고 있음을 비쳤다.

그런데 수재물자를 싣고 오던 배에 문제가 생겼다. 북한에는 제일 큰 수송선으로 13,500톤 급 두 척이 있었는데, 그 중 대동강호가 시멘트를 싣고 오다가 침몰해버린 것이다. 북한 적십자회로부터 이 같은 사실을 전화로 통보받은 즉시 "우리로서는 대동강호에 적재한 시멘트를 받은 것이나 다름없이 고맙게 생각하고 있다. 대동강호 선적분의 재수송은 고려하지 말아 달라."는 뜻을 전했다. 판문점을 통해 수재물자를 싣고 온 쑥색의 5톤 트럭에서는 이번 물자 수송을 위해 모두 새로 도색한 것인 듯 페인트 냄새가 물씬 풍겼고 타이어도 일제 상표가 붙어 있는 새것이었다. 또 물자를 가져온 북측 사람들은 전부 새로 맞춰 입은 듯한 옷을 입고 넥타이를 매고 있었다. 물건을 운반하고 하역하는 사람들 또한 넥타이 차림이었다.

대한적십자사는 9월 29일 북한 적십자 측에서 보내온 트럭 725대분의 수재물자를 인수했다. 29~30일 이틀간 판문점에서 인수한 물자는 쌀

7,196톤, 천 1,488포, 의약품 759상자였다. 인천에서는 30일 시멘트를 실은 장산호(9,100톤) 등 4척이 접안을 했다. 이 시멘트는 65,000톤 중 1차분인 24,000톤인데 2차분은 1일 밤 9시 40분에 제2진 화물선 4척에 의해 수송됐다. 좌초한 대동강호에 선적한 시멘트에 대해 추가 수송을 고려하지 말도록 통지했으나 북한 적십자회는 2일 상오 1,500톤을 승전호, 영남산호 등 2척에 나누어 싣고 들어왔다. 또 30일 하오 동해안을 거쳐 북평항에 입항한 북측 시멘트 적재 화물선들은 흥남에서 출발한 연풍호와 향산호, 원산에서 출발한 염분진호와 동해호 등 모두 4척으로 총 시멘트 선적량은 35,000톤이었다.

북한 적십자회의 수재물자 수송에는 많은 인원이 동원되었다. 판문점에서 우리 측에 넘겨준 명단에는 북한 적십자사 대표, 기자, 수송인원 등 830명의 이름이 수록되어 있었다. 물자를 인도하고 인수받느라 남북한 사람들 간에 접촉이 있었는데 그 과정에서 여러 가지 뒷이야기가 흘러나왔다. 우리 작업 인부들이 하역을 위해 북측의 배에 올라가보니 식당 입구에 돼지머리를 달아놓고 있었다. 자기네들은 돼지고기를 먹는다는 것을 보여주기 위한 것인 듯했다. 북한 선원들은 하역작업을 하는 며칠 동안 매고 있는 넥타이를 풀지 않았다. 밤에 잠을 잘 때도 그대로 매고 자는 것 같았다. 아마도 이번에 남한으로 오면서 넥타이를 처음 매봤기 때문에 한번 풀게 되면 다시 맬 수가 없어서 그대로 매고 있는 것 같다고 했다. 또 그들은 남한 사람들은 끼니를 제대로 때우지 못하고 헐벗고 굶주리고 있는 것으로 알고 있는지 사과, 배, 사이다, 빵 등이 든 봉지를 우리 인부들에게 하나씩 나누어주었다. 그런데 품질이 너무 나빠서 도저히 먹을 수가 없을 정도였다.

우리 측 인부들은 도시락을 준비해 갔는데 도시락 봉지에 과일 하나씩을 넣어서 북한 사람들에게 주었더니 처음에는 받지 않으려고 했다. 그래서 우리 적십자사의 간부가 북한 적십자회 간부에게 가서, 여기까지 와서 수고하는데 우리가 점심 한 끼 정도는 대접할 수 있지 않느냐고 했더니 그제야 받았다고 한다. 북측 사람들은 도시락을 받아들고도 처음에는 눈치를 보며 손을 대지 않고 있다가 그들 중 제일 지위가 높아 보이는 사람이 먹기 시작하니 그제야 나머지 사람들도 따라 먹었다. 그처럼 맛있고 고급스러운 음식은 아마 생전 처음 맛보는 듯 마파람에 게 눈 감추듯 먹어치우더라고 했다. 그렇게 먹고 나서는 높은 사람이 와서 더 있으면 달라고 해서 가져간 대로 다 주었다고 한다. 그들이 새로 맞춰 입고 왔다는 옷과 신발은 우리의 6.25 전쟁 직후의 제품 수준이었다고 한다. 쌀은 굴속에 보관하던 군량미를 막 꺼내 가지고 온 듯 썩은 것이 많았다.

대한적십자사는 북한이 보내온 수재물자는 일정한 배분 계획에 따라 10월 2일부터 수재 가구에 나눠주기 시작했다. 배분 대상 총 가구 수는 11만 9,238가구로 이 중 가옥피해 가구의 경우 재산세 3만 원 미만에 해당하는 82,760가구와, 농경지 피해의 경우 80% 이상 피해를 본 15,542가구, 그리고 농경지 50~80%의 피해를 본 20,936가구에 물자를 배분하도록 되어 있었다. 이에 따라 쌀의 경우 재산세 3만 원 미만의 가옥 피해가구와 농경지 80% 이상 피해가구에는 약 66kg을, 50~80% 피해가구에는 약 33kg씩 지급됐다. 직물은 가옥 및 농경지 피해 1가구당 4m를 기준으로 마을 단위로 배정하고 가구별 분배량은 배정량의 범위 안에서 마을 주민의 의사에 맡겨 나눠주기로 했다. 시멘트는 전파 가옥의 경우 가옥 복구를 위해 1채당 4.95톤씩을 지급하기로 했으며 남은 물량은 수해 지역의 하천 수리, 하수도 보수 등 소규모 시설 복구사업에 사용하도록 하였다. 의약품은 약품의 성분, 효능에 대한 면밀한 분석을 거친 뒤 사용이 가능하다고 판정되는 것은 전국 13개 적십자병원에서 진료에 활용하도록 하였다.

대한적십자사 측은 북한의 적십자회 요원, 운전사, 호송원, 기자들을 위해 선물을 준비했는데 모두 1,600개로 이중 448개는 대성동 마을 야적장에서 전달했고 나머지는 인천과 북평의 하역장에서 전달했다. 부피가 큰 밍크담요를 제외하고는 품목별로 깨끗이 포장해 적십자 마크와 대한적십자사라고 새겨진 대형 회색 여행용 가방에 차곡차곡 넣었다. 가방 속에는 카세트, 라디오, 전자 손목시계, 양복지, 양장지, 한복 옷감, 남성 및 여성용 내의, 셔츠, 스타킹, 남자용 양말 등 모두 17종의 선물이 들었는데 가방 1개의 무게는 22kg이나 되었다. 특히 부인들을 위해서는 조미료, 화장품, 스타킹, 브래지어 등을 골라 넣었고 어린 아이들을 위해서는 티셔츠와 운동화를 넣었다. 북한 적십자사 측은 대한통운의 대형 컨테이너 3개에 실려 온 선물 가방을, 쌀을 싣고 왔던 북한 트럭 34대에 옮겨 싣고 돌아갔다.

북한 측은 수재물자 인도 과정에서 우리가 예상한 대로 처음부터 정치적인 선전 공세를 펴기 시작했다. 처음 수재물자의 인수절차 협의를 위한 남북 적십자사 실무 협의에서 물자의 '서울 직송' 주장을 고집하며 회의를 결렬시키기도 했다. 수재물자를 실은 트럭의 행렬이 서울 거리를 누비며 시위를 하자는 속셈이었다. 결국 "인도주의를 앞세워 정치선전에 악용하고 있다."는 국제 여론이 일자 마지못해 판문점 인도에 응했던 것이다. 물자의 인수인도가 결정되자 북한 측은 북한 주민들을 상대로 대대적인 선전전을 펼쳤다. 수송 차량 발대식이라는 것을 하는가 하면 물자의 준비와 수송과정에서도 "어버이수령 김일성 동지의 은혜로 남조선의 헐벗고 굶주리는 동포에게 물자를 보낸다."며 고을마다 환송대회를 열기도 했다. 당시 북한 적십자사 대표 백남준白南俊은 "개성에서도 7만여 명의 인민이 나와 꽃묶음(꽃

다발을 지칭)을 주고 열렬히 환영했다."고 말했다. 현장에 따라온 북한 방송 기자는 중계방송을 통해 "남조선 인민의 빈 쌀독에 쌀을 채워주고 헐벗은 사람에게 옷을 입히려 왔는데 그들을 못 만나고 벌판에서 넘겨줘야 하는 비극적인 사태가 벌어지고 있다."고 목소리를 높이기도 했다. 또한 실무접촉에서 "서울을 가보자."고 우기던 북측 대표단은 막상 물자의 인도인수가 진행되는 동안 우리 측이 "서울에 초대하겠으니 수재 현장도 둘러보고 수재민들도 만나보라."고 몇 차례씩 권유했으나 끝내 받아들이지 않았다. 남한의 발전상을 모르는 북한의 기자들이나 수행원들에게 서울의 모습을 보여주기를 원치 않았던 때문일 것이다.

북한 측이 싣고 온 쌀이 판문점에서 하역되고 있다.

북한 측이 보여준 행태는 이미 우리에게 너무도 익숙한 모습이었고, 또 예상했던 일이었기 때문에 당초 내가 판단했던 바와 같이 북한의 제의를 받아들인 결정은 잘한 것이었다. 남북 간 대화와 교류의 물꼬를 트는 계기가 되었으면 하는 기대는 당장 수재물자의 인도인수가 끝난 직후인 10월 4일 남북적십자회담 제의에 이어 남북 경제회담 개최, 남북 체육회담의 재개 그리고 다음해 고향 방문단과 예술 공연단의 교환 방문으로 확대되었다. 또한 북한의 의표를 찌른 우리의 허허실실虛虛實實 전술에 혼이 난 만큼 대화에 나오더라도 앞으로는 섣부른 술책을 부리지 못하고 다소간 진지한 모습을 보이지 않을 수 없게 되었다. 뒤에 언급하겠지만 김일성은 이 일로 인해 나와 정상회담을 갖고자 하는 마음이 생겨났다는 보도가 있었다. 말하자면 나를 달리 보게 됐다는 것이다. 실제 김일성은 다음해 정상회담 개최를 위한 밀사 교환을 제의해왔다.

북한의 물자를 직접 받은 수재민은 물론 물자 수송을 위해 남한에 왔던 북측 인사를 직접 접촉했던 사람들, TV 등 보도를 통해 그들의 모습을 지켜본 우리 국민들 모두 우리의 경제력과 생활 수준이 북한보다 월등하게 앞선다는 사실을 눈으로 확인할 수 있었다. 아울러 북측 사람들도 말은 안하고 표현은 안했지만 마음속으로는 남북한 간의 격차를 실감하고 돌아갔을 것이다. 국민의 대북對北 자신감은 더욱 확고해졌고, 반공교육은 저절로 된 셈이었다. 북한의 수재물자 지원 제의와 남한의 수락, 그리고 실제 물자의 인도인수 과정을 다 지켜보았을 국제사회가 우리의 성숙하고 포용력 있는 자세, 여유와 자신감을 새삼 확인할 수 있게 한 일이었다.

분단 후 최초로 이뤄진 이산가족 상봉

북한의 수재물자 인도인수가 별다른 문제를 일으키지 않고 비교적 순조롭게 이루어지자 나는 이를 계기로 남북한 간 민간 차원의 대화만이라도 우선 실마리를 열어보자는 생각을 했다. 북한이 적십자사를 통해 수재물자 제공 의사를 제의해왔던 만큼 그동안 중단되었던 적십자회담의 재개를 요구하는 것이 가장 실현성이 있을 것으로 생각되었다. 북한의 수재물자 인수가 끝나자 곧바로 10월 4일 유창순 대한적십자사 총재가 북한 적십자회에 서한을 보내 남북적십자회담을 10월 중에 열자고 제의했다. 또 신병현 부총리 겸 경제기획원장관도 10월 12일 북한 측에 경제회담 개최를 제의하면서 시기, 장소 등을 북한 측에 일임한다고 밝혔다. 그에 앞서 나는 8월 20일 하계 기자회견을 통해 남북이 경제분야에서 민족적 유대를 회복하고 공동 번영을 이룩하기 위해 상호교역과 경제협력이 필요함을 강조하면서 북한 동포들의 생활 향상에 실질적으로 기여할 수 있는 기술과 물자를 제공할 용의가 있음을 밝혀놓았었다.

신병현 부총리의 제의가 있은 지 4일 만인 10월 16일 북한은 부총리 김환金煥 명의의 서한을 보내 우리 측 제의를 수락하면서 11월 15일 경제회담을 개최할 것과 정부차관급을 단장으로 한 대표단을 보내겠다고 알려왔다. 북한 적십자사의 손성필孫成弼 위원장도 10월 29일 전화 통지문에서 8차 남북적십자본회담 개최 문제를 논의하기 위한 예비접촉을 11월 20일에 갖자고 제의해 왔다. 이로써 남북은 경제분야에서는 분단 40년 만에 처음으로 교역과 경제협력 문제를 논의하기 위한 대화의 자리를 갖게 되었고, 인도적 분야에서도 이산가족의 재회를 추진하기 위한 적십자회담의 재개 문제를 놓고 남북의 관계자들이 마주앉게 된 것이다. 남북 적십자사 간의 예비 접촉이 11월 20일 판문점에서 이루어진 뒤 다음해 1985년 5월 8차 본회담이, 1973년 중단된 이래 12년 만에 서울에서 열리게 된 것이다.

북한은 또 2차 경제회담과 8차 적십자본회담을 눈앞에 둔 1985년 4월 돌연 남북한 국회회담을 열자고 제의해왔다. 남북한 간의 불가침공동선언 문제를 논의하자는 것이었다. 우리는 불가침선언 문제는 국회 차원에서 논의되기보다는 그것을 실천적으로 집행할 수 있는 권한과 책임을 갖고 있는 남북한 당국의 회담에서 다루어져야 할 성격의 문제라는 점을 지적하면서 국회에서는 통일헌법 제정을 위한 남북 간 협의기구 구성 문제 등을 토의하자는 의견을 제시했다. 이에 따라 1985년 7월 판문점에서 남북 국회회담 개최 문제를 협의하기 위한 1차 예비 접촉이 이루어졌다. 그리하여 1984년 말부터 1985년 사이에 남북한 간에는 다섯 차례의 경제회담, 세 차례의 적십자회담, 그리고 국회회담을 위한 두 차례의 예비 접촉이 이루어졌다.

북한은 수재물자 지원 제의를 하기 반년 전인 1984년 3월 북한올림픽위원회 위원장 명의로 대한올림픽위원회 위원장 앞으로 서한을 보내 LA올림픽대회와 그 후 잇따라 열리는 아시아 및 세계선수권대회에 남북한 단일팀을 구성해서 출전하는 문제를 협의하기 위해 판문점에서 체육회담을 열자고 제의해왔다. 그간 남북한 단일팀 구성을 여러 차례 제의한 바가 있는 우리 측이 즉시 북한의 제의에 동의함으로써 1차 체육회담이 4월 9일 판문점에서 열렸다. 체육회담은 그 뒤 3차 회담까지 이어졌으나 북한 측이 서울올림픽대회를 훼방놓으려는 저의를 드러냄으로써 결렬되고 말았다.

이러한 일련의 회담에서 남북 간에 상당한 의견 접근을 보인 사례도 있었지만 북한이 88올림픽 공동 주최안을 제의하는 등 의제 밖의 문제를 들고 나와 일방적으로 대화 분위기를 깨버림으로써 실제로 이렇다 할 성과나 결실을 거두지 못했다. 그러나 광복 40주년이 되는 1985년 남북적십자회담은 남북 이산가족의 고향 방문이라는 획기적인 사안에 합의하는 역사적인 사건을 만들어냈다. 이 일은 우리 민족의 가슴에 통일의 꿈과 희망을 심어주기도 했다. 온 국민은 모두 이산가족의 비극적인 상봉과 이별을 자신의 일처럼 가슴아파하며 이 일의 진행과정을 지켜보았다.

추석을 눈앞에 둔 1985년 9월 20일 북쪽에서 151명의 사람들이 판문점을 통해 남쪽으로 오고 151명의 남한 사람들이 북쪽으로 갔다. 서울에 온 북쪽 사람들은 쉐라톤 워커힐 호텔에 머물면서 가족을 만날 사람들은 가족을 만나고, 예술 공연을 할 사람들은 국립극장에서 21일과 22일에 걸쳐 두 차례 공연을 펼쳤다. 같은 날 평양에 간 사람들은 고려호텔에 묵으면서 역시 같은 일정을 보내고 있었다. 북쪽에서 온 사람들 가운데 30명이 헤어졌던 가족을 상봉하는 동안 남쪽에서 간 사람 가운데 35명이 40년간 애타게 그리던 가족을 품에 안을 수 있었다. 국민들은 서울과 평양에서 펼쳐지는 예술 공연을 컬러 TV를 통해 볼 수 있었다.

그러나 이산가족들이 상봉하는 장면에서는 기쁨의 눈물과 함께, 상봉했던 가족들이 또다시 재회의 기약 없는 이별을 해야 하는 애 끓는 고통의 눈물이 넘쳐나고 있었다. 그 중에서도 천주교 원주교구 지학순池學淳 주교가 평양에서 누이를 만나던 장면은 국민들에게 단순한 슬픔 이외에 누르기 어려운 분노와 고통을 안겨주었다. 지학순 주교의 고향은 평남 중화였다. 그는 6.25가 발발하기 넉 달 전인 1950년 2월 단신 월남했다. 당시 지학순 주교에게는 3남 3녀의 형제자매가 있었다고 한다. 지 주교는 남북 고향 방문단의 일원으로 방북하기 위하여 방북 신청을 했다. 그러나 방북 신청자가 너무 많기 때문에 관계기관에서는 일정한 기준을 정하여 그 기준에 따라 방북 대상자를 선정하기로 했다. 그런데 지학순 주교는 박정희 대통령의 집권 시기에 반정부 활동을 했다는 사실 때문에 탈락되고 말았다. 이러한 사실을 보고받은 나는 지학순 주교를 방북 대상자에 포함시키도록 지시했다. 지학순 주교와 같이 국민으로부터 존경을 받고 있는 종교 지도자가 떠나온 고향의 형제자매를 만나는 장면은, TV를 통해 보는 남북한 주민 모두에게 특별한 느낌을 주게 될 것이라고 생각했기 때문이다.

방북을 마치고 돌아온 지 주교는 며칠 후 청와대로 나를 찾아왔다. 평양에 갈 수 있도록 배려해준 데 대해 진심으로 감사한다는 인사말을 하고는 누이동생들을 만나던 얘기를 들려주었다. 지 주교는 평양으로 떠나기 전날 밤 혈육을 만난다는 기대 속에 거의 뜬 눈으로 밤을 새웠다 한다. 평양 도착 이틀째인 9월 21일 숙소인 고려호텔 3층의 상봉실에서 많은 사람들이 지켜보는 가운데 누이동생(지용화, 61세)과 매부(안덕선, 66세), 조카(안광호, 30세), 사촌형(지학배, 68세)을 만났다. 37년 만의 상봉이었다. 누이동생은 지 주교를 붙들고 통곡을 했고, 지 주교 역시 가슴이 메어져 눈물만 흘리고 있었다. 지 주교 남매는 따로 마련된 별실에 들어가 남은 가족들의 근황과 생사 여부, 가슴에 사무쳤던 그간의 사연을 나누었다. 그러나 그것도 잠시, 곧 주위를 에워싼 많은 보도진 때문에 가슴에 품어두었던 얘기들을 마음 놓고 할 수 없었다. 이때 우리 측 기자 한 사람이 어렵사리 지 주교 남매 곁으로 다가가 누이동생에게 물었다.

"오빠가 남쪽에서 유명한 천주교 주교가 되어 있다는 사실을 알고 있었습니까?" "오빠가 천주교 학교에 다니다가 … 1949년 말에 남쪽으로 내려갔다는 것만 압니다."

그리고는 재빨리 북측 안내원의 눈치를 살피고는, "우리는 살아서 천당 가는데 오빠는 죽어서 천당 가겠다니 돌았습니다. 북쪽에서는 김일성 수령님 덕분에 모두가 잘 먹고 잘 살아 이곳이 천당인데 어데서 천당을 찾는 겁네까?"라고 말하더라는 것이다.

지 주교는 나이보다 훨씬 늙어 보이는 누이동생의 손을 잡았다. 그 손은 핏기라고는 전혀 없고 거칠고 나무껍질 같아 아주 험한 일을 하고 있었다는 것을 짐작할 수 있었다. 그렇게도 영리하고 사랑스러웠던 누이동생의 입에서 저런 말이 나오다니 … 북한 사회는 참으로 무섭다는 생각이 들어 자신도 모르는 사이에 그만 "네가 여기서 세뇌를 많이 당했구나." 라고 중얼거렸다는 것이다. 지 주교는 가슴에 얼굴을 파묻고 계속 흐느끼는 누이동생을 보듬어주며 흐르는 눈물을 주체할 수 없었다 한다. 지 주교의 이야기를 듣고 나니 내 가슴도 먹먹해졌다. 헤어진 가족을 언제 만날 수 있을지 기약조차 없이 기다리며 늙어가는 수많은 이산가족의 한과 슬픔이 가슴으로 파고드는 듯 느껴졌다.

이산가족 상봉을 위해 평양을 방문한 지학순 주교가 누이동생을 눈물로 상봉하고 있다.

남북한 최고 책임자 회담의 추진

먼저 김일성의 마음부터 움직여야

나는 국가 간의 어렵고 복잡한 문제를 풀어가는 데에는 정부 최고책임자들이 직접 접촉을 갖고 해결해나가는 것이 가장 효과적이라고 생각해왔다. 내가 대통령에 취임한 직후 우리나라의 가장 중요하고 긴급한 외교안보 현안이었던 주한미군 철수 문제도 레이건 대통령과의 정상회담을 통해 단번에 해결할 수 있었다. 1981년 아프리카 4개국 순방, 1982년 아세안 5개국 순방을 통해서도 정상외교의 효율성과 중요성을 체험하고 확인했다.

　북한의 김일성과 만나는 일은 외교 현안을 논의하기 위해 외국의 정상과 만나는 일반적인 정상회담과는 차원이 다른 문제다. 언제 열전熱戰으로 번질지 알 수 없는 남북 간의 군사적 대결 상황을 완화하고, 민족분단의 비극적 현실을 해소하기 위해 통일 문제를 논의해야 하는 역사적인 만남인 것이다. 민족의 미래가 걸린 일이고 역사에 한 획을 긋는 일이다. 조국의 통일 성취를 국가의 최고 목표로 인식한 나는 그 목표로 접근하는 가장 빠르고 확실한 길이 무엇인가 생각했다. 김일성의 마음을 움직이게 하는 일이다. 북한에서 주석 김일성은 과거 역사상 어떠한 절대군주보다도 강력한 권위와 힘을 지닌 지도자이자 신격화된 존재다. 북한과 관련한 어떠한 일도 김일성이 마음먹기에 따라 좌우된다. 김일성이 한반도를 적화통일할 수 있다는 꿈에서 깨어나게 된다면 통일은 반쯤은 이뤄진 것이나 다름없다. 김일성이 젊은 시절의 순수한 민족정신과 애국심으로 일본제국주의에 맞서 조국의 해방을 위해 투쟁한 것이 사실이라면, 인생의 황혼기를 맞은 그가 수구초심首丘初心을 찾을 수도 있지 않을까. 1%의 가능성, 만에 하나조차 기대할 수 없다 하더라도 그 길이 가장 확실한 길이고, 지름길이라면 시도해보자는 것이 내 생각이었다.

　나의 취임 후 첫 국정연설이었던 1981년 1월 12일의 국정연설을 통해 남북한 최고 책임자의 상호 방문을 제의한 데 이어 6월 5일 평화통일정책자문회의 개회사에서 남북한 최고 책임자 회담을 제의한 것은, 북한의 체제적 특성에 비추어 김일성 이외의 그 누구와 열 번 백 번 만나는 것보다 김일성과 한국의 최고 책임자가 만나 흉금을 터놓고 얘기를 나누는 것이 유익할 것이라는 믿음이 있었기 때문이었다. 앞서 말했듯이 북한이 1981년과

1982년 필리핀, 캐나다, 아프리카에서 나에 대한 암살을 기도하고, 1983년에는 버마에서 나를 겨냥한 아웅산 폭탄 테러를 일으켜 우리의 귀중한 고위 관료들을 희생시켰음에도 불구하고 나는 1984년 9월 북한의 수재물자 지원 제의를 전격적으로 받아들였고 1985년 1월에는 국정연설을 통해 또다시 남북한 당국 최고 책임자 회담에 응해줄 것을 촉구했던 것도 다 그런 믿음에서 비롯되었던 것이다.

상호 밀사 교환에 합의하다

나는 1985년 2월 내각을 대폭 개편하면서 국무총리로 기용한 노신영 안기부장의 후임에 장세동 경호실장을 임명했다. 장세동 실장을 안기부로 보내면서 나는 김일성과의 회담이 성사되도록 보다 적극적이고 구체적인 노력을 경주하라는 임무를 주었다. 장세동 부장은 내부적으로 남북한 당국 최고책임자 회담을 1985년 후반기에는 성사시킨다는 방침을 세우고 그 계획을 '88계획'으로 이름을 붙였다.

남북 정상 간 회담의 추진을 위해서는 우선 북측과 이 문제를 협의하기 위한 비밀통로를 열어놓아야 한다. 기왕에 있던 남북 간 접촉창구 이외에 새로운 비밀 접촉이 필요했다. 나는 1985년 5월 남북적십자회담이 서울에서 열리는 기회를 이용하도록 지시했다. 비록 비정치적인 적십자 관계자들의 회담이었지만 1973년 7차 회담 이후 12년 만에 남북의 대표들이 회담을 갖게 된 것이다. 5월 27일 북한 적십자 대표단이 서울에 도착했다. 한상일 韓相一 안기부장 비서실장은 29일 밤 북한 대표단이 묵고 있는 쉐라톤 워커힐 호텔로 찾아가 림춘길 노동당중앙위원회 비서국 부부장과 비밀리에 만났다. 림춘길林春吉은 평양을 출발하기 전 서울에 가면 남측에서 적십자 회담의 의제와는 관련이 없는 어떤 제의가 있을 것이라는 얘기를 듣고 왔다.

서울에서 적십자 회담이 열리기 한 달쯤 전인 4월 인도네시아 반둥에서 개최된 반둥회의 30주년 행사 때 우리 수석대표인 이세기李世基 통일원장관이 북측의 손성필 적십자회 위원장에게 서울의 적십자회담에는 남북 간의 비밀접촉 문제로 대화할 수 있는 사람을 보내달라는 메시지를 전했던 것이다. 북한이 그 역할을 맡긴 사람이 림춘길이었다. 한상일 비서실장은 림춘길에게 남북한 간 비밀접촉 통로의 개설 의사를 타진하면서 6월 1일에서 6월 10일 사이에 남북정상회담 준비를 위한 비밀접촉을 제의하는 우리 측 서신을 상부에 전달해주도록 부탁했다. 북으로 돌아간 림춘길 부부장은 6월 6일 한상일 비서실장 앞으로 서신을 보내 "상부에서는 서울 측의 의견에 대해 환영의 뜻을 표시하였다 … 구체적인 협의를 위하여 선생이 6월 안으로 편리하다고 보는 시일에 적당한 통로를 이용하여 평양을 방문하여 줄 것을 희망한다."고 했다. 우리 측에서는 6월 21일 한상일 비서실장의 명의로 7월 11일 판문점의 우리 지역인 평화의 집이나 북한 지역인 통일각에서 차관급 실무대표 회담을 갖자고 회신했다. 장세동 안기부장은 비밀접촉을 위한 우리 측 대표로 박철언 특별보좌관(대외직명; 외교안보연구원 연구위원)과 김용환金勇煥 남북대화사무국 과장을 보내기로 했다.

나는 7월 9일 장세동 안기부장으로부터 남북정상회담 추진을 위한 비밀회담 준비상황을 보고받았다. 박철언, 김용환 대표도 참석한 이 자리에서 나는 정상회담의 시기와 장소에 대해서는 아무런 구애도 받지 말고 북측이 요구하는 대로 받아주라는 지침을 주었다. 시기는 언제든지 좋고, 장소도 평양이든 서울이든 좋다, 제3국의 어디라도 무방하다고 했다. 제3국으로는 그 시절까지 수교가 없었던 중국의 북경이나 소련의 모스크바도 북한이 원한다면 받아주라고 했다. 나는 또 북측이 장세동 안기부장의 방북을 고집할 경우 박정희 대통령 시절 1972년 당시 이후락李厚洛 정보부장이 먼저 특사로 평양에 갔고 그 답방으로 박성철朴成哲 북한 총리가 서울에 왔던 만큼 이번에는 북측이 먼저 와야 상호주의정신에 부합한다는 점을 얘기하라고 했다. 그에 앞서 북측은 6월 6일자 림춘길의 이름으로 한상일 안기부장 비서실장 앞으로 보낸 서신에서 "선생이 평양을 방문할 때 선생이 직접 보좌해드리는 부장 각하를 모시고 함께 오면 더욱 좋을 것입니다."고 했다는 보고를 받았던 것이다.

1차 비밀회담은 7월 11일 오전 10시 판문점 우리 측 지역인 '평화의 집'에서 열렸다. 이 회의에는 북측에서 한시해韓時海 노동당 중앙위원회 비서국 부부장과 최봉춘崔逢春 판문점 책임연락관이 참석했다. 나는 오후 5시 30분 서울로 돌아온 박철언 대표로부터 회담 결과를 보고받았다. 박 대표는 2시간가량 진행된 회담에서는 남과 북의 현격한 시각차를 발견할 수 있었다고 했다. 즉 북한은 정상회담 이전에 정상회담에서 논의할 의제와 회담의 결과로서 발표할 합의 내용을 미리 구체적으로 정해놓자는 입장이었다는 것이다. 그러나 우리 측은 분단 40년 만에 처음 만나서 실무자들이 모든 문제에 합의를 이룰 수는 없을 것인 만큼 우선은 두 정상의 만남 자체에 의미를 찾자는 입장을 밝혔다. 일반적으로 양국 정상 간의 회담에서는 사전에 실무자 회담을 통해 구체적인 의제나 세부적으로 합의된 선언문까지 준비해놓고 마지막으로 두 정상이 만나는 것이 관례다. 그러나 지속적인 외교관계를 유지해온 다른 나라들과는 달리 남북 간에는 40년간 외교적 접촉이 거의 없었던 만큼 실무자 간의 합의를 이룬 뒤에 정상들이 만나도록 한다면 부지하세월不知何歲月로 정상회담이 늦어질 수밖에 없다. 그래서 우리 대표들은 두 정상이 우선 직접 만나 서로의 입장을 살펴보는 과정을 갖는 것이 보다 현실적이라는 점을 강조했다. 이 주장은 사전에 내가 일러준 지침에 따른 것이다.

나는 1차 비밀접촉에서 보여준 북측의 태도로 미루어 김일성이 나와의 정상회담을 버겁게 생각하고 있다는 느낌을 받았다. 우선 내가 취임 초 공개적으로 남북한 당국 최고 책임자 회담을 제기하고 그 뒤에도 북측이 응해주도록 촉구하고 있어서 김일성으로서는 정상회담 개최 문제에 기선을 빼앗겼다고 생각하고 있을 것이다. 또 10.26 후 갑자기 등장한 내가 아무런 경험이 없음에도 불구하고, 초강대국인 미국의 레이건 대통령을 비롯해서 나카소네 일본 총리, 아시아와 아프리카 여러 나라의 정상들과 활발한 정상외교를 펼치며 성공을 거두어온 사실을 눈여겨봤을 것이다. 나의 존재 자체가 북한으로서는 위협이었다. 그러니까 나를 제거하는 것이 일차적 목표였을 터였다. 나를 제거하기 위해 집요한 암살 공작을 벌여온 것이 그 반증이다. 그러한 기도가 모두 수포로 돌아간 상태에서 정상회담을 갖기 위한 비밀접촉 제의가 오니까 내키지는 않으면서도 일단 응하지 않을 수 없었을 것이다.

김일성이 비밀접촉 제의를 거부하지 않고 실무자들에게 진행시키도록 한 데에는 나 개인과 나의 구체적인 대북 전략을 탐색해보자는 의도도 작용했던 것 같다. 그 한 해 전인 1984년에 우리가 으레 거부할 것으로 여겨서 상투적인 선전수법으로 수재구호물자를 지원해주겠다는 제의를 했다가 내가 수락하는 것을 보고 의표를 찔렸다고 생각했음이 분명했다. 실제로 김일성은 비밀접촉 끝에 10월 17일 평양에서 장세동 안기부장을 만난 자리에서 장 부장이 "작년에 수재물자 보내주신 데 대하여 감사드립니다."고 하자 "받은 것이 더 용감하지요. 전두환 대통령 각하께서 받은 용기에 탄복했습니다. 선전적이라고 거부하면 대화의 문은 못 열게 됩니다."라고 말했다고 한다. 수재물자 지원 제의를 수락한 나의 결정이 대화의 물꼬를 트게 한 계기가 되었음을 밝히고 있다. 그렇다고 김일성이 실무자들의 비밀접촉을 진행시키도록 한 것이 진정으로 남북정상회담의 실현으로 연결되기를 바라는 마음에서 나온 것이라고는 생각되지 않았다. 정상회담을 하기 전에 실무자들의 예비 접촉에서 의제와 합의문 작성까지 끝내야 한다는 북측의 주장은 시간을 끌자는 의도로 생각되었던 것이다. 오히려 아웅산에서 테러를 자행한 바로 다음해에 올림픽 단일팀 구성 문제를 꺼내면서 체육회담을 제의한 사실에 비추어 서울올림픽 방해 책동의 일환으로 생각되었다.

그러나 나는 그러한 의구심과 우려를 마음속에 접어두고 일단은 회담 성사를 위해 최선을 다해 북측과 접촉하라고 지시했다. 남북정상회담은 내가 제의한 것이고 비밀접촉도 우리 측이 먼저 시동을 걸었던 것인 만큼 가급적 우리의 조건을 내세우지 말고 진전을 이루어나가도록 하라고 장세동 부장에게 재량을 주었다. 회담의 공개 여부 같은 문제에 대해서는 북측이 하자는 대로 하라고 했다. 남북 간의 긴장 완화를 위한 현실적인 과제에 성과가 있기를 기대했기 때문이었다. 안기부는 남북불가침조약의 체결, 남북대표부 설치, 자유로운 왕래의 보장, 예술과 체육 부문에서의 교류 확대, 경제교역의 확대 등의 문제를 토의하겠다고 보고했다.

2차 비밀접촉은 보름 후인 7월 26일 판문점 북측 지역인 판문각에서 이루어졌다. 이 회담에서 북측은 남북정상회담에 대한 양측 정상들의 진의를 보다 확실히 하기 위해 먼저 상호간에 특사를 교환방문하도록 하자고 제안해 왔다. 당초 우리는 실무 접촉에서 진전을 이루게 되면 한 단계 격상한 각료급(북한의 부장급) 회담을 열어 정상회담 개최의 합의를 이끌어내자는 방침이었다. 북측이 먼저 특사를 파견하겠다고 했다. 우리 측은 즉각 이에 동의했다. 나는 2차 회담의 결과를 보고받은 뒤 북한 특사가 오면 내가 한 차례의 접견과 오찬을 주는 일정을 잡으라고 했다. 김일성 주석에게 전할 나의 메시지는 북한 특사를 통해 전하지 않고 우리 측 특사가 평양을 방문할 때 전달하도록 하겠다고 했다. 아울러 나는 당초 정상의 만남 자체가 중요한 만큼 사전 실무자 간의 의견조율이나 합의에 매달릴 필요가 없다는 생각이었으나 특사들이 방문하기 전에 정상회담과 관련해 사전에 최소한 몇 가지 문제에 대해서는 의견을 접근해 두도록 하라고 지시했다.

남북 정상 간의 만남을 위한 비밀접촉은 최고의 보안 속에 진행되었다. 실무 대표자들 간의 2차 접촉이 끝난 나는 외무부, 통일원 등 협조가 필요한 정부부처와 실무 대책을 협의하도록 했다. 아울러 한미 간의 긴밀한 협조 유지 차원에서 7월 31일 처음 미국 정부에 통보했다. 외무부장관이 '정상회담 추진 현황'이라는 간략한 내용의 문서를 주한 미국대사관에 전달하는 방식으로 이루어졌다. 일본에 대해서는 허담 특사 일행이 서울에 왔다가 돌아간 뒤인 9월 30일경 UN 총회에 참석한 이원경李源京 외무부장관이 일본 아베 외상에게 통보해줬다.

3차 비밀회담은 8월 9일에 열렸다. 이 회담에서는 북한 측 허담許錟 특사가 9월 4일부터 6일까지 2박 3일 일정으로 서울을 방문한다는 데 합의했다. 이날 회담에서는 그동안 공개 회담인 적십자회담에서 난항을 겪고 있던 고향 방문단, 예술단의 상호방문과 관련해 그 규모를 각 50명에서 100명 이내로 축소하자는 데 의견이 접근되었다.

북측에서 허담 특사가 온다는 보고를 받은 나는 김일성 주석이 보내는 특사인 만큼 그로부터 아웅산 사건에 대해 사과를 받아내야겠다고 생각했다. 장세동 안기부장에게 내 뜻을 전하면서, 버마 참사에 대한 유감의 뜻을 표시해야만 내가 허담 특사를 접견해줄 것이라는 점을 박철언 특보가 한시해 대표를 만나서 사전에 설명해주라고 했다. 북의 특사가 유감의 뜻을 표하지 않는다면, 우리 특사가 김일성을 만날 때라도 짚고 넘어가야지 그렇지 않다면 내가 북측의 특사를 만나거나 우리 측 특사가 평양에 갈 필요가 없다는 생각에서 장세동 부장이 그런 방향으로 잘 검토해보라고 했던 것이다.

비밀특사 허담이 가져온 평양 방문 초청장

1985년 9월 4일 허담 특사(노동당 중앙당비서, 조국평화통일위원회 위원장)는 오전 10시 한시해 수석대표(북한 노동당 통일전선부 부부장), 안병수 노동당 중앙위원회 비서국과장(조평통 부위원장 겸 서기국장) 등 수행원과 함께 판문점에 도착했다. 허담 특사 일행은 낮 12시경 숙소인 서울 쉐라톤 워커힐로 안내됐다. 일반인들과 마주치지 않도록 본관과는 격리되어 있는 별도 가옥에 머물도록 했다. 점심식사 후 장세동 부장과 박철언 대표 그리고 북측의 허담 비서와 한시해 대표 네 사람이 대좌한 비밀회담에서는 정상회담 개최 사실의 발표 여부가 논의되었다. 국제관례에 따라 사전에 공동으로 발표해야 한다는 우리의 주장과 정상회담이 끝난 후 하자는 북한의 주장으로 엇갈렸다. 나는 남북정상회담은 공개회담으로 진행되어야 하며 공작 차원에서 하는 것처럼 비밀로 할 수는 없다는 점을 장세동 부장에게 미리 강조해두었다. 북측은 공동성명을 준비하는 데 외무부장관이 개입하면 국가 대 국가 간의 공식관계처럼 되어서 분단을 고착화시키는 결과를 초래할 수 있다는 이유를 들어 완강히 반대했다. 회담 말미에 장세동 부장과 허담 비서 둘만의 회담이 있었는데 이 자리에서 장 부장이 내가 거론했던 아웅산 테러 사건에 대한 사과 문제를 거론하자 허담 비서는 "우리가 그 문제를 시인할 수도 없고 사과할 수도 없는 것이다. 또 남측에서 그걸 우리보고 시인하고 사과하라든가 이렇게 되면 결국은 우리가 추진하는 큰일을 망칠 수 있게 된다. … 우리의 입장은 그에 대해서도 역사가 밝힐 것이니 과거를 불문하고 앞으로 그러한 불행한 일이 다시는 일어나지 않도록 서로 노력하자."라고 했다는 것이다. 결국 이 사안에 대해서는 그 자리에서는 그 이상의 보다 분명한 표현의 유감 표시를 얻어내지 못했다. 면담이 끝난 후 허담 특사 일행은 비원을 관광했고, 만찬을 한 뒤 남산타워에 가서 서울의 야경을 내려다볼 수 있게 해주었다고 한다.

북한의 허담 특사 일행의 방한 이틀째인 9월 5일 나는 경기도 용인군 기흥읍에 있는 최원석崔元碩 동아건설 회장의 별장에서 그들을 접견했다. 청와대는 보안유지가 어려울 뿐 아니라, 대통령의 집무장소를 비밀특사에게 공개하는 것도 적절하지 않다는 생각에서 그곳을 대통령의 별장으로 위장하고 접견 장소로 이용한 것이다. '영춘재迎春齋'라는 현판도 달아뒀다. 북측 특사 일행을 한 명씩 접견하고 악수를 나눈 뒤 자리에 앉자 나는 먼저 김일성 주석이 "특사를 파견한 용단을 높이 평가한다."고 인사말을 했다. 이어 1984년도에 수해물자를 지원해준 데 대해 감사하다는 말을 덧붙였다.

허담 특사는 김일성 주석의 친서를 낭독한 후 나에게 전달했다. 친서는 의례적인 인사말과 나의 평양 방문 의사 표명이 영단이라는 내용, 그리고 나를 평양으로 초청한다는 내용이었다. 이어서 허담 특사는 통일 문제와 정상회담에 관한 '김일성 주석의 견해'를 담은 유인물을 일어선 채 두 손으로 받쳐 들고 낭독했다. 허담 특사가 낭독한 설명문에서 표현된 문맥으로만 볼 때 김일성은 나의 '이니셔티브'에 따라 진행되고 있는 정상회담 추진 문제를 긍정적, 적극적으로 생각하고 있는 것은 분명해 보였다. 허담 특사는 "그이(김일성)께서는 대통령 각하가 선임자들과는 달리 나라의 통일 문제에서 의욕적이고 전진적인 자세로 나오고 있다고 보시면서 각별한 관심을 돌리고 계십니다. 대통령 각하는 이미 여러 차례 통일 문제에 대한 자체의 안을 제시하셨습니다. 지난해 가을에는 용단을 내려 우리의 동포애적인 수재민 구호물자를 선뜻 받아들이도록 하셨습니다. 이것은 굳게 닫혔던 북남 사이의 통로를 열어놓는 시초로 되었다고 말할 수 있습니다."고 했다. 그 설명문은 한반도의 분단은 열강의 세력 각축 때문이라고 지적하고 "가장 긴급한 과제는 두말 할 것 없이 긴장상태를 완화하고 전쟁의 위험을 막는 것."이라고 말했다. 김일성은 평양에서 정상회담을 개최했으면 한다면서 정상회담에 임하는 자세와 입장은 "하나의 조선을 만들려는 공통된 지향과 입장을 가지고 대화에 임해야 하며, 현 분열 상태를 확인하고 고정하려는 입장으로부터 출발해서는 결코 안 될 것."이라고 했다. 또 "이러한 근본 입장과 자세에서 '7.4남북공동성명'에 밝혀져 있는 대로 나라의 통일을 외세에 의존하거나 외세의 간섭을 받음이 없이 자주적으로 실현하며 나라의 통일을 무력행사에 의거함이 없이 평화적으로 실현하며 사상과 이념, 제도의 차이를 초월하여 민족적 대단결을 도모하기 위하여 공동의 노력을 기울여야 한다."고 했다.

이 설명문은 정상회담에서 논의할 의제로 이밖에 실질적인 통일방안, 국제무대에서의 남북한 상호협력 문제를 제시했고 이외에도 의제에 구속 받음이 없이 제반 문제에 대해 폭넓게 토의할 수 있을 것이라고 했다. 또 정상회담의 시기는 가능한 한 빠른 시기에 실현되기를 희망하며 준비가 되면 연내에도 가능하다고 했다. 그리고 정상회담을 위한 사전조치로서 남북 간에 전쟁상태 격화 행동을 삼가고 상대방을 반대하는 대규모 군사훈련을 중단하며 정상회담 개최시기가 합의되는 시기부터 최소한 상대를 지명하여 공격하는 비방·중상행위는 중지하자고 제안했다.

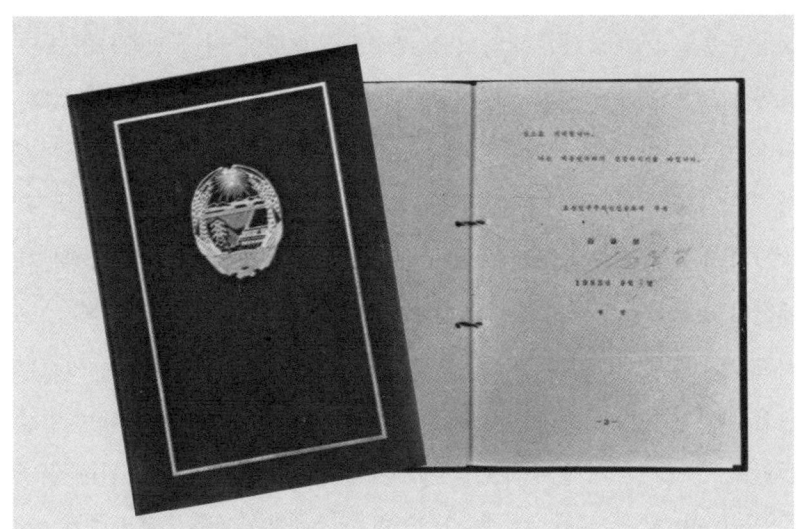

허담 특사가 가져온 김일성의 친서.

남북정상회담을 위한 예비교섭 대표로 김일성은 허담 특사를 보냈다.

허담 특사의 '김일성 주석의 견해' 낭독이 끝나자 나는 한반도의 평화 정착과 통일 문제에 관한 나의 평소 생각을 피력했다. 나를 위해하려고 그토록 집요한 공작을 펼쳤던 김일성이 보낸 특사를 앞에 두고 앉아 있었지만 나는 평정平靜한 심정이었고 어조는 담담했다. 먼저 내가 김일성 주석과의 회담을 제의한 취지를 설명했다. 정상회담이 실현되면 긴장 완화와 동족간의 전쟁 억지를 위한 방안, 남북 간의 신뢰를 회복하는 문제, 국제사회에서의 소모적인 경쟁을 지양하는 문제 등을 논의하고 싶다고 말했다. 그리고 의제에 구애받지 않고 남북 간의 공동 관심사에 대해 폭넓은 의견교환을 갖고자 한다고 했다. 나는 특히 남북한의 군사력과 한반도 주변 열강들의 군사 배치 상황을 수치를 들어 상세히 설명하면서, 남북한 간에 전쟁이 일어나면 지역 정세로 볼 때 강대국의 개입이 불가피하고 한반도가 3차 대전의 발화점發火點이 될 우려가 있다는 점을 강조했다. 그렇게 되면 전국토의 폐허화와 민족의 공멸을 가져오는 만큼 전쟁 억지는 남북 지도자의 소명이라는 점을 강조했다. 나는 또한 우선 남북 간에 신뢰회복 단계를 거쳐야 통일로 나아갈 수 있는 것이지 신뢰회복 없이 통일을 이야기하는 것은 정치선전이나 말장난에 불과한 것이라고 지적했다.

김일성 주석이 제안하는 남북한의 불가침선언은 북측이 가장 역점을 두고 있는 의제로 보였는데, 나는 불가침선언이라는 것은 그 실현을 담보할 보장 장치가 없으면 휴지화休紙化할 우려가 있는 만큼, 주변 강대국의 남북한 교차수교와 UN 동시 가입 등의 국제적 보장장치가 필요하다는 점을 강조했다. 김일성 주석 역시 설명문에서 "불가침을 선언하여야 하며 이것을 실질적으로 담보할 수 있는 대책을 강구해야 한다."고 했는데 "그와 같은 담보 가운데서는 북과 남 사이의 불가침선언이 외부세력과의 관계에서도 영향을 받지 않는 진실로 공고한 것으로 되도록 조건을 보장하는 문제가 포함되어야 할 것."이라고 함으로써 같은 '담보·보장장치'를 말하는 양측의 생각이 전혀 상반된 것으로 드러난 것이다. 말하자면 북측은 불가침선언을 담보하려면 한반도 문제에 미국이 개입해서는 안 된다는 주장인 것이다. 그들의 궁극적인 목표가 주한미군의 철수라는 점을 일깨워주는 얘기인 것이다. 미국과 일본, 소련과 중공(중국)이 각각 남북한과 교차수교함으로써 불가침선언을 뒷받침해주게 된다는 나의 생각과는 반대되는 입장인 것이다. 남북한이 UN에 동시 가입해야 한다는 우리의 주장에 대해서 북측은 예민하게 반응하고는 했는데 나는 분단의 영구화를 가져온다는 북측의 우려는 기우에 불과한 것이라고 지적했다. 또한 아시아-아프리카 국가들에 대한 원조 경쟁 등으로 국제무대에서 민족역량을 낭비하는 비생산적 소모적 경쟁은 지양되어야 한다고 강조했다. 나는 정상회담이 빠른 시일 내에 이루어질 것을 바라고 있고, 또 김일성 주석이 건강이 좋을 때 서울을 방문하기를 기대한다고 말했다.

나는 분단 상태가 40년간 지속되면서 심화된 양측의 이질화異質化를 하루 빨리 해소 완화하기 위해서도 하루 속히 통일이 이루어져야 하며, 그에 앞서 쌍방 간에 다방면에 걸친 교류가 필요하다는 점을 강조하기 위해 이런 얘기도 했다.

"내가 솔직히 말씀드려서 허 특사께서 말씀하신 내용 중 하나도 못 알아듣는 말이 없었다는 것이 참 기쁘다 ⋯ 혹시 내가 염려한 것은 우리가 같은 민족이면서도 못알아 듣는 용어가 나오면 어떡하느냐 해서 ⋯ 통역이 필요하다는 이 말이지 ⋯ 지금부터라도 민족의 동질성을 회복하고 신뢰를 회복하는 것이 바로 통일로 접근하는 지름길이 아니냐고 생각합니다."

이어 내가 허담 특사 일행을 위해 베푼 오찬에서 나는 나의 생각을 설명한다기보다는 이야기를 들려준다는 기분으로 과거사를 돌이켜 보았다. 이 자리에서 나는 1983년에 아웅산 참사를 당하고 돌아왔을 당시 우리 군 지휘부가 극도로 격앙되어 있어서 일촉즉발의 분위기였다고 일러줬다. 일선 지휘관들은 북한에 대한 전면적인 공격계획을 수립해놓고 나의 귀국만을 기다리고 있었는데, 나는 전방을 순회하면서 군 지휘관들을 달래는 데 애를 먹었다는 이야기까지 했다. 우리 군은 북한의 섣부른 도발에 대해서는 언제고 반격을 가해 응징할 태세가 되어 있다는 사실을 알려주고 싶었던 것이다. 그리고 접견장소에 대해 언급하면서, 기밀유지를 위해 청와대를 피해 별장에서 접견하게 되었는데 대통령의 별장과 집무장소가 여러 곳에 있다고 지나가는 얘기같이 들려주었다. 1·21사태와 같은, 우리 대통령을 위해하려는 기습공격 기도는 아예 생각조차 하지 말라는 의미였다.

북한의 특사 일행은 그날 저녁 장세동 안기부장과 박동진朴東鎭 통일원장관, 이규호李奎浩 대통령 비서실장 등 제한된 몇 사람과 만찬을 가진 후 이튿날 아침 일찍 판문점을 통해 북으로 돌아갔다. 허담 특사가 서울에 머무는 동안, 우리측은 특사를 상호 교환방문하도록 한다는 합의에 따라 안기부의 장세동 부장과 박철언 보좌관이 9월 22일부터 24일까지 2박 3일간 평양을 방문하겠다는 의사를 밝혔고 북측은 이에 동의했다.

그런데 9월 6일 북한 특사 일행이 북으로 돌아간 다음날 허담 특사 일행이 서울을 방문하고 내가 이들을 접견했다는 사실이 외신에 보도되어버렸다. 우리 정부는 즉각 보도 내용을 부인하는 공식 성명을 발표했다. 북한 역시도 외신보도를 부인했지만 한편으로는 비밀이 지켜지지 않은 데 대해 우리 측에 강력히 항의했다. 우리 측은 서방 세계 언론의 특수성을 설명하고 우리가 고의로 비밀을 누설한 것이 아니라는 점을 이해시켰다. 그러나 북한 측은 보안상의 이유를 들어 우리 측 특사의 평양 방문 일정을 연기할 것을 요청했고 그 후 실무자 접촉을 거쳐 당초 예정보다 20여 일 후인 10월 16일부터 18일까지로 결정되었다.

장세동 안기부장의 평양 밀파

10월 15일 장세동 부장, 박철언 보좌관과 세 명의 수행원은 판문점을 거쳐 개성역에서 특별열차로 출발하여 오전 11시 47분 평양 용성역에 도착했다. 특사 일행은 모란봉 초대소에 투숙했다. 김일성 주석과의 면담은 이튿날인 10월 17일 주석궁에서 이루어졌다. 오전 10시부터 11시 25분까지 1시간 25분간 진행된 이 면담에서 장세동 부장이 먼저 나의 안부를 전하자 김주석은 "전두환 대통령 각하께서 이처럼 따뜻한 친서를 보내시고 특사를 파견해 주신 데 대해 감사드린다 ⋯ 우리는 서로 만나야 호상互相 이해가 됩니다. 따라서 이렇게 만나는 것만으로도 큰 성과다."고 답례했다고 한다.

김일성의 특사 허담의 서울 방문에 이어 나는 장세동 안기부장을 특사로 평양에 보냈다

장 부장은 이어, 허담 특사가 그랬듯이 나의 친서를 전달하고 친서 설명문을 읽어내려갔다. 나는 친서에서 김일성 주석의 기본입장, 특히 한반도 정세관에 공감한다는 점을 밝히고 최고 책임자 회담의 중요성을 강조하면서 우리 측의 제의를 수락한 김 주석의 역사의식에 경의를 표한다고 했다. 평화통일을 성취하기 위해서는 우선 상호 신뢰를 회복하고 화합 분위기를 조성하며 실천 가능한 사항에 합의를 이루고 실천해 나가는 것이 중요하다는 점을 강조했다. 또 정상회담의 의제와 관련해서는 불가침선언과 그 제도적 보장 장치로서 교차 수교가 필요하다고 했다. 아울러 평화통일을 위한 기본원칙으로 민족자결, 남북 당사자 간의 합의, 평화적 방법을 제시했다. 나는 설명문을 통해 나의 평양 방문 후 김 주석을 서울로 공식 초청하겠다는 뜻을 밝혔다.

장세동 부장의 설명문 낭독이 끝나자 김 주석은 "전두환 대통령 각하의 친절하고 애국의 지성이 담긴 좋은 말씀을 전달해주신 데 대해 매우 감사하게 생각한다. 통일하자는 목적과 우리의 염원은 같다."고 인사말을 한 후 자신의 통일관에 대해 설명했다. 먼저 긴장상태의 완화가 중요하다면서 남북한 간의 대결은 동서 대결의 초병전哨兵戰, 대리전을 하고 있는 격인데 우리 민족은 "동서 열강의 각축에 말려들지 말고 진정한 중립이 되고 어느 블럭에도 참가하지 말고 어느 열강의 위성국도 되지 말아야 된다."고 했다. 이어 불가침선언 문제와 관련해서는 불가침선언만으로는 문제가 다 해결되는 것이 아니며 남북이 함께 평화적 방법으로, 자주적으로 민족대단결의 원칙하에 문제를 해결해야 한다고 했다. 김 주석은 정치적 대결 해소가 군사적 대결 해소보다 더 중요하다는 점을 여러 차례 강조했다. 김 주석은 군사적 대결을 지양해야 한다면서 하루 빨리 군대를 축소하고 군사비를 인민생활에 또는 경제토대 건설에 돌려야 한다고 했다. 불가침선언이 채택되면 군대 인력을 각각 10만 명 이하로 줄여도 될 것이라고 했다. 김 주석은 특히 한미 팀스피리트 훈련을 언급하면서 민족 간에 불필요한 것으로 이러한 점을 나에게 전해달라고 했다는 것이다. 김일성 주석은 "우리가 서로 상면을 하면 긴장상태 완화, 불가침선언을 하고 두 나라가 공존하는 정도가 되어서는 안 되고 두 개의 나라가 아니라 중립국, 블럭 불가입, 두 제도를 그대로 두고 하나의 통일국가를 형성한다는 원칙을 채택해야 한다."고 했다. 그는 "내가 전두환 대통령 각하 말씀 중 가장 감명 깊게 들은 것은 내가 더 늙어 죽기 전에 통일하자는 것인데, 나는 아직 건강하고 정력적으로 담화하고 통일국가를 위한 노력을 함께 할 수 있다고 전두환 대통령 각하께 전달해 주십시오 … 우리 과거는 다 백지로 덮어놓고, 서로 상봉하여 어떻게 하면 남부럽지 않은 통일된, 문명된, 발전된 나라로서 세상에 과시할 수 있는가를 논의, 발표하자는 것."이라고 했다고 한다.

　　김일성 주석과의 공식 면담이 끝나고 이어진 오찬에서는 앞에서 언급했지만, 1984년 우리가 북한의 수재물자 지원 제의를 받아들인 일로 얘기를 주고받았고 그 외에도 건강 비결, 음식, 고구려 유물 등을 주제로 편안한 대화도 나누었다고 한다. 그런데 이 자리에서 김 주석이 갑자기 "올림픽 같은 것도 공동으로 주최해서 단일팀을 만들어 세계에 표본적 과시를 해 보자고 전두환 대통령에게 말씀드려보시지요."라고 말했다는 것이다. 서울에 돌아온 장세동 부장으로부터 김일성의 발언내용을 보고받았을 때 바로 이 발언이 마음에 걸렸다. 이 시점에서 김일성은 올림픽 공동개최를 정상회담의 전제조건으로 내세우지는 않았지만, 올림픽 규정상 불가능한 '공동개최' 문제를 제기한 사실 자체가 어떤 복선을 깔고 있는 듯한 느낌을 주었다. 올림픽의 성공을 방해하기 위한 방책의 일환으로 수해물자 제공을 제의하고 정상회담 제의도 수락했던 것이 아니었나 하는 의심을 낳게 했다.

사실 나는 북한이 남북 간의 접촉의 기회를 이용해서 올림픽을 방해하기 위한 복선들을 깔아놓으려 할지 모른다는 의구심을 갖고 있었다. 그래서 나는 7월 27일 2차 실무회담 결과를 보고받을 때 "북측이 88올림픽의 공동개최 등 엉뚱한 주장을 하고 나올 것에 대비한 대응방안을 철저히 강구해 두라"고 지시했던 것이다. 뒷날 북한은 88년 서울올림픽을 '평양·서울 올림픽대회'로 하자든가, 개회식이나 폐회식을 평양에서 개최하게 해달라든가, 주요 경기종목을 북한에 양보해달라는 등 서울올림픽을 방해하기 위한 여러 술책을 부렸는데, 1985년 김일성의 이 발언에서 이미 그 단초를 보이고 있었던 것이다. 북한은 내가 퇴임할 때까지 30여 차례나 계속된 실무대표회담에서 IOC의 거듭된 중재안까지 거부하면서 올림픽의 공동개최나 다수 종목의 양보를 끈질기게 요구했는데, 그들의 본심은 서울올림픽의 성공을 방해하는 데 있음을 드러내고 있었던 것이다.

김 주석은 서울로 돌아가서 연구해달라며 두 가지 문건을 건네주었다. 하나는 '북과 남 사이의 불가침에 관한 선언'으로 전문前文과 11개 조문으로 구성되어 있었고, 다른 하나는 '평화통일에 관한 북남 공동강령'으로 전문과 본문 4개 항으로 구성되어 있었다. 이 강령 문안은 정상회담의 개최 시기를 '1985년'으로 기재해 놓고 있었다. 우리 특사 일행은 그 다음 날인 10월 18일 아침 평양을 출발하여 오후 3시 30분에 서울에 도착했다.

내가 시동을 건 남북정상회담 개최 문제는 특사의 상호 교환방문이 실현된 단계로까지 진전되면서 돌발변수가 없으면 머지않아 성사될 것이라는 기대마저 갖게 되었다. 김일성은 허담 특사를 통해 준비가 되면 연내에도 가능하다는 얘기를 했고, 평양을 찾아간 장세동 부장에게 건네준 공동강령에 개최시기를 1985년으로 적시해 놓기도 해서 우리 측 관계관들은 이르면 1985년 내에, 늦어도 1986년 상반기쯤에는 정상회담이 열릴 수 있을 것으로 전망했다.

특사 교환 등 뒤로 무장간첩을 침투시키다

그러나 북한은 역시 못 말리는 테러집단이었다. 평양에 갔던 특사 일행이 서울로 돌아온 지 이틀 뒤인 10월 20일 일요일 새벽 북한 무장간첩선 한 척이 부산 청사포 해안으로 침투하다 우리 군에 의해 격침되었다. 김일성이 평양의 주석궁에서 장세동 부장을 앞에 앉혀놓고 평화와 화해를 설교하며 남북한 간에 대결 양상을 조장하는 행위는 일절 지양되어야 한다고 열변을 토하던 바로 그 시간에 북한의 간첩선은 해상경계선을 넘어 남하하고 있었던 것이다.

간단없이 자행하는 북한의 도발에 면역이 되었을 것임에도, 국민들의 북한에 대한 분노는 이 사건으로 더욱 격화되었다. 그렇지 않아도 한 달 전인 9월 고향 방문단, 예술단의 교환방문 후 북한 실정에 대해 비판적 보도를 했던 언론들은 이 사건을 대대적으로 보도하면서 북한을 맹렬히 비난했다. 남북한 간에 정상회담 개최를 위한 비밀접촉이 진행되고 있다는 사실을 알고 있었던 관계관들은 뒤통수를 치는 북한의 이러한 작태를 보고 북한에 대한 불신감을 감추지 않았다. 노신영 국무총리, 이원경 외무장관, 박동진 통일원장관, 이규호 대통령 비서실장, 허문도 정무1수석 등은 남북정상회담의 추진은 시기상조라고 부정적인 반응을 보였다.

10월 30일 남북정상회담 추진을 위한 차후 실무접촉 계획을 보고하러 온 장세동 안기부장과 박철언 보좌관에게 나는 간첩선 사건과 관련해서 고려해야 할 사항들을 얘기해줬다. 나는 우선 북한이 진정으로 정상회담 개최를 원하고 있는지 의심하지 않을 수 없다는 점을 지적했다. 세계 전사戰史를 봐도 협상이 진행될 때에는 전투도 소강상태를 유지시키는 것이 상식이다. 그런데 어떻게 우리의 특사를 불러놓고 화해를 말하고 긴장상태의 완화와 군사대결의 지양을 강조하면서 뒤로는 간첩선을 투입할 수 있는가. 그런 사람들이 진정으로 대화를 원하고 있다고 볼 수 있는 것인가. 아웅산 테러에 대해서도 한 마디의 언급도 없지 않았던가.

나는 앞으로 북한 측의 태도에 어떤 변화가 있을지 지켜볼 필요가 있다고 생각했다. 허담 특사가 온건파라는 관측이 있지만, 허담이 과연 김일성에게 강경파를 자제시키도록 건의하고 김일성이 그 건의를 받아들일 수 있을 것인가. 이번의 공작선 문제도 김일성 등 북한 상층부의 지령에 따른 것이 아니라면 공작관련자들에게 책임을 묻는 등의 성의를 보여야만 남북 간의 화해와 대화를 원한다는 진정성을 인정할 수 있는 것 아닌가. 그런 조치가 없으면 김일성의 진심을 의심할 수밖에 없다고 생각했다.

나는 특사의 상호 교환 방문만으로도 일정 부분 우리의 목적을 달성한 셈이라고 긍정적으로 생각하기로 했다. 북한 측에 전쟁의 위험을 충분히 강조하지 않았나. 전쟁이 나면 핵전쟁으로 이어지고 한반도 전체가 초토화된다. 그렇게 되면 전쟁에 이기고 지는 것이 무슨 의미가 있나. 북한이 전쟁을 도발하는 것은 멸망을 자초하는 것이라는 점을 북한 측에 인식시킨 것만으로도 지금까지의 비밀접촉은 성과를 거둔 셈이다. 그러니까 이제 회담 성사를 위해 더 이상 질질 끌려 다닐 필요는 없다고 생각했다.

나는 11월 12일 북한 측 한시해 대표를 만나게 될 박철언 보좌관에게 구체적인 지침을 주었다. 이번 간첩선 사건에 대해 문제제기를 하라. 만약 "날조극… 운운." 한다면 정상회담은 안 되는 것이다. 또 고위층에서는 모르는 일이고 밑에서 일을 저질러 인책 조치했다는 대답이 나오면 오랜 외교관 생활을 한 사람으로서 국제관례에 어긋나는 것이라고 질책을 하라. 잘못된 것은 잘못되었다고 시인해야 한다. 만나고 싶으면 전화로 연락하도록 하라고 했다. 한시해를 만나면 교육을 시키라고 했다. "정상회담을 한다고 해서 우리가 정치적으로 얻는 것이 없다. 4대 열강과 교차수교를 하게 되면 우리는 득得보다 실失이 많다. 북한은 얻는 것이 많을 거다. 미국과 일본의 기술과 자본 협력을 받을 수 있으니 당장 큰 효과가 있을 것이다. 그러나 우리는 소련이나 중국으로부터 얻어낼 이득이 별로 없다. 얻을 것이 없음에도 정상회담을 하자고 한 것은 한반도의 평화와 민족의 통일을 이루고자 하는 충정 때문이다. 이것을 얘기하라. 내 뜻을 정확히 전해라. 이제부터는 정상회담을 위해 매달릴 필요가 없다."고 했다.

김일성과의 정상회담 개최를 위해 적극적으로 움직이라는 나의 지시에 따라 북측과 비밀통로를 만들고 상호 특사교환까지 이루어낸 안기부의 장세동 부장과 박철언 보좌관은 정상회담 실현에 대한 기대를 접는다는 나의 지시에 맥이 풀리는 듯한 모습을 보였다. 장 부장과 박 보좌관의 입장에서는 그럴만했다. 위험부담을 안고 평양까지 밀행을 해서 김일성도 만났고, 준비가 되는대로 연내에라도 정상회담을 실현하자는 김일성의 대답을 얻어 왔는데, 이 시점에서 후퇴를 하자니 아쉬울 수밖에 없을 것이다. 적대국 간에는 한편으로는 전투를 하면서 또 다른 한편에서는 협상을 하기도 하고 그러는 것 아닌가. 간첩선 한척이 침투한 사건 때문에 양쪽 최고 책임자가 상호 특사까지 접견했던 협상을 깨버린다는 것이 납득하기 어려웠을 것이다.

그때의 내 심정은 이랬다. 사실 간첩선 침투 기도는 북한이 그동안 저질러온 수단방법을 가리지 않는 각종 도발 사례에 비추어 볼 때 사소한 것으로 치부해버릴 수도 있었다. 그런데 내 마음을 결정적으로 돌려놓은 것은 김일성에게 품었던 실날같은 한 가닥 신뢰에 대한 배신감 때문이었다. 북한의 과거 행적이나 북한 체제의 경직성으로 볼 때 북한이 한반도의 평화정착과 통일을 위해 전향적이고 진정성 있는 태도 변화를 보일 것으로 기대하기는 힘들었다. 그러나 김일성이 나한테 비밀특사를 파견하고 또 나의 특사를 받아주고 하는 것을 보고 혹시나 하는 일말의 기대를 품어볼 수 있었던 것이다. 그랬던 것이 "혹시나 했던 것이 역시나."가 된 것이다. 개꼬리는 3년 묵어도 황모가 될 수 없었던 것이다. 그 한 가닥 기대가 없었다면 배신감은 덜했을지 모른다. 나의 특사를 만나서 평화가 어쩌고 민족이 어쩌고 대결 지양 어쩌고 하는 그 시간에 뒤로는 간첩선을 침투시키다니…. 그런 사람과 백번을 만나 천 마디 말을 나눈들 무슨 소용이 있겠는가 하는 회의가 들었던 것이다.

사실 나는 실제로 김일성을 만나는 기회가 만들어지면 이런 얘기를 하려고 했었다. "사람이 백년 천년을 사는 것도 아니고, 김 주석도 지금은 건강하지만 언젠가는 이 세상을 떠나야 하는 것 아니냐. 한 세상 살다 가면서 민족을 위해, 조국을 위해 좋은 일 한번 하고 떠나야 하지 않겠는가. 김 주석은 한반도 북쪽에서는 절대적 영향력과 힘을 갖고 있지 않은가. 김 주석이 마음 한번 고쳐먹으면 북한 주민들을 살리는 길이 열리고, 우리 한민족의 역사에 큰 족적을 남기게 될 것이다. 그렇게 되면 내가 대통령 임기를 마친 뒤에라도 김 주석을 초청해서 남쪽의 경치 좋고 살기 좋은 곳을 안내해서 함께 다니며 노후를 편안하게 해드리고 싶다." 6.25전쟁을 일으켜 수백만의 동포를 살상케 하고 북한 주민 수백만 명을 굶어죽이고도 반성할 줄 모르는 원흉에게 그런 기대를 한다는 것이 될 법이나 한 일인가 하겠지만, 나는 사실 마음속으로 그런 생각을 하고 있었다. 내가 허황되도록 순진했던 것인지 모르지만, 김일성도 인간이고 노쇠해가고 있는 나이인 만큼 인간적으로 파고들면 의외로 마음을 움직이게 할 틈새가 있다고 생각한 것이다. 김일성과 만나서는 주의주장主義主張을 펴며 설득하려 하기보다는 심정적으로 공감을 이끌어내는 것이 효과적일 것이라고 생각했다. 또 그런 이유 때문에 정상회담을 추진하라고 한 것이었다.

남북정상회담에 대한 기대는 접었지만 특사 사이의 접촉마저 단절시킬 이유는 없었다. 남북한 간에는 언제 어떤 상황이 빚어질지 예측하기 어려운 만큼 적십자사 간의 접촉창구 이외에도 다방면의 연결통로를 유지할 필요가 있는 것이다. 나는 장세동 부장에게 북측 대표들과의 접촉은 계속 유지하라고 지시하면서 남한에 대한 더 이상의 테러나 간첩 침투는 희생만 초래할 뿐 결코 목적을 달성할 수 없을 것이고, 전쟁 도발은 북한이 자멸하는 길이며, 남한은 모든 면에서 북한보다 절대 우위에 있기 때문에 어떤 방법으로도 적화통일은 불가능하고, 전두환 대통령은 결코 김일성의 술수나 책략에 호락호락 넘어갈 위인이 아니니까 진정성을 가지고 대화에 임해야 한다는 점을 인식시키도록 하라고 지시했다.

특사의 상호 교환 방문이 있고 3개월 후인 1986년 1월 17일 장세동 안기부장과 박철언 보좌관이 88계획의 그간의 진행상황과 앞으로의 추진계획에 대해 보고했다. 북한 측은 그간 제기되었던 의제들에 관해 양보할 기미가 없다고 했다. 나는 "교차 수교까지 우리가 양보를 해도 통하지 않는다면 그만 두어야 되지 않겠는가, 그러나 당장 접촉을 끊지는 말고 1988년까지는 끌고 가야 한다. 팀스피리트 훈련도 미국이 중국의 말을 듣고 금년에는 그대로 하고 내년에는 줄이겠다고 약하게 나오는데 올림픽이 끝날 때까지는 훈련에 틈을 보여서는 안 되는 만큼 그대로 유지해야 한다. 북한이 1988

년까지는 무슨 수단을 써서라도 도발하려고 할 것인 만큼 철저히 대비해야 하는 것"이라고 말했다. 그 며칠 뒤인 1월 20일 북한은 팀스피리트 86훈련을 구실로 모든 남북대화를 일방적으로 연기한다고 방송을 통해 발표했다. 우리는 국회회담, 경제회담, 적십자회담 대표들의 공동명의로 성명을 내고 북한 측에 회담 계속을 촉구했다.

북한의 대남對南 파괴 공작

김일성의 집요한 암살공작

　새삼 설명할 필요도 없지만, 북한정권의 최종목표는 한반도에 사회주의 국가를 건설하는 일이다. 말이 '사회주의국가' 건설일 뿐 5천년 민족사의 터전인 한반도를 '김일성 왕국'으로 만들겠다는 망상을 꿈꾸고 있는 것이다. 그 목표를 달성하기 위해서는 자유민주주의와 시장경제체제의 대한민국을 전복하고 적화통일해야 한다. 북한은 정권수립 이후 대남적화통일을 이루기 위한 전략을 위해 모든 수단과 방법을 동원했다. 전면전쟁도발, 무장공비 침투, 남침용 땅굴 굴착, 무장폭동과 민중봉기 공작, 내부혁명을 위한 통일전선 구축과 지하당 조직 등 온갖 전술을, 때로는 단계적으로, 때로는 동시다발적으로 펴왔다. 뿐만 아니라 휴전선 부근에서의 군사도발, 민간항공기 격추 및 납치, 해외에서 활동 중인 한국 국민과 어선 납치, 폭탄 테러, 요인 암살 기도 등 온갖 테러행위를 끊임없이 자행해왔다. 북한의 대남테러 사례들은 일일이 다 열거할 수 없을 만큼 계속되어 왔지만, 저들이 가장 집요하게 공작해온 것 중 하나가 박정희 대통령과 나에 대한 암살 기도였다.

북한이 박 대통령과 나에 대한 암살에 그처럼 집착한 것은 박 대통령과 내가 대한민국을 공산화하려는 저들의 기도에 가장 큰 장애물이고 위협적인 존재였기 때문일 것이다. 특히 4.19 직후와 10.26 직후 각각 정치사회적 혼란에 더하여 경제적 위기상황이 빚어짐으로써 이른바 '결정적 시기'가 다가오고 있었는데 박 대통령과 나의 등장으로 그러한 '호기好機'가 사라진 데 대해 분노하고 증오심을 갖게 되었을 것이다.

북한은 1968년 1월 박 대통령을 살해하기 위해 31명의 특공대원을 침투시켜 대담하게도 청와대를 습격하려고 했지만 실패했다. 북한은 그 2년 뒤인 1970년 6월에는 6.25 행사를 위해 국립현충원을 참배하는 박 대통령을 노려 현충문 지붕에 폭발물을 설치하려 했는데 조작 실수로 폭발하여 공작원 1명이 사망하고 나머지 2명은 도주했다. 1974년에는 조총련계 재일교포 청년을 시켜 국립극장에서 열린 8.15 광복절 경축식에 참석한 박 대통령을 저격했는데 총탄이 빗나가 박 대통령은 무사했으나 영부인 육영수 여사가 흉탄에 목숨을 잃고 말았다.

1980년 5월 무장시위대에 의한 폭동사태가 진압된 후 그해 9월 내가 대통령에 취임하고, 정국이 신속히 안정을 회복해가자 북한은 나의 등장으로 남한 정부를 전복할 기회가 사라지게 된 데 대해 아쉬움을 넘어 나에 대한 적개심을 키워 갔을 것이다. 북한은 이후 우리 국내는 물론 해외에서까지 나를 위해하려고 집요하게 공작해왔다. 사전에 탄로나거나 실패했을 경우 우리의 보복은 물론 국제사회의 비난과 제재를 자초하게 될 것이라는 점을 알면서도 무모한 계획을 계속 추진한 것은 내가 저들의 대남전략목표를 달성하는 데 가장 큰 걸림돌이라고 판단했기 때문이었을 것이다. 시간이 흘러 내가 통치기반을 공고히 구축하게 되면 저들의 직간접적인 어떠한 대남

전략도 벽에 부딪힐 거라는 우려가 그들로 하여금 그토록 조급하게 만들었던 것이다.

내가 김영삼 정권의 5.18특별법에 의해 구속되어 재판을 받고 있던 1996년초 가족이 면회 오면서 책을 한 권 넣어줬다. 그 2년 전인 1994년 대한민국으로 귀순한 강명도康明道라는 사람이 북한 권력층 내부 얘기와 한국에서의 생활에 관해 쓴 책이었다. 그 사람은 김일성 외사촌의 친척인 동시에 강성산姜成山 총리의 사위로 소개되었다. 북한 권력층 내부의 실상을 경험하고 목격할 수 있는 위치에 있었다는 것이다. 『평양은 망명을 꿈꾼다』는 제목의 책이었는데, 중앙일보에 연재했던 내용을 단행본으로 펴낸 것이라 했다. 강명도 씨는 그 책에서 '김일성은 전두환을 두려워했다'는 소제목 아래 16쪽에 걸쳐 나와 관련된 이야기를 썼다.

몇 대목을 인용하자면, "… 북한은 남한의 대통령들을 우습게 생각했다. 평양 집권층은 전직 대통령들을 '물닭' 또는 '맹물단지'라고 부르곤 했다 … 그러나 전두환 대통령은 무서워했다. 성격이 워낙 강하고 우직해서 진짜로 밀고 올라올지도 모른다고 생각했기 때문이다. 북한이 지난 1983년 10월 버마 아웅산 테러를 감행한 것도 다 그런 이유에서다. 김일성은 전두환 대통령 임기 중 내가 아는 것만 해도 두 번의 암살과, 전쟁 발발을 겨냥한 두 차례의 대남 도발을 시도했다." "보위부 간부인 그는 '스라소니(박정희)가 없어지니까 되레 사자(전두환)가 나왔다'고 말했다…." 이 책에는 그밖에도 내가 아프리카 방문할 때 북한이 공작원을 보내 나를 암살하려고 했던 일, 아웅산 테러 사건, 금강산댐은 대남수공對南水攻 용도로 건설되었다는 얘기, KAL기 폭파 사건, 1984년 수재 때 우리가 거절할 것으로 짐작해서 구호물자를 주겠다고 허위공세를 펴다가 뒤통수를 맞았다는 얘기 등이 실려 있다. 강명도씨는 또 "아웅산 테러가 성공해서 전두환 대통령이 살해되었다면 북한은 남한 내의 혼란을 틈타 광주사태와 같은 대규모 폭동을 일으켜 대한민국 정부를 전복하려고 계획했고, 이를 위해 아웅산 테러가 있기 몇 달 전부터 군인들의 제대까지 정지시키며 대기태세에 있었다."고 말했다. 어쨌든 북한은 눈엣가시 같은 나를 제거하려고 혈안이 되어 있었다는 것이다.

내가 대통령에 취임한 후에도 북한은 우리 국내에서는 물론 해외에서까지 나를 위해하려고 집요하게 공작해왔다. 김일성이 해외에서 나를 암살하려고 공작했던 첫 번째 기도는 내가 12대 대통령에 취임하고 4개월 만인 1981년 7월 필리핀 방문 때였다. 북한 공작원들은 나의 아세안 5개국 순방 계획을 알게 되자 캐나다의 살인청부업자들에게 접근했고, 이들은 캐나다 국적의 친북반한親北反韓 인사인 최홍희崔泓熙의 아들 최중화崔重華를 끌어들였다. 말레이시아 주재대사를 지낸 예비역 장군인 최홍희는 캐나다로 이주한 뒤 세계태권도연맹을 만들어 북한을 오가며 활동했고, 그 아들 최중화도 반한운동에 가담하고 있었다. 북한 공작원한테 공작금을 받고 나에 대한 암살 계획서에 서명까지 했다. 이들은 내가 필리핀의 푸에르토 아줄이라는 휴양지에서 마르코스 대통령과 회동할 때 나를 암살한다는 계획이었다. 그러나 이 계획은 마지막 순간 캐나다 경찰에 정보가 입수되어 무산되었다. 이 정보는 필리핀 정부와 우리측에 제공되어 나와 마르코스 대통령의 회동 장소는 급히 변경되었다. 이들은 유럽의 오스트리아와 홍콩 등지를 다니며 무기 구입 등 거사 계획을 구체화시켰는데, 이러한 움직임은 오스트리아 정보당국에도 포착되어 오스트리아 주재 필리핀 대사가 본국에 알려오기도 했다. 살인청부업자들은 검거되어 실형을 살았고, 최중화는 국외로 도피했다가 뒤에 캐나다에 돌아와 자수해서 실형을 선고받고 복역했다. 최중화는 지난 2008년, 우리나라를 떠난 지 34년 만에 세계태권도연맹 관계의 일로 서울을 찾아왔다는 보도가 있었다. 그가 우리나라에 와서 나에 대한 암살 기도 사건에 관해 무슨 말을 했다는 얘기를 듣지 못했다. 그가 비록 캐나다 국적을 가진 사람이고 또 오래된 일이라 하더라도 대한민국 대통령을 살해하려고 한 일로 캐나다에서 실형까지 산 사람인데, 그에 대한 국내법상의 절차는 어떻게 이루어졌는지 알려지지 않았다. 국민들이 납득할 수 있는 설명이 있어야 했다고 생각된다.

아세안 5개국 순방 때 나에 대한 위해계획을 공작했다가 실패한 북한은 다음해인 1982년 8월 아프리카4개국 순방에 나선 나를 암살하도록 또다시 공작부서에 지령을 내렸다. 이 계획은 김정일이 주도한 것으로 전해졌다. 김정일은 북한의 비동맹 외교의 거점 가운데 하나인 아프리카를 대한민국 대통령인 내가 공식방문하게 된 데 대해 커다란 박탈감을 느꼈다는 것이다. 북한의 대남공작 책임자인 김중린은 최정예 공작원 4명을 아프리카 현지로 보내면서 나를 암살한 후 체포될 위기에 처하면 북한의 소행이라는 것이 드러나지 않도록 자폭하라는 지령을 내렸다. 공작원들은 범행 장소로 삼았던 가봉으로 바로 들어가지 않고 육로로 4,000km나 떨어진 콩고로 우회해서 가려다가 교통사고가 나서 부상하는 바람에 임무를 수행할 수 없었다. 아프리카 주재 북한 외교관이었던 고영환高英煥 씨가 한국으로 귀순한 뒤 밝힌 내용을 보면 가봉에서 나를 암살하려던 계획은 최후 순간에 보류되었다고 한다. 이 계획은 김일성이 모르는 사이 김정일이 직접 지휘했던 것인데, 나중에 이 사실을 알게 된 김일성이 계획을 중지시켰다는 것이다. 아프리카 지역은 북한의 가장 큰 외교적 기반이 되고 있는 곳인데 북한의 범행이 드러날 경우 뒷감당을 할 수 없다는 판단 때문이었다는 것이다. 또다른 추측은 김일성이 나에 대한 암살 계획을 소련 측에 알려줬는데, 브레즈네프가 미국과의 마찰을 우려해서 말리는 바람에 부랴부랴 취소했다는 것이다. 어쨌든 아프리카에서 나를 암살하려던 북한의 기도는 이래저래 실패하고 말았다. 그렇다고 나를 제거해야만 한다는 북한 최고 권력층의 집념이 사그라든 것은 아니었다. 다음해 또 하나의 공작을 계획했는데, 바로 아웅산 폭탄 테러 사건이다.

북한의 김일성, 김정일 부자가 휴전 이래 유례가 없을 만큼 집요하게 대한민국 대통령인 나를 해치려고 기도한 본질적 이유와 그러한 판단의 배경은 무엇일까. 내가 대통령 임기를 마치고 떠난 지 30년이 지난 이 시점에서 새삼 이 질문에 답을 구해보려고 하는 것은, 단지 지나간 일에 대한 궁금증 때문은 아니다. 비정상적 집단인 북한의 전략에 대한 분석은 현재에도, 미래에도 우리의 생존과 직결되는 문제인 것이다. 나에 대한 위해 기도의 배경에는 첫째 10.26 이후의 남한 사회에 대한 그릇된 정세 판단, 둘째 남한 내에 잠복해 있는 북한 동조세력에 대한 비현실적 믿음, 그리고 나의 존재에 대한 두려움 등이 작용했던 것 같다. 그들은 1980년 봄에 야기된 남한 내의 정치사회적 혼란이 광주사태를 시작으로 전국으로 확대됨으로써 대한민국이 민중봉기에 의해 붕괴되기를 바랐고 또 그렇게 될 것으로 기대했을 것이다. 광주사태가 진압되는 순간 그들의 기대는 물거품이 되었지만, 10.26 이후 지속되어 온 혼란으로 남한 내부의 혼란은 여전히 민중봉기가 가능할 만큼 취약하다고 판단했을 가능성이 높다. 그러니까 신속히 정국을 안정시켜 가는 나를 제거하기만 하면 저들에게 또다시 기회가 생길 것이라고 믿었을 것이다. 북한이 남한 내부에서 민중봉기가 일어날 가능성이 높은 것으로 기대한 것은 북한을 추종, 동조하는 세력의 힘을 그만큼 믿고 있었다는 얘기가 된다. 6.25 때 북한군이 남한을 침공하기만 하면 남한 내의 북한 추종세력이 일제히 호응 봉기해서 쉽게 대한민국을 접수할 수 있을 것으로 오판했던 상황의 재판인 것이다. 북한은 광주사태 당시 무장시위대의 강도 높은 폭력성과 조직력, 대담성을 확인할 수 있었을 것이다. 특히 광주사태를 촉발한 세력들이 내건 '반민주반민족통일성전'의 구호는 북한 전략가들을 고무하고 헛된 망상에 집착하게 만들었을 것이라는 점은 충분히 짐작할 수 있는 일이다. 그러한 망상을 실현해보려고 한 것이 아웅산 폭탄 테러 사건이다.

아웅산 폭탄 테러 사건

내가 취임 초 우리나라의 안보와 경제를 위한 사활적 이해가 걸린 미국과의 혈맹관계 복원, 일본 및 영국 등 서유럽 국가들과의 전통적 협력관계 강화에 외교적 노력을 집중하는 한편으로 해마다 거르지 않고 이처럼 아시아-아프리카의 제3세계 비동맹국가들에 대한 관계 증진에 힘을 기울인 것은 이유가 있었다.

유서를 남겨 놓고 떠난 버마

당초 외무부가 준비한 서남아 순방 계획('국화 계획')에는 포함되어 있지 않았던 버마가 추가된 데 대해 훗날 억측이 제기되었다는 보고를 받았다. 버마의 집권당인 사회주의인민개혁당 의장 네윈 장군의 권력 유지 노하우를 배우기 위해 버마 방문이 추가됐다는 것이 억측의 내용이라고 했다. 네윈 의장은 쿠데타로 집권해서 대통령을 지낸 후 사임한 뒤에도 섭정을 하고 있는 실력자였다. 외무부의 당초 계획에 버마는 포함되어 있지 않았는데 내가 추가하라고 지시한 것은 사실이다. 그러나 버마 방문을 추가하게 된 이유가 '네윈 운운….'이라는 추측은 그야말로 엉뚱한 상상력으로 지어낸 얘기일 뿐이다. 북한이 또다시 암살공작을 기도할 가능성이 있는 위험 지역을 굳이 그만한 일 때문에 내가 직접 갈 필요는 없는 일이다. 네윈 장군의 통치술이 궁금했다면 보고서 몇 장만 받아보면 될 일 아닌가. 또 버마 방문 계획이 갑자기 이루어진 것은 아니고, 방문 5개월 전인 5월에 이미 현지 공관에 훈령을 보내 교섭하도록 지시가 내려가 있었다.

내가 동남아시아-아프리카 순방에 이어 서남아 국가 순방에 나선 가장 큰 이유는 앞에서 설명했듯이 UN에서의 표대결 등을 위해 비동맹권에 대한 외교 기반을 획기적으로 확충할 필요성 때문이었지만, 그에 못지않게 선진개발도상국으로서 우리의 발전 경험을 서남아지역 국가들이 공유할 수 있는 계기를 만듦으로써 남남협력의 새로운 기틀이 마련될 수 있다는 기대가 있었기 때문이었다. 또한 순방일정에 포함된 버마, 인도, 스리랑카, 호주, 뉴질랜드, 브루나이 등은 자원부국으로서 자연자원이 부족한 우리나라로서는 상호보완적인 개발협력의 좋은 파트너로 생각되었다. 훗날 미얀마로 국호를 바꾼 버마 정부가 근래 일부 개방화 정책으로 전환하자 미얀마의 풍부한 자원을 겨냥해서 우리나라는 물론 세계 각국이 버마에 진출하려고 경쟁하고 있는 사실에서 보듯이 버마는 자원부국이고 개발 여지가 많은 나라다. 산림자원과 수산자원이 풍부하고 귀금속 매장량도 많다. 같은 인도차이나반도에 있는 나라 가운데 국교가 없는 베트남이나 라오스와 달리 버마는 비록 북한과 더 친밀하기는 했지만 우리와 서로 대사관을 두고 있었다. 또 인접국가인 태국과 말레이시아를 지난해 방문했던 사실을 감안할 때 이번 서남아 순방 때 버마를 포함하는 것은 자연스러운 일이었다.

당시 버마는 남북한 동시수교국이었지만 북한 쪽에 더 기울어져 있었던 것이 사실이다. 1965년에는 김일성이 버마를, 1977년에는 네윈 대통령이 북한을 방문했었고, 내가 방문하기 7개월 전인 같은 해 3월에는 북한의 총리 이종옥李鍾玉이 버마를 다녀갔다. 사정이 이러하니까 관계실무자들은 나의 순방일정에 버마를 포함시키자고 할 수 없었을 터이고, 반대로 나는 사정이 그러하니까 대통령인 내가 가야 한다고 생각했던 것이다.

첫 공식 행사 – 아웅산 묘소 참배

서남아-대양주 순방 계획은 10월 8일 서울을 출발해서 버마, 인도, 스리랑카를 차례로 방문한 뒤 대양주로 건너가 호주와 뉴질랜드를 방문하고 이어 브루나이를 거쳐 10월 25일 귀국하는 18일간의 일정으로 짜여 있었다. 첫 방문국인 버마 랑군의 밍가라돈 공항에 도착한 것은 8일 오후 4시 30분이었다. 다음날 끔찍한 비극이 기다리고 있는 줄은 꿈에도 생각할 수 없었던 우리 일행은 랑군 시내의 영빈관과 교외의 인야레이크 호텔에 각각 여장을 풀었다. 방문 이틀째인 9일의 첫 행사는 랑군 시내에 있는 아웅산 묘소 참배였다.

버마 독립투쟁의 영웅인 아웅산 장군과 그 동료들의 유해가 안치된 아웅산 묘소는 국립묘지로서 성역화된 곳이었다. 외국을 국빈 방문했을 때 그 나라의 국립묘지를 참배하는 것은 국제적 의전관례였고, 방문 일정의 첫 번째 행사로 소화하는 것도 관례화되어 있었다. 당초 아웅산 묘소 참배는 랑군 도착 직후에 바로 하는 것으로 일정이 잡혀 있었다. 그런데 비행항로를 최종 검토하는 과정에서 적성국가인 중국 대륙과 베트남에 근접한 비행항로를 피해서 남쪽으로 다소 우회하는 경로를 택하는 것이 좋겠다는 의견이 있어 항로를 바꾸게 되었다. 바뀐 항로 때문에 랑군 도착이 오후 늦은 시간이 되므로 아웅산 묘소 참배를 도착 이튿날 오전에 하기로 일정이 바뀐 것이다. 만일 그때 당초 정해진 일정대로 랑군 공항에 도착한 직후 곧바로 아웅산 묘소로 직행해서 참배행사가 이루어졌다면 나를 포함한 수행원 모두가 폭탄 테러에 희생되고 말았을 것이다.

영빈관에 도착한 우리는 1층 응접실에서 밤늦도록 회의를 했다. 얼마 전까지 친북 성향이었던 나라에 와 있다는 긴장감 때문이었을 것이다. 늦게 잠자리에 들었는데도 새벽 5시에 잠이 깼다. 영빈관을 출발하도록 예정된 10시 20분까지는 시간이 많이 남아 있었다. 나는 장세동 경호실장을 불러 인야레이크 호텔에 투숙 중인 이계철李啓哲 대사에게 연락해서 수고한 버마 측 영접요원들을 위해 준비한 선물은 우리가 떠난 후에 대사가 직접 전달하라고 지시했다. 그러고도 시간이 남아 영빈관에 함께 묵고 있는 수행원들의 숙소를 둘러보고 있는데 황선필黃善必 공보수석이 찾아왔다. 수행기자 가운데 동아일보 기자가 출국 직전 교체되었다는 사실을 보고했는데 긴급한 사안은 아니었다. 행사장으로 출발하기 위해 영빈관 현관으로 내려간 것은 예정 시간 2분 전이었다.

그런데 나를 안내하여 행사장으로 가기로 되어 있던 칫 흘랭 버마 외무장관이 예정 시간이 되어도 나타나지 않았다. 국빈 행사에 있어서는 안 되는 결례였다. 미리 와서 대기하고 있어야 할 그는 예정 시간보다 5분 늦은 시각에 숨을 헐떡이며 영빈관에 도착했다. 나중에 들은 얘기로는 그 외무장관은 영빈관에 올 때 타고 오던 자동차가 고장이 나서 지나가던 택시를 불러 바꿔 타고 오느라 늦었다는 것이다.

예정 시각보다 5분정도 늦게 출발한 차는 아웅산 묘소를 향해 빠른 속도로 달렸다. 행사장은 영빈관에서 4.5Km 정도 떨어져 있었고 수분 내에 도착할 수 있는 거리라고 했다. 그런데 버마의 경호차량의 선도를 받으며 달리던 내 차가 갑자기 방향을 돌려 U턴을 하더니 오던 길로 되돌아가는 것이 아닌가. 당장은 영문을 알 수가 없었고, 다만 무슨 불가피한 사정이 생겼구나 짐작할 뿐이었다. 차는 곧 다시 영빈관으로 되돌아왔다. 나중에 들은 보고에 따르면 내 차가 U턴한 곳은 사고 현장을 1.5km쯤 남겨놓은 지점이었다.

참극이 일어난 현장 상황

북한 공작원들이 노린 것은 물론 나였고 나의 수행원들은 아니었을 터인데, 내가 도착하기 전에 원격조종장치의 버튼을 누른 것은 착각 때문이었다. 묘소 참배 행사를 위해 10시 15분 현장에 제일 먼저 도착한 것은 인야레이크 호텔에 투숙해 있던 서석준徐錫俊 부총리를 비롯한 공식·비공식 수행원과 기자단이었다. 이어 영빈관에 투숙해 있던 함병춘 비서실장 등이 이계철 주버마대사와 1개 제대梯隊를 이루어 나보다 10분 먼저 이동하도록 되어 있었다. 영빈관을 출발한 이계철 대사의 검은색 벤츠 승용차에는 당연히 태극기가 휘날리고 있었고, 나와 함께 영빈관에 투숙했던 함병춘咸秉春 실장등 공식 수행원들이 탄 차들과 함께 앞뒤로 경호차가 따라 붙고 있었다. 묘소에서 약 1km 떨어진 위자야극장 앞에서 구경나온 군중 틈에 섞여 있던 북한 공작원들이, 자신들 앞을 지나간 짙게 선팅한 이계철 대사 차량을 내가 타고 있었던 것으로 생각한 것은 결코 엉뚱한 착각이었다고 할 수는 없을 터였다. 더욱이 태극기를 단 승용차 대열이 묘소에 도착한 뒤 2~3분쯤 지나 묘소 안에서 군악대의 진혼나팔소리까지 울려 나오지 않는가.

"대통령께서 곧 도착하실 테니 참배 대열로 섭시다."

이계철 대사가 말하자 수행원들은 아웅산 장군 묘소 앞에 두 줄로 도열을 정리했다. 앞줄은 장관급, 뒷줄은 차관급이었다. 왼쪽부터 서열 순서로 도열했다. 이때 천병득千炳得 경호처장이 버마의 군악대 대원들에게 주빈이 도착하면 연주할 음악을 연주해보라고 했다. 아프리카의 가봉을 공식 방문했을 때 애국가 대신 북한 국가가 연주됐던 사례도 있어서 한번 연습을 시켜 보았던 것이다. 그러자 나팔수들이 예정된 악곡을 불기 시작했다. 10시 28분이었다. 바로 이 순간 북한 공작원들은 원격조종장치의 버튼을 눌렀고 4층 구조의 목조건물 지붕에서 폭발물이 터지면서 건물은 완전히 파괴되고 행사장은 아수라장이 된 것이다. 묘소는 1미터 높이의 시멘트 축대 위에 버마 독립전쟁의 아버지인 아웅산 장군 묘소를 중심으로 좌우에 4개씩 9기의 묘소가 봉안돼 있고 그 위에 목조지붕이 덮여 있었다.

내가 도착하기 직전 공식 수행원들이 아웅산 묘소에 참배 대열로 서 있다.
(오른쪽부터 서석준 부총리, 이범석 외무부장관, 김동휘 상공부장관, 서상철 동자부장관, 이계철 주 버마 대사, 함병춘 청와대 비서실장, 심상우 당총재 비서실장, 이기백 합참의장)

도열해 있던 수행원들은 폭삭 주저앉아버린 건물더미에 깔려버리고 말았다. 서석준 부총리, 이범석李範錫 외무부장관, 김동휘金東輝 상공부장관, 서상철徐相喆 동자부장관, 함병춘 대통령비서실장, 이계철 주 버마대사, 김재익金在益 대통령 경제수석비서관, 하동선河東善 해외협력위 기획단장, 강인희姜仁熙 농수산부차관, 김용한金容瀚 과기처차관, 심상우沈相宇 민정당 총재

비서실장, 민병석 대통령 주치의, 이재관李載寬 대통령 공보비서관, 이중현李重鉉 동아일보 사진기자, 한경희 경호원, 정태진 경호원 등 16명이 이역 땅에서 한순간에 목숨을 잃었다. 또 이기백李基百 합참의장, 최재욱崔在旭 대통령 공보비서관, 최상덕崔尚德 외무부 의전과장 등 수행원 14명이 부상했으며 버마인 33명이 부상했다. 이때 공식 수행원 중 살아서 병원으로 이송된 사람은 이기백 합참의장, 이기李基旭욱 재무부차관, 최재욱 청와대 공보비서관뿐이었다. 이기욱 재무부차관은 치료 중 병원에서 운명했다.

폭발물을 장치한 범인들은 행사장이 보이는 가까운 장소에서 폭발물의 원격조종장치를 손에 잡고 결정적인 순간을 포착하기 위해 숨을 죽이며 우리 일행의 동작을 주시하고 있었다고 한다. 바로 그때 이계철 주버마 대사가 탄 차량이 태극기를 펄럭이며 행사장에 도착하자 참석한 수행원들이 모두 두 줄로 도열해 서고 곧 나팔소리까지 울리자 행사가 시작된 것으로 생각하고 "이때다." 하면서 스위치를 눌렀던 것 같다. 내가 탄 차와 비슷한 대형차를 타고 있었고 그 차에는 태극기가 펄럭이고 있었다.

비상조치와 부상자 대책 마련

영빈관에 도착하자 장세동 경호실장이 급히 다가와 "행사장인 아웅산 묘소에서 폭발 사고가 났다."보고했다. 나는 경호실장에게 "사람들이 다쳤는가, 인명피해가 큰가?"라고 묻자 장 실장은 "그런 것 같습니다."라고만 했다. 장 실장도 그 시점에서는 상황을 제대로 파악하지 못한 채 우선 나를 별채에 있는 외무부 의전실장이 쓰던 방으로 안내했다. 영빈관에도 시한폭탄 장치가 있을지 모르는 상황이어서 내 숙소도 안전하지 못하다고 판단했던 것이다. 뒤이어 한글학교 학생들과 학부모들을 초청해 별도의 일정을 수행하고 있던 아내가 급히 의전실장의 방으로 달려왔다. 나는 경호실장에게 빨리 상황을 파악하라고 지시하면서 랑군 시내 호텔에 분산해 투숙 중인 우리 경제인들과 비공식 수행원들을 특별기로 옮겨 잘 보살펴주도록 하라고 지시했다. 내가 급히 숙소를 옮겨야 할 만큼 긴박한 상황을 맞으면서 제일 먼저 머리에 떠오른 것이 기업인들과 비공식 수행원들의 안전이었던 것이다. 나를 노린 테러라면 경제인을 비롯한 나의 수행원도 위험한 상황에 있을지 모르는 일이었다. 나를 안내하고 있던 버마의 우 칫 흘랭 외무장관도 전혀 내용을 모르고 있었다. 창문을 통해 바깥을 내다보니 빨간 모자를 쓴 버마 측 경호원들이 정복을 입은 경호원들과 교체되고 있었다. 자기들끼리 쿠데타가 났다는 얘기도 한다는 것이다.

잠시 후 대강의 현장상황을 보고받자 황망한 중에도 나는 이 사건이 나를 노린 암살기도이고 그것은 북한의 소행임을 직감적으로 알 수 있었다. 국빈 방문 중인 외국 국가원수에게 폭탄테러를 기도하는 상식 이하의 행위를 할 수 있는 집단은 북한밖에 없을 것이라고 생각했다. 불과 10여 일 전 대구 미국문화원에서 발생했던 폭발물 사건과 정황이 비슷한 점을 발견할 수 있었던 것이다. 북한의 소행이라고 생각되자 나는 위기상황이 끝난 것이 아니고 진행 중이라고 판단했다. 북한이 대통령인 나를 위해하려고 공작했다면 대통령의 유고 상황까지 고려한 제2, 제3의 도발 계획을 준비했다고 봐야 한다. 그렇다면 나는 한시라도 빨리 서울로 돌아가야 한다고 생각했다. 국가적 위기상황에서 대통령인 내가 국가지휘소를 지켜야 한다. 상황이 벌어졌을 때 지휘자가 지휘소를 이탈해 있으면 걷잡을 수 없는 위기를 맞게 되는 것이다. 서울과 통신은 유지되고 있었지만 그것만으로는 부족하다. 내가 건재하다는 것을 눈으로 봐야 국민도 안도하게 되고, 북한도 함부로 더 이상의 도발을 획책하지 못할 터였다. 나는 공식 수행원 가운데 생존해 있는 단 세 사람 - 장세동 경호실장, 황선필 공보수석비서관, 김병훈金炳熏 의전수석비서관을 불러 모아 "이번 순방 계획을 즉시 중단하고 서울로 돌아간다."는 결정을 알려주고 각자에게 임무를 부여했다. "서울에 연락해서 한시라도 빨리 비행기를 보내 순국자의 시신과 부상자들을 긴급 후송할 수 있도록 하라." "수행원들이 묵고 있는 호텔도 안전하다고 볼 수 없는 만큼 그곳에 남아 있는 경제인들을 즉시 우리가 타고 온 특별전용기로 대피시키라."고 지시했다. 시간을 보니 사건 발생 7분이 지난 10시 35분이었다. 나는 또 서울의 김상협金相浹 국무총리에게 전화를 통해 군에 비상을 걸고 내각도 필요한 조치를 취하되 국민들이 동요하지 않도록 침착하게 대처하라고 지시했다.

내가 1차적으로 취해야 할 긴급한 비상조치들을 끝냈을 무렵인 오전 11시 50분쯤 우 산 유 버마 대통령이 내 숙소로 찾아왔다. 그는 새파랗게 되어 죄송하다고 하면서 무엇이든지 시키는 대로 따르겠다고 했다. 나는 이번 사건이 버마 국내 문제에서 빚어진 사건으로 생각한다는 우 산 유 대통령에게 얼마 전에 한국에서도 북한의 소행으로 보이는 폭발물 사건이 있었다는 사실을 지적하며 범행수법 등으로 보아 북한의 소행이 거의 분명한 만큼 그런 점을 유의하여 수사하라고 조언했다. 또 부상자는 최선을 다해서 신속하고 완벽한 치료를 해주고 사망자는 조속히 본국으로 운구할 수 있도록 협조해달라고 요청했다. 아울러 방문 일정을 모두 취소하고 즉시 본국으로 돌아가기로 결정했음을 알려주었다. 우 산 유 대통령은 최대한 협조를 하겠다고 약속을 했다.

나는 경황이 없는 상황에서도 당초 계획했던 우리 교민들과의 오찬 행사를 진행했다. 내가 건재한 모습을 보여줄 필요가 있다고 생각했다. 오찬이 끝날 무렵 네윈 의장이 찾아왔다. 처음 연락오기는 4~5시경 오겠다고 하기에 나는 그때까지 못 기다리겠다고 했더니 앞당겨서 영빈관으로 왔다. 이번 사건에 관해 네윈 의장도 약 3개월 전에 틴 우 국가정보국장을 자르고 그 기구들을 없애버렸는데 그 조치에 불만을 품은 자들의 소행 같다고 했다. 그 기구가 나의 경호를 맡게 되어 있었는데 의심스럽다는 것이었다. 나는 우 산 유 대통령에게 말한 내용을 다시 설명하며 수사 초점을 북한에 맞추어야 할 것이라고 말해주었다. 그러면서 범인이 버마인들이라면 어차피 버마 국내에 숨어 있을 것이지만, 북한 공작원들은 우선 국외로 탈출하려고 시도할 것이니만큼 빨리 길목을 차단하고 수색 조치를 취해야 할 것이라고 조언했다. 네윈 의장은 내 판단이 맞다고 생각했는지 내가 보는 앞에서 모든 퇴로를 즉시 차단해 수색, 검거하라는 지시를 내려주었다. 그는 무엇이든지 말씀해주시면 시행하겠다는 말과 함께 거듭 죄송하다는 사죄의 말을 했다.

숙소로 찾아온 네윈 의장에게 나는 북한의 소행이 틀림없으니 그런 방향으로 수사 초점을 맞추라고 조언했다.

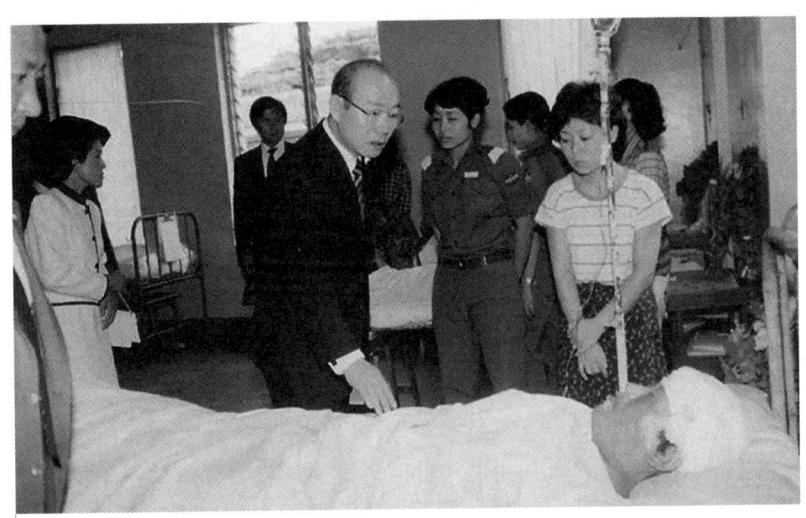

귀국에 앞서 부상자들이 입원해 있는 육군병원을 찾아갔다.

나는 귀국하기 위해 버마 대통령과 함께 차를 타고 영빈관을 출발하여 공항으로 향했다. 그러나 나는 이미 유명을 달리했지만 병원에 누워있는 나의 수행원들을 그대로 남겨둔 채 훌쩍 고국으로 떠날 수는 없었다. 그분들을 한번 보지 않고는 도저히 발길이 떨어질 것 같지 않았다. 나는 차의 행선지를 육군병원으로 돌리라고 했다. 동승했던 우 산 유 대통령과 버마측 경호관계자들은 당황해하면서 만류했지만 나는 희생자들과 부상자들을 찾아보지 않고 그대로 귀국행 비행기를 탈 수는 없었다. 병원에 도착해 보니 시설이 아주 열악했다. 육군병원이라는 이름이 도무지 어울리지도 않는 아주 허름하고 낡은 퀀세트 건물에 안치되어 있었던 것이다. 의료장비의 수준이 우리의 6.25 때 사정과 비슷한 듯했다. 나는 시신이 안치되어 있는 곳으로 가서 한 분 한 분 신원을 확인해보며 향을 피웠다. 가슴이 먹먹하고 울분이 복받쳤다. 땅을 치고 통곡을 하고 싶었다. 기막힌 심정은 참으로 말로는 표현할 길이 없었다. 부상자들이 치료받고 있는 곳으로 갔다. 온

몸을 붕대로 칭칭 감고 있어서 누가 누군지 알아볼 수가 없었다. 대사관 직원의 부인들과 교민들이 환자들에게 부채질을 하면서 돌보고 있었는데 병원에 소독약이 없어서 환부를 수돗물로 씻는다고 했다. 그 부인들은 이러다가는 부상자들을 모두 죽이겠다고 하면서 안타까워했다. 내가 봐도 그 병원에 그대로 두었다가는 목숨을 살리기 어려울 것 같았다.

나는 네윈 의장의 방문을 받은 뒤 순국한 분들의 시신이 안치되어 있고, 부상자들이 치료를 받고 있는 육군병원을 들른 뒤 서둘러 랑군공항에 도착했다. 공항에 도착하자마자 홍순영洪淳瑛 비서관에게 즉시 본국의 총리에게 전화해서 보사부장관으로 하여금 긴급히 필요한 조치를 취하도록 하라고 지시했다. 폭발 사건의 부상자에게 무슨 약이 필요한지 알아봐서 약도 싣고 의사와 간호사들을 보내도록 하라고 했다. 그리고 버마 대통령에게도 우리 본국에서 약을 가지고 올 테니 비행기의 신속한 이착륙을 위해 필요한 지원을 해달라고 부탁했다. 그날 공휴일이었지만, 비상연락체제가 가동되어 모든 준비가 차질 없이 신속히 이루어졌다.

김정례金正禮 보사부장관은 즉각 메디컬 센터의 의사와 간호사들을 비상소집하여 KAL기에 태워 보냈는데 우리가 탄 비행기가 싱가포르를 지나 대만 가까이 왔을 때 그 비행기가 지나가고 있다는 보고를 받았다. 의료진을 태운 비행기가 그처럼 신속히 움직였기 때문에 부상자들을 살린 것이다. 병원장이 직접 의료진들을 인솔하여 비행기를 타고 버마에 갔다고 했다. 시간을 다투는 부상자들을 비행기에 싣고 오면서 비행기 안에서 소독을 하고 수술을 하고……. 생명을 구하기 위해 의사와 간호사들은 최선을 다한 것이다. 우리 의료진은 버마를 떠날 때 가지고 갔던 약품을 필요한 양 이외는 다 주고 왔다고 했다. 그곳 병원에는 의약품이 있는 것보다 없는 것이 더 많은 형편이었다.

귀국길의 전세기 안에서

오후 4시 30분 전세기는 서울을 향해 랑군공항을 이륙했다. 하루 전, 18일간의 순방일정의 첫 방문지인 랑군에 도착했던 바로 그 시각이었다. 전용기 안을 가득 채우고 앉아 있던, 그처럼 유능하고 국가에 헌신했던 고위공직자들의 좌석은 휑하니 비어 있었다. 다시 한 번 가슴 먹먹해지는 비탄과 분노가 치밀어 올라왔다. 전용기에는 사건 직후 내가 긴급 대피하도록 한 경제인들이 미리 타고 있었다. 공식 수행원인 고위 공직자들을 거의 다 잃었지만, 우리나라 주요 대기업의 총수들인 수행 경제인들, 경호원들을 만나니 그렇게 반가울 수가 없었다. 그들만이라도 살아 있어 준 것이 고마웠다. 기업인들은 놀라기도 하고 불안하기도 해서인지 안색들이 창백했다.

비행기가 무사히 이륙하기는 했지만 불안한 마음이 여전히 남아 있었다. 비행기에도 폭발물을 설치했는지 알 수 없는 일이었다. 기업인들도 같은 생각을 해서였을까, 불안하고 긴장된 표정을 풀지 못하고 있었다. 비행기에 시한폭탄이 설치되어 있다면 대개 한 시간 안에 터진다.

"왜 우리는 이 같은 비극을 되풀이해서 겪어야 하는 걸까. 저들은 왜 피를 나눈 동족에 대해 이처럼 야만적이고 잔인한 테러를 일삼는 걸까. 내가 만일 변을 당했다면, 외국 순방 중이던 대한민국의 대통령이 갑자기 궐위가 되는 비상 상황을 맞아 국내가 혼란에 빠지게 되면 대체 저들은 무슨 일을 벌이려고 했던 것인가?"

내가 분노와 비탄, 그리고 앞으로 해야 할 일들에 대한 궁리로 말을 잃고 있는데 옆자리에 앉아 하염없이 창밖을 바라보며 울고 있던 아내가 내게 물었다.

"하늘은 무슨 생각으로 당신을 살려주신 걸까요?"

나는 답변할 말을 생각해보았다. 내가 살아남아서 해야 할 일이 많기 때문이 아닐까. 임기를 마치고 청와대를 걸어 나감으로써 평화적 정부 이양의 첫 선례를 만들어야 하고, 경제를 일으켜 나라를 부강하게 만들고 민생을 안정시키고, 안보를 튼튼히 하고, 우방과의 협력 강화와 국제적 지지기반 확대로 통일역량을 배양하겠다는 순국사절들의 유지가 이루어지게 해야 하고, 그리고 유가족을 보살펴야 한다. 죽음의 문턱까지 갔다가 살아남은 나는 임기를 마치고 청와대를 떠나는 그날까지 내 어깨에 지워진 그러한 과업을 완수하기 위해 몸이 부서지도록 일을 해야 하리라고 다짐했다. 덤으로 얻게 된 나의 삶, 부여된 임무를 완수하다 죽은들 무슨 여한이 있을까 싶기도 했다.

이륙한 지 한 시간 반 가까이 되어 싱가포르를 지나 대만 가까이 왔을 무렵 정주영鄭周永 전국경제인연합회장, 정수창鄭壽昌 대한상공회의소장, 유기정柳琦諪 중소기업중앙회장 등 기업인 7~8명이 내 좌석으로 찾아왔다. 이륙한 지 한 시간 이상 지나도록 이상 징후가 나타나지 않자 비로소 마음이 놓이는 듯했다. 그때는 마침 의료진을 태우고 버마로 가는 비행기가 우리가 탄 전세기 옆을 지나가고 있다는 보고를 받고 안도의 한숨을 내쉬고 있던 참이었다. 그들도 우리 내외처럼 많이 울었는지 눈이 충혈되어 있었다. 그들을 보자 다시 분노가 치밀어 올랐다. 나를 도와 어떻게 해서든지 제3세계에 기반을 구축해 보려고 사회주의국가에까지 수행해왔던 그 많은 인재들이 희생됐고 하마터면 기업인들마저 잃을 뻔했다는 생각에 치가 떨렸다. 나는 쓰리고 아픈 내 마음을 숨길 수도 없어 눈시울을 붉히면서 말했다.

"나는 비행기가 이륙하는 순간부터 마음속으로 무수히 되뇌어 보았습니다. 하늘이 우리를 살려둔 참 뜻은 어디에 있을까 하고요. 나는 슬픔 속에 답을 얻었습니다. 어떻게 하든 국력을 키워 이 땅에 다시는 그런 끔찍한 일이 일어나지 않도록 하는 일과 그들의 가족을 보살펴 줌으로써 고인들이 편안하게 눈 감을 수 있도록 하는 일일 것이라고 말입니다."

그러자 그들은 한 목소리로 대답했다.

"지난 몇시간 동안 우리는 죽음을 체험했습니다. 각하께서 그 황망하신 와중에도 우리 기업인들을 챙겨 비행기로 대피시킬 생각을 하셨기에 우리 기업인들이 무사한 것이라고 생각합니다."

"우리들은 각자가 스스로 숨 쉬는 소리를 들을 수 있을 만큼 긴장해 있었고 조금 전까지 우리는 별의별 생각을 다했습니다. 돈은 벌어서 보람 있는 일에 써야 하지 않겠습니까. 동족 간에 이러한 비극적 살상이 더 이상 없도록 항구적인 대책을 세워주십시오. 그러한 목적을 위한 일에 자금이 필요하면 우리가 다 내겠습니다. 또 나라를 위해 이국땅에서 순국한 분들의 유족들을 돕는 일에도 앞장서겠습니다."

비행기 안에서 오고간 이런 얘기들이 서울 도착 후 구체화되어 모습을 드러낸 것이 일해재단 설립 구상이었다. 귀국 후 기업인들은 곧바로 22억 원을 모금해서 희생자 유족에게 나눠주려고 하였으나, 그럴 경우 세금 문제 등 복잡한 일이 생긴다는 지적이 있었다. 유가족을 돕는 일은 지속적으로 이루어져야 하고, 한반도의 평화정착과 통일문제 등을 연구하기 위해서도 연구소 등을 만들어야 한다는 논의 끝에 재단 설립의 필요성이 제기된 것이다. 필요에 따라 재단이 설립되었고 그 첫 사업이 순국사절들의 가족을 돕는 일이었다. 내 아호를 따 '일해재단'으로 명명된 재단의 설립취지는 "21세기를 향한 지속적인 신장과 한반도의 통일을 앞당기기 위한 연구 사업을 진행하는 동시에 국가가 필요로 하는 인재를 육성한다."였다. 실제로 그후 일해재단은 소련 등 미수교 동구권국가의 학자들을 초청해서 세미나를 하는 등 민간 차원의 교류를 통해 그 후 수교가 이루어질 수 있도록 토양을 마련하는데 기여한 것으로 알고 있다.

그와 같이 좋은 뜻에서 설립된 일해재단이지만 설립자인 내가 퇴임하자마자 재단 관계자들이 국회의 특별위원회와 청문회 등에 불려 나가는 등 조사를 받게 되고 검찰의 수사로 이어져 재판에 회부되었었다. 지루한 재판 끝에 다행히도 무죄판결이 남으로써 항간의 의혹을 벗을 수 있게 되었지만 만신창이가 된 일해재단은 이름도 바뀌고 재단의 성격과 사업의 내용에도 큰 변화가 있었다. 설립자의 입장에서 본다면 재단이 좋은 목적에서 설립된 만큼 당초 설립목적과 취지에 맞게 운영되고 알찬 성과를 거둘 수 있었으면 한다.

응징보복을 원한 지휘관들

서울에 돌아오자마자 나는 우선 전방상황과 보안목표들을 긴급 점검했다. 이렇다 할 이상 징후는 없었지만 일선 군 지휘관들이 모두 격앙되어 있다는 보고였다. 육·해·공군 할 것 없이 전부 북한을 공격할 준비를 갖춰놓고 있었다. 상부의 승인이 없더라도 북한에 대해 응징에 나설 기세였다. 국가원수에 대한 테러는 선전포고나 다름 없는 만큼 즉각 응징보복에 나서야 한다는 것이다. 우리가 요구한다고 해서 북한이 사과할 리도 없지만, 사과 받는 것만으로는 안 되고 차제에 저들의 도발 의지를 완전히 꺾어놓을 수 있도록 단호하게 응징해야 한다고 한 목소리를 내고 있었다.

북한에 대해 보복하고픈 심정은 내가 군 지휘관들보다 더하면 더했지 약할 리가 없었다. 하지만 나는 나 자신부터 격앙된 마음을 추스르며 냉정을 지켜야 한다. 사라예보에 울린 한 발의 총성이 1차 세계대전을 촉발했듯이, 북한에 대해 제한된 보복을 하더라도 다시 북한의 반격을 받게 되면 확전이 불가피하다. 일단 상황이 벌어지면 생사를 건 전면전으로 가게 된다. 남북한이 각각 보유한 화력을 모두 쏟아 부으면 남북을 가릴 것 없이 전 국토가 폐허가 되어 회복할 수 없는 피해를 입게 될 것은 너무나 분명한 일이다. 우리가 그동안 피땀 흘려 이룩한 모든 산업시설과 생활의 터전이 잿더미가 될 것이다. 5년 후에는 88올림픽을 개최해서 선진국 대열에 진입할 수 있다는 기대도 접어야 한다. 북한은 올림픽 개최를 무산시키기 위해 우리가 무력 공격을 해오도록 유도하고 있는 것이 아닌가. 저들의 의도에 말려들어 그동안 이뤄놓은 것들을 모두 잃을 수는 없다. 어떻게 해야 하나. 어떤 선택을 해야 하는가. 순국 외교사절들을 위한 합동국민장이 예정된 13일이 되기까지 밤잠을 이루지 못하고 고심만 깊어 갔다. 하늘마저 비를 뿌려 애통해하던 그날 여의도광장에 모인 국민들은 북한의 만행을 규탄하며 비탄의 눈물을 흘렸다.

다음날 세네월드 UN군 사령관이 접견을 요청해왔다. 접견실로 들어서는 세네월드 사령관의 얼굴은 잔뜩 굳어 있었다. 그는 "한국군이 북한을 공격할 움직임을 보이고 있는데 그러한 사실을 알고 있느냐"고 물었다. 나는 "조금은 들은 바 있다."고 했다. 그러자 세네월드 사령관은 "총소리 한 방으로 전면전이 촉발될 수도 있으니 각하께서 적극적으로 만류해야 한다."고 했다.

그즈음 격앙된 분위기는 군내에만 있었던 것이 아니었다. 내각의 일부 각료와 청와대 안에서도 비상사태를 선포해야 한다고 주장하는 사람들이 있었다. 나는 우리 군의 일선 지휘관들을 진정시킬 필요가 있다고 생각했다. 강경한 군 지휘관이 한두 명이라도 통수계통을 무시하고 독자적으로 행동에 나선다거나 하면 사태는 걷잡을 수 없는 상황으로 확대될 우려가 없지 않았던 것이다. 특히 기동성이 빠른 공군이 염려되었다. 군내의 격앙된 분위기뿐만 아니라 국민의 분노를 생각하면 북한에 대한 일정 규모의 응징 보복조치를 못할 것은 없다. 그러나 그것은 도화선에 불을 붙이는 결과가 된다.

군 지휘관들을 진정시키려면 내가 직접 나서야 한다고 생각했다. 나는 조문사절들을 접견하고 사태 수습을 위한 후속 조치들을 지시하는 등 바쁜 가운데에서도 전방부대의 각군 지휘관들을 지역별로 만나 "여러분의 애국심과 충성심은 누구보다도 내가 잘 알고 있고, 그래서 여러분을 믿음직스럽고 고맙게 생각하고 있다. 그러나 전쟁을 하고 안 하고 하는 것은 모든 상황을 냉정하게 종합적으로 검토해서 대통령이 결단해야 하는 것이다. 충성심만 가지고는 안 된다. 각 부대는 훈련은 계속하되 공격 실행은 절대 안 된다. 그런 생각을 하고 있었다면 즉각 중단하라. 필요한 시기, 적절한 시기에 내가 때리라고 할 때 때려라. 내 명령 없이 병사 한 명이라도 선을 넘으면 나와 국가에 대한 불충이다. 내 명령에 따르라."고 강한 어조로 진정을 시켰다. 아끼고 의지하던 인재들을 졸지에 잃고 슬픔에 잠 못 이루는 대한민국 대통령으로서, 선전포고나 다름없는 도발행위에 대해 당연한 응징조치를 취해야 할 최고 통수권자로서, 당장에라도 보복공격에 나설 것 같은 충성스런 지휘관들을 말려야 하는 내 입장이 안타깝게 느껴졌다.

밝혀진 북한의 범행 전모

우리 일행이 귀국한 직후 버마 정부는 사건 직후 남부지역 사령관을 단장으로 한 조사단을 구성하여 진상조사에 착수했다. 사건 다음날인 10일에는 조사단을 사건조사특별위원회로 격상시켰다. 내무종교상을 위원장으로 육군참모총장과 경찰국장 등으로 구성된 위원회는 사건 수사와 관련해서는 무제한적인 권한을 부여받고 있었다. 버마 경찰은 사건 다음날인 10일 밤 9시 30분경 랑군강 하류 파준다웅강을 향해 수영하며 내려가던 범인 한 명을 체포했다. 이 범인은 주민들에게 발견되자 수류탄을 빼들고 저항하다 수류탄이 터져 부상당한 채 생포됐다. 후에 이 범인은 북한군 특수부대의 진 모 소좌로 밝혀졌다. 11일 아침에는 타쿠핀 마을 인근에서 소형 보트를 타고 도주하던 2명의 범인을 군경 수색팀이 발견하여 파출소로 연행했는데, 범인들은 총기 등을 숨긴 가방을 경찰이 검색하려고 하자 그중 한 명이 총을 꺼내들어 사격을 가하며 저항하다 한 명은 사살됐다. 이 틈에 다른 한 명은 달아나 숨어 있었는데 다음 날인 12일 추격팀에 포위되자 수류탄 안전핀을 뽑고 저항하다 수류탄이 터지는 바람에 오른팔이 절단되는 부상을 입고 체포되었다. 사살된 범인은 신기철 북한군 상위였고 부상을 입고 검거된 범인은 강민철 북한군 상위였다. 버마 당국은 11월 4일 사건 전모를 밝혀내고 수사를 종결했다.

우리 정부는 박세직朴世直 안기부차장을 단장으로 한 조사단을 파견하여 버마 수사당국과 공조수사 활동을 벌였다. 폭발물 잔해 등 물적 증거와 범행수법 등 여러 정황증거에 비추어 북한의 소행이라는 확신을 갖고 버마 정부에 철저한 진상규명을 요청하는 한편 필요한 협조를 제공했다. 과거 북한이 수차에 걸쳐 모의한 우리 요인 암살기도 및 시설물 파괴 등 테러행위에 대한 수사 경험에서 얻은 수사기술을 버마 정부에 알려주려 했던 것이다. 그러나 버마 수사당국은 지나칠 정도로 독자적 수사권을 고집했다. 통역도 한국인을 쓰지 않고 어학연수 중인 버마인을 썼으며, 의사소통이 원활하지 않자 한글사전을 빌려가면서까지 우리 조사단의 간여를 배제했다. 3명의 범인을 모두 체포한 후에도 우리 수사관의 신문을 허용하지 않고 있다가 사건 발생 보름이 지난 25일에야 범인들을 만나게 해주었다. 이 때에도 우리만 단독으로 범인들을 만난 것이 아니고 비동맹국가들의 외교 사절들을 참여시켰다. 버마 당국의 이러한 조치가 피해자의 입장인 우리 정부로서는 아쉽게 생각되었다. 하지만 결과적으로는 수사의 객관성과 엄정성을 담보해 준 셈이 되었다. 최종 수사 결과 생포된 범인에 대한 신문과 노획한 장비, 그리고 수집된 물증 등을 통해 북한의 소행이었다는 것이 명백히 밝혀짐으로써 국제사회의 불필요한 의혹을 불식시킬 수 있었다.

버마 정부는 사건 발생 25일 만인 11월 4일 최종 수사 결과를 발표한 데 이어 생포한 범인 2명을 특별재판에 회부했다. 이들에 대한 수사와 재판을 통해 범인 3명의 신원은 북한 개성에 있는 인민무력부 정찰국 소속 특공대인 정찰중대 소속의 진모 소좌(본명: 김진수), 강민철(본명: 강영철) 상위, 신기철 상위 등으로 밝혀졌다. 이들이 소속된 부대(강창수 부대)의 지휘관 강창수 소장은 6.25 당시 인민군 총참모장으로 있다가 전사한 강건姜建의 아들이다. 1983년 8월 강창수는 부대원 가운데 가장 우수한 이들 3명을 선발해서 "최고위층의 특별한 명령."이라며 임무를 부여했다. 진모를 조장으로 한 3인조 특공대원은 개성에서 특수훈련을 받고 9월 9일 옹진항에서 화물선으로 위장한 북한의 공작선 '동건애국호'를 타고 9월 15일 랑군항에 도착했다. 동건호는 하역작업을 끝냈지만 선박을 수리한다는 이유로 며칠간 더 체류할 수 있도록 허가받았다. 그 사이 9월 22일 이들 3인은 랑군시에 잠입해서 북한 대사관 정무참사관 전창휘 집에 은신했다는 것이다. 이후 10월 6일 현장을 답사하고 다음날 새벽 2시 진모의 지휘로 아웅산 묘소 지붕에 3개의 폭발물을 설치했다. 한 개는 원격조종으로 터지게 되어 있는 폭탄이고, 다른 한 개는 충격을 받으면 터지게 되어 있는 고성능 폭탄, 그리고 나머지 한 개는 증거 인멸을 위해 화재를 일으키도록 하는 소이탄이었다.

　북한 공작원들이 고도의 특수훈련을 받은 테러리스트였고, 또한 북한이 외국의 주권이나 국제법 같은 것은 아랑곳하지 않는 폭력집단이라고 하지만 아웅산 폭발 사건 같은 무지막지한 테러가 자행될 수 있었던 데에는 당시 버마 사회의 허점과 하급관리들의 부패 고리가 개재되어 있었다. 다음해인 1984년 1월 『워싱턴포스트』는 버마 정부가 아웅산 묘소 폭파 사건과 관련해서 20여 명의 하급관리와 민간인을 체포했다고 보도했다. 이들 가운데에는 사건이 있기 2주일 전 랑군항에 정박한 북한 선박으로부터 북한 테러범들의 불법 상륙을 도와준 세관 및 출입국 관리, 나룻배 사공, 출입이 엄격히 통제되고 있는 성역인 아웅산 묘소에 돈을 받고 북한 공작원들을 출입시킨 묘소 관리인들이 포함되어 있었다. 묘소 관리인은 평소에도 돈을 받고 연인들이 아웅산 묘소에서 데이트를 즐길 수 있게 해주었고, 심지어 창녀들이 매춘장소로 이용하는 일도 돈만 받으면 묵인해 주었다는 것이다. 이 같은 정보를 입수한 북한 공작원들은 묘소 관리인을 매수해서 밀회를 가장하여 여자들을 데리고 들어가 폭발물을 설치할 수 있었다는 것이다.

　11월 22일부터 시작된 1심 재판은 12월 9일 10차 공판까지 이어져 두 명 모두에게 사형이 선고됐다. 국선변호인들이 제기한 상고와 재심 청구는 다음 해인 1984년초 각각 기각됐고, 마지막 절차로써 구명을 청원했는데, 진모에 대해서는 탄원이 기각되어 1985년 4월 사형이 집행되었다. 그러나 강민철에 대해서는 집행을 보류했다. 자백을 해서 수사에 협조한 점이 참작이 된 것일 터였다. 진모는 처음부터 묵비권을 행사하며, 자신의 신원조차 밝히지 않았다. 이에 비해 강민철은 처음에는 허위로 진술하고 비협조적이었으나 시간이 흐르면서 말문을 열기 시작했다. 버마 수사당국은 완강하게 버티는 진모보다는 강민철이 마음을 바꿀 가능성이 더 높다고 보고 특별한 대책을 세웠다. 여자 간호사를 강민철에게 배치해서 정성을 다해 친절하게 돌봐주도록 했다. 북한 사회에서 자라고 특수부대의 훈련만 받아온 젊은 강민철로서는 그처럼 따뜻하고 인간적인 대접은 처음 받아보는 일일 터였다. 체포된 지 3주쯤 지난 11월 3일 드디어 강민철은 모든 것을 털어놓겠다는 의사를 밝혔다. 강민철이 이처럼 심경 변화를 일으키게 된 데에는 또 한 가지 다른 이유가 있었다. 자신의 조국인 북한에 대해 배신감을 느낀 것이다. 강창수 부대장이 이들 공작원들에게 지급한 수류탄은 적을 공격하기 위해 사용할 무기가 아니었다. 안전핀을 풀고 버튼을 눌러야 터지는 것이 아니고, 안전핀만 풀면 바로 폭발하는, 말하자면 자폭용 수류탄이었던 것이다. 그래서 진모도 그랬듯이 강민철도 자폭하려고 했던 것이 아닌데, 자신의 수류탄이 터지는 바람에 부상한 것이었다. 북한은 이들에게 범행 후 랑군항에 정박해 있는 동건호로 복귀하라고 했지만, 사실은 그 날짜에 동건호는 이미 출항하고 그곳에는 없었다. 북한은 이들이 임무를 수행한 뒤 버마를 탈출해서 돌아오기를 기대한 것이 아니고, 북한의 소행이라는 증거를 남기지 않도록 없어져주기를 바랐던 것이다. 뒤늦게 이 같은 경위를 알게 된 강민철은 북한에 대해 배신감을 느껴 자백을 하게 된 것이다.

강민철과 관련해서는 한 가지 짚고 넘어가야 할 일이 있다. 강민철이 2000년을 전후해서 한국으로 오기를 희망했고 미얀마 정부도 강민철을 석방할 의사가 있었음에도 불구하고 우리나라 정부가 그를 받아들이지 않음으로써 끝내 옥사하게 만든 사실이다. 김대중 대통령 때 국가정보원 해외 담당 차장과 국가안보 보좌관 등을 지낸 나종일羅鍾— 박사는 『아웅산 테러리스트 강민철』이라는 책에서 강민철이 우리나라에 오고 싶다는 간절한 염원을 풀지 못한 채 옥사한 경위를 밝히면서 깊은 아쉬움을 나타냈다. 김대중 정부-노무현 정부 시절 우리의 정보당국에서는 강민철과의 접촉을 통해 그가 처벌을 각오하고라도 한국에 갈 의사가 있음을 확인했다. 정보당국의 고위 관계자가 강민철의 희망대로 한국에 데려오려고 개인적인 노력을 기울였으나 북한의 눈치를 보는 김대중 정부에서는 실현될 수 없었고, 노무현 정부에서도 사정은 마찬가지였다. 미얀마 정부는 석방해줘도 갈 곳이 없는 강민철을 20년 이상 장기복역시킬 수밖에 없었고, 결국 강민철은 옥중생활 25년째인 2008년 5월 병사하고 말았다. 김대중 정부-노무현 정부 시절 KAL기 폭파범 김현희金賢姬를 우리 정부가 조작해낸 범인이라고 몰고 가려던 일련의 책동과 함께, 지금까지도 아웅산 폭탄 테러가 조작된 것이라고 억지 쓰는 북한을 더 이상 궁지에 빠뜨리지 않으려고 배려해야 했던 경위가 언젠가는 밝혀져야 할 것이다.

버마 정부와 국제사회의 제재 조치

범인들이 북한 지령하에 행동한 북한 공작원이라는 완벽한 증거를 발견한 버마 정부는 수사결과를 발표한 11월 4일 13시를 기해 다음과 같이 북한에 대한 제재 조치를 취했다.

첫째, 주버마 북한대사관을 폐쇄하고 북한대사관 직원들의 국외 추방을 단행한다.

둘째, 북한과의 외교관계를 단절하는 한편, 북한에 대해 정부 승인을 취소한다.

버마뿐만 아니라 세계 각국은 아웅산 폭탄 테러가 북한의 야만적인 소행임이 밝혀지자 이념이나 체제의 차이를 떠나 개별적 또는 집단적인 제재조치를 취했다. 외교관계의 단절을 비롯하여 교역 및 경제교류 중단 등으로 북한은 공산권을 제외한 국제사회에서 고립을 면치 못하게 되었다. 특히 미국은 사건 발생 직후 즉각적으로 우리나라에 대한 외교적 지원과 강력한 한국방위 결의를 대내외에 천명하는 한편, 미국 관리의 북한 외교관 접촉 완화 조치를 무기한 유보시켰다. 이와 함께 미 상원은 11월 2일 랑군 사건을 격렬히 비난하는 결의안을 채택하고 한국에 대한 외교적 지원을 거듭 다짐했다. 일본 정부도 11월 7일 일본 외교관과 북한 직원과의 제3국에서의 접촉을 엄격히 제한하는 등 4개항의 제재 조치를 발표했다. 남미의 코스타리카, 아프리카의 코모로, 남태평양의 파푸아뉴기니 등 3국은 아예 북한과의 외교관계를 단절함으로써 북한이 저지른 테러행위를 강력히 규탄했다. 또한 대북한 수교를 선거공약으로 내세운 후 공약을 이행하려 했던 프랑스의 미테랑 정권도 북한과는 수교하지 않겠다고 재확인했으며, 호주는 북한과의 관계 재개를 원치 않는다는 의사를 북한에 공식적으로 통고했다.

그동안 각종 원조를 제공하고 선심을 쓰면서 아시아-아프리카의 비동맹국가들과의 관계에서 우리보다 압도적 우세를 지켜왔던 북한은 이 사건으로 인해 일거에 그 기반을 상실하게 되었다. 비록 나의 순방 계획이, 북한 테러리스트들이 저지른 폭탄 테러 때문에 취소된 아쉬움이 있고, 무엇보다도 우리의 보배 같은 인재들을 잃게 된 통한이 남지만, 서남아시아 정상들이 한국을 연이어 방문하게 됨으로써 대북한 외교 우위의 기반을 구축하는 한편 서남아시아 국가로의 경제 진출을 강화하는 계기를 마련하고 88올림픽의 성공적 개최를 위한 성원을 얻는 결과가 되었다.

북한의 수공 위협 – 금강산댐 건설

금강산댐 건설의 목적

1986년 봄 우리 군은 북한군의 예기치 못한 이동상황을 포착했다. 대동강 갑문공사에 동원되었던 북한군 병력 15만 명이 금강산 쪽으로 이동하고 있었던 것이다. 이러한 사실을 탐지한 우리 군이 이를 예의주시하고 있던 4월 8일 북한 중앙방송은 최고인민회의에서 금강산발전소 건설 계획을 확정했다고 보도했다. 이어 8월 2일 평양방송은 금강산발전소가 북한에서 최대 규모의 발전소가 될 것이라고 밝혔다.

나는 8월 20일 장세동 안기부장으로부터 금강산댐과 관련된 보다 구체적인 첩보 상황에 대한 분석 내용을 보고받았다. 북한은 북한강 상류 지점에 댐을 축조하여 북한강의 물줄기를 동해안으로 역류시켜 발전시설을 건설할 계획을 추진 중이라는 것이다. 이 공사가 이루어질 경우 우리에게 매년 18억 톤에 달하는 수자원의 손실과 함께 생태계를 크게 변화시키고 우연이든 고의적으로든 댐이 붕괴될 경우 대홍수로 막대한 피해가 예상된다고 했다. 다만 아직까지는 북한이 계획하고 있는 댐의 위치나 규모를 정확하게 파악할 수 없기 때문에 우선 도상圖上으로 추정할 수밖에 없다는 것이다.

한편 국방부는 북한 발표와 항공사진 등 모든 첩보를 종합 분석하여 사고 또는 고의로 댐이 붕괴될 경우 범람으로 인한 피해가 군사작전에 미치는 영향을 판단하고 한미 공동으로 대비책을 마련하기로 했다. 국방부는 금강산댐이 군사분계선 북방 10km에 위치하여 댐 붕괴 시 12~16시간 내에 수도권이 침수될 것으로 예상했다. 또한 북한강변 군부대의 침수로 기동작전에 제약을 받게 되고, 1군과 3군이 한수漢水 남과 북으로 분리되어 병력의 증원이나 철수에 지장을 초래하게 될 것이라고 분석했다. 그 후 북한은 9월 9일 북한군 최고사령부 명의로 금강산발전소, 사리원비료공장 건설 등 5대 건설사업에 군병력 15만 명을 동원하는 계획을 발표했다. 그리고 10월 21일에는 금강산발전소의 착공식을 가졌다고 발표했는데, 발전소의 위치나 규모 등 일체의 제원을 밝히지 않고 다만 북한의 최대 수력발전소라는 것만 밝혔다.

북한의 움직임을 주시하던 정부는 북한의 금강산발전소 착공 발표 9일 뒤인 10월 30일 이규효 건설부장관의 성명을 통해 북한 측에 공사 중지를 촉구했다. 북한은 우리의 요구를 묵살하면서 11월 4일 금강산발전소 건설은 유익한 건설사업이라는 주장을 내놨다. 북한이 발전소 건설 계획의 중단 의사가 없는 것으로 판단한 정부는 11월 6일 이기백 국방부장관, 11월 21일 이웅희李雄熙 문공부 장관이 각각 대북성명을 발표했다. 이어 11월 24일에는 건설, 국방, 문공부, 국토통일원 등 4부 장관이 합동기자회견을 통해 대응댐 건설을 발표하고 북한과 협상할 용의가 있음을 밝혔다. 북한은 11월 27일 금강산댐이 평화사업임을 반복 주장하면서 처음으로 그 저수량이 36억 톤이라고 발표했다.

건설부장관은 11월 28일 다시 공개서한을 통해 쌍방의 장관급을 수석대표로 하고 각 7명으로 구성되는 남북 대표 간의 수자원회담을 제의했으나 북한은 즉각 이 제안을 거부했다. 미국은 12월 초 북한의 금강산댐 건설공사와 관련한 정보를 보내왔다. 우리가 미군 측으로부터 정보를 입수한 이후 인근의 군부대에서는 매일매일 북한군의 댐 건설 진도를 관찰하여 사진으로 찍어 분석하고 있었다. 그런데 12월에 들어와서는 댐 설치 예정지역까지의 진입로를 개설하고 공사 요원들의 숙소를 건설했으며 공사용 자재 적재장소를 만들어 일부 자재를 적재했다는 것이다. 또한 공사를 하기 위해 가물막이를 만들어 물줄기를 다른 곳으로 돌리는 작업을 하고 있다는 정보가 미국 측으로부터 전달되었다. 그러나 이러한 상황 파악만으로는 그들이 건설하고자 하는 댐의 구조나 규모, 또 담수량의 규모 등을 정확히 파악하기 어려웠다.

12월 25일 북한의 전력공업위원회의 부위원장이라는 리춘성이 내외신 기자회견을 갖고 '금강산발전소 건설에 관한 백서'라는 자료를 발표했다. 이는 우리의 대응댐 건설 계획이 본격화되고 우리 국민들의 건설 지원 의지가 고조되면서 국제적인 북한 비난여론이 비등해지자 북한이 마지못해 취한 조치로 보였다. 이 백서는 이 일대의 총체적인 계획 규모가 기본댐 4개소, 취수댐 7개소, 총 저수량 47.2억 톤, 발전용량 81만KW라고 밝혔다. 북한이 '임남댐'이라고 이름붙인 금강산댐의 위치는 강원도 창도군 임남리이고 발전소의 위치는 강원도 안변군 신화리라고 했다. 댐 높이 121.5m, 댐 저폭底幅은 700m, 저수량은 26.2억 톤이라는 것이다.

그런데 그들의 발표 내용을 검토한 결과 다소 의문이 가거나 불명확한 점이 없지 않았다. 수자원 전문가들이 검토한 바에 의하면 댐의 높이가 121.5m인 경우 저수량은 그 유역 면적으로 보아 26.2억 톤이 아니라 37억 톤이 된다는 것이다. 그러나 그 지역을 현지 답사하여 실제 측량해볼 수 없는 우리로서는 어느 것이 정확한지 단정할 수는 없었다. 또 댐의 저폭底幅이 700m라고 했는데 만약 그렇다면 댐의 높이는 121.5m가 아니라 230m로 높아지게 되고 따라서 저수량도 200억 톤이 된다는 산술적인 계산이 나온다는 것이다. 그러나 댐의 저폭이 700m라고 한 것은 그 발표에 착오가 있었거나 혹은 댐의 길이를 저폭으로 오기한 것으로 짐작되었다. 저수량 200억 톤 규모의 댐이라는 것은 상상도 할 수 없을 뿐만 아니라 북한의 기술 수준과 경제력으로는 그 건설이 사실상 불가능한 것으로 판단되었다.

금강산댐의 위험성

북한이 금강산에 댐과 발전시설을 건설한다는 데 대해 우리가 즉각 공사 중단을 요구하면서 대응댐 건설을 추진하지 않을 수 없게 된 이유는 무엇인가. 원래 국제 하천에 대해서는 이해관계가 있는 상대국과의 협의 없이 수원水源을 독점적으로 이용하거나 상대에게 큰 피해를 줄 수 있는 하천 공사를 하는 행위는 국제법상 허용되지 않는다. 우리 정부는 1987년 1월 16일 건설부장관이 다시 남북 수자원회담을 재촉구하고 남북 공동조사단 구성제의와 전력손실량 보상용의를 표명했으나 북한은 1월 19일 여전히 우리의 제의를 거부했다. 공유 하천에 대한 국제관례를 무시하고 댐 공사를 강행하겠다는 의도를 드러냈다. 우리의 수자원 공동이용에 관한 회담과 협상 제의, 댐 건설 중지 요청을 거부하며 독설과 비난만을 되풀이했다. 따라서 우리나라는 이 문제를 국제사회에 호소하여 각국의 압력을 통해 댐 공사를 중단하도록 하는 방법도 생각할 수 있었다. 그러나 북한이 그것을 모르고 댐 공사를 착수했을 리 만무하고 또 그러한 국제적인 압력을 수용할 사람들이 아니었다.

그리고 보다 중대한 문제는 고의 또는 사고로 댐이 붕괴될 경우 우리가 입게 될 피해가 엄청날 것이라는 우려 때문이었다. 먼저 댐이 완공되기 이전 가물막이 상태에 있을 때 파괴되는 경우를 생각할 수 있다. 이때 가물막이의 높이는 54m, 담수량은 3억 톤으로 추정한다. 이 경우 피해는 하류의 화천댐 등 3개 댐이 파괴되고 침수면적은 8개 시 13개 군에 555㎢, 이재민은 5백5만 명에 이르고(춘천시 29%, 수도권 14.2%), 18개 도시의 급수가 중단되고 철도 8개 노선에 159km, 국도 13개 노선에 207km가 마비될 것으로 추정되었다. 다음으로 금강산댐이 북한이 발표한 규모(댐 높이 121.5m, 담수량은 37억 톤-북한 주장 26.2억 톤)로 완공된 상태에서 댐이 파괴되면 화천댐 등 5개 댐이 파괴되고 침수면적은 서울, 인천을 포함하여 10개 시 15개 군에 걸쳐 1,153㎢(춘천 53%, 수도권 23.3%), 이재민은 761만 명에 이르고 철도는 8개 노선에 265km, 국도는 13개 노선에 523km가 마비되는 것으로 추정되었다.

더욱이 북한이 금강산댐을 수공水攻 수단으로 악용할 경우를 생각하지 않을 수 없는 것이다. 북한이 금강산댐에서 일시에 물을 방류한다고 가정했을 때 하류에도 화천댐, 춘천댐, 의암댐, 청평댐, 팔당댐 등의 댐이 있으나 이중에 다소나마 수량을 조절할 수 있는 기능을 가진 댐은 화천댐뿐이다. 따라서 하류의 댐은 모두 파괴되어 물은 넘치게 될 것이고 제방은 파괴되어 저지대의 마을과 전답은 모두 수몰이 될 것이며 서울의 상당부분도 수몰이 될 것이다. 올림픽경기 중이나 그 직전에 물을 방류한다면 경기장의 파괴로 인하여 올림픽대회의 정상적인 진행은 불가능하게 된다.

또 설사 계획적인 방류를 하지 않는다 할지라도 북한의 허술한 기술 수준으로 보아 조잡한 토사댐을 만들었을 경우 유역 일대에 집중호우가 쏟아진다면 댐이 붕괴될 위험이 크다. 그렇게 될 경우 엄청난 양의 물과 함께 토사가 함께 유출되어 하류의 댐을 매몰시키면서 엄청난 피해를 가져오게 될 것이다. 당시 수자원 전문가들은 수공의 구체적인 영향을 다음과 같이 추정했다. 먼저, 금강산댐의 수문 조작에 의한 경우 정상적인 규모일 때는 최대 가능 방류량은 초당 13,500톤으로서 댐 높이 184.5m인 화천댐의 수위는 189.7m로 높아지고 침수면적은 583㎢, 피해주민은 517만 명에 이를 것이고, 최대규모일 때는 가능 방류량은 초당 3만 톤으로서 화천댐의 수위는 190.4m로 올라가게 되고 침수면적은 655㎢, 피해주민은 548만 명에 이를 것이라고 했다. 참고로 1984년도의 홍수 때는 침수면적이 188㎢에 이르고 32만 명의 이재민이 발생했다.

결론적으로 금강산댐은 준공 이전에 가물막이 댐 정도만 만들어졌을 때에라도 파괴될 경우 주요 올림픽 시설의 침수로 서울올림픽의 개최가 불가능하게 될 것이고, 북한이 주장하는 규모의 임남댐(댐높이 121.5m, 저수용량 26.2억 톤)의 수문 조작만으로도 하류지역에 대홍수가 일어나게 된다.

수공水攻 대비한 유일한 대응책

나는 우선 북한이 금강산댐을 건설하는 목적이 무엇인지, 또 그 규모는 어느 정도이며, 그 댐의 설치가 우리에게 어떤 영향을 미칠 것이며 그것이 어느 정도의 위험을 가져오게 할 것인지를 조속히 파악해야 되겠다고 생각했다. 그리고 이에 따른 대책을 시간에 늦지 않게 조기에 서둘러야 되겠다고 판단했다. 그래서 나는 이러한 문제를 조속히 검토하도록 안기부, 국방부, 건설부 등의 관계기관에 지시했다.

북한은 왜 이 시기에 북한강 상류지점에 거대한 댐을 축조하려는 것일까. 일제강점기 조선총독부에서는 한반도 수계 이용 연구보고서에서 금강산 지역은 댐을 건설하여 57억 톤의 물을 담수해서 수로를 역류시켜 발전할 수 있는 최적지로 평가하고 있다. 그렇다면 북한은 부족한 전력 생산을 위하여 발전을 위한 댐을 건설하기 위한 것으로 일단 추측할 수 있을 것이다. 그러나 아무리 군인들을 동원한다 할지라도 경제사정이 어려운 북한에서 이 시기에 그 거대한 사업을 시작하게 된 것은 다른 의도가 있다고 의심하지 않을 수 없었다.

북한은 댐 공사를 이미 시작했으니까 그 공정을 촉진시킨다면 댐의 기초공사를 완료하고 제당堤塘공사도 어느 정도 이루어져 부분적으로 담수도 할 수 있게 될 것이다. 그 공정은 1988년에 맞추어져 있다. 그런데 1988

년도는 우리나라로 봐서는 매우 중요한 시기다. 1988년 11월에는 미국의 대통령선거가 실시된다. 그런데 지금까지 수십 년 동안 한반도에서 북한의 적대행위가 있었던 사례들을 살펴보면 모두 미국 대통령선거가 실시되는 그 해, 또는 그 전해에 도발을 했었다. 1.21사태, 푸에블로호 납치 사건, EC121기(주일 미 해군의 전자 정찰기) 격추 사건, 판문점 도끼 만행 사건 등이 모두 그랬다. 뿐만 아니라 소련이 아프리카나 중동 또는 중남미 등의 전략적인 요충지에 분란을 일으켜서 그 지역을 자신들의 영향권에 편입시켰던 것이 역시 미국 대통령선거가 있었던 때였었다. 대통령선거 기간에는 미국이 국제적 분쟁지역에 군사력을 투입하기 어렵다는 사정 등을 악용하는 것이다. 그러니까 금강산댐 건설 공정이 미국의 대통령선거가 있는 1988년에 맞춰져 있다는 사실에 주목하지 않을 수 없었다.

1988년은 미국의 대통령선거가 있는 해일 뿐 아니라 우리나라에서도 나의 임기가 끝나고 새로운 대통령이 취임하게 되는 시기다. 정권 교체기의 민감한 시점을 악용해서 우리 내부의 혼란을 조성하려는 책동을 꾸밀 가능성을 생각할 수 있었다. 무엇보다도 1988년은 서울올림픽이 개최되는 해인 것이다. 우리가 단독으로 올림픽대회를 개최한다는 사실은 북한으로서는 참으로 감당하기 어려운 고통일 터였다. 서울올림픽에 훼방을 놓을 수 있는 일이라면 어떠한 무모한 짓도 마다하지 않을 북한이다. 김일성은 이미 1985년에 이어 1986년 3월 평양을 방문한 카스트로 수상 환영 연설에서 "남한에서 올림픽이 개최되는 것을 절대 수수방관袖手傍觀하지 않겠다."고 공언하기까지 했다. 북한은 1986년 아시안게임이 우리나라에서 성공적으로 개최되고 난 다음에 매우 초조해진 것으로 보였다. 아시안게임 때는 중국은 적극적인 태도로 참석했고, 소련에서도 요인들이 많이 왔다 갔다. 특히 중국은 북경아시안게임에 대비해서 서울아시안게임 때 사용한 기자재를 사가지고 가겠다는 의사를 전해왔다. 우리의 것이 미국 LA올림픽에서 사용한 것보다 값도 싸고 더 정확하고 우수했다는 것이다. 서울올림픽의 성공적 개최가 가시화되면서 북한은 초조해진 것이다. 1988 올림픽이 진행 중일 때, 혹은 그 직전에 일시에 물을 방류하여 서울을 물바다로 만들어 올림픽 자체를 무산시키자는 꾀를 생각해낸 것이다. 실제로 내가 퇴임하고 한참 뒤에 북한을 탈출한 북한 관리들은 그 당시 북한의 고위 당국자들은 "남조선 것들이 올림픽한다고 우쭐대지만 금강산댐만 만들어놓는 날에는 서울이 물바다가 될 것." "금강산댐을 만들어 비상시에 문을 열어놓으면 서울시내에 물에 잠기지 않는 아파트는 하나도 없게 될 것."이라고 큰소리쳤다고 증언한 바 있는 것이다.

서울올림픽 개최를 방해하기 위해 수공을 획책한다는 것은 사실상 선전포고로 간주할 수도 있는 일이다. 따라서 우리는 그 대응책으로 댐 시설물을 항공기로 폭격을 하는 방법도 고려할 수 있었다. 그러나 댐 건설을 막기 위해 전쟁을 각오할 수는 없는 것 아닌가. 더구나 올림픽을 목전에 두고 있는 시점이었다. 결국 우리가 선택할 수 있는 방법은, 북한의 댐 건설 자체를 중단시킬 수 없다면 그 대신 금강산댐 하류에 수공 방어용 대응댐을 건설하는 것이었다. 전쟁이 아닌 평화를 위한 댐, 곧 '평화의 댐'으로 이름 붙인 댐을 건설하는 것이다.

그런데 이러한 대응 댐을 건설하는 데에는 몇 가지 전제가 고려되어야 했다. 첫째는 안전성이다. 즉 금강산댐이 파괴되었을 경우 그 수압, 유속 및 수위를 고려한 안전성이 확보되어야 하는 것이다. 둘째는 시한성時限性이다. 즉 북한이 금강산댐을 완공하기 전에 먼저 평화의 댐을 완공해야 하고, 늦어도 북한의 것과 동시에 대응댐이 완공되어야 하는 것이다. 금강산댐의 본 댐뿐만 아니라 가물막이 댐이 파괴되었을 경우도 이를 막을 수 있도록 우리의 댐 공사가 먼저 진행되어야 하는 것이다.

우리는 공사를 서둘러야 했다. 시간이 부족했던 것이다. 북한은 이미 1986년 10월에 공사를 착수한 상태였다. 거기에 대비하기 위해서는 1986년 말까지는 설계를 완료하고 늦어도 1987년 초에는 공사에 착수해야 했다. 공사를 조기에 착공하고 그 진도를 촉진하기 위해서는 일반적인 공사 때와 같은 행정절차를 따를 수 없었다. 설계 이전이라도 공사가 가능한 부분부터 착수하고 또 설계를 해나가면서 바로 뒤따라 공사를 해나가야 하는 것이다. 댐 설치 예정지역까지의 진입로의 개설이나 현장사무소의 건설과 같이 군 병력의 투입이 편리한 공사에는 군 병력을 동원하여 시공토록 하고 일반 건설업자의 선정에도 건실한 업체를 중심으로 지명하여 공사를 진행하도록 해야 했다.

또 공사의 진도를 촉진하기 위해서는 대형 장비의 투입이 필요했다. 그래서 검토된 것이 건설업체들이 중동지역에 보유하고 있는 30톤 혹은 40톤 급의 대형 트럭을 도입해 들여오는 방안이었다. 그러나 그 방안에도 문제가 발견되었다. 당시는 국내 업체의 보호를 위해 중동지역에서 보유하고 있는 대형 유휴 장비의 도입을 금지하고 있었다. 따라서 이러한 장비를 아무런 조건 없이 무제한으로 국내 도입을 허용하게 되면 부당한 경쟁을 야기하고 공평성을 저해하는 문제가 발생될 수 있었다. 이러한 문제를 해소하기 위하여 정부에서는 관계기관들이 협의하여 이 장비를 국방부에서 인수하여 군사도로의 개설이나 전방지역의 공사에 투입하여 사용하고 공사 완료 후에는 이 장비를 국방부에서 관리하도록 하는 문제를 검토하도록 했다.

그리고 평화의 댐 건설에서 고려되어야 할 또 하나의 전제조건은 경제성 문제였다. 먼저 평화의 댐의 규모가 검토되어야 한다. 평화의 댐은 일반적인 댐과는 달리 금강산댐에서 일시에 방류되는 물을 상당량 저수하고 이를 하류에 적절히 방류하여 하류에 일시 방류로 인한 충격을 완화할 수 있는 기능을 수행해야 하는 것이다. 평화의 댐의 축조는 북한 금강산댐의 규모나 진도에 관계없이 일시에 모든 공사를 완료할 것이 아니라 경제성을 고려하여 북한 댐의 건설 진척도에 따라 단계적으로 축조할 필요가 있었다. 따라서 댐의 설계는 북한 댐의 최종 규모에 대응하여 작성하되 댐의 축조는 2단계로 구분하여 축조해 나가도록 방침을 세웠다. 이에 따라 1988년 5월까지는 12.4억 톤의 물에 대한 대응 조치가 필요할 것으로 추산했다. 이 수치는 북한이 수공을 할 경우 방류되는 3억 톤과 1984년 홍수기에 유출된 9.4억 톤의 물을 합한 것이다. 그 결과 화천댐에서 7억 톤을 저수하여 수위조절을 한다고 가정하면 1단계에서는 적어도 5.9억 톤의 저수가 가능한 높이 80m의 댐을 축조해야 한다는 계산이 나왔다.

결론적으로 평화의 댐 건설은 북한의 어떠한 수공水攻 기도에도 견딜 수 있는 완벽한 설계와 시공으로 대응하되 1단계 댐 축조는 어떠한 경우라도 1988년 5월까지 완공함으로써 서울올림픽 개최의 안전성을 확보하고 2단계 댐의 축조를 위한 설계는 완성하되 국방부, 건설부 등의 관계부처가 긴밀히 협조하여 북한의 댐 건설 진도에 맞추어 시공토록 방침을 세웠다. 그리고 우리는 그 댐에 '평화의 댐'이라는 이름을 헌정했다.

국민의 성금으로 쌓은 '평화의 댐'

평화의 댐 건설을 위한 1단계 사업의 공사비는 1,500억 원에서 2,000억 원 정도가 소요될 것으로 추산되었다. 일반적으로 그 정도 규모의 댐 공사비는 4,000억 원 가까이 소요되지만 이곳은 보상비가 거의 들지 않기 때문에 그 반 정도의 공사비로 축조가 가능할 것으로 판단되었다. 북한의 금강산댐에 대응한 댐의 건설비용은 당연히 정부의 예산이나 기존의 방위성금 등의 재원으로 충당하는 것이 원칙일 것이다. 또 정부에서는 그만한 사업비는 염출할 수 있는 재정 능력도 있었다. 그런데 평화의 댐은 일반적인 댐과는 달리 북한의 수공 위협에 대비한다는 특수 목적이 있는 만큼 국민들의 성의를 모아 공사비의 일부라도 충당할 수 있게 하는 것이 좋겠다는 여론이 조성되고 있었다.

정부로서도 평화의 댐을 건설하는데 국민의 성의가 모아진다면 북한의 수공 위협에 대한 국민들의 경각심이 높아지고 국민의 안보의식을 한층 공고히 할 뿐만 아니라, 국민 각자가 국가방위에 참여했다는 긍지를 심어줄 수 있을 것으로 판단했다. 국민들이 성금을 모아 평화의 댐을 축조한다는 것은 북한에 대해서 우리 국민의 확고한 안보의식과 결속력을 과시하는 의미가 있었다. 이를 위해 민간추진기구를 구성하여 언론사 주도로 추진하되 국민의 자발적인 참여를 유도하도록 했다. 모금을 위한 추진 주체로 '평화의 댐 건립지원 범국민추진위원회'를 설치하여 사회 각계 인사들로 구성하도록 했다. 모금 목표는 국민 1인당 1천 원을 기준으로 하여 400억 원으로 하고 모금 기간은 1986년 12월부터 1987년 11월까지 1년간으로 했다. 평화의 댐 건설에 대한 국민들의 열의와 참여도는 참으로 대단했다. 모금을 시작한 지 불과 2개월 만에 600억 원을 돌파했다. 모금 계획기간의 만료일인 1987년 11월 말에는 687억 원이 모금되었다. 나는 모금운동에 앞장서온 중앙 및 지방의 언론사장단과 추진위원회 인사들을 몇 차례 초청하여 노고를 치하하고 오찬을 베풀기도 했다. 성금은 내가 대통령직을 물러난 이후에도 들어와 총 모금액은 716억 8,528만 원이 되었다고 했다. 참으로 감사한 일이었다. 앞에서도 말했지만, 평화의 댐 공사비는 정부예산으로 충분히 충당할 수 있는 일이었다. 그러나 국민의 안보의식을 고취하고, 국방 문제에 대한 국민의 참여 의지를 살릴 수 있도록 성금을 모은 것인데, 훗날 이 일이 '코 묻은 돈까지 긁어모은 사기극'으로까지 공격받을 줄은 몰랐다.

김대중 정부 때 인정받은 '평화의 댐'

온 국민의 성원 속에 평화의 댐 1단계 공사는 1987년 1월에 착공되었고, 2월 28일 현장에서 기공식을 가졌다. 평화의 댐이 건설될 곳은 강원도 화천군 화천읍 등촌리(화천댐 상류 23km 지점) 로서 북한강 상류의 협곡을 둘러싸고 있어 대응댐을 세우기에는 최적지였다. 이 지역 주변의 산들은 표고가 500m 이상이어서 댐이 건설돼도 산 중턱이 물에 잠기는 일은 있어도 물이 넘쳐 흘러내릴 가능성은 없었다. 평화의 댐은 사업 성격의 특수성을 고려하여 주변 여건의 변화에 따라 융통성 있게 대처할 수 있도록 석괴로 축조됐다. 높이 80m, 깊이 41.4m, 총저수량 5.9억m³의 규모의 댐을 쌓는 1단계 사업에는 모두 1,506억 원(국고 867억 원, 성금 639억 원)의 자금이 소요됐다.

1단계 공사의 준공식은 1988년 5월 27일 현장에서 거행되었다. 나는 이 뜻깊은 행사에 참석하지 못했다. 1단계 공사의 설계를 하고, 또 2단계 공사의 기본계획을 수립해놓고 1988년 2월에 대통령직을 물러났기 때문이다. 공사상의 여러 가지 난관을 극복하고 착공한 지 불과 15개월 만에 거대한 규모의 댐을 완공할 수 있었던 것은 앞으로 북한이 어떠한 수공 위협을 기도해 오더라도 우리의 축적된 기술과 경제력을 바탕으로 즉각 대응할 수 있음을 보여주는 계기가 되었다. 또 707억 원이라는 막대한 돈이 국민의 성금으로 조달되고 성원이 뒤따랐다는 점에서 더욱 값진 공사였다. 한편 북한의 금강산댐 공사는 우리의 평화의 댐 공사보다 4개월 전에 착공하여 시공 중에 있었지만 1987년 5월에 돌연 공사가 중단되었다. 금강산댐의 공사를 서둘러봤자 우리의 공정을 앞지를 수 없어 결국 수공이 불가능할 것을 깨닫고 중단한 것으로 보인다.

평화의 댐은 이처럼 국민 모두의 투철한 안보의식과 애국심이 어우러져 제1단계 공사를 성공적으로 마쳤으나, 내가 임기를 마치고 퇴임한 뒤 정쟁의 소용돌이에 휘말려 어처구니없는 시련을 겪게 되었다. 여소야대가 된 13대 국회에서 평화의 댐 건설이 '5공 비리'로 매도되면서 평화의 댐 건설의 목적과 그 타당성을 놓고 시비 논란에 휩싸이게 되었던 것이다. 국회와 언론이 문제를 삼자 노태우 정부는 1988년 8월 22일부터 9월 3일까지 감사원을 시켜 평화의 댐 건설 실태 감사를 실시했다. 노태우 정부는 이 감사에서 '부적절한 설계로 인한 공사비 과다 정산' '공사비 부당계약' 등을 지적했다. 평화의 댐을 건설해야 할 필요성이 있었는가 하는 등의 본질적인 문제는 제쳐놓고 공사 과정의 지엽적인 문제만을 따지는 것으로 그쳤기 때문에 오히려 본질적인 문제를 추적하는 야권과 언론의 공세를 촉발하도록 만들었다.

1988년 9월 서울올림픽은 북한의 금강산댐으로 인한 위협을 인식할 필요 없이 무사히 치를 수 있었다. 당시 북한은 공사의 지연으로 수공을 할 수 있는 준비도 되어 있지 않았지만 설사 준비가 되어 있었다고 할지라도 우리의 대응댐이 그들의 기도를 무위로 돌릴 수 있었기 때문이다. 1988년 8월 16일 노태우 정부는 '평화의 댐 건설 추진현황'을 발표했다. 그러나 그 이후 1991년 5월까지 2년 9개월 동안 이와 관련된 어떠한 내용도 공식적으로는 발표된 것이 없었다. 그동안 북한의 금강산댐도, 그 대응 댐인 우리의 평화의 댐도 조용했다. 이 지역에 집중호우가 내린 일도 없어 홍수로 인해 야단법석을 떠는 일도 발생하지 않았다.

북한의 수공 위협은 이제 완전히 사라진 것인가. 평화의 댐은 완전히 무용지물이 되어버렸는가. 따라서 이제는 평화의 댐을 계속 공사할 필요가 없게 된 것인가. 금강산댐도 평화의 댐도 우리 국민들에게는 점차 망각 속으로 사라져가고 있었다. 그러나 평화의 댐 건설에 참여했던 수자원 전문가들은 마음이 불안하고 초조했다고 한다. 그동안 다행히 금강산댐 유역에 많은 비가 내리지 않아 대홍수가 발생하지 않았지만 언제 집중호우가 쏟아져 공사 중인 금강산댐의 제당堤塘이 파괴될지 알 수 없는 일이었기 때문이었다. 북한이 공사를 계속하여 제당을 높여 나간다면 우리도 그에 대응하여 댐의 제당을 높이는 제2단계 공사를 서둘러야 할 터인데 정쟁에 휘말린 사항이라 아무도 그러한 말을 입 밖에 내지 못했던 것이다. 최소한 1차댐의 보강공사를 하여 금강산댐에서 유입되는 물의 수압으로 인한 제당 파손이 되지 않도록 조치를 하는 것이 시급했다. 그 조치를 취하지 않을 경우 어렵게 축조해놓은 댐이 파괴될 위험에 처해지기 때문이다. 이 공사도 방치되었다.

그런데 평화의 댐에 대한 보강공사나 2단계 사업 등에 대한 거론조차 없는 상황에서 김영삼 정부가 들어서자 평화의 댐은 또다시 엄청난 수모를 겪어야만 했다. 5공화국에 대한 공격거리를 찾고 있던 김영삼 정권 측에서 평화의 댐 건설을 5공 정부의 대표적인 실정의 하나로 부각시키기 위하여 감사원으로 하여금 감사를 하도록 지시했던 것이다. 김영삼 정부는 노태우 정부에 의한 감사가 미진했다면서 1993년 6월 28일부터 7월 14일까지 17일간에 걸쳐 특감으로 재감사를 실시했다. 김영삼 정부의 감사원은 8월 30일

"… 평화의 댐 건설은 5공 정권이 북한의 수공 위협을 터무니없이 과장해 만든 것으로 국가안보상의 이유가 아닌 정권안보용으로 이용한 불요불급한 정책으로 5공 정권의 대표적인 정책 오판에 의한 사업…"이었다고 하면서 19건의 문제점을 지적하며 처분을 요구하고 그 내용을 관계자에게 통보했다.

이회창李會昌 감사원장은, 북한의 금강산댐은 경제적인 목적으로 건설하는 것이었는데도 5공 정부는 수공작전용인 것처럼 홍보했다든가, 댐의 규모를 과장했다든가, 금강산댐이 폭파되어도 서울이 물바다가 될 위험은 없다거나, 관 주도의 국민성금 모금을 기획하여 국민 부담을 가중시켰다거나, 댐의 건설공사를 담당할 업체를 선정하면서 수의계약을 했다는 등을 지적하며 마치 커다란 비리나 의혹이 있는 것으로 발표했다.

김영삼 정권하에서도 공직자로서의 양식과 직무에 충실했던 사람들은 상황을 정확하게 인식하고 있었다. 김덕金惠 안전기획부장은 1993년 7월 국회에 출석한 자리에서 금강산댐은 "북한이 정치적으로 악용할 가능성이 있다." "댐 높이는 155m에서 215m까지 축조 가능하다." "(5공 때)안기부가 왜곡한 흔적을 발견하지 못했다." "높이 200m 댐이 무너지면 수도권은 해발 44.8m에서 50.7m까지 침수될 것이라고 미 육군 공병수로국이 판단하였다."고 소신 있게 발언했던 것이다.

김영삼 정권의 이회창 감사원장이 지적한 문제들에 대해 여기서 일일이 해명하거나 반박할 생각도, 필요도 느끼지 않는다. 대신 김영삼 정권의 그러한 발표가 있은 지 9년 후인 2002년 9월 김대중 정부에 의해 평화의 댐 2단계 공사가 착수되어 노무현 정권 때인 2005년 10월 완성시켰다는 사실을 상기해두려고 한다. 김대중 정부, 노무현 정부는 2단계 공사를 통해 5공 화국 때 저수 가능량 5.9억 톤 규모로 만든 평화의 댐을 26.3억 톤으로 4배 이상 늘려서 완공한 것이다. 사업비도 1단계 공사 때보다 훨씬 많이 투입되었다. 5공화국 때의 1단계 공사가 정권안보용 사기극이었다고 했는데, 그렇다면 그보다 몇 배나 더 큰 규모로 만든 김대중·노무현 정부의 2단계 사업에 대해서는 뭐라고 얘기할 것인가. 김영삼 정권은 북한의 수공 위협을 전혀 걱정할 필요가 없음에도 불구하고 어린이의 코 묻은 돈까지 거둬서 평화의 댐을 만든 것이라고 했는데 그렇다면 김대중 정부, 노무현 정부는 무슨 생각으로, 무슨 이유로 국민의 혈세 2,000억 원 가까이 들여 2단계 사업을 완성시킨 것인가. 이 물음에 대해 답변해야 할 곳이 김영삼 정권인지, 아니면 김대중 정부, 노무현 정부가 될지 알 수 없으나 그 답변은 곧 평화의 댐 건설의 정당성, 필요성, 적정성을 웅변하는 내용이 될 것이라고 믿는다. 2011년 10월 이명박 정부의 국토해양부는 평화의 댐의 치수능력을 증대시킬 사업을 추진한다면서 향후 3년간 1,650억 원을 투입한다고 발표했다. 북한 쪽에서 흘러 내려오는 홍수로 평화의 댐이 월류越流할 가능성에 대비해야 한다는 것이다. 5공화국 때 국민성금 등으로 마련된 기금 가운데 1단계 사업비를 제외한 수백억 원의 기금을 2단계 공사에 대비해 특별회계로 남겨뒀는데, 김영삼 정권이 평화의 댐은 사기극이라면서 그 돈을 다른 용도로 써버린 탓에 후임 정권들에서 수천억 원의 혈세를 다시 짜내야 하는 실정이 된 것이다.

국민의 생존이나 국가의 안전과 직결된 문제를 검토함에 있어서는 항상 최악의 상황을 상정해서 대비를 하는 것이 책임자가 할 일이다. 북한의 수공 가능성이 설혹 1%뿐이라고 하더라도 100%의 가능성을 놓고 대책을 세워야 한다. 수공 가능성이 있느냐 없느냐의 문제이지 '1%냐 99%의 문제냐'가 아닌 것이다. 6.25남침, 1.21사태, 판문점 도끼만행, 남침용 땅굴 굴착, 아웅산 사건, KAL기 폭파 사건, 천암함 사건, 연평도 포격 등 지난 수십 년간 북한이 저지른 온갖 기괴하고 악랄한 도발책동에 대해 우리는 어느 정도의 가능성이 있다고 보고 있었던 것인가. 지금까지 금강산댐을 이용한 북한의 수공이 없었던 사실에 비추어 우리의 평화의 댐은 불필요한 사업이었다고 주장할 수는 없는 것이다. 우리가 1단계 사업, 2단계 사업으로 평화의 댐을 완성해서 대비했기 때문에 북한이 수공을 할 수 없었다고 말하는 것이 온당한 태도일 것이다.

국민성금으로 건설한 평화의 댐 전경.

옛말에도 '양병천일 용어일일養兵千日 用於一日; 한나절 싸움에 대비해서 천일간 군사를 기른다'이라는 가르침이 있다. 북한의 위협 문제가 아니더라도 우리 사회에서 발생하는 대형 사고들은 모두 작은 위험성을 무시한데서 빚어지고 있는 것이다. '설마가 사람 잡는다'는 말도 있지만 국민의 생존, 국가의 안전에 관련된 일에 있어서는 유비무환有備無患이 진리인 것이다.

2009년 9월 6일 북한이 임진강 상류의 황감댐을 예고 없이 방류해서 임진강변에서 야영 중이던 우리 국민 6명이 익사하는 사고가 발생했는데, 이 일은 단순한 사고가 아니라 북한의 수공 위협이 상존하고 있다는 사실을 여실히 보여준 사건이었다.

KAL858기 폭파 사건

올림픽을 무산시키려는 마지막 도발

13대 대통령선거전이 한창 열기를 더해가던 1987년 11월 29일 오후 안무혁 안전기획부장이 급히 보고할 일이 있다며 접견 요청을 해왔다. 긴급한 보고라는 것이 희소식일 경우는 가뭄에 콩 나듯 하는 정도였고 열이면 열 좋지 않은 내용이었다. 좋은 소식이라면 먼저 전화로라도 대강 보고를 하고 찾아오게 마련인데, 당장 들어오겠다는 것을 보면 분명 불길한 소식일 터였다. 긴장된 표정의 안무혁 부장은 자리에 앉자마자 "바그다드를 출발한 KAL 858기가 버마 상공을 통과하던 중 갑자기 교신이 끊어졌는데 아무래도 중대한 사고인 것 같다."고 했다.

그즈음 내가 가장 신경 쓰던 일은 예기치 않은 사건사고를 미연에 방지하는 일이었다. 임기를 마치고 청와대를 떠나는 최초의 대통령이 됨으로써 사상 최초의 평화적 정부 이양이라는 우리 헌정사의 기념비적인 기록을 세우려면 3개월 정도 남은 임기 말을 사건사고 없이 무사히 넘겨야 한다. 또한 3주 앞으로 다가온 대통령선거일까지 아무런 불상사가 일어나지 않아야 한다. 뿐만 아니라 10개월 뒤에 개최되는 역사적인 서울올림픽에는 중국은 물론 소련 등 동구권 국가들이 대거 참가할 것이 확실해짐으로써 사상 가장 성대한 대회가 치러질 것이라는 기대가 한껏 고조된 시점이었다. 안기부장의 긴급보고가 있다고 했을 때 무슨 안 좋은 일이 발생했구나 하는 생각을 하기는 했었다. 그런데 우리 국적기, 그것도 중동에 파견됐다 돌아오는 근로자들이 타고 있는 KAL기가 사고를 당한 것 같다는 충격적인 내용이었다.

나는 안기부장의 보고를 받자마자 사건이 주는 충격 속에서도 직감적으로 북한의 소행일 것이라는 생각이 들었다. 북한은 그동안 88올림픽의 공동개최를 주장하면서 자신의 요구를 들어주지 않으면 테러도 불사하겠다며 공공연히 협박을 해왔던 것이다. KAL기가 사라진 곳이 버마 상공이라는 얘기를 듣자 바로 4년 전의 아웅산 폭탄 테러 사건이 떠올라 더욱 불길한 생각이 들었다. 나는 안무혁 부장에게 "피랍이 됐건 폭발 추락을 했건 그런 짓을 저지를 집단은 북한밖에 없으니 그런 방향으로 수사력을 집중하라."고 지시했다.

비상이 걸린 안기부가 공항과 대한항공을 통해 파악해 1차로 보고한 내용은 다음과 같다.

KAL기의 본사인 대한항공은 KAL858기 실종 보고를 받자마자 조중건趙重建 사장의 지휘 아래 원인 분석에 들어갔는데 폭발 사고일 가능성이 농후하다고 했다는 것이다. 고도 37,000피트(약 12,000m)로 버마 상공을 순항하던 858기가 버마 지상관제탑과 정상적인 교신 후 몇 분이 지나 갑자기 레이더망에서 사라진 것은 폭발 외에는 달리 원인을 찾을 수 없다고 했다. 항공기 엔진 네 개 가운데 세 개가 멈추었다고 하더라도 버마 상공에서 방콕까지는 비행할 수 있고, 엔진 4개가 모두 멈춘 경우에도 최소한 20~25분간은 비행을 할 수 있다. 치명적인 고장의 경우에도 내장 배터리를 이용하여 버마, 태국은 물론 한국까지도 SOS를 보낼 수 있는데, 이번 KAL기의 경우는 이러한 모든 통신절차가 두절된 채 순식간에 레이더상에서 사라진 것이다.

비상사태의 경우 조종사는 습관적으로 긴급상황을 보고한다. 불과 1~2초의 여유만 있어도 관제탑에서 조종사의 보고를 들을 수 있다. 1983년 소련 요격기에 격추당한 KAL007기 조종사도 추락하는 짧은 순간 비록 부정확했지만 피격 상황을 보고했었다. 그러나 이번에는 전혀 그런 교신 시도조차 없었다고 했다. 결론은 공중폭발이었다. 그것 이외에 다른 경우는 상정할 수 없었다. 그러니까 우발적인 '사고'가 아니라 범죄적 '사건'이었다. 그렇다면 범인이 있을 것이다. 범인을 찾아야 한다. 범인을 찾기 위해 승무원과 탑승객의 신분을 확인했다. 그러나 신원이상자는 없었다. 다음으로 중간 기착지인 아부다비공항에서 내린 승객을 확인했다. 실종된 KAL858기는 중동 건설현장에 나가 있던 근로자들이 주로 이용하는 비행기여서 중간에 내리는 승객이 없었다. 대한항공 측이 확인한 결과 아부다비공항에서 내린 승객은 일본인 3명밖에 없었다. 그 중 일본인 남녀 승객 두 명의 행적에 의심이 갔다. 그 일본인 남녀를 일단 부부라고 가정해봤을 때 비행기표에 나타난 경유지를 확인한 결과 마지막 기착 예정지인 로마를 제외하고는 일반인이 찾는 관광지가 아니었다. 또 사업차 아부다비를 경유한다고 하더라도 일본인이 중동 지역에 부인을 대동하고 오는 경우는 거의 없다고 봐야 한다. 그러니까 그 두 일본인 남녀의 행적은 어딘가 이상했다.

대한항공 조중건 사장은 직감적으로 신분이 확인되지 않은, 일본 여권을 소지한 신이치와 마유미가 수상하다고 판단해서 현지로부터 이들의 여권번호를 입수하자마자 곧바로 당시 외무부 대책본부장인 박수길朴銖吉 차관보를 통해 일본 법무성에 신원조회를 의뢰했다. 이들의 여권번호를 받아 그 신분을 확인한 일본 법무성은 발칵 뒤집혔다. 하치야 신이치의 여권을 추적해보니 여권의 진짜 주인은 일본에서 출국하지 않았음이 확인된 것이다. 여권을 발급한 과정을 추적해본 결과 미야모토 아키라라는 조총련계 한국인이 "동업하자."며 그의 여권 발급에 필요한 서류와 인감을 얻어간 사실이 확인됐다. 북한의 소행이라는 정황이 드러나는 순간이었다. 사건 발생 불과 5시간 후였다. 그날 마침 일본 경시청은 일본 적군파의 테러 가능성에 대비해서 야간에도 비상근무 중이어서 모든 확인절차가 신속하게 이루어진 것이었다.

즉시 두 사람의 행방을 찾는 일이 시작되었다. 이번에는 대한항공이 나섰다. 항공사끼리는 업무상 탑승기록에 관한 정보를 서로 주고받는 관행이 있었다. 두 사람은 걸프 항공기를 타고 바레인으로 갔음이 확인되었다. 다음 문제는 바레인에서 또 어디로 갔느냐 하는 것이었다. 만일 이곳에서 유럽 쪽으로 날아갔다면 찾는 길은 막연해진다. 그러나 여기서 행운이 닿았다. 정확히 말하면 북한의 공작 부서가 범행 계획을 세울 때 결정적으로 실수를 한 것이다. 이들이 마지막 기착지였던 로마로 가지 못한 것은 아부다비공항의 특이한 관행 때문이었다. 아부다비공항은 비행기를 갈아타는 승객의 탑승수속을 대신 해주었다. 테러리스트들은 두 가지 표를 가지고 있었는데, 하나는 아부다비를 거처 바레인으로 가는, 테러 임무 수행용 티켓이었고, 또 다른 한 장은 아부다비에서 로마로 들어가는, 임무 완수 후의 철수용 티켓이었다.

일본 관광객으로 위장한 김현희와 김승일이 계획한 일정은 아부다비공항에 대기하고 있다가 항공사를 통해 탑승수속을 마친 후 그날 아침 9시경 출발하는 아부다비→암만→로마행 요르단 항공기를 타고 로마로 탈출하는 것이었다. 그런데 전혀 예기치 못한 상황이 발생한 것이다. 요르단 비행기를 타기 위해 통과여객 대합실로 가던 중 공항 안내원으로부터 항공권과 여권의 제시를 요구받은 것이다. 뜻밖의 상황이었다. 그들은 항공권과 여권의 제시를 요구받고 잠시 당황했다. 탈출하기 위해 구입했던 아부다비→암만→로마행 항공권을 제시하면 이 항공권의 출발지가 아부다비로 되어 있기 때문에 통과비자를 받아 아부다비 공항으로 나와 입국 형식을 취한 뒤 다시 출국수속을 하여 비행기에 탑승해야 한다. 통과여객인 그들이 아부다비까지 오게 된 항공경로가 명시되어 있지 않은 로마행 항공권을 제시하면 틀림없이 의심받을 것이라고 순간적으로 판단했던 것이다. 그래서 하는 수 없이 그들이 타고 온 비엔나→베오그라드→바그다드→아부다비→바레인 간 항공권과 일본 여권을 제시하게 된 것이다. 사실 이 항공권은 김승일이 실제로는 로마로 가지만 KAL기 폭파 사실이 알려진 뒤 범인들이 바레인으로 간 것처럼 위장하기 위하여 구입했던 것이다.

김현희와 김승일은 공항 안내원이 바레인행 항공권과 여권을 확인한 후 바로 돌려줄 것으로 생각했다고 한다. 그런데 그 안내원은 자신이 직접 탑승수속을 해주겠다고 했다. 김승일은 자신들이 직접 탑승수속을 하겠다고 항공권과 여권을 돌려달라고 수차 요청했으나 거절당했고 결국 그 공항 안내원이 탑승수속을 해주는 대로 예정에도 없던 바레인으로 가게 된 것이다. 11월 29일 아침 9시경 바레인행 걸프항공기로 아부다비를 출발해서 같은 날 아침 9시 5분경(아부다비와 한 시간 시차) 바레인공항에 도착하여 출입국관리소 직원에게 위조여권을 제시하고 비자 발급 수수료 명목으로 미화 30달러를 납부하고 3일간 체류사증을 발급받은 뒤 바레인에 입국하게 되었다. 예정에 없던 바레인에 도착해 공항에서 리젠시인터콘티넨탈 호텔에 전화로 예약한 후 택시를 타고 그 호텔에 가서 611호실에 투숙했다. 그들은 그 다음 날 항공권을 예약했는데 그날은 만원이라 그 다음날 출발하는 표를 예약했다. 그래서 12월 1일 아침 8시 30분 제일 먼저 로마로 출발하는 항공권으로 변경 예약한 것이다.

그동안 이 사건에 매달렸던 대사관과 대한항공 직원들은 범인들의 행방을 찾아 백방으로 수색하던 중 마침내 그들의 소재를 확인함으로써 비로소 한숨을 내쉴 수 있었다. 마침 또 바레인은 북한과는 국교가 없었고 우리나라의 단독수교국이었다. 중동지역은 제3세계 지역으로 북한의 외교력이 우세한 곳이었는데, 일이 풀리려고 했는지 공교롭게도 바레인은 북한과 수교가 없었던 것이다. 우리나라 관계관들은 그들의 주변을 철저히 감시하면서 일본과 바레인에 협조를 요청해 일단 이들의 신병을 확보키로 했다. 이들과 접촉했던 우리 외교관은 그 과정에서 그들이 가짜 일본인이라는 심증을 굳힐 수 있었다. 하치야 신이치蜂谷眞―라는 일본인 행세를 하던 김승일과 필담을 나눴는데 이름자 가운데 참 진眞을 일본식 약자로 쓰지 않고 일본에서는 통용되지 않는 우리식 글자로 쓴 것이었다.

다음날인 12월 1일 새벽 6시 30분경 김승일은 호텔 객실에서 혹시 앞으로 어떻게 될지 모르니 이제부터는 가지고 다니라고 지시하면서 신사복 안주머니에 보관 중이던 독약 앰풀이 들어 있는 말보로 담배 한 갑을 김현희에게 건네주었고 김현희는 가방 속에 받아 넣었다. 그들은 바삐 호텔을 나와 택시를 타고 30분 후 바레인공항에 도착해 로마행 항공권으로 출국수속을 마쳤다. 조금 한숨을 돌리고 출국신고서를 작성한 후 출국검사대를 통과하려는데, 그곳에서 대기 중이던 일본대사관 직원이 여권과 출국신고서를 제시하라고 요구했다. 여권 등을 내준 다음 그곳 대합실 의자에 앉아 대기하게 되었다. 잠시 후 여권을 받아간 직원이 그들에게 와서 자신은 바레인 주재 일본대사관 직원인데 이 여권 중 김현희가 소지한 하치야 마유미 명의의 여권이 위조여권으로 판명되었으니 두 사람 다 이대로 계속 여행할 수 없다고 했다. 그는 일본대사관으로 가서 확인한 후 일본 비행기를 타고 일본으로 돌아가야 된다고 덧붙였다. 김현희가 소지한 일본 여권이 위조라는 사실이 발각된 것이다.

그 후부터 그들은 바레인 경찰관 다섯 명에게 인계되어 감시를 받으며 의자에 앉아 있었다. 로마행 비행기도 이미 떠난 아침 9시경이었다. 김승일은 김현희에게 "우리의 정체가 탄로 났으니 일본에 끌려가면 이래저래 고생하다 죽게 될 텐데 차라리 여기서 자살해야 되겠다. 나는 나이가 많아 지금 죽어도 한이 없지만 마유미에게 미안하게 되었다."고 처연하게 말했다. 그러자 김현희는 감시 경찰관이 보라는 듯이 김승일이 주는 일제 세븐스타 담배 한 개비를 받아서 피워 물었다. 절망적 상황에 직면하게 됐을 때 독약 앰풀을 숨긴 담배를 꺼내 물어도 경찰관의 의심을 받지 않게 하려는 제스처였다. 그때 경찰관이 김현희에게 가방을 달라고 했다. 김현희는 가방 속에서 독약 앰풀이 들어 있는 말보로 담배 한 갑과 가스라이터를 꺼낸 후 건네주자 그 옆에 서서 보고 있던 경찰관이 그 담배도 달라고 했다.

김현희는 손에 쥐고 있던 말보로 담배갑을 재빨리 살펴보았다. 갑 위의 뜯긴 부분에 필터 부분이 담배가루로 표시되어 있는 독약 앰풀이 들어 있는 한 개비가 보였다. 김현희는 이를 재빨리 꺼냈다. 그러자 그 경찰관은 그 담배 한 개비도 마저 달라고 하면서 빼앗아갔다. 김현희는 다급한 나머지 경찰관으로부터 담배를 낚아채서는 곧바로 입으로 가져가 끝을 깨물었다. 그리고는 기절해버렸다. 옆에 있던 경찰관이 급히 손가락을 입 속에 넣어 깨어진 앰풀을 꺼내 목숨을 건질 수 있었다. 그러자 김승일은 이 소동의 와중에 독약 앰풀이 든 담배를 으적으적 씹어 삼킴으로써 완벽하게 자살하는 데 성공했다.

김현희를 압송하라

　범행을 저지른 자들의 신병이 일단 확보됐으니 사건 수사의 가장 큰 과제는 풀린 셈이지만, 해결해야 할 남은 과제들은 그렇게 간단한 일이 아니었다. 범행이 국내가 아닌 외국에서 발생했고 범인들이 거쳐 온 도시도 여러 나라에 걸쳐 있다. 무엇보다도 범인들의 국적조차 확인되지 않고 있었다. 범인들을 체포한 바레인과 우리나라는 수사공조체제가 정립되어 있지도 않았다. 우선 범인을 우리나라로 데려와야 한다. 이 사건을 우리가 수사해 북한의 소행임을 명백히 밝혀내지 못하면 북한이 또 무슨 억지 주장을 하면서 우리의 '자작극'이라고 덮어씌울지 알 수 없는 일이었다. 이 사건이 알려지자마자 예상했던 대로 북한은 "깡패 같은 남조선 특무들의 악랄한 조작."이라고 대대적으로 선전하기 시작했고, 야당 일각과 재야 쪽에서도 정부를 의심하는 얘기들을 하고 있었다. 나는 범인을 우리나라로 데려오기 위해 모든 외교수단과 방법을 동원하라고 안기부와 외무부에 강력히 지시했다. 특히 압송 도중 범인이 자해하지 못하게 각별히 주의하라고 했다.

　이때부터 안기부와 외무부는 김현희를 우리나라로 데려오기 위한 합동작전을 전개했다. 먼저 안기부의 대공수사 전문요원인 한 모 과장을 현지로 급파했다. 한 과장은 "범인들이 음독했다."는 얘기를 듣자마자 짐을 챙겼다. 범인들이 북한 공작원이라는 심증을 굳혀주는 결정적 증거가 바로 자살용 독약이었다. 한 과장은 30년간 북한 간첩들을 조사해온 베테랑으로 간첩들의 자살용 독약에 대해서는 국내 최고의 전문가였다. 한 과장은 60년대 이후 북한 간첩들의 자살용 독약 변천사를 정리한 자료와 수사과정에서 입수했던 독약 앰풀 중 마유미가 음독했다는 앰풀과 같은 것을 챙겼다. 한 과장이 바레인에 도착한 것은 12월 3일이었다. 그러나 상황이 좋지 않았다. 북한 측이 제3세계 국가들의 외교통로를 통해 바레인에 간접적으로 압력을 행사했는지 바레인 당국은 "대사 외에는 아무도 안 만나겠다."는 경직된 태도를 보이고 있었다. 한 과장은 "확실한 증거가 있다."며 대사관 측에 바레인 측 수사책임자 핸더슨을 만나게 해줄 것을 종용했다. 정해융鄭海瀜 주바레인 대사는 핸더슨을 만나 "사건 해결에 도움이 되는 자료를 가져왔다."며 한 과장과 만나줄 것을 요청했다. 바레인은 왕족이 요직을 전부 장악하고 있었지만 국장급 실무책임자는 주로 영국인들을 고용하고 있었다. 나이가 많은 핸더슨(당시 60세)은 합리적인 수사관이었다. '수사상 필요한 증거'라는 말에 수사관으로서의 관심이 발동했는지 한 과장을 불러 설명을 들었다. 물론 핸더슨은 한 과장의 설명과 주장을 듣고 납득했다. 그러나 수사관계자 차원에서 풀릴 문제가 아니었다.

외교 교섭을 위해 서울에서 특사로 급파된 사람은 박수길 당시 외무부 차관보였다. 그가 바레인에 도착한 것은 7일이다. 그는 바로 왕족인 칼리프 외무부장관을 면담했다. "대략 10일쯤 피해자인 당신들 나라에서 수사할 수 있도록 범인을 인도하겠다."는 언질이 있었지만 정확한 날짜를 밝히지는 않았다. 박 차관보가 독촉을 위해 칼리프 외무부장관을 만나려고 하면 "내일 다시 오라."고만 했다. 만나기를 꺼리는 기색이 역력했다. 박 차관보는 다시 칼리프 외무부장관에게 협박성 최후통첩을 했다. "13일까지 범인을 인도해주지 않으면 나는 돌아가겠다. 이후의 모든 책임은 당신네에게 있다. 우리는 범인이 북한 공작원이라는 사실을 충분히 입증했다. 테러리스트를 피해 당사국에 넘겨주지 않는 국제적 비난을 받아도 당신네 책임이다. 또 앞으로 한국과 바레인 간의 외교적인 관계가 악화된다면 우리 책임이 아니라는 것을 명확히 해둔다."

외교적 언사만으로는 바레인 당국이 움직이지 않자 박 차관보는 외교

관례상 쓸 수 없는 표현으로 압박했다. "그 여자는 거대한 다이너마이트와 같다. 당신네 나라는 조그만 나라이지 않느냐. 재판 과정에서 북한은 수단과 방법을 가리지 않고 범인을 납치해 가거나 죽이려 들 것이다. 며칠 안으로 북한의 테러리스트들이 마유미의 숙소를 폭파하러 온다는 첩보도 있다. 북한은 안 되면 아랍 테러리스트를 고용해 당신네 대사를 납치한 뒤 마유미와 교환을 요구할 수도 있다."고 경고해줬다. 이 경고가 주효했는지 그로부터 정확히 12시간 뒤 칼리프 외무부장관으로부터 연락이 왔다.

"범인을 당신네 나라로 데려가시오."

대한항공 특별기는 처음 바레인이 언질을 주었던 10일에 맞춰 이미 바레인 공항에 도착해 대기 중이었다. 마유미를 침대에 누인 채 비행기로 옮겨 태웠다. 비행기가 출발하자마자 박 차관보는 서울의 최광수 외무부장관에게 '성공'을 알렸다. 최 장관은 곧바로 나에게 보고했다. 그때 서울 시간은 15일 새벽 4시경이었다. 그리하여 테러리스트 김현희는 15일 오후 2시 안기부 수사관의 부축을 받으며 김포공항에 내렸다. 몸을 가누지 못하는 지친 모습이었지만 야만적 테러를 저지른 흉악한 범인의 얼굴이라고는 믿어지지 않는 단정한 모습이었다. 더욱이 신체적, 심리적 고통으로 눈을 감고 있는 그녀의 얼굴은 이미 삶을 포기한 표정이어서 TV 화면을 지켜보던 우리 국민들의 시선을 끌었다.

김현희가 김포공항에 도착한 날은 대통령선거를 바로 하루 앞둔 날이었다. 이 일이 선거를 앞둔 민심에 어느 정도 영향을 주었을 터였고, 그만큼 선거 판도에도 파장을 미쳤을 것이다. 국민의 안보 의식을 일깨워줬고, 그러니까 당연히 여당 후보에게 도움이 됐을 거라는 관측이 일리가 없는 것은 아닐 것이다. 그러나 정부가 선거에 영향을 주기 위해 김현희 압송 날짜를 조정했다는 주장은 근거 없는 낭설일 뿐이다. 앞에서 설명했듯이 바레인 당국과의 끈질긴 교섭 끝에 우리나라가 10여 일 만에 간신히 김현희의 신병을 인수할 수 있게 되었고, 서울에 도착한 시간이 우연히도 선거 전날이었을 뿐인 것이다. 우리가 압송 날짜를 조정할만한 여유가 전혀 없었을 뿐만 아니라, 신병 인수에 성공하기까지 조마조마한 시간을 보냈던 것이다. 심지어 일부에서 여당이 승리할 전망이 흐리자 사건 자체를 조작한 것이라고 하는 주장을 펴고 있는 것은 황당하고 너무도 무책임한 일이라 하지 않을 수 없다. 김현희를 국내로 데려오기까지 관계관들은 절박한 심정으로 최선을 다해 노력했고, 나는 쉽지 않은 일을 해낸 관계자들의 노고와 공로를 진심으로 치하했다.

마침내 자백을 하다

서울로 압송된 김현희는 한동안 여전히 일본인인 척하면서 수사에 협조하지 않았다. 그러다가 우리 여자 수사관의 인간적 접근에 마음을 돌려 말문을 열었다. 수사를 통해 밝혀진 범행 과정은 다음과 같다.

1962년 1월 29일생인 김현희는 범행 당시 북한 노동당 해외정보조사부 2과 소속 공작원이었다. 김현희는 1977년 9월경 김일성종합대학에 입학하여 예과 1년을 수료하고 1978년 9월경 외국어를 공부할 목적으로 평양외국어대학 일본어과에 입학했다. 2학년이던 1980년 3월경 북한 조선노동당 중앙위원회(중앙당) 조사부 공작원으로 소환되어 김옥화라는 가명을 부여받았다. 그해 4월부터 7년 8개월간 대남공작원 양성기관인 평양 소재 금성정치군사대학, 동북리 초대소 등지에 수용되어 군사훈련, 간첩 전문교육, 외국인화 교육, 해외실습 교육 등 대남공작 교육을 받았다.

1987년 10월 7일 평양 룡성43호 초대소에서 김현희는 김승일과 함께 대외정보조사부 '리 부장'으로부터 임무를 부여받았다.

"이번에 동무들이 수행해야 할 임무는 남조선 비행기를 제끼는 것이다. 남조선 비행기 폭파 목적은 88서울올림픽을 앞두고 남조선 괴뢰의 두 개 조선 책동과 준동을 막고 적들에게 큰 타격을 주기 위한 것이다. 이 임무는 중요하고 어려우며, 특히 비밀이 담보되어야 한다. 그리고 시간이 별로 없으니 완전한 임무수행을 위한 준비사업을 철저히 하라. 이번 임무 수행과정에는 완전한 일본 사람으로 위장해야 한다. 김현희는 일본인 여자로 위장할 수 있도록 일본어 학습에 열중하고, 임무수행 중에는 일본인 부잣집 딸처럼 행동하라."

공작 목표는 1987년 11월 29일 바그다드를 떠나 아부다비를 경유해서 서울행 대한항공858기를 폭파하는 것이었다. 공작조는 조장 김승일, 조원 김현희로 하고 안내조 2명이 평양을 출발하여 복귀시까지 일부 국가를 제외하고는 공작조를 인솔 동행하기로 되어 있었다. 이들은 전투 노정 및 경유 지역 행동요령을 정했다. 그 다음 폭파용 트랜지스터 라디오의 조작 훈련을 받았다. 폭파용 시한폭탄은 내부에 폭약이 장치되어 있는 일제 파나소닉 AM/FM 겸용 트랜지스터 라디오(모델번호 RF-882형)로 정했다. 폭파시간 조작은 기본적으로 작동 9시간 후에 폭파되도록 하고, 유사시에는 임의 시간으로 조작하여 필요한 때 폭발하도록 했다. 그리고 신분이 노출될 우려가 있는 경우에 정체를 은폐하기 위해 자살하라는 지령과 독약 앰풀이 들어 있는 미제 말보로 담배 두 갑을 제공받고 그 사용법을 교육받았다.

11월 10일 초대소 응접실에서 김승일과 김현희는 부장으로부터 마지막 지령을 받았다.

"이번 임무는 친애하는 지도자 김정일 동지의 친필비준이 난 것으로 대한항공 858기를 폭파하는 것이다. 김현희의 임무는 김승일 동무의 딸로 행세하면서 항공료, 호텔료를 제외한 생활비 소모를 담당하고, 김승일 동무가 라디오를 작동하지 못할 상황이 발생하면 대신 작동시키는 일이다 … 최악의 경우에는 소지하고 있는 앰풀을 깨물어 비밀을 고수함으로써 친애하는 지도자 동지의 권위와 위신을 백방으로 보장하라."

구체적인 지시를 받은 뒤 마지막으로 '척후로 떠나면서 다진 맹세문'을 낭독한 후 각자 서명하여 제출했다.

김현희 일행은 1987년 11월 12일 오전 8시 30분경 북한 항공기로 평양을 떠나 모스크바에 도착한 뒤 다시 소련 항공기로 부다페스트에 가서 그곳 초대소에서 5박 6일간 체류했다. 그곳에서 다시 자동차로 비엔나에 가서 5박 6일간 체류하였다. 그들은 오스트리아로 들어오는 승용차 내에서 그들을 안내하던 지도원에게 북한 공무여권을 반납하고 일본인 명의의 위조 일본 여권을 받았다. 김승일과 김현희는 다시 11월 23일 오스트리아 항공기로 비엔나를 출발하여 유고슬라비아의 베오그라드에 도착하여 5박 6일간 체류했다. 11월 27일 김현희와 김승일은 그곳 호텔에서 안내조장을 만나 그로부터 비닐 쇼핑백에 들어 있는 폭파용 트랜지스터 라디오 한 대와 중국산 약주 상표가 부착된 약 700CC들이 술병으로 위장된 액체폭약 한 병을 넘겨받았다. 그들은 11월 28일 오전 11시경 폭파물이 들어 있는 비닐 쇼핑백을 들고 호텔을 나와 공항에 도착하여 출국수속을 마친 후 바그다드행 이라크 항공기에 탑승하기 위하여 여승무원으로부터 소지품 검사를 받던 중 트랜지스터 라디오에 장착되어 있는 배터리 4개를 적발당하여 이를 수거하여 가지고 갔다가 비행기에서 내릴 때 되돌려받았다.

그들은 통과여객 대합실로 가다가 여객 보안검색대에서 또다시 배터리가 적발되었다. 그 검색원은 "배터리를 가지고는 비행기에 탈 수 없다."며 배터리를 수거했다. 김현희는 이를 되찾지 못하면 대한항공858기 폭파 임무 자체가 실패로 끝나므로 그 검색원에게 배터리를 돌려달라고 통사정을 했으나 검색원은 들은 척도 안 하고 검색실 옆 쓰레기통에 버렸다. 이때 먼저 검색을 마치고 여자 검색실 앞에서 김현희를 기다리고 있던 김승일에게 배터리가 수거된 사실을 말한 후, 재빨리 쓰레기통에서 배터리 네 개를 끄집어내서 건네주었다. 김승일은 건네받은 배터리를 민첩하게 라디오에 끼운 후, 라디오를 작동시켜 소리가 나는 것을 검색원에게 확인시키면서, "이것은 순수한 라디오용이다. 여기서만 특별히 개인물건을 검열하고 단속하느냐. 휴대품 검색이 지나치게 까다롭다."고 큰소리로 항의했다. 노인네가 역정을 내니까 좀 무안했던지 그 여자 검색원은 더 이상 제지하지 않았다. 가까스로 배터리를 되찾은 김현희는 대한항공858기 출발 20분 전인 밤 11시 5분경, 출국장 대기실 의자에 앉아 9시간 후에 폭발하도록 라디오의 시한장치를 조작했다. 11월 29일 새벽 2시 44분경 KAL 858기가 아부다비 공항에 도착하자 라디오와 액체폭발물이 들어있는 비닐 쇼핑백을 들고 대한항공 858기에 탑승했다. 좌석에 이르자 김승일은 자신의 여행용 가방과 폭파용 트랜지스터 라디오와 액체폭약이 들어 있는 비닐 쇼핑백을 선반 위에 그대로 남겨둔 채 비행기에서 내렸다. KAL 858기는 아무 영문도 모른 채 11월 29일 오전 3시 40분경 아부다비 공항을 출발하여 죽음의 해역을 향하여 새벽 항로를 날아갔다. 그리하여 KAL858기는 라디오의 시한장치에 조작돼 있던 바로 그 운명의 시간, 11월 29일 오후 2시 5분경(한국시간)에 버마 근처 안다만 해역 상공에서 폭발 추락했다.

사건이 발생한 지 464일 만인 1989년 3월 7일 김현희에 대한 1심 재판이 열렸고 4월 25일 공개된 재판에서 사형이 선고되었다. 그 후 7월 22일 항소심의 선고공판에서 피고인의 항소는 기각되었고, 1990년 3월 27일 대법원은 상고를 기각함으로써 김현희에 대한 사형 판결은 확정되었다. 그러나 김현희는 1990년 4월 12일 대통령의 특별사면으로 대한민국의 품에서 자유의 몸이 되었다.

김현희 조작설 논란

사건이 발생한 때로부터 재판이 시작되기까지는 1년이 넘는 기간이 있었는데 그 사이 수많은 의혹이 제기되었다. 당시 북한은 사건 발생 6일 만인 1987년 12월5일 조선중앙통신사 대변인 성명을 통해 이 사건은 북한과 전혀 관련이 없다고 주장하면서, 엉뚱하게도 기상악화나 기체 고장으로 인한 공중폭파인 것인지조차 아직 파악하지 못하고 있다는 발표를 덧붙였다. 그 후 북한은 일본 조총련과 해외 친북단체 등을 통해 KAL기 폭파 사건의 의혹과 조작 가능성에 대해 끊임없이 문제를 제기했다. 국내에서도 소설과 TV의 특집 등을 통한 의혹 제기는 계속되었다. 2002년에는 국회에 전면 재조사를 위한 청원이 제출되었고, 2003년 11월에는 '김현희 KAL858기사건 진상규명을 촉구하는 천주교 신부 115인 선언'이 발표되기도 했다. 이들은 각각 20~40가지에 이르는 각종 의혹을 나열하고 있지만 모두 북한과 친북단체들이 줄기차게 주장해온 것에 덧칠을 했을 뿐 새로운 사실을 밝혀내거나 새로운 증거를 제시한 것은 없었다. 김현희의 존재에 관한 진실의 발견보다는 의혹 부풀리기에만 치중하고 있는 것이다.

KAL기 사건은 주로 김현희의 진술에 의존하다보니 세세한 부분에서 사실과 다른 경우도 있었을 것이다. 사건 당사자인 김현희의 진술이 모두 진실이라 할지라도 김현희 역시 기억력에 한계가 있기 때문에 지엽적인 문제에서는 오류나 착오가 있을 수 있기 때문이다. 수사기관이나 법정에서의 진술이 다르거나 시간이 지나면서 진술 내용을 바꾼 것도 있을 것이고, 또 수사가 미진한 부분도 있을 것이다. 사건의 배후로 지목된 북한은 우리의 수사가 미치지 못하는 지역이었고 또 비행기의 경유지는 당시만 해도 우리나라와는 수교 관계를 맺지 않는 동구권이었기 때문에 수사에 어려움이 많았던 것이다. 특히 사건 발생 직후 현지에서 조사활동을 제대로 하지 못해 블랙박스 수거에 실패한 것은 이 사건 수사에서 가장 아쉬웠던 점이다.

버마 해역에서 수거된 KAL858기의 잔해.

이 사건 직후 미국과 일본 정부는 각각 고도로 훈련된 조사관을 한국에 파견하여 자체 조사를 벌여 KAL기 사건이 북한의 공작원에 의하여 폭파된 것으로 확인하여 공식발표하였고 이에 따라 북한에 대하여 엄중한 제재 조치를 취했다. 특히 1988년 2월4일 미국 하원외교위의 아세아-태평양 소위가 주재한 'KAL858기 폭파 청문회'에서 미 국무성의 클레이튼 맥너웨이 대리 담당대사는 김현희의 자백의 진실성을 뒷받침할 수 있는 미국의 독자적인 보강증거를 제시하면서 북한이 이 대량 학살에 책임이 있다는 사실은 의심의 여지가 없다고 단언했다. 청문회에 함께 나온 국무성의 윌리엄 클라크 동 아세아·태평양 담당 부차관보는 "김정일이 개인적으로 직접 지시한 것 같다는 김현희의 진술은 신빙성이 있다. 북한의 현 집권자들은 문명화된 현행 규범을 계속 무시해왔다. 평양 정권은 전혀 규범 없이 행동하는 것 같다. 북한 정권은 나치의 공포를 되새기게 한다. 이번 사건 관계자가 만약 체포되지 않았다면 세상 사람들은 북한의 관련 사실을 입증할 수 없었을 것이다. 세계의 어느 누구도 KAL기 폭파와 같은 국가 테러행위를 용서하지도, 용서할 수도 없다는 사실을 북한에 알려야 한다."고 강조했다. 이 사건으로 미국 정부가 북한을 테러국가로 지정하게 된다.

그로부터 20년 가까이 지난 2002년 9월 27일 일본 고이즈미 총리가 평양을 방문하여 김정일을 만났을 때 1978년 8월경 도쿄에서 실종된 '다구치 야에코(가명 리은혜, 당시 22세)의 납치와 사망 사실'을 확인해준 일이 있었다. 다구치 야에코는 바로 김현희의 일본인화 교육에 동원되어 김현희에게 장기간 일본어를 가르친 '리은혜'다. 이것이 바로 북한이 KAL기 폭파 사건을 공식적으로 인정한 최초의 사례였다. 북한이 다른 납북 사실은 다 시인하더라도 다구치 야에코만은 인정하지 않을 것이라고 생각했는데, 김정일의 입에서 납치 사실이 밝혀진 것은 뜻밖이었다. 후일 고이즈미는 김정일의 말이 떨어지자 너무 놀란 나머지 귀를 의심했다고 한다. 리은혜가 일본에서 실종된 인물임이 확인됐다는 것은 김현희의 진술이 사실임을 입증하는 것이다. 김정일이 다구치 야에코인 리은혜가 납치된 장본인임을 확인해준 이상 이 사건의 실체적인 진실에 대한 증명이 더 필요 없는 것이다. 김정일의 자백 발언 이후 일본 열도는 북한의 납치행위에 대한 분노와 규탄으로 들끓었고 일본인들은 김현희의 실체에 대하여 더 이상 아무런 의혹도 제기하지 않았다.

김현희의 정체와 관련해서 우리나라 정보기관이 조작해낸 인물이라고 주장하는 사람들에게 한 가지만 물어보고 싶다. 김현희가 북한 사람이 아니고 한국인이었다면 그를 알아보는 사람들이 국내에 왜 단 한 명도 나타나지 않는 것인가. 김현희가 어느 날 갑자기 하늘에서 떨어져 내려온 사람이 아니라면, 우리 한국 내에 그의 가족이나 친척, 그의 초등학교-중학교-고등학교-대학교 동창, 또는 이웃에 살았던 사람 가운데 "나는 김현희를 알고 있다."고 단 한 사람이라도 나타나야 하는 것 아닌가. 김현희가 북한에서 나서 자란 사람이기 때문에 한국에는 그를 아는 사람이 단 한 명도 없는 것이다. 김현희의 정체가 북한의 공작원이라는 사실 하나만으로도 그 밖의 온갖 의혹들이라는 것은 모두 해명할 가치조차 없는 것들이라고 하겠다.

　　천주교 신부들을 비롯한 일부 재야인사들이 친북 좌파정권의 비호하에 'KAL기 폭파 조작 사건' 조사를 끈질기게 요구하며 물고 늘어진 의도는 어디에 있었을까. 북한 김정일의 반민족적-반인륜적 범죄행위를 씻어주고 남한 우파 정부에 치명적인 도덕적 타격을 가하고자 했던, 고도의 이념적 정치적 책동이 아니었을까 하는 의문을 지울 수 없다. 과거 정권들에서 관계당국이 김현희에 대한 사회 일각의 의혹 제기에 동조해 허위 자백을 강요했다거나, 김현희의 신변보호를 의도적으로 회피 방치함으로써 온갖 정신적 고통을 안겨줬던 행위 등에 대해서는 언젠가 반드시 응당한 책임을 물어야 할 것이다.

서울올림픽은 소련을 비롯한 동구권의 와해와 동서 냉전을 종식시킨 계기가 된 대회였다. 88서울올림픽을 전후해 물밑으로 이뤄진 한·중, 한·소 간의 접촉과 교류는 그 뒤 자연스럽게 수교로 이어졌으며 남북한 체제 경쟁에서 한국의 우월성과 승리를 국내외에 확인시킨 역사적인 쾌거였다. 서울올림픽의 성공은 한반도 유사 이래 가장 위대한 성취로, 대한민국을 바라보는 세계인의 시선은 놀라움으로 가득 찼다. 서울올림픽은 단지 국제 스포츠 행사에 그친 것이 아니었다. 소련을 비롯한 공산주의 동유럽의 붕괴를 예고하는 타종打鐘 행사였고, 세계사의 새 시대 개막을 알리는 전야제였던 것이다.

제 9 장

최고의
올림픽대회를 향해

다시 태어난 한강

■

한강종합개발사업 구상

인천공항이나 김포공항에 내려서 서울로 들어오려면 '올림픽 도로'를 타게 된다. 올림픽 도로에 들어서면 맨 먼저 눈앞에 펼쳐지는 광경은 한강의 모습이다. 우리나라를 처음 방문하는 외국인이나, 모국을 오랜만에 찾아온 해외교포가 한국에 도착해서 제일 먼저 갖게 되는 인상은 한강의 모습이라는 얘기를 자주 듣게 된다. 인구 1천만의 서울 같은 대도시의 한복판을 폭이 1km가 넘는 큰 강이 가로질러 흐르는 도시는 세계적으로도 흔치 않은데, 특히 한강은 그 주변의 잘 정비된 환경과 어울려서 선진국으로 발돋음하고 있는 대한민국의 역동적인 모습을 상징적으로 보여주고 있다는 것이다. 한강은 한반도와 그 역사를 같이해왔지만, 오늘날과 같은 모습을 갖추게 된 것은 1980년대부터라고 하겠다. 1982년 착수해서 1986년 완공한 '한강종합개발사업'으로 물의 흐름과 수질, 주변 경관이 크게 바뀌었을 뿐만 아니라 도로 개설과 휴식공간 조성으로 시민 생활의 편리와 복지에 크게 기여하게 된 것이다.

내가 한강을 종합적으로 개발해야겠다고 생각한 것은 올림픽대회의 서울 유치가 결정된 직후부터였다. 우리 5천년 민족사상 최대의 행사를 개최할 수 있는 기회를 만들기는 했는데, 과연 그 엄청난 과제를 성공적으로 치러낼 수 있느냐 하는 문제를 생각하니까 해결해나가야 할 과제가 한두 가지가 아니었다. 대회 운영 등과 같은 문제는 시간을 두고 준비하면 되는 일이었지만, 각종 경기장과 숙박시설, 도로 건설 등 시간과 돈이 많이 드는 일은 서두르지 않으면 안 되었다. 그때 제일 먼저 결심해야 했던 것이 한강종합개발사업이었다. 각종 경기장을 비롯하여 많은 올림픽 관련 시설이 한강 주변에 배치되도록 계획되고 있었다. 뿐만 아니라 한강은 발전하는 한국의 모습을 보여줄 수 있는 상징적 의미도 있었다. 올림픽 개막행사의 시작이 한강에서 펼쳐지도록 계획되어 있었고 강변도로는 마라톤 코스로 지정되어 있었다. '한강의 기적'을 세계에 선보이기 위해서는 강물이 깨끗해야 하고 주변 경관도 아름답게 정비해야 했다.

골재 수익금으로 공사비의 20%를 충당

우리는 사실 그동안 한강을 거의 방치하고 혹사해 오염과 죽음의 강으로 만들어왔다. 1965년에 350만 명도 안 됐던 서울의 인구가 20년이 지나면서 1,000만 명에 달해 세계 5대 도시의 하나가 될 만큼 비대해져 있었다. 4 대 1에 불과했던 강북강남의 인구비율이 5 대 5가 될 만큼 강남지역이 개발되고 서울시내의 10층 이상 건물도 반 이상이 한강변에 집중돼 있었다. 1965년에는 1억 5천만 톤도 되지 않았던 서울시의 연간 상수도 생산량이 1980년대에는 12억 톤을 넘고 있었다.

서울이 그토록 급속히 팽창하자 생활폐수와 공장폐수까지 마구 한강으로 흘러들어와 물고기조차 살 수 없을 만큼 심각하게 오염되었다. 또한 하천부지도 전혀 이용되지 못한 채 버려진 상태에 놓여 있었다. 한강물이 얼마나 더러운가 하는 사실은 내가 실제로 겪어봐서 아는 일이었다. 김포에 있는 공수특전단에서 근무할 당시 낙하훈련은 주로 한강 백사장으로 착지着地하게 되는데 골재를 채취하느라 파헤쳐 놓은 웅덩이에 빠지는 경우가 종종 있었다. 숨조차 제대로 쉴 수 없을 만큼 악취가 심했던 기억이 아직도 난다. 조정경기가 열리도록 되어 있는 미사리 쪽 강물은 인근 논밭에서 퇴비까지 흘러들어와 그대로 놔둬서는 도저히 경기를 할 수 없는 지경이라니 걱정이 아닐 수 없었다. 말이 퇴비지 인분으로 만든 것이라는 사실을 나는 익히 알고 있었다.

그런데 문제는 그 한강개발에 소요되는 재원을 어떻게 마련하느냐 하는 것이었다. 정부로서는 1조 원에 이를 것으로 추산되는 막대한 규모의 자금을 감당할 여력이 없었다. 나는 한강개발을 보다 적은 예산으로 추진할 수 있는 방안은 없을까 하고 고심했다. 어느 날 올림픽경기장 건설현장을 시찰하던 도중 정주영 현대건설 회장이 한강의 모래와 자갈을 독점적으로 채취할 수 있도록 해주면 현대건설이 최소한의 예산으로 한강개발을 하겠다고 건의했다. 나는 그 자리에서는 언질을 주지 않았지만 그 아이디어는 검토해볼 가치가 있다고 생각했다.

그런데 사실은 그 무렵, 나는 하천을 정비할 때 나오는 자갈 모래 등 골재가 큰 돈이 된다는 얘기를 이미 듣고 있었다. 상하수도 공사에 들어가는 주철관을 제작하는 사업을 하고 있던 민정당 박재홍朴在鴻 의원한테서 우연히 하천 구역에서의 골재 채취사업과 관련된 이야기를 들었다. 골재 채취는 대단한 이권사업으로 그 허가를 얻어내기 위해 치열한 경쟁이 벌어진다고 했다. 특히 한강과 같이 골재의 부존량이 많은 곳은 그 채취권을 독점하게 되면 막대한 이익을 얻게 된다는 것이다. 허가를 받은 채취업자는 물론

시 당국에 골재 채취 사용료를 납부하지만 허가를 받은 양보다 몇 배나 더 많은 양을 채취한다고 한다. 관계공무원들이 현장에 입회해 골재 반출 차량 대수를 일일이 헤아려 확인하지 않는 한 허가량 이상을 채취해도 알아내기가 어렵다. 또 허가 구역도 애매해서 허가 구역선을 넘어 채취해도 물속에서 이루어지는 것이라 역시 확인하기가 어려울 뿐만 아니라, 한번 채취를 해서 모래가 없어져도 홍수가 나면 또 모래가 채워진다는 것이다. 그러면서 박재홍 의원은 서울시에서 공기업 같은 것을 만들어 골재 채취를 직영하게 되면 막대한 시 수입을 올릴 수 있겠지만 그것은 쉽지 않을 것이라고 혼잣말 하듯 얘기했다. 나는 관심이 없는 일인 듯 더 이상 자세한 내용을 묻지 않았지만, 그 말에 귀가 번쩍했다. 어쩌면 한강개발 예산을 마련할 수 있는 실마리가 될 수 있을지도 모르겠다고 생각했다.

정주영 회장의 건의를 받은 나는 박재홍 의원의 말이 생각나 김성배金聖培 서울시장을 불러 김포공항에서 미사리 조정경기장까지의 한강을 10대 건설회사에 모래와 자갈 채취권을 나누어 주는 대신 해당 구역의 한강을 최소한의 예산지원으로 개발하도록 하는 방안을 추진하라고 지시했다. 공사가 끝난 뒤 보고받은 바에 따르면, 골재를 팔아 충당할 수 있었던 비용이 모두 1,962억 원으로서 한강종합개발사업에 들어간 총공사비 9,560억 원의 20%에 해당하는 금액이다.

한강종합개발의 기본계획

서울시는 1960년대 말부터 1970년대 초에 걸쳐 여의도, 영동, 잠실 지역을 개발하고 일부 강변도로를 개설하는 한강개발사업을 벌인 적도 있었다. 하지만 하천공학적 측면에서 육로를 위한 하상의 정비나 홍수대책, 생태계 보존적 측면에서 수질보전에 대한 근본적인 대책과, 환경공학적 측면에서의 하천 경관 조성, 시민공원 조성 등에 대해서는 손을 대지 못했다. 1980년대의 한강종합개발은 이러한 미비점을 보완하는 차원을 넘어 광활한 하천 공간을 종합적이고도 다목적으로 개발 이용하면서 서울이 국제도시의 참모습을 갖추도록 하는 다목적 종합적 개발사업이었다. 한강종합개발사업은 북한강의 소양강댐과 남한강의 충주댐이 지닌 홍수 조절효과를 전제로 해서 한강 연안의 홍수 피해를 극소화하는 한편, 한강이 지닌 개발 가능성을 극대화한다는 데 있었다.

한강을 종합개발하기로 결정하자 서울시는 1982년 2월 한국종합기술공사가 마련한 개발안에 서울시 자체 안과 건설부 안을 종합한 기본계획구상안을 마련해 보고했다. 한강개발계획은 일부 반대가 있었음에도 불구하고 기본계획안이 마련된 지 7개월 후인 1982년 9월 28일 여의도 고수부지에서 기공식을 갖고 본격적인 사업에 들어갔다.

종합개발의 가장 중요한 목적 가운데 하나가 수로를 고정화, 안정화시키는 저수로 정비사업이다. 주요 공사 내용은 암사동에서 행주대교까지의 36km 구간을 하폭 725~1,175m, 기준 수심 2.5m의 저수로로 만들어 하수처리장에서 정화된 물만 유입되도록 하고 상류와 하류에 각각 수중보를 설치해 계절에 상관없이 항상 수로에 물이 가득 차도록 함으로써 수상운송과 수상교통의 수단으로 활용하며, 강 양쪽에 조성되는 고수부지를 공원화시킴으로써 도시환경을 개선하고, 저수로 정비 과정에서 생산될 예정인 6,282만 톤의 골재 판매대금은 개발사업 경비로 충당한다는 것이다.

각종 생활하수와 공장폐수가 강으로 그대로 유입됨으로써 오염된 수질을 정화하기 위한 사업이 분류하수관로 공사다. 서울시의 모든 개인주택이

나 아파트 그리고 공장 등에서 쏟아져 나오는 오염된 물을 일단 분류하수관로에 유입시킨 후 하수처리장으로 흘려보내 정화시켜서 강으로 내보내도록 한다는 것이었다. 그때의 강이란 고르지 못한 한강 바닥을 굴착해 깊게 만든 깊고 깨끗한 물만이 흐르는 강을 뜻한다. 한강 본류에 분류하수관을 건설하겠다는 그 계획은 강 양쪽 강기슭을 따라 트럭이 다닐 수 있을 만큼 큰 54.6km의 관을 묻어 중랑, 탄천, 안양, 난지 등 4개 하수처리장으로 유도해 정화시킴으로써 수질을 개선하도록 하자는 것이었다.

강동구 하일동에서 강서구 개화동에 이르는 강기슭의 자연 퇴적지를 돋우고 다듬어 고수부지를 조성해 공원을 조성하기로 했다. 강변고수부지 총 693만㎡에는 시민들의 건전한 휴식처로 활용하기 위해 자동차도로, 지하보도 등 근접시설 77개소와 시민체육공원 9개소를 조성하고 뚝섬과 광나루에는 830,000㎡의 유원지를 만들고 초지 13개소 116만 평을 조성해 연못, 낚시터, 자연학습장으로 활용하고 잠실지역에는 130,000㎡의 주차장을 건설하여 자전거도로 68km, 산책로 8.4km 등도 조성하기로 했다. 고수부지 조성은 이제까지 시민들이 강변을 거닐고 싶어도 강변도로 때문에 접근하지 못했던 점을 해결해 한강을 친숙한 시민의 강으로 만들고자 한 획기적인 계획이었다.

암사동에서 행주대교까지 한강변 남쪽을 따라 이어진 36km의 자동차 전용 강변도시고속화도로를 건설하고 암사동~성산대교 사이의 26km의 기존 4차선 도로를 8차선으로 확장하며, 성산대교~행주대교 사이 10km는 제방을 쌓아 그 위에 6차선 도로를 만들기로 했다. 아시아경기대회가 열리기 전까지 완공되는 이 '올림픽대로'는 동서 간 교통의 대동맥을 형성해 김포공항(당시는 인천공항이 건설되기 전임)에서 올림픽경기장 간의 주행

시간을 종전 60분에서 30분으로 단축시킨다는 것이다.

서울은 세계로, 세계는 서울로

기공식을 가진 지 4년 후인 1986년 9월 10일에 완공된 한강종합개발사업은 우리나라에서는 처음으로 시도된 대규모 하천공사로 공법 선택상의 애로는 물론 홍수기~갈수기의 수위 변화, 절개지가 높고 수심이 깊은 지역에서의 난공사, 그리고 수중보 건설에서의 물 관리의 어려움 등 허다한 곤란이 예상되는 난공사였다. 총사업비는 9,560억 원이 투입되었고, 동원된 장비는 포크레인, 불도저 등 100만 2천 대, 종사 인력도 연인원 420만 명이 동원되었다. 울퉁불퉁한 한강 바닥을 고르게 다듬기 위해 파낸 골재만도 남산 크기만 했을 것이다.

한강종합개발사업은 그동안 물난리와 오염으로 황폐일로에 있던 한강을 치수하여 맑은 수자원으로 탈바꿈시킴으로써 우리 민족의 젖줄로서의 기능을 되찾게 하는 사업이었다. 이 대규모 역사를 순전히 우리 스스로의 아이디어와 노력으로 이뤄냈다는 데 큰 의의가 있었다. 또 기본공사비의 일부분을 세금이 아닌, 공사에서 발생한 골재와 모래를 매각한 대금으로 충당했다는 사실도 다른 사업에서는 볼 수 없는 특이점이라고 할 것이다.

그리고 지금까지 버려졌던 210만 평의 광활한 고수부지를 푸른 잔디밭으로 가꾸어 체육공원과 녹지를 조성하고 깊고 넓혀진 한강에는 유람선이 떠다니게 함으로써 시민에게 훌륭한 휴식과 위락공간을 제공하게 되었다. 또 한 가지 중요한 것은 극심한 폭우로 강우량이 급증한 경우에도 저수로와 하상의 정비, 호안, 제방의 축조공사로 여간해서는 범람현상이 일어나지 않는 치수기능과 함께 서울시민에게는 오염 없는 식수원을, 김포평야에는 농업용수를 제공하는 수자원 기능도 함께 가지고 있다. 황폐했던 한강을 다기능을 갖춘 민족의 젖줄로 다시 태어나게 된 것이다.

이 역사적인 사업이 완성됨으로써 서울의 면모는 완전히 바뀌었다. 한강은 깨끗하고 아름다운 강으로 되살아났으며 서울시민 모두가 가까이 하고 즐길 수 있는 공간이 조성되었다. 1960~80년대에 이룩한 한국의 발전을 세계는 '한강의 기적'이라며 찬탄을 했는데, 한강은 바로 '한강의 기적'의 상징이 되었다. 김포공항을 지나 영종도의 인천공항으로 이어지는 통로가 된 올림픽대로는 '서울은 세계로, 세계는 서울로' 향하는 길목이 된 것이다.

한강종합개발 완공기념공원에서.

올림픽의 성공을 위하여

완벽하게 진행된 올림픽 준비

올림픽 유치운동에 힘쓰고 있는 동안에도 정부는 꾸준히 경기장 건설 등 올림픽대회 개최를 위한 사업들을 진행했다. 최종 결정이 나자 정부는 곧 종합적인 올림픽 준비에 박차를 가해나갔다. 1982년 3월 나는 내각의 독립부처로 체육부를 신설해 장관에 노태우 정무장관을 임명하고 범정부적인 올림픽 준비업무를 주관하도록 했다. 올림픽을 개최했던 선진국들은 중앙정부의 전폭적인 지원 없이도 개최지인 도시가 독자적인 능력으로 충분히 올림픽대회를 치를 수 있었지만 개발도상국인 우리의 경우는 그렇지 못했다.

나는 올림픽의 성공적 개최를 위한 총력 준비를 정부 차원에서 지원할 수 있도록 국무총리를 위원장으로 하는 정부지원위원회를 구성하게 했다. 아울러 3개월마다 청와대에서 올림픽 준비상황 보고회의를 주재했다. 또한 나는 기회 있을 때마다 '체력향상을 통한 국력신장'을 강조하는 한편 자주 태릉선수촌을 찾아 선수들을 격려하면서 관계자들과 체육진흥을 위한 갖가지 시책들을 협의했다. 나는 국민의 부담을 최소화하는 범위 안에서 창조적이고 모범적이고 한국적인 올림픽을 준비한다는 목표 아래 스포츠과학연구소의 확대 강화, 체육단체장의 강화, 체육인 복지 향상, 경기장 질서 확립, 신인선수의 발굴, 그리고 대표팀 전임코치제 채택 등 많은 업무를 계획 추진하도록 했다.

34개 경기장 중 잠실 주경기장 등 33개는 이미 건설이 진행 중이었고, 메인 프레스센터, 국제방송센터, 통신 및 전산시스템 등에 대한 계획도 순조롭게 진행되었다. 선수들이 묵게 될 선수촌과 보도진들을 위한 기자촌은 '훼밀리 아파트'라는 이름으로 1985년까지 완공하도록 해 선수들이 사용하게 한 후 실수요자들에게 분양하게 했다. 나는 1983년도 국정연설을 통해 산업입국 못지않게 체육을 통해 국력을 떨치는 것도 중요하다고 역설하고 각종 건설현장에 직접 나가 일일이 점검하면서 올림픽 준비를 진두지휘했다. 퇴임하기 하루 전날까지 그 일을 빠뜨리지 않았으니까 아마도 수백 번 수천 번 같은 말을 했을 것이다. 각종 회의나 행사에 아내를 동반하는 경우가 적지 않았는데 내가 하도 같은 말을 거듭하니까 아내가 '귀에 못이 박혔다'고 불평 아닌 불평을 하기도 했다. 사실 같은 얘기를 반복해서 하는 나의 입도 아플 정도였다. 그러나 우리로서는 서울올림픽은 그렇게 해서라도 완벽하게 준비하고 차질 없이 치러야 할 역사적 사업이었다. 또 그렇게 했기 때문에 성공했다고 해도 지나친 말이 아니다.

수세식 화장실 사용이 보편화된 지금으로서는 이해하기 어려운 얘기가 되겠지만 당시로서는 화장실과 음식점의 주방이 가장 걱정되는 부분이었다. 1980년대에 고덕, 목동, 개포, 상계동 등의 대규모 아파트단지들이 생겨나기 전에는 전국적으로 단독주택이 대세였고 단독주택의 화장실은 대부분 재래식이었다. 올림픽 준비와 관련해 그 문제에 특별히 관심을 기울였던 것도 다 그런 이유 때문이었다. 올림픽을 계기로 수세식으로 바꿀 수 있는 데까지 바꾸고 수세식 변기의 올바른 사용법을 교육시켜나가도록 했다. 그리고 음식점의 주방을 개방형으로 개조하는 한편 식단 주문 제도를 시행하도록 했다.

경기장 건설 등 인프라 구축 문제도 중요하지만, 음식점 주방과 화장실은 많은 시민이 일상적으로 접하게 되는 시설일 뿐만 아니라 올림픽을 계기로 쏟아져 들어올 외국인들의 한국에 대한 인상이 화장실과 음식점의 청결상태에 따라 좌우될 수 있다고 생각했던 것이다.

올림픽 준비를 위한 과제 가운데 또 하나 중요한 사업이 교통망 확충이었다. 정부는 한강개발의 일환으로 김포공항에서 암사동에 이르는 37km 구간에 8차선 고속도로를 건설하고 강북고속도로도 정비함으로써 수도권 동서 간 교통의 대동맥을 완성했다. 뿐만 아니라 정부는 서울 지하철 건설에 박차를 가했다. 아시안게임 1년 전인 1985년 서울지하철 3개 노선이 완성되었으며 1987년까지 지하철 순환선인 2호선이 완성되었다.

북한의 방해책동과 남북체육회담

서울올림픽을 유치하는 과정에서부터 올림픽이 서울에서 거행되기 바로 직전까지 북한은 온갖 방해책동을 멈추지 않았다. 그것은 남북한 간의 체제 대결이라는 측면에서 올림픽이 우리 대한민국 국민들에게는 결정적 승리감을 안겨주는 반면 북한 국민들에게는 만회하기 어려운 패배감을 안겨주게 된다는 점을 두려워하고 있었기 때문일 것이다. 대회 유치 사실만으로도 한국의 국제적 위상이 괄목할 만큼 격상될 텐데 막상 대회를 성공적으로 개최해낸다면 대한민국의 총체적 국력이 획기적으로 신장될 것이라는 사실 앞에서 북한 당국은 수수방관만 할 수 없었던 것으로 보인다.

불과 1년 전만 해도 버마의 아웅산 묘소에서 폭발 테러 사건을 자행했던 북한이 그 바로 이듬해 3월에 북한올림픽위원회 위원장 명의의 서한을 대한올림픽위원회 위원장 앞으로 보내왔다. 1984년 미국 LA에서 열리는 23회 올림픽대회와 그 후 계속 있게 될 아시아 및 세계선수권대회에 남과 북이 단일팀을 구성하여 출전할 것을 제의하면서 남과 북이 빠른 시일 안에 올림픽위원회의 부책임자급을 단장으로 하는 쌍방 체육대표단회담을 판문점에서 가질 것을 제의해왔다.

북한의 제의가 진정성이 있다고 믿어지지는 않았지만, 그동안 우리가 로스앤젤레스 올림픽대회를 비롯한 각종 국제경기대회에 남북한이 단일팀을 구성해서 출전할 것을 수차례에 걸쳐 제의해왔던 만큼 무조건 북한 측의 대화 제의를 거부할 수는 없었다. 나는 일단 남북체육회담에 응하라고 지시했다.

제1차 회담은 판문점 중립국감독위원회 회의실에서 열렸다. 우리 대표단은 북한당국이 1978년 최은희崔銀姬, 신상옥申相玉 부부를 납치하고 아웅산 만행을 자행하는 등 남북한 간의 긴장과 대결을 격화시킨 상황에서 남북의 체육인들이 마음 놓고 접촉하거나 협력할 수도 없음을 지적하고 북한 측이 이에 대해 시인, 사과하고 납득할만한 조치를 취할 것을 요구했다. 아울러 회담 의제로서 1984년 로스앤젤레스올림픽대회, 1986년 아시아경기대회, 1988년 서울올림픽대회를 비롯해 앞으로 있을 국제체육경기대회에 남북한이 단일팀을 구성하는 문제와 남북 체육 교류를 실시하는 문제를 제시했다.

북한 측은 단일팀 구성을 논하는 마당에 의제와 관계가 없는 아웅산 테러 사건과 같은 정치 문제를 개입시키는 것은 체육 문제와 맞지 않고 그 사건은 우리 측이 날조한 것이라고 주장하면서 발언의 취소를 요구한 끝에 퇴장해버렸다. 그 뒤로 4월 30일과 5월 25일에도 회담이 열렸지만 북한 측이 두 차례 회담의 공전 책임을 우리 측에 전가하면서 의제 토의를 거부함으로써 본격적인 토의에 들어가지도 못한 채 끝이 났다.

북한 올림픽위원회는 6월 2일 성명을 통해 반공, 반사회주의 책동이 공공연히 감행되고 있는 환경에서는 "선수들의 신변안전이 보장될 수 없고 올림픽 개별 참여가 민족 여망에도 배치된다."고 주장하면서 로스앤젤레스올림픽대회 불참을 선언했다. 북한 측은 또 "올림픽대회는 모든 나라 선수들이 그 어떠한 정치적, 육체적 구속도 받지 않고 안전하고 자유롭게 참가할 수 있는 곳에서 진행되어야 하며 우리는 이것이 금후 올림픽 운동의 건전한 발전을 위하여 매우 절박한 문제."라고 하면서 "그 실현을 위해 모든 나라, 민족 올림픽위원회들과 함께 공동의 노력을 아끼지 않을 것."이라고 주장함으로써 공산권 국가들을 상대로 88올림픽 불참 책동을 벌이겠다는 저의를 내비쳤다.

서울올림픽을 무산시키려고 골몰하던 북한은 7월 30일 북한 부총리 정준기鄭準基를 통해 88올림픽을 남과 북이 공동개최할 것을 주장했다. 나는 즉각 북한의 이러한 주장에 대해 북측이 88올림픽 종목을 진정으로 할애받고 싶으면 먼저 아시안게임에 참여하는 등 성의 있는 태도를 보여야 한다는 점을 알리도록 대내외 홍보를 강화함은 물론 IOC에도 우리의 입장을 잘 이해시키도록 하라고 했다.

이에 따라 체육부장관은 8월 2일 내외신 기자회견을 통해 공동주최는 IOC헌장에 위배될 뿐만 아니라 시간적으로나 기술적으로도 받아들이기 어렵다는 점을 분명히 했다. 그리고 한국은 이미 행사 준비를 완료한 상태로서 IOC헌장에 위배되지 않는 범위 안에서 서울올림픽 조직위원회 주최 하에 남북한 간에 협조할 용의가 있음을 천명했다. 또 박근朴槿 제네바대사로 하여금 사마란치 올림픽위원장을 만나 북한 측 주장의 부당성을 설명하도록 했다. 외무부도 해외공관을 통해 각 주재국에 북한 측 담화 내용의 부당성을 이해시키면서 88올림픽 준비사항을 설명해주었다.

사마란치 위원장의 반쪽 올림픽 우려

서울올림픽의 준비상황을 확인하기 위해 서울에 온 사마란치 위원장이 청와대로 나를 찾아온 것은 1985년 8월 26일의 일이었다. 그 자리에는 쿠마르 IOC제2부위원장, 노태우 서울올림픽조직위원장 겸 체육부장관, 박종규 IOC위원 등이 배석했다. 사마란치 위원장은 88올림픽을 남과 북으로 쪼갠다는 것은 생각할 수도 없는 일이며 최선을 다해 설득해보고 북한이 그래도 안 오겠다면 할 수 없는 일이라고 하면서 서울올림픽을 사상 최대의 성공적인 대회로 만들고자 한다고 강조했다.

나는 사마란치 위원장에게 그동안 북한의 방해에도 불구하고 서울올림픽의 성공적 개최를 위하여 조력해준 데 대해 감사를 표하고 한국의 입장을 소상하게 설명했다.

"서울올림픽 개최는 가장 권위 있는 IOC총회가 1981년에 결정한 것이며 이를 해마다 재확인한 바 있는데 4년이 지난 오늘에 와서 북한이 IOC의 결정에 정면으로 도전하고 나서는 것은 용납할 수 없는 일이니 만큼 그들의 주장을 귀담아 들을 가치가 없다. 북한이 IOC의 결정을 번복토록 획책하는 것을 받아들여서도 안 된다. 이것이 선례가 되면 앞으로 정치적 문제를 이유로 모든 회원국들이 IOC의 결정에 대하여 왈가왈부하게 될 터인데 그래서는 160개국의 회원을 가진 IOC가 제대로 운영될 수 없을 것이다. 미국과 소련이 과거 보이콧 선언을 한 것은 IOC의 결정에 대한 시비는 아니었고 자국의 정치적 사정으로 참가를 못하겠다고 말한 것뿐이다. 그런데 북한은 IOC가 서울을 올림픽 개최 장소로 결정한 것은 잘못한 것이므로 그 결의사항을 바꾸라는 것이니 이런 무례하고 엉뚱한 짓이 어디 있느냐. IOC가 결코 북한의 압력에 응하지 말아야 권위가 유지될 것이고 올림픽 운동이 사는 것이다. 만일 김일성이 나와 만나 88올림픽을 두개로 가르는 것이 어떻겠느냐고 말한다면 나는 그에게 '그런 소리를 하려면 먼저 IOC에서 탈퇴한 다음에 하시오. 회원으로서는 IOC에 대하여 그런 소리를 할 수 없는 것이오'라고 했을 것이다."

오찬을 마친 후 사마란치 위원장은 나와 별도로 만날 것을 요청해서 서재에서 따로 만났다. 그와 나는 다음과 같은 대화를 나누었다.

사마란치 위원장 : 당돌한 질문을 용서해주시기 바랍니다. 1988년은 올림픽이 개최되는 해인데 그 해가 바로 한국의 대통령선거가 있을 예정이어서 정치적 파란이 예상된다고들 신문에서 말하고 있습니다. 올림픽 행사가 있기 바로 몇 달 전에 이러한

정치적 변화가 있는 것을 IOC 입장에서는 우려하지 않을 수 없습니다. 각하께서 야당의 지도자들과 합의를 해서 선거를 1년만 연기해줄 수는 없을까요?

나 : 매우 깊은 생각을 하셨는데 그러나 민주주의란 다소의 정치적 파도가 있는 것이 정상 아닙니까. 신문에서는 큰일났다는 식으로 써야 신문을 사보는 사람들이 많아집니다. 그러나 다소 목소리가 높아졌다고 해서 민주주의 정치가 파탄 나는 것은 아니지 않습니까. 학생들이 데모하는 것을 외국에서는 불안하다고 말한다는 것도 알고 있습니다. 그러나 그것은 치안의 문제이기 때문에 경찰이 공공의 안녕을 책임질 것입니다. 올림픽에 참가하는 선수나 임원이나 기타 모든 관광객의 안전을 우리 정부가 보장할 것이니 걱정 마시기 바랍니다. 1988년은 지금보다 더 안정되어 있을 것입니다. 이것은 확신하셔도 좋습니다. … 현행 민주헌법에 따라 자유롭고 질서 있는 선거를 통해서 합법적이며 평화적인 정권교체가 있을 것입니다. 내가 대통령직을 물러나도 총재로 있는 민주정의당이 안정 다수를 점할 것으로 전망합니다.

사마란치 위원장 : 그러나 저희들 입장도 이해해주셔야 합니다. 저희들은 각하를 믿고 올림픽 개최권을 한국에 준 것입니다. 그동안 각하의 말씀을 듣고 한국 측과 긴밀한 협조관계를 유지해왔습니다. 막상 서울올림픽이 열리기 바로 전에 한국에서 정치가 달라진다면 우리로서는 매우 어려운 문제가 생깁니다.

나 : 이해가 안 되는 것은 아니나 내가 책임지고 대통령직에서 물러난 다음에도 88 올림픽대회에 아무 차질이나 불편이 없도록 할 것입니다. … 내가 계속 뒷받침을 해줄 것이니 염려 없기 바랍니다.

사마란치 위원장 : 고무적인 말씀입니다. 그러나 일을 하시려면 권력이 필요합니다.

나 : 내가 대통령의 권한은 없더라도 내가 신임하는 사람이 민주정의당에서 나와 대통령이 될 것입니다.

테러 참사로 얼룩진 1972년 20회 뮌헨올림픽대회, 아프리카 국가들이 보이콧한 1976년 21회 몬트리올올림픽대회 그리고 서방 진영 64개국이 불참한 1980년 모스크바올림픽대회의 악몽에 시달린 사마란치 위원장이 88서울올림픽만은 제발 성공적으로 치렀으면 하는 간절한 염원을 느낄 수 있는 대화다. 대회 개최에 다소라도 차질이 생기고 소홀한 점이 있을까봐 걱정하던 사마란치 위원장은 이 자리에서 한국올림픽위원회와 서울올림픽조직위원회에 대한 인사이동을 가능한 한 억제해줄 것을 부탁하기도 했다.

서울올림픽을 무사히 성공적으로 치르기 위해 북한을 달래서 참가하도록 해야 한다는 생각은 사마란치 IOC위원장과 개최국인 우리나라 모두에게 있었다. 그러한 간절한 바람에 따라 스위스 로잔에서는 IOC와 남북한 3자 간의 체육회담이 열리게 되었다.

1985년 10월 8일부터 이틀간 열린 제1차 회담에서는 북한을 참가시킬 수 있는 방안이 집중적으로 논의되었다. 우리 측은 88서울올림픽 예선경기의 몇 개 종목을 북한지역에 배정하고 개폐회식 때 남북한이 각기 자기 측 깃발 아래 동시 입장을 하도록 하며 남측에서 열리는 올림픽 문화행사에 북한 측의 참여를 허용할 수 있다는 등의 포용적인 제안을 했다. 이에 대해 북한 측은 88서울올림픽을 남북 올림픽위원회의 공동 주최로 하며 대회 명칭도 '조선 평양·서울올림픽경기대회'로 하고 또 경기 종목도 서울과 평양에 50 대 50으로 배분할 것을 주장했다. 또한 개폐회식도 평양과 서울에서 각각 진행하고 올림픽 TV 방영권 및 이익금도 배분할 것을 주장했다. IOC의 헌장과 전례와 상식에 비추어 전혀 용납되지 않는 억지주장으로 시간을 끌어감으로써 서울올림픽 개최에 차질을 주려는 저의에서 나온 의도된 주장이었다.

제1차 로잔 체육회담은 당연히 아무런 합의점을 찾지 못한 채 끝났다.

회담의 결과를 보고받고 나는 "IOC 헌장과 1981년 IOC 결정 사실에 승복하는 것이 전제되어야 하며 그렇지 않는 한 한 개의 종목도 북측에 할애할 수 없음을 IOC 측에 통보하라."고 지시했다.

1986년 1월 8일부터 이틀간 역시 로잔에서 2차 체육회담이 열렸으나 양측의 주장이 팽팽해 아무런 진전도 보지 못하고 폐회되었다.

다음은 1986년 4월 12일 내가 유럽 4개국 순방 중 주말 일정을 스위스에서 보내고 있을 때 사마란치 위원장이 내 숙소로 찾아와 나눈 대화 내용이다.

사마란치 위원장 : 지금 북한의 입장이 변하고 있습니다. 서울올림픽 그 자체를 반대해오던 북한이 이제는 단일팀 구성안은 포기하고 다만 몇 개 경기종목만 달라고 합니다. 당초에는 8개 종목을 말하다가 이제는 5개 종목을 요구하고 있는데 다만 몇 개만이라도 주면 그들이 서울올림픽에 참가할 뿐만 아니라 개회식과 폐회식을 서울에서 하는 것도 반대하지 않을 것으로 보고 있습니다. 이 조건으로 그들을 참가시키는 것이 어떨까요? 이 문제에 관하여 각하의 고견을 들었으면 합니다. 각하께서 비인기종목 두세 가지만이라도 양보하실 용의가 있으신지요. 그들이 무력으로 서울올림픽을 방해하지 못하도록 그들에게 주는 것이 어떻겠습니까. 동유럽국가들, 중국, 쿠바 그리고 아프리카 몇 개 나라들도 그런 요구를 저에게 합니다. 특히 쿠바는 강경합니다. 소련도 카스트로에 대해서는 몹시 신경을 쓰며 결코 묵살할 수 없는 입장입니다. IOC는 이미 모든 경기종목을 포함하여 올림픽 그 자체를 서울에 드렸기 때문에 이제 각하께서 양보하지 않는 한 우리가 북한에게 준다는 언질을 할 수가 없습니다.

나 : 위원장께서 참으로 노력을 많이 하셨습니다. … 올림픽에 관한 한 IOC 외에 다른 정치적인 권위가 있을 수 없습니다. 만일 IOC의 결정이 특정 회원국의 정치적 이유로 번복되거나 약화된다면 그 순간부터 세계올림픽대회는 제 기능을 상실하게 되고 맙니다. … 북한의 위협은 허세이며 심리전일 뿐입니다. 물론 그들이 우리보다 많은 병력과 무기를 가진 것은 사실이지요. 그러나 김일성이 한반도에서 전쟁을 시작할 수는 없습니다. 한국전쟁을 또 한 번 하겠다면 미소 전쟁도 각오해야 할 것입니다. 그런데 소련이 아직은 미국을 상대로 전쟁을 할 단계에 도달하지 못했습니다. 중공도 결코 한반도에서 전쟁을 원치 않습니다. … 이 사실은 김일성도 잘 알고 있을 것입니다. … 그들은 스스로의 힘의 한계를 알고 있음에 틀림없습니다. 그들이 최초에 서울올림픽을 반대하다가 이제 와서 몇 개 종목이라도 달라고 애원하는 것을 보아도 알 수 있지 않습니까. 그런데 북한이 사마란치 위원장에게 직접 그렇게 제의를 하던가요. 아니면 동구권 대표들을 통해서 그런 요구를 해왔던가요. 그리고 위원장은 그들의 입장이 후퇴한 이유를 무엇이라고 생각하십니까.

사마란치 위원장 : 제의는 북한이 본인에게 직접 해왔습니다. 그리고 동구권이나 중공도 북한의 입장에 동조하고 있습니다. 북한이 입장을 바꾼 이유는 그들이 서울올림픽이 성공할 것이라는 판단에 도달하지 않을 수 없게 사정이 돌아가고 있음을 알았기 때문입니다. 서울올림픽이 성공하면 한국은 얻는 것이 많고 북한은 얻는 것이 하나도 없어 상대적으로 그들의 입장이 너무 약화될 것을 우려하게 되었습니다. 그래서 다만 몇 개 종목만이라도 열어서 체면을 세워보겠다는 것입니다. 이것이 그들의 속마음입니다. 북한은 당초에 소련의 힘을 과신하였습니다. 소련이 서울올림픽을 보이콧해서라도 북한의 입장을 세워줄 것으로 기대했는데 소련은 이제 서울올림픽에 참가할 것을 결심하고 있습니다. 소련은 지난번 로스앤젤레스올림픽에 불참한 것을 후회하고 있으며 다시 올림픽을 보이콧하지는 않을 것임을 북한도 알게 되었습니다

> 북한도 고립을 원치 않으며 체면을 조금이라도 살려보겠다는 것입니다.
>
> 나 : 위원장이 정확하게 보았습니다. 북한이 국제사회를 보는 안목이 없어서 IOC를 우습게 보았던 것입니다. … 이제 작별을 하고 서울에서 다시 만나기로 합시다. … 경기종목 두세 개만이라도 주는 것이 어떠냐 하는 말씀에 대해서는 내가 이미 말한 대로 정치적 압력이나 협박에 의하여 원칙이 양보될 수는 없습니다. 그러나 내가 위원장 개인의 노력을 평가하는 뜻에서 이 문제를 긍정적으로 생각해보겠습니다. 다만 여기에는 조건이 있습니다. 북한은 결과적으로 올림픽 헌장을 준수하고 IOC의 결정에 무조건 승복한다는 서약을 하여야 합니다. 그래야만 이 문제를 고려해볼 수 있습니다. 그리고 한국의 안전문제에 대해서는 걱정하지 마십시오. 그리고 참고로 말하자면 내가 출발하기 바로 전에 와인버거 미 국방장관이 한미 안보협의회 연례회의차 한국을 방문하고 나를 예방한 자리에서 88서울올림픽의 안전을 위해서는 미국도 육해공군의 군사지원을 강화하여 절대 안전을 도모하겠다고 약속을 하였으며 만약 북한이 도발하면 3배, 4배의 응징 보복을 할 것을 다짐하였습니다.

유럽 순방을 마치고 돌아온 나는 1986년 4월 25일 ANOC 총회에 참석하기 위해 한국에 온 사마란치 위원장을 다시 청와대에서 만났다. 로잔에서 만난 지 채 보름도 안 된 시기였다.

> 나 : 북한 측이 요구하고 있는 경기종목 할애 문제에 대해 내가 긍정적으로 검토할 용의가 있다고 한 것은 위원장께서 88서울올림픽을 위해 동분서주하면서 헌신적으로 노력해온 사실을 잘 알고 있기 때문에 위원장의 입장과 영향력을 강화시켜 드리고자

배려를 한 것입니다. 그러나 경기종목을 떼어준다면 기술적으로 어려운 문제가 수반되고 또 우리로서는 국민들을 설득시켜야 하는 부담이 따릅니다.

사마란치 위원장 : 각하께서는 올림픽을 위해 참으로 좋은 지침을 주셨습니다. … 저는 두 번이나 평양을 방문했습니다. 제가 그쪽 사정을 잘 압니다. 북한은 완전히 폐쇄된 사회조직입니다. 서울올림픽을 취재하기 위해 약 10,000명의 외신기자들이 몰려옵니다. 북한이 이 외신기자들로 하여금 북한을 다니면서 취재하는 것을 허용할 가능성은 전혀 없다고 생각합니다. 제 생각으로는 그들의 체제가 그러한 내방을 허용하지 않기 때문에 아마 우리의 제안을 거부할 것으로 봅니다. … 끝으로 한 말씀 더 드리겠습니다. 다름이 아니라 올림픽을 6개월 앞두고 총선거를 실시한다는 것은 올림픽을 위해서는 좋지 않습니다.

나 : 6개월 전이 아니라 1개월 전에 시행해도 아무 문제가 없습니다. 이 문제에 대한 우려는 위원장께서 전에도 나에게 표시한 적이 있는데 올림픽을 전 국민이 환영하고 있기 때문에 선거와는 무관합니다. 그리고 그 선거에서 현재의 집권당이 소수당이 되는 일이 있더라도 나는 올림픽의 성공을 위해 정부에 대해 협력을 아끼지 않을 것입니다. 그 점은 절대로 염려하실 필요가 없습니다.

이 면담을 마친 후 나는 관계기관에 지시해 사마란치 위원장을 만나 2개 종목을 북한에 할애할 수 있다는 우리의 입장을 이해시키라고 지시했다. 한 달 반쯤 후인 6월 11일 로잔에서 제3차 회담이 열리고 IOC 측이 중재안을 제시하고, 이 중재안에 대한 양측의 회신이 오가며 수정안이 제시되고 또 이 제의에 대한 회신들이 오가는 가운데 시간은 흘러갔다. 그 사이 우리로서는 올림피대회의 예행 행사라고도 할 수 있는 아시아경기대회를 성공적으로 치렀고, 서울올림픽의 성공에 대한 자신감을 더욱 굳건히

다질 수 있었다.

IOC는 1987년 5월 조사단을 북한에 보내 북한 측의 입장을 다시 확인했는데 6월 사마란치 위원장과 쿠페 보좌관이 파악한 바에 따르면 북한 측 주장은 자신들이 내거는 5개 조건이 수락되면 올림픽헌장 준수를 서면으로 공식 보장한다는 등 8개 항목을 받아들이겠다는 내용이었다. 그러나 그 5개 조건이라는 것이 축구 등 8개 종목을 북한에 배정하고 개폐회식도 평양과 서울에서 각각 진행하며 북한대회 명칭을 '24th Olympiad Pyong Yang'으로 하며 북한에서 하는 경기의 TV 방영권을 북한이 갖는다는 등 서울과 평양에서 두 개의 올림픽을 따로 개최하려는 것이었다. 그들이 수용하겠다는 8개 항목이라는 것도 사실은 분산 개최를 하기 위해서는 필연적으로 제기되는 사항으로 당연히 취해야 할 조치에 불과한 것일 뿐 결코 양보라고 할 수 없는 내용이었다. 또한 이 같은 북측의 책략은 4차 회담에서 그들의 주장이 관철될 수 없음이 분명한 만큼 회담 결렬시 그 책임을 우리 측에 전가하면서 이를 공산권의 서울올림픽 불참 유도 및 방해책동의 명분으로 활용해보려는 의도였다.

5개 조건을 제시함으로써 종전보다 더 강경하게 나오는 북한 측 태도로 보아 4차 회담의 성공은 애초에 물 건너간 것이나 마찬가지였다. 어쨌든 사마란치 위원장은 7월 14~15일로 예정된 4차 회담에 앞서 남북한 측과 각각 따로 접촉을 가진 데 이어 합동회의와 개별회의를 진행한 뒤 기자회견을 갖고 새로운 중재안을 발표했다. 그리고 이 중재안에 대해 양측이 수락 여부를 8월 말까지 회신해줄 것을 요청했다.

이에 따라 우리 측은 8월 17일 KOC위원장 명의의 수락 회신을 발송하였으나, 북측은 4차 회담 이후에도 계속해서 IOC 중재안 수락을 거부한 채

공동 주최안만을 고집했다. 북한 측은 88올림픽 초청장 발송 예정일인 9월 17일이 다가오자 9월 15일 IOC를 배제하고 남북한 대표 간의 쌍무회담을 갖자고 제의하는 한편으로 초청장 발송을 연기할 것을 요구했다. 이와 같은 행동들은 시간을 벌고 회담 결렬의 책임을 우리에게 전가하려는 저의에서 나온 것이었다. 당연히 우리 측은 이를 거부했다.

북한은 자신들의 억지 주장이 더 이상 설 자리가 없다고 판단한 듯 10월 23일 마침내 북한 올림픽위원회위원장 김유순金有順의 이름으로 '서울올림픽의 전도는 암담할 것이다' '12월의 대통령선거에서 민주세력이 집권하게 되면 공동주최 문제가 무난히 해결될 것'이라고 성명했다. 이로써 1985년 10월부터 1987년 10월 23일까지 2년 넘게 서울올림픽과 관련하여 지루하게 펼쳐지던 논쟁이 끝을 맺게 되었고, 동시에 북한의 서울올림픽 방해공작도 더 이상 계속되지 못할 것으로 판단되었다.

공산권 국가들의 서울올림픽 참가 결정

앞에서 나는 사마란치 IOC위원장의 반쪽 올림픽에 대한 노심초사를 기술한바 있다. 우리 정부 관계자들도 북한의 집요한 방해공작 때문에 공산권 국가의 대량 불참 같은 상황이 빚어질까 걱정들을 많이 하고 있었다. 1984년 LA올림픽에 소련이 불참한다고 발표하자 걱정은 더욱 커졌다.

그러나 나는 공산주의국가들의 속성상 체제 유지를 위해서도 두 번씩이나 올림픽대회를 보이콧할 수는 없다고 나름대로 낙관적인 판단을 하고 있었다. 공산주의 국가들은 체육이나 문화를 체제 내부의 통합을 도모하는 수단으로 활용하는데 두 번씩이나 올림픽대회에 선수들을 내보내지 않을 수는 없다고 생각했던 것이다. 더욱이 소련을 위시한 동독이나 폴란드

등 동구권 국가들은 모두가 체육 강국이었다. 운동선수 등 체육인들뿐만 아니라 대다수의 국민들도 스포츠를 좋아하는 나라들이다. 그런 나라의 수많은 체육인이나 선수들, 스포츠 애호가들에게 세계 최대의 스포츠 제전인 올림픽에 8년 동안 참여할 수 없게 만들면 불만이 엄청나게 쌓일 수밖에 없다. 아무리 통제국가들이라 하더라도 견디기 어려울 것이라고 판단했다.

나는 소련 등 동구권 국가들이 북한의 방해 책동에도 불구하고 결국은 서울올림픽에 참가하게 될 것이라고 믿고 있었지만, 그냥 상황 전개에만 맡겨놓지 않고 나름대로 전략을 펴나갔다. 우선 각 주요 경기종목의 단체장을 대기업 회장들이 맡도록 하고 이들 기업의 해외지사 등을 통해 동구권 국가들의 주요 인사들을 접촉하게 했다. 경기 단체별로 이들 나라의 선수들이 국내에서 열리는 각종 경기에 참가하도록 유도하고 환대하게 했다. 공산권에서 열리는 국제대회에도 빠짐없이 참가했다.

우리의 다방면에 걸친 물밑활동이 성과를 보여 1986년 11월 소련 모스크바에서 열린 사회주의수뇌회의에서는 북한과 쿠바를 제외한 모든 나라가 서울올림픽에 참가한다는 결의를 했다. 이 같은 결의가 나온 데에는 그보다 앞서 그해 4월 서울에서 열린 ANOC(국가올림픽위원회 연합회)총회가 큰 영향을 미쳤다. 이 회의에는 42개 공산권과 사회주의국가 등 150여 개국 500여 명의 대표가 참석했는데 소련에서도 IOC위원과 체육성차관 등이 참석했다. 회의기간 중 나는 매일 회의결과를 보고받으면서 정부가 최대한 지원해주도록 독려했다.

같은 해 (1986년) 12월, 소련 정부의 실력자인 체육성차관이 서울을 방문해 서울올림픽조직위원회 측과 서울올림픽에 참가하는 소련 선수단의 안전문제 등에 관한 양해각서에 서명함으로써 소련의 서울올림픽 참가 방침을 사실상 결정지었다.

이어 1987년 3월에는 동독의 체육성장관이 그리고 6월에는 헝가리 대표가 각각 서울을 다녀갔다. 국제적으로 고립되어 초조해진 북한은 급기야 그해 11월 KAL858기 폭발 테러라는 만행을 저질렀지만 대세는 이미 기울어져 있었다. 두 달 뒤인 1988년 1월 소련은 『타스통신』을 통해 서울올림픽 대회 참가를 공식 발표했다. 이로써 두 차례나 반쪽 대회로 파행을 겪었던 올림픽대회가 서울올림픽에서는 온전히 치러질 것으로 전망되었다.

높아진 한국의 위상

서울올림픽은 내가 퇴임한 후 7개월이 지난 1988년 9월에 개최되었다. 서울올림픽은 역사상 전례 없는 성공적인 대회였다. 1976년 몬트리올올림픽 이래 12년 만에 동서진영 모두가 한자리에 모인 지구촌의 스포츠 축제였다. 160개국에서 13,304명의 선수가 참가해 역대 최대의 대회가 되었다.

삼성경제연구소의 자료에 따르면 서울올림픽이 우리나라 경제에 끼친 경제적 효과는 26억 달러이고 새로운 일자리를 만들어낸 고용창출효과는 33만 명에 달한다. TV를 통해 서울올림픽을 시청한 사람은 연인원 104억 명으로 우리나라는 방영권 수입만으로 4억 달러를 벌었다. 올림픽이 진행된 16일간 우리나라를 찾은 외국인 관광객이 190만 명으로 이들이 사용하고 간 달러도 무시 못 할 정도였다.

그러나 눈에 보이는 이러한 경제적 성과 못지않게 서울올림픽이 가져다준 무형의 이득도 적지 않았다. 깨끗하게 정돈된 서울의 모습, 한국 전통문화의 우수성, 친절하고 예의바른 대한민국의 국민성을 전 세계인에게 보여줄 수 있었다. 한국의 국가브랜드가 높아졌고 한국 상품의 인지도를 획기적으로 끌어올렸다. 한국의 이미지 개선은 국제시장에서 한국 수출품에 대한 엄청난 광고효과를 가져와 한국의 수출을 획기적으로 증진시키는 계기가 되었다.

소련의 전 KGB요원 키리첸코는 '6.25전쟁 전후의 모습만을 연상하던 소련 국민에게 발전된 서울의 모습은 충격적이었다'고 말한 것으로 보도되었다. 한국 국민들의 활기찬 모습, 한국사회의 자유롭고 분방한 분위기를 목격한 동유럽사회에서 자유화 민주화의 바람이 불면서 사회주의 체제가 붕괴되기 시작했다. 서울올림픽은 소련을 비롯한 동구권의 와해와 나아가 동서 냉전을 종식시킨 계기가 됨으로써 세계사적 의미를 갖게 되었다. 88서울올림픽을 전후해 물밑으로 이뤄진 한·중, 한·소 간의 접촉과 교류는 그 뒤 자연스럽게 수교로 이어졌다. 특히 서울올림픽은 남북한 체제경쟁에서 한국의 우월성과 승리를 국내외에 확인시킨 역사적인 쾌거였다. 1998년 7월 한국갤럽이 실시한 여론조사에 따르면 우리 국민은 서울올림픽을 대한민국 정부수립 이래 새마을운동에 이어 두 번째로 큰 업적으로 인식하고 있는 것으로 나타났다.

서울올림픽의 성공은 한반도 유사 이래 가장 위대한 성취의 기념비적 쾌거였다. 한민족, 대한민국을 바라보는 지구촌 세계인의 시선은 놀라움으로 가득 찼다. 서울올림픽은 단지 국제 스포츠 행사에 그친 것이 아니었다. 소련을 비롯한 공산주의 동유럽의 붕괴를 예고하는 타종打鐘 행사였고, 세계사의 새 시대 개막을 알리는 전야제였다.

밤늦게 청와대로 돌아온 나는 7년 전 청와대에 처음 들어오던 날처럼 거실에서 가족들과 둘러앉아 이야기를 나누며 밤 12시가 되기를 기다렸다. 청와대에서 보내는 마지막 날 밤의 감회에 잠겨서 잠을 이룰 수도 없었지만, 그보다는 임기의 마지막 순간까지 일어나는 일은 나의 책임이기 때문이다. 시계는 밤 11시59분을 가리키고 있는데 초침은 계속 움직이고 있었다. 긴 겨울밤, 동이 트기까지는 아직 많은 시간이 남아 있었지만, 그 밤만 지나면 '평화적 정부 이양'이라는 나의 꿈이, 헌정사 40년의 숙원이 실현된다는 가슴 설렘이 잠을 밀어내고 있었다.

제10장

헌정사의 숙원宿願, 평화적 정권 이양

국민과의 약속을 지키다

임기 후반의 정치발전 구상

대통령 취임 후 숨 돌릴 틈도 없이 일을 배우며 공부하고 혼신의 힘을 기울여 노력하는 사이 내 임기가 어느덧 중반에 들어서 있었다. 앞을 가로막고 있던 난제들이 하나둘씩 해결되고 까마득하게 보이던 목표들도 눈앞에 다가와 있었다. 무엇보다도 수십 년 간 고질병이던 물가가 잡혀 민생이 안정되고 새로운 성장 동력을 얻게 된 것은 생각만 해도 고맙고 흐뭇한 일이었다. 1983~84년의 경제상황은 GNP성장률 10.2%, 도매물가상승률 0.5%, 저축률 26.6%를 기록했다. 골칫거리였던 중화학공업이 다시 활기를 찾아 성장주도 산업으로 부상했고, 반도체, 컴퓨터 등 신기술 상품이 양산체제로 돌입하며 국제경쟁력을 확보해나가게 되었다. 취임 초기의 경제상황에서는 상상하기도 힘든 발전을 이룩한 것이다. 경제가 호조를 보임에 따라 국민연금과 의료보험 등 복지증진시책을 본격화해나가는 한편 예술의 전당, 국립도서관 신축 등 문화예술진흥을 위한 사업에도 투자할 여력을 갖게 되었다. 취임 초에 단행한 통행금지 해제와 컬러 TV 방영, 해외여행 자유화 등 자율과 개방정책이 자리를 잡아가면서 사회 전반에 활력이 흘렀다. 특히 1986년 아시안게임과 1988년 올림픽이 다가오면서 앞날에 대한 기대와 희망이 움트고 있었다. 자신감이 생겼다. 자만을 하면 안 되지만 모든 공직자들에게도 미래에 대한 확신을 심어주고 자신감을 불어넣을 필요가 있었다. 나는 1984년 1월 첫 수석비서관회의에서 "나는 모든 부문에서 자신을 갖게 되었다. 5공화국의 국가비전인 선진조국 창조를 향한 구체적인 계획을 제시하라."고 독려했다.

임기 후반을 맞는다는 것은 마라톤 경기로 말하면 반환점을 돌아서는 시점에 와 있다는 뜻이다. 마라톤은 같은 길을 왕복해 출발점으로 돌아가는 왕복 코스도 있지만, 출발점과 도착점이 다른 편도 코스도 있다. 대통령의 임기는 출발점과 결승점이 다른 편도 코스다. 이제 내가 달려 가야할 코스는 누구도 달려본 적이 없는 난코스다. 나뿐만 아니고 나에 앞서 이 길을 달리던 다른 선수 누구도 완주한 적이 없는 코스다. 일단 완주만 해도 새로운 기록을 세우는 것이 된다. 그러나 이왕이면 좋은 기록을 남겨야 한다. 무엇을 어떻게 해야 좋은 기록으로 결승점에 도착할 수 있는 것일까. 취임식 때 내가 했던 약속들을 점검해보았다. 취임 초 내가 가장 중요한 당면 과제로 인식했던 두 가지 목표 가운데 하나인 경제문제는 이제 그 성과가 두드러지게 나타나고 있었다. 그러니까 그렇다면 또 하나의 목표, 단임 약속을 실천해서 평화적 정부 이양의 선례를 만들어놓기만 하면 내가 취임 초 국민에게 제시한 가장 중요한 두 가지 약속을 모두 이행한 셈이 되는 것이다. 나는 단임 실천에 만족하지 말고 퇴임하는 날까지 우리나라 정치를 한 단계 더 발전시키는 데 힘을 집중시키자고 생각을 가다듬었다. 정치풍토를 혁신하고 참다운 민주주의를 실현하는 일이 물론 쉽지는 않을 것이다. 그러나 퇴임하는 날까지 있는 힘을 다 쏟아붓자, 결승점에 들어와서도 힘이 남아 있다면 경기 운영을 잘못한 것이라고 하지 않던가.

　10.26을 전후한 시기에 국민의 불만과 정국불안의 근원이 되었던 1인 장기집권에 대한 우려는 이제 정치쟁점으로 표면화될 일이 없었다. 나는 이미 헌법의 단임 조항 등으로 집권연장 기도 가능성에 쐐기를 박아 놓았고, 말을 할 기회가 있을 때마다 단임의지를 역설했다. 일부 정치권과 국민들 사이에는 나의 단임 약속에 대해 못미더워하는 분위기가 없는 것은 아니었지만, 그런 의심을 내놓고 말하지는 않았다. 특히 야당으로서는 나의 단임 약속 준수 여부를 거론하는 일 자체가 정략적으로 손해 보는 일일 터였다. 내가 임기를 마치고 퇴임하는 것은 저들에게는 이미 확보한 보따리이고, 그에 더하여 직선제 개헌이라는 또 하나의 보따리를 내놓으라고 하고 있는 것이다.

　나 역시 우리 헌정사의 가장 큰 숙제였던 평화적 정부 이양을 기정사실로 여기고, 거기서 한 걸음 더 나아가 우리의 국가적 목표와 시대의 요청, 그리고 정치적 현실 등을 고려하면서 정치발전을 위한 여러 가지 방안들을 폭넓게 검토하기 시작했다. 나의 남은 임기 동안은 물론, 1990년대와 21세기를 내다보며 가장 바람직한 정치 미래상을 생각해야 했다. "남은 후반 임기를 채운 뒤 1988년 2월 청와대를 떠나면 그만이고 그 후의 일은 내가 알 바 아니다."고 할 수는 없는 일이었다. 내가 대통령직을 떠난 뒤에라도 정치가 잘 돌아가고 그래서 나라도 잘되고 국민이 보다 더 행복해질 수 있는 길이 있다면 그 토대를 내 임기 중에 닦아놓는 것이 나의 마지막 소명이라고 생각했다. 그러한 구상 중에는 우리나라의 정치 현실에 어떤 권력구조가 적합한 것인가 하는 문제가 포함되어 있었고, 권력구조를 바꾼다면 헌법을 개정해야 하니까 당연히 개헌 문제까지 생각해야 했다.

2.12총선을 전후한 정치 지형의 변화

헌법을 개정하는 문제는 이미 야당에 의해서 시끄러운 정치 현안으로 제기되어 있었다. 대통령선거 방법을 5공화국 헌법이 규정하고 있는 선거인단에 의한 간접선거 대신 국민의 직접선거 방식으로 바꿔야 한다는 것이다. 이러한 목소리는 5공화국 초기부터 야당인 민한당에서 나오기 시작했다. 그러나 새 헌법에 의한 정부가 출범한 지 얼마 되지도 않았을 때여서 크게 힘을 얻지 못하고 있었다. 이 시절에는 제도권 야당보다는 운동권 학생들이 주도하는 대학가 그리고 '정의구현사제단'과 '한국교회사회선교협의회' 등 일부 정치 성향의 종교단체들에 의한 반정부 반미反美 투쟁이 더 활발했다. 학생들은 주로 5.18광주 문제를 들고 나왔고 직선제로 개헌하자는 요구는 크게 부각되지 않고 있었다.

그런데 그동안 간헐적으로 제기되어오던 직선제로의 개헌 문제가 정치 현안으로 대두된 것은 김영삼 씨가 5.18 3주년을 기해 단식투쟁에 들어가면서 정치범 석방, 정치활동규제 해제 등 '민주화 5개항' 요구와 함께 직선제 개헌을 주장하던 1983년 5월부터였다. 나는 1980년의 위기를 빚어냈던 정치사회적 혼란이 5공화국 출범을 계기로 차츰 수습이 되고 안정화되자 '정치풍토쇄신특별법'에 따라 정치활동이 규제되었던 정치인 등 피규제자들을 1983년과 1984년 세 차례에 걸쳐 풀어주었다. 1984년에 들어서자 정치 규제에서 풀린 정치인과 재야인사들이 연대를 모색하면서 활동을 넓혀갔다. 5.18 4주년을 앞두고 이들은 김영삼 씨와 미국에 머물고 있는 김대중 씨를 각각 구심점으로 하는 세력을 묶어 하나의 조직체를 만들자는 데 합의했다. '민주화추진협의회'는 김영삼 씨와 김상현金相賢(김대중 씨의 대리인) 씨를 공동의장으로 하여 산하에 16개국局 32개 부서를 두는 방대한 조직을 구성하고 본격적인 대정부 투쟁을 전개하면서 새로운 정당의 창당을 추진하기 시작했다. 따라서 나의 임기 후반은 강성強性 야당의 등장과 함께 정치 과잉의 계절로 접어들 수밖에 없었다.

정치발전을 위한 내각제 개헌 구상은 12대 국회의원 총선거라는 정치 일정과 맞물려 있었다. 그런데 총선을 한해 앞두고, 앞에서 언급했듯이 1984년도 정부 예산을 전년도 수준으로 동결시켰다. 지금 와서 생각해봐도 정치적으로 결정적인 실점失點과 희생을 각오하지 않고는 결심할 수 없는 조치였다. 내가 정부 수립 후 처음으로 예산 동결이라는 극약처방을 한 것은 모처럼 잡혀가는 물가안정의 고삐를 늦추어서는 안 된다는 오로지 그 생각 때문이었다. 경제의 안정적 성장이 정치발전, 사회발전의 전제조건임을 굳게 믿고 있었던 나는 과감하게 선심행정을 포기하기로 했던 것이다. 하지만 선거를 앞두고 예산을 동결한다는 것은 정치적 이해를 따질 때 참으로 선택하기 어려운 결단이었다. 당연히 여당인 민정당은 선거를 앞두고 정부가 예산을 동결하고 특히 농촌에 대한 지원을 축소하는 것은 스스로 무덤을 파는 것이라고 반발했다. 여당의 간부나 의원들이 내 뜻을 이해하지 못한 것은 아니지만 그들에게 중요한 것은 유권자의 표였다. 그들만이 모인 자리에서는 분통을 터트렸다고 한다. 내가 정치를 몰라도 너무 모르는 '정치적 백치白痴'라고까지 했다는 것이다.

1985년 1월 23일 12대 총선 날짜가 2월 12일로 공고되자 민정당, 민한당, 국민당, 신한민주당 등 각 정당은 선거체제에 들어갔다. 정치 일선에서 은퇴하겠다는 성명을 낸 후 미국으로 떠났던 김대중 씨도 2월 8일 가족과 함께 귀국했고, 1984년 이후 미국에 머물고 있던 김종필 전 공화당 총재도 같은 달 귀국했다. 2월 12일 실시된 총선결과 여당인 민정당은 총의석 276석 가운데 지역구 87석, 전국구 61석을 합해 148석으로 과반의석을 차지하기는 했지만 11대 국회 때에 비해 의석이 줄었다. 선거 직전 정치규제에서 해금된 사람들을 중심으로 창당한 신민당은 전국구 17석을 포함 67석을 얻어 35석을 얻는 데 그친 민한당으로부터 제1야당의 지위를 빼앗았다. 민정당의 득표율 35.2%는 4년전 11대 총선의 35.6%와 비교할 때 0.4%포인트 빠진 데 불과했지만 김대중, 김영삼 씨 등이 중심이 된 강성의 신민당이 29.2%의 득표로 원내에서 야당세력의 주도권을 장악할 수 있게 됨에 따라 정계의 지형은 큰 변화를 맞게 되었다.

이 같은 결과는 어느 정도 예상할 수 있는 상황이었다. '정치풍토쇄신특별법'에 의해 정치활동이 금지되어 있던 567명의 정치인 가운데 1983년 12월 1차로 250명을 해금한 것을 시작으로 2.12총선이 두 달 남짓 남은 시점인 1984년 11월 말에 구여권舊與圈의 김종필, 이후락, 야권의 김영삼, 김대중 씨 등 15명만 제외하고 모두 풀어주었다. 나는 2.12총선 직후인 1985년 3월 6일 이들 나머지 15명도 전원 해금했다. 이때 여권 내에서는 이들이 정치 일선에 복귀하게 되면 정국을 강경 분위기로 몰고 갈 것이 분명하다고 반대하는 사람들이 있었지만, 나는 우리나라 정치가 한 단계 더 발전하려면 정치적 이유로 특정인들의 정치활동을 규제하는 일은 더 이상 고집할 수 없다는 생각에서 모두 풀어주었던 것이다.

2.12총선 이후의 정치상황 변화 가운데 가장 두드러진 현상은 대학가에 전학련(전국학생총연합)을 비롯해 좌경세력들이 조직화되고 있었다는 것이다. 1985년 5월 미국문화원을 점거했던 삼민투(민족통일, 민주쟁취, 민중해방투쟁위원회)외에 1986년 4월 결성된 자민투(반미자주화, 반파쇼, 민주화 투쟁위원회), 민민투(반제, 반파쇼, 민족민주투쟁위) 등 북한의 주체사상을 추종하는 '주사파主思派'들이 '민주화 투쟁'을 위장하며 반미反美-반정부 투쟁의 전

면에 나섰다.

이러한 정치상황의 변화에 대응해서 나는 총선이 끝난 직후 국무총리에 노신영盧信永 안기부장을, 민정당 대표에는 12대 국회에 전국구로 진출한 노태우 의원을 임명하는 등 정부·여당의 체제 개편을 단행했다. 그러나 12대 국회는 야당이 김대중 씨 등의 사면복권을 선결하라는 요구를 하며 개원을 지연시킴으로써 임기 개시 후 33일 만에야 겨우 임시국회를 열 수 있었다. 뿐만 아니라 일부 야당의원들이 선명성 경쟁을 하듯 잇따라 과격 발언을 함으로써 여야 간 격돌이 벌어지고 국회가 공전하는 파란을 일으켰다. 특히 총선 후 50여일 만에 민한당 소속의원 35명 중 3명만 남고 모조리 신민당에 입당함으로써 신민당은 국회의석의 3분의 1을 넘는 103석을 일시에 확보하게 되어 정계는 양당구도로 재편되었다.

유럽 순방 중의 내각제 개헌 구상

1986년 4월 5일 내가 영국, 서독, 프랑스, 벨기에 등 유럽의 핵심 4개국과 EC(유럽공동체) 공식 순방길에 오를 때 내 머릿속에는 두 가지 목적이 정리되어 있었다. 하나는 2년 앞으로 다가온 서울올림픽의 성공을 위해 유럽 국가들의 확실한 지원 약속을 다져놓는 것이었고, 그에 못지않게 중요한 일로 생각한 것은 근대 민주주의 정치체제의 전통을 확립해놓은 이들 4개국의 지도자들과 만나 격의 없는 대화를 가짐으로써 우리나라의 정치제도를 선진화시킬 수 있는 방안을 모색해본다는 것이었다.

나는 이제껏 대통령 선출 방식을 직선제로 바꾸는 문제를 포함해서 헌법개정이 요구되는 사항은, 내가 1988년 임기를 마치고 퇴임함으로써 우리 헌정사상 한 번도 실현해보지 못한 평화적 정권 이양의 선례를 만들고 88

서울올림픽이라는 역사적 행사를 치른 뒤 논의하는 것이 바람직하다는 생각을 했었다. 이러한 생각을 나는 1986년 1월 국정연설을 통해 천명한 바 있다. 그런데 다른 한편으로 생각해보니 직선제든 간선제든 철저하게 여야가 함께 논의해 최선의 헌법으로 바꿔놓고 올림픽을 치르는 것도 좋을 것이라는 생각이 들기도 했다. 이왕 한다면 직선제든 간선제든, 각 나라마다 가장 적합한 제도를 찾아내기 위한 시행착오의 흔적과 전통이 온전히 보존되어 있을 유럽을 찾아가 민주주의 종주국들의 경험을 토대로 최선의 방안을 찾고 싶었던 것이다.

내가 순방을 위해 출국하던 당시 국내에서는 야당이 직선제 개헌을 주장하며 1천만 서명운동을 벌임으로써 개헌 논의가 뜨겁게 달아올라 있었다. 그러한 상황 하에서 내가 17일간이나 국내를 비우고 해외순방에 나선다는 것은 쉽지 않은 일이었다. 그러나 유럽순방을 통해 정치 선진국의 제도와 운영 실태를 직접 눈으로 살펴도 보고 그들의 경험담을 들어보자는 뚜렷한 목적이 있었다. 아무래도 내 임기 중에 개헌을 해야 할 것 같은 예감이 들었던 것이다.

그런데 2.12총선 때 대통령직선제 개헌 추진을 공약으로 내세운 신민당은 이를 당론으로 정하고 개헌준비특별위원회를 국회에 두자고 제안했다. 그러나 그 시점에서는 내가 내각제 문제를 혼자 구상만하고 있었고 당에는 아무런 지침을 주지 않은 때여서 민정당은 야당의 제의를 묵살하고 있었다. 그러자 야당은 제도권 밖의 재야세력과 대학생들과의 제휴를 모색하며 장외활동에 나서기 시작했다. 이런 가운데 1986년 2월 서울대에서 경인지역 대학생 1,000여 명이 개헌서명운동추진본부를 결성하고 가두로 나왔고 김영삼 민추협의장을 입당시킨 신민당은 1986년 2월 12일 2.12총선 1주년을 기해 서명운동에 돌입했다.

　나는 유럽 4개국 순방을 한 달 남짓 앞둔 2월 24일 노태우 민정당 대표, 이만섭 국민당 대표와 청와대에서 회동을 갖고 "… 국회와 정부에서 헌법특위를 설치하여 헌법 개정 문제를 검토해 나가고, 1989년에 가서 개헌 문제를 처리하는 것이 좋겠다."는 입장을 다시 밝히면서 장외에서 벌이는 서명운동을 중지해주기를 강력히 요청했었다. 직선제를 포함하여 내용이 어떠한 것이든 헌법을 개정하기 위해서는 먼저 여야 간의 합의가 반드시 필요했다. 헌법 개정안은 대통령 또는 국회 재적의원 과반수의 발의로 제안된다고 규정하고 있어서 과반의석을 갖고 있지 못한 야당이 단독으로는 개헌안을 발의할 수 없었다. 따라서 야당이 적법절차를 통해 개헌을 하려면 먼저 총선을 통해 과반의석을 확보하든가 협상을 통해 여당의 협조를 얻는 것이 순서였다. 그러니까 이날 내가 헌법에 관한 한 헌법특위든 헌법연구위원회든 국회 내에서 연구하고 논의해야 한다고 한 것은 현실적인 대안을 제시한 것이었다. 이것은 내가 1985년 광복절 경축사와 1986년 1월 국정연설에서 "대통령선거 방법의 변경에 관한 문제는 평화적 정권교체의 선례와 서울올림픽 개최라는 국가적 과제가 성취되고 난 뒤 1989년에 가서 논의하는 것이 순서."라고 했던 데에서 한발 물러서 양보한 것이었다. 그러나 신민당의 이민우 총재와 김영삼, 김대중 씨 등은 3월 7일 공동기자회견을 통해 이를 거부했고, 1986년 가을까지 직선제 개헌을 완료해야 한다는 입장만을 거듭 주장하면서 3월 11일 서울을 시작으로 장외 개헌서명운동을 확산시켜 나가고 있었다.

　유럽 4개국 순방외교에 나선 나는 첫 방문국인 영국에서 마가렛 대처 총리와의 정상회담 때부터 정치 선진국들의 경험을 대화의 주제로 삼으려고 했다. 나는 대처 총리가 만찬사에서 "… 각하께서 취임한 이래 민주제도로의 이행을 위해 커다란 노력을 기울여오신 것을 잘 알고 있다. 우리는 각하의 이러한 노력이 앞으로 좋은 결실을 보기를 염원한다."고 한 사실을 상기하면서, 내각제의 전통이 오래된 영국의 총리로서 대통령제와 대통령 선출 방법에 대한 소견을 물어보았다.

"한국은 지금 개헌 문제가 정치적으로 가장 중요한 사안으로 등장해 있다. 단임의 전통을 세우는 것이 최고의 정치 목표인 나로서는 직선제든, 간선제든 상관없이 가장 우리나라에 잘 맞는 방식으로 평화적 정권교체를 이루기 위해 노력하고 있다. 대통령 중심제에서의 직선제에 대한 고견을 듣고 싶다."

대처 총리의 대답은 진지했다.

"아시는 바와 같이 의회주의 전통이 강한 우리 유럽에서는 의원내각제를 택한 나라가 많은 편이다. 그러나 다른 지역에는 대통령제를 택한 나라도 많다. 하지만 같은 대통령 중심제라 하더라도 미국처럼 간선제를 하는 나라도 있고, 남미나 아프리카처럼 직선제를 채택한 곳도 있다. 그러니 나라마다 다른 전통과 특수성에 따라 운용되는 제도 중 어떤 것이 낫다고 말하는 것은 기본적으로 무리라고 생각한다. 다만 영국의 경우를 솔직하게 말씀드릴 수 있다."

대처 총리는, 영국은 고유한 역사적 배경 때문에 극심한 지역감정이 지금까지도 남아 있는 것이 큰 문제라고 말했다. 국민들이 그렇게 좋아하는 축구 대표단조차도 단일 국가대표팀을 뽑을 수가 없어서 언제나 각 지역의 대표팀이 따로따로 출전하게 된다는 것이다. 지역감정의 골이 깊은 영국이 의원내각제 대신 만약 대통령 중심제에 직선제를 선택했다면 국론 분열과 국력 낭비가 대단했을 거라는 것이 대처 총리의 분석이었다.

두 번째 방문국인 서독은 우리나라와 마찬가지로 분단국가로서 의원내각제 아래서도 정치적 안정을 이루어 '라인강의 기적'을 보여주고 있었다. 서독 방문을 끝낸 뒤 주말을 맞아 휴식을 취할 겸 이틀간 스위스에 머물렀다. 스위스에서는 교민들을 만나 격려하는 일 이외에 특별히 준비된 공식일정은 없었기 때문에 대통령 직선제, 권력구조 개편 등 개헌과 관련한 구상을 정리해볼 생각이었다. 첫날은, 앞에서 언급했지만, 사마란치 IOC위원장이 예정에 없이 불쑥 찾아와 북한의 서울올림픽 방해 책동에 대한 우려를 토로해서 우리의 대책을 설명하며 안심시켰다.

프랑스로 떠나기 전날 저녁, 나는 수행한 참모들을 나의 숙소로 불러 모았다. 나는 안현태安賢泰 경호실장, 정구호鄭九鎬 공보수석, 김병훈金炳薰 의전수석, 박근朴槿 제네바대표부 대사와 안재석安在碩 스위스대사 등 수행원들과 응접 테이블에 둘러앉았다. 나중에 이영일李榮一 민정당 총재비서실장이 합석했다. 내가 말문을 열었다.

"오늘 여러분들에게 처음 말하는 거지만, 나는 솔직히 대통령직을 수행하면서 두려운 때가 많았다. 대통령의 결심을 얻어내기 위해 다들 서류를 잔뜩 챙겨들고 들어오는데, 결심을 해야 하는 사안들이 하나같이 중요하기 짝이 없는 것이었다. 그런데 정작 거기다 결재를 해야 하는 사람인 나한테 무슨 전문지식이 있겠는가. 일에 대한 열정은 대단하지만 그저 상식적이고 평범한 능력밖에는 없지 않나. 바로 얼마 전에도 미국에서 무기를 사들이겠다는 재가서류가 올라왔는데 도대체 제시된 그 가격이 비싼 것인지 싼 것인지, 속는 건지 아닌지, 알 수가 없었다. 또 비싸면 비싼 만큼 국익에는 어떤 보탬이 되는 것인지, 도무지 판단할 길이 없어서 아주 고심해야 했다. 그래서 내가 느낀 것이, 한국의 대통령중심제는 작은 일에서 국가의 생존과 관계되는 큰일까지 너무 모든 것이 대통령의 두 어깨에 짊어져 있다는 것이다. 수많은 문제들을 대통령 한 사람이 자기 판단으로 결심하고 또 책임을 져야 하는 이런 대통령중심제는 정말 대통령이 되는 사람에게도 두려운 일이고 문제가 있다고 생각해왔다."

대통령 자리가 두렵다고 말하는 내 말에 거실 분위기는 한껏 숙연해졌고 무거운 침묵이 흘렀다. 늘 쉬지 않고 일하고, 지시를 할 때도 항상 분명하고 확실하게 하니까, 나는 마치 열정과 자신감이 넘쳐나는 사람으로 인식되었을 것이었다. 그런 나에게서 흘러나온 의외의 고백에 참석자들은 내가 무슨 말을 하려고 그런 얘기를 꺼내는 것인가 하고 다소 긴장하는 모습이었다.

"우리나라의 대통령 권한은 거의 제한이 없는, 거의 무제한적인 권력이다. 무제한의 권한이란 곧 무한책임을 의미하는 것 아니겠는가. 하지만 같은 대통령제인 미국을 보자. 대통령이 권한이 아무리 막강하다 해도 주지사州知事조차 임명하지 못하는 것 아닌가. 지자제로 선출되기 때문이다. 대법관도 임명할 권한은 가지고 있다 해도 임명되면 종신제이기 때문에 영향력을 행사하는 데 한계가 있다. 그런데 우리나라는 어떤가. 국무총리, 장관, 도지사는 물론 대법원장, 대법관, 나라의 주요 자리라는 자리는 모두 대통령이 일방적으로 임명하도록 되어있지 않은가. 국회의장도 여당 총재인 대통령이 선택한다. 그 권력의 막강함은 상상 이상이다. 아주 극단적으로 말하면 세상에 못 할 일이 없는 것이 우리 대한민국의 대통령인 셈이다. 대통령의 권한이 그토록 절대적이니 또 대권 싸움도 그토록 치열할 수밖에 없는 것 아니겠는가. 하지만 유럽에 와 보니 다르지 않은가. 어느 나라도 우리처럼 여야가 극한적으로 싸우지 않는다고 한다. 우리네의 싸움은 얼마나 극한에 이르고 부정적인가. 그게 다 지나치게 막강한 대통령의 권한에 그 이유가 있기 때문 아니겠는가. 정권을 잡느냐 못 잡느냐가 우리 제도에서는 곧 이기면 전부를 차지하는 여권과, 다 빼앗기는 야권의 판가름을 하는 싸움이기 때문일 것이다."

직접 유럽에 와서 유럽 정치의 여러 모습을 보고 느끼면서 나는 대통령중심제와 내각책임제를 내심 심각하게 저울질하게 되었다. 세상에 결함 없는 완전한 정치제도란 있을 수 없다. 더 많은 불합리 속에서 보다 적은 불합리를 선택하는 것이 현실정치이기에 더욱 신중하고 이성적인 검토가 필요한 것이 아닐까. 그날 밤 나는, 마음이 유럽식 내각제의 장점에 끌리고 있었고, 내각제로 가야겠다는 생각이 굳어지고 있었다. 나의 적극적인 의견 제시에 거실에 둘러앉은 사람들은 각자가 평상시 가지고 있던 생각들을 털어 놨고, 곧 활발한 토론이 이루어졌다. 내각제의 근간을 이루어야 할 지방자치제, 직업 공무원제, 성숙한 정당정치 등이 언급되었고, 이런 기본이 제대로 형성된다면 그 토양 위에서 내각제는 바람직한 모습으로 피어날 수 있다는 의견이 오고갔다. 대통령이 주요 공직 임명권을 갖는 제도에서는 공무원의 중립은 어렵다는 날카로운 지적도 있었다. 또 여야를 막론하고 당 총재가 공천권을 갖는 전통적 관행 속에서는 정당이 대중 속에 뿌리를 내리기 어렵다는 비판도 제기되었다. 예전 같으면 대통령 앞에서 소신 있게 털어놓기 어려웠을 이야기들이 그날만은 외국 촌락의 농가라는 편안한 분위기 속에 기탄없이 펼쳐졌다. 참으로 의미 있는 밤이었다.

나는 유럽 4개국을 순방하며 내각제가 민주주의의 꽃이라는 말을 실감할 수 있었다. 프랑스만 보더라도 대통령은 사회주의 정당에서 나오고 수상은 우파에서 나왔음에도 불구하고 서로 불협화음을 내거나 싸우는 일 없이 정치를 잘 꾸려가고 있었다. 영국, 독일도 그랬다. 선진국 가운데 미국만 빼놓고 거의 모든 나라가 내각책임제 국가였다. 세계 170여 국가 가운데 직선제 국가는 40개국인데 거의 모두 중진국 이하의 나라들인 것이다.

개헌, 반대하지 않겠다

내가 유럽 방문을 마치고 귀국한 것은 1986년 4월 21일이었다. 어떤 결심을 하고 나면 머뭇거리는 법이 없는 나는 4월 29일 윤보선, 최규하 두 전임대통령을 청와대로 초청해서 직선제 개헌 시비에 휘말린 정국을 대화로 풀겠다고 약속했다. 이튿날인 4월 30일에는 3당 대표를 다시 청와대로 초청해서 "국회에서 여야가 합의해 건의하면 재임기간 중에 개헌하는 데 반대하지 않겠다."는 입장을 밝혔다. 개헌 내용에 대한 여야 간의 절충만 이루어진다면 '개헌 시기'는 개의치 않겠다는 입장을 밝힌 것이다. 개헌 시기에 관한 한 야당 측 주장을 수용함으로써 직선제와 호헌만을 주장하며 평행선을 달리던 정국상황에 중요한 전환점을 마련해주었다. 그러나 개헌의 내용에 관해서는 야당의 요구와 주장을 그대로 수용할 수는 없었고 나대로의 의견이 있어서 내가 생각하는 바를 설명했다. 헌법에 손을 댄다면 야당이 요구하는 직선제 문제에 국한하지 않고 권력구조를 바꾸는 문제를 포함하여 우리의 역사적 문화적 전통의 바탕과 우리의 현실적인 안보상황 등을 고려하여 어떤 헌법이 바람직한 것인가를 연구 검토해야 한다고 했다. 통일이 될 때까지 갈 수 있는 완벽한 내용이 되도록 각 당과 전문가가 중지를 모아 다듬어나가자고 제의했다. 그러면서 나는 3당 대표에게 유럽 방문으로 새로운 자극과 용기를 얻은 일, 독일과 프랑스에서 또 하나의 구체적인 가능성을 발견하고 돌아온 이야기를 했다. 적과의 대치상황 속에서도 정당간의 원만한 정권교체를 실천해내고 있는 서독의 정치상황과 대통령과 총리가 서로 다른 정당에 소속되어 있는 특이한 상황 속에서도 외교나 국가의 기본정책에 있어서는 언제나 초당적인 의견일치를 본다는 프랑스의 실용주의적인 정치력에 대해서도 이야기했다.

그러나 이 자리에서 이민우 신민당 총재는 나에게 "후임 대통령은 새 헌법으로 선거하는 것이냐?"고 물으면서 "국회 결정에 따른다고 했지만 지금까지 우리나라의 정치풍토로 보아서는 신뢰하기 어렵다."고 불신감을 드러냈다. 그러나 어쨌든 내가 이날 회동에서 여야가 합의하면 임기 내 개헌에 반대하지 않겠다는 입장을 밝히자 신민당도 일단 장외투쟁을 정리하고 장내로 재진입할 수밖에 없었다. 4.30회동 직후인 5월 3일 신민당이 인천에서 개최한 직선제 개헌추진위 경기인천지부 결성대회가 운동권의 폭력사태로 말미암아 무산된 이른바 5.3인천사태는 학생 운동권과 갈등을 빚던 신민당의 장외투쟁에 제동을 거는 계기가 되었다.

나는 4월 30일 3당 대표들과의 회동 이후 꼬박 이틀간 잠자는 시간 외에는 거의 대부분의 시간을 나라의 장래와 개헌 문제에 대한 생각으로 보냈다. 나는 원래 국가의 기본법인 헌법은 되도록 자주 고치지 않고 그 존엄성을 지켜나가야 한다고 생각해왔다. 우리나라가 정부수립 후 40년도 안 되는 세월에 벌써 여덟 번이나 헌법을 개정했다는 것은 우리의 헌정사가 그만큼 굴곡이 많고 파란을 겪어왔음을 말해주는 것이다. 또 그 개헌들이 주로 집권자의 정권 연장을 위한 것이었는데, 대통령인 나의 단임 의지가 확고한 만큼 또다시 개헌 얘기가 나오는 일은 없을 줄 알았다. 최소한 한 번만이라도 평화적 정권교체의 전통을 마련해놓은 다음에 개헌을 해도 해야 할 것 아닌가. 직선제로의 개헌보다는 평화적 정권교체의 선례를 만드는 일이 우리의 헌정사 발전에 보다 더 긴요하고 의미 있는 일이라고 믿었다.

그러나 개헌 요구가 '민주화'를 내세운 야권 인사들의 집권욕과 맞물려 어차피 정치 쟁점화될 수밖에 없다면, 본격적으로 헌법 문제를 다뤄볼 필요가 있다고 본 것이다. 이왕 개헌을 한다면 다시는 권력구조 등에 관한 시비로 국력을 소모하고 국론의 분열과 국민간의 갈등을 빚어낼 소지가 없는 헌법, 남북통일 때까지 지속될 수 있는 훌륭한 헌법을 만들도록 해보자고 생각했다. 그러한 헌법은 그동안의 헌정사의 아픈 경험에 비춰볼 때, 권력의 집중과 극한 대립의 악순환을 방지하고 의회정치, 정당정치, 책임정치를 구현할 수 있는 내각책임제 헌법이 되어야 하지 않을까 하는 생각을 한 것이다.

나는 10.26사건이나 아웅산 테러 사건 등을 겪으며 우리나라가 채택하고 있는 것과 같은 대통령책임제가 국가적 위기상황에 직면할 때 취약점을 드러낸다는 사실을 절감하게 되었다. 갑자기 대통령 유고 사태를 맞게 되면 나라의 근본이 즉각 위태롭게 되는 것이다. 북한과 같은 비정상적 호전집단과 대치하고 있는 우리의 특수한 상황을 생각할 때 대통령 한 사람에게 권력이 집중되어 있는 것은 위험부담이 클 수밖에 없다. 내각책임제의 나라에서는 국가원수나 수상이 돌연 유고가 되었다 하더라도 4.19 직후나 10.26 직후 같은 극도의 혼란은 일어나지 않을 것이다. 포르투갈의 이원집정제二元執政制와 같은 것도 있다. 우리는 북한의 위협 때문에 대통령이 외국을 방문하기도 겁이 나는 실정이다. 그동안 박정희 대통령을 노린 테러 기도도 여러 차례 겪었고 나 역시 해외 순방 중 네 번이나 위해危害의 표적이 되지 않았던가. 대통령 개인의 안전문제 때문이 아니라 나라를 위해서 겁이 나는 것이다.

최규하 대통령이 1980년 유신헌법을 고치기 위한 개헌 논의와 관련해서 대통령 중심제의 바로 그러한 취약점을 지적하며 권력을 분산하는 방향으로 개헌이 이루어져야 한다는 점을 강조한 것도 10.26 사건을 겪으며 얻게 된 교훈 때문일 것이다. 최 대통령은 1980년 3월 헌법개정심의위원회 개회식 인사말을 통해 대통령중심제와 대통령직선제 선거의 문제점에 관해 자신의 의견을 다음과 같이 소상히 설명했었다.

"국가권력이 대통령에게 과중하게 집중된 정치제도하에서는, 대통령의 유고나 돌연한 궐위가 바로 국가적 위기에 직결되기 쉽고, 또 이로 인하여 파생되는 문제들이 국가의 계속성 유지에 중대한 영향을 미치게 한다는 점을 지적하지 않을 수 없습니다. 당시 본인은 북한 공산주의자들의 오판에 의한 책동을 봉쇄하는 데 최선을 다하였으며, 만일 헌정이 중단될 경우, 국제사회에서 대한민국의 법통이 문제되어 외교적 위기가 초래되고 또 이것이 북한의 침략 충동을 유발하게 할지도 모른다는 크나큰 우려가 있었던 것입니다. 이는 어느 개인의 체험이라는 범주를 넘어, 전 국민의 생존권과도 직결되는 국가안위에 관한 문제라고 생각하며, 따라서 본인은 국가의 계속성과 안전보장을 확고히 할 수 있는 헌법이 반드시 마련되어야 한다고 굳게 믿고 있습니다. 이와 관련하여 극단적인 국론의 분열과 이로 인한 사회적 혼란 역시 국민의 단합을 위해서나, 국가의 안전을 위해서나 극히 해로운 것임은 물론입니다. 우리의 경험에 비추어 볼 때 과열된 선거, 특히 대통령선거는 정당 간 혹은 개인 간에 모든 것을 얻느냐, 아니면 잃느냐의 극단적인 대결과 경쟁을 필연적으로 수반한다고 하여도 지나친 말은 아닐 것입니다. 또 이러한 과열된 선거는 전 국민의 화합과 단결을 깨뜨림으로써 사회혼란을 야기하고, 나아가 국가의 안전에도 악영향을 끼칠 우려가 있는 것입니다. 솔직히 말하여 1970년대 초에 있었던 대통령선거의 부작용과 후유증이 우리 사회에서 최근까지도 완전히 가시지 않았다고 볼 수도 있을 것입니다. 이러한 점들이 금번의 개헌심의에서 신중히 다루어져야 한다고 생각합니다."

나는 내각책임제 개헌이 이루어진다는 전제로 그 구체적인 내용에 대해서도 생각해보았다. 대통령은 국가를 대표하는 상징적 존재로 하고, 국군통수권을 비롯하여 국정 전반에 관한 모든 권한은 수상이 갖도록 하는 순수한 의원내각제를 구상했다. 또 내각제의 병폐인 정국의 불안정을 방지할 수 있는 장치로는 독일식의 '건설적 불신임제도'를 도입하면 되지 않을까 생각했다. 임기 중 최소 2~3년 동안은 불신임을 못하게 하고 후임 수상을 선출한 후에야 현직 수상을 불신임할 수 있게 하면 일정기간 수상의 임기를 보장해주는 셈이 되고 정치의 안정도 유지될 수 있는 것이다. 내각제 개헌 원칙에 합의하게 되면 여야는 물론 헌법학자 등의 의견을 광범위하게 수렴해서 결정할 일이었지만, 나는 합의 개헌이 가능할 수 있다는 생각을 하면서 내 나름대로 구상을 해본 것이다.

다시 장외로 뛰쳐나간 야당

내가 4.30회동에서 개헌 논의의 물꼬를 터놓자 민정당은 5월 7일 당내에 헌법특위를 설치하고 야당 측에 국회 내에 헌법특위를 설치할 것을 촉구하고 나섰다. 그러나 신민당이 구속자 석방과 사면복권 등을 전제조건으로 내세워서 협상은 처음부터 난항에 봉착했다. 5월 21일 헌정제도연구위원회가 발족하자 양 김 씨는 5월 27일 전제조건을 철회하게 했다. 이에 따라 5월 29일 민정당 노태우 대표와 신민당 이민우 총재가 만나 6월 임시국회에서 헌법특위를 구성한다는 데 합의하고 구속자 석방 및 사면복권 문제는 상호 노력한다는 선에서 타협이 이루어졌다. 나는 6월 3일 이민우 신민당 총재와 이만섭 국민당 총재를 각각 청와대에서 만나 개헌은 정당 간의 대화와 토론을 통한 합의개헌으로 이루어져야 한다는 점을 강조하면서 여야가 합의할 수 있다면 개헌은 빠를수록 좋다는 조기 개헌 방침을 명백히 했다.

그에 앞서 나는 1986년 5월 21일 장세동 안기부장을 불러 내각제와 관련된 내 생각을 설명해주면서 민정당과 협의를 통해 법제처 등과 팀을 구성해서 내각제의 장단점 등을 포함한 권력구조, 선거제도, 지방자치제 등을 면밀히 검토하여 보고하라고 지시했다. 그 후 7월 청와대에서 노태우 민정당대표, 장세동 안기부장, 이양우 법제처장 등 민정당과 안기부, 내각 및 청와대 비서관등 관계관들이 참석한 가운데 개헌특위 간사인 이치호李致浩 의원으로부터 1986년도 후반기 정국운영방안과 내각제 개헌안 시안試案의 요지에 대해 보고를 받았다. 이 자리에서 나는 개헌은 반드시 국민적 합의를 이룬 바탕 위에서 해야 한다는 점을 강조하고, 개헌안과 함께 선거법 정부조직법 등 관련 법안들이 동시에 타결될 수 있도록 협상하라고 지시했다. 아울러 야당과 합의를 이룰 수 있도록 노력하되 끝까지 타결이 안 되면 현행 헌법으로 갈 수밖에 없다고 못박아두었다.

6월 임시국회에서는 여야 간 논란 끝에 6월 24일 만장일치로 헌법개정특별위원회 구성안을 통과시켰고, 이어 실무절충을 거쳐 7월 30일 헌법특위를 공식 발족시켰다. 신민당은 8월 4일 대통령중심제와 직선제를 골자로 하는 개헌안을 확정했다. 신민당의 개헌안은 대통령은 임기 4년으로 1차 중임을 허용하며, 부통령제를 신설하고 국회는 국정감사권을 갖게 되고 대법원이 위헌심사권을 갖도록 하는 것 등을 골자로 하고 있었다.

민정당도 8월 16일 청와대에서 최종안을 보고한 뒤 이틀 뒤인 18일 내각책임제 헌법안 요강을 확정 발표했다. 민정당의 내각책임제 개헌안은, 나의 구상을 반영해서 대통령은 상징적 국가원수의 지위를 갖는 반면 실질적 통치전권統治全權은 수상과 내각이 갖게 되고, 국회는 임기 5년의 단원제를 채택하고, 수상의 불신임과 국회해산은 선출한 지 2년 내에는 불가능하게 하는 내용이었다. 민정당은 발표 다음날인 8월 19일의 중앙집행위에서 이를 의결하고 8월 25일 민정당의 개헌안을 국회 헌법특위에 제출했다. 국민당 역시 독자적인 대통령직선제 개헌안을 국회 헌법특위에 제출함으로써 8월 25일 제4차 헌법특위 전체회의에서 3당이 각각 자당의 개헌안에 대한 설명을 하기로 했다. 이로써 그동안 장외에서만 맴돌던 개헌 논의가 제도권 안으로 들어오게 되었던 것이다.

하지만 여야 모두 각기 자당自黨의 주장을 기필코 관철시키겠다는 생각만을 할 뿐 서로 조금씩 양보해서 대타협을 이뤄보겠다는 자세가 아니었다. 8월 13일 헌법특위에서 구속자 석방과 사면복권 문제를 다루기로 하고 서울, 부산 등 7개 도시에서 공청회를 개최하며, 공청회를 방송으로 실황중계한다는 등 3개항에 합의해놓고도 '실황중계'의 형식을 둘러싸고 이견을 좁히지 못해 헌법특위를 표류시켰다. 신민당은 실황중계는 생중계여야 한다고 주장한 반면 민정당은 편성권을 가진 방송사에 맡겨야 한다고 맞섰다. 여야의 개헌안 내용이 각각 내각제와 대통령제로 상이한 상황에서 국회 헌법특위 활동마저 난관에 부딪치자 민정당과 신민당은 각각 장외로 나가 국민에게 직접 호소하는 홍보전략으로 전환했다. 신민당은 이러한 장외 홍보활동과 함께 권력구조 타결을 위해 여야의 실세 간 대화를 여당 측에 제의했으나 실세간 회담에서 야당이 주장할 내용을 뻔히 알고 있었던 민정당 측은 받아들이지 않았다. 양측의 엇갈린 주장이 접점을 찾지 못하고 있는 가운데 아시안게임 개막일을 맞이하게 되었다.

나는 9월 20일 한강변에 세워진 잠실 올림픽 주경기장에서 제10회 아시안게임의 개막을 선언했다. 그날 개막식장에는 일기예보에도 없던 가을비가 내렸지만 우산을 펼친 사람은 단 한 사람도 없었다. 그 대회의 성공이 올림픽의 성공으로 연결된다는 사실을 식장에 참석한 사람은 모두 알고 있었기 때문이었다. 나는 우리 국민의 훌륭한 관전 태도에 감동되어 가슴이 뭉클해옴을 느꼈다. 우리나라는 관중들의 관전 태도뿐 아니라 경기력 면에서도 세계를 놀라게 했다. 각 종목의 경기가 본격화되면서 한국이 스포츠 강국 일본을 추월하자 세계 4대 통신들은 "한국도 놀라고 일본도 놀랐으며 세계가 놀랐다."고 전 세계를 향해 타전하기 바빴다. 대회 마지막 메달 집계 결과 우리나라 선수단은 93개의 금메달을 획득한 것으로 나타났다. 10억 인구의 중국보다 단 1개 모자라는 2위를 기록한 것이다. 일본은 우리나라보다 한참 처진 금 58개로 3위였다.

엿새 전인 9월 14일에도 나는 4년간 준비해온 한강종합개발 준공식에 참석해 무척 행복했었다. 한강의 모래와 자갈을 팔아 더럽고 오염된 한강을 맑고 푸르게 만들고 체육시설이 있는 한강시민공원으로 만들겠다는 어찌 보면 황당하기도 했던 그 계획이 불과 4년여 만에 내 눈 앞에 현실로 나타나 있었던 것이다.

국민 모두를 흥분의 도가니로 몰아넣었던 아시안게임이 끝나자 올림픽의 성공을 예고하는 많은 징조들이 나타나기 시작했다. 동경에서 열린 G7 정상회담에서는 7개국 정상들이 남북대화, 남북한 UN 동시가입, 서울올림픽에 대해 지원할 것임을 공표했다. 또한 사마란치 IOC위원장이 서울의 시설이 최고라고 극찬하는 가운데 소련의 참가가 확실해졌고 동구권들의 참가도 당연지사로 받아들여지는 분위기였다.

합의 개헌이 이루어져 이 땅에 다시는 권력구조와 관련한 논란으로 국력이 낭비되는 일이 없어지고, 내가 단임을 실천해냄으로써 평화적 정부 이양의 전통을 세운다면 우리나라는 그야말로 흠잡을 데 없는 선진국 대열에 들어설 수 있는 것이 아닌가. 그러나 합의 개헌에 관한 한 섣부른 낙관은 금물이었다. 아시안게임의 축제 분위기 속에서도 9월 29일 야당의 이민우 총재와 김영삼 상임고문 및 김대중 민추협공동의장은 3자회동을 갖고 직선제 합의를 위한 여야 실세대화를 거듭 촉구하면서 국회 헌법특위 불참을 일방적으로 선언해버렸다. 이로써 국회 헌법특위는 여야 간의 상반된 입장만 드러낸 채 두 달 동안 표류하다 좌초된 것이다. 야당은 재야와 연대하여 다시 장외투쟁으로 몰려나갔다.

이후 이민우 총재는 10월 3일 경색된 정국의 타개책으로서 대통령직선제와 의원내각제의 두 가지 권력구조를 국민투표에 회부해서, 국민들이 택일토록 하자는 '선택적 국민투표'를 제의했다. 나는 이미 8월 민정당이 마련한 내각제 개헌안에 대한 보고를 받는 자리에서 야당이 직선제와 내각제를 놓고 국민한테 직접 물어보자는 주장을 들고 나올 가능성을 예상하고 대응책을 마련하라고 지시한 바 있었다. 그런 가운데 10월 9일 전북 군산에서 개최된 직선제개헌추진대회를 통해 김대중 씨는 개인적 견해임을 전제하면서 1988년 정권교체까지 개헌과 각급 선거 및 민주화 작업을 관장할 중립내각 구성을 제의했다. 이민우 신민당총재는 10월 10일 국회 당대표 연설을 통해 '선택적 국민투표'를 정식 제의했다.

서명운동 등으로 장외에서 소란을 피우다가 국회의 특위 구성에 따라 제도권 내로 들어온 개헌 논의가 양 김 씨의 견제에 부딪혀 좌초하게 되자 나는 합의를 통한 개헌은 불가능하다는 판단을 하게 되었다. 아시안게임이 개최되면서 잠시 소강상태에 있던 장외투쟁이 다시 가열될 것으로 예상한 나는 특단의 대응책을 준비하지 않을 수 없었다. '선명성'을 앞세우며 강경 노선으로 치닫는 야권의 직선제 개헌 투쟁을 그대로 방치하게 되면 평화적 정권 이양의 순조로운 실현과 올림픽 개최에 심각한 차질을 빚게 될지 모른다는 우려를 갖게 되었다. 나는 아시아경기대회가 진행 중이던 9월 말 장세동 안기부장에게 비상시국대처방안을 마련하라고 지시하는 한편 군 관계관에게도 비상시 대비계획을 수립해두라고 지시했다. 그런 가운데 10월 14일 국회 본회의에서 신민당 유성환(俞成煥) 의원이 "반공은 국시國是가 아니다."는 등의 발언을 한 끝에 국회의 체포동의를 받아 구속됨으로써 정국은 더욱 얼어붙게 되었다. 10월 28일에는 전국 27개 대학의 학생 1,000여 명이 건국대학교 건물을 점거하고 '반공 분쇄' 등을 주장하며 농성에 들어갔다가 전원 구속되는 사건이 발생했다. 게다가 10월 북한이 6개월 전에 건설계획을 발표한 금강산댐의 착공식을 가지면서 이 댐이 완공되면 의도적인 수공水攻이 아니더라도 사고나 자연재해에 의해 한강 수역에 엄청난 피해를 줄 수 있다는 우려가 제기되어 내외 정세는 한층 더 어려운 위기국면이 조성되었다.

시국이 이처럼 우려스러운 방향으로 전개되자 나는 안기부장과 군 관계관들에게 비상조치계획을 발전시켜 나가라고 지시했다. 이 계획은 국회해산과 비상계엄령 선포 등의 조치를 포함하고 있었다. 내가 구체적인 비상조치를 관계당국에 지시했고, 그 실행시기가 임박했다는 소문이 돌자 야권은 극도로 긴장하고 있다는 보고가 들어왔다. 10월 20일경 열린 공안관계장관회의에서 장세동 부장은 나의 지시를 설명하며 "비상조치는 최후의 단계이고 안 할수록 좋다. 현재는 조치를 취할 상황은 아니다."고 했었다. 그 뒤 11월 2일 나는 안기부장과 군 관계관에게 비상조치를 취할 날짜를 11월 8일 자정으로 정해줬다. 그러자 김대중 씨는 내가 비상조치를 취하려고 했던 11월 8일을 3일 앞둔 11월 5일, 내가 직선제 개헌 요구를 받아들이면 대통령선거에 출마하지 않겠다고 공식으로 발표했다. 나는 이날 장세동 안기부장에게 예산안의 국회 통과 이후 비상조치를 할 수 있도록 준비하라고 일단 뒤로 미뤄뒀다. 그러자 여야는 12월 16일 3당 대표가 만나, 연말로 끝나는 국회 개헌특위의 활동시한을 연장한다는 데 합의함으로써 국면은 소강상태로 접어들었다.

4.13 호헌조치

그즈음 신민당 내에서는 그동안 추진해온 장내외 투쟁이 한계를 드러내면서 지도체제 정비론이 제기되었다. 12월 22일 김대중 민추협공동의장과 김영삼 신민당 상임고문과의 단독회동에서 당 체제 개편을 위한 임시전당대회 개최 문제가 논의되기에 이른 것이다. 말하자면 온건파인 이민우 당 대표를 교체하기로 잠정 합의한 것이다. 그러자 이민우 총재는 그 이틀 후인 12월 24일 송년 기자회견에 앞서 이른바 '이민우 구상'이라고 불리게 된 내각제 타협안을 제시했다. 이 총재는 지자체 실시, 언론기본법 폐지, 용공분자를 제외한 구속자의 석방과 사면복권 등 민주화 7개항의 요구조건을 내세우며, 이 조건이 받아들여지면 "야당은 물론 국민들도 내각제 개헌안에 대해 긍정적으로 받아들일 수 있는 계기가 마련될 것."이라고 선언했다. 이 총재의 이 발언은 정작 기자회견에서는 상당 부분 후퇴했지만 언론에 이미 대대적으로 보도되었고 민정당도 이를 적극 수용하겠다는 의사를 밝혀 파문을 일으켰다.

신민당 측은 뒤늦게 내각제 협상 가능성을 배제하고 이민우 총재가 밝힌 민주화 7개항은 직선제와 함께 병행 추진한다는 선에서 당론으로 추인했으나 이 총재가 계속 모호한 태도를 보이고 민정당이 내각제를 여야 간의 협상으로 추진한다는 것을 기정사실화함으로써 혼란은 쉽게 가라앉지 않았다. 해가 바뀐 1987년 1월 7일 양 김 씨는 회동을 갖고 이민우 구상은 직선제 당론에 어긋난 것이라며 제동을 걸었다. 양 김 씨의 견제에 몰린 이 총재는 결국 "더 이상 당을 이끌 수 없다."고 반발하며 잠적해버렸다.

새해에 접어들면서 민정당은 신민당 내 일부 온건세력과의 협상 가능성을 엿보며 내각제 추진을 위한 개헌 전략을 탄력적으로 펼쳐나간다는 방침이었다. 그러나 1월 14일에 발생한 '박종철朴鍾哲 군 고문치사사건'은 민정당을 수세로 몰아넣었을 뿐만 아니라 그렇지 않아도 경색되어 있던 정국을 급속히 냉각시켰다. 내부 갈등으로 어려운 처지에 있던 신민당은 '고문拷問 정국'으로 국면전환을 꾀하며 대여공세를 강화해나갔다. 박종철 군 치사사건을 다루기 위해 소집된 임시국회도 파행했고 신민당 측은 박종철 군 추도회를 강행했다. 민정당은 개헌 정국을 복구하기 위해 국회 개헌특위를 재가동하려 했고, 양 김 씨는 2월 13일 만나 또다시 실세 대화와 선택적 국민투표를 제의했으나 메아리 없는 일방적 외침으로 끝났다. 이처럼 혼미한 상황에서 신민당 이철승李哲承 의원이 2월 19일 기자회견을 통해 내각제 지지 의사를 표명함으로써 징계 파동을 빚어냈다. 양 김 씨는 5월에 전당대회를 열어 김영삼 고문을 총재에 추대키로 합의하는 등 신민당 당권을 장악할 의도를 분명히 했다. 이어 박종철 군 49재를 계기로 한 '대행진'이 공권력에 의해 무산된 가운데 이민우 총재는 양 김 씨의 체제 개편 움직임에 대응하여 백지화됐던 자신의 선先민주화 구상을 다시 꺼냈다.

'이민우 구상 파동' 이후 갈등을 해소하지 못하고 있던 이 총재와 김영삼 고문은 3월 18일 만나 수습을 꾀했으나 이 총재가 주류 측의 당권 경쟁 포기 요구를 거부함으로써 계속 평행선을 달렸다. 더욱이 이철승 의원 징계를 둘러싸고 주류와 비주류가 대립하면서 분당이라는 최악의 상태로 치달았다. 개헌 문제와 관련한 정치권의 논의가 이처럼 전혀 진전을 보지 못하자 나는 3월 25일 민정당 중앙집행위원들을 청와대 상춘재로 초청해서 개헌 문제를 포함한 정치적 현안을 해결해나갈 책임과 권한을 민정당과 노태우 대표위원에게 위임한다는 뜻을 밝혔다. 나는 이 자리에서 사면복권 문제 등을 구체적으로 적시하며 그 방안을 노 대표의 재량에 맡겼다.

한편 4개월여 동안 개헌 문제를 놓고 여당과 협상을 할 것인가, 투쟁을 할 것인가의 이견으로 대립하던 신민당 내 주류와 비주류는 결국 이철승 의원 징계를 둘러싸고 정면충돌한 끝에 4월 8일 분당하기에 이르렀다. 양 김 씨는 이날 각각 자파 의원들을 탈당시키고 신당 창당을 선언했다. 양 김 씨가 이끄는 신당의 출현은 협상을 통한 내각제 개헌 가능성이 완전히 사라졌음을 의미했다. 그 상태를 그대로 방치할 경우 자칫 평화적 정부 이양과 올림픽대회의 개최에 큰 차질을 가져오게 될지도 모른다는 우려를 하지 않을 수 없는 상황이 되었다. 민정당은 노태우 대표의 기자회견과 의원총회 등을 통해 이러한 우려를 표명했고, 결국 나는 4월 13일 특별담화를 발표해서 현행 헌법을 유지시켜 단임 실천부터 한다는 방침을 밝히지 않을 수 없었다.

4.13담화는 더 이상의 개헌 논의를 유보하고, 현행헌법에 의거해 연내에 대통령선거를 실시한 뒤 정부를 이양한다는 내용이었다. 나의 특별담화를 받아서 4월 18일 노태우 대표가 내외 기자회견을 갖고 평화적 정부 이양과 서울올림픽의 두 국가적 행사를 성공적으로 치른 뒤 다시 합의개헌 노력을 재개할 방침임을 밝혔다. 헌법 개정 문제가 정치 현안으로 제기되어 여야 간에 협상이 1년 가까이 진행되었으나 아무런 진전도 이루지 못하고 시간만 허송한 꼴이 되었다. 그 사이 국론의 분열과 국력의 낭비만 초래한 것

이다. 나의 퇴임으로 평화적 정권 이양의 선례를 만들어야 하는 시점이 10개월밖에 남지 않았고, 서울올림픽도 1년 남짓 앞으로 다가와 있었다. 합의 개헌을 이루기에는 이미 적기를 놓치고 있다는 생각이 들었다. 비생산적인 개헌 논의를 계속하다가는 국가적 대사에 차질을 빚게 될지도 모른다는 우려가 커졌다. 정치일정의 원만한 진행을 위해서도 부득이 호헌으로 갈 수밖에 없다고 판단한 것이다.

4.13특별담화가 발표되자 예상했던 대로 야당을 비롯한 재야세력은 강력히 반발했다. 김영삼 통일민주당 창당준비 위원장은 호헌론을 '장기집권 음모'라고 비난하며 대통령 선거를 보이콧하겠다고 했다. 시민단체들의 반대성명과 시국선언이 이어졌다. 통일민주당은 어수선한 정국 분위기 속에 5월 1일 창당대회를 열고 김영삼 창당준비위원장을 총재로 선출하고 정식 출범했다.

노태우를 후계자로 지명하다

4.13호헌조치에 대한 신당 창당세력의 대응은 초기에는 매우 유동적이었다. 신당세력은 개헌 현판식 때, 특히 1986년의 5.3인천사태에서 사회운동권의 잠재력을 확인했던 경험에 비추어 모든 쟁점을 정치제도권 내에서 풀고자 했다. 현행 헌법 아래서는 대통령선거에 불참하겠다는 강경한 입장을 밝혔던 김영삼 씨도 민주당 창당 후 첫 임시국회에서 4.13조치 무효화 결의안을 제출하는 수준에서 제도권 정치의 틀을 벗어나지는 않았다. 민주당의 이러한 태도는 천주교 신부들이 단식기도에 들어가고 교수 등 지식인들과 종교인들, 재야인사들의 시국선언이 이어지는 상황에서도 큰 변화는 없었다. 그러나 5월 17일과 18일에 명동성당에서 천주교정의구현사제단 김승훈金勝勳 신부가 '박종철 군 사건'이 축소, 은폐, 조작되었다고 발표하고

이어 23일 재야인사 134명이 '박종철 고문살인 은폐조작 규탄 범국민대회 준비위원회'를 발족시킴으로써 사태는 급격히 악화되었다. 야권은 27일 '민주헌법쟁취국민운동본부(민헌국)'를 결성하고 4.13 거부투쟁을 선언했다. '민헌국'은 통일민주당과 사회운동세력이 연대한 기구로서 출발했으며 정부·여당에 대항하기 위한 조직적 구심체로서 호헌 철폐 및 직선제 쟁취라는 목표를 설정하고 있었다.

4.13호헌조치와 박종철 군 사건으로 사회가 몹시 소란스럽던 6월 2일 밤, 나는 청와대 내의 전통 한옥인 상춘재로 국회의장단과 민정당 중앙집행위원들을 초청했다. 당의 공식회의는 아니었지만 당 총재로서 당의 간부들인 중앙집행위원들과 당 소속 국회의장단에게 비공식으로나마 노태우 대표를 당의 대통령 후보로 추천한다는 뜻을 분명히 밝혀두어야 한다고 생각했던 것이다. 만찬으로 준비한 이 자리에서 나는 노 대표가 군을 잘 알고 안보에 대한 식견이 뛰어나다는 점, 여러 장관 자리를 거쳐서 정부조직에 정통하다는 점, 올림픽조직위원장과 집권당 대표를 역임하며 정치지도자로서 경륜을 쌓았다는 점 등을 들어 88올림픽과 평화적 정권교체라는 국가적 대사를 수행하기에 최적임자라면서 대통령 후보로 추천한다고 밝혔다. 그러자 모든 참석자가 예상했던 일이라는 듯 박수로써 동의를 표시했고 노태우 대표는 감격해서 눈물을 보였다. 나 역시 오래 미뤄온 숙제를 끝마친 것처럼 마음이 홀가분해짐을 느꼈다.

노태우 대표는 6월 10일 올림픽공원 내 실내체육관에서 열린 민정당 전당대회를 통해 정식으로 대통령 후보로 지명되었다. 노 대표는 이날 후보 수락 연설을 통해 "정부 이양과 올림픽 양 대사가 성공한 뒤 합의 개헌을 반드시 성취하겠다."고 강조함으로써 4.13조치에서 후퇴하지 않겠다는 의지를 밝혔다. 민헌국은 6월 10일 민정당 대통령 후보 지명대회가 열린 같은 시각 서울을 비롯해 전국 주요도시에서 4.13조치에 반대하여 일제히 규탄집회에 들어갔다. 이날 서울에서는 경찰의 진압작전으로 대회 자체가 무산되었지만 경찰력이 미약한 지방에서는 전국 22개 지역에서 40만 명이 참가하는 동시다발적 시위로 전개되었다. 이날 서울에서는 시위대의 일부가 명동성당으로 들어가 농성을 계속했다. 6월 15일까지 5일간 계속된 이 명동성당 농성이 평화적으로 해산된 이후에도 전국적으로 시위는 확산되어 나갔다.

강경 방침을 고수하던 민정당은 6월 15일이 되자 4당 대표회의와 여야 영수회담까지 고려할 수 있다는 유화적인 태도를 보였다. 이에 대해 민주당은 6.10 관련 구속자 석방, 김대중 연금 해제, 민정당의 일방적인 정치일정 백지화 등을 전제조건으로 여야 영수의 실질대화를 요구했다. 그러나 이러한 대화 모색에도 불구하고 전국적인 시위가 수그러들 줄 몰랐는데, 특히 6월 9일 연세대 교문 앞 시위 도중 경찰이 쏜 직격 최루탄에 뒷머리를 맞아 혼수상태에 빠진 연세대생 이한열李韓烈 군 사망 사건은 상황을 더욱 악화시켰다. 6월 18일 최루탄 추방대회가 열린 가운데 민정당은 노태우, 김영삼 회담의 무조건 추진을 강조하고 '4.13호헌선언'을 유지하는 선상에서 개헌 논의 재개 의사를 밝혔다. 민헌국의 결정에 따라 개최된 최루탄추방대회는 서울을 비롯하여 전국 16개 지역에서 150만 명을 가두시위에 나서게 했고 부산에서는 30~40만 명이 참가해 경찰이 진압을 포기하는 사태까지 벌어졌다.

시위대에 의해 시청사가 점거될 위기에 놓이게 됐다는 보고를 받은 나는 부산지역에 위수령을 발동해서 군을 출동할 수 있도록 준비태세를 갖추라고 6월 18일 자정 군 관계관에게 지시했다가 다음날 오후 유보시켰다. 20일 민헌국은 4.13조치 철회, 6.10대회 관련 구속자 및 양심수 석방, 집회·시위·언론의 자유 보장, 최루탄 사용 중지 등 4개항을 정부에 촉구하면서 정부가 이에 대한 조치를 취하지 않을 경우 6월 23일과 24일 '국민평화대행진'을 강행할 것이라고 밝혔다.

나는 6월 24일 청와대에서 김영삼 통일민주당 총재와 만났으나 4.13조치의 철회만을 확인시켜주었을 뿐 그가 요구한 선택적 국민투표와 직선제 개헌은 수용하지 않았다. 정부 여당은 4.13조치 철회와 개헌 논의 재개라는 부분적인 양보안을 제시했으나 민헌국과 민주당이 이를 거부한 가운데 개최된 6월 26일의 대회는 전국 33개 시, 4개 군에서 180만 명이 참여했다. 이날 시위로 3,000여 명이 연행되었고 경찰서 2개소, 파출소 29개소, 민정당 지구당사 4개소 등이 투석과 화염병 투척으로 파괴되거나 불탔다.

과거 박정희 대통령은 18년 집권기간 동안 매우 격렬한 반정부 투쟁에 직면하여 위기상황이 조성되면 계엄령이나 위수령으로 대응했다. 1964년 6월 학생들의 한일회담 반대 시위로 빚어진 6.3사태 때나 1979년 10월 10.26 직전의 부마사태 때에 계엄령을 발동해서 수습했고, 1972년 10월유신을 선포하던 때에는 소요사태가 없었음에도 계엄을 폈다. 그 시대를 경험한 정치인들은 그래서인지, 직선제 개헌 투쟁이 장외로 나간 끝에 5.3인천사태, 건국대 사태 등을 빚어낼 때마다 내가 비상조치를 취할지에 대해 촉각을 곤두세우고 있었고, 특히 1986년 여름 이후 내가 군 출동 준비 지시를 했다는 소문에 접하고서는 극도로 긴장하는 모습을 보이곤 했었다.

사실 1987년 6월의 상황은, 과거 같았으면 응당 계엄령을 불러왔을 만큼 체제를 지켜야 하는 입장에서는 위기였다. 내가 대통령으로 재임하는 동안에는 어떤 어려움에 처하더라도 위수령이나 계엄령 같은 비상수단을 쓰지 않겠다는 의지가 확고했기 때문에 실제로 군을 동원하는 일 없이 임기를 마칠 수 있었던 것이다. 그때 내가 비상조치를 취했다면 아마도 1988년의 평화적 정부 이양이 어려워졌을 것이고 40년 헌정사의 숙제는 또다시 미뤄졌을 것이다. 1987년 6월은 나의 7년 반 대통령 임기 중 취임 초기를 제외하고는 가장 어려웠던 시기였다.

내가 노태우 대표를 나의 후계자로 지명해서 공표한 것은 1986년 6월이었지만, 마음속으로 작정했던 것은 그보다 훨씬 전의 일이었다. 딱히 몇 년 몇 월경이라고 꼭 집어 얘기할 수는 없으나, 5공화국의 정치사회적 기반이 안정되어 내가 정해진 임기까지 대통령으로서의 소임을 완수할 수 있을 것이라는 믿음이 확실해진 시기였을 것이다. 일찌감치 노태우 대표를 후임자로 작정해 놓았지만, 그렇다고 이런저런 고려도 없이 단지 나의 가장 친한 친구라는 이유만으로 그를 선택한 것은 아니었다. 나로서는 심사숙고의 검토 과정이 있었다. 후계자 선정과 관련한 생각을 하게 될 때 내가 먼저 고려했던 것은 '누구냐?'가 아니라 '어떠한 사람이어야 하느냐?'였다. 사람의 얼굴들을 떠올리며 그 가운데 누구를 선택하는 것이 아니라 차기 대통령이 갖추고 있어야 할 자격 조건을 먼저 따져본 것이다. 나는 우리나라의 현실에 비추어 대통령이 될 사람은 무엇보다도 우선 국가의 안전을 굳건히 지켜낼 수 있는 지도자라야 한다고 생각해 왔다. 헌법의 대통령 취임 선서문이 명시하고 있는 대로 대통령의 일차적 책무는 '국헌의 준수'와 '국가의 보위'다. 국기國基가 흔들리고 국가의 안전을 지키지 못하면 나라를 유지할 수 없다. 경제의 안정과 성장, 국민의 복지, 문화의 창달, 그 어떠한 과제도 튼튼한 안보의 토대 위에서만 실현될 수 있는 것이다. 더욱이 북한의 도발 위협을 항상 머리 위에 얹고서 살아가는 우리의 안보상황에서는 국방을 책임질 수 있는 최적임자가 대통령 자격의 제1의 조건이 아닐 수 없었던 것이다.

나는 우리의 방어 능력을 점검해봤다. 전쟁이 벌어질 경우 공격군과 방어군의 전력 비율은 10 대 7은 되어야만 한다. 방어하는 데에는 공격군의 70% 전력만 있어도 대적할 수 있다. 한미 연합군은 북한의 공격을 격퇴할 수 있는 능력을 보유하고 있다. 그러나 한국군 단독으로는 북한의 공격을 충분히 방어하기에는 미흡하다. 우리의 국방력 증강이 계획대로 추진될 경우 1990년대 중반쯤 되면 한국군 단독으로 북한의 침략을 격퇴할 수 있는 수준에 이르게 된다고 예상했다. 그러니까 그때까지는 군의 전력 강화를 차질 없이 추진할 수 있고, 군을 잘 통수할 수 있는 사람이 대통령이 되어야 한다고 생각했다. 국방태세가 튼튼해야 그 토대 위에 정치사회적 안정을 기할 수 있는 것이다. 그러자면 1990년대 중반까지 재임하게 될 차기 대통령은 군 출신이 되는 것이 합당한 일로 생각되었다. 군 출신으로는 먼 곳에서 찾으려고 할 필요도 없이 노태우 대표를 생각했다. 군의 속성상 퇴역한지 오래된 원로나, 위계가 많이 아래인 사람이 군을 통수하기엔 어려움이 있다. 노 대표는 현재의 군 지휘부의 바로 차상급次上級 원로로서 군내외에 신망이 있고 애국심과 능력에 있어서 그 누구에게도 뒤지지 않을 사람이었다. 그래서 후임 대통령 후보로 노 대표를 떠올리자 좌고우면左顧右眄할 필요도 없었고 특별히 고심할 이유도 없었다.

당연한 일이지만, 나는 이러한 내심의 결정을 그 누구에게도 내색하지 않았다. 대통령직이라는 것이 전후임자가 주고받고 할 수 있는 그런 자리가 물론 아니니까 내가 노태우를 차기 대통령으로 생각하고 있었다는 것은 단지 여당의 대통령 후보로 생각하고 있었을 뿐인 것이다. 그러나 내가 누구를 후임 대통령으로 생각하고 있느냐 하는 것은 너무나 민감한 사항인 만큼 노태우 본인에게도 눈치조차 주어서는 절대로 안 되는 일이었다. 일정 시점까지는 모호성을 유지해야 할 필요가 있었다.

내가 노 대표를 마음속에 나의 후계자로 작정해놓고 있다고 해서 시간이 흐르면 자연스럽게 그가 대통령감으로 성장하는 것이 아니다. 내가 키워줘야 한다. 노 대표가 차기 대통령 자리를 마음에 두고 있다고 하더라도 남들이 그런 마음의 낌새를 눈치채게끔 처신할 수는 없는 것이니까 나의 배려가 필요한 것이다. 나는 그가 적절한 경험과 경륜을 쌓고 지도자로서의 자질을 키울 수 있게 해줘야 되겠다고 생각했다. 나는 아무런 계획도 준비도 없이 어느 날 갑자기 대통령직을 맡게 되어 많은 고생을 했지만 나의 후계자는 내가 겪어야 했던 시행착오, 경험 부족으로 인한 좌절감 등으로부터 벗어날 수 있게 해주고 싶었던 것이다. 나는 군에 남아 있기를 원하는 노태우를 설득해서 예편과 동시에 정무장관에 기용했다. 88서울올림픽 유치에 성공하자 신설된 체육부장관직에 임명해서 올림픽 준비업무를 총괄하도록 했다. 이어 전국의 행정조직을 관리하는 경험을 쌓도록 내무부장관을 시켰고, 올림픽관련 사업을 본격화해야 할 때가 되자 1983년 7월 서울올림픽과 아시안게임의 조직위원장으로 자리를 옮겨주었다. 말하자면 후계자에게 단계적인 '대통령 수업'을 시켰던 것이다.

대통령 후보로 성장해가기 위해서는 경력과 경륜을 쌓는 것도 중요하지만, 그에 못지않게 신경 써야 할 일은 결정적인 과오를 범하거나 실수로라도 해서 실족하지 않아야 한다는 것이다. 힘 있는 자리에 있으면 그 힘을 이용해 이권을 챙기려고 온갖 사람들이 다 주변에 모여들기 마련이다. 그런 사람들은 수단 방법을 가리지 않고 접근하기 때문에 여간 조심을 하지 않으면 잡음을 일으키기 쉽다. 아니나 다를까 노태우 내무부장관이 이권과 관련된 문제에 개입되어 있다는 보고가 올라왔다. 나는 그를 청와대로 불러 주의를 준 뒤 올림픽조직위원장으로 자리를 옮기도록 했다. 88올림픽을 앞두고 올림픽조직위원장이 해야 할 일이 중요하기도 했지만, 그보다는 업무의 성격상 책임질 일이 많은 내무부장관 자리에서 노태우를 벗어나게 해줄 필요가 있었다.

내무부는 워낙 가지 많은 나무같이 바람 잘 날이 없는 부처여서 무슨 사건이 터지면 민심수습용 카드로 쓰이게 될 우려 때문에 노 장관 스스로도 전전긍긍하는 듯했다. 노태우에게 꿈을 키워주던 박철언도, 노태우가 내무부장관을 하다가 사고가 나서 '버리는 카드'로 밀려나는 일을 당하기 전에 미리 자리를 옮기도록 건의했다는 얘기를 훗날 들었다.

뿐만 아니라 나는 은밀히 장세동 안기부장에게 노태우 주변에 이권을 가지고 접근하는 사람들을 차단하라는 임무를 주었다. 장 부장에게는 내가 노태우를 나의 후계자로 염두에 두고 있다는 말을 명시적으로 하지는 않았지만 노태우가 잡음에 휩싸이지 않도록 보호해야 한다고 했으니, 장 부장은 내 속뜻을 충분히 감지했을 것이다. 노태우가 민정당 대표가 된 뒤에도 업자들이 들락거려서 장세동 안기부장이 그 업자들을 불러 경고를 하기도 했는데, 노 대표는 이런 일들이 자신을 견제하려는 것이라고 생각했는지 불편해한다는 얘기가 들려왔다. 장 부장이 노 대표를 어렵게 만들려고 했다면 이권 문제에 깊이 개입되도록 내버려 뒀다가 말썽이 생긴 뒤 문제를 삼으면 되는 것인데 무엇 때문에 사전에 견제를 했겠는가.

2인자가 최고권력의 승계자가 되기 위해서는 몸을 사리며 인종忍從의 터널을 걸어 나와야 한다고 한다. 그나마 그 세월을 버텨내지 못하고 매몰되어 버리는 경우가 더 많다지 않은가. 여당의 대표직까지 차지한 노 대표로서는 어쨌든 마지막 관문 앞에 도달해 있다고 생각했을 것이다. 이제 한 계단만 남았다고 생각할수록 마음은 더 초조했을 터였다. 남덕우南悳祐 전 총리, 노신영盧信永 총리, 장세동張世東 안기부장등의 이름이 자신의 이름과 함께 흘러 다닌다는 소문에 노태우 대표가 안절부절한다고 했다. 총리공관의 별채가 새로 지어져 내가 집들이에 초대받아 갔었고 그 뒤에도 서너 차례 더 방문한 적이 있는데, 그 소식에 접한 노태우 대표가 눈에 띄게 상심해 있다는 얘기도 들려 왔다.

차기 대통령의 꿈을 키우고 있었을 노 대표는 혹시라도 중도에 뜻을 접어야 하는 일을 당할까봐 노심초사하는 심리상태를 보여주곤 했는데 1985년의 2.12총선에 출마하는 문제를 놓고도 그런 반응을 나타냈다. 나는 군에 있을 때 정치를 하겠다는 생각을 해본 일도 없었고, 국회의원은 할 생각도, 할 기회도 가져보지 못한 채 대통령이 되었지만, 대통령은 정치를 해야 하는 자리이고 정치를 하려면 원내 경험이 있는 것이 크게 도움이 될 것이었다. 또 나는 올림픽 준비작업이 본궤도에 올라서면 노태우 올림픽조직위원장에게 민정당 대표를 맡길 생각을 하고 있었다. 여당의 대표가 원외에 머물러 있을 수는 없는 일이었다. 나는 노태우가 당대표가 되기 전에 우선 원내에 진출시켜야 한다고 생각해서 총선에 출마하라고 권유했다. 그리고 국회의원이 되려면 전국구로 배지를 다는 것보다는 지역구에 출마해서 선거도 치러보고 해야 당을 이끌어가는 데 힘을 받을 것이라고 생각했다. 그래서 노 대표의 주거지인 서울 서대문에 출마하라고 했다. 서울의 지역구에서 당선이 되면 단박에 정계 거물로 등장하게 되고, 자연스레 차기 대통령 후보로 거론될 것이었다. 그런데 노태우 대표는 서울 출마는 자신이 없다는 반응을 보였다. 나는 서울이 자신이 없으면 지역 연고가 있는 대구 출마도 생각해보라고 했다. 며칠 뒤 노태우 대표가 지역구 출마는 도저히 안 되겠다고 해서, 부담스럽다면 그만두라고 선선히 끝내고 전국구로 공천을 했다. 그런데 노태우는 이 일을 두고도 자신을 야당이 우세한 지역에 내보내 망신을 주려고 했다는 식으로 말하고 있다는 얘기가 들려왔다. 그 시절은 1개 선거구에서 2명씩 뽑게 되어 있었으니까 설마 노태우 대표가 떨어질 리는 없었겠지만, 2등으로 겨우 당선된다면 대통령을 꿈꾸는 사람으로서 체면이 안 서고 힘이 빠질 수밖에 없는 일이기는 했다. 안전한 길로만 다니려고 하는 노태우의 패기 없고 투지 약한 모습은 직선제를 수용하자는 6.29선언을 탄생시키는 과정에서도 여실히 드러났다.

내가 노태우 대표를 후계자로 생각하고 있다는 눈치를 노태우 본인에게도 준 적이 없지만, 노태우 대표 자신은 눈치를 채고 있었을 것이다. 그런 눈치는 누가 주지 않더라도 본인 스스로는 느끼게 마련이다. 노태우는 그런 눈치조차 차릴 수 없을 만큼 둔한 사람이 아니다. 내가 일절 내색을 안 하고 있었지만, 주변에서도 눈치챌만한 사람들은 눈치를 채고 있었던 것이다. 내가 노태우에게 3개의 장관직을 역임하게 하고 올림픽조직위원장을 맡겼다가 국회에 진출시킨 후 여당 대표에 임명하자, 그 모든 과정이 후계자 수업을 시킨 것이라고들 생각하게 된 것이었다. 정치인들, 특히 민정당 사람들이 모인 자리에서는 오히려 서로 조심하고 눈치보느라 후계자 문제에 관해 아무도 말을 꺼내려고 하지 않지만, 비교적 자유스러운 입장에 있는 사람들은 드러내놓고 화제를 삼는다고 했다.

나의 수석비서관들, 보좌관을 지낸 사람들 가운데 몇몇이 시중의 얘기들을 전해주곤 했는데 노태우 대표의 후계자 낙점이 최선이 아니라는 의견을 내놓는 사람들이 있었다. 사회 각계의 인사들과 두루 접촉이 많은 언론인 출신들이 주로 노태우 대표의 후임자 결정은 안 된다는 말을 했다. 특별한 이유를 제시하지 않은채 그저 '믿을 수 없는 사람'이라고 했고, 권력은 후배나 부하에게 물려줄 수는 있지만 친구나 동지에게 넘겨주는 것은 위험한 일이라는 얘기를 덧붙이기도 했다. 권력이란 부자父子 사이에도 나누어 갖기 어려운 것이어서 새로운 집권자는 권력을 독점하기 위해 지지기반을 공유하고 있는 전임자를 격하시킬 수밖에 없다는 것이었다. 한 직책을 인수인계하는 경우 전후임자 사이가 나빠지는 경우들을 보게 된다. 대체로 전임자가 해놓은 일에 대한 공과를 놓고 이해관계가 대립되고 책임 문제가 뒤따르기 때문이다. 주로 후임자가 전임자의 업적은 자신의 것으로 차지하려고 하면서 전임자의 잘못을 들추어 책임을 따지는 경우가 많은 것이다.

사실 나는 박 대통령 시해사건을 수사하면서 권력 앞에서는 우정도 신의도 눈이 먼다는 옛 경구를 확인한 바 있었다. 박 대통령과 김재규는 동향 출신에다 동기생으로 박 대통령이 김재규에게 쏟은 우의와 신뢰는 참으로 깊은 것이었다. 그런데도 김재규는 불운한 정권과 운명을 함께하기보다는 그 불행을 이용해 자신이 권력을 찬탈하려고 한 것이다. 다른 그 누구라면 혹시 몰라도 김재규만큼은 박 대통령에게 총구를 겨누어서는 안 될 사람이었다.

그러한 사례들을 보면서 권력 앞에서는 우정도 의리도 한낱 허사虛辭임을 잘 알고 있을 텐데 왜 친구를 후계자로 선택하느냐는 우려를 나타내기도 했고, 당연히 노 대표를 견제하거나 모략하는 얘기들도 들려왔다. 그러나 나의 친구 노 대표에 대한 나의 신뢰는 확고했다. 나와 노 대표는 우리들의 머리와 가슴이 아직 세파에 물들지 않았던 청년기에 만났고 수십 년간 지속된 우정이 운명적인 몇몇 사건들을 통해 친구로서의 우정에 더하여 동지적 일체감을 이루고 있었다. 수십 년간 언제나 같은 세계, 같은 둥지 속에서 살아왔고, 어느 날 운명의 파도에 휩쓸렸을 때 우리 두 사람은 같은 배를 타게 되었고, 함께 권력의 심장부에 도달해 있었다.

나는 평생을 살면서 그 당시까지 노 대표에게 네 차례 나의 자리를 물려주었다. 육군참모총장 수석부관, 경호실 작전차장보, 보안사령관, 민정당 총재의 자리가 그것이다. 대통령까지 합하면 다섯 차례이다. 그러니까 노태우 대표는 인간적으로 나에게 신세를 졌다고 하면 많이 신세를 졌다고 할 수 있는 것이다. 그렇다고 노태우 대표가 나에게 '신세를 졌고' '덕을 봤다'고 생각하지는 않을 것이고 나 또한 그런 것은 전혀 의식하지 않고 살아왔다. 나와 노태우의 경우 내가 대통령이 되기까지는 아무런 갈등이 없었다. 40년 친구가 아니더라도 나는 누구보다도 인간 노태우를 깊이 믿고 있었고 나의 뒤를 이어 내가 못다 이룬 수많은 정책들을 더욱 성장 발전시켜 나아갈 훌륭한 적임자라고 확신했다. '대통령 노태우'는 아직 겪어보지 않았으니까 알 수 없었지만, '인간 노태우' '친구 노태우'에 대한 나의 믿음은 철썩같았다.

그런데 명시적이지는 않더라도 나의 노태우 후계자 선택은 재고할 필요가 있다는 뜻을 넌지시 전해주는 사람들이 있었다. 우리나라 공군의 창설 멤버로 초대 공군참모총장을 지내고 5.16 후 민주공화당의 초대 당의장과 미국 주재 대사를 역임한 김정렬金貞烈 전 국방부장관이 그랬다. 김 전 장관은 나하고는 특별히 친밀하게 지내는 사이는 아니고 개인적으로 자주 만나는 일도 없었지만 애국심이 투철하고 군을 사랑하고 후배들로부터 존경을 받고 있는 분이었다. 나는 김 전 장관에게 평화통일정책자문회의 수석부의

장을 맡겼고 6.29선언 직후인 1987년 7월 5공화국의 마지막 국무총리로 임명했다. 그분은 노태우의 후계자 지명이 공식화되기 직전에 나를 단독으로 만난 자리에서 "노태우를 잘 아십니까?" 하고 물었다. 새삼스럽기 만한 그 질문에 나는 "잘 안다."고 분명한 어조로 말했다. 그러자 바로 다음 질문이 이어졌다. "노태우를 확실히 믿을 수 있는 사람이라고 생각하십니까?" 나는 "확실히 믿을 수 있는 사람."이라고 했고, "노태우가 대통령직을 잘 해낼 수 있다고 믿으십니까?" 하는 물음에도 "그렇게 믿으니까 후임자로 선택하려는 것."이라고 대답했다. 김 전 장관은 준비해온 듯한 질문에, 내가 준비된 듯 답변을 하자 "그러면 됐습니다."라면서 더 이상 그 문제에 대한 언급은 하지 않았다. 훗날 생각해보니 "믿느냐?"는 물음은, 말하자면 "전적으로 믿으면 안 된다."는 말의 반어법적인 표현이었던 것 같다. 나의 답변이 다소라도 유보적이었다면 아마도 김 전 장관은 노태우에 대한 자신의 생각을 솔직히 털어놓았을 것이다. 그러나 내가 추호의 망설임도 없이, 확신에 찬 어조로 노태우에 대한 신뢰감을 명쾌히 밝히니까 하려던 얘기를 접었던 것이 아닐까.

김 전 총리는 그 뒤 내가 퇴임한 직후인 1988년 봄에 연희동으로 찾아왔다. 세상이 온통 나와 5공화국에 대한 성토장이 된 듯 시끄러울 때였다. 특히 내가 의장을 맡게 된 국가원로자문회의가 상왕부上王府 구실을 하려고 설치된 것이라면서 공격의 표적으로 삼고 있었다. 언론이 비판에 앞장섰지만, 노태우 정부의 청와대와 총무처에서 정보를 흘리며 여론의 악화를 유도하고 있었다. 그러한 상황에서 김 전 총리는 1년 전에 나에게 던졌던 질문을 반복하듯 다시 내놓았다. "노태우를 잘 아십니까?" "노태우를 확실히 믿을 수 있는 사람이라고 생각하십니까?" "지금도 노태우를 믿으십니까?" 한 가지 달라진 것은 "지금도 믿으십니까?"라며 '지금도'라는 말에 힘을 넣은 것이다. 나도 1년 전에 했던 답변을 그대로 반복했다. "잘 안다. 지금도 믿는다."라고 했다.

김 전 총리는 나의 육사 동기생인 민석원閔錫源의 '정우개발'이라는 회사의 고문으로 있으면서 노태우, 김복동金復東, 권익현權翊鉉, 안교덕安敎德, 김식金湜, 이원조李源祚 등이 어울리는 포커게임 멤버들의 좌장 같은 존재였다. 노태우 김복동 등은 모두 나와 육사 동기생들이지만 나를 형님처럼 여기며 어렵게 대했는데, 자기들끼리 모여 놀 때에는 분위기가 자유스러웠을 것인 만큼 가식 없는 모습들을 보여줬을 것이다. 나는 비록 액수가 크지는 않더라도 친구들 간에 돈을 따고 잃고 하는 것이 못마땅하게 생각되어서 일절 그런 모임에는 참석한 적이 없기 때문에 그 친구들이 포커판에서 어떤 모습을 보이는지 알 수 없는 노릇이었다. 김 전 총리는 아마도 내가 수십 년간 친구로 사귀어 오면서도 몰랐던 노태우의 다른 면모를 엿보았던 것이 아닐까. 그래서 나에게 따지듯 "노태우를 믿느냐, 지금도 믿느냐?"고 물었던 것 같다.

6.29선언

국민의 뜻, 직선제를 수용하다

　야당을 비롯한 재야 세력이 내각책임제를 거부하고 직선제 개헌을 그처럼 강력하게 요구했던 것은 다분히 정략적 의도가 개입되어 있었다. 특히 김영삼, 김대중 씨는 '민주화 = 직선제 = 자신들의 대통령 당선'이라는 공식에 사로잡혀 있었기 때문에 직선제만을 고집했다. 하지만 당시 내 손으로 직접 대통령을 뽑아보고 싶다는 염원은 1980년대 경제성장의 수혜 계층인 다수 중산층들의 요구이기도 했다. 국민생활의 기본수요인 의식주를 향상시키는 일이 곧 실질적 민주화에 기여하는 것이라고 생각한 나는 절차적 민주화가 일시적으로 제한을 받더라도 국민생활의 향상을 통한 실질적 민주화를 구현하는 일이 우선이라고 믿고 경제성장을 위해 매진했었다. 그 결과 국민의 경제생활이 향상되고 중산층이 눈에 띄게 두터워졌지만 결과적으로는 그들이 경제발전에 걸맞은 절차적 민주화를 요구하게 되었던 것이다. 그것은 다름 아닌 5공화국의 경제적 성공이 의식화된 중산층을 두텁게 했고 그 중산층이 시민사회의 여론을 주도하면서 5공화국 정부를 압박하게 되는 식으로 진행된 셈이었다. 어찌 보면, 이것 또한 역사의 변증법적 발전이지 않았을까 하는 생각이 든다.

그러한 상황하에서는 권력의 집중에 따른 폐단이 있기 때문에 대통령 중심제가 좋지 않다든가, 정치의 안정적 발전을 위해서는 내각제가 더 효율적일 것이라는 등의 이성적 논의가 여론에 영향을 미치지 않았다. "내 손으로 대통령을 뽑아보자."는 단순 논리가 그저 마음에 와닿았을 뿐이었다. 기성세대들에게는 이승만 대통령과 맞붙은 야당의 신익희申翼熙, 조병옥趙炳玉 후보가 각각 한강변 유세장에서 사자후獅子吼를 토하던 그 엄청난 열기, 그리고 박정희 대통령과 야당의 윤보선, 김대중 후보의 장충단공원 유세의 열기에 대한 향수가 있었다. 한편 젊은 세대는 자신이 직접 선택한 사람이 대통령으로 뽑히는 광경을 보고 싶은 갈증을 느끼고 있었다.

그에 못지않게 과연 내가 약속대로 단임을 실천해서 선선히 대통령직을 떠날 것이냐에 대한 의심이 직선제 요구를 가열시키고 있었던 것 같다. 내가 취임 초부터, 듣는 사람이 지겹다고 할 정도로 되풀이해 강조했음에도 불구하고 헌정사의 어두운 기억들이 평화적 정권교체의 가능성에 대한 국민들의 기대감을 밀어내고 있었다. 사람들은 58세밖에 안 된, 한창 일할 나이인 대통령이 자리에 대한 미련을 쉽게 버릴 수 없을 것이라고 지레 의심하기도 했고 1988년의 서울올림픽이 평화적 정권교체를 미루는 빌미가 될 것이라는 우려를 하기도 했다. 올림픽을 불과 반년 앞두고 정권이 바뀔 경우, 생각지도 못했던 불안요인이 생겨 자칫 올림픽을 망칠 우려가 있으므로 최소한 올림픽을 성공시켜놓고 물러나야 한다는 논리를 내세워 정권을 연장할지 모른다는 의심이었다. 또 실제로 나에게 그러한 권유를 하는 사람도 있었다. 올림픽 준비과정을 언급하는 부분에서 밝힌 바 있지만 사마란치 IOC위원장도 그런 사람 중의 한사람이었다.

　심지어 호헌을 주장했던 내가 민주주의의 꽃이라 불리는 내각제로의 개헌을 제안했을 때에도 참으로 다양한 의심과 우려를 제기했다. 내가 할 수 없이 약속을 지켜 단임을 실천하기는 하지만 나의 후임으로 강력한 대통령이 등장하는 것이 싫어서 권한을 분산시키는 내각제를 하려고 한다는 것이다. 민정당 안에서도 표면화되지는 않고 있지만 미묘한 기류가 있다고 했다. 노태우 대표를 제쳐놓고 다른 사람을 후계자로 지명하려는 의도 아래 민정당을 흔들려고 내각제를 밀어붙인다는 것이다.

　어쨌든 나는 민정당 전당대회 이후의 상황을 지켜보면서 생각을 정리해 나갔다. 깊은 고민을 거듭한 끝에 드디어 중대한 결심을 했다. 스스로 모든 것을 던져 난마같이 얽힌 정국을 멋지게 돌파해 나가자고…. 나는 늘 내가 옳다고 굳게 믿었던 일이라 하더라도 타당한 논리와 이유가 제기되면 그것을 바로 잡는 일에 머뭇거리거나 주저하지 않았다. 나의 선택이 극심한 저항에 부딪치게 되고 그로 인한 국론분열이 국가의 기반을 위협할 정도임을 깨닫게 된 순간 나는 "이제 그만 내 소신을 내려놓자. 내 소신이 아무리 옳다고 해도 국민이 받아들여 주지 않으면 거두어 들여야 하는 것이 도리가 아닌가."라고 마음을 다잡았던 것이다.

　나의 소신이 국가발전을 위한 것이라는 생각엔 변함이 없지만 국민들과 불화를 빚어가면서까지 관철하려고 하는 것은 독선일 수도 있다는 생각을 하면서 나는 다시 한 번 지난 헌정사를 돌이켜보았다. 직선제에 의한 대통령 선거가 '전부 아니면 전무(all or nothing)'라는 결과로 나타남으로써 여야는 그 다음 선거 때까지 사생결단식의 대결을 벌여 왔고 이 때문에 국력의 낭비가 초래되었음을 알 수 있었다. 특히 후보자의 출생지에 따른 지역

대결이 벌어져서 지역감정이 격화되고 심각한 국론의 분열과 국민간의 위화감이 조성되고는 했던 것이다. 내가 직선제에 대해 부정적인 생각을 가진 것은 이러한 폐단을 우려했기 때문이었지 직선제로는 민정당의 계속 집권이 어렵다고 판단했기 때문이 결코 아니었다. 나는 직선제로 가면 민정당 후보가 승리할 수 있다고 확신할 수 있었다. 나의 그러한 확신에는 타당한 이유가 있었다. 민정당 후보는 결국 나를 대신해서 5공화국의 성과에 대한 심판을 받게 되는 것인데 나의 재임 중 우리나라가 얼마나 많이 발전하고 성장했는가. 하나하나 수치를 제시하지 않더라도 국민 각자가 1980년대 초와 비교해서 우리 사회가 안정되고 잘 살게 되었다는 것을 피부로 느끼고 있을 것이었다. 생각이 거기까지 미치자 직선제뿐 아니라 야당이 원하는 모든 요구를 받아들인 후 국민으로부터 심판을 받아 승리한다면 국가 발전과 국민화합에 도움이 될 것이라는 생각이 들었다.

사실 나는 내각제 개헌을 추진하는 가운데서도 점차 거세지는 직선제 요구에 대해 진지한 검토를 하고 있었다. 야당 측 인사가 아닌 사람들 중에도 나에게 직선제를 하는 것이 어떻겠느냐고 의견을 묻는 사람들이 있었던 것이다. 1985년 말 중앙일보의 홍진기(洪璡基) 회장이 청와대를 방문했다. 그는 얘기 끝에 느닷없이 대통령 직선제 문제를 끄집어냈다. 방문 목적이 그랬던 것은 아니지만 마음을 먹고 직선제 얘기를 꺼내는 듯했다. 그는 간접선거를 통한 대통령선거도 7천여 명에 달하는 선거인단을 선출하는 과정부터 막대한 비용이 소요되어서 간접선거의 취지를 크게 훼손하게 된다고 했다. 뿐만 아니라 선거인단을 운영하고 사후관리하는 데에도 잡음이 발생할 소지가 많다는 것이다. 그런 사정들을 고려하면 대통령이 아닌 여당 후보와 국민의 지지를 받는 야당 후보가 간선으로 대결했을 때 여당 후보가 오히려 불리해질 수 있다는 것이다. 그리고 직선제로 가도 5공화국의 치적이 많기 때문에 충분히 승산이 있다고 했다.

   1986년에 들어서서도 여러 경로를 통해 직선제로 가는 것이 좋겠다는 의견들이 나에게 전해졌다. 내 가족들도 한몫 거들었다. 아내가 여류인사들과 모임을 가졌는데 그 자리에서 언론인 정광모鄭光謨 씨 등 몇 사람이 직선제를 채택하도록 건의하더라는 것이다. 나는 그 뒤 아내에게 각계의 여성 지도자들을 만나 의견을 들어보도록 했는데 역시 모두 직선제를 하는 것이 좋겠다는 의견이었다고 했다. 그런데 그런 여론을 전해주는 아내 역시 직선제로 가야 한다는 의견이었다. 뿐만 아니라 미국에 유학 중이던 장남도 주위 유학생들 대부분이 직선제를 원하고 있다는 내용의 편지를 보내 왔다.

   내가 직선제 개헌 요구를 받아들이는 문제를 숙고하고 있던 6월 15일 아침, 김윤환金潤煥 정무1수석 비서관이 보고 끝에 직선제 수용과 김대중 씨 사면복권을 강력히 건의했다. 이튿날인 16일에는 박영수朴英秀 비서실장이 같은 내용의 건의를 했다. 박영수 비서실장은 그동안 시위현장을 찾아가 민심을 살펴본 김용갑金容甲 민정수석비서관의 보고를 받고 나에게 그런 건의를 한 것이었다. 박 실장과 김용갑 수석은 나의 기색을 살피며 조심스러워 했지만 건의하는 내용은 분명했다.

   나는 마음을 굳혔다. 직선제 개헌 요구를 받아들이자, 내각제에 대한 미련도 버리자, 직선제 이외에는 어떤 대안도 국민의 요구를 충족시킬 수 없는 현실이다. 힘으로 밀어붙여 민정당 정권을 재창출하는 것만이 최고의 목표가 아니지 않은가. 뿐만 아니라 직선제로 가도 노태우 후보가 결코 밀리지 않을 것이다. 더욱이 지금 우리에게는 국운융창의 기회인 올림픽을 성공시켜야 할 책무가 있지 않은가. 아울러 나는 풀어야 할 것들은 다 풀어 버리자고 마음 먹었다. 5.16 이후 야당 사람들은 줄곧 억눌림을 당해 불만과 증오심이 쌓여 있지 않은가. 그 한과 응어리의 매듭을 풀어버리자. 차제에 그동안 제기되었던 그 모든 정치적 현안과 쟁점들을 일거에 다 해소하자고 작정했다.

나의 소신을 접고 직선제를 받아들임으로써 평화적 정권 이양이라는 40년 헌정사의 숙제를 풀고 올림픽 개최라는 역사적 행사를 성공시킬 수 있다면 나는 잃는 것이 아니라 보다 큰 것을 얻게 된다. 지는 것이 아니라 이기는 것이 되는 것이다. '직선제 개헌 요구의 완전 수용'과 '가능한 모든 민주화조치의 단행'이라는 큰 결심을 굳히자 그간 잠 못 이루며 고심했던 일이 한낱 꿈이었던 것처럼 느껴지며 마음이 한없이 평화스러워지는 기분이었다. 1987년 6월 16일 밤의 일이었다.

노태우 후보를 설득하다

직선제 개헌 요구를 수용하기로 마음을 굳힌 내가 가장 먼저 시급히 해야 할 일은 여당 대통령 후보로서 정국을 돌파해나가야 할 노태우 민정당 대표를 만나 내 생각을 밝히면서 설득을 하고 자신감을 심어주는 일이었다. 나는 바로 다음날인 6월 17일 노태우 대표를 불렀다. 오전 10시 청와대 집무실에서 나는 마주 앉은 노태우 대표에게 먼저 긴 설명 없이 국민의 뜻을 받아들일 수밖에 없다면서 직선제 수용을 전제로 한 대책을 마련하라고 지시했다.

노 대표는 순간 낭패스러운 표정을 지으며 일언지하에 반대한다고 했다. 간선제 선거를 통해 어렵지 않게 당선될 것으로 기대하면서 선거 전략을 구상하고 있었을 노 대표에게 나의 지시는 엄청난 충격을 주었을 것이 분명했다. 그동안 노 대표는 내가 직선제를 받아들이자고 할지도 모른다는 낌새조차 느끼지 못했을 것이다. 직선제 문제에 관한 한 내 소신은 한결같았고, 내가 태도를 바꿀 수도 있다는 그 어떤 작은 암시도 노 대표에게 준 적이 없었다. 더욱이 내가 노 대표를 갑자기 불러서 직선제를 수용해야 할 이유와 직선제를 통해서도 승리할 수 있다는 자신감의 근거를 먼저 충분히 설명하지도 않은 채 대뜸 직선제로 가자고 결론적인 지시를 내렸으니까 노 대표가 당황해하면서 내 지시에 거부감을 보인 것은 당연한 일이었다.

당황한 모습을 보였던 노 대표는 금새 냉정을 되찾은 듯 평소의 차분한 목소리로 직선제를 받아들일 수 없는 이유를 설명했다. 노 대표는 두 가지 이유를 들었다. 첫째로 민정당이 4.13조치에 따라 호헌을 주장해 오다가 당론을 바꿔서 지금까지 내각책임제의 장점을 홍보해 왔는데 이제 와서 다시 직선제를 받아야 한다면 어떻게 민정당 동지들을 설득시킬 수 있겠느냐는 것이다. 또 한 가지 이유는 직선제 아래에서 과연 승리할 수 있겠느냐는 것이었다. 노 대표는 얘기 끝에 "직선제 개헌을 선택할 경우 대통령 후보직을 사퇴하겠다."고까지 했다. 노 대표의 이런 반응은 내 지시에 반대 의견을 밝히는 것이라기보다는 '반발'이라고 느껴졌다. 훗날 생각해보니 당시 노 대표는 "전 대통령 자신은 간접선거를 통해 쉽게 대통령이 되었으면서 나더러는 떨어질지도 모르는 직선제를 하라는 거냐." 하는 생각에서 반발심을 드러냈던 것으로 짐작됐다.

직선제를 수락한다면 대통령 후보직을 사퇴하겠다며 강력하게 반발하는 노 대표에게 나는 차근차근 이유를 들어가며 설득하기 시작했다
첫째, 갈수록 격화되는 소요를 물리적으로 진정시키기 위해서는 비상조

치를 취하지 않을 수 없는데 5공화국 출범 후 지금까지 한 번도 비상조치를 취한 적이 없지 않은가. 나는 임기 중 군대를 동원하는 일을 끝까지 피하고 싶다. 뿐만 아니라 비상조치를 취하게 되면 경제에도 악영향을 주고 올림픽의 성공적인 개최에도 장애요인이 될 우려가 있다.

둘째, 직선제 개헌이 안 되면 선거를 거부하겠다는 야당의 위협이 현실화돼서 실제로 선거를 보이콧하게 되면 단일후보가 되고, 그렇게 해서 당선이 된들 불안한 집권이 된다.

셋째, 야당이 우리의 의표를 찌르듯 현행 간선제를 기습적으로 수용하면서 선전전에 역이용하면 여론이 악화돼서 여당 후보에게 불리하게 작용할 가능성이 높다.

넷째, 설혹 현행 헌법으로 선거에 승리한다고 해도 곧바로 다시 개헌 요구가 불거질 것이고 그 결과로 개헌 정국이 지속되거나 새로운 선거가 치러지게 된다면 국가경제에 결정적인 타격을 줄 것이다.

다섯째, 직선제로 해도 반드시 승리할 수 있을 것이라고 설명했다.

그러면서 나는 노태우 대표에게 자신감을 불어넣어주기 위해 1971년의 대통령선거 때 얘기를 했다.

"당시 박 대통령은 국민과의 약속을 어기고 3선 개헌을 강행한 뒤여서 인기가 없었던 반면, 경쟁자인 김대중 후보는 김영삼 씨와의 공천 경쟁에서 역전승을 거두어 돌풍을 일으키며 인기몰이를 하고 있었다. 그러나 직선제로 치러진 선거에서 박 대통령은 100만 표 이상 차이로 당선되었다. 노 대표는 박 대통령보다 얼굴도 잘 생기고, 말도 잘 하고, 정치에 때가 묻지 않아 신선하고 인상도 좋다. 거기에다 민정당은 창당 된지 6~7년이나 되어 전국적으로 조직도 탄탄하고, 5공화국이 많은 국정 성과를 거두고 있지 않은가. 공무원 사회의 분위기도 좋아 박 대통령 때보다는 여건이 월등하게 낫다. 다만 노 대표가 정치적으로 크게 내세울만한 것이 없어서 그것이 약점이라고 할 수 있는데 직선제 수용 등 획기적인 정치선언을 해서 치고 나가면 급부상할 수 있다. 김영삼, 김대중 누가 나와도 자신이 있다."

내 얘기를 다 듣고 난 노 대표는 생각을 정리할 시간을 달라고 했다. 나는 노 대표의 그러한 입장을 십분 헤아렸지만 타이밍을 놓쳐서는 안 된다며 결심을 재촉했다.

다음날인 6월 18일 김용갑 민정수석비서관이 보고드릴 게 있다더니 직선제 수용을 건의했다. 서로 의논이 있었는지 박영수 비서실장과 수석비서관들이 3일째 교대로 같은 내용의 건의를 하고 있었다. 김용갑 수석은 "지금 중산층 시민 60%가 사회적 혼란을 걱정하고 있습니다. 민주화의 결단을 내리면 이들 60%가 지지합니다. 대통령 선거는 반드시 이깁니다. 확신합니다. 약속하신대로 평화적 정권 이양을 실천하시고 민주화의 결단까지 내리면 누구나 각하의 영단을 높이 평가할 것."이라며 직선제 개헌 요구를 받아들일 것을 건의했다. 나는 김 수석비서관에게 안무혁安武赫 안기부장, 이춘구李春九 민정당 사무총장, 안현태 경호실장 등과 협의를 한 후 노태우 대표에게 가서 그대로 설명하여 이해시켜보라고 지시했다. 나는 이날은 노 대표를 청와대로 부르지 않았다. 적어도 하루 정도는 생각할 시간이 필요할 것으로 보았기 때문이다.

하루 뒤인 6월 19일 김용갑 수석을 불러 노 대표를 만난 얘기를 물어봤다. 나의 지시를 받은 김 수석은 당일 노 대표를 찾아가 40분 동안 설득을 해보았는데 노 대표의 동조를 얻어내지 못했다는 것이다. 그도 그럴 것이 바로 전날 나한테서 직선제를 받아들이자는 얘기를 듣고 반발했던 노 대표는 이날 이재형李載瀅 국회의장을 찾아가 도움을 청하고 있었던 것이다.

노 대표는 내가 직선제를 받아들이라고 했다는 얘기를 전하면서, "직선제로는 당선이 어려우니 전 대통령을 만나 마음을 바꿀 수 있도록 해달라."고 부탁했다는 것이다. 그런데 이재형 의장은 "나도 과거 박정희 대통령 시절에 야당 생활을 하면서 민주화 투쟁을 한 사람이다. 내 마음에도 직선제가 들어 있다."고 말하면서 직선제를 해도 이길 수 있다는 믿음으로 나의 결심을 따를 것을 촉구했다는 것이다.

나는 즉시 노 대표를 청와대로 들어오도록 했다. 보안을 위해 나는 노 대표를 청와대 별관으로 오게 했다. 오후 5시 아무도 배석시키지 않은 채 둘이 만났다. 생각해볼 시간을 가졌으니 이제 노 대표도 나의 제안에 대해 어떤 식으로든 확답을 준비해 놓았으리라고 생각했던 것이다. 노 대표는 직선제 수용 지시를 따르겠다고 간명하게 결심을 밝히더니 곧 긴장된 표정으로 바뀌면서 "그런데 제가 직선제 수용을 포함한 민주화조치를 건의 드리면 각하께서는 크게 노해서 호통을 치는 모습을 보여주면 더욱 효과가 있겠습니다. 그렇게 해주십시오."라고 하는 게 아닌가. 전혀 예상하지 못했던 건의였다. 그 순간 나는 "그렇게까지 해야 하는가."하는 생각이 들었지만, 즉답을 하지 않고 "생각해 보자."면서 일단 노 대표를 돌려보냈다.

숙소로 돌아온 나는 노 대표가 건의한 내용에 대해 곰곰이 생각해보았다. 직선제로 가면 후보를 사퇴하겠다고 배수진을 치듯 반발했지만, 내가 그러한 결심을 할 수밖에 없었던 사정을 모르지 않는 노 대표로서는 어차피 정면 돌파가 불가피하다면 최대한의 효과를 얻을 수 있는 결정적인 승부수가 필요했을 것이다. 노 대표는 그때까지도 나의 그늘에 가려져 있는 2인자의 이미지를 벗어나지 못하고 있었다. 1970년대부터 '40대 기수론'을 펴며 스스로 대통령 도전자로서의 위상을 쟁취한 경쟁자들에 비해 대통령 후보로서의 존재감이 미약했다. 그래서 그는 이미 고지에 올라 있는 강력한 야당 후보와 맞서기 위해서는 노 대표 자신도 바닥을 박차고 뛰어 올라야 하고 이때 바닥을 박차는 반발력이 커야 높이 뛰어 오를 수 있다. 그러니까 노 대표는 나에게 직선제를 포함한 민주화 조치를 요구하고, 나는 노 대표에게 호통을 치면서 그 건의를 거부하고, 노 대표는 나에게 강력히 반발함으로써 노 대표는 높이 뛰어 오르게 된다고 생각하게 된 것 같다. 그러니까 직선제 수용이라는 극적인 조치의 전략적 효과를 극대화하기 위해서는, 그 조치가 어디까지나 노 대표의 외로운 고심 끝의 산물이 되어야 한다고 결론지은 것 같았다.

그가 구상한 방안은 선거에서 승리할 묘안을 짜내느라 동분서주하는 선거 전략가의 입장에서 본다면 생각해볼 수도 있는 전략이었다. 정국의 흐름 자체를 한꺼번에 뒤바꿀 수 있을 정도의 파격적이고 감동적인 조치들을 대통령 후보의 독자구상으로 만드는 일 정도는 세월이 흘러 세상에 알려지게 되더라도 이해될 수 있는 성질의 것이라고 생각할 수도 있다. 약세인 노 대표를 전격적으로 부각시키기 위해 어느 정도의 전략을 구사한다는 것은 이해할 수 있는 일이다. 직선제를 포함한 민주화 조치에 관해 대통령인 나와 여당의 대통령 후보인 노 대표가 진지한 논의 끝에 합의에 도달했고, 그러나 그 논의 과정은 밝히지 않은 채 그 합의의 결과인 민주화 조치를 대통령 후보인 노 대표가 발표한다 하는 것은 전혀 문제될 것이 없는 시나리오다. 나는 이미 그런 정도의 진행을 머릿속에 그리고 있었다. 그렇지만 노 대표가 제의한 방안은 사실을 왜곡하는 데 그치지 않고 국민을 기만하는 연극을 하자는 것 아닌가. 역사에 비밀이 없고 언젠가는 밝혀질 텐데 그때 국민이 느낄 허탈감과 분노를 어찌 감당할 것인가. 노 대표가 너무 한다는 생각이 들었다. 전략에는 그 방법과 정도에 따라 채택할 수 없는 한계가 있는 법이 아닌가. 내가 내 임기의 마지막을 장식하는 영단이라는 평가를 받을 수 있는 기회를 포기하고 모든 영광을 노 대표에게 몰아주겠다는데, 노 대표는 그것도 모자라 나를 권력집착에서 헤어나지 못하는 사람으로 만들려는 것인가. 나는 노 대표의 제의를 받을 수 없다는 생각을 굳혔다. 해서는 안 되는 일이라고 판단했던 것이다

나는 직선제 개헌 요구를 수용하기 위한 준비를 내밀하게 진행시키는 한편으로 개헌 촉구 시위가 전국적 규모로 확대되고 격렬해지는 것을 막기 위해 대응책을 강구해야 했다. 비상한 조치를 취할 수도 있다는 낌새를 비쳐야 하는 것이다. 이날 오전 10시 30분 군 관계자들을 소집해서 비상조치를 전제로 대책을 세우라고 지시했다. 디데이와 시간까지 정해줬다. 20일 04:00였다. 이 지시에 따른 후속 대책을 논의하기 위해 오후에 정부와 민정당 관계자들이 회의를 하고 있었다. 그런데 그 이전에 나는 권복경權福慶 치안본부장에게 전화를 걸어 경찰력만으로 대처할 수 있는지 물었다. 권복경 본부장은 자신 있다고 보고했다. 나는 그날 오후 4시 병력 출동을 유보하라고 지시했다.

취임할 때 나는 내 임기 중에는 어떠한 위기가 닥쳐도, 그것이 외부의 공격이 아닌 한 결코 군을 동원하지 않겠다고 스스로 다짐했다. 국내 소요사태에 군을 동원하는 순간 5공화국의 명예는 그것으로 사라지게 되는 것이라고 생각해 왔다. 이날 나의 병력 출동 명령은 어디까지나 양동전술陽動戰術이었다. 올림픽 때문에 내가 결코 군대를 동원하지 못할 것으로 생각해서 상황을 극한으로 몰아가고 있는 세력에게 경고를 보내는 동시에, 망설이고 있는 노태우 대표로 하여금 파국에 이르기 전에 나의 결심대로 직선제를 조속히 수용하도록 결단하라고 촉구하는 뜻이었다. 일석이조一石二鳥

를 노린 양면兩面동시공격이었던 것이다.

19일 오후 2시에는 레이건 대통령의 친서를 휴대한 릴리 미국대사를 접견했다. 레이건의 친서는 내가 4월22일자로 보낸 서신에 대한 회신이었다. 릴리 대사가 "… 군부대가 출동하여 … 없기를 바란다."고 한 데 대해 나는 "그것은 합리적인 생각이라고 본다. 나는 항상 정치문제는 정치적 대화로 풀어가야 한다는 소신을 갖고 있다."고 얘기해줬다. 릴리 대사는 이날 외에도 6.29선언이 나오기 전까지 두 차례 더 청와대를 방문했다.

토요일인 6월 20일에는 안무혁 안기부장과 이춘구 민정당 사무총장, 청와대의 박영수 비서실장, 안현태 경호실장, 김윤환 정무수석비서관을 불러 "김용갑 민정수석이 직선제를 받아들이자는 건의를 하는데 절대로 이를 수용할 수 없으니 그렇게들 알고 더 이상 같은 얘기를 하지 말라."고 했다. 이들이 이미 나한테 직선제를 수용하도록 건의한 바가 있고 또 노 대표와도 수시로 접촉할 기회가 있는 위치에 있기 때문에 내가 노 대표에게 지시한 내용이 새나가지 않도록 하기 위해 연막을 쳐둔 것이었다. 일요일인 21일 오후 안기부장과 내무장관, 그리고 치안본부장을 비롯한 경찰간부들을 청와대로 불러 전국의 치안상황과 앞으로의 대책을 보고받았다. 이 자리에서 나는 "군 출동 없이 소요사태를 수습하는 신기원을 만들도록 하라."며, "이제 군이 나오게 되면 앞으로 경찰은 설 땅이 없게 된다."고 경찰의 분발을 당부했다.

주말을 넘긴 6월 22일 오전 나는 노 대표를 청와대로 불렀다. 3일 전에 노 대표가 건의한 데 대해 내 의견을 말해주어야 했다. 나는 노 대표의 건의를 받아들일 수 없는 이유를 조목조목 설명했다.

첫째, 세상에 비밀이 없는데 나중에 사실이 밝혀지면 그 선언의 진정성과 가치가 훼손될 수 있으며 둘째, 더욱이 선거과정에서 알려지게 되면 국민을 기만했다 해서 결정적인 감표 요인이 될 것이고 셋째, 나는 민주화 조치를 끝까지 반대한 사람으로 영원히 낙인찍히는 결과가 될 것 아닌가. 국민을 속이는 연극을 해서는 국민의 용서를 받지 못할 것이니 더 이상 쓸데없는 생각 말고 사실대로 발표하자고 했다. 그러면서 발표문 말미에 내가 자신의 직선제 수용 건의를 거부하면 모든 공직과 후보를 사퇴하겠다는 말을 붙이면 효과나 호응 면에서 3일 전 건의했던 내용과 별반 다르지 않을 것이라고 말했다. 실제로 노 대표는 6.29선언 때 그 대목을 넣었다. 노 대표는 나의 설명에 대해 그 자리에서는 아무런 반응을 보이지 않았다.

노 대표를 그렇게 해서 보낸 그날 오후에는 청와대에서 윤보선, 최규하 전 대통령을 만났다. 개헌을 하지 않겠다고 선언했던 4.13조치를 거둬들이겠다는 뜻을 밝혔다. 이틀 뒤인 6월 24일 릴리 대사가 오전과 저녁 두 번 왔다. 오전에는 이임하는 윌리엄 립시 한미연합사령관의 예방 때 배석하러 온 것이고, 저녁에는 개스턴 시거 미 국무성 동아시아-태평양담당차관보의 예방에 배석한 것이다. 시거 차관보는 "최근 사태에 대해 각하께서 군의 무력으로 사태를 처리해야 한다는 건의를 받아들이지 않으시고 의연하게 경찰력으로 치안을 유지하는 노력을 계속하고 계심에 대해서 찬사를 드린다."고 했다. 시거 차관보는 이날 내가 김영삼 씨 등과 만난 사실을 지적하며 "대화를 각하께서 시작하셨기 때문에 저로서는 각하에게 새삼스럽게 진언드릴 것이 없다…."고 말했다. 나는 "레이건 대통령께서 취임하시기 이전에는 우방의 내정에 간섭하여 서로가 불행과 불이익을 자초한 사례도 없지 않았다."고 전제하면서, "미국정부는 나를 신뢰해도 좋을 것이다. 그렇지 않으면 수습할 수 없는 혼란이 발생할 위험도 배제할 수 없으며, 그렇게 되면 우리 양국 모두에게 엄청난 불이익이 초래될 수 있다."고 말했다. 그리고 "나의 임기 중에는 군의 힘을 빌려 질서를 회복해야 하는 사태가 없기를 간절히 바란다."고 말했다. 나는 또 "부득이 그런 조치를 취하지 않으면 선량한 시민의 권리가 짓밟힐 수밖에 없다는 판단이 설 때에는 필요한 강경한 조치를 할 수밖에 없는 것이 정부의 책임이므로 그러한 경우에는 그것이 나의 집권 연장을 위해서 하는 것이 아니며 나라와 국민을 보호하기 위한 것이니 귀국 정부는 한국정부의 조치를 지지해야 한다. 만일에 지지할 수 없다면 중립적 입장을 고수해야 할 것."이라고 강조하고 "야당 지도자들을 만나는 시간이 있으면 그렇게 말씀해 주기 바란다."고 했다.

나는 이날 오전에 김영삼 민주당 총재, 오후에는 이민우 신민당 총재와 이만섭 국민당 총재 등 야당 대표들을 연쇄적으로 만났다. 그들의 주장은 이미 다 알고 있었지만 야당 지도자들의 의견을 수렴하는 모습을 보여줄 필요가 있었던 것이다. 모두 직선제를 수용할 것을 건의했다. 나는 오전에 만난 김영삼 씨에게 4.13호헌조치는 사실상 철회하겠다는 뜻을 밝혔다. 김영삼 씨와는 점심까지 같이하며 3시간을 만났는데 김영삼씨는 대화 중 김대중 씨를 언급하면서 출신지역을 거론했다. 나는 그 말은 못 들은 듯이 다른 얘기를 이어갔다. 이날 만난 야당 대표 가운데 특히 이만섭 총재의 얘기는 설득력이 있었을 뿐 아니라 애국심과 정치발전을 위하는 충정이 느껴졌다.

"저는 대통령이 되려고 혈안이 된 사람과는 다르고 진심으로 나라가 잘 됐으면 하는 사람입니다. 사심 없이 말씀드립니다. 과거에 역대 대통령 가운데 임기를 채우고 청와대에서 물러난 대통령이 없습니다. 이번에 대통령께서 깨끗이 물러난다는 약속을 믿고 왔는데 그런 민주주의의 기초가 되는 업적이 역사에 영원히 빛나고 초석이 되도록 하기 위해서는 국민이 원하는 것을 받아서 국민이 원하는 방향으로 개헌하는 것이 좋겠다는 생각입니다. 국민들은 대통령중심제나 내각책임제의 내용보다도 내 손으로 대통령을 뽑자는 게 간절합니다. 국민이 원하는 직선으로 개헌한다면 각하께서는 민주주의 역사에 남을 것입니다. 국민이 각하를 우러러보고 국민이 생각하는 어른으로 영원히 존경할 것입니다. 어떤 사람들은 개헌 논의를 재개해서 9월에 해보자, 안 되는 경우 선택적 국민투표를 하자는 얘기를 합니다만, 털어놓고 얘기해서 그 국민투표에서 대통령 직선안 표가 더 많이 나오면, 그래서 실행하게 되면 민정당 후보가 한풀 꺾이게 됩니다. 김영삼, 김대중 씨 싫다는 사람도 대통령은 내 손으로 뽑겠다는 사람이 많습니다. 내 손으로 민정당 후보를 찍겠다는 사람도 많습니다. 저는 데모하는 사람들도 김대중, 김영삼 씨가 좋아서 하는 것은 아니라고 생각합니다. 그 사람들은 자기들이 완전히 대통령이 다 된 것으로 생각하고 있는데 절대 그런 것은 아니라고 생각합니다. 각하께서 하신 일이 잘 되고 올림픽을 잘 치러야 되겠고 민주주의 전통을 살려 나가자면 직선제를 하는 것이 좋다고 봅니다. 깨끗이 직선을 해서 국민 심판을 받도록 하십시오. 그래서 동교동, 상도동은 머리를 맞대고 싸우게 하고 이쪽은 정정당당하게 물가안정, 올림픽 가지고 심판을 받는 것이 좋습니다." 나는 이만섭 총재에게 노 대표를 은밀히 만나 나한테 한 얘기를 그대로 말해주도록 부탁했다.

야당 대표들을 만난 뒤 이날 저녁에 노 대표를 다시 불렀다. 보안을 위해 별관에서 만찬을 하면서 이틀 전에 했던 얘기들을 다시 확인했다. 노 대표는 확실하게 "말씀대로 직선제를 받아들이겠다."고 했다. 나는 노 대표에게 "나더러 반대해달라고 건의했던 것은 없었던 일로 하자. 그것은 국민을 속이는 것이고 위선적인 처사다. 세상에는 비밀이 없는데 나중에 진실이 알려지면 훗날 나와 노 대표를 국민이 어떻게 볼 것인지 생각해야 한다."고 타이르듯 말했다. 그리고 노 대표가 발표할 구체적인 내용에 대해서는 전권을 위임할테니 노 대표가 책임을 지고 알아서 준비하라고 말했다. 6.29 선언의 성공을 위해 노 후보가 구상하고 주도하는 정치적 제안이라면 그 것이 아무리 파격적인 조치라 하더라도 모두 받아주겠다고 약속했다. 나는 이미 모든 가능한 민주화 조치를 실행할 결의가 되어 있었다. 그 엄청난 선언이 누구의 이름으로 실행되어야 하느냐 하는 계산 같은 것은 나의 고려에는 없었다. 다만 보안 유지를 위해 "이 일은 아무하고도 상의하지 말고 혼자 구상하라."고 다짐해뒀다.

그런데 그렇게 해서 돌아간 노 대표는 그날밤 안현태 경호실장에게 또 전화를 걸어 자신이 직선제 수용 의사를 밝히면 전 대통령이 자신을 야단을 치며 반대하는 모습을 보이도록 해달라. 그래야만 효과가 극대화된다고 재차 부탁을 했다는 것이다.

이어 25일과 26일에는 김수환金壽煥 추기경 한경직韓景職 목사 최월산崔月山, 조계종 원로회의의장 서의현徐義鉉, 조계종 총무원장, 오녹원吳綠園 전 조계종총무원장, 김성열金聖悅 동아일보 회장, 방우영方又榮 조선일보 회장을 각각 접견했다. 토요일인 27일 아침에는 이종률李鍾律 공보수석과 김성익金聲翊 비서관을 불러 직선제 수용에 대비한 담화문 준비를 지시하면서 담화문 작성에 참고가 되도록 그간의 자초지종을 상세히 설명해주었다.
"… 우리가 어떤 조치를 하든지 정정당당하게 보여야 된다. 한쪽을 눌러놓고 일방적 게임을 하는 인상을 주지 않는 것이 정국을 안정시키고 민정당도 살 수 있는 것이며, 진짜 민주주의 한번 해보자는 게 내 소망이다. 간선제도 진정한 민주주의고 선거법을 고쳐서 직선제와 유사하게 하거나 내각책임제를 하는 것도 진짜 민주주의다. 선진화된 민주주의인 것이다. 그러나 내 손으로 대통령을 뽑자는 게 먹혀드는 것 같다. 그러니까 앞으로 적절한 시기에 직선제를 해버리자. 당당하게 국민의 심판을 받자. 지식층뿐만 아니라 일반 국민들도 원하고 있어 우리가 직선제를 안 받아들일 이유가 없다. 직선제로 인한 혼란이 직선제를 하지 않아서 야기되는 혼란보다는 적을 것 아닌가. 국민이 원하면 한번 해보자."

유학 중인 장남 재국이 방학을 맞아 이날 돌아왔다. 그동안 국내 정치 상황 변화에 무척이나 마음이 쓰였던지 공부하는 틈틈이 나름대로 의견을 정리해서 편지로 보내오곤 했는데 이날 직선제 수용 발표를 앞두고 마지막으로 노 대표를 만나는 자리에 배석시켰다. 이 회동의 내용을 기록해둘 필요가 있었고, 또 발표 때까지 노 대표를 만나기 어려울 것인 만큼 극비사항을 연락할 필요가 있을 때에 메신저 역할을 맡기기 위해서였다. 극도의 보안이 지켜져야 하니까 다른 누구를 시킬 수가 없었다. 극적인 발표 직전의 만남이어서 이날의 회동은 청와대 본관과 떨어진 별관에서 오후 2시에 이루어졌고 노 대표는 중앙청 서문에서 내가 보낸 청와대 차량으로 바꿔 타고 왔다. 노 대표는 자필로 써서 준비해온 발표문을 낭독한 뒤 공식 발표 이후 자신이 취할 일련의 행보에 대해 상세하게 설명했다. 나도 노 대표에게 내가 취하게 될 여러 가지 조치들에 대해 설명해줬다. 시국선언과 관련된 사항에 대한 점검을 마친 뒤 나는 "이제 최종 결론이 났으니 최대한 보안을 유지해야 한다. 따라서 청와대나 안가에도 일절 오지 말고 예상치 못한 급한 일이 생기면 우리 큰애를 통해 서면으로 상호 연락을 하도록 하라."고 노 대표에게 일러줬다. 또 "재야에 밀리는 상황에서 발표하면 빛이 나지 않으니까 민헌국(민주헌법쟁취 국민운동본부)이 주최하는 대행진 행사의 추이를 지켜보고 일요일인 28일을 하루 더 지켜본 뒤, 조용하게 되면 29일 극적으로 발표하라."고 지시했다.

발표를 하루 앞둔 28일(일요일) 아침, 나는 김성익 공보비서관을 불러 노 대표의 발표와 관련된 일정을 알려주며 노 대표가 어제 직접 써가지고 와서 보고한 건의안의 구체적인 내용을 조목조목 구술해주었다. 담화문 작성을 마무리해야 하기 때문이었다. 지시를 받고 나간 김 비서관이 오후에 보고가 있다면서 접견을 요청했다. 집무실로 찾아온 김 비서관은 "이 발표는 각하께서 하셔야지 왜 노 대표에게 주십니까. 역사에 남을 선언인데…" 라면서 선언 발표 주체가 내가 되어야 한다고 강한 어조로 건의했다. 김 비서관은 나한테 오기 전에 먼저 재국을 찾아가 내가 생각을 바꾸도록 해야 한다고 설득했는데 재국에게서 별다른 언질을 받지 못하자 다시 나에게 직접 건의를 하러 온 것이었다. 김 비서관은 내가 몇 달 후면 청와대를 떠나야 하는데, 국민들의 가슴속에 남아 있는 앙금들을 말끔히 씻어버릴 수 있는 이 결정적인 기회를 왜 스스로 포기하느냐 하는 안타까움을 재국에게 털어놓았다고 한다.

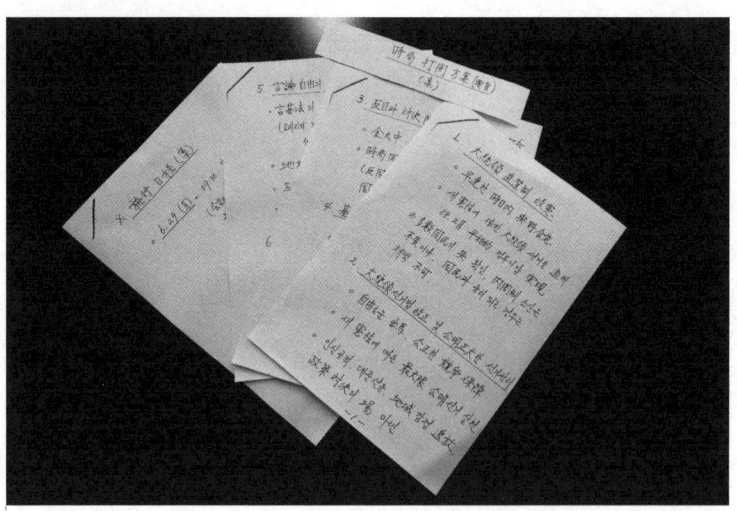

6.29선언 발표에 앞서 노태우 대표는 주요 내용을 정리한 보고서를 가져왔다.

나는 김 비서관에게 말했다.

"이번 발표는 노 대표를 부각시키고 중단 없는 국가 중흥을 위해 내 신념을 담보로 택한 나의 마지막 카드이자 선택이다. 나의 이 민주발전을 위한 선택이 얽히고설킨 모든 것을 풀고 국가의 밝은 미래를 열고 올림픽을 성공시킬 수 있는 계기가 되기를 빌 뿐이다. 내가 역사에 남고 안 남고가 중요한 것이 아니다. 노 대표를 띄워서 나라를 올바른 방향으로 끌고 가도록 하자. 나는 국민으로부터 칭송받지 못하더라도 노 대표가 부각될 수 있으면 그렇게 해야 되겠다는 생각이다. 내 명의로 발표를 하면 충격 효과가 있고 나의 인기는 올라가겠지만 선거에는 아무런 도움이 되지 않는다. 당 중심으로 하는 것이 무리가 없고 그래야만 당 대표인 노 후보가 뜨게 되어 선거를 승리로 이끌 수 있는 것이다." 김성익 비서관은 훗날 아쉬움과 불만 속에 쓰고 싶지 않은 6.29선언 수락 연설문을 썼다고 술회했다.

그런데 노 대표는 참으로 집요했다. 발표를 하루 앞둔 이날 또다시 안현태 경호실장에게 전화해서 "나의 선언을 각하께서 수락을 거부하도록 건의해 달라."고 요청했다는 것이다. 안현태 경호실장은 이미 내뜻을 알고 있었기 때문에 안 된다고 했다고 한다. 보고를 받은 나는 "내일(6월 29일) 발표를 하고 하루나 이틀 뒤에 청와대로 들어오도록 연락하라."고 지시했다.

6.29선언

6월 29일 아침 9시 노태우 민정당 대표는 예정했던 대로 민정당 중앙당사 회의실에서 '국민 대화합과 위대한 국가로의 전진을 위한 특별선언'으로 이름 붙인 성명을 발표했다. 8개항으로 정리된 이 선언은 대통령직선제 개헌, 김대중 사면복권 등 야권이 요구해온 내용들은 물론, 국민의 자유와 권리를 보다 폭넓게 보장할 수 있는 제도적 개혁 과제들을 포함하고 있었다.

국민과 야당의 기대와 요구를 훨씬 뛰어넘는 내용이었다.

6.29선언이 발표되자 그동안 직선제 개헌 투쟁을 벌여왔던 야권은 물론 사회 각계에서는 대환영이었다. 환영하는 정도가 아니라 기쁨과 감격의 말들을 쏟아냈다. 김영삼 민주당 총재는 "정치적 기적이 일어났다. 훌륭한 결단이다. 이 시대 국민에게 희망을 안겨주는 발표로 전적으로 환영한다."고 했고 김대중 민추협 공동의장은 "인간에 대한 신뢰감이 생긴다."고 했다. 언론들도 40년 헌정사 속에 누적된 과제를 단번에 해소시켰다고 평가했고, 외신들도 한국 국민을 위대한 국민이라 평했다.

6.29선언이 나온 지 이틀 후인 7월 1일 나는 준비했던 담화를 통해 노 대표가 발표한 내용을 전폭적으로 수용한다는 뜻을 밝혔다. '민주발전 국민화합조치'라고 명명된 이 특별담화에서 나는 "여야가 조속한 시일 내에 대통령직선제에 합의해서 개헌이 확정되면 새로운 헌법에 따라서 제13대 대통령선거를 임기 중에 실시하고 1988년 2월 25일 후임 대통령에게 평화적으로 정부를 이양할 것."임을 밝혔다. 또 "국민 간의 반목과 대립을 해소하고 국민적 화해와 단합을 위해서 대폭적인 사면복권을 단행하고 시국과 관련되어 구속된 사람들은 소수 극렬사범을 제외하고는 전부 석방할 것."이며 "이 밖에 노태우 민정당 대표위원의 모든 건의 내용을 포함하여 민주발전과 국민화합 그리고 농민과 근로자를 포함한 모든 국민생활의 안정에 필요한 조치를 하도록 내각에 지시했다."고 밝혔다.

이후 정부는 특별담화에서 밝힌 대로 민주발전을 위한 가시적 조치를 하나하나 취해가기 시작했다. 7월 6일에는 6.10 이후 소요사태 등과 관련해 구속된 사람들 대다수를 석방했고, 9일에는 국무회의를 열어 시국사건 관련자에 대한 사면복권을 의결했다. 사면복권 대상자에는 김대중 씨도 포함되어 있었다. 그동안 김대중 씨에 대한 정부의 정치적 사법적 조치를 두고는 관계당국자들 간에 의견이 엇갈리고는 했다. 1980년 봄 최규하 대통령이 사면복권 조치를 할 때에도 실무당국에서는 반대 의견이 있었고, 1982년 8.15특사 때에도 반대 의견이 많아 대상에서 제외됐었다. 1982년 12월 신병치료를 위해 미국으로 보내달라는 탄원을 받았을 때에도 주위의 반대를 피해 극비리에 서울대학병원으로 이송했다가 출국시켰다. 공안당국에 검토를 지시하면 반대할 것이 분명해서 나는 노신영 안기부장에게 보안을 유지하면서 이희호李姬鎬 여사, 주한 미국대사 등과 접촉해서 김 씨를 미국에 보내는 문제를 협의하라고 지시했던 것이다. 서울대학병원으로 이송하기 전날 저녁 관계 장관들과 청와대 참모들을 불러 김 씨를 석방해서 미국으로 보낸다는 결정을 알려줬을 정도로 신경을 써야 했던 것이다. 김 씨는 탄원서에서 스스로 정치를 그만두겠다고 약속했지만 1985년 다시 한국에 돌아와 정치활동에 나섰다. 그의 그러한 행적은 국민들과 한 약속을 어긴 것이고 비난받을 일이지만 그렇다고 사면복권 대상에서 김 씨를 제외시킬 수는 없는 일이었다. 그 당시 김대중 씨에 대한 사면복권은 6.29선언의 가장 중요한 조치 가운데 하나였던 것이다.

7월 10일 나는 이미 밝힌 대로 민정당 총재직을 사퇴한 데 이어 13일에는 내각을 개편하면서 민정당적을 가진 장관들을 모두 교체했다. 여야의 합의에 의한 헌법 개정과 평화적 정부 이양을 향한 정치일정을 중립적 입장에서 엄정하게 집행해 나간다는 의지를 보여준 것이다. 한편 여야 각 당은 별도의 개헌안을 마련하고 그 안들을 토대로 7월 31일부터 8인 정치회담을 열어 협상에 들어갔다. 두 달 가까이 진행된 협상을 통해 여야는 대통령은 5년 단임의 직선제로 하며, 대통령의 국회 해산권을 없애고, 구속적부심을 부활하는 등 기본권 조항을 대폭 강화하는 내용의 개헌안을 마련했다. 우리의 헌정사에서 여야의 합의를 통해 만든 최초의 헌법안이었다. 이 헌법 개정안은 10월 12일 국회에서 찬성 254, 반대 4로 의결되었고, 이어 10월 27일 국민투표에 부쳐져 93.1%의 압도적 찬성으로 채택되었다.

나는 6.29선언으로부터 8개월 후인 1988년 2월 25일 퇴임했다. 소임을 성공적으로 완수하고 임기를 꽉 채운 뒤 퇴임한 것이다. 대부분의 경우 임기 마지막 해에는 '레임 덕'이니 '식물 대통령'이니 하는 말들을 듣게 되지만 나의 경우는 임기의 마지막 1분 1초까지 권력의 누수 현상이라는 것을 느끼지 못했다. 퇴임하기 하루 전날인 2월 24일 나는 태릉선수촌을 방문해서 올림픽 준비 상황을 점검하고 선수단의 임원과 선수들을 격려했다. 2년 전 갔을 때나, 1년 전 갔을 때나, 퇴임 하루 전날 갔을 때나 나는 똑같이 말하고 행동했고, 태능 선수촌 식구들 역시 태도나 표정에서 달라진 것을 발견할 수 없었다.

6.29 이후 8개월 동안 나는 7월 1일 발표한 '민주발전 국민화합조치'가 차질 없이 실현되고 있는지 점검하고 독려하면서 평생 해오던 대로 나에게 맡겨진 임무를 적극적으로 수행했다. 8개월이란 기간은 짧다면 짧지만, 일을 하려고 하면 참으로 많은 일을 할 수 있는 시간이다. 내각책임제를 하는 국가들에서 8개월도 못하고 물러나는 단명 총리들도 없지 않다. 언론 등에서는 6.29선언이 나온 1987년 6월 이후부터를 '민주화 시대'라고 부르고 있는데 나는 그 '민주화 시대'의 8개월 동안 대통령으로서 6.29선언에서 제시한 조치들을 완수하는 영광을 가졌다. 헌법 개정 문제 등을 포함해서 입법 조치가 필요한 사항들과 대통령인 내가 처리해야 할 사항이 아닌 일들은 노태우 후보가 여야 간의 협의를 통해 주도적으로 처리하도록 일임했

지만 대통령이 해야 할 일들은 내가 모두 꼼꼼히 챙겼다.

6.29선언을 수용하는 담화에서 나는 '민주발전 조치'라는 말을 사용했다. 그동안 줄기차게 '민주화'를 요구해 온 야권과 국민들은 감동어린 환영의 뜻을 표하면서 요구사항을 하나도 추가하지 않았다. 더 이상 바랄 것이 없을 만큼 모두 다 들어주어 더 바랄 것이 없었는지도 모른다.

나는 6.29선언이 발표되고 나서부터 1988년 2월 25일까지의 8개월 동안이 아마도 우리나라 근현대사에서 그 어느 때보다도 우리 국민들이 행복을 실감할 수 있었던 시기가 아니었나 생각한다. 6.29 조치로 그동안 국민들이 불편하게 느꼈던 모든 정치적 제약들이 풀렸을 뿐만 아니라, 40년 헌정사의 숙원이었던 평화적 정권교체도 가시화되어 있었다. 국민들은 수십 년 만에 물가 불안에서 해방되었고, 단군 이래 최초로 국제수지 흑자도 경험했다. 수년간 10%대 이상의 고도성장이 지속되는 가운데 기업도 몸집이 불어나 졸업 시즌이 되면 대기업의 인사담당자들이 신입사원 모집하느라 경쟁적으로 대학가를 찾아다니는 모습도 보았다. 서울에서 개최한 아시아경기대회가 그 어느 대회 때보다 성대하게 치러졌을 뿐 아니라, 메달 수에 있어서도 일본을 앞질러 국력과 국운의 상승을 실감하게 되었다. 88올림픽에 대한 기대치도 그만큼 높아졌다. 수십 년 만에 야간통금이 해제된 가운데 중고교생의 교복과 두발이 자유화되고, TV가 컬러로 방송되어 사회 전반에 밝고 활기찬 기운이 넘쳤다. 주말이면 가족들을 태우고 교외로 나가는 자가용 행렬이 길을 메우고 있었고 휴가철이 되면 해외여행 계획에 가슴이 부풀었다. 그동안 꿈꾸어왔던 일들이 현실로 다가와 있었던 것이다. 이 시절에 마음이 편치 않았을 국민들도 분명히 있긴 했겠지만, 그들 역시 미래에 대한 희망과 기대는 품고 있을 터였다. 국민 모두가 행복했던 8개월이었다고 나는 믿는다. 나 역시 고맙고 행복했다.

국민의 심판을 받다

8월 5일 노태우 대표가 민정당 총재에 취임함으로써 민정당은 가장 먼저 대통령 선거를 향한 체제 정비에 들어갔다. 민정당의 선거전략은 기본적으로 6.29로 인기가 상승하고 있던 노 후보를 부각시키는 것이었다. 6.29를 민주주의를 위한 노태우 후보의 '고뇌에 찬 결단'으로 선전하고 '위대한 보통사람의 미래를 열겠다'는 슬로건을 내걸었다. 민정당은 민주주의를 향한 도정에서 자신들이 주도적인 역할을 한다는 것을 부각시키는 한편, 좌경세력의 위험을 경고하면서 위기의식을 느끼고 있던 보수세력을 결집하고자 하였다. 노 후보는 '안정이냐 혼란이냐' '분열이냐 화합이냐' '후퇴냐 전진이냐' 등의 슬로건으로 안정을 희구하는 국민의 마음을 파고든다는 전략이었다. '안정이냐 혼란이냐'라는 슬로건으로 자극되었던 위기의식은 11월 29일 북한공작원에 의한 KAL기 격추 사건으로 최고조에 달했다.

민정당이 안보 위기와 노 후보에 대한 이미지 제고를 통해 선거에서의 필승 전략을 굳혀가고 있을 때 민주당은 분열을 거듭하고 있었다. 김영삼 씨와 김대중 씨의 세력 기반은 뿌리부터 달리하고 있었다. 멀리는 1950년대 자유당 정권 시절 각각 민주당 신파와 구파에 속해 있으면서 소장파 리더 자리를 놓고 경쟁했다. 그러다가 1971년 제1야당인 신민당의 대통령 후보지명전에서 김영삼 씨가 먼저 '40대 기수론'을 앞세워 기선을 잡았으나 김대중 씨가 역전극을 벌이며 후보 지명을 획득했다. 1980년 봄에는 대권이 손앞에 잡히는 듯하자 다시 갈라져 싸웠고, 5공화국에서 직선제 개헌 투쟁을 할 때에는 함께 민추협을 만들고 민주당을 창당하는 등 손을 잡았다. 기본적으로 김영삼 씨와 김대중 씨는 이처럼 집권세력에 대항할 때에는 서로 협조하지만 이해관계가 엇갈릴 때에는 항상 갈등관계에 있었다. 그들은 '민주화'라는 목적을 위해 함께 싸웠지만 그들에게 있어 '민주화는 곧 자신의 집권'인 만큼 집권의 기회 앞에서 절대로 양보가 있을 수 없었다.

6.29선언은 그동안 잠복해 있던 두 김 씨의 경쟁관계를 다시 수면 위로 떠오르게 했다. 대통령 직선제 선거가 실시될 것이 확실해지자 그들은 서로 자신이 대통령이 될 것이라고 믿고 있었다. 물러설 수 없는 싸움이 시작된 것이다. 양 김 씨의 대결이 서로 한 걸음도 물러설 수 없을 만큼 치열했던 것은 그들의 세력이 우열을 가릴 수 없을 만큼 백중세였기 때문이었다. 당시 양 김 씨는 민추협, 통일민주당을 거치면서 50 대 50의 지분으로 조직을 양분해왔다. 양 김 간의 타협을 어렵게 만든 또 한 가지 요인은 두 세력이 권력을 분점할 수 있는 방안이 제도적으로 봉쇄되어 있었다는 점이다. 개정 헌법에서 부통령제, 결선투표제, 4년 중임제 등은 채택되지 않았다. 대통령제 자체가 권력분점을 용인하지 않았기 때문이기도 했다.

양 김 씨는 각자의 유리한 조건을 최대화하면서 상대방의 양보를 요구하고 있었다. 김영삼 씨는 먼저 김대중 씨의 1년 전 불출마 선언을 물고 늘어졌다. 김대중 씨는 직선제를 요구하는 자신의 주장의 진정성을 보이겠다는 취지였는지, 아니면 그때 내가 비상조치를 준비하는 낌새를 알고 한 걸음 물러서는 제스처를 보인 것인지 몰라도 어쨌든 1986년 11월, 직선제를 수용하면 대통령에 출마하지 않겠다고 선언한 바가 있다. 그러나 김대중 씨는 6.29선언이 발표되고 막상 직선제 요구가 관철되자 1987년 7월 자신의 계보조직인 민권회를 통해 불출마 선언을 백지화했다. 김대중 씨는 그때 자신의 불출마 선언은 내가 자발적으로 대통령 직선제를 수락했을 때

유효한 것인데, 4.13호헌조치로 일단 거부했으니까 자신의 불출마 선언도 자동적으로 무효화됐다는 논리를 폈다. 김대중 씨는 아울러 김영삼 씨가 서독 방문 때 "김대중 씨가 사면복권되면 대통령 후보로 밀겠다."고 발표했었던 사실을 들어 자기에게 후보 자리를 양보하라고 역공을 폈다.

민주당 내의 세력 판도에서 우위를 선점하고 있던 김영삼 씨는 조속한 단일화를 요구하는 여론의 압력을 등에 업고 김대중 씨를 압박해가고 있었다. 반면 김대중 씨는 당내 열세를 의식해 조기입당을 거부하며 사회 저변으로 지지층을 확대해나가다 여론이 자신에게 불리하게 진행되자 1987년 8월 8일 결국 민주당에 입당했다. 대통령을 향한 양 김 씨의 오랜 경쟁은 이제 후보 단일화 문제로 집약되었다. 후보 단일화 방안으로는 세 가지 안이 제시되었다. 첫째, 두 김 씨가 정치적 도의적 신의의 바탕 위에서 협상과 담판으로 결정하는 방안 둘째, 당내에서의 공정하고 자유로운 경쟁 셋째, 국민의 지지도를 묻는 방안 등이었다. 하지만 당시 당내 세력 면에서 우세했던 김영삼 씨는 후보 단일화 문제를 민주당 내부 문제로 묶어두고 양자 간 협상으로 해결하고자 한 반면 김대중 씨는 이 문제를 민주당 밖으로 끌어내 외곽 세력의 지원을 받으려고만 했다. 결국 타협점을 찾지 못한 양 김 씨는 각각 자신들의 지역적 연고지를 찾아가 관중을 동원함으로써 서로 세 과시를 하는 가운데 각자 별도의 출마를 결심하기에 이르렀다.

10월 10일 김영삼 씨가 먼저 대통령 후보 출마를 선언하자 김대중 계도 곧바로 신당 창당 작업에 나섰고 초고속의 창당 절차를 밟아 11월 12일 '평화민주당'을 창당하고 김대중 씨를 당 총재 및 대통령 후보로 선출했다. 김대중 계 세력이 비판적 여론에도 불구하고 신당 창당과 독자적인 대통령 출마 선언을 감행한 데에는 노태우-김영삼-김대중의 3자 대결이 이루어지면 반드시 이길 수 있다는 전술적 판단이 있었다는 것이다. 즉 영남지방을 노태우 후보와 김영삼 후보가 나누어 갖게 되는 반면 호남지방은 김대중 후보가 독차지하게 되니까 유리하다는 계산이었다. 그래서 단일화의 실패가 오히려 잘 되었다는 것이다. 그런 형편인데도 선거 국면 초기 양 김 씨의 조기 단일화를 촉구했던 재야의 국민운동본부는 현실적 대안 마련이 어렵다고 하면서 중립내각 수립과 선거감시운동에 주력하기로 결정함으로써 단일화 문제에서 발을 빼버렸던 것이다.

선거전은 각 후보가 대규모 청중을 동원하는 유세전의 양상을 보였다. 서울의 여의도 광장에서는 세 후보가 모두 유세를 펼쳤는데 각각 100만 명이 넘는 인파가 모였다. 이처럼 대규모 청중이 동원되는 유세전이 펼쳐지고 극심한 지역감정과 갈등이 표출됨으로써 선거 분위기는 혼탁했다. 이런 현상은 각 지역주민들의 정서가 자연적으로 드러난 것이기도 했지만 지역주의에 의지하지 않으면 열세를 면할 수 없는 일부 후보 측에서 촉발시킨 측면도 있었다. 노태우 후보와 김영삼 후보의 광주 유세는 폭력난동으로 얼룩졌고 김대중 후보의 대구 유세 또한 다를 바가 없었다.

제13대 대통령선거는 12월 16일 실시되었다. 1971년 4.27대통령선거 이래 16년 7개월 만에 실시된 직선제 대통령선거였다. 민정당의 노태우, 민주당의 김영삼, 평민당의 김대중, 신공화당의 김종필 후보 외에 군소후보 4명 등 모두 8명이 입후보한 이 선거에는 총 유권자수 2,587만 3천여 명 중 2,306만 6천여 명이 투표에 참가하여 89.2%의 투표율을 보였다. 개표 결과 노태우 후보가 유효투표의 36.6%인 828만 2,738표를 얻었고 김영삼 후보는 28%인 633만 7천여 표, 김대중 후보는 27%인 611만 3천여 표, 김종필 후보는 8.1%인 182만 3천여 표를 얻어 노태우 후보가 제13대 대통령에 당선되었다. 선거 과정에서도 드러났지만 선거 결과 역시 지역주의적 투표 성향을 극명하게 나타냈다. 노태우 후보는 대구경북에서, 김영삼 후보는 부산경남에서, 김대중 후보가 호남에서 압도적인 득표를 했을 뿐만 아니라 정치적 영향력을 거의 상실했었던 김종필 후보마저 충청지역에서 괄목할만한 약진을 보여줬다. 결과적으로 노태우 후보가 승리할 수 있었던 것은 지역색이 없는 서울, 인천, 경기 등 수도권에서 상대적으로 많은 표를 얻었기 때문이었다.

여당의 승리로 나타난 선거 결과를 놓고 양 김 씨 진영에서는 야권 후보의 단일화 실패로 노태우 후보가 어부지리를 얻었다고 주장했다. 그들은 양 김 씨 가운데 어느 쪽으로라도 단일화가 되기만 했으면 노태우 후보에게 이겼을 것이라고 했다. 그 근거로써 양 김 씨의 득표수를 합친 득표율은 55%로서 노태우의 득표율 36.6%보다 월등히 높다는 것이다. 그러나 그러한 분석은 정치현실을 도외시한 단순 산술일 뿐이다. 어느 한 김 씨로 단일화가 되었을 때 다른 한 김 씨의 지지표가 과연 단일 후보에게로 고스란히 옮겨 갔을 것인가. 야권 후보의 당선으로 정권교체를 이루자는 추상적 명분보다는 지역감정에 뿌리를 둔 상대 측에 대한 반감의 강도가 훨씬 더 강했다는 것은 그들 스스로 너무나 잘 알고 있는 사실이었다.

내가 6.29선언을 예비하는 과정에서 직선제 수용과 함께 김대중 씨의 사면복권을 생각한 것은 필연적인 것이었다. 앞에서도 언급했지만 6.29선언의 내용 가운데 김대중 씨의 사면복권만을 제외했다면 '민주화' 조치를 요구해온 야권과 국민은 용인하지 않았을 것이다. 김대중 씨를 풀어주지 않은 '민주화 조치'를 김영삼 씨는 수용할 수 있었을 것인가. 김대중 씨의 사면복권이 '민주화'를 향한 필연적인 절차였듯이, 김대중 씨의 사면복권은 필연적으로 야권의 분열, 양 김 씨의 동시 출마로 이어질 것이라는 것은 당시 야당의 속내를 아는 사람은 누구나 다 내다볼 수 있는 일이었다. 그러니까 김대중 씨를 풀어준다고 했을 때 나는 이미 양 김 씨의 동시 출마를 예상하고 있었던 것이고, 양 김 씨가 동시 출마하면 노태우 후보에게 승산이 있다는 믿음이 있었던 것이다. 말하자면 김대중 씨의 사면복권→양 김 씨의 동시 출마 → 노태우 후보의 당선이라는 진행은 나의 전략적 판단에 따른 선택의 결과가 아니고, 상황의 산물이었고 나는 그러한 상황을 정확히 읽고 있었을 뿐인 것이다. 또한 그러한 상황을 만든 것은 바로 양 김 씨 자신들이지 내가 아닌 것이다. "상대를 알고 나를 알면 백번 싸워도 지지 않는다(知彼知己 百戰不殆)"는 병서兵書의 교훈을 나는 직시하고 있었고, 집권욕에 혈안이 된 양 김 씨의 눈에는 보이지 않았던 것이다. 1980년 내가 대통령이 될 수 있는 환경을 만들어준 사람들이 3김씨였듯이, 1987년 노태우 후보에게 당선증을 헌납한 사람들 역시 3김 씨였다는 사실은 1980년대 우리의 정치사를 이해하기 위한 가장 중요한 요소라고 하겠다.

내가 후계자로 낙점한 민정당 노태우 후보의 당선으로 민정당은 정권 재창출에 성공했고, 나의 단임 실천과 평화적 정부 이양이 확실히 담보됨으로써 임기말 나의 정치적 소임은 유종의 미를 거두게 된 것이다. 중임이 허용되는 나라에서 재선에 도전하는 대통령은 자신의 1차 임기 동안의 업적과 국정 성과에 대해 국민의 심판을 받게 된다. 물론 대통령 선거전이 단지 지난날을 평가하는 데 머물 수는 없는 일이고 장래 계획에 대한 공약을 따져보게 되는 것이지만, 재선에 나선 대통령의 1차 임기가 실패였다면 제아무리 앞으로 잘하겠다고 해도 국민이 표를 줄 리가 없다. 그러니까 여당 후보가 대통령선거에서 승리했다는 것은 국민이 정부·여당을 긍정적으로 평가해서 재신임한 것이다. 국민이 나와 5공화국을 근본적으로 실패라고 판정했다면, 5공화국의 여당인 민정당의 후보이자 대통령인 내가 후계자로 지명한 노태우 후보를 대통령으로 뽑아주었을 것인지 모를 일이다.

청와대를 떠나다

12월 16일 실시된 대통령선거에서 민정당의 노태우 후보가 당선됨으로써 평화적 정부 이양에 대한 국민적 기대가 한결 높아졌다. 물론 5공화국 헌법에 대통령 단임이 확정지어져 있고 나 또한 대통령 취임사 등을 통해 단임 실천 의지와 평화적 정부 이양 실현을 다짐했지만, 그 당시 많은 국민들은 그 말에 그다지 신뢰를 주지 않았던 것 같다. 7년 후에나 이루어질 일이니까 당면한 관심사도 아니었지만 '그 일은 그때 가봐야 알 수 있는 일'이라는 정도로 생각하고 있었기 때문이었다. 심지어는 13대 대통령선거가 끝나 후임 대통령이 결정된 후에도 시중에서는 과연 내가 임기를 마치면 순순히 청와대를 나갈 것인가를 두고 친구 간에 내기를 벌이기도 했다는 소문이다. 대통령이 임기를 마치면 퇴임하고 물러나는 그 당연지사當然之事가 우리나라에서는 그렇게도 믿기지 않을 만큼 어려운 과제가 되어 있었던 것이다. 그 일을 내가 헌정사상 처음으로 해내고자 하는 것이다.

민주정치의 종주국이라는 영국에서도 최초로 평화적 정권교체가 이루어진 것은 대헌장大憲章-Magna Carta 이후 413년이 지난 후의 일이었다 한다. 그토록 실현이 어려운 평화적 정권 이양이라는 시대적 소명을 완수하기 위해서는 이제 2개월 정도 남은 나의 임기를 잘 마무리 지어야 한다는 생각을 했다. "나는 결코 용두사미龍頭蛇尾가 되어서는 안 되겠다. 비록 후임자가 선정되었다고 할지라도 임기 중에 일어나는 일은 모두 나의 책임이다. 임기 말이라고 해서 불의의 돌발사태가 일어나지 않는다는 보장도 없다. 특히 안보 문제에 있어서는 경계를 게을리해서는 안 될 것이다." 나는 유종의 미를 거둘 수 있도록 최선을 다해야 되겠다고 다짐했다.

드디어 청와대를 떠나야 하는 임기 마지막 해가 밝아왔다. 1988년 1월 7일 청와대 출입 기자단과 송별 만찬을 하는 자리에서 나는 "요즘 졸업을 앞두고 있는 학생이 이것저것 챙기느라 바쁜 것과 비슷한 상황이다. 이삿짐을 싸느라고 집안이 온통 어지럽다."고 퇴임을 앞둔 소감을 피력했다. 1월 30일에는 외신기자와 만났다. 대통령직에서 떠나는 것이 섭섭하지 않느냐는 물음에 나는 "우선 나가서 푹 쉬고 싶다. 대통령이 될 꿈도 안 꾼 사람이 대통령직을 수행하자니 대통령이 되고 싶었던 사람이 하는 것보다 훨씬 피곤했다. 대통령은 아마 국민 중에서 가장 자유가 박탈된 사람일 것이다. 그만두면 잃었던 자유를 되찾게 되는 것이다. 그래서 아내와 자식들이 희망에 부풀어 있다. 내가 살던 집으로 돌아간다고 생각하니 매우 즐겁다."고 했다. 나의 진심이었다.

이제 연희동 집으로 돌아가게 되는 하루 전날인 2월 24일 저녁 서울 힐튼호텔에서는 경제4단체장이 나를 위해 마련한 환송 만찬연이 열렸다. 1천여 명의 참석자들이 실내를 가득 메웠다.
"이제 역사의 구속으로부터 풀려나는 시간이 다가오고 있습니다. 이제 그 무거웠던 책임자의 고독으로부터 해방되는 시간이 다가오고 있습니다. 그 시간은 진심으로 소원했던 시간이며 또 그러한 소원이 이루어진 것을 행복하게 생각합니다." 고별사를 하는 나의 가슴엔 만감이 교차했다.

밤늦게 청와대로 돌아온 나는 7년 반 전 청와대에 처음 들어오던 날처럼 거실에서 가족들과 둘러앉아 이야기를 나누며 밤 12시가 되기를 기다렸다. 청와대에서 보내는 마지막 날 밤의 감회에 잠겨서 잠을 이룰 수도 없었지만, 그보다는 임기의 마지막 순간을 잠 속에서 보낼 수는 없는 일이었다. 시간은 1초, 2초… 1분, 2분… 흐르며 2월 24일 밤 12시를 향해 다가갔다. 그 시각까지 일어나는 일은 나의 책임이다. 시계는 밤 11시 59분을 가리키고 있는데 초침은 계속 움직이고 있었다. 마침내 2월 25일이 되었다. 1988년 2월 25일, 먼 훗날에도 역사책에는 이날이 기록될 것이다. 긴 겨울밤이라 동이 트기까지는 아직 많은 시간이 남아 있었지만, 그 밤만 지나면 '평화적 정부 이양'이라는 나의 꿈이, 헌정사 40년의 숙원이 실현된다는 가슴 설렘이 잠을 밀어내고 있었다.

생각하면 고마운 일이 한두 가지가 아니었다. 이날을 보지 못할까봐 얼마나 노심초사했던가. 단임 약속을 지킬 수 있었다는 사실만 해도 감사한 일인데, 임기 중 열심히 일할 수 있었고 그 땀의 결실이 풍성하니 얼마나 기쁜 일인가. 나는 이제 세상을 떠난다 해도 정말 여한이 없을 것 같았다. 이러저런 생각하느라 새벽이 가까워서야 겨우 잠이 들었지만, 이날도 우리 내외는 어김없이 새벽 5시30분에 깨어났다.

오전 9시 정각, 나와 아내는 청와대 본관 현관으로 나가 한 시간 후면 대한민국 13대 대통령으로서 취임 선서를 할 노태우 대통령 내외를 맞이했다. 그리고 집무실로 가서 내가 7년 반 동안 일했던 그 자리를 노 대통령에게 인계한 후 국회의사당 앞뜰에 마련된 취임식장을 향해 함께 출발했다. 마침내 10시가 되었고 취임식이 시작되었다.

"나는 헌법을 준수하고 국가를 보위하며 … 대통령으로서의 직책을 성실히 수행할 것을 엄숙히 선서합니다." 12대 대통령과 13대 대통령이 바통을 터치하는 순간이었다. 마침내 평화적 정권교체가 실현된 것이다.

취임식을 끝내고 그동안 나와 고락을 함께했던 청와대 식구들과 작별하기 위해 다시 청와대로 돌아왔을 때 청와대의 주인은 노 대통령으로 바뀌어 있었다. 노 대통령 내외의 환송을 받으며 나는 어린 손녀의 손을 잡고 아내와 함께 청와대에서 걸어 나왔다. 그리고는 차에 올라 연희동 집을 향해 출발했다. 7년 반 만의 귀향이었다.

책임 정리
민정기 閔正基

- 1942년 황해도 사리원 출생.
- 서울고등학교-서울대학교(철학과) 졸업. 대학 재학 중 공군 사병으로 복무(1963년~1966년)
- 대한일보, 중앙일보, 동양통신 기자(1967년~1976년)
- 최규하 崔圭夏 대통령의 국무총리 시절부터 대통령 퇴임 때까지 공보비서관(1976년~1980년)
- 전두환 全斗煥 대통령의 취임 초부터 퇴임 후까지 공보비서관(1980년~1997년)
- 국민대학교, 한양대학교 겸임교수(2002년~2006년)
- (社)대한언론인회 부회장(2016년~)

전두환 회고록
2권. 청와대 시절

초판 1쇄 발행 | 2017년 4월 5일
초판 3쇄 발행 | 2017년 4월 14일

지은이　　전두환
책임정리　민정기
펴낸이　　전재국
펴낸곳　　자작나무숲

출판등록 제406-2017-000008호
주소 경기도 파주시 문발로 171(북시티)

전화 편집 031)955-2792　주문 031)955-1486
팩스 031)955-2794

ISBN 979-11-960528-2-9 04810
　　　979-11-960528-0-5 04810(전3권)

ⓒ Doowhan Chun, 2017

- 책값은 표지 뒷면에 있습니다.
- 잘못된 책은 구입하신 서점에서 교환해 드립니다.
- 이 책의 전부 또는 일부 내용을 재사용하려면 사전에
  출판사의 서면 동의를 받아야 합니다.
- 이 책에 사용된 사진들은 개별 초상권자 및 저작권자들과 사용 허락 또는
  계약을 맺은 것이므로 무단전재 및 복제를 금합니다.
- 저작권자를 찾지 못한 일부 사진에 대해서는
  연락주시는 대로 적법한 절차를 밟겠습니다.